IOHANNIS CALVINI

EPISTOLAE

KB191572

칼뱅 서간집 1

찍 은 날	2014년 4월 08일
펴 낸 날	2014년 4월 15일
편 역 자	박건택
펴 낸 이	장상태
펴 낸 곳	크리스천 르네상스
	서울시 서초구 서초동 1355-3 서초월드오피스텔 1605호
전 화	02-6415-6800
팩 스	02- 523-0640
이 메 일	is6800@naver.com
등 록	2014년 3월 11일
신고번호	제 2014-000049호

Copyright@크리스천 르네상스

ISBN 979-11-952474-0-0 (93230)

값 25,000원

Correspondance
de
Jean Calvin

칼뱅
서간집
1

(1530-1538)

IOANNIS
CALVINI
EPISTOLAE ET
RESPONSA.

QVIBVS JNTERIECTÆ
sunt insignium in Ecclesia Dei virorum
aliquot etiam Epistolæ.

EIVSDEM I. CALVINI
VITA A THEODORO BEZA
GENEVENSIS ECCLESIÆ
Ministro accuratè descripta.

INDEX RERVM INSIGNIORVM.

Omnia nunc primùm in lucem edita.

GENEVÆ,
Apud Petrum Santandreanum.

M. D. LXXV.

목 차

편역자 서문

I

칼뱅의 편지가 그의 다른 저술들에 비해 비교적 홀대되고 있다는 것은 일반적으로 그의 저서 목록의 맨 끝을 장식한다는 사실에서도 확인된다. CO 편집자들이 편지를 주석과 설교 앞에 배열한[1] 것과는 달리, COR 편집자들은 〈잡서 모음〉을 제외한 맨 마지막 시리즈로 묶었다.[2] 흐레이프도 칼뱅의 저서들을 나열하여 설명하면서 편지를 맨 뒤에 배치했다.[3] 이것은 두 가지 점에서 당연하다. 먼저, 제네바 개혁자인 칼뱅이 무엇보다도 신학자요 주석가이며 설교자였기에 그의 교의학 책과 신학 논쟁서, 성경 주석과 설교, 신앙고백과 교육서에 모든 눈길이 가는 것은 사실이다. 특히 스콜라주의의 영향 속에서 볼 때도 역사적으로 칼뱅에 대한 관심은 역시 〈강요〉, 주석, 설교 순으로 흘렀다. 심지어 개혁적인 활동 내용보다 신학 내용에 더 관심을 보였다. 다음으로 서간문은 종교나 신학 장르에 속하지 않고 문학 장르에 속한다. 이는 마치 칼뱅의 소품 가운데서 〈세네카 '관용론' 주석〉이 갖는 위치와 유사하다. 이런 점에서 교회와 신학계가 이 영역을 등한히 해 온 것에 나름 변명이 될 수 있다. 그렇다고 해서 칼뱅의 편지들이 소중하지 않다고 말하는 이는 아무도 없다. 다만 연구 관심과 순서에서 밀렸을 뿐이다. 오늘날에는 오히려 서간문을 통한 칼뱅의 이해가 신학 저술이나 성경 해설서에서는 볼 수 없는 새로운 칼뱅을 엿보게 하는 것으로 인식된다.

사실 편지들은 한 인물의 내면과 사생활을 엿보게 해주기 때문에 다른 종류의 흥미를 유발한다. 게다가 위대한 종교 개혁자인 칼뱅의 인간됨을 들여다보는 일은 독자의 호기심을 자극하기에 충분하다. 흔히 하듯이 그를 지나치게 높이

---

1) **CO, Xb-XX.** 총 59권 가운데서 10b-20권을 의미한다.
2) **COR, Series Ⅵ,** *Epistolae*, vol/1(1530-1538/sep).
3) 불페르트 더 흐레이프, 〈칼빈의 생애와 저서들〉, SFC, 2006. 이 책의 네덜란드 원서는 1989년, 영역본은 1993년에 출판되었다.

떠받들거나 억지로 폄하시키는 부적절함을 지양하고, 있는 그대로의 그를 묘사하기에는 편지만큼 유익한 것이 없다. 게다가 목회자로서의 칼뱅을 살피기에도, 그리고 개혁의 성공적 내지는 실패적 결과들이 얻어질 때마다 그 진행 과정을 추적하기에도 편지는 크게 도움이 된다. 이것은 그의 신학적, 문학적 저술에서는 얻어 낼 수 없는 것들이다. 에라스무스는 책과 편지의 차이에 대해서, "편지가 가능한 한 즉시 상황에 어울리고 당대의 주제와 인물들에 맞춰져야 하는 반면, 책은 일반적인 활용으로 의도되기에 모든 배우는 자들을 기쁘게 하도록 만들어져야 한다."고 말하며 편지의 특징들을 길게 나열한다. "거기서[편지에서] 우리는 희열, 고통, 희망, 공포를 느낀다. 거기서 우리는 화를 내고 항의하며 아첨하고 불평한다. 말다툼하고 전쟁을 선포하며, 화해하고 위로하며 상의하고 단념시킨다. 거기서 우리는 위협하고 자극하며 억제하고 연결시키며 묘사하고 칭찬하며 비난한다. 또한 미워하고 사랑하며 놀란다. 우리는 토론하고 흥정하며 즐기며 말장난하며 꿈꾼다. 간단히 말해서 하지 않는 게 무엇인가? 마치 전적으로 믿을만한 하인에게와 마찬가지로 그것에게 우리는 우리의 심적 상태를 맡긴다. 그것에게 우리는 공적이고 사적이며 가정적인 사건들을 털어놓는다.[4]" 일찍이 스토페르는 이런 작업을 통해 매우 인간적인 칼뱅을 그려 낼 수 있었다.[5]

나는 칼뱅의 초기 편지들의 번역을 마치면서 그를 동아시아의 인식 사유로 분석해 보았다.[6] 서간문은 칼뱅이 자신의 내면을 넘어 삶의 외연을 향하는 과정까지도 보여 준다. 칼뱅은 험하고 시큼한 세상을 향해 나서면서 자신의 존재를 형성해야 했고 고급 지식인으로서 모종의 정치-사회적 책임으로의 초대장을 받았다. 그리고 그런 책임 수행은 필경 역사적 평가를 받을 수밖에 없다. 그것이 긍정적이건 부정적이건 간에 역사적인 평가를 제대로 하기 위해서라도 편지는 반드시 읽어야 할 필수 텍스트라고 볼 수 있다.

---

4) Erasmus, *De conscribendis epistolis*, ASD 1/2, 213(COR, VI/I, "General Introduction"에서 재인용, p. 12).
5) 리샤르 스토페르, 〈인간 칼빈〉, 정음출판사, 1984.
6) 박건택, '동아시아의 인식 사유로 본 칼뱅의 초기 서간문', 신학지남(2013/가을) 참고.

Ⅱ

칼뱅의 서간집이 처음으로 출판된 것은 1575년 테오도르 드 베즈의 손에 의해서지만 그의 생전에 약간의 편지들이 활자화되었는데, 장 크레스팽은 그의 〈순교자 열전〉[7]에서 칼뱅이 옥중 성도들에게 보낸 16편의 불어 편지들을 담은 바 있다. 칼뱅은 죽기 전에 이미 베즈에게 그가 간직하고 있던 편지들을 넘겼고, 이 기념물들이 소중히 보존되고 선별되어서 훗날 개혁 교회의 좋은 유산이 되기를 바랐다. 이 일을 위해서 베즈는 칼뱅의 비서였던 샤를 드 종비에Charles de Jonviller에게 제네바 개혁자와의 서신 왕래자들에게 서간집 출판 건을 상의하고 준비하도록 요청하였다. 하지만 이들의 도움이 필요했기에 주고받은 편지들의 출판은 그렇게 쉽지 않았다. 이것은 이 왕래자들의 편지들이 보전되고 있어야 한다는 것을 전제한다. 초기 친구들과의 편지들을 간직했던 피에르 다니엘(프랑수아의 아들)의 편지 묶음, 루이 뒤 티에의 편지 묶음, 드 팔레 경 부부의 편지 묶음, 특히 불링거가 소장한 편지 묶음 같은 것들 말이다. 그 외에 칼뱅의 비서들-위에서 말한 종비에 이전에 니콜라 데 갈라르Nicholas des Gallars, 프랑수아 보두앵 François Baudouin이 있었음-의 대필 노력을 언급해야 한다. 결국 베즈는 칼뱅 사후 11년 만에 그의 라틴어 편지들만을 모아 정리함으로써 그의 유지를 실현할 수 있었고, 이 과정에서 종비에의 도움은 불가피했다. 베즈는 팔츠의 선제후에게 헌정 서문을 쓰면서 작업의 어려움을 고백했다. 여러 가지 이유들 가운데서 가장 큰 이유는 정서의 문제였다. 즉, 사적인 편지가 공개되었을 때 거기에 쓰인 안 좋은 표현들은 다른 진영 사람들의 반감을 살 것이 분명했다. 이것은 멜란히톤의 사후에 불링거가 그의 서간집을 출간하자고 칼뱅에게 제안했을 때(1560년) 그가 거부한 이유이기도 하다. 1565년 칼뱅의 사후에는 종비에가 불링거에게 제네바 개혁자의 서간집 출판에 대해 상의했다. 불링거는 기본적으로는 동의하면서도 신학적으로 합의하기 이전에 쓰인 것과, 베른이나 로마 가톨릭 적대자들과 관련된 글들이 오직 편지 수취인에게만 읽히도록 되어 있기 때문에 편지 선별이 필요함을 지적했다. 친구 사이에서 솔직한 것이 다른 사람에게 모두 유익한 것은 아니었기 때문이다. 이렇게 해서 칼뱅 사후 11년 만에 칼뱅의 서간집

---

7) Jean Crespin, *Livres des martyrs*, Genève, 1554.

이 햇빛을 보게 되었다.[8] 여기에는 총 399편의 라틴어로 된 편지들이 묶여 있으며, 그중 299편이 칼뱅의 편지(이 가운데 52편은 원래 불어로 쓰인 편지를 라틴어로 옮긴 것임)이고, 88편이 칼뱅이 받은 편지이며, 12편이 다른 사람들이 교환한 편지이다.[9]

19세기 후반에 들어서서 제네바 개혁자에 대한 관심이 크게 일면서 새롭게 편집된 서간집들이 이어서 출판되었다. 이것은 18세기와 19세기 초에 네덜란드와 다른 지역에서 발견된 다수의 칼뱅의 편지들 덕택이었다. 이 방면에서 공헌한 인물들로 리베Christian S. Liebe[10], 베트슈타인Jacob Wettstein[11], 폴 헨리Paul Henry[12]를 꼽을 수 있다. 아무튼 쥘 보네Jules Bonnet는 1854년 처음으로 칼뱅의 불어 편지들을 모으는 데 성공했다.[13] 그리고 에르맹자르Aimé-Louis Herminjard는 1866년부터 불어권 지역 개혁자들의 편지들을 모아 출판하려는 야심 찬 계획을 세웠는데, 이에 따라 1512-1544년 사이에 교환된 1,500여 통의 편지들이 1897년까지 31년간 총 9권으로 만들어졌다.[14] 같은 시대의 CO 편집자들은 칼뱅이 전 생애에 걸쳐 주고받은 편지들을 모아 하나로 묶는데 성공했다. 그들은 1872년부터 1879년까지 8년 동안 11권의 분량으로 칼뱅이 보낸 약 1,300여 통의 편지들과 그가 받은 1,700여 통의 편지들을 칼뱅 전집에 수록했다. 〈칼뱅 전집〉(CO)과 Herminjard에 1530-1544년까지 공통으로 수록된 칼뱅의 편지들을 비교해 보면 후자가 내용 요약, 각주 설명, 그리고 날짜 수정에 있어서 질적으로나 양적으로 탁월함을 느낄 수 있다. 그리고 100년이 훨씬 지난 2005년에 CO의 개정판(COR) 시리즈 가운데 하나로 〈서간집〉 1권이 출간되었다. 그사이 발견된 칼뱅의 새 편지들의 수록, 몇몇 학자들에 의해 수정된 연대, 엄청난 양의 각주 설명, 보기 좋은 활자 등은 비록 분량은 1530년에서 1538년 9월까지 85통의 편지에

---

8) *Epistolae et responsa*, Genève, 1575.

9) *Epistolae et responsa*의 이후 증보판에 대해서는 BC, III, 200-211, 215-224, 561-563 참고.

10) 이 사람은 27개의 칼뱅의 편지들을 찾아냈다(*Diatribe de pseudonymia Io. Calvini ···et epistolae anecdotae* XXVII, 1723).

11) 교수이자 신약 사본학자인 이 사람은 드 팔래 부부와의 서신들을 포함하여 중요한 50통의 편지들을 찾아내어 제네바 대학 도서관에 기증했다.

12) 이 사람은 56통의 새 편지들을 그의 책(*Leben Johann Calvins*, 3 vols., 1835-1844) 부록에 삽입했다.

13) *Lettres Françaises* éd. J. Bonnet, 2 vols. Paris, 1854.

14) *Correspondance des réformateurs français*, éd. A.-L. Herminjard, Genève et Paris, 9 vols. 1866-1897.

불과하지만, 제네바 개혁자의 서간 연구를 더욱 심도 깊게 만들었고, 또한 본 서간집 번역서의 완성도를 높여 주었다.

Ⅲ

그동안 칼뱅 텍스트의 한글화 작업은 〈기독교 강요〉에서 시작하여 주석, 소품, 설교에 이르기까지 여러 사람들의 노력으로 제법 많은 양을 이루어 냈다. 〈기독교 강요〉는 초판과 최종판이 여러 역본으로 출간되었고, 〈주석〉도 엉성한 초기 번역을 거쳐 새 번역이 진행되고 있다. 소품들(문학 비평서, 신학 논문/논쟁서, 신앙고백/교육서, 교회와 학교 관련 문서 등)을 모은 〈칼뱅 작품 선집〉은 가능한 한 많은 양의 자료들이 본 편자의 손에 총 7권으로 묶여 얼마 전에 완간되었다.[15] 〈칼뱅 작품 선집〉 한글판은 일반적으로 전집류들(CO/COR)과 유사하게 기획될 수 있었다. 이와 같이 칼뱅의 다양한 글들이 비교적 완성도 있게 정리된 것에 반해 설교들을 번역하는 것은 아직도 갈 길이 멀다. 칼뱅의 설교들을 하나로 묶는 작업은 편자의 또 다른 목표이기도 하지만 현재로서는 요원해 보인다.[16] 칼뱅 전집 가운데서 〈강요〉, 주석, 소품, 설교 시리즈 외에 남은 시리즈물은 서간집이며, 이 분야는 지금껏 한글로 소개되어 있지 않았다.

편자가 처음 칼뱅의 편지에 관심을 갖고 번역을 시작했을 때는 베버리지H. Beveridge와 보네J. Bonnet가 편집한 영문판 칼뱅 선집(CSW)에 들어 있는 서간문들과 보네가 따로 모은 불어 서간문들을 중심으로 번역하는 것에 만족할 생각이었으나, 워낙 오래된 출판물이어서(각기 1851년, 1854년에 출판됨)[17] 진행하는 동안 그 안에 수정해야 할 것들이 너무 많아서 생각을 바꿔야만 했다. 번역 기획 초기에는 독어 역본도 잠시 동안 참고의 대상이었다.[18] 게다가 그 후 출판된 칼뱅 서간집들은 편자에게 더 큰 야망을 불어넣었다. 이것들은 실로 칼뱅의 서신들뿐만이 아니라 그와 관련된 서신들을 망라하는 엄청 방대한 기획들이다. 앞에

---

15) 〈칼뱅 작품 선집〉(박건택 편역), 총 7권, 총신대 출판부, 1998-2011.

16) 박건택, '칼뱅과 번역', 개혁신학연구센터 제1회 컨퍼런스 발표(2012. 11. 1.) 참고.

17) *Calvin's Selected Works*, ed. H. Beveridge & J. Bonnet, 7 vols. Baker, 1851.

18) *Johannes Calvins Lebenswerk in seinen Briefen*, ed. R. Schwarz, 3 vols. Neukirchener Verlag, 1961.

서 언급했듯이 에르맹자르는 불어권역에서 1512년에서 1544년까지 교환된 종교 개혁자들의 서신들을 모두 모아 총 9권으로 출판했으며, CO 편집자들은 1528년(이 연대는 수정됨)에서 1564년까지 칼뱅과 그가 서신을 교환한 자들의 편지들을 모아 총 11권의 분량을 전집에 포함시켰다. 하지만 시간이 갈수록 편역자의 야망은 식어 갔다. 그 이유는 20세기를 지나면서 편지 연대가 수정되어 뒤바뀌고 심지어 사라지며, 칼뱅의 편지가 아닌 것으로 판명되고, 지명/인명이 변경되는 일이 발생했기 때문이다.

이렇게 20세기 직전에 이뤄진 서간집 편찬과 역본들은 한 세기가 흘러가면서 역사가들과 칼뱅 전문가들에 의해 많은 오류들을 지적받아야 했다. 그때마다 나는 때로는 강의용으로, 때로는 논문용으로 틈틈이 개혁자의 편지들을 번역하면서 하나씩 수정 보완해 나갔다. 기본적으로는 에르맹자르와 CO에 근거하고, 학자들의 수정 노력을 활용하여 나름대로 편집을 시도해야만 했다. 첫 편지에서 칼뱅의 제네바 2차 사역 직전까지(1541. 9)를 1권 분량으로 정하여 진행한 지 꽤 오랜 시간이 흘렀고 어느 정도 출판 형태가 갖춰지던 순간 새 칼뱅 전집(COR)의 시리즈 가운데 하나인 서간집 1권이 2005년에 출판되었다. COR의 총 일곱 개의 시리즈 가운데 여섯 번째에 해당되는 서간집 제1권(1530-1538. 9)의 편자들은 그동안 수정된 내용들을 망라하면서 실로 상당 부분을 재수정해 놓았다. 나는 내가 그동안 해놓은 노력이 무의미해지는 것을 느끼면서 다시 한 번 야망이 꺾였다. 영역본을 참고할 수 없는 라틴어 편지들이 벽처럼 우뚝 서 있었기 때문이다. 영역자의 라틴어 실력에 못 미친다는 생각과 무에서 창조해야 한다는 생각이 나를 주눅 들게 했다. 나는 긴 시간을 라틴어 원문과 씨름하지 않을 수 없었고 COR 편집자의 상당히 세밀한 각주들을 활용하여 내 앞에 펼쳐진 역사적이고 심리적인 수수께끼들을 풀어야 했다. 나는 이 일을 위하여 라틴어 서간문 연구반을 만들어 몇몇 교수들 및 학생들과 함께 머리를 맞대었다. 또한 칼뱅 서간집 번역을 위한 초청 세미나를 열어 관심 있는 교수들의 조언도 구했다. 이와 같이 칼뱅의 언어들에 대한 한계에도 불구하고 나는 도전을 결코 멈추지 않았다. 계획했던 1권의 분량은 1538년까지로 축소되었지만, 어쨌든 마무리를 지었다. 마지막까지도 이 무모한 도전의 결과가 두렵고 또 미안했다. 이제 받을 수 있는 모든 비난은 내가 치러야 할 몫이다. 번역, 연구, 교정, 행정에 참여한 여러분들에게 고마움을 전하며 일일이 이름을 나열하지 못해 미안하다. 언젠가 〈칼뱅 서간집〉 2권이 햇빛을 보기를 기대해 본다.

IV

본 〈칼뱅 서간집〉 1권은 1530년에서 1538년까지 칼뱅이 20대에 주고받은 편지들을 거의 총망라하여 수록했다. 따라서 본서의 편집 형식은 칼뱅이 주고받은 편지들을 묶은 CO와 COR, 프랑스어권 개혁자들의 편지들을 모두 모은 에르맹자르, 칼뱅의 프랑스어 편지만을 묶은 보네, 그리고 칼뱅의 라틴어/프랑스어 편지들을 영어로 번역해 놓은 CSW 가운데서 CO와 COR의 형식을 따랐다. 처음의 연대 설정에 따른 서신 목차는 한두 서신을 제외하곤 대부분 지금까지의 모든 수정을 반영한 COR에 의존했다. COR의 *Epistolae* I이 수록하지 않은 1538년 후반기 편지들은 CO와 에르맹자르에서 선별했다. 이리하여 본 서간집 1권에는 총 92통의 편지가 수록될 수 있었다. 물론 이 가운데는 비교적 짧은 헌정 서한들이 포함되었다. 〈두 서신〉처럼 팸플릿 형식의 공개서한은 생략했지만 불어에서 번역한 〈프랑수아 I세에게 드리는 헌정 서한〉은 부록에 담았다. 이것은 칼뱅 자신이 라틴어에서 불어로 번역한 텍스트의 차별화를 꾀하기 위함이다. 그 외에 제네바 시 의회와 베른 시 의회 사이에 교환된 서신들, 파렐이 제네바 교인들에게 보낸 서신, 그리고 칼뱅을 반대한 제네바 목회자들이 시 의회에 보낸 서신도 참고로 부록에 넣었다.

각 서신에 붙어 있는 서신의 일련번호는 앞에 목록화된 서신 목차와 일치하며 각주 참고를 위해서 서신과 서신 번호, 각주와 각주 번호를 주었다(일례로 서신 1, 각주 1). 일련번호와 더불어 발신인과 수취인의 이름을 명기하고 바로 아래에 편지 작성 연대와 장소 및 출처를 밝혔다. 불분명하여 추정된 서신 교환자와 연대/장소는 괄호[ ]로 묶었다. 발신인/수취인의 이름이 밝혀진 겉봉이 있는 경우 CO의 형식에 따라 편지 서두에 넣었다(에르맹자르와 COR에는 편지 말미에 있다).

때론 수수께끼 같은 편지의 내용을 이해하기 위해 가능한 한 앞선 고증본들을 충분히 활용하여 각주를 달고, 이용한 출처는 괄호( ) 처리하여 알렸다. 각주에 °표가 달린 인명은 뒤에 있는 주요 등장인물 소개란에서 찾아볼 수 있다. 인명은 출생지 언어로 표기하는 것을 원칙으로 삼았으나 불분명하거나 이미 그렇게 통용될 경우는 라틴어명을 그대로 썼다. 따라서 많은 경우 라틴어 편지의 본문에서 출생지 인명으로 표기된다. 이것은 지명의 경우도 마찬가지다. 외래어 한글 표기는 국립국어원의 원칙을 따랐다. 16세기 유럽의 제도에 속한 고유 용어들을 한글로 번역하는 일은 솔직히 편역자의 또 다른 한계였다. 그럼에도 불구하고 몇몇 용어들을 규정해 보았다. 우리의 제도에 존재하지 않거나 아직 확정되지 않았거나 또는 확실하지 않은 용어의 추적은 어느 순간 멈춰야 했다. 본문의 짙은 고딕체는 인용문이고, 괄호 〈 〉 표시는 책명이다. 본문의 괄호[ ]와 ( )속의 [ ]는 모두 편역자의 추가 내용이다. 일례로 ( )로 된 칼뱅의 미비한 성경 인용은 [ ]로 보다 분명해진다.

2014년 4월
두창리에서, 편역자

1
칼뱅이 프랑수아 다니엘에게[1]

[1530년][2] 9월 6일. 메이앙에서 [부르주로]
CO, Xb, 3; Herminjard, II, 278; COR, VI/I, 39; CSW, IV, 29

난 자네가 더할 나위 없이 성실하게 우리 일을 돌보아 준 것에 대해 감사하네. 장차 자네에게 보답할 수 있는 기회가 주어진다면 그냥 지나치진 않을 걸세. 나는 언젠가는 반드시 자네가 내게 베풀어 준 호의[3]에 보답할 기회가 생길 것이라 생각하네. 하지만 그렇게 되더라도 내 이름이 자네의 거래 장부에서 지워지진 않겠지. 게다가 [그 장부에서] 나를 자네의 채무자로 기록하지 않는 페이지는 거의 없을 걸세. 그러나 만일 자네가 나를 값어치 있는 사람으로 평가한다면, 나는 자네에게 나 자신을 대가로 주겠네.[4] 내게 속한 것이 그[자네]의 소유가 된다는 계약 조건으로 말일세. 하지만 여전히 문제가 남아 있다네. 이후에도 우리가 염치없는 청구인이 될까 봐 자네가 재빠른 배려로 우리에게 돈을 빌려 줄 때마다 우리의 창구는 뻔뻔스럽게도 열려 있을 것이라는 사실이네. 내게 상환 능력이 있는지 없는지는 상관없이 말일세. 왜냐하면 자네는 이윤을 위해 돈을 빌려 주는 것이 아니라[5] 무상으로 베풀기 때문이네.

---

1) CSW 순서와는 달리 이것이 오늘날 우리가 갖고 있는 최초의 편지이다(주 2를 보라). 오를레앙 출신인 프랑수아 다니엘은 오를레앙 대학 시절 칼뱅의 학우이자 친구였다. 1530년에 그는 부르주 대학에서 이탈리아 법학자인 알키아티의 가르침을 받는 학생이었다. 뒷날 칼뱅의 편지들(1559~1560년)을 통해 그가 종교 개혁의 필요성은 충분히 인정하였지만, 속으로는 로마 가톨릭교에 소속된 채 그대로 머물러 있었음을 알 수 있다.
2) 피에르 다니엘(프랑수아 다니엘의 아들)이 그의 복사본에서 설정해 놓은 서신 연도는 1529년으로 되어 있다(CSW는 이 연대를 따름). 그러나 이는 그 자신의 말처럼 추정 연대로서, 원래의 편지에는 연도가 없다. Herminjard와 CO의 편집자들은 이 편지가 1530년에 쓰인 것으로 본다.
3) 칼뱅은 프랑수아 다니엘에게 자주 돈을 빌렸다.
4) Cf. Seneca, *De beneficiis* 1, 2, 3(COR).
5) Cf. Cicero, *De amicitia* 9, 31(COR).

그사이 나는, 내가 우리의 형편에 따라 미래를 내다보는 것이겠지만, 식품 창고에 포도주를 채우는 일을 살피겠네. 혹 뭔가가 다 떨어져 가는 것처럼 보이지 않도록 말일세. 아마도 내가 넌지시 돈을 요구하는 것처럼 보이겠지만, 그래도 자네는 은근히 신랄하고 인정 없는 해석자[6]는 아니지. 늘 했던 대로 우아한 농담은 하지 않더라도 말이야.

자네는 저 거만한 메카이나스[7]에 대해 용감하게 처신하는 모습을 보여 주었네. 이제 그가 자신의 방식을 우리에게 맞추지 못하는 이상, 그로 하여금 자신의 아첨꾼이 되게 하고 거만한 마음으로 가득 차서, 혹은 진심으로 야망을 키우도록 내버려 두게나.

나는 자네가 갖고 있는 점성가 푸시우스[의 책]가 부럽다네.[8] 람프리디우스에 따라 우리가 '여행 안내서'라고 부르고, 그리스어로 '호도이포리켄'[9]인 자네의 길 안내서를 돌려주겠네. 말로는 그 가치를 형언할 수 없기에 감사를 덧붙이지는 않겠네. 멜키오르[10] 선생이 아직 떠나지 않았다면[11] 그에게, 그리고 쉬케[12]와 피네[13]에게, 또한 우리의 쿠르테리우스[14]에게 안부를 전해 주겠나? 내가 쉬케에게 빌려 준 호메로스의 〈오디세이〉를 아쉬워하고 있음을 생각하게나. 그 책을

---

6) parum benignus interpres. COR 편집자는 유스티니아누스 법전인 *Digesta* (50, 17, 56)에서 유사 표현인 benigna interpretatio를 발견한다.

7) Mecaenas(Herminjard, COR); Maecenas(CO). COR 편집자는 칼뱅이 유베날리스의 *Satyrae* (1, 63~68)에 나오는 뚱뚱한 대장장이를 가리키고 있다고 말하면서 뚱뚱한 대식가였던 알키아티에 대한 암시 가능성을 제기한다.

8) Fusius. Frisius의 오기誤記로서, Herminjard나 CO 편집자들은 이 점성가가 1528년 *Tractatus singularis de potestate planetarum*이란 책을 쓴 라우렌티우스 프리시우스일 것으로 추정한다. 하지만 COR 편집자는 1529년 지구본을 만들고 1530년에 *De principiis astronomiae et cosmographiae*를 쓴 젬마 프리시우스로 추정한다.

9) itinerarium이라는 말은 람프리디우스의 *Historia augusta. Severus Alexander*(27, 4)에 나오고, ὁδοιπορικήν이라는 말은 플루타르코스의 *Aratus*(21, 2)에 등장한다(COR).

10) 멜키오르 볼마르.

11) 볼마르가 부르주에 있는 다니엘의 집에 정착한 것은 1530년 말경이다.

12) 카렐 쉬케. 그는 에라스무스의 친구인 한 법학자의 아들로, 1529년 9월 초에 에라스무스의 추천장을 들고 부르주의 알키아티 교수를 찾아갔다.

13) 아마도 봄-레-담 출신인 앙투안 뒤 피네일 것이다(Herminjard). 그는 1536년부터 빌-라-그랑에서 목회를 했으며 1548년에 리옹에 정착했다(COR).

14) Curterius. CO 편집자들은 무명의 남자로 보고, Herminjard는 사람 이름으로 보지 않는다.

손에 넣거든 자네에게 내 편지를 가져다주었던, 또 내가 일을 맡겼던 루사르투스[15]가 준비될 때까지 자네가 보관하고 있게나.

잘 있게, 나의 둘도 없는 친구여. [1530년] 9월 6일, 메이앙에서.[16]

---

15) Roussartus. 나중에 부르주에서 법학 교수가 되는 루이 루사르Louis Roussart를 지칭한다.

16) Meillant은 부르주 남쪽 10리, 생 타망Saint-Amand 북쪽 1리 반 정도에 위치한 소읍이다. 라틴어로 Melliani라고 되어 있는 이 도시를 CSW는 프랑스 복음 운동의 요람인 모Meaux로 잘못 읽었다.

2

칼뱅이 프랑수아 드 코냥에게[1]

〈안타폴로기아〉 헌정 서한
[1531년] 3월 6일. 파리에서 [오를레앙으로?]
CO, IX, 785; Herminjard, II, 314; COR, VI/I, 43[2]

장 칼뱅이 법에 매우 조예가 깊은 프랑수아 드 코냥에게 문안드립니다.

드디어 우리의 친구인 뒤슈맹이 쓴 〈아폴로기아〉[3]가 발간되어 책들의 공통적인 운을 시험해 보고 있습니다. 비록 세상에 드러낼 목적으로 쓴 것은 아니지만 말입니다. 그렇지만 뒤슈맹이 피에르 드 레투알을 변호하기 위해, 그리고 알부키우스 같은 인물이 한 방울의 피나 땀도 흘리지 않은 채 개선가를 부르지 않도록 자신의 재능을 자극하고 발휘하기 위해 재미 삼아 쓴 이 책이 출판되기까지 한 것은 합당하다고 생각합니다. 그러나 누가 알부키우스 대신 알키아티[4]로 여기기를 더 좋아한다면 나는 긍정도, 부정도 하지 않겠습니다.[5] 예리한 사람들은 이미 알키아티가 자신의 지나치게 날카로운 웅변과 참을성 없는 혀로 인해 동일하게 보복당하지 않기 위해서 가명으로 숨기를 원했으리라는 것을 간파했

---

1) 프랑수아 드 코냥은 초기 칼뱅과 친분을 나눈 친구들 가운데 하나이다. 칼뱅의 또 다른 절친인 니콜라 뒤슈맹이 부르주의 법학자 알키아티에 맞서 오를레앙의 법학자 피에르 드 레투알을 옹호하는 글(*Antapologia*, 1531)을 써서 칼뱅에게 읽어 줄 것을 부탁하자, 칼뱅이 그에 대한 평을 써서 코냥에게 보냈는바 본 편지가 그것이다. 이 서신은 뒤슈맹의 글에 서문으로 실려 있다(CO, IX, 785).

2) 이 편지의 영어 번역은 Battles/Hugo(385-386)을 참고하라.

3) *Apologia*. 전체 제목에는 *Antapologia*로 되어 있다.

4) 알키아티는 밀라노 태생으로 16세기 가장 유명한 법학자 가운데 하나였다. 그가 아비뇽 대학에서 얻은 명성은 1529년에 부르주에서 그를 초빙하는 계기가 되었다. 그는 그곳에서 5년 동안 강의했다.

5) 뒤슈맹이 공격한 것은 레투알을 반대하고 알키아티를 옹호한 알부키우스다. 뒤슈맹은 알부키우스가 알키아티였으리라고 비꼬았다. 칼뱅도 훗날 이것을 은근히 받아들였다. "만약 그가 알부키우스의 가면을 쓰고서…"(〈세네카 '관용론' 주석〉, 〈칼뱅 작품 선집〉 1권, 271).

답니다.

그간 레투알이 아무런 방어도 하지 않았다고 생각해서는 절대 안 됩니다. 또한 그가 지금까지 침묵했던 이유가 알부키우스의 승리를 인정했기 때문이라고 해석해서도 안 됩니다. 오히려 모든 사람들은 그가 중대한 일로 너무 바빠서, 진리에 대한 확신이 있었던 이러한 일에 불필요한 수고를 낭비하고자 하지 않은 것으로 이해해야 합니다. 사실 사건 자체가 충분히 입증했습니다. 그렇지 않았다면 벌써 그가 천 명의 알부키우스들에 맞서 붓을 들었을 것입니다. 왜냐하면 그의 예리한 기질과 근면, 그리고 법학적 숙련으로 인해 그의 수위권은 우리 시대의 한두 사람과 더불어 이의 없이 유지되고 있기 때문입니다.

뒤슈맹 역시 이런 확신을 가졌습니다. 만일 그가 자신의 인내심을 드러내는 것이 레투알에게 손해가 된다는 어떤 확고한 논지에 설득되지 않았다면 그는 결코 소책자의 출판에 정성을 기울이지 않았을 것입니다. 사실 어찌 되었든 레투알이 자기 자신을 방어할 수 있었다면 뒤슈맹이 이 문제에 침묵한 채 있지만은 않았으리라고 속삭인 논쟁자들이 있었습니다. 그가 자시우스[6] 같은 사람을 꾸준히 반대하지 않았던가요? 그래서 이런 필요성에 이끌린 우리의 친구 뒤슈맹은 생각을 바꿨고, 사람들의 중상모략을 없애기 위해서 거의 2년 동안 스스로 간직하기를 원했던 것을 이제 공중 앞에 내놓는 것입니다.

그러나 먼저 그는 자신이 쓴 책이 불완전하고 잘못된 형태로 사람들 손에 넘어가는 일이 없기를 원했습니다. 그리하여 내가 파리로 갈 준비를 한다는 말을 듣고, 그는 나와의 우정과 친분을 들어 내가 자신의 저서를 부지런히 검토해서 어떤 오류도 슬그머니 끼어들지 못하게 해 달라고 부탁했습니다.

나는 기꺼이 이 임무를 맡았습니다.[7] 다만 태만하다는 비난 외에 그 어떤 책임도 내게 강요하지 않는다는 조건하에서 말입니다. 왜냐하면 내가 만일 그가 바랐던 근면을 수행했다면, 내 임무를 잘 완수한 것으로 여길 것이기 때문입니다.

---

6) 법학자이자 프라이부르크 대학의 법학 교수였던 울리히 자시우스는 1526년에 공개적으로 피에르 드 레투알을 비판했고, 2년 뒤 다시 그를 반박하는 글을 냈다. 1530년 여름, 그는 프라이부르크에서 다시 다음 제목의 책을 출판했다. *Udalrici Zasii…defensio novissima contra P. Stellam Aurelianensem*.

7) 칼뱅의 교정자 역할에도 불구하고 *Antapologia*에는 상당수의 오자가 있고, 심지어 본 칼뱅의 헌정 서한 자체에도 두 개의 실수가 발견된다(COR): s[t]udiosissimo, vitili[ti]gatores).

그리고 알키아티에 대해서 말하면, 그는 이 책의 출판을 분개해서는 안 됩니다. 왜냐하면 그가 공격받은 것이 우선 정당하고, 나아가 순수하고 진실하며, 그가 받아 마땅한 존경이 없지는 않았다고 생각하기 때문입니다. 나는 진심으로 그가 공익에 많은 관심이 있고 또한 진리를 매우 존중한다고 여기기 때문에, 단순히 자신의 권위를 구실 삼아 이 책을 반대하지 않으리라는 것을 믿습니다. 그역시 문제의 진실이 완전히 잠겨 버렸음을 알기 때문에, 우리가 추구하는 진실이 너무 많은 말다툼으로 상실되지 않을 수만 있다면 그 진실이 논쟁을 통해 밝혀져야 한다는 사실을 인정할 것입니다.

내가 말하고자 했던 것은 이것으로, 나는 알키아티 및 그대에게 나의 입장을 분명히 하고자 함입니다. 왜냐하면 나는 그대가 알키아티에 대한 순수한 열정으로 인해 더욱 반대편의 입장에 기울어서 내가 알키아티 편에 서지 않았다는 사실을 비난할까 두려웠기 때문입니다. 사실 나는 그대가 얼마나 열정적으로 그에 대해 칭찬하곤 했는지 알고 있습니다. 아무런 의심 없이 가장 탁월한 선생에게 최대의 감사를 표하는 학생으로서 말입니다.

그러나 최근 우리의 대화와, 보다 앞선 우리의 빈번한 편지들[8]을 통해 나는 그대가 레투알—그대도 그의 강의를 들었거니와—에 대해서 얼마나 훌륭한 견해를 갖고 있는지, 그리고 그에 대해서 얼마나 존경스럽게 생각하는지를 알게 되었습니다. 그러므로 나는 그대가 이 논쟁에 어떤 종류의 편견도 끌어들이지 않을 것이라고 생각합니다. 이것은 우리의 친구 뒤슈맹이 그 자신의 판단에 따라서 이 문제의 변호에 착수했음을 그대가 충분히 잘 알고 있기 때문입니다. 그대에게 뒤슈맹은 학업에서 꿰뚫는 통찰력과 그리고 무엇보다 중요한 철저하게 정확한 판단력을 가진 매우 사려 깊은 인물로서 알려져 있습니다. 문학을 완벽하게 교육받은 그는 지금은 법학에 전념하고 있습니다.

당면한 문제와 관련해서 범속하지 않은 독자들, 적어도 법의 비밀에 보다 깊이 들어간 독자들에게는 자유로운 판단이 있을 것입니다. 매우 학식 있는 코낭이여, 진실로 평민 중 하나가 아니라 보다 깊은 학식으로 인해 평민의 대열 밖에 있는 인물로서 판단해야만 합니다. 나는 이 문제가 그대 자신뿐만 아니라 모든 진지한 독자의 호의적인 판단을 받아 마땅할 정도로 확실한 종류의 것임을 믿습니다.

안녕히 계십시오. [1531년] 3월 6일, 파리에서.

---

8) 프랑수아 드 코낭과 주고받은 편지들은 현존하지 않는다.

3

프랑수아 다니엘이 칼뱅에게

[1531년][1] 3월 7일. 오를레앙에서 [파리로]
CO, Xb, 18; Herminjard, II, 408; COR, VI/I, 47

니콜라 뒤슈맹에게 쓴 자네의 편지[2]를 끝까지 읽었네. 자네는 편지 끝에 내가 약정된 식사에 참석하지 않고 인사도 없이 떠난 것을 원망하고 있더군. 나는 실로 마음이 아프지만 내 잘못을 인정한다네. 출발을 다음 날로 미뤘더라면 좋았을 텐데! 자네가 뒤누아Dunoi의 법무관[3]에게 쓴 내 편지들을 통해 그럴 수밖에 없었던 나를 이해할 수 있을 거야. 나는 다만 자네가 오기만을 간절히 바라고 있네. 그래서 우리가 만난다면 뒤슈맹의 중재를 통해 따질 수 있을 것이네.

안녕히. 클레리Cléry 성당의 참사 회원인 장 코프[4]에게 안부 전해 주게. 또한 우리의 부르디나이우스[5]도 그에게 문안한다네.

오를레앙에서, [1531년] 3월 7일.

---

1) COR 편집자는 Herminjard와 CO 편집자들이 정한 1532년을 1531년으로 수정할 것을 제안했다. 우리는 COR을 따른다.
2) 이 편지는 분실되었다.
3) 뒤누아라는 말을 Herminjard는 사람 이름(부르주 서남쪽 재판장인 Dun-le-Roi)으로 보고 있고, Doinel("Ce à Orléans, date précise de sonséjour d'après des documents inédits" in BSHPF 26/1877, 177)은 지역 이름으로 보았다. 우리는 COR의 편집자를 따라 후자의 입장을 취하였다.
4) 장 코프는 오를레앙에서 칼뱅의 동료 학생으로 니콜라 코프의 동생이요, 기욤 코프Guillaume Cop의 아들이었다. 칼뱅이 파렐에게 보낸 1545년 편지(CO, XII, 64)에 나오는 미셸 코프 역시 기욤의 아들이다.
5) Petrus Burdinaeus(Pierre Bourdineau). 그는 바조슈Bazoches의 영주였다.

나는 브로사이우스[6]와 레기우스[7]에게 내 편지들과 더불어 부르주로 보내는 책 묶음을 주었네[8]. 자네의 이름으로 그들 모두에게 문안했다네.

6) **Brossaeus**(L). Herminjard는 그를 훗날 뇌샤텔에서 목회하는 마튀랭 드 라 브로스Mathurin de la Brosse 로 추정하였다.
7) **Regius**. 여러 의견들이 있었지만 그 가운데 Herminjard가 제시한 1534년에 부르주에 있었던 법학자 니콜라 르 루아Nicolas le Roy일 가능성이 제일 크다.
8) 다니엘은 약속대로 칼뱅이 부르주로 보내 달라고 한 책 묶음을 보냈다. 이 편지가 쓰인 연대를 1531년으로 볼 때 책 묶음은 뒤슈맹의 *Antapologia*(칼뱅이 쓴 이 책의 서문은 1531년 3월 6일 자로 되어 있음) 사본들과 〈세네카 '관용론' 주석〉 사본들이었으리라 짐작할 수 있다.

4
칼뱅이 니콜라 뒤슈맹에게[1]

[1531년][2] 5월 14일. 누아용에서 [오를레앙으로]
CO, Xb, 7; Herminjard, II, 331; COR, VI/I, 50; CSW, I, 25

난 여태껏 자네가 우리의 사정과 형편이 어떠했는지 명확히 알지 못했다고 생각하네. 그렇기 때문에 자네는 적어도 다음의 사실을 기꺼이 인정해야만 하네. 지금까지 나와의 서신 왕래의 빈도에 대해 자네가 나에 대해 다소 지나치게 마음 쓰는 사람-굳이 성가실 정도였다고는 말하지 않더라도-으로 알고 있었다는 사실을 말이야.[3] 그리고 내 성실성은 나를 전혀 용서받지 못하게 만들 만큼 몹시 위태로운 상태는 아니라네. 차분하게 심사숙고한 뒤, 난 다음과 같은 결론에 이르게 되었어. 즉, 자네가 오랜 친분과 매일의 교제 가운데 내게 품어 왔던 모든 존경심이 한순간에 사라질 수는 없다는 것과 자네의 성품이 빈틈없을 뿐만 아니라 너무도 상냥하고 정중하기 때문에 자네를 섣불리 판단하는 것보다 경솔한 짓은 없다는 것이라네. 이러한 심사숙고 끝에 나는 자네의 호의를 회복할 수 있을 거라는 확신을 갖게 되었네. 자네에게 부탁하네.

---

1) 니콜라 뒤슈맹은 프랑수아 다니엘과 마찬가지로 오를레앙 사람이다. 그는 칼뱅보다 연상으로 자신의 집에 하숙생들을 받았는데 칼뱅도 한 번 이상 그의 집에 머물렀고, 뒤에 등장하는 베즈도 하숙생으로 머물렀다. 칼뱅과 뒤슈맹의 우정은 이 편지 마지막 부분의 "내 생명보다 더 소중한 나의 친구여!"에서 잘 드러난다. 칼뱅은 개혁자가 된 뒤 그를 생각하며 〈두 서신〉(《칼뱅 작품 선집》 2권, 197-322) 가운데 첫 번째 서신인 〈교황 제도의 의식들과 미신들을 어떻게 멀리하고 기피해야 하는지, 그리고 기독교의 순수한 준수에 대해서〉를 공개적으로 썼다.
2) CSW가 따르는, 피에르 다니엘이 정한 추정 연대인 1528년은 더 이상 인정되지 않는다. Herminjard 와 CO 편집자들 모두 이 서신이 쓰인 연도를 1531년이라고 보고 있다.
3) 이 내용으로 보아 두 사람이 친구로 지낸 지 이미 오래되었음을 알 수 있다. 따라서 이 편지가 쓰인 연도가 그들 관계의 초기에 해당되는 1528년이 아님을 짐작할 수 있다.

이제 몇 마디 말로 이렇게 지체되는 이유를 변명할 테니 받아 주길 바라네. 내가 떠날 때에[4] 빠른 시간 내에 되돌아오겠다고 한 약속은 그 약속을 지킬 수 있기를 나는 바랐지만 훨씬 더 오랫동안 나를 마음 졸이게 했네. 왜냐하면 내가 진지하게 자네들에게 돌아가려 했을 때 내 아버지[5]의 병환이 이 지체를 야기했기 때문이네. 그러나 얼마 후 의사들은 아버지의 건강이 곧 회복될 것이라며 내게 희망을 주었고 나는 자네에게로 다시 합류하기만을 간절히 소망했네. 아니, 그 전에 이미 그렇게 하려고 매우 강하게 마음먹었고, 며칠을 사이에 두고는 그 마음이 더욱 커졌지. 하지만 결국 회복의 가능성이 없었고 죽음이 가까이 온 것이 확실해질 때까지[6] 의무감에서 비롯된 내 기다림은 연장되었어. 무슨 일이 일어나든 간에 난 자네를 다시 만나게 될 거야.[7]

프랑수아 다니엘과 필리프[8], 그리고 자네의 모든 가족들에게 안부를 전해 주게. 자네 벌써 문학과 교수들 중에 자네 이름을 신고했는가?[9] 수줍음 때문에 자네가 게을러지지 않기를 바라네.[10] 잘 있게. 소중한 뒤슈맹, 내 생명보다 더 소중한 나의 친구여!

[1531년] 5월 14일. 누아용에서.

---

4) 칼뱅이 1531년 2월 오를레앙에서 파리로 가서 뒤슈맹의 *Antapologia*를 보고 거기서 부친의 병환 때문에 누아용으로 갔거나, 아니면 3월에 오를레앙으로 돌아와서 거기서 누아용으로 갔거나 둘 중 하나다(COR).

5) 제라르 쇼뱅 또는 코뱅˚. 칼뱅의 아버지로 잔 르프랑Jeanne Lefranc과 결혼하여 4남 2녀를 낳았는데, 장 칼뱅은 둘째였다. 칼뱅이라는 이름은 라틴어명인 Calvinus에서 기원한다. 베즈의 *Vita calvini*에 따르면, 제라르 코뱅은 엄격한 도덕성을 가졌으며 탁월한 이해심과 판단력을 지녔다.

6) 이 부분을 통해서 제라르 코뱅이 이 해에 죽었다는 것을 확실히 알 수 있다. 부친의 죽음은 칼뱅으로 하여금 결정적으로 부르주를 떠날 결심을 하게 했다. 그것은 곧 학문 전향을 의미한다. 칼뱅의 관심사는 고전 문학에 있었다.

7) 칼뱅은 약속대로 오를레앙에 갔으나 그곳에서 며칠밖에 머무르지 않았다. 이것은 다음 편지가 쓰인 때와 장소가 6월 27일 파리인 것을 통해 알 수 있다.

8) 필리프 로레˚. 피에르 다니엘은 각주에 "Philippus Lauraeus, bibliopola Aurelianensis"라고 기록했다.

9) 이 말은 뒤슈맹이 문학과 교수였다는 의미가 아니라, 앞에서 본 그의 *Antapologia*의 문학적 성격에 대한 암시이다. 다음 문장과 연결시켜 볼 때 이 말이 그 책과 관련되어 있음이 더욱 분명해진다.

10) 뒤슈맹은 그 작품을 쓴 지 약 2년이 지난 뒤에야 출판했다.

5

칼뱅이 니콜라 뒤슈맹에게

[1532년 초[1] 파리에서 파리로]
CO, Xb, 16; Herminjard, II, 392; COR, VI/I, 52

친애하는 니콜라, 내가 또다시 자네의 시간을 빼앗지나 않을까 염려할 정도로 자네를 귀찮게 하더라도, 어쩔 수 없네. 자네에게 만큼은 허물없이 이야기할 수 있을 것 같기에, 나에 대한 자네의 너그러움을 믿고, 오직 자네만을 의지하겠네. 내 형[2]－나는 내 채무자들이 청산한 돈을 그가 갖고 있음을 알고 있다네－은 늘 그랬듯이 태만하여 내 기대를 무시했다네. 이제는 하루에 한 시간도 채 견디지 못할 만큼의 궁핍이 나를 압박하고 있지. 만일 자네가 나서서 이 궁핍을 막아준다면 자네는 경험해 보지 않는 이상은 생각할 수도 없는 곤경에서 진정 나를 건지게 될 걸세. 내게는 두 크로네[3]가 필요하다네. 아마 코프[4]는 우아한 침실 가구 때문에 모든 것을 다 바닥내지 않았더라면 내게 그것을 보냈을 거야. 다른 사람들은 우리에게서 너무 멀리 떨어져 있네. 시간만 있다면 나를 압박하는 일을 위해 그들에게 다녀올 수는 있겠지만 말일세. 안녕히.

오래 걸리지는 않을 거야. 바라건대 주말에 자네는 [내] 이름을 [자네의 채무자 명단에서] 지울 수 있을 걸세.

---

1) 1531년 6월-1532년 4월(COR).
2) 여기서 형제를 의미하는 frater는 파리에서 칼뱅과 함께 살던 동생 앙투안이 아니라 누아용에서 그의 대리인이었던 형 샤를이다(Herminjard).
3) coronati. 당시 유럽 국가들의 화폐 단위이다.
4) 칼뱅은 프랑수아 1세의 수석 의사인 기욤 코프의 가정과 친분이 있었던 바, 그 아들들 가운데는 훗날 파리 대학 총장이 되는 니콜라와 제네바로 피신하는 미셸, 그리고 클레리의 참사회원이자 오를레앙 학창 시절 칼뱅의 동료였던 장이 있다. COR 편집자는 이 서신에 언급된 '코프'를 장 코프로 여기고 있다(서신 3 각주 4 참고).

6
칼뱅이 프랑수아 다니엘에게

[1532년][1] 1월 18일. [파리에서 오를레앙으로]
CO, Xb, 15; Herminjard, II, 397; COR, VI/I, 54; CSW, IV, 30

　자네의 남동생 로베르의 편지에 좀 더 빨리 답하고 싶었지만 그건 내 능력 밖의 일이었다네. 왜냐하면 그 편지는 11월 중순경에 배달됐고, 곧이어 나는 2주간의 여행을 떠나야만 했기 때문이지. 편지 배달인의 병도-그는 위험한 병에 걸려 리옹에서 약 12일간 앓아누워 있었다는군-그 편지가 내게 속히 배달되는 것을 방해했네. 그러는 동안에 장날[2]은 지났고, 나는 편지를 빨리 보낼 수 있는 호기를 놓쳐 버렸네.

　자네의 남동생에 대해 얘기하자면 대충 다음과 같네. 난 모든 방법을 동원해서라도 그가 우리와 함께 머무르게 하려고 애썼네. 그가 특별한 이유도 없이 성급하게 그러기를[우리와 함께 머무는 것을] 포기했거나, 그러지 않기로 결심했다는 것을 확인한 후에 고향으로 돌아가도록 설득해야겠다고 생각했네. 그리고 때때로 그가 그러한 설득은 소용없다고 말했을 땐, 나는 당분간 그 흥분이 어느 정도 가라앉을 때까지 양보하는 편이 더 낫겠다고 생각했지. 나는 그가 갑자기-그런 걸 도무지 생각해 보지 않았기 때문에-이탈리아로 떠나고 나서야 어느 정도 그것[양보해야 한다는 것]을 인정했다네. 난 자네 동생과 그의 친구가 저녁 식사에 올 거라고 예상했다네. 왜냐하면 그날의 저녁 식사는 그 문제에 대해 이야기를 나누기 위해 약속한 자리였거든. [하지만] 그들은 나타나지 않았네. 하루

---

1) CSW 편집자는 피에르 다니엘의 추정 연대에 따라 1530년으로 잡았으나, CO 편집자와 Herminjard는 1532년으로 정했다.

2) nundinae는 로마력에 따라서 9일마다 로마에서 열린 시장을 의미한다. 당시 리옹에서는 연 4회(부활절 후 두 번째 월요일, 8월 4일, 11월 3일, 예수 공현일 후 첫 번째 월요일) 각 2주간씩 장이 섰는데, 칼뱅이 말하는 장은 11월 3일에서 18일까지의 장이다.

종일 그들이 나타나지 않자, 나는 내가 뭘 모르고 있는 건 아닌지를 의심하기 시작했지. 숙소로 사람을 보내자마자 그가 이미 떠나 버렸다는 소식이 되돌아오더군. 자네도 알고 있는 페트루스[3]가 그들과 1-2마일 정도 동행했다가 4시경에 숙소로 돌아왔네. 그러므로 자네나 자네 친지들의 바람과는 전혀 다른 일이 일어났더라도 나를 나무라지는 말게. 나는 자네의 남동생이 자네들의 바람과는 전혀 달리 더 멀리 벗어나는 일이 일어나지 않도록 전력을 다했으니 말이야.

잘 있게. 모두에게 안부 전해 주게나. 주님께서 자네들 모두를, 특별히 자네의 가정을 지켜 주시길 비네.

[1532년] 1월 18일, 파리에서.[4]

내 여동생 마리 뒤 마레[5]에게 보내는 편지를 전달해 주는 수고를 자네가 좀 맡아 주게나.

---

3) Petrus ad Vincula. CO 편집자는 뇌샤텔의 인쇄업자가 되는 피에르 드 뱅글Pierre de Wingle(=Vingle)을 제안하였다. 사실 그는 이때 리옹에 있었다(COR).
4) Ex Acropoli, 15 Calend. Februar. 편지 내용을 분석한 COR 편집자는 날짜를 1월 18일로 수정한다(55).
5) Marie Du Marais는 Maria Paludanae의 프랑스식 이름이다. 칼뱅에게는 마리라는 이름의 누이가 있었다. 만일 동일 인물이라면, 남편의 성을 붙인 것으로 볼 수 있다.

7
칼뱅이 클로드 드 앙제스트에게[1]

〈세네카 '관용론' 주석〉 헌정 서한
1532년 4월 4일, 파리에서 누아용으로
CO, V, 5/CO, Xb, 19; Herminjard, II, 410; COR, VI/I, 60

매우 거룩하고 지혜로운 성직자이시며, 누아용의 성 엘루아 수도원장이신 클로드 드 앙제스트에게 드리는 헌정 서문.

지극히 탁월하신 수도원장님, 오늘날 조금이라도 보다 숙련된 재능을 갖고 태어난 사람들이 거의 모두 서둘러 그들의 재능의 기록들을 출판함으로써 후대에 저명한 이름의 기억을 물려주기 위해, 뛰어난 명성에 대한 야망에 사로잡혀 경쟁적으로 등장하고 있습니다. 이것은 결국 그들에게 영광스러운 칭찬이 될[지 모르나], 후손을 생각한다면 큰 망신이 아닐 수 없습니다.

실로 자신들의 재능을 억제할 줄 아는 사람은 소수입니다. 이로부터 무엇인가 쓰고자 하는 광적인 방종이 나오는 바, 이것은 즉시 후회라는 동료를 동반합니다. 그럼에도 불구하고 그들은 이 일에 있어서 사악하게 계산하되, 독자들이 호의적인 평가를 내릴 수 있도록 그들의 환심을 사기 위해 노력합니다. 실로 그들은 독자들의 너그러움을 아낌없이 활용합니다. 어떤 이들은 젊은 시절의 초학

---

1) 이 편지는 칼뱅이 〈세네카 '관용론' 주석〉 서문으로 붙여 놓은 것이다(〈칼뱅 작품 선집〉 1권 참고). 칼뱅과 앙제스트Hangest 가문과는 인연이 깊다. Michel Reulos는 기존의 지식에 수정을 가하였다("Les attaches de Calvin dans la région de Noyon" BSHPF 110/1964, 193-201). 칼뱅이 누아용과 파리에서 같이 공부한 사람들은 루이 드 앙제스트의 아들들인 조아생Joachim과 이브Yves이고, 1526년 부터 누아용의 성 엘루아 수도원장이 된 클로드 드 앙제스트°는 장 드 앙제스트와 더불어 아드리앙Adrien 드 앙제스트의 아들이다. 한편 누아용 주교이자 아드리앙의 형제인 샤를 드 앙제스트는 칼뱅의 부친인 제라르 코뱅을 고용하였고, 1521년에는 칼뱅에게 성직록 혜택을 주었다. 칼뱅은 그의 조카들과 함께 파리로 갔다.

을 구실로 삼고 또 어떤 이들은 그들이 막 시작한 책들이 친구들에 의해 완력으로 강탈되었다고 핑계를 대며, 또 다른 이들은 마치 누군가가 자신들을 대중 앞에 구경거리로 불쑥 드러내기나 한 듯이, 실수에 대해 용서를 청하기 위해 뭔지도 모르는 시시껄렁한 소리를 지껄입니다. 그러나 나는 때가 되기 전에 자식을 낳느니, 아예 낳지 않는 편이 더 낫다고 생각합니다. 다시 말해서 미숙아를 버리기보다는 차라리 낳지 않는 편을 더 좋아합니다. 그렇지만 나 역시 너그러운 독자들뿐 아니라 신중한 독자들이 나의 방식과 계획을 받아들일 수 있도록 하기 위해 무엇인가를 꾸며야 합니다. 이것은 평범한 민중의 하나로서 보잘것없는 학문을 하는 내가, 유명해질 어떤 소망을 불러일으킬 수 있는 것이 내 안에 아무것도 없기 때문에 더욱 그러합니다. 사실 내가 알려지지 않았다는 이 의식이 지금껏 나로 하여금 드러내는 것을 삼가게 했던 것입니다.

먼저 우리의 이 주석은, 그것이 어떻다 하더라도 장차 대중을 수용하리라는 소망에서 준비한 것은 아닙니다. 하지만 그때 이미 나는 출판에 대한 생각을 품고 있었으므로 학문에의 열정으로 계속 전진했습니다. 마치 내가 한가롭고 무료하게 유쾌한 일을 즐기듯 일 또한 그런 식으로 즐기지 않도록 말입니다. 아직 중간에도 이르지 않은 주석을 정직하고 믿을 만한 몇몇 친구들에게 읽어 주었을 때, 그리고 그들이 늘 그랬듯 소박하고 솔직하게 평가해 주었을 때, 이 주석이 출판될 경우 고마운 마음 때문에 대놓고 싫어지지는 않을 종류의 [책이 되리라는] 어떤 소망을 가질 수 있었습니다. 특히 나의 친구 코낭[2]의 권위가 의미 있었는바, 내 계획이 서고 무너지는 것은 그 한 사람에게 달려 있습니다. 그는 매우 신중하고 명료한 사람입니다. 덧붙여 최고의 저자가 많은 사람들에 의해 비천하게 되고, 거의 아무런 지위에 있지 못하는 것을 내가 심히 부당하게 여긴다는 것을 고려하십시오. 오랫동안 어떤 탁월한 투사가 일어나 그를 존엄의 자리에 복귀시키기를 간절히 바랐을 정도로 말입니다. 만일 내가 이 일을 어느 정도 성취한다면, 그 많은 노력이 헛되이 낭비된 것으로 여기지 않을 것입니다. 분명 문학의 두 번째 영광이요 총아(primae deliciae)인 에라스무스[3]가 이 영역에서 두 번씩이

---

2) 서신 2 각주 1 참고.
3) 칼뱅은 〈세네카 '관용론' 주석〉에서 기욤 뷔데를 "오늘날 프랑스를 위해 학문의 영예를 요구해 온, 문학의 첫 대들보요 광채를 더해 주는 인물"이라고 평했다(《칼뱅 작품 선집》 1권, 83). COR 편집자는 literarum alterum decus의 alter를 '두 번째'라는 의미로 보지 않고 질적으로 유사한 '또 다른'의 의미로 본다. 그 근거로 그는 칼뱅이 알고 있었을 *Panegyricus latini*(8, 14, 2)의 표현-Fronto,

나 땀을 흘렸지만,[4]-그의 눈을 피한 어떤 것들이 있는바 반감 때문에 한 말이 아님-우리가 처음으로 그것에 주목했습니다.

나로 말하자면, 저자에 대해 적게 말하는 동안 내 재능의 결함으로 인해 그에 대한 최고의 칭찬을 약화시키거나 않을까 두렵습니다. 또한 그에 대한 합당한 칭찬으로 일의 대가를 얻고자 함도 아닙니다. 다만 그 자신이 스스로 부족한 칭찬을 초래하는 듯 보이지 않기만을 바랄 뿐입니다. 만일 세네카의 어떤 작은 생각이 많은 사람들의 마음을 차지하여, 이미 고정된 편견-즉 세네카의 장점들이 웅변에서는 아무것도 아니고, 철학에서는 장점들이 단점들 가운데 감춰져 있기에 수와 무게에 있어[양과 질에 있어서] 빈약하다는-이 되지만 않았던들 나는 철저히 침묵했을 것입니다. 그들[5]은 이렇게 주장합니다. "쿠인틸리아누스[6]도 인정된 저자들의 목록에서 그를 말소하기 위하여 모든 종류의 웅변 속에서 그에 대한 언급을 의도적으로 보류하고 있다." 그들은 또 말합니다. "겔리우스[7]도 다른 이들의 말로, 하지만 더 많은 자신의 판단으로, [세네카를] 철저히 쓸모없는 작가라고 선고한다." 나는 매우 예리하고 명석한 판단력의 소유자인 쿠인틸리아누스를 감히 공개적으로 논박할 생각은 없습니다. 그러나 나는 그들이, 쿠인틸리아누스 역시 사람이기에, 그가 세네카를 충분히 성실하게 다루지 않았거나, 그의 무례한 행동을 보복하려 했다는 사실을 알기를 바랍니다. 세네카가 웅변 연습에 대해in declamationibus 노인 쿠인틸리아누스를 그가 받기에 합당한 존경보다 못하게 취급했고, 쿠인틸리아누스의 이 광채를 흐리게 했기[8] 때문입니다. 겔리우스의 유명한 분노가 세네카에게 퍼부어진 것은, 만일 이 사람들이 그것을 명백한 사실로 여긴다면, 그들은 심하게 잘못하고 있습니다. 실로 겔리우스가

Romanae eloquentiae non secundum, sed alterum decus(로마 웅변의 두 번째가 아니라 또 다른 영광인 프론토)-을 인용하면서 칼뱅은 에라스무스를 키케로와 같은 수준에 두었다고 주장한다. 그에 따르면 이 문장은 뷔데와 비교하는 문장이 아니다.

4) 에라스무스는 1515년과 1529년에 세네카의 이 작품을 출판한 바 있다.

5) 키케로학파 사람들을 암시한다.

6) Marcus Fabius Quintilianus(30-100년경). 로마 웅변가로 *De institutione oratoria* (웅변교수론)이 대표작이다.

7) Aulus Gellius(130년경 활동). 로마의 석학으로 Fronto의 제자다. 대표작으로 〈아티카의 밤〉이 있다.

8) COR 편집자는 칼뱅이 키케로의 글(*Brutus* 17, 66)을 암시한다고 보고, obstruo를 obstruct (Battles/Hugo의 번역)가 아닌 obscure로 번역할 것을 제안하였다.

걷잡을 수 없는 광기로 세네카를 공격했으며 이점에서 가혹하기보다 더욱 모욕적이었음을 모르는 사람이 없습니다.

쿠인틸리아누스와 겔리우스가 어떻게 생각했든지 간에 질투와 편견-일반적으로 진리와 싸우는 두 가지 것-없이 판단할 수 있었던 후대 사람들은 그[=세네카]를 라틴 문학의 으뜸가는 대가들 가운데 두었습니다. 쿠인틸리아누스가 별 노력 없이 유령과 싸우는 것은 용이했습니다. 왜냐하면 죽은 사람이 산 사람을 물어뜯을 수는 없기 때문입니다. 마찬가지로, 훼방하는 것은 살아서 보는 자에게도 허락되지 않았습니다. 쿠인틸리아누스가 세네카에 대한 찬사를 전혀 남기지 않은 것은 아니었습니다. 그는 마지막 남은 기억으로 라틴 연사들을 나열하면서, 모든 사람들 가운데서 유일하게 세네카의 문체의 풍부함을 칭송했습니다.

그런데 여기서 말을 낭비하는 이유가 무엇입니까? 이유는 명백합니다. 나로 말하자면, 내 의견을 공공연히 주장하는 것에 대해 짜증 내지 않을 것입니다. 이것은 독자들을 무슨 거룩한 의무로 묶어 두기 위해서가 아닙니다. 우리의 판단을 원하는 사람들은 굳건할 것이나, 다른 사람들은 자신들을 스스로 보살피거나 아니면 보다 전문적인 사람들 가운데서 재판관을 선정할 것입니다. 내가 아는 한 이 사람[세네카]은 지극히 박식하고 웅변이 뛰어난 인물이었습니다. 사실 그러한 다작의 천재가 자신의 손이 미치는 곳에서 가져올 수 없었던 학문의 영역이 무엇이겠습니까? 그는 그리스인들이 물리학이라고 부르는, 철학의 일부에 속하는 자연의 신비에 대해 완벽하게 알았습니다. 윤리에 몰두할 때는 그 분야에서 최고로 군림하며 마치 자신의 경기장을 달리는 듯했습니다. 웅변 연마에 관해서는 수사학을 충분히 갖추었습니다. 또한 필요한 경우엔 언제나 고대사를 기억했습니다. 비록 그가 자신에게 지나치게 관대함으로써 이따금 실수를 하긴 했지만 말입니다. 그러나 그때 역시 깔끔하고 잘 다듬어진 연설은 확실히 자기 시대의 냄새를 풍겼습니다. 말하는 방식은 우아하고 화려했으며, 문체는 자연스럽고 불안 없이 흘러갔습니다. 또한 그는 철학자에게 어울리는 중용을 늘 지켰습니다. 하지만 그가 이따금씩 두각을 나타냈기 때문에 만일 그가 욕망을 품었더라면, 그가 가진 숭고한 천재적 소질이 더 많이 드러났을 것입니다. 거의 대부분의 사람들이 그의 언어가 현란하며 신랄하다고 비난합니다. 나도 그 부분에 대해서는 인정합니다. 그리고 쿠인틸리아누스가 세네카에게 넘쳐흐른다고 주장하는 이 과다함을 달콤한 결점[9]이라고 해석합니다. 내가 아쉬워하는 것은 [말의]

---

9) 쿠인틸리아누스도 이 말을 썼다. "abundant dulcibus vitiis" (*Institutio oratoria*, 10, 1, 129).

짜임새이지 웅변의 마지막 광채가 아닙니다.

그러나 우리가 그의 단점의 무게를 장점과 더불어 재어 본다면, 단점이 얼마나 적은지요! "일찍이 어떤 천재도 [너그러운] 용서 없이 갈채를 받은 적이 없다."는 말이 떠오릅니다.[10] 나는 더 이상 이 문제에 머무르기를 원치 않습니다. 다만 단 한 번, 이 말만 하게 하십시오. 우리의 세네카는 로마의 철학과 웅변의 기둥인 키케로를 잇는 바로 다음[11] 사람이었습니다. 왜냐하면 브루투스와 동시대 사람들이 우리에게서 사라져 버렸기 때문입니다.[12] 그[=세네카]를 읽는 데 상당한 시간을 들인 사람들은 이 사실을 경험으로 알고 있으며, 그로 말미암아 유익과 기쁨을 동시에 가집니다. 나는 누구도, 최소한 그가 학문의 여신Musa과 미의 여신Gratiae을 증오하면서 태어나지 않은 한, 이 읽는 수고의 비용을 후회하지 않으리라고 장담합니다.

매우 저명한 클로드여. 그대는 [내가] 그대에게 건방 떨며 증명한 세네카의 재능들에 대해서 들을 필요가 조금도 없었습니다. 왜냐하면 그대가 이 모든 것에 대해 너무도 잘 알고 있어서, 어떤 설교자도 전혀 필요 없을 정도라고 여기기 때문입니다. 그대는 그대 자신 안에 그리고 집에서도, 사람들이 말하듯이 활발하고 관대한 신사적 성품-이것으로 그대가 알려진-을 갖고 있습니다. 또한 날카로우면서 안정된 판단력과 잘 저장해 두고 또 믿을 만한 기억력을 갖고 있으며, 이 모든 것에 이런 연구에 대한 철저한 훈련을 덧붙일 수 있습니다.[13] 말하자면, 이런 의논 상대자들에게 의지하면서 그대는 **참된 근원**mint**과 거짓된 근원 사이에 무슨 차이가 있는지**, 그리고 라틴 언어의 얼마나 많은 부분이 세네카에게 의존하고 있는지를 쉽게 분별할 수 있을 것입니다.

그대의 보호를 부탁하는 우리의 이 주석을, 그대에게 바치고 헌정하는 것이 너무도 당연한 우리 수확의 첫 열매로서 외에는 달리 받지 마십시오. 이것은 나

---

10) Seneca, *Epistolae morales*, 114, 12.

11) alterum에 대해서는 각주 3을 보라.

12) 율리우스 카이사르를 암살한 것으로 알려진 브루투스(Marcus Junius Brutus, B.C. 85-42년)와 상당한 문학적 성취를 한 사람들로, 우리가 그들의 작품들을 대할 수 없다는 뜻으로 보인다. 여기에서 secundum은 두 번째 항렬의 의미가 아니라 이어지는 다음 세대의 의미를 갖는다. 왜냐하면 키케로(B.C. 106-43년), 브루투스(B.C. 85-42년), 세네카(B.C. 55-A.D. 65년 : 세네카 1세와 2세를 한 사람으로 본 연도)로 이어지는 계보에 브루투스의 작품이 소실되었기 때문이다.

13) 클로드 드 앙제스트는 그가 오를레앙에 머무는 동안 니콜라 뒤슈맹의 지도하에 법학을 공부했다.

의 나 된 모든 것과 내가 가진 모든 것이 그대에게 빚진 것이기 때문일 뿐만 아니라, 나아가 내가 소년이었던 당시 그대의 집에서 교육받고 그대와 함께 같은 공부를 시작했을 때, 내 삶의 첫 교육과 문학에 있어서 매우 고귀한 그대 가정의 은혜를 입었기 때문입니다.[14]

나는 그대에게 내 근면의 [열매]를 받아 달라고 애쓰지는 않을 것입니다. 나에 대한 그대의 특별한 너그러움을 알기 때문에, 이미 고맙게도 그것을 오랫동안 받아 왔음을 압니다.

다른 독자들은 이것을 어떻게 받을지 알 수 없지만 모든 사람을 만족시키지는 못한다 하더라도, 적어도 가장 훌륭한 비평가들의 가장 나쁜 견해들을 내게 가져오지는 않으리라고 확신합니다. 그렇게 다양한 기호와 성격들이 공존하는 곳에서 모든 사람들을 만족시키려고 시도하는 것은 곤란한 일이며, 어쩌면 나쁜 일이기까지 합니다. 그리하여 나는 내게 남겨진 유일한 길, 곧 가장 훌륭한 사람들을 만족시키는 길을 선택하기로 결심했습니다. 이 일을 수행함에 있어서 나의 성공 여부는 다른 이들이 판단하도록 합시다. 왜냐하면 나는 내가 교만하다는 인상을 불러일으킬까 두려워, 나 자신에 대해서 감히 자랑스러운 약속을 하지 못하기 때문입니다.

안녕히 계십시오. 우리 구원의 해, 1532년 4월 4일.

---

14) 테오도르 드 베즈는 이 점에 대해 이렇게 말한다. "(칼뱅의) 부친은 판단력과 분별력이 있는 인물이어서 주변 영주들의 가문에서 필요로 했다. 이런 이유에서 그의 아들은 부친의 희생의 대가로, 보다 낮고 자유스럽게 몽모르 가문의 자녀들과 어울리며 성장했다. 그는 파리에서 공부하기 위해 그들과 동행했다(칼뱅의 〈여호수아서 주석〉 서문, 제네바, 1565)." 각주 1을 참고할 것.

8

칼뱅이 [필리프 로레]에게[1]

[1532년][2] 4월 22일, 파리에서 [오를레앙으로]
CO, Xb, 19; Herminjard, II, 417; COR, VI/I, 66; CSW, IV, 31

이제 주사위는 던져졌네.[3] 세네카의 책 〈관용론〉에 대한 내 주석이 출판되었
네.[4] 자비로 말일세.[5] 자네가 상상하는 것보다 더 많은 비용이 들었고[6] 지금 그
비용을 다시 메우기 위해서 애를 쓰고 있는 중이라네. 이런 사정으로 몇몇 교수
들에게는 그 책을 읽어 줄 것을 간청했고, 부르주에 있는 한 친구[7]에게는 학교에
서 이 책에 관한 공개 강의를 위해 강단에 서도록 권하기도 했네.

자네 역시 부담이 되지 않는다면 무엇인가 내게 호의를 보여도 괜찮으이. 아
마도 자네는 우리의 오랜 우정을 이유로 그렇게 할 수 있을 테지. 특히 자네는
자네의 명성에 어떠한 손상도 입히지 않고 나를 위해 애를 쓰는 것이니까 말이
야. 게다가 자네의 수고는 어쩌면 공익을 위한 것일 수도 있다네. 만일 자네가
그러한 호의로서 나를 돕기로 결심한다면 자네에게 100권, 혹은 자네가 원하는
만큼 책을 보내 주도록 하지.

---

1) Herminjard는 이 편지의 수신자를 프랑수아 다니엘로 보았으나 Battles/Hugo(387-391년)는
   Hendrik Wagenvoort 교수의 제안을 받아들여, 수신자를 필리프 로레(또는 필립 뒤 로리에)로 확정
   하고 있다(서신 4 각주 8 참고). 그 근거는 100권의 복사본을 받을 만한 수신자로 서적 관계자가 가장
   적합하기 때문이다. 하지만 강의 교재로 써 달라는 부탁 내용은 서적 상인인 로레로 보기 어렵게 한
   다. 이런 이유에서 COR 편집자들은 수신자를 익명으로 처리하면서, 한편으로는 당시 오를레앙에서
   문학을 강의했던 크리스토프 랑드레(서신 9 각주 5 참고)로 할 것을 제안하였다.
2) 〈세네카 '관용론' 주석〉의 출판 연대이다.
3) "iacta est alea"(Suetonius, *De vita caesarum*, 32).
4) 부친의 죽음 이후 칼뱅은 파리의 콜레주 루아얄을 다니면서 〈세네카의 관용론에 대한 주석〉을 출판하
   였다(〈칼뱅 작품 선집〉 1권 참고).
5) meis sumptibus. 어떤 사본에는 자비를 '털었다(excussi!)'가 첨부되어 있다.
6) 칼뱅이 아버지의 유산을 쓴 것으로 추정된다.
7) Herminjard는 다음 서신에 나오는 아그네투스로 추정하였다.

하지만 이 책은 자네 자신을 위해 받아 두게. 자네가 이 책을 받는다고 해서 내가 부탁한 바를 실행하도록 부담을 주지는 않을 것이네. 우리 사이에는 모든 일이 거북하지 않고 자유롭게 결정되는 게 내 바람이네.

잘 있게. 그리고 내게 곧 회답을 주게. 최근 피네[8]에게 편지를 썼으나 답이 없군. 브로사이우스[9]에게는 오래전에 썼으나 이제껏 소식이 없네. 레기우스[10]에게 그의 것[11]을 가져다주는 이는 그에게 꼭 안부를 전해 줘야 하네.

[1532년] 4월 22일. 파리에서.

---

8) 앙투안 뒤 피네(서신 1 각주 13).
9) 서신 3 각주 6 참고.
10) Regius. 1534년경 부르주에서 법학을 가르쳤던 니콜라 르 루아Nicolas le Roy의 라틴식 이름이다.
11) 〈세네카 '관용론' 주석〉을 의미한다.

9

칼뱅이 프랑수아 다니엘에게

[1532년 4월 말][1] 파리에서 [오를레앙으로]
CO, Xb, 20; Herminjard, II, 418; COR, VI/I, 57; CSW, IV, 32

자네의 편지 두 통은 모두[3] 나로 하여금 거의 같은 말로 같은 주제에 이르게 했네.

나는 성서에 대한 자네의 부탁을 정성껏 이행했는데, 그것을 얻기 위해서는 돈이 아니라 고생이 필요했다네.[3] 내 물건들을 꾸릴 때 그 성경을 내 짐과 함께 넣도록 하지. 내 생각에는 사정이 그때까지 늦춰질지도 모르겠네.[4] 그 나머지에 관해서는 이번엔 자네가 나를 도와야 하네.

세네카의 〈관용론〉에 대한 주석이 마침내 인쇄되었네. 나의 돈과 노력으로 말일세. 들어간 돈은 이제 사방팔방에서 회수해야만 하네. 게다가 내 명예가 굳건히 서는지도 주의해서 살펴야 하지. 자네도 될 수 있는 대로 빨리 편지를 써서 그 책이 얼마나 호의적으로, 혹은 냉담하게 받아들여지고 있는지를 내게 알려 주게나. 그리고 랑드레[5]를 설득해서 [그 책을] 강의하게 해 보게. 자네를 위해 이 책을 한 권 보내네. 그리고 레기우스, 피네, 아그네투스, 브로스, 그리고 바라트라무스[6]를 위해 부르주로 가는 나머지 다섯 권도 맡아 주겠나? 만일 아그네투스

---

1) 4/5월(COR).

2) 이 편지들은 현존하지 않는다.

3) Herminjard는 1530년에 출판된 자끄 르페브르 데타플[*]의 프랑스어 성서(*Le Nouveau Testament*, Anvers)이거나, 아니면 로베르 에티엔[*]이 1528년에 파리에서 펴낸 라틴어 성서로 여긴다. COR 편집자는 후자에 무게를 두었다.

4) 칼뱅 자신이 가지고 가겠다는 의미이다.

5) 크리스토프 랑드레 또는 랑드랭[*]. 오를레앙 출신의 의학 박사로, 그곳에서 문학을 교수하였다.

6) Barrhatramus(누구인지 모름)를 제외한 나머지 인물들은 앞 서신에 등장한 인물들로 보인다. Agnetus라는 이름을 가진 인물은 후에(1539년) 보[vaud] 지방에서 목사로 활동했다(Herminjard). CSW는 Sucket로 표기하였다.

가 강의를 목적으로 이 책을 받을 수 있다면 그는 내게 적지 않은 도움이 될 거네.

뒤슈맹에게 부탁할 때마다 응답이 없기에 그에게는 쓸 말이 없네. 그가 편지를 보낼 때까지 나는 여행을 떠나지 않을 것이네. 육체를 위해 거처를 찾으면서 며칠 동안 추위로 떤다 한들, 그것이 무슨 문제이겠는가! 쿠아파르에 대해서는, 저만 아는 녀석[7]이라는 것 외에 내가 달리 무슨 말을 하겠는가? 또 편지하지. 잘 있게.

[1532년 4월 말] 파리에서.

자네의 어머님과 이모님께도 안부 부탁하네.

---

7) hominem esse sibi natum. 칼뱅이 어쩌면 에라스무스(*Adagia*, ASD 2/8)를 통해서 보았을 이 표현은 플라톤(*Epistola* 9, 358a)과 키케로(*De officiis* 1, 7, 22)에 들어 있다(COR).

10
프랑수아 다니엘이 칼뱅에게

[1532년] 5월 15일, 오를레앙에서 [파리로]
CO, Xb, 21; Herminjard, II, 420; COR, VI/I, 69

우리의 친구 필리프[1]가 자네의 편지를 내게 전해 주었네. 그 편지를 통해서 나는 자네가 자네의 의무[2]를 전혀 소홀히 하지 않았음을 알았네. 자네가 이곳에 곧 오리라고 생각하기에, 자네에게 이것을 보내면서 마음이 놓이네.

다만 한 가지 남은 것이 있다면, 내가 자네의 친절을 보상할 수는 없다 하더라도 자네에게 호의적이고 감사하는 마음을 갖고 있음을 다소나마 보일 수 있는 기회를 살피는 것이지. 나는 자네가 자네를 보호해 줄 거처를 찾을 때 이 점을 시험해 보기를 바라네. 약속하거니와 자네는 자네를 영접할 준비를 갖춘 숙소를 보게 될 것이고, 노천에서 추워 떠는 일은 없을 걸세. 물론 뒤슈맹의 성실성을 의심할 이유는 전혀 없네. 왜냐하면 그가 자네를 위해 공공연하게 많은 것을 보증했기 때문이네. 그러므로 자네는 여행을 준비하게나. 그리고 내 동생[3]과 동행하여, 이곳에 도착할 때까지 그를 돌보아 주게나.

아직 받지는 못했지만 자네의 주석 사본을 내게 선물한 것에 대해 감사하네. 일단 나는 아그네투스[4]와 레기우스[5]에게 갈 편지를 준비하겠네. 실비우스[6]의 집에는 요즘 발렌티우스[7]라 불리는 내 조카가 있다네. 그의 부모 말에 따르면 그는

---

1) 위의 서신 8의 수신자와 관련된 필리프 로레를 말한다.
2) 프랑수아 다니엘은 칼뱅에게 성서를 사 달라고 부탁했다(앞 서신 참고).
3) 두 동생 가운데 로베르 다니엘인지, 자끄 다니엘인지 불분명하다.
4) 앞 서신 참고.
5) 서신 8 각주 10 참고.
6) Franciscus Silvius. Herminjard는 파리의 투르네Tournay 콜레주의 교장이었던 프랑수아 뒤 부아[o]로 보았다. 그의 동생은 파리 의대 교수였던 자끄 뒤 부아[o]이다.
7) Herminjard는 장 바이양 드 라 젤Jean Vaillant de la Guesle이라고 추정하였다.

최근 수사학 강좌에 초청되었다고 하네. 그는 내게 편지를 써서 앞으로의 공부 방향에 대해 의견을 물었네. 여유 있을 때 그가 라틴어에 얼마나 진전이 있는지, 그리고 저 강좌가 가능한지를 알아봐 주게나.

　　　　잘 있게, 내 진실한 친구여. 오를레앙에서, [1532]년 5월 15일.

11
칼뱅이 프랑수아 다니엘에게

[1533년][1] 6월 27일. 파리에서 [오를레앙으로]
CO, Xb, 9; Herminjard, II, 346; COR, VI/I, 71; CSW, IV, 27

이곳에 도착한 다음 날, 여행에 지친 우리는 대문 밖으로 한 발자국도 나갈 수 없었다네. 그 다음 나흘간도 나는 여전히 꼼짝할 수 없을 것 같았고, 결국 친구들과 인사를 나누는 데 몽땅 써 버리고 말았네.

주일[2]이 되어 건강을 회복한 나는 동행하겠다고 나선 코프[3]와 함께 수녀원[4]에 갔다네. 자네의 희망대로 자네의 여동생[5]이 수녀원 생활을 하기 위해 서원할 수 있는 날을 수녀들과 함께 정하기 위해서 말이야. 나는 내 요청에 대한 대답으로, 자네의 여동생이 수녀회로부터 자기 또래의 몇몇 여자들과 함께 통상적인 관례에 따라 성대하게 서약할 수 있는 허가를 얻었다는 이야기를 들었네. 그 가운데는 자네 남동생의 미술 선생인, 오를레앙의 어느 환전상의 딸도 있네.

코프가 수녀원장과 함께 그 문제에 대해 이야기를 나누는 동안, 나는 자네 여동생의 마음을 타진해 보았네. 혹 목을 굽힌 것이 아니라 목이 꺾인 상태로, 우유부단하게 저 멍에를 받아들이는 것은 아닌지 말일세. 나는 그녀에게 마음속

---

1) 피에르 다니엘이 정해 놓고 CSW가 따르는 추정 연대인 1529년은 내용과 전혀 맞아떨어지지 않는다. 한편 Herminjard와 Ganoczy가 추정한 연대인 1531년도 최근 뒤프르의 연구를 통해 1533년으로 수정되었다. Cf. Th. Dufour, 'Calviniana', in *Mélanges offerts à M. Picot*, 2, p. 57f.
2) 6월 22일 주일. 따라서 칼뱅이 파리에 도착한 것은 6월 16일 월요일이 된다.
3) 필경 장 코프(서신 3 각주 4 참고).
4) 파리에서 멀지 않은 빌쥐프Villejuif에 있는 라소세La Saussaye 아우구스티누스 수녀원을 말한다. 이 수녀원은 1161년에 창설되었고 난잡함 때문에 1506년에 개혁 조치가 취해졌으나 결국 1544년에 베네딕투스 수도원으로 바뀌었다(COR).
5) COR 편집자에 따르면 여동생 이름은 클로딘 다니엘이다.

에 갖고 있는 생각을 숨김없이 모두 털어놓으라고 몇 번이고 되풀이해서 권유했네. 나는 지금껏 그렇게 단호하고 각오가 되어 있는 사람을 본 적이 없다네. 그녀의 열망은 돌발적인 그 어떤 것도 받아들일 수 있을 정도로 충분하다네. 자네는 그녀에게서 서약이라는 말을 들을 때마다 인형놀이[6]를 한다고 말했을 거야. 난 그녀를 그녀의 목적에서 돌이키게 하고 싶지 않았네. 왜냐하면 나는 그 목적에 부속되어 있지 않았기 때문이야. 하지만 난 지나치게 자신만의 결정에 의존해서는 안 된다고 그녀에게 몇 마디 훈계를 했네. 스스로에 대하여 성급한 약속을 해서도 안 되고, 오히려 필요한 모든 도움을 위해 우리의 존재와 삶의 근원이신 하나님의 능력[행 17:28]에 의지해야 한다고 말이지.

우리가 이러한 대화를 하고 있는 동안에 수녀원장은 나에게 다시 한 번 그녀와 이야기할 수 있는 기회를 주었네. 내가 날을 정해 달라고 간청하자 수녀원장은 그 선택권을 나에게 넘겼네. 다만 그 다음 8일 안에 오를레앙으로 가게 될 필라데스[7]가 참석한다는 조건으로 말이야. 날짜에 대해 더 이상 확실한 결정을 내릴 수 없었기 때문에 우리는 그 결정을 필라데스에게 맡겼네. 이제 내가 이 문제에 대해서 더 이상 도울 수는 없으니 [서로에게] 편한 대로 그와 해결을 보게나.

내 문제에 대해 얘기를 해 봄세. 난 아직 확실한 거주지가 없네. 물론 내가 계약하려고만 했다면 살 만한 집들이 많았고, 또 하려고만 했다면 머물 만한 친구들의 집도 많았지만 말이야. 우리의 친구 쿠아파르의 부친[8]은 내가 그의 아들과 함께 거하는 것 외에 아무것도 바라지 않는다는 얼굴로 내게 그의 집을 제공했네. 또한 쿠아파르도 나에게 자신의 룸메이트가 되어 줄 것을 자주, 그리고 진심으로 요구했네. 자네도 그와의 교제가 얼마나 즐겁고 좋은 일인지 알고 있듯이, 나는 그 친구의 제안을 진심으로 두 팔 벌려 응할 수도 있었다네. 만일 내가 올해 쿠아파르의 집에서 멀리 떨어진 학교에서 다네[9]를 도와줄 마음이 없었다면

---

6) ludere cum pupis. 이 말은 아직 성숙하지 못했음을 의미한다(cf. Lactantius, *Institutiones divinae*, 2, 4, 12-13). 히에로니무스(*Epistulae*, 128, 1)도 유사 경우에 유사 표현을 썼다 (blanditur in pupis).

7) Petrus Pylades. CSW 편집자는 익명으로 보았다(칼뱅의 알려지지 않은 어떤 친구. 헬라어의 '친구'라는 의미). 한편 Herminjard는 가족 이름(예를 들어 르네 드 프랑스의 가정 교사)으로 보았다. COR 편집자는 라소세 수녀원의 고해 신부였던 피에르 필로Pierre Pylault라고 보았다.

8) Coiffart. 이 사람과 그 부친에 대해서는 알려진 바가 없다.

9) Petrus Danesius. 피에르 다네[9]는 1530년 초에 기욤 뷔데의 청으로 임명된 콜레주 루아얄의 그리스어 교수이다.

즉시 그 제안을 받아들였을 거네.

　여기 있는 모든 친구들이 자네에게 문안하네. 특히 내가 함께 말을 타는 쿠아파르와 비에르마이우스Viermaeus가 문안하네. 자네의 모친과 부인, 그리고 여동생 프랑수아즈에게 안부 전해 주게. 잘 있게.

　난 수사 신부[10]에게 편지를 쓰기 시작했는데 소득 문제로 즉시 끝마쳐야만 하네. 만일 늦어져서 무슨 손실이 생긴다면 내가 배상해야 할 거야.

[1533년] 6월 27일. 파리에서.

---

10) 장 코프라면 이미 파리를 떠났음이 분명하다.

12

칼뱅이 드 투리에게와 프랑수아 다니엘에게[1]

[1533년] 10월 27일, 파리에서 오를레앙으로
CO, Xb, 25; Herminjard, III, 103; COR, VI/I, 81; CSW, IV, 35

좋은 친구인 드 투리 선생에게.

이전 편지에서 약속했듯이, 나는 지금 많은 일들로 가득한 편지를 쓰고 있다네. 비록 공개적이기는 하지만 내가 약속한 것을 성실히 수행하지 못할 만큼 적자가 나지는 않는다네. 자네가 이것들을 자네 것으로 삼는 한, 많은 사람들과 더불어 이것을 공유한다 해도 아무 상관이 없네. 며칠 안으로 여기에 부족한 부분들을 수정한 것들을 첨가하겠네.

안녕히, 친구여. 언젠가 우리에 대한 기억이 떠오르거들랑 답신을 보내게나.

파리에서, 시몬 축일 전날.

형제요 좋은 친구인, 오를레앙의 변호사 다니엘 선생에게.

자네에게 최근 사태의 종합편을 보내겠네.[2] 자네가 신용과 의무를 다해 그 편지를 친구들 사이에서 돌려 보고 개별적으로 그들에게 찾아가 내 안부를 전한다는 조건에서 말이야. 단, 프랑베르[3]는 빼게나. 나는 그를 부드럽게 구슬릴 수도 없었고, 또 꾸짖어서 얻어 낼 수도 없었기에 침묵으로서 그를 길들이기로 결심했다네. 게다가 무엇보다도 고약한 것은, 그의 형[혹은 동생]이 이곳에 왔는데도 그는 형을 통해 내게 단 한 마디의 안부조차 전하지 않았다는 사실이네. 만일

---

1) De Thoury(누군지 알 수 없으며 어떤 사본들에는 수신자가 니콜라 뒤슈맹으로 되어 있다.)에게 쓴 편지글과 프랑수아 다니엘에게 쓴 편지글이 같은 편지지에 들어 있다.
2) 위에 언급된 '많은 일들로 가득한 편지'와 같은 내용으로, 칼뱅은 다음 서신(13)에서 이 약속을 지킨다.
3) Framberg. Herminjard는 이 인물을 1559년 11월 26일 자 프랑수아 다니엘에게 쓴 편지에 등장하는 클로드 프랑베르(여기에서는 Flamberg로 쓰임)와 동일시하였다.

46 · 칼뱅 서간집 1

조금이라도 감당할 만하다면, 자네가 미셸[4]의 법률 소송을 맡아 주게. 그러나 신속히 처리할 필요가 있네. 자네가 할 수 있는 모든 것을 해 준다면 나는 자네가 내게 호의를 베풀어 준 것처럼 자네에게 감사하게 될 걸세.

자네 혼자만 웃음을 즐기지 않으려면 그 자매들[5]에게는 통역을 해 줘야 할 거야. 자네에게 우리 G[6]의 또 다른 〈개요서〉를 보내네. 만일 내게 시간이 있었다면 이전 주석서와 분리된 것[7]을 부록으로 덧붙였을 거야.

잘 있게, 나의 형제이자 매우 믿을 만한 친구여.

자네의 형제, 칼뱅.

이것[편지]이 급히 쓰인 것이라고 말하지는 않겠네만, 이것[편지] 자체가 [급히 쓴 것을] 입증하네. 그 〈개요서〉를 경솔하게 돌리지 않도록 주의하게나.

---

4) 부르주에서 1533년경부터 설교했던 장 미셸Jean Michel인지, 당시 부르주 대학에서 신학을 가르쳤던 미셸 시몽Michel Simon인지 분명치 않다(Herminjard).

5) 1535년 5월 25일 공증서에 제르민, 잔, 자케트라는 세 자매의 이름이 나온다(COR).

6) CSW의 번역은 Epitome of our Gymnasium(우리 김나지움의 개요)이다. 곧 G를 Gymnasium으로 여긴 것이다. 한편 Herminjard는 G를 인명인 제라르 루셸로 보고, 그의 '다른 개요서' *Epitomen alteram*이 종교적 작품임을 시사한다. COR 편집자는 루셸이 루브르에서 마르그리트 당 굴렘과 많은 군중 앞에서 행한 사순절 설교를 칼뱅이 발췌한 것으로 보았다.

7) 칼뱅 자신의 또 다른 어떤 글(Herminjard)이라기보다는 칼뱅이 발췌한 루셸의 첫 번째 설교들(COR)로 보인다.

13
칼뱅이 프랑수아 다니엘에게[1]

[1533년 10월 말, 파리에서 오를레앙으로][2]
CO, Xb, 27; Herminjard, III, 106; COR, VI/I, 75; CSW, IV, 36

편지 쓸 소재를 제공하는 수많은 일들이 내 손에 있지만, 자네가 긴 이야기 대신 많은 목록을 갖도록 하기 위해서 펜을 조절하겠네. 내가 [쓰는 데] 열중할 경우 그것은 두툼한 두루마리 분량으로 커질 걸세.

지난 10월 1일, 문법반에서 논리학반으로 올라가는 젊은 학생들이 해마다 연극을 통해 훈련을 쌓곤 하듯이 나바르 콜레주[3]에서도 연극이 상연됐다네. 그[4]가 말하듯, 더할 나위 없이 신랄한 비판과 독설이 섞인 연극 말일세. 등장인물은 여성스럽게 물레를 돌리는 일에 여념이 없는 오직 실과 바늘만을 다루는 왕비[5]

---

1) 이 편지는 베즈가 1575년에 묶어서 출판한 칼뱅의 편지들 가운데 첫 번째 편지다(*J. Calvini Epistolae et Responsa*. Genevae, MDLXXV).

2) 편지를 쓴 날짜는 기록되어 있지 않지만, COR 편집자는 10월 24일 이후로 보았다. 베즈의 진술을 근거로 하면 칼뱅이 이 시기에 파리의 포르테Fortet 콜레주에 머물렀다는 것을 알 수 있다(*Hist. Eccl.* 그리고 *Vita Calvini*). 다음 달인 11월에 칼뱅은 파리 대학의 총장인 친구 니콜라 코프와 함께 파리에서 피신해야 했다.

3) gymnagium(L). 16세기 초 파리에서 가장 큰 콜레주들 가운데 하나였던 이 학교는 1304년 창립 자금을 댄 프랑스 왕 필립 4세(1285-1314년 재위)의 아내 잔 드 나바르*의 이름을 따서 명명되었다(COR).

4) 이 3인칭 대명사는 뒤에 나오는 희극 작가comicus를 의미하는 듯하다(각주 8 참고).

5) 프랑수아 1세의 여동생으로 앙리 달브레Henri d'Albret와 결혼하여(1527년) 나바르의 왕비가 된 마르그리트 당굴렘*은 루터적인 견해를 갖고 있는 그녀의 고해 신부 제라르 루셀과 함께 복음주의 신앙으로 기울어졌고, 바로 그 때문에 한 학생의 연극에서 국왕이 보호하고 있는 가톨릭의 신봉자들에 의해 공격당하였다. 그녀는 성격의 관대함이나 이해력의 풍부함에 있어서 그 또래에서 가장 뛰어난 여인 중 한 사람이었다. 그녀는 종교 개혁 쪽으로 마음이 기울면서 프랑스 왕과 함께 복음주의 교리에 대한 박해

와, 그녀에게 횃불을 갖다 대어 실과 바늘을 떨어뜨리게 하는 마녀[6](그 이름이 M. G.[7]에서 유래한)라네. 왕비는 얼마 동안 대항하며 맞서다가 결국은 마녀에게 굴복하게 되지. 마녀에게 굴복하자마자 복음서를 건네받은 왕비는 이내 자신이 이전에 행했던 모든 습관들, 심지어 자기 자신이 누구인지조차 잊어버린다네.[8] 결국 그녀는 잔혹한 폭군이 되고, 온갖 잔인한 방법을 동원하여 불쌍하고 죄 없는 사람들을 박해한다네. 학생들은 자신들이 비유가 아닌 명백한 조롱으로 비방한 이 여인에게 전적으로 부당한 많은 유사한 조작들을 첨가했다네.

그 사건은 며칠간 숨겨졌으나-시간이 흐르다 보면 진실은 밝혀지는 법[9]-얼마 후 왕비에게 보고되었네. 만일 이런 오만함이 처벌되지 않고 그냥 넘어간다면 새로운 것을 갈망하는 방자한 무리들에게 매우 나쁜 선례를 남길 것이 감지되었네. [왕의] 사법관[10]은 100명의 순사들을 데리고 콜레주로 갔고, 아무도 도망가지 못하도록 숙소를 둘러싸라고 명령했네. 몇몇 부하들과 함께 직접 안으로 들어간 사법관은 그 희극 작가를 찾지 못했다네. 그들[학생들]의 말에 따르면 작가는 이 계획에 전혀 대비하고 있지 못했으나, 우연히 친구의 방에 있었기에 수색을 시작하기 전 시끄러운 소리를 듣고 숨을 곳을 찾았다고 하네. 그러고는 기회를 틈타 그곳을 빠져나온 거지. 결국 사법관은 젊은 연기자들을 붙잡았다네. 학교 교장이 그를 저지하면서 말다툼하는 동안, 몇몇 젊은이들이 돌을 던졌네. 그럼에도 불구하고 사법관은 그들을 체포했고, 그들이 무대에서 했던 대사를 강

를 감소시키기 위해 자신이 지닌 영향력을 행사하였고, 그녀에 대한 소르본의 자극된 분노를 고결한 성품으로 잠재웠다. 이는 그녀의 시나 편지들에서 드러난다. 프랑스에서 추방된 칼뱅은 이 왕비의 영향력을 기회로 삼아 그녀에게 매우 자유로운 권고의 편지를 썼다(1545년 4월 28일 자, 나바르의 왕비에게 보낸 칼뱅의 편지 참고).

6) Megaera. 복수의 세 여신(Furiae) 가운데 하나이다. 다른 둘은 Alecto와 Tisiphone이다.

7) M. G.는 앞 서신에서 보았듯이 Maitre Gérard Roussel을 의미한다. 루셀은 1531-1533년에 루브르에서 사순절 설교를 했는데, 1533년 설교에는 4천 내지 5천 명의 청중이 모였던 것으로 기록되어 있다(Herminjard).

8) 이 희극의 작가는 작품을 통해 프랑스 왕이 소르본의 네 선생들을 쫓아내도록 부추긴 것이 나바르의 왕비였음을 암시하려 했다. 사실 프랑수아 1세는 유명한 파리 신학 대학 학장이었던 노엘 베다와 더불어 프랑수아 르 피카르º, 죠프루아 토마Geoffroy Thomas, 루이 레퀴디에Louis Lescudier를 파리 밖으로 추방했으며 루셀에게도 더 이상 설교를 하지 못하게 했다.

9) "진실은 시간의 딸"Veritas filia Temporis(Auli Gellius, Noctes Atticae, 12, 11, 7).

10) 장 들 라 바르º를 의미한다. 1522년에, 대학의 특권 계층의 [사상적] 입장을 조사하기 위해 [왕의] 사법관 및 판사가 되었다(Herminjard).

제로 암송시켰네. 모든 것이 기록되었다네. 그 해악의 장본인을 체포할 수 없게 되자, 다음으로 취한 일은 그 공연을 막을 수 있었음에도 불구하고 허가를 내주고 오랫동안 숨겨 왔던 사람들을 조사하는 것이었네. 명성과 권위에 있어서 다른 사람들보다 출중했던 인물—그는 큰 스승 로레[11]이네—은 감옥 대신 보다 품위 있는 감금을 경감으로 불리는 사람의 집에서 받기를 청했네. 그리고 또 다른 한 사람인 모랭[12]은 조사를 받는 동안 자택 연금 상태에 있었네. 무엇이 발견되었는지는 난 모르네. 그는 사람들이 말하듯이 3일 안에 소환되었다네. 여기까지가 연극 이야기네.

세력 있는 몇몇 신학자들도 동등한 악행을 저질렀네. 그 악행이 마냥 그렇게 대담했던 것만은 아니었지만 말일세. 그들은 서점들을 검열하면서 모국어로 된 〈죄 지은 영혼의 거울〉[13]이라는 책을 자신들이 금서라고 주장하는 책들 가운데 포함시켰네.[14] 이 사실을 알게 된 왕비는 오빠인 국왕에게 하소연했고 자기가 바로 그 책의 저자라고 고백했네. 국왕은 파리 대학의 교수들에게 편지를 보내 그 책을 불경하다고 판단했는지 통보하라고 명령했네. 만일 불경하다고 생각한다면, 그렇게 판단한 이유를 설명해야 한다고 말일세.

의사이자 현 총장인 니콜라 코프[15]는 이 일에 대해서 네 개의 문학부 교수회와 의학, 철학, 신학, 교회법 교수회에 보고했네. 먼저 문학부 교수들에게 말할 기회를 갖게 된 그는 장황하고 가혹한 말로 그들의 경솔함을 야단쳤네. 그들은 왕비의 존엄에 속한 권한을 찬탈한 셈이네. 총장은 그들에게 그런 위험한 일에 개입하지도, 왕의 진노를 당하려 하지도 말며, 모든 미덕과 교양의 어머니인 왕

---

11) Loretus(L). 에티엔 로레°는 1522년부터 죽을 때까지(1541년이나 1542년) 나바르 콜레주의 위대한 선생이었다. 그도 감금되었으나 10월 15일에는 풀려났다(COR).

12) Morinus(L). 장 모랭°은 1528-1548년 사이에 나바르 콜레주의 문법학과 과장이었다.

13) Speculum animae peccatricis. 불어로는 *Le Miroir de l'Ame Pécheresse*. 나바르의 왕비. 예수 그리스도 이외에 다른 중재자가 없음을 그분의 속죄의 죽음 외에 다른 의가 없음을 인정하고 있는 영감에 의한 시이다. 1531년 알랑송에서 처음으로 출판된 이 책은 *Le Miroir de très chrestienne princesse Marguerit de France, royne de Navarre...auquel elle voit et son neant et son tout*라는 제목으로 1533년 파리에서 재출판되었다. 1534년 크리스마스 전날 앙투안 오주로°는 이 책을 인쇄했다는 죄목으로 화형당했다.

14) 당시 최고 법원은 파리 대학 신학부가 검토하지 않은 모든 종교 서적의 출판을 금했다.

15) Nicolas Cop가 파리 대학 총장으로 선출된 것은 1533년 10월 10일이다. 그는 11월에 프랑스 밖으로 도피했다가 1536년에 파리로 돌아왔다.

비에게 맞서지 말라고 충고했다네. 마지막으로 그들 자신이 대학의 명령 없이 자행하면서도 대학이 행한 것이라고 말하기 위해, 이와 같은 명성의 구실 하에, 어떤 일이라도 꾸밀 준비가 항상 되어 있는 자들의 뻔뻔스러움을 떠맡음으로써 이런 죄과를 키우지 말라고 충고했다네. 결정[왕비 책의 금서 결정]이 거부되어야 한다는 것이 그들 모두의 견해였네. 신학자들, 교회법 학자들, 의사들도 동일한 생각이었네. 총장은 자기 소속의 결정을 공포했고 이어서 의학부 학장이, 세 번째로 교회법 박사가, 네 번째로 신학자가 [뒤를 이었다네].[16]

마지막으로, 다른 사람들이 숨어 버려서 이 모든 죄과의 책임을 짊어지게 된 성 앙드레 교회의 주임 사제 르 클레르크[17]가 말을 했네. 우선 그는 지금까지 신앙의 열렬한 보호자로 처신해 온 왕의 고결함을 고상한 말로 칭송했네. 그러고는 이 훌륭한 인물을 망쳐 놓으려고 애쓰며 신학부의 몰락을 위해 음모를 꾸민 고약한 자들이 있다는 것과, 그들이 왕에게 있다고 알려진 그러한 꿋꿋함에 맞서 자신들의 소원을 성취하지 못하리라는 것을 말했네. 또한 당면한 문제에 관해서, 자신이 실로 대학의 결정에 의해 그 [서적 검열] 직무에 임명되었다는 점, 그러나 경건한 말투뿐만 아니라 순수한 신앙심을 갖춘 여인인—그는 그 증거로 그녀가 어떤 존경심으로 고인이 된 모친[18]의 장례식을 지켰는지를 들었음—왕비를 반대하려는 어떤 시도도 의도한 일이 전혀 없다는 점, 자신은 외설 출판물인 〈팡타그뤼엘〉[19]이나 〈애정의 숲〉[20], 그리고 그와 비슷한 종류의 것들만 금서로 여겼다는 점, 문제가 된 책은 다만 학부의 조언과 승인 없이는 신앙에 관한 어떤

---

16) 이 대학 총회는 10월 24일에 열렸다. 칼뱅이 이렇게 상세한 내용을 알 수 있었던 것은 아마도 그의 친구인 니콜라 코프나, 포르테 콜레주—칼뱅이 여기서 기숙하고 있었기 때문에—교사 중 한 명이 이야기해 준 것이라 여겨진다.

17) Nicolas le Clerc. 노엘 베다 이후 가장 활동적인 소르본의 교수이자, 파리 생 탕드레—데자르Saint André-des-Arts 교회의 주임 신부이다.

18) 프랑수아 1세가 마드리드에 포로로 있는 동안, 프랑스를 섭정하였던 루이즈 드 사부아°를 가리킨다. 그녀는 1531년 9월 22일에 사망했다. 이 교활하고 잔혹한 왕대비는 한동안 종교 개혁자들의 교리를 옹호한 후에 복음주의 설교자들에게 무자비한 박해의 신호를 보냈다.

19) Pantagruel. 프랑수아 라블레°가 1532년 리옹에서 출판한 작품으로 이미 여러 판을 거듭했다. 1533년 제목은 *Jesus Maria. Les horribles et espouuentables faictz et prouesse du tres-renomme Pantagruel*…(Lyon, Francoys Juste)이다.

20) Sylvam cunnorum(CO, COR). Sylvam…(Herminjard). Forest of Loves(CSW). 영역은 테오도르 드 베즈°가 Sylvam amorum으로 바꿔 놓은 데 근거했다. 여성의 성기를 의미하는 cunnus가 매우 노골적인 제목을 만들어 내기 때문에 베즈의 변형을 따라 번역했다.

것도 출판하는 것이 금지된 상황에서 검속을 위반하여 학부의 동의 없이 출판되었기 때문에 혐의를 받도록 당분간 별도로 두었다는 점, 한마디로 변명을 하자면 이의가 제기된 것은 학부의 지시와 위임하에서 된 일이라는 점, 그리고 거기에 있던 자는 누구나, 비록 그가 정면으로 부인한다 하더라도 이 잘못에 동참한 자라는 점을 말했네. 그가 진실을 말하는지 여부를 모두가 알 수 있게 하기 위해 이 모든 내용이 불어로 이뤄졌다네. 그러나 그 자리에 모인 이들 모두는 그가 발뺌을 하기 위해 모르는 척하고 있다고 고함쳤네. 그 자리엔 상리의 주교 프티[21], 레투알[22] 그리고 왕궁의 고관이 참석하고 있었네.

르 클레르크가 이야기를 마치자, 프티가 말했네. 자기도 그 책을 읽어 봤는데 자신의 신학을 잊어버리지 않는다면 삭제를 요하는 내용이 무엇인지 발견하지 못할 거라고 말이지.[23] 최종적으로 프티는 국왕을 만족시킬 수 있는 결의문을 발표하자고 제안했네. 총장인 코프는 대학이 현재 상태의 그 검열을 인정하지 않는다는 것과, 그들이 문제가 된 그 책을 금지서 또는 혐의서로 분류시킨 그 검열을 승인도 인정도 하지 않는다는 것, 그렇게 행동한 자들은 무슨 이유에서 그런 진행을 변호해야 했는지에 대해 주의해야 한다는 것, 적당한 때 편지를 써서 대학 자체가 왕께 사과하고 또한 아버지처럼 친절하게 말해 주신 점을 감사하겠다는 것 등을 선포했다네.

[그 후] 전에는 교구민들의 뜻에 따라 설교자들이 선택되었던 [것과는 달리], 각 교구의 설교자들을 원하는 대로 임명할 수 있도록 허락하는 왕의 공문서가 파리의 주교[24]에게 하달되었네. 왜냐하면 지각없는 열광을 가지고 사납게 날뛰는 자들이 교구의 주된 영향력을 행사하고 있었기 때문이지. 그들은 이것을 엘리야가 하나님의 전에 대해 가졌던 열심으로 여기지만, 그는 그런 식으로 열을 올리지 않았다네.[25]

---

21) Episcopus Sylvanectensis. 1527년에 상리senlis의 주교로 뽑혔던, 왕의 궁정 사제인 기욤 프티 Guillaume Petit, 또는 파르부스Parvus를 의미한다. 이 사람이 위의 루이즈 드 사부아의 장례식을 집례했다.
22) Stella(L). Pierre de l'Estoile(F)°. 그는 이때 파리 최고 법원의 판사였다.
23) 베즈에 따르면 프티가 여왕의 또 다른 책(*Heures de la royne de Marguerite*, Paris, 1533)을 프랑스어로 출판케 했다(*Hist. Eccl*, I,13).
24) 장 뒤 벨레°는 1532년 9월 20일 자로 파리 주교에 선출되었다(Herminjard).
25) 왕상 18:1-19:14; 눅 1:17; 9:54. 베즈는 편지의 마지막에 "Vale. M.D.XXXIII(잘 있게. 1533년)." 을 덧붙였다.

14

칼뱅이 프랑수아 다니엘에게

[1533년, 12월, 파리에서 오를레앙으로][1]
CO, Xb, 17; Herminjard, I, 393; COR, VI/I, 84

지금은 시기가 너무 좋지 않아서[2] 특별한 일이 없는 한 자네에게 편지를 쓰지 않으려고 했었네. 사실 나는 출발을 준비하는 동안 아주 심한 설사병에 걸렸다네. 그때 내 집에 머물렀던, 의술에 허식 없이 전문적인 이 사람[편지 지참자]이 설사가 멈추도록 나를 도왔다네. 그는 오를레앙으로 이주하여 그곳에서 자신의 의술을 펼치고 싶다고 나에게 말했다네. 나는 그를 도와주는 것이 내 의무라고 생각하기에 자네가 거주하는 도시에서 그가 전적으로 생소한 손님이 되지 않도록 그를 추천해 주려고 하네. 나는 자네가 우리의 우정을 생각해서 그를 대접해 주고, 자네가 할 수 있는 한 그를 도와줄 것을 부탁하네.

의사를 추천한다는 것이 무엇을 의미하는지 잘 알고 있다네. 만일 자네가 부적격한 의사를 칭찬한다면, 그건 아마도 강도에게 검을 노출시켜 대중에게 치명상을 입히는 것이나 마찬가지겠지. 왜냐하면 누군가가 말하듯이,[3] 그건 처벌 없이 죽일 수 있는 의사에게 많은 사람을 살육하는 길을 가르쳐 주는 것이기 때문이네. 그러나 이 사람에 대해서 내가 실로 감히 자네를 확신시킬 수 있는 것은, 그가 자신의 학문에 대해 제대로 배웠다는 것과, 미숙함 때문에 쉽게 그르칠 정

---

1) Herminjard와 CO 편집자들은 날짜가 기록되지 않은 이 편지가 쓰인 시기를 1532년 초로 잡았으나, COR 편집자들은 이보다 뒤인 1533년 12월로 수정했다.

2) "시기가 너무 좋지 않다"는 것에 대해서는 편지 작성 연대에 따라 설명이 달라진다. 편지 작성 시기를 1532년 초로 본 Herminjard는 파리의 전염병 때문에 콜레주들이 휴교하고 칼뱅이 여행을 자주 다닌 시기로 보았다. 한편 편지 작성 시기를 1533년 말로 본 COR 편집자들은 프랑수아 다니엘이 1533년 5월 25일 마리 메라Maris Mairat와 결혼했고, 그해 말 칼뱅이 그가 잠시 거처했던 포르테 콜레주를 떠나야 했던 시기로 보았다.

3) Pliny, *Naturalis Historia* 29, 8, 18.

도로 경험 부족은 아니라는 것이네. 나아가 영혼의 가르침보다 더 나은 가르침은 없네. 나는 이것들을 자네와 다른 이들에게 사람에 대한 나의 믿음으로 보증하겠네. 자신의 생명의 위기와 더불어 미지의 것을 시험해야 하는 사람들이 감히 자신들을 그에게 안전하게 맡기도록, 할 수 있는 한 노력하게.

　　내가 의도하고 있는 것을 자네는 우리의 프랑수아[4]로부터 듣게 될 테고 또한 이 사람[편지 지참자]을 통해서도 알 수 있을 거네.　자네 모친과 부인, 그리고 여동생[5]과 그 밖의 여러 사람들에게 안부 전해 주게.

---

4) 그의 친한 친구 프랑수아 드 코낭이 출판하는 일에 열렬히 개입했다.
5) 서신 11에는 프랑수아즈라는 이름을 썼다.

15
프랑수아 다니엘이 칼뱅에게

[1533년][1] 12월 27일 오를레앙에서 샤이오로
CO, Xb, 11; Herminjard, II, 383; COR, VI/I, 87

내가 떠나면서 자네에게 [편지하기로] 약속한 바 있었음에도 내가 게으르거나 배은망덕한 자로 보이고, 또한 자네와 나 사이의 이 오래된 우정을 잊어버리고 돌보지 않는 자로 보이기에 합당할 만큼 약속을 늦게 이행하게 되었네. 그러나 그대가 내 말을 조금이라도 들어준다면, 나에 대한 이런 의혹에서 쉽게 벗어나게 될 것으로 기대하네.

자네는 내가 자네 앞에서 말한 것에 대해 기억할 것이네. 이제 내 모든 것이 자네에게 달렸네. 나는 대략 12일 전부터 가족 일을 처리하면서 모친 곁에 있었고, 이제야 마침내 노예 상태에서 풀려났다네. 우리 일에 대해서 그대에게 뭐라고 써야 할지 분명 할 말이 없네. 자네는[나는] 자네 지역 출신의 주교-우리는 그가 오기를 날마다 기다리고 있네-가 여기에[거기에] 있다는 것을 알고 있겠지.[2] 나는 자네가 자네 친구들의 배려로 그에게 천거되어서 그가 공직이나 다른

---

1) Herminjard가 추정한 연도인 1531년은 Dufour에 의해 1533년으로 수정되었다('Calviniana', 59, n. 4). 그 결정적인 이유는 편지 속 두 가지 내용 때문이었다. 하나는 오를레앙의 새 주교가 1531년에 임명되지 않았다는 것(새 주교 앙투안 상갱°이 임명된 것은 1533년이다.)이고, 다른 하나는 다니엘의 결혼 일자가 1533년 5월 25일이라는 사실로, 그래야 그의 장인에 대한 언급이 이해된다는 것이다.

2) COR의 편집자들은 이 문장에 나오는 주교를 오를레앙의 새 주교로 보지 않는다. 왜냐하면 새 주교가 온 것은 이 편지가 쓰이기 전인 1533년 11월 6일이기 때문이다. 게다가 그는 칼뱅의 출신 지역 인물이 아니다. 그리하여 이들은 본문의 주교를 피카르디 지방 출신인 파리 주교 장 뒤 벨레°로 보고(cf. Scheurer, *Correspondance Jean du Bellay* 1, 323), 본문의 수정을 제안했다. Scis nos를 Scis vos 내지는 Scio vos로 보아야 한다는 것이다(이 경우 "…거기에 있다는 것을 알고 있소"가 된다. 이것은 본문의 모순을 풀어 주는 열쇠가 되기도 한다). 오를레앙 대학에서 법학사를 받은 그는 1533년 12월 17일부터 거주하던 런던에서 12월 29일에 파리로 돌아왔다. 그가 로마로 갈 때 오를레앙을 당연히 지나갈 것으로 보는 것이다.

방법으로 자네에게 일을 맡겼으면 하네.

　나는 휴가를 이용하여 장인을 따라 매번 그가 재판 일의 지휘권을 갖고 있는 타 지역으로 갔다네.[3] 돌아오자마자 자네가 샤이오Chaillot[4]에 있다는 말을 참사회원[5]으로부터 들었네. 그럼에도 불구하고 나는 즉시 자네에게 편지를 쓰진 못했네. 왜냐하면 자네는 내가 편지를 보내야 할 파리에 없었기 때문이지. 나는 자네가 무엇을 하는지, 얼마나 잘 있는지, 어디 있는지 알고 싶다네. 그러니 될 수 있는 대로 빨리 우리에게 알려 주게나. 비록 자네가 편지에 대한 나의 게으름을 비난할 수 있다 하더라도, 보다 한가롭게 있는 것이 내게 합당하기를 바라는 한, [편지 쓰기를] 차후로 미루지 말게나.

　　　　　　　　　　　　　　잘 있게. 오를레앙에서. [1533년] 12월 27일.

---

3) 다니엘은 샤티옹Châtillon의 법무관이었던 장인 장 메라Jean Mairat를 따라 그를 도우면서 미래의 직업을 준비했다.
4) 당시 파리 근처에 있던 마을이다.
5) 장 코프 또는 미셸 코프.

16
칼뱅이 프랑수아 다니엘에게

[1534년 3월경, 앙굴렘에서 오를레앙으로][1]
CO, Xb, 37; Herminjard, III, 156; COR, VI/I, 92; CSW, IV, 41

특별한 소재 없이도 나는 언제든지 자네와 한담을 나눌 수 있고 또 편지 한 통을 가득 채울 수도 있네. 하지만 나의 사소한 일들로 자네를 방해해서야 되겠는가? 내 생각에, 현재 자네가 충분히 궁금해 할 주된 내용 중에 당장 알려 줘야 할 것이 있다면, 그것은 내 건강이 점점 좋아지고 있고, 자네도 잘 아는 내 게으름[2]에도 불구하고 연구에서 얼마간 진전을 보이고 있다는 사실이네.

뿐만 아니라 내 후견인[3]의 친절이 아주 많이 게으른 자의 무기력을 자극할 수도 있나 보네. 왜냐하면 내가 [후견인의 친절이] 저술을 위한 친절이라는 걸 명백히 깨닫고 있으니 말이야. 그래서 나는, 나로 하여금 어쩔 수 없이 분발하도록 만드는 저 후한 친절에 눌려서 완전히 압도당하지 않도록, 그만큼 더 애쓰고 진지하게 노력해야 한다네. 물론 내가 모든 열심을 기울인다 해서 무슨 적절한, 혹은 적절치 못한 보답을 할 수 있는 것은 결코 아니지만, 내가 갚아야 할 은혜

---

1) 날짜는 쓰여 있지 않다. 그러나 Herminjard 등은 세심한 검토 결과, 이 편지가 칼뱅이 앙굴렘에 있는 자신의 친구인 루이 뒤 티에[9]의 집에서 은거하던 1534년 3월경에 쓰였을 것으로 생각했다. 칼뱅은 친구인 니콜라 코프를 위해 그가 총장 취임식 때 읽었던 복음주의적인 내용의 연설문을 쓰는 데 어느 정도 동참했다. 그 때문에 그는 이단자로 체포되는 것을 모면하기 위해서 파리를 떠나 도피해야만 했다. 그는 앙굴렘 근교의 클레Claix에 있는 루이 뒤 티에의 시골 교구에서 몇 달간 은둔 생활을 하면서 서적이 풍부한 친구의 도서관을 이용했다. 그의 주저인 〈기독교 강요〉의 첫 번째 초안이 이곳에서 쓰였다. 하지만 Dufour는 편지를 쓴 장소 Acropolis를 파리로 보았다(art. cit.,). 이와 관련하여 COR 편집자들은 결정을 내리지 못했다(1월로 추정). 우리는 전통적인 입장을 따른다.
2) desidia. 칼뱅은 자주 자신의 나태를 한탄하였다(cf. CO, XXI, 163).
3) 루이 뒤 티에를 가리킨다.

의 양이 너무도 크다네.[4] 그리하여 이와 같은 동기가 나로 하여금 일반적인 학문 연마에 몰두하도록 계속해서 신경 쓰게 한다네. 내게 부과된 너무도 큰 평가 때문에 말이지.

추방이라고 여겨야 할지 휴가라고 여겨야 할지 모르는 이 판국에 내가 쉬면서 이런 기간을 즐길 수 있다면, 나는 너무도 좋은 대우를 받는 것이라고 결론지어야 하겠지. 그러나 만사를 그의 섭리로 미리 아시는 주님께선 이 모든 것을 감찰하실 것이네. 나는 우리가 우리 앞을 멀리 내다볼 수 없다는 것을 경험으로 배웠네. 내가 스스로에게 편안하고 조용한 생애를 약속했던 그때, 가장 예상치 못했던 일이 가까이 있었네. 그런데 반대로, 내 상황이 유쾌하지 않아 보였을 그때, 내 예상을 벗어나 나를 위해 조용한 보금자리가 세워졌다네. 이것이 주님의 일하심이지. 주님은 우리가 스스로를 그분께 맡길 때 직접 우리를 돌보신다네. 어쨌든 이제 이런저런 이야기로 지면이 거의 꽉 찼네.

잘 있게. 자네가 원하는 사람들에게 안부 전해 주구려.

앙굴렘에서.[5]

---

4) 원문은 까다로운 원수(gravis adversaria)라고 되어 있다. 갚아야 할 은혜는 종종 농담 삼아 원수로 표현된다(Cicero, *Epistulae ad familiares* 49, 2).

5) Ex Acropoli. 당시 앙굴렘은 나바르의 통치 지역인 생통주Saintonge 일대의 수도였다. 베즈는 파리에서 도망한 칼뱅이 나바르 왕비의 환대를 받았다고 말한다(*Vita Calvini*). CSW는 몇몇 사본을 따라 Doxopoli라고 표기하였다. 그럴 경우 편지 작성 장소는 파리가 된다.

17

칼뱅이 어떤 친구에게[1]

〈영혼 수면론 논박〉첫 번째 헌정 서한
[1534년 11월 혹은 12월][2], 오를레앙에서
CO, V, 169; COR, VI/I, 95; RO, 1

장 칼뱅이 어떤 친구에게 보내는 헌정 서한.

이미 오래전부터 몇몇 선량한 인물들[3]이, 오늘날 막연하고 우둔하게 영혼이 잠든다거나 또는 죽는다고 주장하는 자들의 어리석음을 비난하기 위해 무언가 써 달라고 내게 요구하고 줄기차게 졸랐지만, 그럼에도 불구하고 난 여태껏 그들의 바람과 끊임없는 요구에 동의할 수 없었습니다. 왜냐하면 나는 말다툼이나 논쟁과는 반대되는 정신을 갖고 있기 때문입니다. 그리고 당시 나는 확실히 변명할 어떤 이유가 있었습니다. 한편으로 나는 이런 망상이 아무런 지지자도 얻지 못한 채 사라지거나, 아니면 수다쟁이들 사이에서 잠적하기를 바랐고, 다른

---

1) 〈칼뱅 작품 선집〉2권(35-38)에 실려 있는 〈영혼 수면론 논박〉의 첫 번째 헌정 서한이다. 칼뱅은 1534년에 *Vivere apud Christum*이라는 제목으로 초안을 작성했고 1542년에 두 개의 서문을 달아 출판했다. 하나는 1534년 날짜로 된 친구에게 주는 헌정 서한이고, 다른 하나는 독자들에게 주는 헌정 서한(서신 21)이다. 책 제목이 *Psychopannychia*로 바뀐 1545년판이나, 1552년과 1563년 칼뱅 전집(이때 제목은 *De animae immortalitate*)에도 두 헌정 서한은 큰 차이 없이 실렸다. 이 '친구'가 누군지는 알 수 없다.

2) 1534년 5월 4일, 칼뱅은 누아용에서 그동안 받아 오던 성직록을 포기하고, 긴 여행 끝에 1534년 말 프랑스를 떠났다. 떠나기 직전 칼뱅은 *Vivere apud Christum*을 작성했다(Colladon, *Vie de Calvin*). 한편 벽보placards 사건이 발생한 것은 10월 17일이므로 본문 내용에 따라 이 헌정 서한은 그 후에 작성되었다고 볼 수 있다. 칼뱅이 스트라스부르에 도착한 때가 12월 24일이라면 이 헌정 서한의 작성 날짜는 1534년 11-12월 사이가 된다.

3) 칼뱅에게는 그가 재세례파와 리베르탱에 맞서 글을 써 줄 수밖에 없을 정도로 "복종하고 싶고 또 그래야 하는" 많은 선한 신도들"이 있었다(〈칼뱅 작품 선집〉5권, 99, 233).

한편으로는 내가 진영도, 무기도, 그리고 전략도 모르는 그런 적대자들과 전투를 시작하는 것이 용이하지 않았기 때문입니다. 사실 나는 아직도 그들에 대한 이야기를 듣지 못했고, 단지 막연한 어떤 중얼거림만 들었을 뿐입니다. 아직 전장에 나오지도 않은 자들과 싸우려 하는 것은 눈 감고 허공을 치는 것이나 마찬가지일 것입니다. 그러나 결과는 내가 바랐던 것과는 달랐습니다. 이 수다쟁이들은 그들의 도당을 증가시키는 데 너무도 주의 깊고 부지런해서, 이미 수천 명의 사람들이 나도 모르는 그들의 오류에 끌려들었습니다. 심지어 내가 보기에 악이 더욱 심해졌습니다.

사실 처음엔 몇몇 사람들만이 죽은 자들의 영혼이 잔다고 막연히 떠들었지만, 그들은 이 수면이란 말이 의미하는 것을 은근히 알리지 않았습니다. 그 후로 [영혼들을] 상처 없이 완전히 죽이는 이 영혼의 살인마들이[마 10:28][4] 나왔습니다. 그런데 나는 첫째 [인물들]의 오류가 지지되어서도 안 되고, 또한 이 [둘째 부류의] 사람들의 열광을 진압해야 한다고 생각합니다. 왜냐하면 둘 다 어떤 이성과 판단에도 근거하지 않고 있기 때문입니다. 그러나 내가 이 대담한 자들의 어리석은 객설을 공개적으로 논박하지 않고서는, 그리고 그들의 글에서나 알아낼 수 있는 거짓들을 드러내면서 (흔히 말하듯) 대놓고 반박하지 않고서는, 이러한 사실을 다른 사람들에게 확신시키기란 쉽지 않습니다. 그런데 그들이 내가 여태껏 보지 못한 무슨 소책자 같은 것을 여기저기 뿌리면서 자신들의 몽상과 망상을 퍼뜨린다고 합니다. 나는 다만 한 친구로부터, 그가 지나가는 말로 들은 것이거나, 아니면 이렇게 저렇게 모을 수 있었던 것을 적어 놓은 짤막한 글을 전달받았을 뿐입니다.

이 짤막한 글로 인해 내[가 글을 쓰지 않은] 변명 가운데 하나가 절반은 없어졌으나, 그래도 나머지 절반이 남아 있습니다. 하지만 그들이 책을 인쇄하여 사람들을 통해 유포하는 경우 못지않게 막연한 소문과 능란한 수다로 사람들을 그들의 오류에 [은밀히][5] 끌어들이기 때문에, 만일 내가 이처럼 대단히 시급한 일 가운데서 입을 다물고 은폐한다면, 나는 하나님의 진리에 대한 배반감을 씻을 수 없을지도 모릅니다. 분명 내 수고가 가장 거칠면서 경험이 적은 자들에게 크게 유익하고, 이 주제에 그다지 접해 보지 못한 보통의 교육을 받은 자들에게 다

---

4) ψυχοκτονοι(CO); ces burreaux d' ames(RO). 라틴어로는 animicidae이다.
5) RO에는 clanculum(CO)이 빠졌다.

소간 도움이 될 수 있으리라 기대하기 때문에, 나는 내 신앙의 도리를 덕 있는 사람들의 손에 넘기기를 두려워하지 않을 것입니다. 어쩌면 적들을 공격할 수 있을 만큼 온갖 무기로 무장되어 있지도 않고, 그들이 다가오는 것을 막을 수 있는 요새도 갖추지 못하고, 다만 최소한의 방어도 없는 전혀 비무장인 상태는 아니지만 [말입니다]. 이러한 망상을 뿌리는 자들이 귀찮게 함으로써 된 일이기는 하지만, [어쨌든] 나는 기꺼이 수고한 만큼의 열매를 가져올 수 없는 이런 식의 전투에 들어가고 말았습니다. 그래서 때론 슬기롭게 절제할 필요가 있다는 사도의 권면[롬 12:3]이 이곳에 도움이 되어야 마땅할 것 같습니다. 이 사람들이 우리가 바라는 절제를 결코 사용하지 못하게 한다 하더라도, 그래도 나는 할 수 있는 한 가장 겸손하게 논쟁할 생각입니다.

극도로 커져 가는 이 악을 잘라낼 수 있는 다른 방법을 찾을 수 있었다면 더 좋았을 것입니다. 이는 그것이 암처럼 점차 퍼져 갈까 두렵기 때문입니다[딤후 2:17 참고]. 그것은 단순히 지금 막 시작된 것이 아닙니다. 사실 우리는 몇몇 아랍 사람들이 이 잘못된 교리의 조성자라고 읽고[=알고] 있는데, 그들은 "영혼이 육체와 함께 죽었다가 둘 다 심판 때에 부활한다."고 말했습니다.[6] 얼마 후, 로마의 주교인 요한[7]이 이를 지지했으나, 파리 소르본의 신학자들이 그것을 취소하지 않을 수 없었습니다. 그런데 이 교리는 한참 동안 잠잠했다가 최근에 몇몇 재세례파 사람들에 의해 다시 불붙었고, 약간의 불티를 튀었습니다. [그런데] 이 불티가 사방팔방으로 퍼지면서 결국은 횃불과 열렬한 불길이 되었기에, 나는 주님께서 특별히 그의 교회에 예비하신 이 임의의 비로 곧 끄시기를 바랍니다[시 68:9 참고].

나는 어떤 악의도 없이, 또 어떤 사람에게도 집착함 없이, 그리고 야유하거나 헐뜯을 생각 없이 [이 문제를] 토론할 것이기 때문에 그 누구도 나로 인해 상처를 받았고, 심지어 그것이 어떤 종류이건 간에 모욕당했다고 해서 똑바로 불평할 수 없을 것입니다. 오늘날 책망하고 비평하고 비난하고픈 욕망으로 불타오

---

6) CO : Euseb. *Eccl. hist.* I, 6. c.26. August. *lib. de Haeres*. c.83.
7) 요한 22세. CO의 Ioann. II와 CSW의 John ii는 XXII의 오타이다. 요한 22세는 영혼 불멸에 대한 문제를 제기한 것이 아니라 아우구스티누스와 클레르보의 베르나르가 행한 계시록 6:9의 주석과 관련해서, 최후 심판 전의 지복직관visio beatifica에 대한 자신의 의견을 제시한 것이다. 난외주의 Jean Gerson의 참고 문헌은 *Oeuvres complètes* 7/2, 780를 참고할 것(COR).

르는 어떤 이들을 볼 수 있으나,[8] 그들[이야말로 누가] 손끝으로 건들기만 하면, "교회의 연합에 금이 갔다"느니, "사랑을 깨뜨렸다"느니 이런 민망한 불평을 잘도 해 댈 것입니다. 그러나 나는 우선 그들에게 우리가 그리스도에 기초한 연합 외에는 아무런 연합도 인정하지 않으며, 그리스도가 유대가 되는 사랑 외에는 그 어떤 사랑도 인정하지 않는다고 대답합니다. 이처럼 사랑을 보전하는[호 11:4 참고] 중요한 점이자 출발점은 신앙이 우리 가운데서 거룩하고 온전하게 머물러야 한다는 것입니다. 나아가 그들이 내가 심사숙고 끝에 혀를 가져온 것과 같은 식으로 귀를 가져온다면, 이 토론은 사랑에 아무 상처를 주지 않고서 결단될[=이뤄질] 수 있다고 대답합니다.

탁월한 인물이신 그대로 말하면, 나의 이 수고를 그대에게 헌정하게 된 데에 여러 가지 이유가 있지만, 특별히 쓸데없는 생각들-이것을 통해 많은 미친 영들이[사 19:14] 교회의 안식을 깨뜨리고 있는-로 시끄러운 이 상황에서도, 그대가 깊은 사려와 비범한 절제로 확고하고 온전히 견디고 있음을 내가 보기 때문입니다.

1534년, 오를레앙에서.

---

8) '벽보 사건'에 대한 암시이다.

18

볼프강 카피토가 칼뱅에게[1]

[1535년 전반], 스트라스부르에서 [바젤로][2]
CO, Xb, 45; Herminjard, III, 242; COR, VI/I, 101

주님 안에서 존경받아 마땅한, 경건하고 박식한 사람 마르티아누스 루카니우스[3]에게.

문안드립니다. 당신의 책[4] 내용이 썩 마음에 듭니다. 작아서 읽을 수 없는 글씨체[5] 때문에 전체를 온전히 이해하기는 어렵습니다. 출판하는 일에 대해서 당신이 우리[6]의 말을 듣는다면, 보다 적절한 시기에 당신의 생각을 온전히 주장할수 있으리라 믿습니다.[7] 지금 모두가 이단 때문에 시끄럽습니다. 독일인들은 [이단] 오류들이 명백해지도록 그것들을 공격함으로써 종교의 큰 재난을 경험했습니다.[8] 곤궁에 빠진 교회를 보살피는 실로 가장 확실한 방법은 그리스도를 가장

---

1) 스트라스부르의 개혁자 카피토[2]가 칼뱅에게 쓴 편지 가운데 남아 있는 것은 세 통이다(본 서신과 서신 27, 46).
2) 칼뱅과 뒤 티에는 프랑스를 떠나 스트라스부르를 지나면서(1534년 12월 24일) 카피토를 만났고, 1535년 초에 바젤에 도착한 듯하다. 그곳에서 칼뱅은 그의 *Vivere apud Christum*(서신 17 각주 1 참고)의 개정 전 원고를 카피토에게 보냈을 것이라 짐작할 수 있다. 따라서 이 편지는 1535년 7월 전에 쓰였다고 볼 수 있다(COR).
3) Martianus Lucanius는 칼뱅이 라틴어 편지에서 사용한 필명이다. Lucanius는 자신의 이름의 글자를 재배치한 것이지만 Martianus의 사용 이유는 확실하지 않다.
4) *Vivere apud Christum*.
5) 칼뱅의 필체는 판독하기가 쉽지 않다고 알려져 있다.
6) 카피토와 마르틴 부처를 가리킨다.
7) 부처와 카피토는 여러 번 책 출판을 미룰 것을 종용했다.
8) 1535년 초, 카피토는 재세례파에 대해 보다 강력한 조치를 취할 것을 스트라스부르 시 의회에 요구하였다.

정확하게 묘사하는 것입니다. 당신의 논거 역시 신앙의 본질[9] 외에 다른 것도 다루기 때문에 부산한 논쟁을 야기할 것입니다. 다음으로 주님이 그러한 오류를 주장하는 고집에서 떼어 놓은 훌륭한 작가들[10]이 있습니다. 나는 그들의 열정이 식지나 않을지, 혹은 적어도 그들이 지금껏 돈독히 해 온 신앙을 모조리 포기하고 경건의 탁마를 혐오-그렇지 않아도 민감한 정신 때문에 십자가를 지긋지긋한 것으로 쉽게 표명하는-하지나 않을까 두렵습니다. 당신은 보다 인기 있는 주제로 작품 활동을 함으로써 경사롭게 시작하는 것이 더 나았을 것입니다.

나는 그때 프랑스 친구들이 강제로 빼앗아 가다시피 한 〈호세아 주석〉[11]을 제외하고는 그 많은 이단에게 공공연히 문서를 뿌리는 것을 자제했습니다. 그리고 자신들에게 닥친 저 혼란한 수고[12]보다 지금 내 여유를 더 좋아하는 사람들이 있습니다. 당신의 노고가 수포로 돌아갔다고 여깁니까? 아닙니다. 그것들은 물론 수포로 돌아가지 않았습니다. 오히려 훗날 다른 것들을 통해 동일한 것들을 과시할 기회가 주어질 것입니다. 시간 역시 성경 전체에 대한 보다 깊은 이해를 가져다줄 것입니다.

요컨대, 프랑스 교회들의 비참한 상태[13]는 차라리 당신들이 모든 논쟁에서 물러나는 것을 요구합니다. 왜냐하면 이 일로 인해서 당신은 그리스도 진영의 최대 추종자들을 혼란케 할 것이기 때문입니다. 마르티아누스여, 결국 당신은 나로 인해 자유롭게 될 것입니다. 그 책을 출판하건 뒤로 미루건 간에 말입니다. 아무튼 나는 우연히 내게 비쳐지는 것을 말해 주고 싶었습니다. 안녕히 계십시오.

스트라스부르에서.

V. 카피토.

---

9) analogia fidei. 카피토는 그의 〈호세아 주석〉에서 두 번씩이나 analogia를 본질이나 원리의 의미로 사용했다(COR).

10) 대표적으로 슈벵크펠트[º]가 꼽힌다.

11) 미셸 다랑드[º]에 따르면 카피토는 이 주석을 1528년 3월 22일 마르그리트 당굴렘에게 헌정했다. 사실 카피토는 프랑스 복음주의자들에게 관심을 가졌다. 1525-1526년에 그의 스트라스부르 집에는 제라르 루셀과 자끄 르페브르 데타플이 머물기도 했다(COR).

12) 1527년에 스트라스부르에 나타난 켈라리우스[º]의 *De operibus Dei*를 암시한다.

13) '벽보 사건' 이후 프랑스에 가해진 박해를 암시한다.

19

칼뱅이 황제, 왕, 군주, 백성에게[1]

〈올리베탕 성서〉 헌정 서문
[1535년 5월 바젤에서]
CO, IX, 787; COR, VI/I, 105

장 칼뱅이 황제, 왕, 군주, 그리고 제국에 속한 모든 그리스도의 백성에게 문안드립니다.

왕의 윤허가 새 책에 적용되는 것이 결정되었습니다. 이것은 일찍이 유익이 있었을 뿐만 아니라 상당한 공유 재산도 갖게 했습니다.[2] 그리고 지금까지 그 어떤 책도 책 장식에 대해 규정된 왕의 윤허를 통하지 않고서는 출판되지 않았기를 바랍니다. 만일 그 윤허가 호의로 얻어지거나 돈으로 확보된 것이 아니라면 말입니다. 이는 경솔하게 인쇄공의 소득에 따라 책을 맡기기보다는 신중하고 정확한 증언에 따라 맡기도록 하기 위함이며, 모두가 밝히 볼 수 있기에 합당한 책을 있는 그대로 공포하도록 하기 위함이었습니다. 왜냐하면 쓰고자 하는 광적인 욕망은 이런 처방으로 억제됨이 마땅했기 때문입니다. 허다한 책들을 조사해 보면, 이런 욕망이 아무런 절제와 수치심 없이 닥치는 대로 우리에게 생기는 것임을 알 수 있습니다. 명성에 대한 저 어리석은 욕망은 적지 않은 사람들을 초조하게 만들었습니다. 그들은 알려지지 않는 것보다는 어찌 되었든 업적을 통해 널리 유명해지기를 원합니다.[3] 이제 국사를 다루는 군주들이 그들의 극도로 절제

---

1) 칼뱅이 1535년에 출판된 올리베탕 성서에 붙여 놓은 라틴어 서문으로 〈칼뱅 작품 선집〉 2권에도 실려 있다(149-157).

2) '왕의 윤허'는 인쇄업자들에게 일반적으로 3년간의 전매권을 주어 그들의 투자를 보호하는 것을 말한다. 이것은 1507년에 시행되었으며, 르페브르 데타플의 불어 성서(1530년)도 이 혜택을 받았다. 그것의 표지에는 '황제의 호의와 윤허로'라는 말이 붙어 있다.

3) Cf. Erasmus, *Adagia* (Amsterdam, 1993-), 2/4, 308-309.

없는 능력으로 조치를 내리는바, 좋고 나쁜 책들의 출판을 마구잡이로 허용할 뿐만 아니라 더 나쁜 책들까지도 그들[출판 욕망을 가진 사람들]의 동의하에 승인합니다.

이런 사실로 볼 때, 거룩한 작품(성경)은 결코 인간들의 증언을 필요로 하지 않는다는 것이 명백합니다. 왜냐하면 그것은 최근에 출현한 것도 아니고 인간에 의해 진행되는 것도 아니기 때문입니다. 설령 그 거룩한 작품이 이러한 찬사—이 저속함은 그 존엄을 더럽힐 뿐임 를 간직하고 있다 하더라도, 실로 그것은 가장 부당하게 비교되는 것입니다. 그러므로 최고의 왕이자 천지와 바다의 주이시며, 왕 중의 왕이신 이의 말씀과 영원한 진리야말로 이 윤허의 인가서입니다. 왜냐하면 그가 그의 말씀을 영광스럽게도 우리에게 맡기고 있기 때문이며, 또한 온 백성, 온 세대, 온 계층으로부터 사적 및 공적으로 존경받는 국가가 그것을 받아들이도록 규정하고 있기 때문입니다. 최후의 한 사람까지 모두 지키기에 적합한 명령이 바로 여기에 있습니다.

이 무지한 천민들에게 [성서의] 신비들을 공개하는 것이 부당하다고 외치는 어떤 이들의 불충한 목소리들이 들립니다.[4] 이 사람들은 신비뿐만 아니라 재능과 교리의 요새에서 평생 살지만 결국 모두가 주시하는 가운데 [성서 번역의] 경기장에서 자주 물러나며, 이들 중 마지막 결승선[성서 번역 출판]에 도달하는 사람은 매우 적거나 전혀 없습니다. 그들은 "모든 교양 학술에 대해 무지한 (저들이 이런 언어 사용에 불평한다면), 매사에 미숙한 저 불쌍한 바보들이 무엇을 이해할 수 있겠는가?"라고 말합니다. 그러나 실로 주님이 목동의 울타리에서 선지자들을, 어부의 배에서 사도들을 자신에게로 이끄셨을진대[암 7:14; 마 4:18], 이제 그와 유사한 제자들을 자격 있다고 인정하시지 못할 이유가 무엇입니까? 뿐만 아니라, 저 [구태의연한] 신학 선생들에게 (그들의 마음에 고상함이나 용기가 있는 한) 천민들 및 무지한 자들과 더불어 배워야 하는 공통된 처지가 수치스러울진대, **지혜로우신 주님에게**[사 54:13; 살전 4:9] 근거를 두기 때문이 아니라면 가장 평범한 자들보다 조금도 탁월하지 못한 이런 스승들에게서 배우는 것이 얼마나 수치스러울까요? 하지만 나는 교회에서 가르치고 배우는 신분을 폐기하기 위해 이편에 서서 이런 말을 하는 것이 아닙니다. 우리는 하나님에게서 파송

---

4) 이 목소리들은 1526년 12월 '규정determinatio'에서 에라스무스와 르페브르의 입장을 비난한 바 있는 소르본(파리 신학 대학) 사람들을 암시한다.

된 선지자들, 박사들, 주석자들을 통해서 올바른 가르침을 받을 때 그의 놀라운 호의를 깨달아야 합니다. 나는 신실한 백성들이 그들에게 말씀하시는 하나님을 들을 수 있고, 또 교사에게서 배울 수 있기만을 원할 뿐입니다. 왜냐하면 하나님 은 **지극히 작은 자로부터 지극히 큰 자에게 이르기까지** 알려지기를 원하시고[렘 31:34], 모두가 '하나님의 교사'가 될 것이라고 약속하시기 때문입니다. 또한 **젖 뗀 아이들과 품에서 떠난 아이들에게 지식을 가르치고 들은 것을 알게 하시고** [사 28:9], **우매한 자들에게** 지혜를 주시며[마 11:25] 가난한 자들에게 복음을 먼 저 알려 주시기[마 11:5] 때문입니다. 그러므로 하나님의 학교에서 유익을 얻는 사람들이 모든 계층에 있는 것을 볼 때, 우리는 **모든 육체에** 부어지는 성령에 대 해 약속하시는[욜 2:28; 행 2:17] 그의 진리의 말씀을 깨닫게 됩니다.

이에 대해 저들은 분통을 터뜨리고 못마땅하게 여깁니다. 이것이 하나님의 관대하심을 비난하는 것이 아니고 무엇이겠습니까[마 20:15]? 오, 만일 그들이 빌립 보에서 예언하는 6명[5]의 처녀들이 있던 시대에 살았더라면, 혹 부당한 방식으로 대하지는 않았다 하더라도 그녀들을 얼마나 언짢게 여겼을까요? 실로 그들은 마 음먹을 때면 언제나 하나님의 말씀을 강하게 비난합니다. 그러나 어째서 그들은 자신들이 그토록 스스로의 몫인 양 제시하는 이 본보기들을 통해서 아버지를 닮 지 않을까요? 히에로니무스는 공동으로 배우는 여자들을 부당하게 여기지 않았 습니다.[6] 크리소스토무스와 아우구스티누스가 평민들에게 이런 배움을 취하도 록 권하지 않은 적이 있습니까?[7] 집에 가는 즉시 교회에서 들은 것을 가르치도 록 말입니다. 크리소스토무스가 수도사들보다 마술사들에게 성경 읽기의 필요 성을 주장하는 것은 무슨 이유이며, 그들이 이 난파된 세대에 휩쓸린 여러 일과 업무의 조류에서 즉시 건짐 받게 되는 것이 이 피난처에 머물기 때문이 아니면 무엇이겠습니까? 순교자 팜필루스는 에오세비오에게 칭송을 받았는데, 이는 그 가 준비된 성경 사본들을 늘 갖고 있으면서 그것들을 남녀에게 나누어 주었기 때문입니다. 이 자유가 통용된 것은 저보다 순수한 시대뿐만 아니라 그 후 긴 세 월 동안이었습니다. 백성이 부패하고 돼지의 탐욕에 빠져 그 자신의 게으름과

---

5) 행 21:9. 여기 6명은 4명으로 수정되어야 한다(COR의 sex는 실수이다).

6) Cf. John D.N. Kelly, *Jerome, his life, writings, and controversies*, London, 1975, pp. 91-103.

7) Chrysostomus, *In Genesin homilia* 35, 2.

나태로 말미암아 이런 종류의 연구를 소홀히 하기까지 말입니다. 이런 일이 반복된 곳에는 폭군이 출현하여 백성들을 공공 유익에서 차단했던 것입니다. 이것은 실로 누군가가 물과 불, 그리고 기본 원리들을, 그것들을 사용하는 것이 보이지 않는다는 이유로, 백성에게 금하는 것과 마찬가지입니다. 교구 사제들에게 양들의 목구멍에서 생명의 양식을 빼내는 것을 두려워하지 않을 만큼 큰 잔인함이 있음을 (왜냐하면 교구 사제들은 인정받고 칭송받기를 원하기 때문에) 누가 알았겠습니까[겔 34장 참고]?

그들은 "하지만 백성들이 그들의 심한 무지로 잘못되거나 깨닫지 못하는 자들을 타락시키고, 음식 대신 돌을 삼킬 위험이 있다."[8]고 말합니다. 이 점에서 그들은 매우 경솔하게 결론을 내립니다. "복음은 멸망하는 자들에게는 **죽음으로 가는 죽음의 냄새요**[고후 2:16], **유대인들에게는 걸림돌**이며, 그리스인들에게는 **미련한 것이다**[고전 1:23]. 그러므로 백성이 읽어서도 들어서도 안 된다."고 말입니다. 그러나 **구원은 하나님의 능력을 믿는 모든 자들-유대인과 동시에 그리스인-에게** 속한 것입니다[롬 1:16]. 그들은 "그리스도는 많은 사람들이 부딪혀서 깨어지는 걸림돌이기에[롬 9:32-33; 사 8:14; 벧전 2:8] 존재해서는 안 된다."고 말합니다. 하지만 그리스도는 영생이며, 아버지께로 가는 유일한 길이요, 진리이십니다[요 14:6]. 그들에게는 이것이 덜 확실하게 보이기 때문에, 그들은 세상을 고통스럽게 하는 허다한 이단 가운데서, 백성들에게 교리보다는 순종에 의존하라고 부언합니다. 크리소스토무스와 아우구스티누스는 스스로를 부추기어 하늘의 교리에 대한 연구를 했습니다. 그들이 이단들을 보고했을 때는 세상이 이단으로 들끓었습니다. 그들은 이런 처방으로 이단에 맞서 백성을 보호했고, 이런 방어 무기로 백성을 훈련시켰습니다. 마지막으로 교구 사제들은 백성들이 사납고 교만하다며 한탄합니다. 하지만 백성은 성경에 대해 약간의 맛을 보았을 뿐입니다. 흔히 교만하다는 말은 자신의 한계를 고려하지 않고 평가하는 것, 그리고 신탁에 따르지 않고-혹 꿈으로 무언가를 깨달았을지는 몰라도-성공을 간구하는 것으로 여겨집니다.[9] 그러기에 저 눈물이 있는 것입니다.[10] 이와 같이 옛적에 로마 대제관들과 하급 제관들은 코르넬리우스로부터 지속적인 공격을 받

8) 르페브르 데타플의 신약 역본 서문에 동일한 표현이 나온다(cf. Jacques Lefèvre d' Etaples, *Le Nouveau Testament, facsimile* …, 1523(London, 1970, vol. I, A6r).

9) Erasmus, *Adagia*, 2/2, 218-220.

10) Cf. Terentius, *Andria*, 126.

았던 것입니다. 코르넬리우스는 그들이 자신들의 권한으로 여기기를 바랐던 공판 날짜를 백성에게 알렸습니다.[11] 이 방식으로 말하면 그들은 그들의 연기를 백성들에게 오직 밤에 팔 수밖에 없기 때문에, 그들이 이 빛을 발하는 존재[코르넬리우스]를 참아내지 못한다 해서 이상할 것은 아무것도 없습니다. 진정 최악으로 그[코르넬리우스]에게는 이처럼 공개적으로 폭로되고 드러나야 할 저들[제관들]의 비밀이 있는 것입니다. (저들에게는 이따금 풍요의 여신에게 헌신한 자들에게나, 혹은 심지어 바쿠스 축제에서보다 더 많은 음란함이 있습니다.)[12]

좀 더 공정한 것들이 보이기를 원하는 어떤 이들은, 평민들은 이미 출판된 성경[13]을 사용하는 것으로 만족해야 한다는 구실을 내세웁니다. 이런 [성서] 번역들은 (언어의 진실에 따른 방식에서가 아니라 말하는 정확성 자체에 따른 방식에 의해 걸러짐) 무지한 자들의 손에서 여기저기 굴러 다니기보다는 교양 있는 서재에 꽂혀 있는 것이 타당하다는 것입니다. 즉, 무지한 자들 중 정확히 이해하는 자는 매우 소수이고 대다수는 실로 새로운 것 때문에 범죄한다는 것입니다. 그들 대다수가 무언가 근본적인 것을 알고자 하는 것이 아닐진대, 그들은 내가 못 보는 무언가를 본다는 말이 됩니다. 지금 여러 곳에서 인정되고 있는 가장 왜곡된 역본과 비교해서 보다 순수한 다른 역본이 필요하다는 것을 부인하기 때문에, 그들은 분명한 성령 모독자들입니다. 바울은 언어의 해석이 성령의 은사임을 주장하고[고전 12:10] 그것이 교회의 덕을 세우는 데[고전 14:5, 12] 이바지할 것을 기대합니다. 만일 그들이 이 은사를 멸시한다면 그들은 신성 모독자들입니다. 만일 그들이 많은 사람들에게 도움을 주는 것을 막기 위해 그 은사를 제거하고자 한다면, 그들은 적개심을 가진 불의한 자들입니다. 물론 나는 가증스러운 새로운 것들이 더 많이 있음을 고백합니다. 왜냐하면 도토리-얻어진 농산물은 말할 것도 없고-를 제외하고는 먹지 못하는 많은 배들이 있기 때문입니다.[14] 이 새로운 것이 아무런 노력의 대가도 없이 외부에서 얻어진 것이 명백하다면, 혐오를 받을 만합니다. 이 새것이 실로 매장된 진리를 들춰내는 한, 그 진리를 전적인 호의로 받아들이지 않는 것은 가장 수치스러운 배은망덕입니다. 설

---

11) B.C. 304년경 대제관들의 바람에 맞서 로마 공화국 시민이었던 코르넬리우스 플라비우스Cornelius (Gnaeus) Flavius는 법 행위가 수행되는 날짜를 일반 시민들이 알게 하기 위해 공판 예정표를 발간했다.

12) COR을 따라 괄호에 묶었다. Cf. Augustinus, *De civitate Dei*, 6:9, 18:13.

13) 불가타 성서를 의미한다.

14) Cf. Cicero, *De oratore* 9:31; Erasmus, *Adagia*, 2/7, 121, 258.

령 그 새것이 인간들의 조야함에 불과하여 혜택 자체에 나쁜 영향을 준다 하더라도, 그래도 모욕과 혐오는 제거되어야 합니다. 어쨌건 그것이 진리의 대가로 얻어진 것인 한 말입니다. 그럴지라도 나는 백성에 대해 염려하지 않습니다. 백성이 새로운 것을 기피한다는 것은 천만의 말씀입니다. 오래전부터 굶주린 백성은 그런 향연을 갈망합니다. 그러나 그들[성서 번역 반대자들]은 그들의 악의에 이런 핑계를 모색하고 있습니다. 그들은 자신들의 보화를 백성에게 한두 푼 빼앗기는 것을 속상해하는 경우 외에는, 가득한 보화 속에서 뒹굴어도 만족하지 않습니다.

역자에 대해 조금 말하겠습니다. 그와 나 사이에 있는 무슨 친척 관계[15]나, 우리의 오랜 친분 관계 때문에 말하는 것으로 보여서는 안 될 것입니다. 다만 (내가 믿기로 그 자신이 감히 제안했고 시샘 같은 것이 섞일 수 없기 때문에) 그가 근면, 성실, 노력을 다했고 지대한 성실함 덕에 이런 번역 일에 숙달될 수 있었다는 점에서, 성품상 게으르지 않고 박학다식을 결여하지 않은 인물임을 밝혀야겠습니다. 나는 다른 의견 때문이건 아니면 때로 잠의 긴 활동에 빠지기 때문이건,[16] 모든 사람들이 만족하지 못할 무언가가 있지나 않을까 염려됩니다. 그러나 실로 내가 독자들에게 권면하는 것은, 혹 그의 친척(사위)들을 만나더라도 거룩한 열정이라는 장점을 가진 사람을 비난하고 비판하기보다는, 차라리 자신의 부족을 상기하는 편이 낫다는 것입니다. 이 자유인 출신에게는 기독교 경건과 문예가 어울립니다. 그것들은 우리의 로베르로[17]부터 결코 심히 나쁘지 않은 우아함을 돌려받습니다. 다른 많은 부분에서도 탁월한 재능을 가진 그는 절제를 통해 자신을 극복합니다. 설령 이 절제와 극도의 부끄러움이 우월한 성품은 아니라 해도 하나님의 말씀의 증인이요, 거룩하고 불굴의 사람들인 파렐과 비레[18]가 권면과 재촉으로 그에게 항복을 강요하지 않았더라면, 그가 이런 책임 있는 거룩한 노력으로부터 자칫 떨어져 나갈 뻔했던 것입니다. 실로 사악한 말에 아무런 근거를 담을 수 없는 자들은 만일 누군가가 기술을 겨루고자 할 경우, 비방하는 기술

---

15) 칼뱅과 올리베탕은 사촌 관계로 알려져 있다.

16) 칼뱅은 잠을 많이 자는 것도 자신의 게으름 가운데 하나로 보는 듯하다. 그가 올리베탕 불어 성서 역본을 교정 본 것에 대해서는 바로 다음 서신을 참조할 것.

17) 물론 올리베탕을 가리킨다.

18) 칼뱅은 파렐과 비레를 표기하기 위해서 각각 히브리어와 그리스어를 사용하였다. Cusemeth는 라틴어 far(곡물)에 해당되는 히브리어요, Chlorotes는 불어 vert(초록)에 해당되는 그리스어다.

이 가장 쉽다는 것을 기억해야만 합니다. 그리고 학교의 웅변술 교사보다 광장에서의 여인네들이 그런 기술을 더 잘 사용한다는 것도 말입니다. 그러므로 실로 나는 저 유명한 희극 대사, 즉 "자신의 비방 때문에 역으로 나쁜 말을 듣는 자들"[19]이라는 말을 강요하지 않습니다. 그들은 이 사람[올리베탕]을 지속적인 무례함에 이를 만큼 마음껏 괴롭힙니다. 내가 권고하거니와, 그들은 내가 매우 유해한 말재주를 칭찬하기를 기대해서는 안 됩니다. 모두를 야유하는 것은 명백하지만 동일하게 경쟁하는 것은 명백하지 않다[20]는 사실은 평범한 만큼 진실합니다.

---

19) Cf. Statius, *Chrysion*, 19-21.
20) Cf. Erasmus, *Adagia*, LB 2, 478.

20
칼뱅이 크리스토프 파브리에게[1]

[1535년][2] 9월 11일 바젤에서 볼Bôle로
CO, Xb, 51; Herminjard, III, 347; COR, VI/I, 115; CSW, IV, 42

볼Bôle에[3] 있는, 매우 좋은 형제이자 하나님의 말씀의 사역자 크리스토포루스 리베르티누스[4]에게.

우리의 친구 올리베탕[5]이 출발하면서[6] 썼던 편지[7]를 통해 그가 계획했던 신약 성서 출판을 다른 시기로 연기하였다는 것을 내게 알렸을 때, 나는 내가 하기로 약속한 교정보는 일을 여가가 허락하는 다른 시기에 할 수 있으리라고 여겼다오[8]. 그 사이 이 계획에 무관심한 나는 다른 연구에 몰두했고,[9] 오히려 습관적

---

1) Christophe Fabri. 파브리으는 올리베탕이 불어 성서를 출판하자 그를 위해 중재인 역할을 해 주었고, 이 성서 번역가가 사망하자(1538년 8월) 그의 재산을 관리했다.
2) 연도가 나타나 있지 않다. CSW 편집자는 "로베르 올리베탕의 성서 출판 전에 쓰인 이 편지는 명백히 1534년을 가리킨다. 칼뱅은 박해를 피하기 위하여 프랑스를 떠날 필요가 있었으므로 바젤로 가서 은거했고, 거기서 다음 〈기독교 강요〉를 출판한다."고 말하면서 1534년으로 정했다. 그러나 Herminjard와 CO 편집자들은 1535년을 따랐다. COR도 이들을 따랐다.
3) 파브리는 1536년 2월 제네바를 떠나기 전까지 부드리 지방에서 3년간 사역을 하였다. 볼에 머무르는 동안에는 퐁타뢰즈 교회에서 설교했다.
4) 파브리는 Libertinus라는 별명을 사용하기도 했다.
5) 피에르 로베르 올리베탕으은 칼뱅의 친척으로, 성경을 프랑스어로 번역하였다. 그는 1533년 제네바에서 추방되어 뇌샤텔로 가서 은거했고 거기에서 계속(1534-1535년) 신약 성서와 구약 성서를 번역하여 출판했다. 이 작품은 피에몽의 발도파 사람들의 요청으로 이뤄졌고, 칼뱅은 교정을 보았다.
6) 올리베탕은 뇌샤텔에 머물면서 보vaud 지방을 여행했다.
7) 이 편지는 알려져 있지 않다.
8) 이 성서는 1535년 6월에 뇌샤텔에서 출판된다(*La Bible Qui est toute la Saincte escriture*… Neuchâtel: Pierre de Wingle, 1535). 세심한 구약 성서의 번역과는 달리 신약 성서는 그리스어에서 직접 번역되지 않았고 르페브르 데타플의 1530년 번역본에 근거했다. 이것 때문에 올리베탕은 칼

인 나태에 빠져 있었소. 아무튼 나는 아직 그 일에 착수하지 못했소. 게다가 대조하기 위해 내게 필요한 그 책이 석 달 전에 배달되었음에도 불구하고, 아직도 편집되지 않은 채 있소. 이것은 내 편의 무관심 때문이라기보다는 본사의 완만한 일 처리-그래도 우리는 날마다 부탁하기를 그치지 않았다오-때문이며, 다른 한편으로는 그것이 처음 내게 배달되었을 때, 즉시 구할 수 없었던 6매의 종이가 부족했기 때문이기도 하다오. 그러나 앞으로는 이 일을 위하여 매일 1시간씩 떼어 놓을 생각이오. 만일 올리베탕이 돌아와서[10] 선수 치지 않는 한, 나는 그대 외의 다른 이에게 수정본-내가 수정하여 대체할 경우-을 맡기지 않을 것이오.

내가 전혀 알지 못하는 사람이, 그대가 부탁했다면서 다음의 말을 전하여 주었소. 곧 '영혼의 불멸'에 관한 우리의 소책자[11] 가운데서 어떤 것들은 그대가 충분히 인정하지 못한다는 것이오. 그런데 나는 이런 그대의 견해가 공격적으로 느껴지기는커녕 묘하게도 이런 직설적인 솔직함에 대하여 크게 기뻐하고 있다오. 내가 아무리 괴팍하다 해도 나 스스로에게 허락하는 판단의 자유를 다른 사람에게서 빼앗을 정도는 아니오. 그러나 같은 말을 반복함으로써 그대가 쓸데없이 괴로워하지 않도록, 그 책은 거의 온전한 결정으로 수정되었소. 첨가되거나 삭제된 것은 많지 않으나, 순서는 전적으로 뒤바뀌었소. 나는 소수의 어떤 것을 없애는 대신 다른 것들을 삽입했고 또 어떤 것들을 변경시켰소. 내가 올리베탕에게 읽으라고 준 논문은 비록 어떤 형태의 질서가 있긴 해도 명확하고 확실한 순서에 따라 정리되었다기보다는, 오히려 메모 수첩에 모아 둔 나의 생각들을 담고 있다오. 내가 새 책(그것은 그렇게 불려야만 하오.)을 반복하여 읽었더라면, 아마도 그것을 그대에게 보냈을 것이오. 그러나 그것이 가스파르[12]에 의해 정리되었기에, 나는 그것을 살펴보지 않았소.

안녕히 계시오. 주께서 그대를 돌보시고, 그의 은사로 그대를 항상 풍성케 하시길 바라오.

9월 11일, 바젤에서.
그대의 친구, 마르티아누스 루카니우스

뱅에게 교정을 부탁했다. 칼뱅은 이 성서에 라틴어와 불어로 서문을 썼다(《칼뱅 작품 선집》 2권, 149-178). 라틴어 서문의 영역은 Battles/1536(373-377)에 들어 있다.
9) 칼뱅은 그의 〈영혼 수면론 논박〉의 교정 작업과 〈기독교 강요〉의 완성을 염두에 두고 있다.
10) 올리베탕은 1536년 5월에야 돌아온다. 그는 1538년 8월에 이탈리아에서 사망하였다.
11) 서신 17 각주 1 참고.
12) '벽보 사건'으로 파리를 떠나 1535년 5월 1일 바젤에 학생으로 등록한 가스파르 카르멜로 추정된다.

어떻게 된 일인지 모르지만, 기록된 것 가운데 내가 결코 빠뜨릴 생각이 없었던 것이 사라졌소. 그것은 그대와 다른 형제들에게 몇 마디 말로, 그러나 매우 진심으로, 평화의 배양에 대해 권면하는 것이었소. 사탄이 의도적으로 그것의 전복을 노리고 있기 때문에, 그만큼 더 그대와 여러분 모두는 이 평화의 보존을 위하여 진지하게 애써야 할 것이오. 문둥병자들에 대한 새로운 소동[13]이, 결코 그런 일은 상상도 해 보지 못했던 그 사람에 의해 시작되었다는 소식을 듣고 내가 얼마나 충격을 받았는지 그대는 거의 믿을 수 없을 것이오. 그러나 마침내 그는 오랜 은폐로 땀에 범벅이 된 채 독을 토하고, 독침 탓으로 돌린 뒤, 독사처럼 도망가 버렸소. 그대 쪽에는 부족함이 없기 때문에, 나는 그대의 힘이 미치는 한 내가 실로 확신하는 바가 그대도 동일하게 여기는 경우가 되기를 간청하오. 동시에 나는 평화를 위한 나의 기도를 끼워 두고 싶소.

---

13) 어떤 사건이며 소란을 피운 인물이 누구인지는 상세하게 알 수 없다. Herminjard는 문둥병자와 관련해서 1544년에 있게 될 사건과 유사한 것으로 추측하였다. 곧 어떤 목사가 문둥병자들에게 성찬을 나눠 준 사건이다(1544년 2월 23일과 4월 21일 자 파렐의 편지들 참고).

21
칼뱅이 독자에게[1]

〈영혼 수면론 논박〉 두 번째 헌정 서문
1536년 [4월 이전][2], 바젤에서
CO, V, 173; COR, VI/I, 119; RO, 2

내가 이 논쟁서를 다시 읽어 보니 다소 귀에 거슬리고 심지어 신랄하게 표현된 부분들도 있어, 어쩌면 어떤 이들의[3] 귀를 거북하게 할 수도 있으리라는 점을 깨달았습니다. 그러나 어떤 선량한 이들이 이 영혼 수면의 어떤 부분을, 너무도 쉽게 믿음으로 말미암아, 혹은 즉각 저항할 수 있을 만큼 성경으로 잘 무장하지 못한 무지로 말미암아, 마음속에 그대로 방치하고 있음을 알기에, 나는 그들이 허락하는 한, 그들로 범죄하게 하거나 그들의 노여움을 유발하기를 원치 않습니다. 사실 그들은 완강하게, 그리고 나쁜 마음으로 죄짓지는 않습니다. 그러므로 나는 그러한 자들에게 예전에 충언함으로써, 결코 그들을 모욕하기 위한 의도로 말한 것으로 해석하지 않기를 원했습니다. 내가 대담하고 자유롭게 말할 때마다 그들은 내가 그들이 아닌 재세례파[4]라고 하는 고집스럽고 악한 무리에게 말하고 있음을 알아야 합니다.

내가 말했듯이, 처음 이 물[재세례]은 여기서부터 시작되었습니다. 그리고 그들은 이렇게 하고서도 아직 자신들에게 합당한 취급을 받지 않았습니다. 나는

---

1) 서신 17에 이어 〈영혼 수면론 논박〉의 두 번째 헌정 서한이다(〈칼뱅 작품 선집〉, 2권, 39-43).

2) **COR** 편집자들은 편지 작성 연대를 결정할 세 가지 가능성을 말하면서 이 중 첫 번째 가능성을 채택했다. 첫째, 바젤에서 〈기독교 강요〉를 완성하고 페라라로 떠나기 직전(1536년 3월). 둘째, 페라라에서 바젤로 돌아온 5월 말에서 6월 초. 셋째, 1536년 9월 5일 직전 바젤 방문 때.

3) 카피토의 편지(서신 18) 참고.

4) anabaptistae. 칼뱅은 〈기독교 강요〉 헌정 서문인 〈왕께 드리는 서한〉에서 그의 적대자들에게 **Catabaptistae**라는 별칭을 부여하였으며(CO, I, 23), 〈영혼 수면론 논박〉의 마지막 부분에서도 언급하였다.

깊이 생각한 끝에 그들과 싸우기로 결심했기 때문에 만일 그들이 저항한다면, 그들은 내게서 진리의 항구적인 수호자를 발견하게 될 것입니다. 비록 내가 충분히 숙련되지 못했다고 하더라도 그럼에도 불구하고, 나는 감히 대담하게 하나님의 은혜로 말미암아 그들이 나에게 "이겨 낼 수 없다"고 말하게 될 것을 약속합니다. 그렇지만 실제로 내가 모욕적이고 신랄한 말을 언제나 포기했듯이 나는 오직 겸손한 태도로 그들에게 분을 발했고, 어느 곳에서건 내 기법을 억지로 끌어가기보다는 가르치기에 적합할 정도로 절제했습니다. 하지만 그럼에도 이끌리기를 원하지 않는 자들을 끌어들일 수 있을 것입니다. 진실로 내 의도는 [그들을] 분노로 자극하고 귀찮게 하기보다는 오히려 정도正道로 안내하는 것이었습니다.

내가 하나님과 그의 아들 우리 주 예수 그리스도의 이름으로 권면하고 간청하는 바는, 솔직하고 순수한 생각과, 진리를 공개적으로 받을 준비가 된 자리와도 같은 선하고 정직한 마음을 가지고 이 논문을 읽으라는 것입니다. 나는 어떤 이들의 귀를 즐겁게 하기 위해서 어떤 호의로 새로운 것을 가져올 수 있는지 압니다. 그러나 주님의 입에서 나오는 생명의 음성은[마 4:4] 유일하다는 것을 생각해야 합니다. 구원의 교리에 관한 한, 다른 모든 것들이 제아무리 확고하다 하더라도, 분명 우리의 귀는 이 [말씀]에만 열려야 합니다.

하나님의 말씀은 결코 새것이 아닙니다. 그것은 태초부터 있었던 그대로 지금도 있고, 또 영원히 있을 것입니다[계 1:4]. 하나님의 말씀이 부패되고, 미온적인 사용으로 짓눌리거나 매장되었다가 다시 빛 가운데로 되돌아오는 이때, 그것을 다시 트집 잡는 자들이 막중하게 잘못하는 것과 마찬가지로, 갈대처럼 온갖 바람에 밀리는 자들, 더 나아가 입김 몇 번만 불어도[마 11:7] 흔들리고 굽어지는 자들 역시 죄를 짓는 것입니다. 하나님의 말씀 없이, 그것이 아무리 참되다 하더라도, 온갖 가르침에 귀를 빌려 주는 것이 예수 그리스도를 배우는 것입니까? 만일 우리가 [그리스도]의 가르침을 인간의 것처럼 받는다면[갈 1:12], 마찬가지로 거짓들마저도 쉽게 삼키지 않겠습니까? 사실 인간이 허망한 것 외에 무엇을 자신의 것으로 삼습니까[욥 11:11]? **말씀을 받고 그것이 정말인지 알기 위해 성경을 상고하는** 사람들의 경우에는 결코 이런 일이 생기지 않습니다[행 17:11]. 이것은 우리가 닮는 한, 좋은 모범입니다.

그러나 우리는 말씀을 알 수 없는 미온함으로, 아니 차라리 경멸로 받아들여서 세 마디를 배우면 즉시 지혜로운 견해로 가득 차고 고갈되지 않기 때문에, 마치 우리가 왕과 부자가 된 것 같을 정도입니다[고전 4:8]. 이런 식으로 우리는 모든 시대의 무지에 대해 크게 야단치고 소란을 피우지만, 사실 대부분의 사람들은 누구에게 그토록 오만하게 호통을 치는지조차 모르고 있습니다. 그렇다면 우리는 어떻게 할까요? 그들은 어떤 주요 교리 조항들loci communes을 마지못해 맛보았다는 이유로 그리스도인이라 여겨지고 또 그렇게 불리기를 원합니다. 그들은 뭘 모르는 것을 부끄러워하지 않기 때문에 뭐든지, 그들의 입에서 나오는 것이 하나님의 말씀인 양 대담하게 응답합니다. 여기서부터 그토록 많은 분리, 그토록 많은 오류와 타락한 견해들, 그토록 많은 우리 신앙의 실족과 고집들이 생겨납니다. 그리고 그것을 기회로 불신자들은 하나님의 이름과 말씀을 모독합니다[롬 2:24]. 마침내 (이것이 악의 절정임) 그들이 입 밖으로 가볍게 한 번 내놓은 것을 고집스럽게 계속 우기려 할 때, 그들은 자신들의 오류를 변호하기 위해 성경에 의뢰합니다.

오 선하신 하나님, 이 지경까지 왔을진대 그들이 뒤죽박죽으로 만들지 않은 것이 무엇이 있으며, 부패시키고 타락시켜 휘게 하고 그들의 감각과 지성에 따라 억지로 구부러뜨리지 않은 것이 무엇이 있습니까? 확실히 **"열광이 무기를 다 스린다."**[5]라고 시인이 잘 말했습니다. 성경이 우리의 어리석은 욕망에 소용이 되고 우리의 감각에 종속되도록 그것을 한 장씩 넘기는 것이 배우는 태도입니까? 이것보다 더 어리석은 일이 있습니까? 오, 몹시 해로운 페스트여! 오, 참되고 좋은 씨를 방해하고 질식시키려는 매우 확실한 원수의 가라지여[마 13:25]! 처음에 우리가 복음을 선포하고 어둠에서 나와 말씀을 받은 자들 가운데서 그 많은 분파들이 어디에서 오는지 우리는 아직도 아연실색합니다. 실로 '**하나님의 나라가 너희에게서 빼앗아질 것이고, 그 열매를 맺는 다른 백성에게 주어지리라**[마 21:43].' 고 기록된 이 선언이 나를 크게 놀라게 합니다. 여기서 나의 한탄을 끝

---

5) Vergilius, *Aeneis*. I, 150.

내겠습니다. 왜냐하면 내가 이 시대의 사악함에 대해 연설을 하려 한다면, 두꺼운 책이 필요할 것이기 때문입니다.

그런데 내 형제들이여, 우리로 말하자면 이 많은 모범을 통해 훈계를 받은 지금[고전 10:11], 최소한 늦게나마 분별력을 가집시다. 언제나 주님의 입에 의존하고 눈을 그의 말씀에 고정시키며, 우리 지혜의 어떤 것도 그의 지혜와 섞거나 첨가하지 맙시다. 이는 **우리의 누룩이 모든 대중을 부패시키지 않으며**[고전 5:6], 또 우리 안에 있는 소금마저 맛을 잃지 않도록[마 5:13] 하기 위함입니다. 우리를 주님께 복종하는 제자들로 보이게 하되 그가 원하는 대로 겸손하고 가난하며, 우리의 지혜를 모두 비우고, 배우려는 열성은 가득하나 그가 우리에게 가르치시는 것 외엔 아무것도 모르면서, 아니 아무것도 모르기를 원하면서, 그러면서도 그의 가르침 밖에 있는 낯선 모든 것을 치명적인 독처럼 피하는 이런 [모습으로] 말입니다.

나는 또한 아무것도 아닌 일로 끔찍한 소란과 싸움을 일으킨다고, 피 흘리는 불화로 논쟁을 결심한다고, 내 의도를 비난할 자들을 떠올리길 원합니다. 나를 이런 식으로 취급할 자들이 충분히 있음을 알기 때문입니다.[6] 그들에겐 이렇게 답합니다. "하나님의 진리가 고의로 완강하게 공격당하기 때문에, 그것이 아무리 작은 것이라 하더라도 아무것도 [진리에서] 빼앗아 가는 것을 허락해서는 결코 안 된다. 그리고 하나님의 빛이 마귀의 어두움과 흑암으로 맹렬히 꺼져 가는 것을 보는 것은 아무것도 아닌 일도, 무시해도 될 일도 아니다." 게다가 이런 대의명분은 많은 사람들이 생각하는 것보다 훨씬 더 중요합니다. 그렇다고 다른 사람들의 오류와 어리석은 견해에 동의하지 않는 자가 그들이 잘못 해석하듯이, 피 흘리기까지 고집스럽게 불화한다고 말해서는 안 됩니다. 나는 사실 정신의 두통거리밖에 안 되는 이런 문제들로 논쟁하는 자들의 어리석은 호기심을 책망했습니다. 그러나 그들이 이 쓰레기를 파헤친 이상, 그들의 무모한 짓이 비난을 받아 진리를 이기지 못하게 해야 합니다. 내가 다소 그렇게 했는지는 알 수 없지만, 그럼에도 불구하고 나는 그것을 정말 원했고 내가 할 수 있는 최선을 다했습니다. 만일 다른 사람들이 뭔가 더 나은 것을 갖는다면, 그것을 공동의 유익에 두십시오.

바젤에서, 1536년.

---

6) 앞의 카피토의 편지를 참고할 것.

22
레오 유드가 칼뱅에게[1]

[1536년 3월 이후] 취리히에서
CO, XI, 358; Herminjard, VII, 488; COR, VI/I, 124

매우 존귀한 인물이요, 주 안에서 항상 존경받아 마땅한 친구이자 수호자인 장 칼뱅에게.

우리 구주 예수 그리스도로 말미암아 하나님 아버지께로부터 은혜와 평강이 있기를.

내가 이 정돈되지 않은 편지를 통해 매우 박학다식한 생면부지의 당신과 접촉[2]을 시도하는 것은 무슨 경솔함이나 오만함 때문이 아니라 당신에게 있는 모종의 경건한 열정과 성실함—열렬한 태도 외에—때문입니다. 나는 그런 태도에 이끌릴 뿐 아니라 완전히 매료되어 있습니다. 왜냐하면 매우 박식한 분이시여, 나는 당신의 책[3]을 읽고 그 모든 내용이 학식으로 풍부하고 나아가 우아하고 강력하다는 것을 알았으며, 당신이 그리스도 편에서 그 책을 진리의 적들을 향해 세차게 던졌고 그들을 꼼짝 못하게 붙들어서 빠져나올 그 어떤 길도 보이지 않게 했기 때문입니다. 또한 역으로, 싫어하는 자조차 설득해서 이길 수 있을 정도로 신앙 교리가 확고하고 견고하여 이렇게 단단히 전달되는 것이라고 판단했고, 그리하여 내 마음이 엄청난 기쁨으로 넘쳐서 펄쩍 뛰어올랐을 뿐 아니라, 하늘

---

1) 레오 유드°는 당시 취리히 목회자였다.
2) 불링거가 칼뱅을 알게 된 것은 1536년 1-2월에 열린 스위스 개혁 진영의 대표자 회의에서다(CO, XVI, 490). 불링거는 칼뱅을 회의 밖에서 만났고, 따라서 취리히 대표 중 하나로 그곳에 참석했던 레오 유드는 우리의 프랑스 피난민에 대해 알 수 없었다.
3) 칼뱅의 〈기독교 강요〉 초판을 의미한다.

임금의 보좌 앞에 찬양과 감사의 말을 터뜨렸을 정도였습니다.[4] 이것은 나뿐 아니라 학식과 경건에서 나보다 훨씬 탁월한 다른 사람들에게도 일어난 일입니다. 당신에게 풍성한 성령을 베푸신 매우 자비로우신 우리 아버지께 어찌 감사하지 않을 수 있겠습니까? 오 [하나님이] 하늘의 궁휼로 그의 은사를 우리에게 이처럼 풍부하게 쏟아 부으신 복된 시대여! 우리가 하나님 아버지의 이 풍성한 은혜와 은총을 알지 못하거나 알아도 소홀히 한다면, 여러 번 불쌍하지 않겠습니까!

그러므로 하나님의 선하심에 대한 달콤한 묵상과 당신의 인간성-불꽃 같은 당신의 책에서 번쩍이는-에 대한 생각으로 불붙은 나는 정신을 다지며 감히 이 편지를 당신에게 씁니다. 이것이 당신에게 받아들여진다면 나는 나를 미결 상태로 붙들어 두는 성례[성사] 문제에 대해서 잠시 당신과 이야기를 나눠 보고 싶습니다. 솔직하게 고백하거니와, 이전에는 성례의 특성에 대해서 이보다 더 간략하고 명백하며 완벽한 것을 읽어 본 적이 없습니다. 그런데 사실 그것은 나에게 전적으로 제거될 수 없는 의구심을 불러일으켰습니다. 왜냐하면 당신은 성례[성사]를, 우리에게 주님의 약속을 확고히 하고 **날인하는 인장**이라고 부르기 때문입니다.[5] 성례는 바라봐야 할 약속을 우리가 보게 한다는 것[6], 약속을 재현하고 되살아나게 한다는 것, 하나님의 뜻에 대해서 우리에게 확증한다는 것[7], 믿음을 소생시키고 돕는다는 것, 믿음이 내부에서 행하는 것을 성례가 외부에서 행할 정도로 외적 지각에 호소한다는 것, 이런 내용들에 대해 나는 흔쾌히 인정합니다.

그러나 성례가 믿음이나 **약속을 날인하거나 확증한다**는 것[8]은 전적으로 부조리해 보입니다. 왜냐하면 1. 나는 성령만이 우리 육신에게 믿음과 약속을 날인하시는 분으로, 2. 영적인 것이나 성령이, 육적인 것이나 어떤 피조물에 의해서 확증되거나 날인될 수 없으며, 3. 이것[육적인 것]이-성사[성례]는 훨씬 덜 하지만-외적 말씀이 될 수 없기 때문입니다. 물론 여기서 성례는 하나님의 뜻에 대해, 그의 은혜와 호의에 대해 우리를 가르치도록 제정된 말씀입니다.[9] 그렇지만

---

4) 레오 유드의 이런 고도의 칭찬은 뒤이어 하게 될 비판의 포석이기도 하다. 유드는 1538년 여름, 칼뱅의 〈제1 제네바 카테키스무스〉(1538년 3월)를 모방한 Catechismus를 출간하였다.

5) 참고 : 〈기독교 강요/1536〉, 312.

6) 참고 : 〈기독교 강요/1536〉, 302.

7) '재현'과 '확증', 참고 : 〈기독교 강요/1536〉, 291.

8) 참고 : 〈기독교 강요/1536〉, 347.

성령이 마음을 조명하지 않는 설교는 모두에게 헛되며, 따라서 아버지께서 이끌지 아니하시면 누구도 내게 오지 않는다[요 6:44]는 말씀은 영원히 사실입니다. 4. 당신이 허가서에 날인하는 식으로 끌어들이는 것들은[10] 두 가지 이유에서 맞지 않아 보입니다. 첫째, 세속적인 인장, 역시 세속적인 허가서, 진정 육적인 성사, 이것들이 정녕 영적이고 영원한 것인 약속과 믿음을 날인하[게 되]기 때문입니다. 5. 둘째, 인장이 모든 문자들-이것에 의해 지불되는-을 날인하는 바, 성사가 제시되는 곳에는 어디든지 효력이 나타나고, 또 거기[성사]에 얼마간 효력이 내재한다고 우리가 말하지 않는 한 아무것도 보장하지 못하는 성사가 효과 없이 많은 사람들에게 받아들여지기 때문입니다. 물론 당신은 당신의 설명 가운데서 명백히 부정하고는 있습니다.[11] 6. 사도 바울은 할례를 표signaculum라고 부르는 바[12], 내가 보기에 이 말은 옛 번역가가[13] 인장sigilum이 아니라 표징signaculum으로 번역한 바와 같이 징표나 표징 대신 쓰였거나 아니면 당신도 판단하듯이[14] 사도가 이 말을 무슨 은유로 사용한 것으로 보입니다. 성례가 성례의 더 우월한 역할을 성례에 돌리는 일은 드물지 않습니다.

매우 상냥한 분이시여, 바로 이것들이 내가 이 견해를 받아들일 수 없도록 방해하였습니다. 이제 나는 우리 구주 그리스도의 이름으로 간청하고 매우 열렬히 부탁하는 바, 부디 이 일을 당신의 것으로 하되 나에게 맡겨 주십시오. 당신이 참되다고 주장하는 이 견해에 대해서 가장 확실한 방식으로 나를 설득하도록 말입니다. 왜냐하면 나는 아무것도 얻을 생각이 없으며, 당신에게 내 생각과 의도를 솔직하고 진지하게 펼쳐 놓기 때문입니다. 또한 나는 만약에 이미 인정된 진리가 어디서 분출되는 것을 본다면 그 진리와 싸우지 않을 것입니다. 나는 당신이, 하나님이 당신에게 계시하신 것-이것으로 당신이 하나님께 최고의 감사 예배를 드리고 또 형제가 잘못을 저지를 경우 그를 돕게 될-을 이토록 간청하는 형제를 거절하지 않을 것을 압니다. 게다가 당신은 나를 영원한 호의로 당신에

---

9) 참고 : 〈기독교 강요/1536〉, 196-297.

10) 참고 : 〈기독교 강요/1536〉, 292.

11) 참고 : 〈기독교 강요/1536〉, 304-305.

12) 롬 4:11. 참고 : 〈기독교 강요/1536〉, 294.

12) 불가타 역(롬 4:11)을 의미한다.

13) 참고 : 〈기독교 강요/1536〉, 317.

14) 참고 : 〈기독교 강요/1536〉, 296-297.

게 묶어 둘 것입니다.

매우 박식한 분이시여, 안녕히 계십시오. 나의 이 경솔함 내지는 우둔함을 좋게 생각하십시오. 나는 하나님의 영광과 진리에 대한 깨달음을 구합니다. 다시 한 번 안녕히 계십시오.

취리히에서.

7. 다음 말을 잊었습니다. 신앙이란 결코 여기서 완성되지 않고, 연속적으로 새로운 성장으로 발하며 더욱 확실하게 확립될 수 있습니다. 나는 이 확립이 오직 하나님으로 말미암는다고 주장합니다. 그렇기 때문에 한 아버지는 그의 아들을 위해 **"주여, 나의 믿음 없음을 도와주소서."**[막 9:24]라고 말했던 것입니다. 이렇게 사도들도 그리스도를 부르면서 **"주여, 우리에게 믿음을 더하소서."**[눅 17:5]라고 말합니다. 그러므로 우리는 신앙의 증대를 그리스도에게로 돌리고 성례에 돌리지 않습니다.[15] 우리가 베드로에게서 보는 바, 그는 그리스도께서 불쌍히 바라보시고[눅 22:61] 또 성령이 하늘로부터 새로운 방식으로 주어지기 전까지는 이내 자신의 연약함을 성사[례]를 토해서 드러냈습니다.

주님께서 여전히 바알에 무릎을 꿇지 않은 수천의 많은[왕상 19:18] 사람들이 있는 프랑스 교회를 위해 당신을 오랫동안 간직하시기를 바랍니다.

충심으로, 레오 유드 올림.

23

칼뱅이 마르틴 부처[1]에게

[1536년] 9월 4일, [니옹에서][2] [스트라스부르로]
CO, Xb, 22; Herminjard, III, 201; COR, VI/I, 129; CSW, IV, 33

스트라스부르의 감독[3]인 매우 박식한 부처에게.

하나님의 자비하심과 그리스도의 승리하심으로 말미암아 주님의 은혜와 평강이 당신에게 있기를 원합니다.[4]

확실한 믿음과 덕망을 지닌 몇몇 친구들의 편지를 통해 설명을 들었거니와, 이 훌륭한 형제[5]의 불행한 운명에 대하여 적은 말로나마 비탄해하는 것이 정당하게 보였기에, 선한 충고 그 이상의 논거-나를 설득시킨-로 [이 편지를] 쓸 생각을 했습니다. 사실 나는 당신이 슬픔과 연민 가운데 있는 나를 참아 주건 말

---

1) 마르틴 부처ᵃ는 스트라스부르의 개혁자다. 온건하고 화해적인 경향의 그는 독일과 스위스의 종교 개혁자들 사이에서 지속적으로 중재하는 역할을 맡았고, 그들이 비텐베르크 신조를 공통 신조로 채택하도록 하는 데 온갖 노력을 다했다. "그의 학식 있는 저술들과 주석들, 예기치 않은 상황에서의 그의 논쟁과 협의, 그리고 교회의 화평을 위한 그의 출입들은 항상 탁월한 기질과 조화된 그의 뛰어난 박학다식함과 위대한 경건, 열망을 알게 해 준다(Th. de Bèze, *Icones*, Genève, 1549)."
2) CO와 CSW는 이 편지가 쓰인 시기를 1532년으로 보았고 Herminjard는 1534년으로 수정했다. 하지만 COR 편집자는 이 편지의 연대를 1536년으로 보는 것을 선호했다. 그에 따르면 1532-1535년 사이의 어떤 9월 4일에도 칼뱅의 누아용 방문은 생각하기 어렵다. 그는 여러 정황들을 고려한 끝에 이전 연대들을 1536년으로 수정하면서 장소명 Noviodunum을 누아용이 아닌 스위스 도시 니용으로 읽었다(COR, VI/I, 130-131).
3) episcopus. 이 말은 당시 프로테스탄트 사회에서도 종종 사용되었다. 부처가 스트라스부르의 수석 성직자가 된 것은 1531년이다.
4) 칼뱅이 편지에서 이런 복음적인 인사말-비록 이것이 형식적인 것이라 하더라도-을 하는 것은 이번이 처음이다.
5) 스트라스부르로 피신한 프랑스 피난민으로, 칼뱅은 이 형제에게 재정적 지원이 없는 것을 안타까워하고 있다.

건, 또는 내가 그 형제를 소송으로 끌고 가게 되건 말건 간에 편지 쓰는 것을 그만둘 수가 없었습니다.

그 형제가 프랑스에서 우리와 함께 사는 동안[6] 나는 그 형제의 성격과 태도를 알 수 있었습니다. 그는 우리 쪽[7] 사람들-그가 누구든지 간에-사이에서 사랑받을 정도로 처신을 잘했습니다. 어느 정도 권위가 있는 자들 사이에서 그렇게 여겨졌고, 또한 그들에게 불명예나 부끄러움이 되지 않을 정도로 평가되었습니다. 그러나 그는 아직까지도 우리가 처해 있는 저 임의의 속박에 더 이상 굴복할 수 없었는지 돌아온다는 기약도 없이, 당신과 함께 기거하기 위해서 길을 떠났습니다. 그러나 현재는 그의 기대와는 반대로 마치 연극의 막이 바뀌는 것과 같은 결과가 나타났고, 그는 어디로 가야 할지, 머물 만한 장소를 찾지 못했습니다. 내가 들은 바에 의하면 그는 자신을 괴롭히는 물질 문제와 가족 문제를 해결하기 위해 자신이 이전에 도움을 준 적이 있는 친구들에게 도움을 청하려고, 그리고 보다 좋은 때가 올 때까지 [있기 위하여] 서둘러 그곳에 갔다고 합니다.

그런데 비방이 진리보다 얼마나 힘이 센지 보십시오. 나는 누군지도 모르고 누가 그런 악한 생각을 하는지도 거의 추측할 수 없지만, 당신의 사람들 가운데 어떤 지각없는 사람[8]이 그에 대한 독설을 모든 사람의 귀에 미리 집어넣어서, 그들이 어떤 설명도 듣지 않게 했습니다. 그리하여 그 형제는 결국 1페니도 빌릴 수 없었습니다. 아마도 이처럼 해로움 없는 한 개인의 인격을 파괴하는 것은, 이런 비극의 불꽃에 불을 붙인 그 사람-그가 누구든 간에-이 의도한 바는 아니었을 것입니다. 그러나 어쨌든 간에 나는 그를 용서할 수도, 두둔할 수도 없습니다. 하지만 한 사람의 커다란 어려움과 재난에 대해 그가 잘못했다고 주저 없이 단언할 수 있습니다. 들으신 바대로 그들이 그 형제에게 이런 비난을 가한 것은 그가 재세례파의 혐의를 덮어썼기 때문입니다. 그렇게 빈약한 증거로부터 [끄집어낸] 이 추측을 질질 끌며 이야기한 그 비방한 사람이 부당하게도 혐의가 없다는 것이 실로 이상합니다. 나는 대화 도중에 의도적으로 그 형제가 이 성례[=세례]에 대해 말하도록 했습니다. 그는 분명한 말로 온전히 나 자신과 의견을 같이

---

6) COR 편집자는 이 부분이 칼뱅이 프랑스 밖에 머물고 있음을 암시해 주며, 따라서 편지 작성 장소가 누아용일 수 없다고 보았다.

7) 여기서 ordo는 복음 운동에 동정적인 인문주의자들을 가리키는 듯하다.

8) 스트라스부르의 복음 진영 사람들 가운데 한 명을 말한다.

했으며, 나는 이 점에 대하여 더 솔직하게 진리를 표현하는 그 어떤 사람도 지금
껏 만나지 못했습니다.[9]

그럼에도 불구하고 그는 그 사이에도 고통당하고 있으며 이미 어느 정도의
신용도를 얻은 이런 사악한 풍문이 곧 진압될 것 같지 않습니다. 부처 선생님,
만일 나의 기도와 눈물이 도움이 된다면 당신이 비참한 상태에 있는 그에게 동
정과 도움을 베푸시기를 간곡히 부탁드립니다. **이 가엾은 자는 당신의 보살핌에
맡겨졌고, 당신은 고아를 돕는 자입니다**[시 10:14]. 극단의 상황에 몰릴 정도로
궁핍하게 되지 않도록 해 주십시오. 당신이 마음만 먹으면 어떤 식으로든 그를
도울 수 있겠지만, 그보다 당신 자신의 재량에 따라서 직접 도와주십시오. 어쨌
든 나는 이 사람의 명분을 지지함에 있어서, 통상적인 절제의 한계를 넘어서는
일까지 멈출 수 없습니다. 현재로는 이것[뿐입니다].

매우 학식 있는 선생님, 안녕히 계십시오.

9월 4일, [니옹에서].
충심으로, 칼뱅 올림

---

9) **COR** 편집자에 의하면, 칼뱅이 피난민의 신앙을 점검할 수 있는 사람으로 제시되는 이 부분 역시 이
편지 작성 연대를 〈기독교 강요〉 출판 이후로 여기게 한다.

24
칼뱅이 프랑수아 다니엘에게[1]

[1536년] 10월 13일, 로잔에서 [오를레앙으로]
CO, Xb, 62; Herminjard, IV, 86; COR, VI/I, 134; CSW, IV, 44

내게서 편지 한 통도 못 받은 채 석 달이 훌쩍 지났다는 것 때문에[2] 자네의 오랜 버릇대로 나의 게으름에 대해 길고 시끄러운 불평을 늘어놓지만 말고, 이제 전체적인 형편에 대해 간단한 설명을 할 터이니 받아 주게나.

나는 얼마 동안 제네바에 붙들려 있었네. 제네바 형제들이 다시 돌아오겠다는 약속을 할 때까지 날 붙들어 두었기 때문이네.[3] 그러고는 내 친척인 아르테시우스[4]를 바젤로 바래다주었는데, 오가는 길에 얼마 동안 함께 머물기를 부탁하는 여러 교회들을 화나게 했다네.[5] 그러는 동안 편지를 전달하기에 가장 좋은 기회였던 리옹의 8월 시장[6]이 지나가 버렸네. 게다가 나는 제네바로 돌아오기가 무섭게[7] 몹시 고통스러운 독감에 걸렸고, 그것이 윗잇몸에 내려앉는 바람에 두 번의 출혈, 배로 늘린 약 투여, 그리고 여러 번의 찜질 끝에 9일 만에 겨우 회복에 들어갔지만, 아직도 완전히 쫓아내지는 못했다네. 그 기간 동안 편지를 쓸 여가는 충분했고 편지 교환의 길도 완전히 막혀 있지는 않았지만, 소책자의 프랑

---

1) 칼뱅이 제네바에 거주한 이후에 쓴 첫 번째 편지이다.
2) 그 때문에 칼뱅은 여행을 떠나기 전인 동년 7월 중순에 다니엘에게 현재 알려지지 않은 편지를 쓴 바 있다.
3) 유명한 파렐과의 만남에 대해서는 칼뱅의 〈시편 주석〉 서문(CO, XXXI, 23-25)을 참고할 것.
4) Artesius. 1538년 1월 31일 자 편지에 나오는 로이 다르투아인지, 칼뱅이 태어난 집을 개조해서 살았던 아르투아인지 확실치 않다.
5) 바젤로 가는 길에 만날 수 있는 로잔, 이베르동Yverdon, 뇌샤텔, 뇌브빌의 교회들은 모두 베른 관할이다.
6) 리옹의 장날은 8월 4일에서 18일이었다.
7) 칼뱅이 제네바로 돌아온 것은 그가 〈시 의회 회의록〉에 '저 프랑스인ille Gallus'으로 기록된 9월 5일 직전이다.

스어 판[8]에 대한 생각에 몰두하느라 편지 쓸 기회를 놓치고 말았네. 그래서 자네에게 별 내용 없는 편지만 보내느니 차라리 그런 첨부물과 함께 편지를 써야겠다는 확실한 기대감이 솟아나기 시작했다네. 그러나 내 의도와는 달리 참석을 요청받았던 로잔 회의[9]의 날이 당도하고 말았네. 동시에 11월 시장[10]이 다가오고 있다는 것을 알게 되었는데, 나는 그때를 편지를 보낼 좋은 기회로 여겼기에 차라리 그 기회를 기다리는 것이 낫겠다고 생각했네. 이 정도면 자네의 불평을 막기에는 충분한 것 같네그려.

앞에서 언급한 회의에 대한 소문이 벌써 널리 퍼졌다고 알고 있기에 그 입김이 자네의 도시에까지도 미쳤으리라 의심치 않네. 그 회의는 베른 시 의회의 결정에 의해 개최되었고, 장엄한 칙령[11]을 동반했다네. 그 칙령에서 시 의회 의장이 선언하기를, 누구나 심문에 대한 두려움 없이, 종교적 관점에 있어서 동의하지 않는 문제에 대해 무엇이든 자유롭게 진술할 수 있다고 했다네.[12] 그들은 이것이 복음에 반대하려는 사람들, 그래서 사부아 공작에게서 받은 새 권위[13]로부터 발생하는 승리를 아무 소용없게 만들 수도 있는 사람들의 졸렬함을 공개적으로 증명하는 가장 유력한 방법으로 여겼네.[14] 이미 여러 지역에서 교황 제도의 많은 조각상들과 제단들이 사라지기 시작했네. 나는 아직 남아 있는 것들도 머지않아 깨끗이 정리되기를 희망한다네.[15] 주님께서도 모든 사람들의 마음에서 우상 숭배가 완전히 뿌리 뽑히기를 허락하신다네. 그 회의의 상세한 형식에 대

---

8) 처음에 라틴어로 출판된(Basel, 1536) 〈기독교 강요〉를 말한다. 칼뱅은 이 작품을 번역할 생각을 하였다. 물론 〈기독교 강요〉의 프랑스어 판의 초판은 1541년에 발행되었다. CO의 편집자들은 이것이 〈영혼 수면론 논박〉일 가능성도 배제하지 않았고, 그에 따라 1536년에 두 번째 판이 출판된 것으로 여겼다. 하지만 이것은 COR 편집자가 말하듯이 〈기독교 강요〉의 프랑스어 요약본인 〈제네바 신앙교육서〉*Instruction et confession* (〈칼뱅 작품 선집〉 2권, 337-390)이다.
9) 로잔 대회는 10월 1일에 개막해서 7일간 계속되었다(〈칼뱅 작품 선집〉 2권 179-196). 제네바 쪽에서는 파렐, 장 샤퓌(Jean Chapuis), 자끄 베르나르º, 그리고 칼뱅 등이 참석했으며, 이들은 시장인 아미 포랄 Ami Porral과 동반했다.
10) 리옹 시장은 11월 3일에서 18일까지 열렸다.
11) 황제 카를 V세는 1536년 7월 5일 공문에서 로잔 회의를 금지했다. 이 공문이 7월 18일에 로잔에 도착했고 베른 시 의회는 7월 23일에 이를 논의했다.
12) 1536년 7월 16일 칙령(Ruchat, *Histoire de la Réformation*, vol. IV, 500-503).
13) 사부아 공작 샤를 III세의 통치령인 보vaud 지방은 1536년 1월과 2월에 베른 사람들에 의해 정복되었다.
14) 스위스 로망드 지역에서 337명의 성직자들이 소집되었다.
15) 회의는 10월 8일에 끝났고, 제단과 성상의 파괴는 베른 당국의 명령으로 10월 말경에 시작되었다. 1536년 10월 10일 로잔 성당 참사회는 "복음주의자라고 불리는 몇몇 시민들과 거주민들이 대 교회를,

해서는 쓰지 않겠네. 왜냐하면 그것을 짧은 어휘로 요약할 수도 없거니와 언젠가는 인쇄물로 출판될 것이라고 믿기 때문이네.[16]

　내일 나는 그것이 하나님의 뜻이라면, 베른으로 가게 되네. 그 일에 대해서는 다른 편지로 소식을 듣게 될 거네.[17] 그리고 나는 바젤까지 계속 여행을 해야 할까 봐 두렵다네. 피할 수만 있다면 불편함을 감수해서라도 그것을 피할 것이네. 특히 내 건강 상태와 1년 중 가장 날씨가 불순하다는 점을 고려한다면 말이네.[18] 만일 자네와 함께 있는 저 게으름뱅이들이-그들은 어둠 속에서 달콤하게 지껄이기만 하지-말이 많은 것처럼 용기도 많았더라면, 우리가 인원이 너무 적어 성취할 수 없는 그 일의 한 몫을 기꺼이 떠맡기 위해 이리로 날아 왔을 텐데. 목사를 필요로 하는 많은 교회들에 비해 목회자의 수가 얼마나 적은지 자네는 믿을 수 없을 걸세.[19] 교회의 필요가 극에 달한 것을 보면서 그 수가 아무리 적다고 하더라도 도움의 손길을 주는, 자네들 중에 적어도 몇몇은 올바른 마음을 가진 자들이 있기를 얼마나 바라는지 모르네!

　주님이 자네를 보호하시길 비네.

10월 13일, 로잔에서.

자네의 친구, 마르티아누스 루카니우스[20]

　특별히 자네의 모친과 여동생에게, 또한 자네의 부인에게, 그리고 만일 그렇게 하는 것이 좋겠다고 생각되면 친지들과 다른 모든 사람들에게도 안부를 전해 주게나.

　최소한 제단들을 파괴하고자 했다."고 불평했고 1537년 2월까지 성당 문을 닫았으며 가장 귀한 성상들을 조심스럽게 이동시켰다. 1536년 10월 19일 베른 시 의회는 "교황 체제의 제도와 전통, 모든 의식, 희생 제사, 종무일과를 포기하고 전적으로 중지하며… 모든 교회와 수도원에 있는 성상과 우상과 제단들을 지체 없이 파괴하도록" 명했다. 다만 이것이 "바른 질서와 소요 없이" 이뤄지도록 했다(COR).

16) 칼뱅의 예상과는 달리 회의 신조는 당시 외부에 출판되지 않았다. 이 신조는 1548년 6월에 가서야 비레의 손으로 완성되었다.

17) 이 편지는 소장되어 있지 않다. 한편 칼뱅은 10월 16일에서 18일까지 베른 회의에 참석했다.

18) 11월 4일 자와 12월 1일 자 편지에서 칼뱅은 바젤 여행을 거절한다.

19) 당시 스위스 로망드 일대에 100여 교구가 세워진 반면, 1536년 로잔의 설교자 모임에는 14명만이 참석했다.

20) COR이 사용하는 사본에는 이 필명이 없다. 칼뱅은 두 개의 필명을 갖고 있었는데 이 이름은 칼뱅의 라틴어 필명이고, 그의 프랑스어 필명은 샤를 데스프빌이다.

25
마르틴 부처가 칼뱅에게

1536년 11월 1일, 스트라스부르에서 제네바로
CO, Xb, 66; Herminjard, IV, 104; COR, VI/I, 139

오직 주 안에서 존경받는 형제이자 동료여, 은혜와 평강이 당신에게 충만하기를 빕니다.

우리는 일전에 바젤에서 공개적으로[1] 매우 명석하고 실로 훌륭한 사람인 마우루스[2] 무사이우스에 대해 이야기했으며 지금은 당신의 편지[3]로 말하고 있습니다. 그리하여 우리는 그를 받아들였는데, 이는 당신이 우리와 더불어 현장에서 우리 종교에 대해 연구하는 일을 감당했기 때문입니다. 주님께서 당신의 교회들에 당신의 풍부한 사용을 허락하시고 당신의 사역을 폭넓게 적용할 계획을 세우셨음이 인정되는 듯 보입니다. 우리는 마치 당연하다는 듯이 우리 것만을 원하지 않고—분명 우리의 이런 권위가 교회에 있는 것이 아닙니다[4]—교회 자체를 더 좋아하며, 젊은이들이 우리 곁에서와 다른 곳에서 각자의 직분에 따라 교육 받는 것이 당신과 더불어 모든 이들에 의해 합의되기를 원합니다. 특별한 교역자들의 작은 불화들이 교회에 방해가 되기 때문에, 당신은 의심 없이 꽤 많은 것을 충분히 심사숙고하리라 생각합니다.

그런데 내가 잘못 알고 있지 않다면 주님께서 그것을 주신 목적은 당신으로부터 모든 이들을 규정대로 받아 우리가 당신과 더불어 교회들과 교역자들을 성

---

1) 1536년 9월 24–25일에 바젤에 모인 개혁주의 신학자 [제2차] 회의를 암시한다(COR).
2) **Maurus Musaeus(L)**. 프랑스어명으로 앙투안 모를레 뒤 뮈소°는 1535년 6월 16일에 바젤 시민권을 얻었다. 1536년 7월 1일 바젤 시 의회는 모를레를 제네바 시 의회에 천거했고 베른 시 의회도 동일했다. 그리하여 모를레는 7월 16일 제네바 시 의회에 추천서를 제출했고 시는 그에게 집을 제공했다 (Herminjard /COR).
3) 이 편지는 알려지지 않았다.
4) 비록 루터와의 접촉이 있었지만 그럼에도 불구하고 이 시기에 부처의 영향력은 막강했다.

장시킬 수 있도록 하기 위함입니다. 우리는 당신이 원하는 것이라면 무엇이든 따를 것이며, 주님 안에서 그리스도의 진리에 대한 최고의 준수와 그리스도 교리의 관리 전체에 관해 당신과 논의할 것입니다.[5]

확실히 이 시대는 이질적인 것을 가장 정확하고 거짓 없이 판단하는 것만큼이나, 또한 바르게 언급되고 기록된 것을 비방하는 일에 성공했습니다. 우리는 우리의 사역이 많은 열매를 맺고 아무에게도 비방 받지 않도록[고후 6:3-4] 가능한 모든 조치를 취해야 합니다. 우리의 성실함에 아무것도 남게 해서는 안 되는 것입니다. 이런 이유에서 우리가 말하고 쓰는 모든 것이 참되고 거룩해야 할 뿐만 아니라, 교회에서 **어린아이들도**[마 11:25] 참되고 거룩한 것이 무엇인지 알 수 있을 정도로 보여 주어야 합니다. 주 안에서 존경하는 나의 형제이자 동료여, 우리의 [사도] 바울이 교회에서 모임과 회담을 얼마나 거룩한 것으로 만들었는지요. 육지와 바다를 뛰어넘고 부지런히 교회를 세우는 일에 붙잡히며, 거룩한 회담에서 권면하는 일이 그에게 얼마나 경쾌했는지요.

그러므로 주 안에서 존경하는 형제여, 만일 우리의 만남이 제네바에서 이뤄질 수 없다면 우리가 성실하게 검토할 수 있도록, 바젤이건 베른이건 장소만 통보하십시오. 비록 당신에게는 [상황이] 확실할지라도 우리에게는 우리의 둔감함 때문에 보다 충분한 설명이 필요하기 때문입니다. 설령 참으로 이해한다 하더라도 우리는 우둔한 자들에게 빚진 자들입니다[롬 1:14]. 바라기는 우리에게 분명 소홀히 여겨져서는 안 될 교회 문제이므로 우리를 비롯해 초대받지 않은 자들까지도 스위스에서 잠시 만나야 합니다.[6]

매우 박학하고 성결한 분이여, 최상으로 안녕히 계십시오. 당신은 내 간청을 멸시해서는 안 되며 내게 **고통 위에 고통을**[렘 8:18] 더해서도 안 됩니다. 왜냐하면 나는 당신이 이곳에 있을 때 당신과 알고 지낼 기회가 주어지지 않은 것[7]에

---

5) 부처가 칼뱅의 〈기독교 강요〉(1536년)를 알았음이 분명하다.

6) 비텐베르크 일치Wittenberg Concord(1536년 5월 14일에 체결됨)와 관련된 스위스 개혁 신학자들의 3차 모임은 1536년 11월 12-14일에 바젤에서 열렸다. 부처와 카피토는 역시 바젤에서(1536년 1-2월) 열렸던 1차 모임에 초대받지 못했다(COR).

7) 1534년 말, 칼뱅이 루이 뒤 티에와 더불어 프랑스를 떠나 스트라스부르에 들렀을 때, 여행 중이던 부처는 칼뱅을 만날 수 없었다. 카피토가 칼뱅의 도착을 알려 주지 않았다는 것은 부처의 잘못된 주장이다 (COR).

대해 말할 수 없이 고통스럽게 여기기 때문입니다. 카피토는 다른 것들에 관해서는 내게 모든 것을 알려 줍니다. 마치 나쁜 영이 그대가 내 앞에 나타나지 못하게 하거나 생각나지 못하게 하기라도 하는 듯이 그를[카피토] 그처럼 잘 잊어버리게 만들었는지 모릅니다. 지금 그는 그 사실로 인해 완전히 슬퍼합니다.

1536년 11월 1일, 스트라스부르에서.

26
제네바 목회자들이 [로잔 교회에게][1]

1536년 11월 21일 제네바에서
CO, Xb, 71; Herminjard, IV, 104; COR, VI/I, 143

문안드립니다. 주 예수로 말미암아 우리 하나님 아버지로부터 은혜와 평강이 [여러분과 함께하기를].

매우 친애하는 형제들이여, 우리는 좌우로 흔들림으로 말미암아[신 28:14] 바른 진리의 길과 성경의 순수함에서 벗어나지 않도록 극도로 조심해야 합니다. 교황의 폭정은 때로는 [그들의] 교리 때문에, 때로는 [그들의] 부정한 삶 때문에 [제네바에서] 멀리 추방되어 침묵이 강요되었습니다. 형제들이여, 거꾸로 다른 것이 세워지지 않도록 경계하고 또 조심하십시오. 여러분 사이에는 규율, 즉 거룩한 회의[2]에 적합한 질서와 모든 것이 있어야 합니다. 그 어떤 것도 독립적으로, 혹은 교황이나 교황제의 의식에 따라 얻어져서는 안 되며 오직 주 그리스도와 그의 말씀에서 얻어져야 합니다.

우리는 [카롤리가] 여러 형제들을 향해 동시에 쓴 두 통의 편지[3]를 받았는데, 그 편지들은 우리 모임에 매우 유쾌하지 않으며 또한 철저히 기독교적이자 형제애적인 온화함을 풍기지도 않고, 오히려 경건한 자들에게 무례한 교황적인 무엇인가를 풍깁니다. 아직 보이지 않는 교회가 타인—한 번도 심거나 물을 주지도

---

1) 1536년 10월 28일 베른 시 의회는 피에르 카롤리°를 로잔의 수석 교역자로 임명했고 그보다 앞서 개혁 활동을 했던 비레°를 보조 교역자로 임명했다. 곧바로 카롤리는 교황제를 상기시키는 용어로 로잔 대회를 소집했고 이에 대한 제네바 교역자들의 분노는 컸다. 특히 이 편지를 쓴 것으로 보이는 파렐은 비레가 제네바로 와야 한다고 주장했다. 이후 1537년 2월 베른 시 의회는 파렐에게 자신의 교회가 아닌 타 교회 일에 간섭하지 말 것을 명하게 된다(Herminjard, IV, 196).

2) 여기에서 concio는 로잔 대회synodus를 지칭한다. 1536년 말에는 회의 명칭들(synodus, classis, colloquium, coetus)에 대한 정리가 되어 있지 않았다.

3) COR 편집자는 Herminjard의 입장(두 개의 다른 편지)과는 달리, 카롤리가 회의를 소집한다는 동일한 내용의 편지를 두 곳으로 보낸 것으로 본다. 따라서 그중 하나는 사본인 셈이다.

않은[고전 3:6-8]-에게 위탁된 것에[4] 일찍이 동의한 사람이 있습니까? 우리는 이런 일이 교황권에서는 빈번하다는 말을 들었지만 기독교에서는 실로 없는 일입니다.

우리는 형제들을 인정하고 수용하는 [교역자] 모임[5]이 있다는 말을 들었습니다. 물론 편지에는 그것이 담겨 있지 않고 오직 의식과 품행에 대해서만 언급하고 있지만 말입니다.[6] 마음에 하나님의 영광을 품고 있는 매우 친애하는 형제들이여, 여러분이 받아들여야 할 자들이 얼마나 순수한 교리를 갖고 얼마나 무흠한 삶을 사는지 더욱 정확하게 조사하십시오. 여러분이 타인의 죄 때문에 괴로워하지 않도록 말입니다. 여러분은 목회자의 조건뿐 아니라 가정의 조건을 갖되, 바울의 거룩한 가르침에 따라 아내를 가지십시오. 만일 바르지 못한 무언가가 있다면 해결되어야 합니다. 만일 그렇게 될 수 없다면, 주님의 말씀에 따라 받아들이지 마십시오. 여러분은 건전한 교훈을 주지 못하는 자들이나 디오드레베[요삼 9]와 같은 자들 말고 말씀에 도움이 되며 건덕에 본을 보이는 사람들을 감당하십시오. 그렇지 않으면 여러분은 여러분 자신과 백성에게 파멸을 준비하는 셈이 될 것입니다. 여러분이 건전한 판단력을 가지고 백성을 사로잡아 오직 그리스도에게만 복종함으로써[고후 10:5] 각자 교황의 멍에를 떨어냈기 때문에, 나는 여러분이 머지않아 사탄이 나타날 것을 예감하고 하나님의 영으로 불경한 자들의 시도들과 맞서 싸울 것을 의심하지 않습니다. 여러분이 마땅히 그리스도로 말미암아 행하듯이, 우리는 성부의 영을 부름으로써 그리고 그의 힘 있는 도움에 의해 여러분을 증인으로 삼습니다. 이 도움으로 무엇이든 그리스도 안에서 더욱 강하게 세워지고 그리스도의 힘 있는 군대에 의해 무너지는 바, 이로써 그리스도 안에서 세워지는 모든 것이 사로잡혀 복종케 되는 것입니다[고후 10:4-5].

나는 여러분이 새 의식들을 배치하려는 것인지 아니면 무엇을 만들려는 것인지 모릅니다. 모든 것이 건전한지 보십시오. 이 의식들은 너무도 상습적으로 실행되었습니다. 그것들은 어떤 돌부리도[롬 14:13] 자라지 않는 한, 혹은 전례의 극소량의 변화에 의해 자유롭게 사용될 수 있습니다. 백성이 여전히 젖을 먹고, 연약함 때문에 간신히 젖에 의존하는[고전 3:1-2] 동안에는 그리스도의 신

---

4) 베른이 카롤리를 로잔의 교역자로 임명하고 로잔 대회의 총책임자로 인정한 것에 대한 암시다.

5) coetus. 간혹 colloquia로도 쓰이는 이 말은 훗날 congregatio로 알려지게 되는 교역자 연구 모임을 의미한다.

6) 카롤리가 제시한 로잔 대회의 토의 내용은 의식과 품행 문제였다.

실한 교역자가 그 자신을 백성에게 맞추는 것이 마땅합니다.

우리는 비레가, 때로는 그 자신 때문에 때로는 교회 때문에 이곳에 [오기를] 원하며, 우리에게 동의할 것임을 믿어 의심치 않습니다.[7] 그러므로 누가 어떻게 형제들의 악덕을 보완하는지를 보십시오. 나는 여러분에게 교역자가 부족하다는 것을 압니다. 우리도 못지않습니다. 우리는 형제들의 수고와 성실과 근면을 알고 있는 바, 그것들은 모든 사람들에게 보다 충분히 알려져 있습니다. 우리는 그에 대해 전혀 공평하지 않은 결정을 듣고 나서 망연자실했습니다.[8] 만일 부당하게 다뤄진 무언가가 있다면, 이것이 제일 큰 것입니다. 어떤 교황의 행위도 우리가 듣는 대로 그보다 더 교황적이지는 않다고 회자되는 바, 이 점에서 모든 사람들이 통곡해 마땅합니다. 형제들이여, 여러분은 그리스도께 간구하면서 이와 같은 악습을 예방하여 더 넓게 창궐하지 않도록 하십시오. 오히려 철저히 뿌리 뽑고 우리 모두에게 일깨워 주십시오. 우리가 달리 할 수 있는 일이 없다면 기도로서 여러분을 도울 수 있도록 말입니다. 왜냐하면 우리가 이런 불길한 전망의 서막을 예감하는 동안 얼마나 괴로운지는 말로 할 수 없을 정도이기 때문입니다. 우리가 여러분과 동일하게 하나이고(우리가 이렇게 말하듯이) 또 계속해서 하나이기를 원하는 이상, 여러분은 우리와 하나일 것입니다.

우리는 그리스도의 이름으로 [교역자] 모임[9]을 만들었습니다. 더 가까운 이웃이 될 그들이 최선을 다해 우리와 합의를 이루도록 하시되, 우리 사이에 아무런 틈이 없고 오히려 모두에 의해 하나가 되도록 하십시오. 안녕히 계십시오. 그리고 모든 것을 소망 이상으로 풍성하게 이루시고 경건에 어긋나는 모든 것을 금하시는 주님께 기도하십시오.

1536년 11월 21일 제네바에서, 우리 모임[10]으로부터.

제네바와 인근에서 그리스도를 전하는, 여러분을 매우 사랑하는 형제들[이 보냅니다].

---

7) 파렐이 크리스토프 파브리에게 쓴 편지(1536년 11월 21일)와 자끄 위그²에게 쓴 편지(1536년 11월 22일)는 동일한 내용을 담고 있다(Herminjard, IV, 108, 110). 실제로 비레는 1537년 1월 초 제네바로 온다.

8) 카롤리는 연봉 500플로린과 옛 참사원의 꽤 근사한 집을 받은 반면, 비레는 그 금액의 3분의 1을 받았다(Herminjard, IV, 109, n.3).

9) colloquia. 각주 5 참고.

10) coetus. 제네바 목회자회를 가리킨다.

27

볼프강 카피토가 칼뱅에게

1536년 12월 1일, 스트라스부르에서 제네바로
CO, Xb, 75; Herminjard, IV, 115; COR, VI/I, 148

그리스도 안에서 자신의 형제들을 살피면서 제네바에서[1] 성서와 그리스도를 가르치는[2], 매우 박식하고 경건한 칼뱅 선생에게.

문안드립니다. 우리는 당신이 그리나이우스에게 쓴 편지[3]를 읽었습니다. 우리는 아직도 서로 간에 약간의 차이가 있어서 편지로 이야기를 나누기에는 충분히 만족스럽지가 않습니다. 그리고 교회 관리[4]를 목적으로 하는 다른 종교적 문제들도 있습니다. 이 모든 것들을 위해 우리는 당신이 하루나 어쩌면 이틀 정도 [이곳에] 와 있기를 바랍니다. 일전에 나는 내가 어쩔 수 없이 떨어져 나온 바젤에서 당신에게로 갈 것을 계획했었습니다.[5] 이쪽에서 발을 옮기는 것은 적합하지 않습니다. 왜냐하면 금년에 우리가 자주 자리를 비웠기 때문입니다.[6] 또한 주님은 우리 교회가 위협받는 상태로 있는 것을 허용하지 않으십니다. 그러므로 내가 그리스도를 의지해서 말하거니와, 당신에게 아무런 약속이 없다면, 그 뭔

---

1) Gebennis.
2) 칼뱅은 1536년 말까지는 목회 사역을 하지 않았다(Herminjard).
3) 이 편지는 알려져 있지 않다.
4) oeconomia. 이것은 administratio와 같이 사용된다.
5) 부처와 카피토는 1536년 11월 12-14일 바젤 회담에 참여했으나, 스위스 신학자들이 비텐베르크 일치에 서명하지 않는 바람에 실망했다(COR).
6) 부처는 1536년 2월 6일 바젤에 있었고 4월 6일에서 6월 22일까지 비텐베르크를 방문했으며, 9월 24-25일에는 다시 바젤에, 10월 말에는 튀빙겐에, 11월 12-16일에는 또다시 바젤에 머물렀다. 같은 해 카피토는 2월 6일과 3월 28일에 바젤에서 편지를 썼고 6월 13일에는 프랑크푸르트에서, 8월 2일과 9월 24일에는 다시 바젤에서 편지를 썼다(COR).

가를 출판하기 전에 우리에게로 오십시오.[7] 내가 알기로 우리쪽 사람들은 당신 쪽 사람들에게 당신의 모든 것이 더욱 견고해지고 더욱 공익적이 될 것이라고 말하고 있습니다.

당신과 함께 있는 형제들과 그쪽 교회 전체에 각별한 문안 인사를 부탁합니다. 안녕히.

1536년 12월 1일.

우리 교회를 위해 기도해 주십시오. 분명 우리는 이곳에서 당신들을 잊지 않을 것입니다.

V. 카피토.

---

7) 〈영혼 수면론 논박〉의 출판을 의미한다(서신 17 각주 1). 부처와 카피토는 칼뱅에게 이 책의 출판을 연기할 것을 권했다(서신 18 참고).

28
칼뱅이 독자에게[1]

〈두 서신〉 헌정 서한
1537년 1월 12일, 제네바에서
CO, V, 237; COR, VI/I, 151; RO, 66

칼뱅이 경건한 독자에게 문안드립니다.

우리의 이 서신들[2]은 몇몇 경건한 사람들에게서 열매를 얻었으며, 내게 미래에 대한 보다 큰 희망을 만들어 주었습니다. 그러나 이 서신을 읽은 일부 지인들과 또 적지 않은 수의 다른 사람들은 말로는 내게 동의한다고 하면서도 마음이 크게 흔들리지는 않는다고 합니다. 그들은 내가 지나치게 엄격하고 냉정한 조건을 요구한다고 변명합니다.[3] 만일 내가 하나님의 말씀에서 취한 훈계들을 시인들이 우화를 낭송하듯이, 혹은 연사들이 강연하듯이 환호와 갈채로서 가볍게 받아들이지 않도록 신실한 인간들에게 하나님의 두려운 이름을 통해 요구한다면 아마도 적지 않은 보람을 느끼게 될 것입니다. 저들은 생명의 교훈을 얻게 되었음을 기억해야 할 것입니다. 이 교훈은 오로지 복종을 통해서만 동의함이 합당합니다. 또 저들은 이 교훈 자체를 하나님의 말씀[살전 2:13]이라고 생각해야 할 것입니다. 이 말씀을 조롱거리로 만들면 처벌받게 될 것입니다.

현재 많은 말로써 이 견해를 추적할 수 없기 때문에 예언자 에스겔의 한 마디 말로써 요약하겠습니다. 유대인의 예를 들어서 이 불행한 세대의 한 이미지를 표현하는 구절은 유명합니다. 그 구절은 하나님의 무서운 심판에 대한 예상 때문에 우리를 놀라게 합니다. 주께서 예언자에게 말했습니다. "그들이 떼를 지어 몰려올 것이고 네 앞에 앉아서 네 말을 들을 것이나 그것을 따르지는 않을 것

---

1) 이것은 〈두 서신〉의 헌정 서한이다(〈칼뱅 작품 선집〉 2권, 199-200).
2) 팸플릿 형식의 〈두 서신〉은 아마도 칼뱅이 루이 뒤 티에와 함께 페라라를 여행할 때 작성한 듯하다.
3) 칼뱅은 프랑스 복음주의자들에게 미사에 참여하지 말 것을 공개적으로 요구했다.

이다. 그들의 귀에는 농담으로 들리며[4] 그들의 마음은 탐욕에 기울어져 있다. 너는 달콤한 목소리로 재미있는 노래[5]를 부르는 사람으로밖에 보이지 않을 것이다. 그래서 그들은 네 말을 듣기는 하겠지만 그대로 실행하지는 않을 것이다. 그러나 때가 이르면-그때가 임박했음-그들은 저들 가운데 예언자가 있었음을 알게 될 것이다[겔 33:31-32]." 안녕히 계십시오.

제네바에서, 1537년 1월 12일.

---

4) 그 입으로는 사랑을 나타내어도(개역 개정).
5) 사랑의 노래(개역 개정).

29

[제네바 목회자들이] 제네바 시 의회에[1]

〈교회 설립 시안〉 청원 서한
[1537년 1월 13일경, 제네바에서][2]
CO, Xa, 5; Herminjard, IV, 154; COR, VI/I, 153

매우 영예로운 시 의원 여러분.

[1] 분명한 것은 우리 주님의 성찬을 바른 규칙으로 빈번하게[3] 시행하지 않는 한, 그 어떤 교회도 잘 규정되고 질서가 잡혔다고 말할 수 없으며, 또한 그 누구도 감히 자신을 과신해서는 안 되고 오직 거룩함과 특별한 존경심으로 성찬에 참여해야 한다는 것입니다. 이런 까닭에 교회를 순전하게 유지하기 위해서는 수찬정지[4]라는 권징이 필요한 바, 이를 통해서 하나님의 거룩한 말씀을 온전한 순종으로 즐겁게 따르고자 하지 않는 이들이 교정됩니다.

[2] 뿐만 아니라 공적 기도 형식으로 된 시편 찬송을 부르는 것이 교회의 건

---

1) 이 편지는 제네바 교회의 설립을 위해 제네바 시 의회 앞으로 보낸 일종의 시안서로서, 〈칼뱅 작품 선집〉 2권(323-336)에도 실려 있다. 이 편지를 파렐과 칼뱅이 주도한 글이라고 볼 때 파렐의 *Sommaire* 및 〈제네바 신앙고백서〉(1537, 〈칼뱅 작품 선집〉 2권, 391-404)와 칼뱅의 〈기독교 강요/1536〉 및 〈제네바 신앙 교육서2〉(1537, 〈칼뱅 작품 선집〉 2권, 337-390)를 비교해 보는 것은 흥미로운 일이다. COR 편집자는 두 개혁자의 어법 비교를 통해 이 편지가 파렐의 주도하에 이뤄졌다고 말했다.

2) 1537년 1월 15일 자 시 의회 기록 장부에는 "기욤 파렐 선생의 말을 듣고 내일 저녁 식사 후 그[파렐]가 요전 날 제시한 문항들을 보기 위해 200인 의회가 모이기로 결정됨"이라고 기록되었다(RCG, II, 21). 여기에서 '요전 날'은 13일경이 되겠다.

3) 파렐은 1536년 10월 로잔 회의에서 "함께 모이는 신도의 회중에서 성찬을 자주 행하자."고 말했고 칼뱅은 일 년에 한 번 실행하는 성찬을 '마귀의 발명품'으로 보고 적어도 매주 행해야 할 것으로 여겼다(〈기독교 강요/1536〉, 379, 410).

4) excommunication. 이 단어는 성찬과 관련될 경우 수찬정지로, 교회의 선택받은 구성원과 관련될 경우 출교로 번역된다. 파렐의 경우(*Sommaire*, 216)는 이 편지에서처럼 전자에, 칼뱅의 경우(〈기독교 강요/1536〉, 204)는 후자에 해당된다.

덕에 매우 적절한 바[5], 이를 통해 하나님께 기도하거나 그를 찬양함[6]으로써 모든 마음들이 같은 기도를 만들어 내고 같은 감정으로 하나님께 찬양과 감사를 드리게 됩니다.

[3] 셋째로, 백성들을 순수한 교리로 보전하기 위해 아이들이 어릴 때부터 신앙에 대해 설명할 수 있을 정도로[벧전 3:15] 교육시키는 일이 특히 요구되며 거의 불가피합니다. 이는 복음 교리가 손상되지 않게 하고 그 내용이 간직되어 손에서 손으로, 아버지에게서 아들로 전달되게 하기 위함입니다.

[4] 마지막으로, 혼인 문제에 있어 [교황이][7] 행사한 폭정과 그가 강제한 법령들이 많은 논쟁을 발생하게 하는 바, 이를 해결하기 위한 규정들을 만드는 것이 좋을 것입니다. 그 규정들을 통해 사람들은 스스로를 통제할 뿐만 아니라 무슨 대립이 생길 경우 그것을 진정시킬 바른 질서를 세우게 될 것입니다.[8]

[1] 복음이 합의하에 수용되고 인정되기[9] 전에는 이 도시에 있었던 소요와 혼란 때문에 단숨에 모든 것을 바른 질서로 끌어가기란 불가능했습니다. 왜냐하면 백성의 무지 자체가 그것을 견딜 수 없었기 때문입니다[요 16:12].[10] 하지만 주님이 이곳에서 보다 나은 통치를 하는 것을 기뻐하신 이상, 상기 사항들에 관해 함께 협의하는 것이 바르고 유익하게 여겨졌습니다. 우리가 주님의 이름으로 간구하고 성령의 도우심을 간청한 뒤, 주님의 말씀을 통해 이후 어떤 정책을 붙들어야 좋을지를 숙의하고 나서 주님이 우리에게 주신 지식에 따라 심사숙고한 것을 여러분에게 시안으로 제출하기로 결론지은 바, 여러분도 자신의 직무에 속한 것을 아낌없이 행하는 것이 기쁨이 되기를 하나님의 이름으로 바랍니다. 만약 우리의 충고가 복음의 거룩한 말씀에서 비롯된 것이라고 여긴다면 이 의견서

---

5) 파렐은 회중의 공적 찬송을 수용했고, 칼뱅은 회중 찬송과 성가대의 찬양을 구분하지 않았다(〈기독교 강요/1536〉, 246-247, 411).
6) 파렐은 "기도는 찬양의 참된 제사"라고 말했다(*Sommaire*, 152).
7) 원문에는 '교황'이라는 단어의 부분이 공란으로 되어 있다.
8) 파렐은 시 당국에 이런 권한을 주었다(*Sommaire*, 280, 282).
9) 1536년 5월 21일.
10) 칼뱅이 임종 시에 그의 동료들에게 마지막으로 한 말은 이 시기의 상황을 잘 그려 내었다. "내가 처음 이 교회에 왔을 때는 거의 아무것도 없었습니다. 설교가 시행되었고 그것이 전부였습니다. 사람들은 우상들을 찾아내어 불태웠지만, 그 어떤 개혁도 없었습니다. 모든 것이 소요 상태였습니다(〈칼뱅 작품 선집〉 7권, 689)."

가 여러분의 도시에서 받아들여지고 유지되도록 서두르시라는 것입니다. 왜냐하면 주님은 그의 선하심으로 말미암아 그의 교회를 보존할 법규들이 어떤 것인지를 여러분에게 가르쳐 주셨기 때문에 곧 이 법규들은 모든 통치와 관리의, 특히 교회 통치의 확실한 규칙인 그의 말씀에 (실로 가장 잘 갖추어져서) 부합된다는 것입니다.[11]

　　예수 그리스도의 성찬 시행은 최소한 매주 교회에 많은 수가 모였을 때 행해짐이 바람직할 것입니다.[12] 왜냐하면 신자들은 성찬에서 큰 위로를 받고 온갖 방법으로 열매를 얻기 때문입니다. 이는 우리의 믿음으로 그곳에 제시되는 약속들, 곧 우리가 진실로 예수 그리스도의 몸과 피, 그의 죽음, 그의 생명, 그의 영 그리고 그의 모든 부에 참여자가 된다는 것에 대해서뿐만 아니라 우리로 하여금 기이한 것들, 곧 우리를 향한 하나님의 은혜들을 인정하고 찬양으로 고백케 하며, 궁극적으로 모두 한 몸의 지체처럼 선한 평화와 형제적 일치로 결합되어 기독교적으로 살도록 하는 권면들까지 모두 포함한 것을 의미합니다. 사실 예수께서 성만찬을 제정하신 것은 이것을 일 년에 두세 번 기념하도록 하기 위해서가 아니라, 사도행전 2장[42절]에서 보듯이 우리 주님의 제자들이 성찬 법규인 분병을 집요하게 밀고 나가는 것처럼 기독교 회중이 모일 때 사용해야 하는 우리 믿음과 사랑의 빈번한 행사를 위해 하신 것입니다. 이것은 가증한 미사가 도입되기까지[13] 고대 교회가 언제나 실시해 온 것입니다. 미사에서는 모든 신자들의 참여 대신 한 사람이 모두를 위해서 제사한다는[14] 이 끔찍한 신성 모독을 만들었습니다. 그리하여 성찬은 온전히 파괴되고 폐기되었습니다.

　　그러나 성찬이 너무 자주 시행될 경우에도 이 거룩하고 너무도 탁월한 신비가 경멸될 위험이 있을 만큼 백성의 믿음이 약하기 때문에, 이것을 고려하여 아직 연약한 백성[롬 14:1]이 보다 견고해지기까지 오늘날 한 달에 한 번 설교가 이뤄지는 세 곳, 곧 성 베드로, 리브[15], 성 제르베에서 시행되는 것이 좋을 듯합

---

11) 칼뱅은 〈기독교 강요〉에서 국가가 교회의 보존에 책임을 갖는다는 생각을 말한 바 있다(〈기독교 강요/1536〉, 686).

12) 파렐이 신자들의 모임을 교회의 본질로 여겼다면, 칼뱅은 선택받은 자의 교회에 중점을 두었다. 하지만 신자들의 모임을 교회와 동일시한 경우도 있었다(〈기독교 강요/1536〉, 640).

13) 파렐은 이것의 책임자로 교황 그레고리우스 VII세(1073-1085년 재위)를 비난했다.

14) 이것이 미사에 대한 주된 불평 가운데 하나였다.

15) **Rive**. 프란체스코 수도원이었던 교회당으로, 뒤에 마들렌Madeleine이라는 이름으로 바뀌었다.

니다. 방법은 이번 달에 성 베드로에서 하면 다음 달에는 리브에서, 그 다음 달에는 성 제르베에서 하며, 이런 식으로 차례로 돌아가면서 시행하는 것입니다.

그러나 이것은 시의 한 지역을 위해 이뤄지는 것이 아니라 전 교회를 위한 것입니다.[16] 이렇게 하기 위해서 우리는 편리한 시간을 정하고 그것을 한 주 전에 각처에 알릴 것입니다. 아무것도 경멸되지 않고 이 숭고한 신비가 가능한 한 가장 큰 존엄으로 다루어지도록, 본래 하나님의 신비들에 속한 모든 것을 관리하는 직분들인 말씀의 사역자들이 우리 주님의 살과 피의 표상이요, 성사인 빵과 포도주를 분배함이 최상으로 보입니다.[17] 모든 것이 소동이나 불손함이 없이 성실하게 이루어지도록 우리는 백성들이 어떤 질서를 지켜야 할지를 훈계하고 경고하며 타일러서 혼동을 피하게 할 것입니다. 또한 여러분들이 보기에 편리한 방법을 통해 좋은 지도를 해 달라고 부탁하는 것을 우리의 의무로 삼기로 했습니다. 왜냐하면 성 바울도 우리에게 특별한 존경심을 가지고 성찬에 임하라고 명하기 때문입니다.

그러나 요구되는 주된 질서는 또한 가장 크게 배려함이 합당한 질서인데, 우리 주 예수 그리스도의 지체들을-그들의 지도자들과 더불어 그리고 바로 그들 사이에서-한 몸과 한 영으로 결합시키기 위해서 세워지고 제정된 성찬에 사악하고 불의한 삶을 통해서 전혀 예수에게 속하지 않음을 스스로 공언하고 드러내는 자들이 참여할 경우, 더럽혀지고 오염된다는 것입니다. 왜냐하면 이런 성례 모독으로 우리 주님이 명예를 크게 손상당하시기 때문입니다. 우리는 하나님의 불명예에까지 미치는 이런 오염이 우리의 무지로 말미암아 우리 중에 들어오지 않도록 조심해야 합니다. 왜냐하면 성 바울도 이 성례를 부당하게 취급하는 자들에 대한 심한 보복을 선포하기 때문입니다. 그러므로 이런 정책을 만들 권세가 있는 자들은 이 영성체 모임에 오는 자들이 예수 그리스도의 인정된 지체가 되도록 개선해야 합니다. 이런 이유에서 우리 주님은 그의 교회에 수찬정지라는 징계와 권징을 두신 것인 바[마 18:15-18, 고전 5:9-13, 딤전 1:20], 이것을 통해서 그는 한 그리스도인으로서 무질서하고 부당한 삶을 사는 자들, 그리고 훈계된 뒤에도 개선되어 올바른 길로 들어서는 것을 멸시하는 자들이 교회의 몸에

---

16) 제네바 시를 교구로 나누는 일은 보다 뒤에 생긴다.
17) 칼뱅은 복음 설교와 성례 시행을 목회자의 특권으로 보았다(〈칼뱅 작품 선집〉 2권, 〈제네바 신앙 교육서〉, 385).

서 거부되며, 그들이 자신들의 잘못과 초라함을 인정하면서 회개로 되돌아서기까지 거의 썩은 지체처럼 잘리기를 원하셨습니다.[18]

이 징계의 방식은 주님이 마태복음 18장에서 그의 교회에 명하셨습니다. 그러므로 우리에게 주어진 명령을 멸시하지 않을진대, 우리는 그것을 사용해야 합니다. 딤전 1장[20절]과 고전 5장[5절]에 보면 성 바울에게도 그런 예가 있는데, 그는 우리가 스스로 그리스도인이라고 부르면서 명백하게 방탕한 자, 인색한 자, 우상 숭배자, 나쁘게 말하는 자, 술 취한 자 또는 노략질에 빠진 자들[고전 5:11]과는 결코 사귀지 말라고 엄히 선포합니다. 그러니 만일 우리 안에 하나님에 대한 경외가 조금이라도 있다면 이 법규가 우리 교회에 세워져야 합니다. 게다가 다음과 같은 명백한 명령이 없다 하더라도, 우리는 이 법규가 서 있는 근거들과 그것에서 오는 열매들을 사용하는 데로 움직여야 합니다. 그 명령은 이렇습니다. 첫째, 예수 그리스도는 마치 그의 교회가 사악하고 모든 악덕에 물든 자들의 푸닥거리이거나 한 것처럼 그런 모독과 치욕거리가 아니라는 것입니다. 둘째, 이런 징계를 받는 자들은 그들의 죄를 부끄럽고 창피하게 여겨, 자신을 인정하고 고치는 데로 나아가야 한다는 것입니다. 셋째, 다른 사람들은 그들과 사귐으로써 부패하거나 타락하지 말고 오히려 그들의 예를 통해서 유사한 잘못에 빠지지 않도록 경고를 받아야 한다는 것입니다.

이 징계의 사용과 실천은 고대 교회에서 얼마 동안 지속되어 특별히 유용했고 또 기독교의 발전도 가져왔습니다. 어떤 사악한 주교들, 아니 주교 자리를 점령한 강도들이 그것을 독재로 바꿔 놓고 그들의 탐욕으로 남용할 때까지 말입니다. 그리하여 우리 주님께서 그의 교회에 주신 가장 유익하고 유효한 것 중의 하나인 출교가 오늘날 교황의 나라에서 사람들이 보는 가장 해롭고 흉악한 것 가운데 하나가 되었습니다. 그런데 이런 잘못은 가짜 주교들이 출교─사실 말씀을 통해서 볼 때 실로 자기들에게 속하지 않은─에 대한 인식과 권세를 신자들의 모임에서 약탈한 데서 비롯되었습니다. 그들은 이 권세를 찬탈한 다음, 아주 사악한 것으로 바꿔 버렸습니다.

그러므로 한 교회가 주님의 이 명령을 간직하지 않고는 진실된 상태에 있을 수 없다는 사실과 이 명령에 대한 경멸이 두렵게도 하나님의 크신 보복으로 처

---

18) 칼뱅은 1536년판 〈기독교 강요〉에서 동일한 내용을 둘째와 셋째의 순서만 다르게 언급한 바 있다(〈기독교 강요/1536〉, 204-205).

벌될 수 있음을 상기한 이상, 이 명령이 교회에서 다시 살아나고 우리가 성경에서 갖는 규율에 따라 실행하되, 한편으로는 그릇된 사용으로 부당하게 그것을 타락시키고 부패시키지 않도록 개선해야 합니다.

이 일의 시행을 위해서 우리는 여러분들에게 부탁할 것을 결의한 바, 모든 신자들 가운데서 선한 생활과 선한 증거를 가지며 매우 꿋꿋하고 결코 쉽게 부패하지 않는 몇 명을 선출하되, 그들로 하여금 도시의 전 구역을 분담하여 각자의 생활을 감시하고 감독하게 하는 것입니다. 만일 그들이 어떤 사람에게서 책망할 만한 명백한 악덕[마 18:15-17]을 볼 경우, 그들은 목회자들 중 한 사람과 연락하여 잘못된 자에게 훈계하고 스스로를 고치도록 형제애로 권면해야 합니다. 만일 그런 훈계가 아무런 유익도 가져오지 못할 경우, 그의 고집을 교회에 알리겠다고 경고해야 합니다. 만일 그가 자신의 잘못을 인정한다면 그것은 이미 이 권징의 큰 유익입니다. 만일 그가 인정하기를 원치 않을 경우 이 소송을 건 사람들에게서 내용을 들은 목회자가 회중에서 이 모든 것이 어떻게 아무 유익이 없었는지에 대해서와 그를 치료할 의무에 대해서 공개적으로 포고하게 될 것입니다. 이렇게 해서 사람들은 그가 그 마음의 강퍅함[마 19:8]을 고집한다는 것을 알게 될 것이고 그때가 그를 출교할 시기, 다시 말해 그가 그리스도인들의 회중에서 버림받아 마귀의 권세에 넘겨진[고전 5:2-5] 자로 간주되는 시기가 될 것인 바, 이는 일시적인 창피함을 주는 것으로 그가 회개와 개선의 참모습을 보일 때까지 계속될 것입니다. 이 출교의 표로서 그는 성찬의 영성체에서 거부되고 다른 신도들에게 그와 친밀히 대화하지 않도록 공고되는 것입니다.[19] 그래도 그는 설교에 참여해서 변함없이 교리를 받되 주님께서 그의 마음에 감동하사 선한 길로 돌아서게 하시기를 기뻐하실지 알아보아야 합니다. 이런 방식으로 징계되어야 할 악덕들은 여러분들이 앞서 들은 바 성 바울이 명명한 것들과 유사한 것들입니다. 이웃이나 친척과 같은 이들이 이런 악덕을 저지를 경우, 위에서 말한 대표자들이 그 일에 대해서 알기 전에 그들 스스로가 먼저 훈계할 수 있으며 악덕을 저지른 자들이 그들의 훈계를 유익하게 사용하려 하지 않을 경우 대표자들에게 그 사실을 알려 그들의 직무를 수행케 해야 합니다.

---

19) 앞의 각주 4에서 언급했듯이 파렐과 칼뱅의 입장은 조금 다르다. 파렐은 수찬정지된 자들과 사랑으로 교제하기를 바랐지만(*Sommaire*, 220), 칼뱅은 출교된 자들과 친근하게 지내고 내적인 교제를 갖는 것을 허용하지 않았다(〈기독교 강요/1536〉, 208). 여기에서는 칼뱅의 입장이 표명되었다.

이처럼 우리 교회에 출교를 회복시켜서 그것을 온전히 보존하는 일이 우리에게는 얼마나 좋은 수단으로 보이는지 모릅니다. 그리고 교회는 이 징계 외에는 실행할 것이 아무것도 없습니다. 만일 출교당하는 것을 조소하고 그런 거부[수찬정지]에 생사를 염려하지 않을 정도로 온갖 퇴폐에 빠져 있는 거만한 자들이 있다면, 그런 타락과 그런 하나님 및 그의 복음의 우롱을 처벌하지 않고 참아야 하는지 판단하는 것은 여러분에게 달려 있습니다.

게다가 이 도시에는 복음을 전혀 따르지 않고 오히려 하나님의 말씀에 어긋나는 온갖 미신들을 마음에 채우면서 할 수 있는 한 복음을 반대하는, 많은 거주민들[20]이 있다는 명백한 기미와 의혹이 있습니다. 따라서 먼저 스스로가 예수 그리스도의 교회의 보증인이기를 원하는지 아닌지를 알아보는 것에서 출발하는 것이 매우 적절할 것입니다. 사실 이전에 실로, 그리고 타당하게 우리 회중의 회원으로 간주되었던 자들을 출교로 거부할 필요가 있다면, 하물며 회원으로 받아들여야 할 자들과 받아들여서는 안 될 자들을 구별하는 일은 더욱 필요할 것입니다. 둘째로 신앙의 분리보다 더 큰 분리가 없음이 분명할진대 신앙에 있어서 우리와 일치하는 자들이 그들의 악덕으로 인해 출교된다면, 하물며 종교에 있어서 우리와 완전히 다른 자들이 교회에서 너그럽게 취급되어서는 안 될 것은 더욱 타당합니다. 그러므로 이 점에 대해 우리가 생각한 치료책은 여러분이 사는 도시의 전 거주민들로 하여금 신앙을 고백하게 하고[21] 신앙의 동기를 설명하게 하여 누가 복음에 더 일치하는지, 누가 예수 그리스도의 나라보다 교황의 나라에 속하기를 더 좋아하는지를 알아보도록 여러분에게 부탁하는 것입니다. 그러므로 시 의회 여러분, 여러분이 각자 시 의회에서 신앙고백을 한다면 이것이 기독교 위정자들의 결의서가 될 것이며, 이를 통해 귀 신앙의 교리가 실로 모든 신자들이 하나의 교회 안에서 연합되는 교리임을 사람들이 이해하게 될 것입니다. 왜냐하면 여러분이 모범을 보임으로써 사람들이 각자가 해야 할 일이 무엇인지를 알게 될 것이기 때문입니다. 다음으로 여러분의 동료 중 몇몇을 임명하고 어떤 목회자와 결속시켜 시민 각자에게 동일한 것을 행하도록 요구하십시오. 이것은 이번 한 번을 위한 것인 바 이는 사람들이 아직도 각자가 어떤 교리를 간직하

---

20) 일반적으로 제네바 사람들을 의미하나 특별히 장 발라르°, 장 루이 라멜°같은 인물들을 염두에 두었다.

21) 파렐의 〈제네바 신앙고백서〉(〈칼뱅 작품 선집〉 2권, 391-404) 참고.

고 있는지, 교회의 올바른 시작이 누구인지를 식별하지 못했기 때문입니다.

　[2] 또 다른 하나는 시편에 관한 것으로, 우리는 고대 교회의 모범에 따라[22] 그리고 회중 가운데서 입술과 마음으로 찬양하는 것이 좋다고 말한 성 바울의 증거에 따라[롬 10:9-10, 골 3:16] 교회에서 시편이 찬송되길 바랍니다.[23] 우리는 직접 경험하지 않고서는 그것으로부터 오는 신앙의 증진과 교화를 생각할 수 없습니다. 확실히 우리가 하고 있는 것처럼 신자들의 기도는 너무도 냉랭해서 우리를 크게 수치스럽고 창피스럽게 하고 있습니다. 시편은 우리의 마음을 하나님께로 끌어올리게 하고 열렬히 하나님을 부를 뿐만 아니라 찬양으로 그 이름의 영광을 높이도록 이끌어 갑니다. 게다가 이것을 통해서 사람들은 교황과 그 추종자들이 참된 영적 찬양이 되어야 할 시편을 무슨 말인지도 모른 채 중얼거리도록 만들었을 때, 그들이 교회에서 어떤 유익과 어떤 위로를 빼앗아 갔는지를 알게 될 것입니다.

　이 일을 시행하는 방식은 간단한 교회 찬송을 미리 연습한 몇몇 어린이들이 크고 뚜렷한 목소리로 노래를 하면 주민들이 이를 주의 깊게 듣고 입으로 노래하는 것을 마음으로 따라하되, 점차 공동으로 노래하기에 익숙해질 때까지 하는 것이 좋을 것입니다. 그 전에 먼저 모든 혼잡을 피하기 위하여 누군가가 무례함으로 질서를 어지럽혀 거룩한 회중을 조롱으로 만들지 못하게 하는 것이 필요합니다.

　[3] 셋째 조항은 어린이 교육에 관한 것으로, 어린이들의 신앙고백은 의심없이 교회에 달려 있습니다. 이런 이유에서 고대에는 사람들 개개인을 기독교의 기초로 육성하기 위한 일종의 교리 문답이 있었습니다. 이것은 각자가 자신의 기독교를 선포하기 위해 사용하는 증거 문서와 같은 것으로, 어린이들은 이 교리 문답으로부터 분명하게 교육받아 유아 세례 시 증거 할 수 없었던 그들의 신앙을 교회에 와서 입증 받아야 합니다. 왜냐하면 우리가 보기에 성경은 고백을 신앙과 연결시키며, 우리가 만일 진실로 마음으로 믿어 의에 이른다면, 우리가 믿은 것을 입으로 고백하여 구원에 이르러야 한다고 말하기 때문입니다[롬

22) 아우구스티누스(*Confession*, 9, 7, 15)에 따르면 암브로시우스는 밀라노에서 회중 찬송을 시작했다.
23) 1541년 클레망 마로[9]가 번역한 〈다윗의 시편〉Les Pseaumes de David 이전에 이미 프랑스 운문에 맞춘 시편이 존재했었다(Cf. Herminjard, IV, 163, n.15). 파렐을 지지한 앙투안 소니에[9]는 뇌샤텔에서 1532년에 회중 찬송을 도입한 바 있다. 그는 1536년 5월 21일 제네바의 리브 콜레주 교장으로 임명되고 이 부분에 영향을 행사한 것으로 여겨진다(COR).

10:9-10]. 설사 이 규례가 결코 합당하고 적절하지 못했다 하더라도 이제 이 규례는 필요 그 이상이 되었습니다. 왜냐하면 우리는 전반적으로 하나님 말씀에 대한 경멸과, 자녀들을 하나님의 길로 양육함에 있어 부모들의 소홀함을 보기 때문입니다. 우리는 많은 사람들에게서 하나님의 길에 대한 놀라운 무식과 무지를 보는데, 이것은 하나님의 교회에서 결코 용납될 수 없는 것입니다.

우리가 생각한 개선책은 모든 어린이들에게 가르칠 쉽고 간단한 기독교 신앙의 요약이 있어야 한다는 것이며[24] 일 년 중 한 계절을 정해 어린이들이 목회자들에게 나아와 그들 각자의 능력에 따라 문답과 시험을 받고 보다 풍부한 고백 선언을 갖되, 충분히 교육을 받았다고 인정될 때까지 하는 것입니다. 여러분은 기꺼이 부모들을 명하여 그들의 자녀들이 이 요약을 배우고, 공지되는 시기에 목회자들 앞에 출두하도록 수고와 근면을 아끼지 말라고 해야 합니다.

[4] 마지막으로, [교황은][25] 멋대로 등급을 만들고 모든 이성에 거슬려 부당하게 이혼을 야기하면서 결혼의 명분들을 너무도 흐릿하게 만들었고[26], 또한 하나님의 말씀에 의해 너무 자주 일어나는 논쟁들을 해결하는 것이 요구되고 또 필요하기 때문에, 우리는 보다 확실하게 하기 위해서 여러분에게 다음과 같이 청원합니다. 곧 여러분의 동료 중 몇몇 사람들을-그들이 하나님의 말씀에 따라 행할 것이 무엇인지 보다 잘 알게 하기 위해-몇몇 목회자들과 결속시켜 앞으로 있을 모든 소송들을 판결하고 결정하는 책임과 임무를 부여해 달라는 것입니다.[27] 이 위원들은 위에서 말한 목회자회와 더불어 공동으로 일어날 경우에 대한 규례들을 세우고 그것에 따라 판단할 것인데, 물론 시행하기에 앞서 여러분에게 인정을 받기 위해 그 규례들을 제출할 것입니다.

우리의 매우 존경받는 지도자 여러분, 이제 우리는 여러분에게 애정을 다해 청원하며 하나님의 이름으로 바라는 바 만일 이 충고와 권면이 진정 하나님의 말씀에 속한 것이라면 이것들을 우리에게서 나온 것으로 받지 말고 이것들이 나오게 하신 분의 것으로 받으십시오[살전 2:13]. 마찬가지로 이 충고와 권면이 하

---

24) Herminjard는 이것을 칼뱅의 〈제네바 신앙 교육서〉로 보았고, COR 편집자는 파렐의 〈제네바 신앙 고백서〉로 보았다.

25) 각주 7 참고.

26) 〈기독교 강요/1536〉, 570-577 참고.

27) 취리히, 베른, 바젤 등의 도시에 있는 혼인 법정과 같은 것을 세워 목회자들이 조언할 수 있게 해 달라는 청원이다.

나님의 영광을 얼마나 소중하게 보존하며 교회를 온전히 유지하는지를 고려하십시오. 이러한 고려는 여러분의 직무에 속한 것일 뿐만 아니라, 백성을 좋은 정책으로 보존하기에 필요한 것을 부지런히 수행함에 있어 여러분의 몸을 아끼지 않게 할 것입니다.[28] 그리고 이 일에 있어 누군가가 주장할 수도 있는 어려움이 여러분을 방해해서는 안 됩니다. 왜냐하면 우리는 하나님이 우리에게 명하신 것을 따르고자 헌신할 때, 그가 선하심으로 우리의 계획을 끝까지 인도하시고 왕성케 하시리라는 희망을 갖기 때문입니다. 지금까지 여러분들이 충분히 경험한 바대로 모든 일에 있어서 주님이 그의 영광을 추구하는 은혜를 베푸신 것처럼 말입니다. 주께서 여러분들을 그의 능력으로 도우셔서 모든 것을 좋은 결과로 이끄시길 빕니다!

---

28) 제네바 시 의회의 결정 사항에 대해서 Cf. Herminjard, IV, p. 165, n.17.

30
[제네바 목회자들이 베른 목회자들에게]

[1537년 2월 20일경, 제네바에서]
CO, Xb, 82; Herminjard, IV, 183; COR, VI/I, 171

우리의 매우 사랑하는 형제들이여, 주 예수로 말미암아 하나님 우리 아버지로부터 은혜와 평강이 여러분과 함께하기를.

비레가 이곳에서 활동하는 동안[1] 카롤리[2]가 일반 백성에게 호기심을 자극하는 경박하고 명백히 유해한[3]―이 백성이 교회의 문제를 지도하는 이때에―교리를 퍼뜨린다는 소식을 들었기 때문에, 우리는 그의 어리석음을 제어하기 위해서 비레를 즉시 그곳[로잔]으로 돌려보내야 한다고 생각했습니다. 그러나 그는 훌륭하고 겸손한 동료의 친절한 훈계에도 진정되기는커녕 오히려 명백히 미쳐 날뛰기 시작했습니다. 그는 로잔 시 의회의 몇몇 야비한 자들을 사주하여[4] 비레를 [분열] 선동자로 비방하게 했으며, 그 자신은 [비레를] 매우 파렴치하게 비난받는 온갖 종류의 악행으로 비방하고 결국 명백한 아리우스주의 이단으로 비방했

---

1) 비레는 1537년 1월 중후반부터 제네바에 머무르다가 2월 5일 그곳을 떠났다.

2) 이미 서신 26에서 암시된 피에르 카롤리는 소르본의 박사 출신으로, 복음주의적인 견해 때문에 프랑스에서 도망하여 바젤과 제네바에서 잠시 체류하였다. 이후 베른이 새로 정복한 보Vaud 지방에서 종교 개혁을 추진할 때 비레와 같이 로잔의 첫 목사로 임명되었다(1536년 10월 28일). 그러나 카롤리의 독단적인 태도와 여전한 가톨릭적인 생각 때문에 이내 두 동역자 사이에는 다툼이 일어났다. 카롤리는 죽은 자들을 위한 기도의 필요성을 주장하면서 종교 개혁자들의 교리를 비난하였고 로잔 대회에서 유죄 판결을 받았다(1537년 5월). 베른 시 의회로부터 추방된 후에 그는 프랑스로 가서 다시 로마 교회로 되돌아갔고 개혁 교리에 반대하는 입장에 섰다.

3) 비레는 카롤리의 교리를 다음과 같이 요약했다. "그[카롤리]는 교회가 죽은 자들을 위해 행한 모든 기도들이 영혼을 위해서가 아니라 육체와 그 부활을 위한 것임을 이해시키고자 했다(*Disputations chrestiennes*, Genève, 1544/1552, 262)."

4) 몇몇 로잔 시 의원들에 대한 카롤리의 영향력 때문에 제네바 목회자들은 로잔 근처에 있는 모르주Morges에서 회의가 열리도록 했다(COR).

습니다.[5]

우리는 매우 버릇없고 사나운 이 사람의 비행 때문에 그가 건전한 정신으로 돌아올 수 있는 모든 방법을 시도하도록, 칼뱅을 비레와 동행시켰습니다.[6] 그때 관할 지역에서 결정된 일에 대해 재판권을 행사한 여러분의 사절단[7]이 그들의 공개된 소송에 그[카롤리]가 소환되도록 했습니다. 여러분의 시 의회 서기인 고명한 키로[8]는 그[카롤리]에게 형제들의 권면을 차분히 받아들일 것을 부탁했습니다. 하지만 그는 당면한 소송에 대한 언급은 생략한 채, 오히려 오직 여러분의 시 의회와 치리회 앞에서만 자신의 소송 건의 이유를 설명하겠다고 공적으로 증언하고는, 소송 건과 상관없이 실성한 채 우리 안에서 미쳐 날뛰기 시작했습니다.[9] 많은 형태의 악담이 있었으나, 그중 가장 참혹한 것은 우리 모두[제네바 교역자들]를 아리우스주의의 오류에 물든 자들이라고 단죄한 일입니다.[10] 매우 부당한 고발을 논박하면서 칼뱅은 다음과 같이 쓰인 우리 신앙고백의 주요 부분[11]을 인용하여 읽었습니다. **우리가 성부 성자 성령이라 부를 때, 결코 어떤 신을 생각해 내는 것이 아니며 오히려 성경과 경건의 경험이 우리에게 하나님의 매우 단순한 본질 안에 아버지와 그의 아들과 그의 영이 있음을 보인다. 그래서 우리의 지성은 자신의 생생한 형상이 비치는 성자와 자신의 능력과 힘이 드러나는 성령을 똑같이 포함시키지 않고서 성부를 생각할 수 없다. 그러므로 우리 마음의 모든 생각을 다해 유일하신 하나님에 매달려 있도록 하자. 하지만 그럼에도 불구하고 성자와 성령과 함께 성부를 응시하자. 또한 그리스도에 관해서 : 그 밖에 그는 입양이**

---

5) 카롤리는 1537년 2월 15-17일에 로잔에서 베른의 대표들과 만남을 가졌다. 그 자리에서 그는 제네바 개혁자들(파렐과 비레와 칼뱅)을 아리우스주의자로 비난했다(COR).

6) 파브리와 코로°는 "칼뱅만이 그 일에 대해 사절단 앞에서 모든 것을 처리할 것"으로 보았다 (Herminjard, IV, 176). 칼뱅은 비레와 동행했다가 2월 17일에 제네바로 갔고 2월 25일경 다시 로잔으로 갔다가 2월 28일-3월 1일에 열린 베른 치리회에 참석하여 이 편지를 전달한 듯하다.

7) 로잔에 있던(1537년 2월 15-17일) 베른 사절단은 미카엘 아우크스부르거°, 크리스핀 피셔°, 페터 키로°, 하인리히 슐라이프°, 한스 후버°였다(COR).

8) 각주 7에 언급된 페터 키로를 의미한다.

9) 1545년 7월 14일 자 칼뱅에게 쓴 비레의 편지에 따르면, 로잔에서 카롤리는 파렐과 비레를 암살 시도로 기소했다(CO, XII, 105).

10) 1535년에 이미 카롤리는 파렐을 아리우스주의자로 고소한 바 있다(그리나이우스가 파렐에게 쓴 편지 참고-Herminjard, III, 374).

11) 본문은 1538년 3월에 나온 라틴어 번역본(*Catechismus*)에서 인용되어 있으나 여기에서는 프랑스어 원문(*Instruction et confession*, 1537)의 한글 번역을 실었다(〈칼뱅 작품 선집〉 2권, 〈제네바 신앙 교육서〉[또는 제1 제네바 카테키스무스]의 사도신경 해설 부분, 362, 364).

나 은혜로만 이루어지는 신자들과 달리 진실로 본성적이며 홀로 유일하게 하나님의 아들이라 칭하는데, 이는 그가 다른 이들과 구별되기 위함이다. 그는 영원부터 성부와 더불어 가졌던 그의 신성에 따라서뿐만 아니라 우리에게 나타난 육신에 있어서도 우리의 주님이시다. 이 신앙고백서의 저자들과 서명자들을[12] 아리우스주의자라고 판결할 자 누구입니까?

그렇지만 이 끈질긴 고발인은 자신이 광적으로 시작했기에 또 이런 신앙고백이 그를 만족시키지 못했다고 단언하고는 고집을 부렸습니다. 칼뱅이 당장 우리의 신앙고백을 선포할 것을 법에 의해 얻어 내고, 그래서 우리가 필요하다면, 모든 선량한 사람들에게 우리의 신앙이 더 훌륭하다는 것을 증명할 준비가 되어 있을 때, 그는 "우리는 새 신앙고백들을 멀리하고 3대 신경에 우선적으로 동의해야 한다!"고 말했습니다.[13] 이에 대해 칼뱅은 우리가, 일찍이 적법한 교회가 그 신경을 결코 인정하지 않았던 아타나시우스에게가 아니라, 한 분 하나님을 믿는 신앙에 맹세했다고 답했습니다.[14] 사절들은 어떤 논쟁에서도 미래의 목적을 보지 못했기 때문에, 형제들의 모임에서 이뤄지는 이 모든 심리를 거부했고, 그것이 머지않아 처리될 것이라고 약속했습니다.

탁월하신 형제들이여, 내친 김에 말하자면 여러분도 아는 이 몇 마디 말이 여러분과도 관련이 있는 것으로 보이는 바, 즉 이런 모임이 전적으로 필요하다는 것입니다. 과연 여러분은 적은 수의 악의가 발생함으로써 교회가 논쟁과 반목으로 비참하게 찢겨지고 있음을 보고 있습니다. 해악은 날마다 점점 커지고, 만일 적시의 도움이 없다면 그것은 즉시 우리를 억압할 것입니다. 이제 우리의 무죄 증명에 있어서 많은 것을 제시하는 것은 결코 중요하지 않습니다. 그럴 기회는 보다 적절한 모임에서 있을 것인 바, 우리에게 의심의 여지가 남아 있지 않는 한, 그곳에서 우리의 무죄가 모든 선량한 사람들에게 입증되리라고 확신합니다.

이제 우리는 그리스도의 이름으로 여러분에게 간청합니다. [고발된 우리 쪽] 당사자들에 관해서 그들을 인정하고 서둘러 주십시오. 실로 위험이 임박해 있는 만큼, 만일 우리가 더 오래 지체한다면 여러분은 어떤 [한] 편에서 보게 될 것입

---

12) 1537년 1월, 〈제네바 신앙 교육서〉의 제목이 보여 주듯이, 파렐과 칼뱅은 도시의 전 시민이 이 신앙고백에 서명할 것을 제네바 시 의회에 주장했다.

13) 3대 신경이란 사도신경, 니케아콘스탄티노플 신경, 아타나시우스 신경을 말한다. 카롤리는 〈제네바 신앙 교육서〉를 새로운 것으로 여겼다.

14) 파렐과 비레는 본래 문제가 아타나시우스 신경에 동의하기를 거부한 데서 비롯되었다고 주장했다 (Herminjard, V, 459-460).

니다. 여러분은 신속함이 필요하리라는 사실 자체를 충분히 인식하지 못하고 있습니다. 카롤리는 그의 교리[15]로 사방에서 심각한 소란을 불러일으켰습니다. 대부분의 교역자들이 별로 옳게 처신하지 않습니다. 어떤 이들은 자신의 직분과 관련하여 자극을 받지 않는 한 무감각한 상태로 있습니다. 어떤 불화의 씨들이 주모자를 노출시키기 시작합니다. 모임에서가 아니면 절대로 설명될 수 없는 것들도 있습니다.[16]

두 가지 이유 때문에 우리는 [모임이] 부활절[17] 이전에 개최되기를 원합니다. [하나는] 그보다 더 적당한 한 해의 계절이 선정될 수 없기 때문이며, [다른 하나는] 그날 이전에 형제들 사이에서 확실한 합의가 이루어지는 것이 크게 중요하기 때문입니다.[18] 만일 여러분이 각자의 직책에 따라 시 의회에 열성적으로 탄원한다면, 우리는 여러분의 청원이 수락되리라는 것을 조금도 의심하지 않습니다. 비록 시 의회에 속한 장소 선정의 재량이 우리에게 남아 있긴 하지만, 우리에게 제일 적합하게 여겨지는 것이 허락되지 못하도록 방해하는 것은 아무것도 없어 보입니다. 로잔 이쪽으로 2천 명의 사부아 사람들이 사는 작은 도시가 있습니다. 모르주[19]라고 불리는 이곳은 [레만] 호숫가를 끼고 있으며, 새로운 관할 지역의 중심일 뿐만 아니라 모든 불어권 교회들의 중심이라 할 만한 곳입니다. 만일 대회가 그곳에서 소집된다면 당연히 저쪽에서도[모르주] 방식이 언짢다고 투덜대지도 않을 것이고 그들의 교회에서 교역자들을 오래 떼어 놓지도 않을 것이며, 또한 숙박 장소로도 불편하지 않을 것입니다.[20]

---

15) 죽은 자를 위한 기도(각주 3 참고)를 말한다.

16) 베른 의식의 도입을 암시한다. 특히 성찬에서 누룩 없는 **빵** 사용과 성탄절을 포함한 네 가지 축일을 준수(이것에 대해서는 서신 63과 64를 참고할 것)하는 것을 말한다.

17) 당시 부활절은 1537년 4월 1일이었다. 일반적으로 베른 구역에서는 모든 교역자들을 위한 대회가 5월에 잡혀 있었다(COR).

18) 부활절에 성찬식이 거행되기 때문이요, 카롤리와 화해를 하든, 아니면 그를 면직시키든 성찬식 이전에 해결되어야 하기 때문이다(COR).

19) Morgia(L). Morges(F)는 로잔에서 서쪽으로 11킬로미터 떨어진 곳에 위치한다.

20) 대회 소집은 제네바 교역자들의 뜻대로 이뤄지지 않았다. **COR** 편집자는 이 시기의 주요 연보를 다음과 같이 정리했다. 1537년 1월 : 로잔에서 카롤리가 영혼 수면설을 주장하다. 2월 초 : 비레가 제네바에서 로잔으로 돌아가다. 2월 10일 전후 : 칼뱅이 로잔에 도착하다. 2월 15-17일 : 베른 사절단이 로잔에 오다. 2월 28일-3월 1일 : 베른 치리회와 시 의회가 열리다. 5월 14일 : 로잔 대회가 열리다[125-200명 참석]. 5월 15-31일 : 베른 치리회와 시 의회가 열리다. 5월 31일-6월 5일 : 베른 대회가 열리다[주요 안건은 루터파와 츠빙글리파 사이의 불일치 조정으로 300명 참석]. 6월 5일 : 베른 치리회가 열리다. 6월 6일 : 베른 시 의회가 열리다. 6월 7일 : 베른시가 공식적으로 파렐과 비레와 칼뱅을 무혐의 처리하다.

31
[칼뱅이 베른의 카스파 메간더에게][1]

[1537년 2월 20일경, 제네바에서 베른으로]
CO, Xb, 85; Herminjard, IV, 187; COR, VI/I, 178; CSW, IV, 47

주님의 은총과 평강이 함께하시기를 바랍니다.

카롤리가 최근에 우리에게 얼마나 해를 끼쳤는지는 이미 충분히 알고 계시리라 생각합니다. 그가 고안해 낸 한 가지 방법에 의하면 죽은 사람을 기도로 도울 수 있다고 하는데, 이는 죽은 자들의 죄를 용서받기 위해서가 아니라 가능한 신속히 다시 살아나는 것을 위해서라고 합니다.[2] 이것은 우리가 수많은 난관들로 인해 곤경에 처해 있는 이 시점에[3] 매우 필요한 정보입니다. 이 야심가는 군중의 호감을 사고 싶었지만 그다지 높은 평가를 받지 못하고 있기에 무언가 새로운 것을 통하여 [그들의 마음에 들고자 했겠지요]. 이미 오래전에 다른 작가들에 의해 제시되었던 내용인데 마치 전혀 새로운 것인 양 말입니다. 그럼에도 뻔뻔하게 창작의 명예를 주장하고 있는 것으로 보아, 어떤 목적으로 이 교리를 표명하게 되었는지를 명백히 알 수 있을 것 같습니다. 만에 하나, 우리가 그가 그토록 바라는 거짓 칭송을 양보한다 해도, 그가 고안해 낸 사상이 호기심만 자극하는 하찮은 것일 뿐 아니라 어리석은 것임이 분명하게 입증된다면-나는 맹세컨대 이것을 증명할 것입니다[4]-어떤 결과가 초래되겠습니까?

---

1) 취리히 출신으로 베른 교회의 목사인 메간더[a]에게 쓴 칼뱅의 편지이다. 메간더는 1537년에 카롤리의 잘못된 생각에 대해 유죄 판결을 내린 로잔 회의를 주재하였고, 그 다음 해에 취리히 교회의 목사가 되었다. 이 편지와 동시에 칼뱅은 제네바 목회자들의 이름으로 베른 목회자들에게 편지를 썼다(CO, Xb, 82; Herminjard, IV, 183; COR, 171).
2) 서신 30 각주 3 참고.
3) 1536년 12월부터 파렐과 칼뱅에 대한 반대 움직임이 있었고 베른에 패배한 사부아 공작의 [제네바 탈환] 의도에 대한 불안감도 있었다(COR).
4) 죽은 자들을 위한 기도를 지지하는 카롤리의 논증은 베른 회의(1537년 5월 말)에서 비레에 의해 논박되었다. 칼뱅은 이 문제를 비레에게 넘긴 듯하다.

그 교리의 진위에 대한 모든 고려는 제쳐 두고라도, 그것을 널리 퍼뜨림에 있어서 그가 행한 지나친 악의와 불의들은 변명할 여지가 없습니다. 비레가 그곳에 있는 동안에는 이 문제에 대해 아무런 말도 없었습니다. 비레가 우리를 방문하러 오자[5] 그 즉시 소문이 돌았습니다. 카롤리가 교회의 평안을 어지럽힐 생각에서 자기 동역자의 부재에 대해 이러쿵저러쿵했다는 사실 자체가 이를 잘 말해 줍니다. 여기에 첨가되어야 할 것은 당신의 동의와 모든 형제들의 판단에 의해 결정되었던 것인 바,[6] 어떤 것도, 많은 것이 상의되지 않은 채 비정상적인 방법이나 사전에 고려됨이 없이 백성들에게 제시돼서는 안 된다는 것입니다. 그대는 그 [결정]이 얼마나 정당하고 합리적인지, 그리고 교리의 통일을 증진시키는 데 얼마나 적합한지를 잘 알고 있습니다. 이러한 결의로 우리는 우리의 교회를 분열의 위험으로부터 가장 순조롭게 보호할 수 있다고 믿었습니다. 그러나 이 말썽쟁이는 자신의 경솔함으로 그리스도의 교회가 어느 정도로 손상되고 있는지는 알 바 아니라는 듯이, 전 교회의 법과 결정에 공공연히 반항하고 있습니다. 비록 그가 지금까지 방탕하고 비이성적인 삶을 살아온 것은 아니라 할지라도, 이제부터는 전혀 다른 행동 방식을 채택해야 한다는 걸 고려했어야 했습니다.[7] 그런데 지금도 그는 어떻게 하고 있습니까? 나는 그보다 더 뻔뻔스러운 사람에 대해 들어본 적이 없습니다. 그는 우리를 대적하여 전쟁을 치르기 위해 최선을 다하고 있음이 명백합니다. 뇌의 흥분 상태가 컸던 만큼 그의 외침의 사나움도 컸고, 또 그만큼 그의 표현도 거칠었습니다.

비레가 먼저 그곳으로 다시 갔습니다. 그러나 효과가 없었기 때문에 저 역시 형제들의 바람에 따라 서둘러 그곳으로 갔습니다. 카롤리는 매우 불손한 태도로 자신의 행동에 대해 해명할 것을 그대의 사절 앞에서 딱 잘라 거절했습니다. 그는 이 문제를 그대의 눈에 띄게 하려는 나의 근심스러운 염려가 자신을 파멸시키려는 비열한 음모에 불과하다고 불평했습니다. 그러나 매우 확실한 것은 내가 그 사람에 대해 조금의 적대감도 갖고 있지 않다는 것입니다. 파렐과 비레 역시 부도덕한 행동거지 외에는 그에게서 아무런 결점도 발견하지 못했습니다. 하지

5) 비레는 1월 중 3주 동안 제네바에 있었고, 2월 5일에는 더 이상 그곳에 있지 않았다.
6) 스위스 로망드 지역 목사들이 1536년 10월 중순, 혹은 동년 11월 24일에 로잔에서 채택한 결정을 의미한다.
7) 카롤리에 대한 주된 비난은 그가 1534년에 알랑송에서 두 명의 성상 파괴자들의 체포에 가담했다는 사실이다.

만 비레는, 카롤리가 명백하게 간파되어 이 점에 있어서 그가 입증된 죄인으로 여겨질 수 있도록, 매우 명석하게 그의 모든 음모와 중상모략을 논박했습니다. 그러자 그는 이렇게 저렇게 우리를 이긴 것처럼 보이기 위해서, 우리가 아리우스주의와 전적으로 접촉했다고 비난했습니다. 나는 즉시 일어나 그대의 목사회에 보낸 공개서한에 인용된 우리 교리 문답서에 있는 신앙고백을 제시했습니다.[8] 그러나 그는 그것에 굴복하지 않았고, 오히려 우리가 아타나시우스의 신앙고백에 서명을 하기 전까지는 의심스럽다고 주장했습니다. 나는 어떤 것을 합당한 설명에 근거함이 없이 하나님의 말씀으로 인정하는 것은 내 관습이 아니라고 대답했습니다. 여기서 이 작은 짐승[9]의 미친 듯한 광포를 보십시오. 그는 비장한 어조로 그것은 그리스도인이 되기에는 부당한 표현이라고 외쳤습니다.

사절들은 이 문제를 논의할 총회가 필요하다고 이야기했고, 그러한 것을 평가할 책임을 떠맡았습니다. 더 이상 지체할 경우 곧 닥치게 될 위험에 대해 나도 적당한 말로 표현할 수 없고 그대도 상상할 수 없을 것입니다. 그러므로 나는 사절들이 그들의 약속을 지킬 때까지 기다려야 한다고 생각지 않고 이 문제의 대책이 그대와 그대의 동역자들에게 맡겨져야 한다고 생각합니다. 이런 관점에서 그대의 목사회로 공개서한이 배달된 것입니다.

이 일에 있어서 가장 큰 영향력을 가지고 계시고 누구보다도 능력을 보여 주셔야 할 실로 존경하는 형제여, 나는 무엇보다도 그대가 이 문제에 전념해 주시기를 부탁드리고자 합니다. 그대는 이 한 번의 타격으로 인하여 지금까지 다져 온 기초가 얼마나 심하게 영향을 받았는지 거의 믿지 못할 것입니다. 한편 무지한 자들은 우리가 교리 문제에 있어서 서로 불일치하고 있다고 여기며, 따라서 우리가 적절한 치유를 꾀하지 않는다면 더 심각한 결과들이 벌어질 것은 의심의 여지가 없습니다. 이미 우리 백성들 중에서 어떤 이들은, 곧 죽은 자를 위해 기도해 온 것을 숨긴 자들뿐만 아니라, 또한 죽은 자를 위해 기도를 하지 않는다고 단호히 말해 온 자들까지 사기꾼으로 불리고 있습니다. 게다가 농민들은 우리가 다른 사람들을 우리의 정신과 같게 만들려고 애쓰기 전에 먼저 우리 가운데서

---

8) 칼뱅은 제네바 목회자들의 이름으로 베른 목회자들에게 쓴 편지에서(각주 1 참고) 그의 〈제네바 신앙교육서〉의 라틴어 번역인 Catechismus(1538년 3월)의 일부 내용을 인용한 바 있다. 삼위일체를 설명하는 이 부분의 내용은 프랑스어 판(〈칼뱅 작품 선집〉 2권, 362-363)과 라틴어 판(COR, 175)이 서로 약간 다르다.

9) belluae(CO); the little ass(CSW).

의견 통일을 해야 하지 않았겠느냐고 반박합니다. 그렇다면 그런 예비적인 사건들로부터 어떠한 일이 일어나게 될지를 생각해 보십시오. 온전한 복음이 불경건한 자의 비난에 의해 무너지지 않도록 하기 위해서 이 사악한 중상자가 우리에게 뒤집어씌우고 있는 오점이 언제까지나 달라붙어 있게 해서는 안 됩니다. 그러므로 그대의 공화국 산하에 있는 모든 불어권 사역자들로 하여금 종교 회의에 참여케 하여 거기에서 이런 종류의 모든 논쟁이 결정되도록 하는 것이 신중하게 고려되어야만 합니다. 그것도 조속한 시일 내에, 가능하다면 부활절 전에 말입니다. 그 일 말고도 부활절 전에 논의하는 것이 나을 일이 여러 가지가 있습니다. 우리는 외피로 덮인 그리스도의 몸에 대해[10] 몇몇 사람들이 불평하고 있다고 알고 있는 바, 그런 어리석은 짓은 적절한 시기에 없앨 필요가 있습니다. 그대처럼 경건하고 현명한 사람이라면 그러한 중요한 문제에 있어서 주저하지 않을 것이고, 무엇보다도 부활절까지 그 회의를 연기하며 끌고 나가지 않도록 할 것입니다.[11]

우리는 그대의 예배 규칙서[12]를─이것은 우리의 부탁으로 모를레 뒤 뮈소[13]가 번역했음─우리의 것과 비교해 보았고,[14] 그것이 분량에 있어서 좀 더 간결하다는 것 외에는 다른 것이 없다는 것을 알았습니다. 나는 내가 베른을 방문할 것이라 예상했기 때문에 최근 그 책을 로잔으로 가져간 바 있습니다. 어쨌든 대회 날을 기다리는 것이 더 좋을 듯하며, 그때 여유 있게 그것을 검토할 수 있을 것입니다. 바라기는 그 문제에 대해서, 그리고 우리 사역자들도 기꺼이 참석할 대회의 소집에 대해서 망설이지 마시고 편지해 주십시오.

[1537년 2월] 제네바에서.[15]

---

10) 이 말이 성찬식에 사용될 무교병 위에 울퉁불퉁하게 새겨진 그리스도의 형상을 지칭하는지는 확실치 않다.

11) 칼뱅의 요구는 그의 뜻대로 이뤄지지 않았고, 대회는 부활절(4월 1일)이 지나서 5월 14일에야 로잔에서 열렸다(Herminjard, IV, 190, n. 11).

12) 이 liber ceremonialis는 베른 예식서임에 틀림없다. 이것은 1529년 3월 16일 독일어로 출판되었다.

13) 모를레 뒤 뮈소는 바젤에 있는 동안(1535-1536년) 독일어를 배웠고, 1537년 초 제네바에 거주했다 (서신 25 각주 2 참고).

14) 제네바 예식서인 *Liturgie usitée dans l'église genevoise*는 아마도 파렐의 것으로서 1533년 8월 29일에 뇌샤텔에서 출판되었다.

15) 발신일이 명기되어 있지 않지만 1537년 5월 중순경에 개최된 로잔 종교 회의 바로 전에 쓰인 것이 거의 확실하다.

32
요하네스 오포리누스[1]가 칼뱅에게

1537년 3월 25일, 바젤에서 제네바로
CO, Xb, 90; Herminjard, IV, 206; COR, VI/I, 186

제네바의 성서 교사요 탁월한 신학자이며 친애하는 친구이자 형제인 장 칼뱅 선생에게. 제네바로.

문안드립니다. 최근 [바젤]을 떠나면서[2] 나는 우리가 출판한 당신의 편지 형식의 책자 12권[3]을 우리의 루도비쿠스[4]를 통해 당신이 받을 수 있도록 처리했는바, 더 갖기를 원한다면 기꺼이 더 많은 양을 보내겠습니다. 또한 우리가 인쇄한 그 밖의 책들에 대해서도 흥미가 있거나 연구에 도움이 된다고 여겨진다면 말씀해 주십시오. 당신이 바라는 것은 무엇이건 보내겠습니다. 우리에 대한 당신의 호의[5]가 너무도 커서, 우리 중 누구도 상호 본분에 따라 당신에게 보상하기가 쉽지 않습니다.

그 밖에 혹시라도 우리가 당신의 것[책]들을 만듦에 있어서 당신의 기대에 온전히 부응하지 못한 것이 있다면, 지금까지 늘 그래 왔듯이 인정에 따라 용서하십시오. 우리는 그것들이[책] 할 수 있는 한 수정되어 나오도록 부지런히 애를

---

1) 요한 헤르브스터는 자신의 이름을 그리스 식으로 바꾸어 오포리누스으라 칭했다. 그는 1535년 6월 또는 7월에 몇몇 업자들과 함께 인쇄소를 매입하고 칼뱅이 막 탈고한 〈기독교 강요〉를 출판했다 (Herminjard).

2) 오포리누스는 1537년 3월 5-25일에 열린 프랑크푸르트 도서 전시회에 참석하고 전시가 끝나기 전에 바젤에 돌아왔다(프랑크푸르트에서 바젤까지는 4일간의 여행길이다).

3) 〈두 서신〉을 의미한다(〈칼뱅 작품 선집〉 2권, 197-322). 당시 일반적으로 저자에게 주는 증정본은 20-50권 정도였으나, 에라스무스는 50-100권을 받았고 불링거는 5-6권을 받았다(COR).

4) Ludovicus. COR 편집자는 1537/1538에 바젤 대학에 등록한 루이 드 세나르클랑으로 보았다.

5) 칼뱅은 〈기독교 강요〉(1536년)를 오포리누스의 동료들인 플라터와 라시우스에게 맡겼고 이것은 꽤 성공했다.

썼습니다. 우리가 해결하지 못한 몇몇 군데에서는 그리나이우스와 당신의 루도비쿠스의 도움으로 여러 번 [수정했습니다]. 업무상으로 수정하는 일이기에 우리의 다른 부주의에 대해서는 너무 불평하지 마십시오.[6] 우리는 당신이 꽤 중요한 오류 때문에 괴로운 짜증에 부딪히지 않도록 할 수 있는 한 조심했습니다. 왜냐하면 혹 한두 가지 오류가 생기는 것은 당신이 쉽게 용납하기 때문입니다. 일찍이 어디서든, 그 어떤 책도 인쇄 중 어떤 오류가 쉽게 끼어들지 못할 정도로 수정되어 인쇄된 적이 없습니다. 모든 오류를 피하기란 불가능한 바, 이런 이유에서 오늘날도 도처에서 우리는 그런 식으로 [책을] 만들어 내는 것입니다.

나의 칼뱅 선생이여, 당신은 당신의 〈기독교 강요〉[7]에 대한 [사람들의] 큰 기대가 있다는 것을 압니다. 왜냐하면 그 책의 수정본이 다시 출판될 것이기 때문입니다. 대다수의 사람들이 그 책을 원하며, 적어도 여기 바젤에서는 우리가 만들어 낸 책 중에 남아 있는 권수가 하나도 없습니다. 하지만 프랑크푸르트에는 아마도 아직 50권 정도 남아 있을 것입니다.[8] 당신의 책 [재판]이나 수정판[9]을 앞당긴다면, 당신은 이 매우 기분 좋은 일을 거룩한 신학에 대한 열정으로 할 것입니다. 그리고 당신이 우리의 일을 부당하게 여기지 않는 한 우리가 우선입니다.

나는 당신이 거룩한 바울 서신을 큰 칭송과 유익으로 강의한다는 말을 들었습니다.[10] 그러므로 당신이 그것에 강의건 주석이건 무언가를 해주기를 바라고 또한 장차 우리와 연결될 때 우리에게 일을 주는 것을 언짢아하지 마십시오.

---

6) 참고로 칼뱅의 〈두 서신〉의 수정 부분은 다섯 군데였다(BC, 1, 41).
7) Catechismus. 1536년판 〈기독교 강요〉를 의미한다. 1538년 10월 칼뱅은 자신의 〈기독교 강요〉 초판을 Catechismus라는 용어로 썼다(CO, Xb, 261). 이것이 〈제네바 신앙 교육서〉의 라틴어 번역을 의미하지 않는 이유는 바로 뒤에 나오는 '다시denuo'라는 말 때문이다.
8) 16세기에 출판업자는 자신이 출판한 책이 3년 안에 다 팔리면 성공한 것으로 평가했다(COR).
9) 역시 〈기독교 강요〉 초판에 대한 이야기이다. 수정 증보판은 1539년 8월에 바젤의 인쇄업자 벤델린 리헬의 손에서 나온다. 칼뱅은 이 작업을 1538년 여름에 했다(CO, Xb, 261).
10) 칼뱅이 제네바에서 바울 서신을 강의했다는 말이 등장한 것은 이곳이 유일하다. 그의 로마서 주석은 1540년에 벤델린 리헬에 의해 출판되었다(BC, 1, 47-77).

매우 근면한 파렐 형제[11] 둘 중 하나에게, 루이 뒤 티에 선생[12], 비레 선생, 로게리우스[13]와 그 밖의 친구들에게 내 이름으로 안부 전해 주십시오. 그들 모두에게 매우 성실하게 나를 맡깁니다.

1537년 종려주일에, 바젤에서.
당신의 친구 요하네스 오포리누스.

너무 급해서 다시 읽어 볼 수가 없었습니다.

---

11) 기욤 파렐과 그의 동생 고쉬에 파렐(빌헬름 폰 푸르스텐베르크² 백작의 비서)을 말한다.
12) dominus ad Alto Monte(불어로 Monsieur de Hautmont)는 루이 뒤 티에를 의미한다.
13) 외과 의사 장 로지에Jean Rogier(Herminjard).

33
샤를 드 생트-마르트가[1] 칼뱅에게

1537년 4월 10일, 푸아티에에서 로잔/제네바로
CO, Xb, 92; Herminjard, IV, 221; COR, VI/I, 190

모든 학문과 경건에서 맨 먼저 존경받아 마땅한 로잔 교회의 장 칼뱅 선생에게. 로잔으로.

푸아티에 대학에서 거룩한 학문의 교수로 왕의 임명을 받은 샤를 드 생트-마르트는 경건하고 박학다식한 로잔 교회[2]의 장 칼뱅 선생에게, 모두의 참된 평안이 있는 그분 안에서 문안드립니다.

매우 박식한 칼뱅이여, 당신에게 의당 최선을 다해 쓸 준비가 된 나를 못하게 하고, 또 쓰는 일에서 완전히 돌아서게 만들었던 많은 이유가 있습니다. 내가 그 이유들을 언급한다면 당신은 아마도 [그 이유들을] 흔한 일로 여길 것입니다. 당신은 그런 고소를 당하는 것에 익숙하겠지만 나에게는 너무도 짐이 됩니다. 나는 누가 그런 고소 [사건]들에 공모했는지 잘 압니다. 그는 자신의 명예를 최대한으로 훼손시키는 바, 이런 것들에 대해 그토록 현명한 사람들에게, 그리고 모든 대중들이 보기에도 그토록 총명하고 완벽한 사람들에게 감히 학문으로 수다를 떨며, 지속적 열정으로 소리를 내어 결국 까다로운 귀를 진력나게 합니다. 아무튼 당신에게 얼굴이나 이름이 알려지지 않았다는 것 외에도, 글로 쓰거나 말로 하는 일에 필요한 모든 것이 내게 결핍되어 있다고 느낍니다.

---

1) 샤를 드 생트-마르트는 1536년 초에 푸아티에로 가서 법학으로 박사 학위를 받았으며 신학도 공부했다.
2) 샤를 드 생트-마르트는 칼뱅이 로잔에 있는 줄 잘못 알고 있었던 것으로 보인다.

그러나 그 때문에 나는 대담해져서 우리 공통의 친구인 노르망디[3]에게 희망을 품음으로써 이 [당신과 가까워지고픈] 희망을 만족시키는 것만을 최우선으로 여겼습니다. 나는 당신의 특별한 인간미에 의지하여 문학이라는 공통의 이름으로, 동일한 학문에 대한 더 긴밀한 유대로, 덧붙여 동일하게 불타오르는 경건의 갈망으로, 내가 바라는 것이 이루어지게 될 거라고 기대했습니다. 아무것도 거절될 것으로 보이지 않습니다. 왜냐하면 그것은 기독교적 우정의 법칙—그 자체로 용이하고 인정이 넘치는—을 어기지 않기 때문입니다. 이제 내가 편지로 간청하는 것은 당신이 샤를 드 생트-마르트를 당신의 친구로 삼아 당신의 처방으로 나의 허약한 부분들을 경감시켜 달라는 것입니다. 그[샤를]가 오직 그리스도와 그의 존엄한 말씀을 응시하는 한, 다시 말해서 같은 직업[4]으로 같은 정신의 목적과 유대가 입증되는 한 말입니다.

여기에서 나는 흔히 하듯이, 당신에 대한 사랑 때문에 당신의 특출한 덕목과 경건을 찬양함으로써 내 육신의 길을 포장하지는 않을 것입니다. 왜냐하면 당신은 확고한 생각을 가지고 있어서 부모나 조국, 재산 등을 높이 평가하지 않았고, 당신 자신을 벌거숭이로 만들었으며, 결과적으로는 부유한 이들에게 삶의 위험을 끼쳤기 때문입니다. 비록 내가, 당신에게 속한 것이 당신과 유사한 사람들에게도 마찬가지로 속할 수 있다는 것을 의심하지는 않지만, 분명 행복하게도 나는 많은 칼뱅들을, 칼뱅의 많은 재능들을, 또한 칼뱅 모방자들Calvini imitatores이 기꺼이 받아들인 많은 것들을 바랍니다. 나는 결코 당신을 시샘하지 않습니다. 나를 슬프게 하는 것은 다만 또 다른 칼뱅[5]이 무엇이든 우리를 앞질러 말한다는 것입니다. 즉, 〈기독교 강요〉가 우리의 차지가 되지 못한다는 것입니다. 나는 독일 지역[6]을 시샘하지 않습니다. 왜냐하면 그것[기독교 강요]을 거기서 얻을 수는 없기 때문입니다.

---

3) 칼뱅은 오를레앙 대학 시절 로랑 드 노르망디[a]와 교분을 맺었고 훗날 〈스캔들론〉을 그에게 헌정하면서 이렇게 말했다. "우리 둘 사이에 매우 긴밀한 접합의 많은 유대가 있지만, 우리의 우정을 넘어서는 친척 관계나 친분 관계는 없습니다(〈칼뱅 작품 선집〉 6권, 479)." 그러나 샤를 드 생트-마르트와 노르망디와의 교분에 대한 증거는 알려진 바 없다.
4) 칼뱅은 〈두 서신〉에서 자신을 제네바 교회의 "거룩한 학문[신학]의 교수"라고 소개했다(BC, I, 41).
5) 〈기독교 강요〉를 먼저 읽은 사람들에게서 칼뱅의 말을 듣게 되는 것이 슬프다는 말이다.
6) 서신 32에 따르면 〈기독교 강요〉 초판은 프랑크푸르트에 50권 정도 남아 있다.

우리 [푸아티에] 대학이 자유롭다는 사실과 경건하고 박식한 사람들로 가득하다는 사실[7]은 우리에게 위안이 됩니다. 하지만 그사이 어딘가에서 괴물이 다시 태어나며, 가라지를 뿌리는 자가 밤에 나타납니다[마 13:24-30]. 비록 내가 그리스도의 은혜의 선물로 인하여 내 소명의 직분에 따라 무장하고 있지만, 결국 그것은 부분적으로는 새 신분과 나이[8] 때문에, 덧붙여 교리적 열정 때문에, 많은 위선자들, 현혹된 순례자들, 매우 절망적인 운명의 기형들을 만들어 냈습니다.[9] 주님이 허락하시어 내가 삶 자체를 회개의 영 앞에 둘 때, 내가 그들에게 양보할 일은 결코 없습니다.

우리는 여러분[칼뱅과 그의 동역자들]에 대한 주님의 매우 복된 가호가 가장 적절한 방향으로 진행되길 기도합니다. 대신 여러분은 그리스도의 영이 우리에게 주어져서 화염과 적군 가운데서도 품위 있고 용감하게 복음을 전하게 해 달라고 기도해 주십시오. 이 일의 진행 과정에 대해서는 이 편지를 전달하는 스테파누스[10]에게서 들으십시오. 그리스어와 라틴어에 박식하고 겸손하며, 분석적이고 진리를 매우 사랑하는 그는 여러분을 향해 곧바로 출발했습니다. 그가 자유롭게 말하고 배울 수 있도록 말입니다. 나는 조국의 이름으로, 그리고 복음의 신앙심으로 그를 당신에게 충심으로 천거합니다. 당신도 우리에게 동일한 친구들을 추천해 주시고, 선한 결정으로 우리의 담대함을 [용납하십시오].

주 예수와 우리 하나님께서 당신의 계획을 도우시고, 날마다 온전한 그의 복음 전파를 위해 당신을 그의 은혜로 충만하게 보존하시기를.

1537년 4월 10일, 푸아티에에서 급하게 씁니다.
그리스도 안에서 당신의 형제인 샤를 드 생트-마르트.

---

7) 당시 푸아티에 대학의 신학과, 법학과, 의과, 인문학과에 있던 많은 훌륭한 인물들 가운데 기욤 르 페브르Guillaume le Fèvre(신학), 앙투안 드 라 뒤기Antoine de la Duguie, 알베르 바비노Albert Babinot, 샤를 르 사주Charles le Sage(이상 법학)가 가장 알려졌으며, 이들은 모두 복음 신앙에 친숙했다(COR).

8) 샤를 드 생트-마르트는 1512년에 태어났으며, 부친은 프랑수아 1세의 주치의였던 고쉬에Gauchier de Sainte-Marthe였다(COR).

9) 기록에 의하면, 1537년 7월경 푸아티에에는 루터적인 이단을 설교하는 사람들이 있었고 이들에 대한 박해가 뒤따랐다(COR). 베즈의 기록도 이를 뒷받침한다(Hist. Eccl., I, 81-82). 샤를 드 생트-마르트는 1537년 10월 5일과 6일에 유죄 판결을 받은 것으로 보이며, 그 후 1540년 봄과 1541년에도 그르노블에서 투옥된다.

10) Herminjard(VII, 159)는 에티엔 루프로 여기나, COR 편집자는 확신하지 못한다.

34

칼뱅이 피에르 비레에게[1]

[1537년] 4월 23일, 제네바에서 로잔으로
CO, Xb, 93; Herminjard, IV, 228; COR, VI/I, 195; CSW, IV, 51

로잔 교회의 사역자이자 내게 매우 소중한 형제인 비레에게.

요즈음 그대에게 편지를 쓸 만한 특별한 일이 없었기 때문에, 만일 파렐이 달리 생각하지 않았다면 나는 여전히 편지를 쓸 의향이 없었을 것이오. 내가 펜을 든 것은 편지가 필요하다고 생각해서라기보다는 파렐의 요구에 따른 것이오. 왜냐하면 나는 나의 과거를 떠올리게 해 주는 그의 편지[2]에서 그가 모든 것을 포용했음을 전혀 의심하지 않기 때문이라오.

우리가 잘 아는 어떤 사람이 우리에게 자기가 근래 편지로 알게 된 소식, 곧 한 형제[3]가 사형 언도를 받지 않고는 그 누구도 나올 수 없는 브장송의 감옥에 감금되었다가 주민들의 만장일치로 방면되어 전적으로 자유로워졌다는 소식, 그리고 그 소식을 들은 주교[4]가 오히려 크게 화가 나서 짐을 꾸려서 이웃 성으로

---

1) 피에르 비레°는 불어권 스위스의 3대 종교 개혁자 중 한 명으로 파리에서의 교육을 마치고 오르브, 페이에른, 그랑송에서 활동했다. 1534년 파렐과 함께 제네바로 간 그는 도미니크파 사람인 푸르비티 Furbiti를 반대하는 공개 토론을 했으며 종교 개혁의 확립에 능동적으로 기여했다. 1537년 그는 로잔 교회의 목사로 지명되었다가 면직된 후(1538년) 제네바로 갔다.

2) 파렐의 이 편지는 분실되었다.

3) 브장송 시민인 피에르 뒤 슈맹°은 뇌샤텔에서 출판된 르페브르 데타플의 불어 성서 소지 문제로 힘들어하던 중, 결국 시 의회 의사록에 따라 체포되었다(1536년 12월경). 함께 체포되었던 그의 어머니는 일찍 풀려난 반면, 슈맹은 1537년 3월 말에 가서야 석방되었다. 당시 브장송은 시몽 고티오 당시에° 와 랑블랭°이 이끌었던 개혁 성향의 시 의회와, 브장송의 대주교 앙투안 드 베르지°와 카를 V세의 대리인인 니콜라 페레노° 사이에 갈등이 있었던 것으로 보인다. 뇌샤텔 시 의회는 앙투안 드 베르지가 임명한 부주교 프랑수아 시마르°를 피에르 뒤 슈맹에 대한 체포 명령 건으로 고소했다.

4) 앙투안 드 베르지는 1502년 14살의 나이로 브장송의 대주교 자리에 선출되었고, 1513년에 입성하여 1517년부터 직무를 수행했다.

은거해 버렸다는 소식을 전해 주었을 때, 우리는 그 지역으로 한 발자국 내딛기에 대단히 적절한 기회라고 생각했다오. 그래서 우리는 그 당시 [그 지역에] 가까이 있었고 최고의 학식과 온유한 태도를 넉넉히 갖춘 랑그르[5] 출신의 모 인사에게 그 지역을 관리해 달라고 간청했다오. 하지만 그 인사가 우리의 간청을 들어주지 않았기에, 투르네의 그 사람[6]을 생각해 냈답니다. 여하튼 그가 애글에서 멀리 떨어질 수만 있다면, 그리고 프로망[7]이 그의 임무를 대신 묵묵히 떠맡아 준다면, 우리가 생각하는 것이 전혀 실행 불가능한 일은 아닐 것이오. 그는 프랑스에 있는 그의 친구들이 자기를 며칠간 제네바로 초청했음을 그들[교인들]에게 이해시키고, 며칠간 [프랑스로] 들어갈 수 있는 어떤 틈이나 입구가 있는지를 확인할 수 있을 것이오. 만일 그가 조금이라도 성공한다면 만사가 형통이라오. 목적을 이루는 것이지요. 하지만 만일 곡식이 아직 익지 않은 것을 본다면, 그는 지체 없이 되돌아갈 것이오.

우리가 회의 날짜[8]에 앞서 먼저 준비될 수 있도록 최대한 일을 서두르고, 그와 동시에 모든 동료들이 철저하게 잘 준비된 상태로 그날 참석할 수 있도록 정리를 잘해 주시오. 왜냐하면 우리가 가장 완전한 일치로 서로를 꼭 붙들지 않는한, 그런 큰 사악함[9]에 대적하여 우리의 입지를 고수할 수 없을 것이기 때문이오. 이런 이유에서, 신앙고백을 진술함[10]에 있어서와 심사숙고함에 있어서 모두가 하나의 목소리를 갖는 것, 즉 만장일치가 되는 것이 바람직할 것이오.

전체 목사회[11]의 충고에도 불구하고 스스로 오본의 감독이 된 미켈리우스[12]는 형제들의 그 많은 근엄한 탄원-형제들이 그가 그토록 대담한 일을 실행하지

5) Langres는 브장송에서 북서쪽으로 90킬로미터 떨어진 곳에 있다.
6) 애글Aigle의 목사인 장 드 투르네을 의미한다.
7) 앙투안 프로망은 도피네 출신으로 제네바의 초기 개혁자들 중 한 사람이다. 그는 1537년 성 제르베 교구의 목사로 임명되었다가 얼마 후에 목사직을 사임하고 그 도시의 '연대기'를 작성하는 일을 위해, 보니바르Bonnivard의 서기로 투입되었다. 제네바에서 개혁의 일원 중 한 사람이었던 그는 종교 개혁의 역사에 대한 흥미 있는 회고록을 남긴 채 죽었다.
8) 베른 시 의회는 1537년 4월 30일 날짜로 제네바 시 의회에 5월 13일에 있을 로잔 대회의 참석 초대장을 보냈다. 칼뱅과 목사회는 부활절(4월 1일) 이전에 회의를 소집할 것을 요구한 바 있다.
9) 파렐, 칼뱅, 비레 등을 아리우스주의로 고소한 사건을 말한다.
10) 이것은 삼위일체에 관한 신앙고백서로 그해 5월 14일 로잔에서 칼뱅과 그의 동료들이 제출한 것이다. *Confessio de Trinitate propter calumnias P. Caroli* (CO, IX, 703-710).
11) universo fratrum collegio(CO)-아마도 제네바 목사들.
12) Michelius(L). 불어명은 질 미쇼을.

못하도록 저지한-에도 불구하고 지체도, 저지도 당하지 않은 채 그렇게 가 버렸다오. 일단 그런 전례가 허락된다면, 우리의 목회가 명백한 사기가 아니고 무엇이겠소? 그가 어떤 부류의 사람인지 그대가 첫눈에 쉽게 분간할 것이기 때문에, 그에 대하여는 아무 말도 하지 않겠소.

우리가 파렐을 잃지 않으려면, 그대가 우리에게 돌아오는 것이 필수 불가결하다고 생각하오.[13] 사실 파렐은 매우 강철 같은 성격을 가진 사람이지만 엄청난 염려 때문에 내가 생각했던 것보다 더 많이 탈진해 있다오. 나는 그대가 이것을 알아채고 여유가 생길 때 후임자에 대해 생각해 주기를 바란다오.[14] 나 또한 만일 우리가 교회 안에 어떤 틈새나 빈 곳을 남겨둘 경우, 교회가 분열로 인해 완전히 분산되어 조각나 버리지나 않을까 염려된다오. 나의 가장 친절한 형제여, 주께서 매일 부어 주시는 그의 영으로 그대를 부요케 하시길 원하오.

뒤 티에 선생[15]은 프랑스로 돌아갈 마음이 있다오. 그러므로 만일 그대가 믿을 만하고 적절한 편의를 마련해 줄 수 있다면, 그가 그쪽으로 가져간 망토와 책들을 보내 주면 좋겠소.[16] 소니에와 쿠쟁[17]이 그대에게 안부를 전하오.

[1537년] 4월 23일, 제네바에서.

칼뱅.

---

13) 비레는 베른 관할인 로잔에서 활동했지만 그에 대한 권한은 제네바가 갖고 있었다. 제네바 시 의회는 1536년 7월 10일 비레가 다른 교회를 섬기는 것을 거부한 바 있다(Herminjard).

14) 파렐의 건강 문제인지, 아니면 비레가 잠시 그를 대신하는 문제인지 분명치 않다.

15) dominus ad Alto Monte(서신 32, 각주 12 참고). 그가 이 이름으로 스위스를 떠난 것은 1537년 8월이다. 결정적으로 칼뱅은 뒤 티에가 떠났다는 것을 모르고 있다.

16) 뒤 티에는 프랑스로 돌아갈 결정을 하기까지 잠시 로잔에 머무르려 했던 것 같다. 뒤 티에는 부처의 〈로마서 주석〉*Metaphrases et enarrationes* (1536년 3월)을 소지한 듯하다(서신 29 각주 7 참고). 부처의 〈4복음서 주석〉*In sacra quatuor evangelia enarrationes* 제2판도 1536년에 출판되었다.

17) 앙투안 소니에는 1536년 5월 19일 제네바 콜레주의 교장이 되었고, 장 쿠쟁[8]은 1537년에 그 학교 학생이었다. 장 쿠쟁은 훗날 보Vaud 지방의 목사가 된다.

35
칼뱅이 피에르 비레에게

[1537년] 5월 3일, 제네바에서 로잔으로
CO, Xb, 96; Herminjard, IV, 233; COR, VI/I, 200

최근 그대가 그대에게 일어난 모든 일들을 상세하게 쓴 편지들[1]은 [결국] 우리에게 도착하지 않았소. 겐드로니우스[2]—우리가 그 일에 대해서 그의 형[또는 동생]을 독촉한 바 있는—는 자신이 그 편지들을 받았으나 후에 카롤리[3]가 찾아갔다고 진술했소. 또한 그것으로 말미암아 자신이 뭔가 의심을 받게 되었고 그대에게 불신을 사게 되었다고 덧붙였다오.

우리는 빠른 시일 내에 회답이 이뤄지기를 바라고 있소. 만일 그대가 토요일에 배를 탄다면[4]—그날 운행은 평일과 같소—주일 날 다른 곳들을 다녀야 하는 크리스토프를 적지 않게 도울 수 있을 것이오.[5] 그대의 도착 소식이 통지되면 우리는 월요일에 그곳으로 회동할 것이오. 따라서 그대는 동료를 볼 때마다 그에게서 많은 휴가를 얻어 낼 수 있는지를, 얼마나 많은 날들이 허락될지를 물어보게

---

1) 이 편지는 알려지지 않았지만 칼뱅은 비레가 파브리에게 쓴 편지를 통해 이런 내용들을 알았을 것이라 짐작된다(1537년 4월 27일 날짜로 파브리가 파렐에게 쓴 편지 참고 : Herminjard, IV, 231).
2) 기 장드롱과 프랑수아 장드롱° 형제 중 하나이다. 기는 로잔 시 의회에 의해 여러 번 영주 기사로 선출되었으며, 가톨릭 사제였던 프랑수아는 로잔 회의 이후 결혼하고 1537년 2월 16일 종교 개혁 신앙으로 돌아섰음을 선포했다(COR).
3) Herminjard가 취하는 사본에 따르면 Jacobum으로 되어 있으며, 이 사람일 경우 그는 아마 비레의 친구이자 오본의 목회자였던 자끄 발리에°일 것이다. 우리가 따르는 COR는 카롤리로 되어 있는 사본을 취하였다.
4) 5월 5일 토요일을 말한다. 토농 사람들은 로잔 시장에서 장을 보기 위해 레만 호를 가로질러 왔다(Herminjard).
5) 칼뱅은 크리스토프 파브리가 파렐에게 도움을 청한 사실을 알고 있었다(Herminjard, IV, 232). 당시 파브리는 샤블레Chablais 일대에 복음을 전파하기 위해 돌아다녔다.

될 것이오.[6]

그대가 부처의 [로마서] 주석 책을 가져온다면 감사하겠소. [뒤 티에의] 남은 비품들[7]은 그가 프랑스를 떠나기로 결정할 때까지 보관해 주시오. 안녕히 계시오. 파렐과 뒤 티에가 그대의 순조로운 여행을 기원한다오.

[1537년] 5월 3일, 제네바에서.

칼뱅 올림.

---

6) 카롤리는 1536년 10월에 베른 시 의회로부터 로잔의 수석 목사로 임명되었고, 비레는 그에게 얼마간의 휴가를 허락해 줄 것을 요구해야 했다.
7) 서신 34, 각주 15 참고.

36
베른 시 의회가 파렐, 칼뱅, 비레에게

1537년 6월 7일 베른에서 [베른으로]
CO, Xb, 105; COR, VI/I, 203

바트빌Watteville 시장[1]과 베른 시 의회는 이 공문을 통해 다음과 같은 사실을 모두에게 알립니다. 피에르 카롤리 박사는 제네바 설교자 기욤 파렐과 장 칼뱅Chauvin, 로잔의 설교 담당 피에르 비레, 그리고 새롭게 정복한 우리 지역[2]의 다른 설교자들이 아리우스 이단[사상]을 가졌다고 평가했습니다. 이 사람들은 로잔 대회[3]에서 처음으로, 그리고 두 번째로는 우리 도시에서 열린 대회[4]에서 이 사상을 받아들였다는 것입니다. 이와 관련해서는 많은 사람들이 사방에서 들어서 진실이 무엇인지 알고 있습니다. 그리하여 카롤리는 그의 기소를 입증하거나 확증할 수 없었습니다. 상기 피고인들은 무죄로 인정되었고, 상기 기소는 부당하다고 판정되었습니다.

따라서 상기 파렐과 칼뱅Calvinus과 비레는 그들의 이름과 그들을 지지하는 자들의 이름으로 상기 카롤리에 대한 재판을 시행하여 자신들에게 행한 모욕에 대한 사죄를 하도록 청원했습니다. 그에 따라 우리는 우리의 콩지스투아르 앞에서 당사자들을 소환하여 소송을 재검토했습니다. 상기 카롤리는 콩지스투아르의 의견과 명령에 순복하려 하지 않았습니다.[5] 이런 이유에서 당사자들의 [소집이 하루] 연기되었습니다. 그리하여 상기 파렐과 칼뱅과 비레는 어제 우리 앞에

---

1) 페터 키로를 지칭한다(서신 30, 각주 7 참고). 그는 베른 시 의회에 의해 1536년 10월 28일부로 Watteville의 시장에 임명되었다(Herminjard, IV, 95, n. 1).
2) 1536년 초에 정복한 보Vaud 지방을 말한다. 베른의 영향력은 불어권 스위스 일대에 미치고 있었다.
3) 1537년 5월 14일에 열렸다.
4) 1537년 5월 31일에서 6월 5일까지 열렸으며, 카롤리의 기소는 6월 2-3일에 논의되었다(Herminjard).
5) 1537년 6월 5일에 있었던 일이다.

출두했으나, 카롤리는 출석하지 않았습니다. 그래서 집행관 한 명이 그를 찾으러 숙소로 갔는데, [돌아와서] 그가 숙소에 없고 자취를 감췄다고 보고했습니다.[6]

따라서 상기 파렐과 칼뱅Calvin과 비레는 대책과 가판결을 청원하고 그들의 무죄를 입증하는 공문을 내어 줄 것을 청원했습니다. 우리에게는 그것을 거부할 정당한 이유가 없었습니다. 이런 이유에서 우리는 이 공문을 그들에게 주었고, 카롤리와 그의 지지자들에 맞서 재판해 줄 것을 파렐과 칼뱅과 비레 및 그들의 지지자들에 의해 요구받는 우리 모든 공직자들에게 이것을 완전히 실행하도록 통보하고 명하는 바입니다. 이는 우리가 그것을 원하기 때문입니다. 우리의 인감으로 봉인된 이 공문은 유효합니다.

1537년 6월 7일.

---

6) 카롤리는 솔로튀른Solothurn에 있는 프랑스 대사 루이 도주랑²의 집으로 도피했다(COR).

37
칼뱅이 시몬 그리나이우스[1]에게

[1537년 6월 7일 또는 8일],[2] 베른에서 바젤로
CO, Xb, 106; Herminjard, IV, 239; COR, VI/I, 207; CSW, IV, 53

우리가 사탄의 교활함-이것으로 우리의 일과 더불어 우리를 끈질기게 공격하는-이 믿어지지 않을 정도로 불가사의하다는 것을 이미 충분히 경험했기 때문에 그의 악의에 찬 술책은 우리를 조금도 속이지 못했습니다. 근래 자신의 적절한 도구인 카롤리를 통해 우리를 공격한 방식처럼 말입니다. 왜냐하면 우리는 벌써 오래전에 이런 종류의 싸움을 예견했고, 마음으로 그것들을 견뎌 낼 준비를 했기 때문입니다.[3] 따라서 우리가 처음에는 아리우스 이단으로, 얼마 후에는 사벨리우스 이단으로 고발당했다는 말을 들었을 때[4]에도, 우리는 전혀 당황해하지 않았습니다. 왜냐하면 우리의 귀가 그런 무고에 대해 아주 오래전부터 익숙해져 있으며, 그것들이 즉시 연기 속으로 사라져 버릴 것이라는 희망이 있

---

1) 시몬 그리나이우스는 학식 있는 신학자이자 문학 교수로, 에라스무스와 멜란히톤의 친구이고 바젤 대학의 총장이다. 칼뱅과의 교제는 프랑스 개혁자가 그 도시에 처음 방문했을 때부터 시작되었다 (1535-1536년). 제네바로부터 추방된 칼뱅이 바젤에서 피난처를 찾기 위해 되돌아왔을 때 그리나이우스의 집에서 극진히 영접 받으면서 두 사람은 더욱 친밀해졌다. 칼뱅은 그를 기억하는 증거로 〈로마서 주석〉을 그에게 헌정했다(1539년 10월 15일). 그는 2년 후에 페스트로 사망했다.

2) 또는 6월 7일 직후(COR).

3) 1535년 5월 30일에서 6월 24일까지 있었던 제네바 제2차 토론 이후 카롤리는 8월 말경 바젤로 가서 토론 결의서에 서명하지 않은 자신을 비난한 파렐에 대해 칼뱅과 논쟁했다. 심지어 카롤리는 파렐이 사람을 시켜 자신을 살해하려 했다고 말했다. 1535년 11월 말, 그리나이우스는 파렐에게 카롤리가 바젤에서 삼위일체 교리에 대한 파렐의 입장을 의문시했다고 알려 주었다(Herminjard, III, 374).

4) 카롤리는 카스파 메간더가 사회를 본 로잔 대회(1537년 5월 14일)에서 강하게 고발했다. 이 시기에 베른 시는 알리오[laude d'Aliod[클로드 달리오로 읽힘]라는 인물을 반삼위일체론자라는 이유로 추방했다. 일찍이 베르크톨트 할러는 파렐이 알리오의 이설과 연루되어 있다고 불링거에게 썼다(1534. 5. 7). 하지만 알리오는 제네바에서 파렐과 쟁론한 뒤 로잔 대회에서 그의 반삼위일체적인 견해를 철회했다(COR).

었기 때문입니다. 적어도 우리는 경건하고 순전한 사람들에게 충분히 만족할 수 있는 방식으로, 준비된 무죄 증명을 제시했습니다. 사실 우리는 꽤 오래전에 카테키스무스를 작성하여 불어로 출판했습니다.[5] 거기서 우리는 하나님이라는 하나의 본질에 성부, 성자, 성령이 내포되어 있다고 증언했습니다. 우리는 어떤 악의에 찬 의심의 여지가 남지 않도록 이렇게 서로를[6] 구별했습니다.[7] 우리는 명백히 그리스도가 하나님의 참되고 본시 그대로의 아들로서, 영원부터 성부와 동일한 신성을 소유했으며 우리의 구원을 목적으로 한 때가 되자 우리의 육신을 받아들였다고 가르쳤습니다.

우리는 그 야수가 계속해서 미친 듯이 고집 피우는 것을 보고, 베른 주 전역의 목회자들의 모임에서 발언할 수 있는 기회를 달라고 요구했습니다.[8] 이는 그들 앞에서 공개적으로 우리의 무죄를 변호하기 위함이었습니다. 로잔에서 우리는 누구보다도 먼저, 프랑스어를 말하는 형제들을 만났습니다. 두 명의 목회자와 마찬가지로 베른 시 의회로부터 온 두 명의 대표자도 그곳으로 보내졌습니다.[9] 그 유명 인사[카롤리]는 날조할 수 있는 거짓이라면 무엇이든지 한 무더기로 모아서 가져왔습니다. 실로 그는 고소의 태도에 있어서 법률가가 하듯이, 가방에 준비하여 잘 갖춰 가지고 왔습니다. 그러나 우리는 논박을 통해서, 그곳에 참여한 어느 누구의 마음속에도 의혹의 그림자가 남지 않도록 그의 가방 속을 텅텅 비게 만들었습니다. 마침내 우리는 우리의 신앙고백서[10]를 큰 소리로 읽기에 이르렀고, 그는 거기에서 그가 오류라고 생각한 10가지의 잘못을 지적했습니다.[11] 그러나 거의 모든 사람들이 그[신앙고백서] 안에서 경건하지 않거나 믿음

---

5) 1537년에 출판된 〈제네바 신앙 교육서〉*Instruction et confession*(〈칼뱅 작품 선집〉 2권, 337 이하)를 의미한다. 1538년에 라틴어(*Catechismus, sive Christianae religionis instotutio*)로 번역되었다(CO, V, 313-362). 이것은 1542년의 Catechismus와의 구별을 위해 제 1카테키스무스라고도 불린다.

6) 삼위라는 용어는 이 편지에서도, 〈제네바 신앙 교육서〉에서도 사용되지 않았다.

7) 카롤리가 그의 적대자들을 "매우 거룩하고 하나이신Individue 삼위일체의 원수들이요, 우리 주 예수 그리스도의 영원 출생의 원수들"이라고 표현한 것으로 보아 그가 원했던 것은 보다 강력한 삼위일체의 단일성이었으리라(COR) 여겨진다.

8) 칼뱅은 4월 1일 이전에 로잔 밖에서 대회가 소집되기를 청원했다.

9) 두 명의 목회자는 메간더와 페터 쿤츠&였고, 두 명의 대표자는 요한 그란펜리트&와 니콜라우스 추리킨덴&이었다(COR).

10) *Confessio de Trinitate propter calumnias P. Caroli* (CO, IX, 703-710)(서신 34 각주 9 참고).

11) 이 내용은 훗날(1545) 칼뱅이 갈라시우스Gallasius(불어명은 니콜라 데 갈라르&)의 이름으로 쓴 *Defensio pro Farello adversus Carolum*에 들어 있다(CO, VII, 315-322).

이 깊지 않은 표현은 찾아볼 수 없다는 견해를 밝혔습니다. 그에 따라 우리는 대회의 판결에서 즉각 무죄를 언도받은 반면, 그는 목회를 맡을 자격이 없는 자로 판결을 받았습니다.

카롤리의 굴하지 않는 뻔뻔스러움은 그 결과에 대해 조금도 무안해하거나 풀이 죽지 않는다는 사실로 명백히 보여 주었습니다. 그는 또다시 그 어리석은 텅 빈 가방을 전보다 더 불룩하게 채워서 가져왔습니다. 그래서 우리가 그 전체 내용을 풀어헤치고 나서야-그는 몇 가지 의혹을 과거로 돌리기 위해 최선을 다했습니다-우리의 신앙고백서는 드디어 문서화되었습니다. 그런데 그것이 어떤 다른 죄로도 고소될 수 없음에도 불구하고, 그는 우리의 신앙고백서에서 그리스도가 **항상 홀로 자존하시는 여호와**[12]라고 표명되어 있다는 점 때문에 죄가 된다고 주장했지만, 나는 이미 그러한 비난에 대응할 준비가 되어 있었습니다. 확실히 아버지와 말씀Verbum 사이의 구별이 주의 깊게 고려된다면 전자[성부]와 후자[성자]가 다르다고 말할 수 있습니다. 그러나 말씀의 본질적인 특성이 고려된다면 말씀이 아버지와 더불어 한 하나님이신 한, 하나님에 관하여 말할 수 있는 것은 무엇이나 그분, 곧 영광스러운 삼위일체 가운데 제2위에게도 적용될 수 있는 것입니다. 그러면 여호와가 의미하는 것은 무엇입니까? 모세에게 말씀하신 그 대답-**나는 스스로 있는 자니라**[출 3:14]-이 내포하고 있는 것은 무엇입니까? 바울은 그리스도를 이 말씀을 하신 분으로 삼고 있습니다[빌 2:6].

우리는 그러한 판단의 진실을 입증하기 위해 그대와 모든 경건한 사람들을 설득하는 수고를 하지 않을 것입니다. 다만, 어떤 종류의 소문이라도 그 사건의 진실한 상황에 모순된 인상으로 그대에게 전달되지 않도록, 이 어쩔 수 없는 중상모략자의 숨겨진 악의가 드러나지 않고 지나쳐 버리기를 원치 않을 뿐입니다. 실제로 우리의 신앙고백서 안에 있는 진술, 즉 그리스도는 **만세 전에 아버지로부터 나신 영원하신**[13] 말씀이라는 것보다 더 명확하게 설명된 것은 어떤 것도 없습니다. 그러므로 진실로, 만일 우리가 이중의 신격을 상상하기를 기뻐하지 않는다면, 우리는 그[말씀]의 본질에 대해 말할 때 유일하신 하나님의 본질에 관해서 말하듯이 해야 합니다. 그 자신 외에는 이런 표현 양식에 만족하지 않는 이는 아무도 없습니다. 그리스도의 신실한 일꾼으로서의 가치가 있는 형제들은 다음의

---

12) *Confessio de Trinitate propter calumnias P. Caroli* (CO, IX, 706).
13) *Idem.*

공식적인 결론에 이르렀습니다. 즉, 우리가 가장 불공정하고 부당하게 의심받아 왔음이 그들에게 드러났다는 사실과 그들이 우리의 신앙고백서 안에서 인정하지 못할 것은 아무것도 없다는 사실입니다.

이러한 소송 절차가 진행되는 동안 미코니우스가 공개적으로 보낸 편지가 그 회의 앞으로 도착했습니다. 그 뒤를 이어 카피토가 일반적인 용어를 사용하여 파렐에게 쓴 또 다른 편지가 왔는바, 이 사실로 미루어 볼 때 우리의 논쟁에 대한, 소름이 오싹 끼치는 소문이 멀리, 그리고 널리 퍼진 것이 명백합니다.[14] 전체를 요약하자면, 이번 사건은 온 나라에 걸쳐 우리에 대한 악한 소문을 불러일으키고 우리에 대한 나쁜 견해를 북돋우기 위해, 어떤 사람들에 의해 공교하고도 악의 있게 만들어져 왔습니다.[15] 비록 지금까지 이런 허수아비의 헛된 시도가 성공하지는 못했지만, 그가 우리를 많이 괴롭혀 왔다는 것은 확실합니다. 우리가 서로 논쟁 가운데 말다툼한다는 것과 우리 종교의 가장 중요한 교리에서조차 일치하지 못한다는 것과 더 나아가, 교회가 그러한 일로 우리를 의심쩍어 한다는 사실을 우리의 적들이 듣게 된다면, 이것은 실로 큰 문제가 아닐 수 없습니다. 우리는 이런 정보에 의해 더욱 놀라게 되었는 바, 이는 우리가 그런 사실에 경계받을 만한 필요성이 있다고는 결코 상상도 못했기 때문입니다. 그러나 우리는 주의 선하심으로 지옥으로부터의 악취 나는 부산물들이 바람에 날려서, 그리스도와 그의 교회의 대의명분에 해악을 고안하는 자들 위에 떨어지는 일이 곧 일어나기를 바랍니다. 실로 주님의 팔이 이미 나타나 그 권능을 발하여 이런 악의 시동을 끄기 시작하셨습니다. 그 중상모략한 이는 시 의회의 결정에 따라 추방되기에 이르렀습니다.[16] 그리고 우리는 단지 범죄에서뿐만 아니라 죄의 의혹에서조차 공개적으로, 그리고 즉시 방면되었습니다. 비록 잠시 동안 그가 마치 신앙의 수호로 인해 고통을 받고 있는 것처럼 아타나시우스를 흉내 내며[17] 자신

---

14) 미코니우스ª와 카피토의 편지들은 소장되어 있지 않다.

15) 칼뱅 진영을 괴롭힌 이 인물들이 누군지는 분명하지 않다. 칼뱅은 우연히 베른에 있는 카롤리의 대변인인 장 쿠르투아ª를 언급하였다(CO, VII, 322).

16) 카롤리는 베른 영주들의 결정을 기다리지 않고 유죄 판결이 날 듯하자 자발적인 망명으로 물러난 것처럼 보인다. 그의 탈주 행위는 1537년 6월 29일 파렐과 칼뱅에게 알려졌다. 베른의 법무일지의 1537년 6월 7일 자에는 이런 내용이 담겨 있다. "카롤리가 해고되었음이 법원과 로잔 시에 통보될 것이다."

17) 칼뱅에 따르면 카롤리는 베른에서 자신을 아타나시우스라고 말했다(CO, VII, 335). 파렐도 1539년 10월 21일 자로 칼뱅에게 쓴 편지에서 카롤리가 그 자신을 '또 다른 막중한 아타나시우스'로 밝혔다고 썼다(Herminjard, VI, 89).

의 장식품들을 가장 유리하게 진열하고자 했을지라도, 세상은 신성을 더럽힌 자요 매춘부요 많은 성인들의 피로 적셔진 살인자인 그를 아타나시우스로 평가할 커다란 위험은 없는 것 같습니다. 우리는 그를 그러한 사람으로 선포하는 한편, 견고한 증거에 의해 이미 세워질 준비가 되어 있는 것 외에는 아무것도 주장하지 않습니다.

나는 당신에게 이 같은 사실들을 간단히 알리기를 원했는 바, 이는 우리가 부재중에 (종종 일어나는 것처럼) 불경건한 자의 오만한 무지와 악의 있는 기소에 의하여 판단의 기준 없이 압박을 받지 않기 위함입니다. 나는 당신에게 신앙고백서 사본을 보냅니다. 그것을 당신의 동료들에게 전달했으면 합니다. 사실 나는 이것이 아주 중요한 문제라고 생각하는 바, 이는 어느 누구도 파악할 수 없는 애매모호한 소문 때문에 우리의 타당함이 틀리지나 않나 하고 놀라지 않도록 하기 위함입니다. 동시에 당신에게 간청하기는, 신앙고백서뿐만이 아니라 이 편지까지도 각 형제들에게[18] 전달하는 일을 맡아 주거나, 아니면 그보다 당신의 편지로 억지로라도 그들의 불안을 진정시켜 달라는 것입니다.

안녕히 계십시오. 주 예수께서 당신에게 성령으로 채우시어, 당신이 한마음과 한 정신으로 주의 이름의 영광을 확장시켜 나가기를 원합니다.

베른에서.
칼뱅 올림.

---

18) 칼뱅은 취리히의 목사들을 생각하고 있다.

38

시몬 그리나이우스가 칼뱅에게

[1537년 6월 중순, 바젤에서 제네바로]
CO, Xb. 109; Herminjard, IV, 251; COR, VI/I, 214

나는 여러분에게 있는 불화가 그렇게 심각한지 알지 못했습니다.[1] 왜냐하면 그사이 우리에게는 아무런 불화도 생기지 않았기 때문입니다. 카피토가 먼저 나서서 여러분의 입장을 변명하고 여러분의 교회들이 매우 잘되기를 원하면서 내게 여러 번 편지를 써 보냈습니다.[2] 소문은 처음부터 너무도 심각해서 얼마간 나 자신을 혼란스럽게 할 정도였습니다. 왜냐하면 나는 이 논쟁에서 여러분이 하나님의 위격들의 호칭에 우열을 가리며, 익숙한 표현으로 가르치는 것을 그만두었다는 말을 들었기 때문입니다.[3] 이것은 문제를 더욱 강하게 드러내 보였습니다. 사실 당신의 신앙고백서[4]가 우리에게 도착했을 때, 나는 그것에 불만을 가진 사람을 아무도 보지 못했습니다.[5]

개인적으로 나는 이들[6]로 인해 교회에서 심각한 반목이 발생한 것에 대해 매우 마음이 아픕니다. 이들은 오랜 우리의 습관에 따라 양쪽 다 나의 친구들입니다.[7] 어떻게 그토록 오랫동안 지속된 이런 큰 재난이 나에게 알려지지 않았는지

---

1) 5월 20일과 9월 9일 자로 미코니우스가 불링거에게 쓴 편지들(CO, Xb, 103, 113)을 볼 때, 그리나이우스가 카롤리 사건에 대해 몰랐을 리 없다.

2) 이 편지들은 알려져 있지 않으나, 실상 내용은 스트라스부르 신학자들의 상당한 의심으로 채워져 있을 것으로 추정된다(COR).

3) 칼뱅은 로잔 대회에서 삼위일체라는 용어의 사용을 자제했다. 파렐도 그의 *Sommaire*에서 이 용어를 사용하지 않았다.

4) *Confessio de Trinitate propter calumnias P. Caroli* (서신 34 각주 9; 서신 37, 각주 10 참고).

5) 미코니우스는 1537년 7월 9일 자 불링거에게 쓴 편지에서 칼뱅 측의 입장에 문제를 제기했다 (Herminjard, IV, 255).

6) 카롤리가 속한 로잔 교회.

7) 1535년 11월 10일, 그리나이우스는 카롤리를 바젤 대학의 논리학 교수로 천거했다.

놀랍습니다. 나는 내가 파렐에게 하소연했던 것[8]-내가 무엇을 두려워하는지 말한 것-외에는 아무것도 생각나지 않는데, 그것은 만일 아직 다듬어지지 않은 새 교회가 처음부터 신중하게 관리되지 않을 경우 그에 대한 논쟁으로 말미암아 큰 손실을 당하지나 않을까 하는 두려움이었습니다. 그러므로 여러분에 대해서 불평하는 이는 아무도 없다는 것을 나를 통해 알아야 합니다.

카롤리가 당신들에게서 그들에게로[9] 이탈한 뒤, 나는 그에 대해 당신이 묘사하는 대로 믿게 되었습니다. 왜냐하면 그는 당신이 보다 바르게 선포하는 것과는 다른 것을 가르치기 때문입니다. 그는 나와 마우루스에게[10] 가장 훌륭한 것을 기대하게 했습니다. 그러므로 그가 잘 있기를 빕니다. 잘 있기를!

이 큰 난관에서 모든 양상을 연결하고 잘라 내는 것은 결코 우리에게 허용된 일이 아닙니다. 우리 교회의 재앙은 극도로 치명적인 것으로, 우리는 서로에 대한 의심으로 인해 매우 시달리고 있으며, 서로를 거의 순박하고 진실하게 형제들로 여기지 않습니다. 반면 모든 사람들을 진정시키고 그들을 가장 좋은 방향으로 이끄는 것과, 사건과 결말이 강요하기 전에 형제들을 나쁘게 의심하지 않는 것이 합당합니다. 아, 저들을-그들도 그리스도를 안다고 우리가 믿고 있는-그릇된 의심에 빠뜨리는 것은 얼마나 큰 불행인지요! 이런 식으로 우리는 우리에게 혐의를 받는 것을 무용지물로 만듭니다!

내가 카피토가 직접 당신에게 사실 자체에 대해 더 자주 쓸 것으로 여기지 않았다면, 그의 편지-이것을 통해 그는 당신들에 대한 최상의 감정을 입증하고 있습니다-를 당신에게 보냈을 것입니다. 나는 파렐이 백작에 대해 조언한 내용을 카피토에게 물어볼 것입니다.[11]

그동안 건강하십시오. 우리는 진심으로 주님께 감사하며 전심으로 그를 섬깁니다. 모든 형제들에게 일일이 문안을 드리며, 누구보다도 파렐과 비레에게 특별히 문안을 드립니다. 주 예수께서 그의 거룩한 뜻 가운데서 우리를 지키시기를 빕니다. 아멘.

그리나이우스 올림.

---

8) 그리나이우스가 1535년 11월 말경 파렐에게 쓴 편지(Herminjard, III, 373)를 참고할 것.

9) 카롤리가 1537년 6월 16일 자로 로잔 시 의회에 보낸 편지(Herminjard, IV, 243)를 참고할 것.

10) 서신 25 각주 2; 서신 31 각주 13 참고.

11) 1537년 6월 15일경, 프로테스탄트교에 대한 프랑수아 1세의 호의와 빌헬름 폰 퓌르스텐베르크 백작의 중재에 대한 소문이 돌았고, 스트라스부르 시 의회와 제네바 시 의회는 1537년 9월 4일에 백작에게 편지를 보냈다(COR). 기욤 파렐의 동생인 고쉐에 파렐은 백작의 비서였다(서신 32 각주 11 참고).

39

칼뱅이 르네 드 프랑스[1]에게

[1537년[2] 여름, 제네바에서 페라라로]
CO, XI, 323; Herminjard, VII, 307; COR, VI/I, 218

부인, 제가 부인에게 대담하게 이 편지를 쓰는 것을 선하게 여겨 달라고 겸허히 간청 드립니다. 그저 이 안에 너무도 큰 순진함이 있다면 그것은 단지 우리 주님 안에서 부인을 섬기려는 순수하고 참된 감정에서 기인하는 것이지, 어떤 경솔함이나 자만에서 기인하지 않음을 이해해 주십시오. 왜냐하면 비록 제가 교회의 불필요한 종임을 강하게 인식하고 있긴 하지만, 그럼에도 불구하고 주님께서 제게 주신 은혜에 따라 이 문제에 전념하는 것이 적절하다고 생각하게 되었기 때문입니다. 심지어 저는 이렇게 하는 것이 필요하다고까지 생각했습니다. 제가 제 의무에 전념하는 것은 제가 할 수 있는 한 그리고 제 의무에 속하는 한, 부인의 유익과 축복을 증진시켜야 한다고 느꼈기 때문-물론 이것만으로도 나를 움직이기에는 충분하지만-일 뿐만 아니라, 주님께서 부인에게 주신 신분과 탁월함을 고려할 때, 주님이 그의 거룩한 말씀의 사역자로 부르신 우리 모두가 부인을 향해 최선을 다해야 한다는 권면을 받아 마땅할 것이기 때문입니다. 왜냐하면 사적인 인물들 이상으로 부인께서는 훨씬 더 많이 예수 그리스도의 통치를 증진하고 전진시킬 수 있기 때문입니다. 나아가 저는 부인에게 하나님에 대한 경외와 그에게 복종하려는 신실한 마음이 있음을 알았습니다. 하나님이 인간들 사이에서 부인에게 주신 고귀함을 제외하더라도 그가 부인에게 베푸신 은혜를 높이 평가하며, 따라서 만일 부인을 유익하게 하고 섬길 기회가 있을 때 그 기회

---

1) 르네 드 프랑스는 프랑수아 1세의 처제다. 부친인 루이 12세가 아들 없이 죽자 같은 발루아Valois 가문의 왕족인 배다른 남매 프랑수아 1세가 왕위를 계승하고 르네의 언니인 클로드와 혼인했다.
2) CO의 편집자와 Herminjard가 1541년 말로 잡은 연대를 COR의 편집자는 1537년 여름으로 수정했다.

를 놓친다면 제게 저주가 있을 것입니다. 저는 이것을 어떠한 아첨이나 꾸밈도 없이, 마치 우리의 모든 생각을 아시는 분 앞에서 하듯이[시 44:22], 성실한 마음으로 말합니다.

부인, 저는 여러 날 동안 이곳에 머물렀던 몇몇 선한 인물들을 통해 부인께서 궁정 설교자로 세운 프랑수아 선생[3]이 충분히 설교-그에게서 기대할 수 있는 정도에 따라-를 수행하고 나서 부인을 어떻게 설득했는지를 들었습니다. 그것은 미사를 드린 후에 우리 주님의 성찬을 대신하는 성만찬을 시행하는 것도 나쁘지 않다는 것입니다. 이것은 그곳의 귀족 부인들 가운데 한 명[4]에게 좋게 보이지 않았는데, 그녀는 하나님에게서 받은 지식에 따라 나쁘다고 생각되는 것을 양심을 거스르면서까지 시도하고자 하지 않았습니다. 프랑수아 선생의 계속되는 설교 때문에 부인이 늘 그녀에게 갖게 했던 선한 의지가 얼마간 그녀에게서 물러갔습니다. 그리하여 사태는 부인께서 알고 있는 그 상태로 머물러 있습니다. 즉 그녀와 같은 생각을 하는 사람들의 항의가 용인되어서는 안 된다는 것으로, 그 이유는 그들이 신자들 사이에서 이유 없이 스캔들을 일으키기 때문입니다.

따라서 그토록 엄청난 결과를 초래한 사태가 감춰져서는 안 된다고 판단한 저는, 사람들이 부인께 사태의 진행 방향과 다르게 알리는 것을 보고, 주님께서 성경을 통해 기꺼이 제게 계시한 것에 따라, 주님께서 이 문제에 대해 저를 깨우치신 내용을 부인께 전달하기로 마음먹었습니다. 하지만 제가 이 일을 하는 데 있어 의혹과 의심을 받은 것이 사실입니다. 저는 부인이 이곳저곳에서 보는 숱한 난관들을 바르게 해결하기가 무척이나 어려워서, 보다 충분한 보고를 받기를 간절히 바란다고 드 퐁 부인[5]으로부터 들었습니다. 이 소식은 제가 알고 있는 것을 부인에게 충실하게 설명하겠다는 제 결심을 더욱 강화시켰습니다. 이는 부인께서 하나님의 진리를 명백하게 듣고 판단이 선 다음에, 부인의 열성이 그 진리

---

3) 프랑수아 리샤르[2]를 의미한다. 그는 1537년 5월 8일 페라라 공작 부인 궁정에 왔고 1544년까지 궁목으로 활동했다.

4) 칼뱅에게 편지를 쓴 바 있는 프랑수아즈 드 부시롱[8]으로 추정된다(CO, Xb, 315, 363).

5) 본명은 안 드 파르트네[9]로서, 그녀는 마렌Maremnes의 영주인 앙투안 드 퐁Antoine de Pons과 결혼하여 페라라에 종교 개혁을 끌어들였다. 하지만 이혼 후 남편이었던 앙투안 드 퐁은 후에 몽슈뉘Montchenu 가문과 결혼하여 개혁 신앙을 버리고 개신교를 박해했다(Hist. Eccl. I, 199). 칼뱅은 1553년 혼자가 되어 브르타뉴 지방에 머물던 그녀에게 편지를 보냈다(Bonnet, I, 410).

를 반역하는 것이 아니라 겸손하고 부드럽게 그것을 받아들이는 것일진대, 그 진리를 온전한 순종으로 따르도록 하기 위함입니다.

부인, 시작하기에 앞서 부인께서는 제가 부인의 가솔 가운데 누군가에게 자극받아서라거나 또는 어떤 특정 인물을 유리하게 하기 위해서 이 일을 한다는 의혹을 갖지 않으시길 바랍니다. 왜냐하면 제가 누구에게도 요청받지 않고 이 일을 한다는 것을 하나님 앞에서 부인께 증언할 수 있기 때문이며, 또 심지어 이미 부인께 단언했듯이, 제가 부인께 편지를 써 보낼 방편이 있다고 여기지 않았던 과객들에 의해 소식을 들었기 때문입니다.[6] 또한 한편으로, 저는 하나님의 진리를 어떤 피조물에 대한 증오나 호의에 이용하기보다는 차라리 심연에서 허우적대는 편을 더 좋아합니다. 아무튼 저로 하여금 말하도록 시키는 이유는, 너무도 절실한 상황에서 하나님의 말씀이 부인이 다소 신뢰하여 권한을 부여한 사람들에 의해 감춰지고 왜곡되며 부패되고 변질되는 것을 제가 견딜 수 없기 때문입니다.

프랑수아 선생에 관하여 부인께서 그의 가르침을 너무 믿지 않도록 제가 알고 있는 확실한 내용을 간단히 말씀드리려 하는 바, 혹 제가 이 인물에 대한 증오나 시기 때문에 말하기라도 하듯이 부인께서 안 좋은 생각을 갖지나 않을까 두렵습니다.[7] 왜냐하면 제게는 그가 가지고 있는 모든 것을 시기할 어떤 이유나 근거도 없기 때문입니다. 제가 이 시간까지 그에 대해 품은 증오는 제 모든 힘을 다해 언제나 그를 바로 세우려고 애썼다는 것에서 비롯되었습니다.[8] 제가 만약 어떤 사람이 그릇된 양심을 가지고 주님의 말씀을 뒤집고 진리의 빛을 꺼뜨린다는 사실을 알아챘다면, 그를 결코 용서할 수 없을 것이며 그가 제 자신의 부친이라 해도 백 번 그럴 것입니다.

긴 경험을 통해 이 사람에 대해 알게 된 사실은, 하나님께서 그에게 성경에 관한 지식을 조금이라도 주실 경우 그는, 그것이 자신의 욕망에 적절하게 여겨질 경우에만 설교를 하고, 박해를 가져오게 되면 부인함으로써, 언제나 하나님

---

6) 칼뱅이 르네 드 프랑스에게 보낸 편지들은 페라라 공작에 의해 빼돌려지곤 했다(COR).

7) 칼뱅은 페라라 방문 시(1536년 3월), 르네 드 프랑스가 그를 그곳의 목회자로 임명해 주기를 바랐다는 인상을 받지나 않았을까 염려하고 있다.

8) 아우구스티누스 은둔 수사였던 프랑수아 리샤르도는 1527년부터 파리에서 신학을 공부했고 1529년부터는 바울 서신을 가르쳤으며, 그 후 루터 지지자로 고발당해 파리에서 도피했다. 칼뱅은 아마도 파리에서 그를 만난 듯하다.

의 지식을 자신의 이익과 야심을 위해 이용했다는 것입니다. 그러므로 그에게 자신을 지지해 줄 영향력 있는 인물들과 자신의 지갑이나 배낭을 채워 줄 부유한 인물들이 있어, 그를 청해 하나님께 영광을 돌릴 청중이 되어 줄 때면 언제나 하나님의 말씀을 훌륭히 팔아 그들을 만족시키려고 애를 썼습니다. 한편 박해의 어려움이 찾아올 때면, 그는 언제나 자신의 입장을 포기하고 도피했습니다. 그래서 저는 하나님의 거룩한 말씀이 그에게는 단지 농담과 우롱에 불과했음을 알게 되었습니다. 왜냐하면 그는 심심풀이에 따라 어떤 때는 이런 인물을, 또 어떤 때는 저런 인물을 연기하는 연극에서처럼 자신을 바꿨기 때문입니다.

그의 삶에 관해 저는 다만 그가 말씀의 사역자로서 보다 나은 삶을 갈망해야한다는 것만을 언급합니다. 부인, 저는 그리스도인의 의무가 이웃을 헐뜯지 않는 것임을[약 4:11] 알며, 저 역시 그렇게 하고 싶지 않았습니다. 왜냐하면 만일 제가 나쁘게 말하려고 했다면 그에 대해 숨기고 있는 다른 것을 말했을 것이기 때문입니다. 아무튼 우리 주님은, 우리가 목자의 탈을 쓰고 양 떼를 흩어 버리는 이리를[마 7:15] 보면서 그에게 나쁘게 말할까 두려워 침묵하기를 원하시지 않습니다. 오히려 주님은 그의 교회를 마치 전염병처럼 부패시키고 타락시키는 자들의 사악함을 고발할 것을 명하십니다[엡 5:11]. 저는 저를 자극하는 이 사람들의 치명적인 증오를 생각하면서, 제가 뭔가 보다 나은 처방을 보는 한, 여기서 그런 [고발] 수단을 시도하지 않을 것입니다. 왜냐하면 오늘날 저는 복음의 미명하에 군주들에게 위선을 떨면서 그들을 바른 목적으로 이끌기는커녕 오히려 숨겨진 간계와 간책을 써서 그들로 무슨 망상을 품게 하는 자들 외에는 아무와도 그렇게 큰 전쟁을 하지 않기 때문입니다.

제가 달리 어떻게 하겠습니까? 만일 제가 그들에게 직접 말한다면, 그들의 마음속에는 하나님에 대한 경외가 없기 때문에 [제 이야기가] 터무니없게 들릴 것입니다. 제가 그들이 어떤 존재인지를 묘사하고 그 모습을 다른 이들이 알게 한다면, 그들이 더 이상 속이고 잘못을 저지르지 못하게 할 수 있으리라고 생각합니다.

저는 그로 하여금 죄를 고백하게 하기까지 바른 길로 이끌기 위해 수차례 노력했지만, 그는 자신의 죄를 양심상 하나님 앞에서는 인정한 뒤 뻔뻔하게도 사람들 앞에서는 변명했습니다. 그럼에도 불구하고 그는 끔찍한 고집과 강퍅한 마음으로[출 4:21], 그래도 자신은 나쁘다는 것을 알고 했다고 끈질기게 말했습니다. 제 논문을 본 뒤 딱 한 번, 심한 저주와 함께, 미사가 엄청나게 가증스럽기 때문에 참석하지 않았다고 주장한 것만 빼놓고 말입니다. 아무튼 저는 이 사람을 너무도 잘 알기 때문에 그의 말을 한 편의 수다 이상으로 여기지 않았습니다. 그러므로 부인, 저는 그가 부인과 하나님의 백성에게 해를 끼치면서 계속 악행을 하도록 내버려 두고 싶지 않기에, 부인에게 경고를 보내 그가 자신을 위해 그 무엇도 이용하지 못하게 하지 않을 수 없습니다. 제가 그에 대해 부인께 말씀드린 것이 너무도 확실하기 때문에 부인이 먼저 그를 시험해 보고 나서야 비로소 믿게 되기를 바라지 않습니다. 부인이 예의 주시하시면, 그가 부인의 마음을 흡족케 하여 이윤과 이득을 챙길 수 있다고 생각하는 경우 외에는 하나님의 말씀을 전하지 않는다는 사실과 자신에게 해를 끼칠 수 있는 그 누구도 기분 나쁘게 하지 않는다는 사실을 명백히 알게 될 것입니다.

부인, 이제 이 인물에 대한 얘기는 그만하고 현안을 말씀드리겠습니다. 그가 부인에게 말한 내용은, [1]미사가 그렇게 나쁘거나 가증스럽지 않으며 [2]자신이 미사를 노래하고 신도들이 그것을 듣는 것이 허용되기 때문에 [3]그것으로 양심의 가책을 느끼게 하는 사람들이야말로 연약한 자들—도와주도록 우리에게 명령된—에게 걸림돌을 놓아둠으로써 교회를 혼란케 하는 자들이라는 것입니다[고전 8:4-13].

[1]첫 번째 사항[9]에 관해서 저는 이 문제를 다뤄야 할지 의문입니다. 왜냐하면 미사가 사람들이 생각할 수 있는 가장 끔찍한 신성모독이라는 사실[10]은 너무도 명백하기 때문에 부인에게 전혀 의심의 여지가 없는 것을 애써 입증함으로써 저를 우스꽝스럽게 만들지나 않을까 두렵기 때문입니다. 또한 간단한 편지로는 두꺼운 책을 채우기에 충분한 내용을 다룰 수는 없을 것입니다.

그럼에도 불구하고 저는 부인께서 아무런 의심도 갖지 않도록 이 문제에 대해 간단히 지나가는 식으로 언급하겠습니다. 저들의 법령이 주장하듯이[11] '미사가 산 자와 죽은 자의 구속과 구원을 위해 인간이 제정한 희생 제사인 한, 그것은 마치 예수 그리스도의 수난이 아무런 효력이 없다는 듯이[12] 그 수난을 뒤집는 참을 수 없는 신성모독입니다. 왜냐하면 우리가 신자들이 예수의 피로 대가가

---

9) 바로 위에 언급된, 미사가 나쁘거나 가증하지 않다는 주장을 말한다.

10) 〈두 서신〉에도 같은 표현이 나온다(〈칼뱅 작품 선집〉 2권, 202).

11) Cf. Bernard Botte & Christine Mohrmann, *L'ordinaire de la messe. Texte critique*, Paris/Louvain, 1953).

12) 〈두 서신〉(〈칼뱅 작품 선집〉 2권, 239) 참고.

지불되었고[계 5:9] 그분으로 말미암아 죄 사함과 의와 영생의 소망을 얻었다고 말할 때, 이것은 이 선하신 구주께서 자신을 성부에게 제물로 드리심으로써 친히 영원한 희생 제물로 바쳐진 바, 히브리서에서 사도가 충분히 설명하고 있듯이[히 5:1-6; 9:11-28; 10:1-18], 이를 통해 우리 죄가 깨끗하게 씻기고 우리가 성부의 은총을 받아 하늘 상속의 참여자가 된 것으로 이해해야 하기 때문입니다. 그러므로 만일 예수의 죽음이 단번에 이루어져 영원한 능력을 갖는 유일한 희생 제사로 인정되지 않는다면, 그에게 마치 아무런 효력도 없는 양 지워져 버리게 되는 것 외에 무엇이 남겠습니까?

　[2]저는 이 거짓말쟁이 사제들이 그들의 가증함을 덮기 위해 그들이 예수께서 하신 것과 동일한 희생 제사를 드린다고 말한다는 것을 잘 압니다. 하지만 이로부터 많은 신성모독이 뒤따릅니다. 왜냐하면 희생 제사는 오직 그분에 의해서만 이뤄질 수 있었기 때문입니다. 사도는 만일 희생 제사가 지금 행해진다면 그가 여전히 고난을 받아야 한다고 말합니다[히 9:26]. 따라서 부인께서는 다음의 두 가지 사항 중 하나를 선택해야 합니다. 즉 미사가 끔찍한 신성모독임을 인식하고 증오하거나, 아니면 그것을 인정하고 예수의 십자가를 발로 짓밟거나 말입니다.

　물론 미사가 그리스도의 성찬에 반대되는 일이지만, 저는 부인이 성경에서 성찬 제정에 대해 확인한 뒤[13] 친히 알아보시도록 내버려 두렵니다. 그러나 미사에서 저질러지는 주술 행위는 하나님을 피조물로 섬기면서 행하는 우상 숭배입니다. 이것은 용서될 수 없는 것입니다. 이런 것들을 고려하고 나서 미사의 숱한 가증함에 참여할 때, 어떻게 그것이 하나님께 심히 범죄 하지 않은 채 말해지거나 들려지지 않을 수 있는지를 알아보십시오. 우리가 하나님의 말씀보다 그 모든 죄악들을 더 큰 존경심으로 받아들일진대, 우리가 그 죄악들에 동의했다고 결론짓는 것 외에 무엇을 주장할 수 있겠습니까? 부인께서 이것이 과연 하나님을 기쁘게 하는지를 알고자 하신다면, 그가 에스겔 선지서 제20장[7-32절]을 통해 하시는 말씀을 [보십시오]. 그는 이스라엘 백성에게 이방인들과 같은 우상 숭배자들인 그들을 명백히 더 사랑하신다고 선포하며, 그들이 그의 이름을 우상들의 이름과 섞되, 마치 그가 섬김받고자 한 규례와 그들이 그의 말씀에서 벗어나고자 만든 어리석은 고안물들 사이를 중재하려 한다고 고발하십니다. 또한 하

---

13) 마 26:26-29; 막 14:22-25; 눅 22:14-20; 고전 11:23-25 참고.

나님은 다른 선지자를 통해서 그가 그를 하나님으로 인정하면서 그의 이름으로 맹세하는 한편, 동시에 그 외에 다른 이름을 섬기면서 그 외에 섬길 다른 이름을 갖고 있음을 보여 주는 모든 사람들을 멸절하겠다고 말하십니다[습 1:5].

만일 누가, 내면의 마음이 올바르면 외적인 것들은 아무 상관이 없다고 반론을 편다면, 그에 대해 우리 주님은 그가 **피로 값 주고 사신** 우리의 몸으로 영광을 받기 원하시며[고전 6:20], 우리에게 입술의 고백을 요구하시며[롬 10:9-10], 우리의 모든 부위들이 그를 역겹게 하는 것들에 의해 조금도 오염되거나 더럽혀지지 않은 채 그의 영광으로 성별되어야 한다고[고전 6:13-20] 답하십니다. 하지만 이것이 그에 합당한 대로 길게 다뤄져야 하기 때문에, 부인께서는 보다 충분한 정보를 위해 [해당] 논문[14]을 동원하십시오. 거기서 저는 하나님의 뜻을 깨닫고 권면하고 있거니와, 부인께서 거기서 만족할 만한 충분한 근거를 발견하시기를 바랍니다.

[3]만일 신자로 여겨지는 누군가가 미사를 가증스럽게 여겨 참여하려 하지 않는다면 연약한 양심들이 혼란에 빠진다고 부인의 궁중 사제가 말하는 걸림돌의 문제가 남아 있습니다. 하나님이 명하시거나 금하시는 것들에 있어서 모든 사람들이 그것에 대해 범죄 할 때, 그 사제는 하나님이 정하신 것을 어겨서는 안 된다는 사실을 전혀 고려하지 않습니다. 우리의 연약한 형제들을 상처 주거나 걸려 넘어지게 하지 말고 그들을 도와주라는 명령은[롬 15:1], 모든 성경이 말하듯이, 이래도 좋고 저래도 좋은 중간적인 것들로서, 그것은 우리의 자유에 맡겨졌습니다.

우리 이웃을 실족하게 하지 말라고 명령된 모든 것은, 로마서 15장[2절]에서 성 바울이 지적하듯이, 그를 **덕으로 세우라는** 이 목적을 지향합니다. 그러므로 그는 자신의 건덕이 아닌 파멸을 지향하는 것들을 좋아해서는 안 된다는 결과가 뒤따릅니다. 이에 대해 우리에게는 고린도전서 8장[11-12절]과 10장[27-28절]에 나오는 성 바울의 교훈이 있습니다. 거기에는, 만일 우리가 행하는 외적인 것들을 통해 우리 이웃이 악을 행하게 된다면, 설령 우리에게는 나쁜 양심이 없다 하더라도 이로 인해 우리는 하나님에 대해 범죄하고 우리 형제를 파멸시킨다고 기록되어 있습니다. 그렇다면 마치 다음과 같은 말이 될 것입니다. "우리는 미사가 저주받고 가증스럽다는 것을 알고 있다. 우리는 무지한 자들을 만족시키기

---

14) 십중팔구 칼뱅의 〈두 서신〉을 의미한다.

위해 미사에 참석한다. 우리가 미사에 참석하는 것을 보는 자들은 우리가 그것을 인정한다고 여기고 우리의 사례를 따른다." 성 바울은 이것을 심각한 범죄로 평가하며, 이와 관련하여 그 누구도 이의를 제기할 수 없을 것입니다.

따라서 부인, 제발 걸림돌이라는 이름으로 누군가가 부인을 속이지 못하게 하십시오. 왜냐하면 세상에는, 우리 기독교 형제가 우리의 사례를 따라 파멸에 빠져 오류로 끌려가는 것보다 더 해로운 걸림돌이 없기 때문입니다. 만일 우리가 모든 실족을 피하고자 한다면 예수 그리스도를 우리 뒤로 내몰아야 합니다. 그분이야말로 대부분의 세상 사람들이 걸려 넘어지는 거치는 돌이십니다[롬 9:32-33; 벧전 2:7]. 심지어 그 자신이 [하나님에 의해] 보냄 받은 유대인들과 이스라엘 사람들에게 걸림돌이었습니다. 이 민족의 대부분이 아직도 그들의 하나님 안에서 스스로 범죄하고 있듯이 말입니다.

그러므로 우리는 다음 규칙을 지켜야 합니다. 즉, 온 세상에 맞서기 위해 필히 하나님에 대한 순종에서 벗어나지 않아야 하듯이, 마찬가지로 그가 명하시거나 금하시는 것들에 관해서는 필히 그것을 행하거나 삼가야 한다는 것입니다. 이것이 사실일진대, 그리스도와 그의 복음은 악인들에게 걸림돌이며, 우리가 그리스도를 따르고자 한다면 그들이 우리 때문에 스스로 걸려 넘어지기를 기다려야 합니다. 우리에게 중간적이고 자유로운 것들, 다시 말해서 기회에 따라 행하거나 생략할 수 있는 것들에 관해서는, 우리 자유가 사랑에 굴복하도록 우리 기독교 형제들에게 맞춰야 합니다. 이 점에서 우리는 그들이 하나님 안에서 바르게 세워지도록 그들의 연약함을 돕는 일에 주의해야 합니다. 왜냐하면 만일 우리가 우리의 사례로 그들을 이끌어, 그들이 악하다고 생각하는 것을 행하게 한다면, 우리는 그들의 멸망의 원인이 되기 때문입니다[롬 14:15].

하나님의 진리를 맛본 사람들 중에 부분적으로나마 미사의 죄악을 모르는 자는 거의 없습니다. 그들이 이 죄악을 안다면 그것을 피하고 싶어 하지 않는 것은 불가능합니다. 우리가 이런 양심의 가책과 의심을 갖고 있으면서 그들이 미사에 참석하는 것을 본다면, 그들은 달리 확신도 가지지 않은 채 우리의 사례를 따르게 될 것입니다. 바로 이것이 최악의 실족입니다. 왜냐하면 그들의 양심이 악에 상처를 입기 때문입니다.

만일 제가 들은 말-즉, 이 일이 그다지 중대하지 않기에 독일 교회들은 어떤 이들이 미사에 참석하는 것을 용납하고 내버려 둠으로써 논쟁을 벌이지 않는다고[15] 그가 사람들을 믿게 한다는 말—이 사실이라면, 이 점에서 그는 부인이 기꺼이 조사해 볼 경우 잘못임을 알게 될 것을 사람들에게 강요함으로써 하나님의 교회들에게 큰 잘못과 모욕을 행하고 있는 것입니다. 왜냐하면 복음을 받아들인 모든 교회들에서뿐만 아니라 모든 개인들 사이에서도 미사가 묵인되어서는 안 된다는 이 신조[16]는 확실하기 때문입니다. 이에 대해 사태를 완화시키고자 무척 애쓰는 사람들 가운데 하나인 카피토는 최근에 한 권의 책을 써서 잉글랜드 왕[17]에게 헌정한 바[18], 거기서 그는 기독교 군주들이 그에 합당한 의무를 행하고자 한다면, 그토록 가증스러운 우상 숭배를 나라에서 제거하는 것이 그들의 책무임을 가르치고 있습니다. 간단히 말해서, 오늘날 명성을 얻고 있는 사람들 가운데 이것에 동의하지 않는 사람은 아무도 없습니다.

그러므로 부인, 좋으신 주 하나님께서 그의 무한한 긍휼로 말미암아 그의 이름의 지식을 가지고 부인을 찾아오셔서 기꺼이 거룩한 복음의 진리를 계시하셨을진대, 그가 부인을 **부르시는 소명**[엡 4:1]을 깨달으십시오. 왜냐하면 하나님이 우리가 포로로 잡힌 어둠의 심연에서[골 1:13] 우리를 이끌어 내셨기 때문입니다. 이는 우리로 하여금 **이리저리 치우치지 아니한 채**[민 20:17] 곧장 그의 빛을 따르게 하기 위함이며, 또한 이 거룩한 지혜—그 초보[히 5:12]가 다소 우리에게 주어진—에서 더욱 풍성한 유익을 얻음으로써 더욱더 그의 교육을 받고자 애쓰도록 하고, 특히 주님께서 알게 하고자 하시는 것을 기꺼이 무시함으로 말미암아 명백한 진리에 눈과 귀를 닫는 자들이 행하듯이 그의 영을 제한하지 않도록 조심하도록 하기 위함입니다.

우리가 이렇게 행하는 것은 주님이 우리 안에 있는 멸시와 배은망덕을 처벌

---

15) 미사 형식에 관해 멜란히톤은 그가 쓴 〈프랑스인들에게 주는 충고〉(*Consilium ad Gallos*, 1534년 8월 1일)에서 이렇게 말하고 있다. "참으로 우리는 아무런 차이점이 인식될 수 없을 정도로 관례적인 형식을 고수한다……의식을 바꾸는 것이 무슨 소용인가. 왜냐하면 그것이 불필요하기 때문이다. 동시에 새것[의식]도 기피될 필요가 없다." 멜란히톤은 부처의 중재 노력을 평가하면서 "부처는 츠빙글리의 의견에 대해 중도 입장을 제안했으며, 이 중도 입장은 내게 거슬리지 않았다(CR, II, 751)."고 말했다. 부처는 루터와 츠빙글리의 입장 차이에 대해서 "그 자체로 아무런 이론이 없다는 것이 우리에게 너무나 확실하다."고 말했다(COR).

16) 1534년 10월에 나온 〈진실한 신조〉*Articles veritables*에서는 미사를 "허용되거나 묵인되어서는 안 되는 것"으로 말하고 있다(COR).

17) 헨리 VIII세.

18) *Responsio de missa*, Argentorati, 1537.

하실까 두려워서가 아닙니다. 그보다 우리는, 다윗과 더불어 **그의 뜻을 행하는 법을 가르쳐 달라**[시 143:10]고 기도하면서, 언제나 이 좋으신 스승의 학교에서 그의 가르침의 완전함—우리가 이 지상의 무거운 육체를 벗을 때 이르게 될—에 이르기까지 배우기를 전념해야 합니다. 만약 우리가 이런 열성과 열정으로 이 일을 수행한다면 주님은 우리를 인도하시되 우리가 바른길에서 벗어나는 것을 내버려 두지 않으실 것입니다. 비록 우리에게 무지의 잔재가 있다 하더라도, 그가 그것을 우리보다 더 잘 아시는 까닭에 필요할 경우, 보다 충분한 계시를 주실 것입니다. 중요한 것은 어떻게 그의 거룩한 가르침이 우리 안에서 열매 맺는가를 아는 데 있습니다. 그것은 순수함과 온전함과 거룩함 가운데 있는 그의 영광이 우리에게 비칠 정도까지 그의 가르침이 우리의 영과 마음을 바꾸는[시 51:12] 것입니다. 만일 그렇지 않다면, 우리는 그의 복음에 대한 지식을 자랑하면서 하나님의 이름을 헛되이 붙들고 있는 것입니다[마 25:11-12]. 제가 이것을 말하는 것은 부인께서 지금 하고 있지 않는 것을 행하라고 권면하기 위함이 아니라, 부인 안에 시작된 하나님의 일이[빌 1:6] 날마다 굳건해지도록 하기 위함입니다.

다만 서두에 말했듯이, 저의 순진함을 용서해 주시기 바랍니다. 만일 이 문제에 있어서, 특히 그리스도인이라면 걸림돌과 관련해서 어떻게 자신을 다스려야 하는지의 문제에 있어서, 부인이 기꺼이 보다 충분하게 알아보고자 하신다면 주님께서 제게 주신 바에 따라 부인을 만족시켜 드리도록 애쓰겠습니다. 그사이 여기에 적합한 한 통의 공개서한[19]을 보내 드립니다. 부인께서 즐겁게 몇 시간을 사용하여 평가하신다면 [그 적합성을] 아시게 될 것입니다. 나아가 제가 최근에 쓴 소책자[20]도 있는 바, 그 간결함에 따라 바라거니와 그 책자가 부인에게 다소 위안을 줄 수 있을 것입니다. 왜냐하면 거기에는 충분한 가르침이 담겨 있기 때문입니다.

---

19) 〈두 서신〉의 첫 번째 서신을 의미한다.
20) 십중팔구 〈제네바 신앙 교육서〉(〈칼뱅 작품 선집〉 2권, 337-390)를 의미한다.

40
시몬 그리나이우스가 칼뱅에게

[1537년 여름, 바젤에서 제네바로]
CO, Xb, 95; Herminjard, IV, 337; COR, VI/I, 2

친애하는 형제 장 칼뱅에게.

문안드립니다. 바라기는, 가능하면 [빨리] 페라라의 그녀에게 편지를 씀으로써 먼저 그녀의 결심—왜냐하면[1] 그대가 그것을 그들의 문제로 여기기 때문에—을 격려하고 적절한 시기에 [그 일을] 진행하라는 것입니다. 사실 얼마 전에 이 사람[2]이 내게 편지를 통해 [혼인에 관한] 자신의 뜻에 동의해 줄 것을 밝히고 이 문제에 있어서 모든 것이 자신에게 달려 있다고 알려 왔습니다. 그는 사람이 매우 착하고 성품이 대단히 좋으며, 그에게 뜻이 있다면 우리 곁에 자리를 잡을 것입니다.[3] [이 혼인을] 더 이상 오래 반대해서는 안 될 것으로 생각합니다.[4] 왜냐하면 그들은 그토록 큰 사랑과 성실, 그리고 오랜 용기로 결합되어 있기 때문입니다. 나는 두 사람의 행복하고 거룩한 미래를 소망합니다. 청컨대 이 일에 무언가를 하여 우리를 기쁘게 해 주십시오. 인자하신 주 그리스도께서 그가 제정하

---

1) 서신 39 각주 4에 나오는 프랑수아즈 드 부시롱의 결혼 결심을 말한다.
2) 부시롱과 결혼하는 요하네스 시나피우스°를 의미한다. 그리나이우스는 1537년 3월 15일 자로 칼뱅에게 보낸 편지에서 이 사람에 대해 언급한 바 있다(CO, Xb, 89; Herminjard, IV, 204; COR, VI/I, 183). 시나피우스는 자신의 결혼을 도와준 칼뱅에게 감사 편지를 보냈다(CO, Xb, 127; Herminjard, VI, 458; COR, VI/I, 265). 여기에 언급된 두 편지는 본 서간집에서 생략되었다.
3) 시나피우스는 튀빙겐 대학 의과 대학에서 의학 연구를 제의받았다. 당시에는 그리스어에 정통한 학자가 의학 공부를 하는 일이 종종 있었는데, 시나피우스는 하이델베르크에서 그리나이우스의 후임으로 그리스어를 가르쳤으며(1529. 5-1531. 10), 1532년 6월에 파두아에서 의학 공부를 시작하고 1533년 7월부터는 페라라에서 계속했다(COR).
4) 부시롱에게 프랑스 귀족과의 혼사 가능성이 제기되었다(COR).

신 이 일에 그대와 함께하시기를 기도합니다. 안녕히 계십시오.

　　당신은 이 모든 진행에서 확고한 정신으로 견디기를 바랍니다. 이것이 주님의 일임을 아시고 우리를 내버려 두지 마십시오. 우리는 대기 상태이며 이런 성가심에 굴복하지 않습니다. 주 그리스도께서 우리를 붙들고 계십니다. 주 안에서 안녕히 계십시오. 아멘.

　　　　　　　　　　주 안에서 영원한 친구 시몬 그리나이우스 올림.

41

크리스토프 파브리가 제네바 목회자들에게[1]

1537년 7월 31일, 토농에서
Herminjard, IV, 270; COR, VI/I, 239

그리스도 안에서 매우 사랑하는 형제들이요, 제네바 목회자 모임의 동료들에게. 제네바로.

문안드립니다. 매우 좋으신 우리 아버지의 긍휼과 평강이 예수 그리스도를 통해 [임하시길 빕니다]. 그리스도께서는 자신의 영을 통해 사탄의 간계-이것을 이용해서 진리의 울타리와 경계 안에 머무를 수 없는 자들이 날로 그의 교회를 공격하는-에 맞설 수 있는 지혜로운 자들을 보내십니다. 분명 경박한 변덕쟁이들은 과도한 호기심과 갈대의 정신 때문에 **항상 배우나 결코 진리의 견고한 지식에 이르지 못하는 바**[딤후 3:7], 이처럼 사방에 많은 가시 떨기가 있어[막 4:7] 불쌍한 형제들은 권면이나 설교를 통해서 절대로 빠져나올 수 없습니다. 모든 신령한 자들은 모든 것을 혼란케 하고 교회를 비참하게 분열시키면서 복음의 진로를 방해하고자 애쓰는 바, 우리는 박식한 자들과 경건한 자들과 신령한 자들 가운데서 육에 빠지지 않은 사람을 보지 못할 정도입니다. 이처럼 사탄이 그들의 눈을 멀게 하기 때문에 이 사실이 그들에게 보이지 않을 수 있습니다. 그들은

---

1) 이 편지는 크리스토프 파브리(서신 20 참고)가 자신이 재세례파에 연루되어 있다는 의심을 해소하기 위해 제네바 목사들에게 보낸 편지로, 자기변호의 성격을 갖는다. 발단은 본 편지에서 콜리나이우스로 불리는 장 자냉이 제네바에서 재세례파에 대해 연민을 가졌다는 이유로 투옥되었고 파브리가 그를 면회한 데서 비롯되었다. 파브리는 자냉의 영향을 받았으리라는 의심을 샀을 뿐만 아니라, 이 면회는 제네바 시 의회가 1537년 3월 18일 재세례파를 더 이상 형제라고 부르지 않기로 결정하고 그들과의 논쟁을 명백히 금한 규정(RCG II/1, 107-108)을 위반한 것이었다. 1537년 7월 20일 시 의회는 자냉의 재세례파 의혹 내용을 처음 기록했고, 그런 죄가 계속 발견되면 일 년 동안 빵과 물만으로 감옥 생활을 해야 하리라고 경고했다. 이 경고 후 자냉은 석방되었다(COR).

교황의 직위를 경멸합니다. 그들이 **청결한 마음과 선한 양심과 거짓이 없는 믿음에서 나오는 사랑**[딤전 1:5]을 통해 이 체제에서 많은 땀과 모험으로-그들이 이런 사랑과 참된 연합과 기독교적인 평화를 가지고 싸운다는 점에서-그리스도를 위해 교회를 만들어 내고 모든 사람들에게 달려드는 판에, 교황 체제를 공격하지 않을 이유가 무엇이겠습니까?[2] 우리는 그들이 그리스도의 십자가를 미워하게 하는 것 외에 다른 장애물을 만들어 낼 수 없습니다. 바울이 이런 속이는 일꾼들[고후 11:13]을 눈물로 그리스도의 십자가의 원수들[빌 3:18]이라고 부르는 것은 부당하지 않습니다.

매우 친애하는 형제들이여, 내가 이 편지를 쓰는 이유는 나에 대한 그대들의 생각을 너그럽게 회복하고, 또 내가 저런 거짓 사도들과 얼마나 다른지를 인정하게 하기 위함입니다. 나는 그들의 무죄를 말하기는커녕 오히려, 최소한, 영으로 그대들과 결합하여 그들에게 많은 권고를 행한 뒤 그들의 방탕과 파문에 온전히 서명하고자 합니다.

한편 나 자신은 세례와 안식일에 대한 콜리나이우스[3]의 견해를 반박하고 그와의 논쟁을 반대하면서-왜냐하면 그에게서 무익한 것들이 보였기 때문에-두 사람 내지 네 사람 앞에서 그를 매우 온화하고 엄숙하게 훈계했습니다. 그러므로 그는 그 값을 치릅니다. 하지만 훨씬 더 큰 징벌을 받아 마땅합니다. 왜냐하면 형제들의 모임에서 만족한 채 물러나 외지로 가지 않고 도시 주민임을 내세워, 무슨 알 수 없는 고집으로, 그런 견해를 날마다 퍼뜨리기를 그치지 않기 때문입니다. 당시 내가 그와 더불어 논쟁했던 나머지 것들은 이것보다 더 길게 적어 보내질 것입니다. 그가 마음대로 모든 것을 뒤집어 말하라고 하십시오. 일이 벌어진다면, 나 자신은 [그의] 날조 앞에 반박할 준비가 되어 있습니다.

안녕히 계십시오. 1537년 7월 31일, 토농에서.

크리스토포루스 리베르테투스.

---

2) 파브리는 그의 편지들을 통해 로마 가톨릭 교회와의 어려운 점들을 언급했다(Herminjard, IV, 52, 130, 152, 176, 209).

3) 제네바 시민인 장 자냉은 1534년 장 보디숑Jean Baudichon이라는 걸출한 상인과 함께 리옹 감옥에 투옥된 바 있다. 소송 과정에서 그는 루터파로 의심을 받는 병기 제작자로 소개되었다. 그는 뇌샤텔에서 리옹으로 책을 운반했으며 제네바의 도미니크 수도회 교회 예배를 훼방했다고 기소되었다. 그는 만인제사장 교리를 극단적으로 주장한 것으로 보아 재세례파의 모습을 보이지만 안식일주의자는 아니다 (COR).

42

베른 시 의회가 파렐과 칼뱅에게

1537년 8월 13일, 베른에서 제네바로
CO, Xb, 118; Herminjard, IV, 275; COR, VI/I, 243

우리의 훌륭한 친구들인, 교회의 설교자 기욤 파렐 선생과 제네바에서 성경 강사를 맡고 있는 장 칼뱅에게.

박학하고 신중하며 소중하고 훌륭한 친구들.

우리는 젝스 지방[1]과 다른 곳의 설교자들을 통해 여러분이 삼위일체와 위격이라는 말을 무효화시키려는 데 대한 견해와 그들의 의도를 그들에게 계속 주입하여, 상기 설교자들로 하여금 가톨릭 교회가 수용한 삼위일체의 관례와 화법에서 벗어나게 하려 한다는 보고를 받았습니다. 심지어 칼뱅 당신은 바젤에 있는 무슨 프랑수아[2]에게 편지를 써서 당신의 신앙고백[3]이 우리 회중에서 인정을 받고 우리 설교자들이 그것을 비준했다고 말했다는 소식을 들었습니다. 반대로 당신과 파렐이 합의하여 바젤에서 우리의 신앙고백[4]에 서명하고 그것을 따르기로 한 것은 이를 입증하지 않을 것입니다. 우리는 당신이 그런[제네바 신앙고백서의] 제안으로 [스위스 신앙고백서를] 반대하면서 그것을 포기하게 하려는 것에

---

1) 젝스는 제네바에서 북쪽으로 20킬로미터 떨어진 지역이다. 당시 이곳과 테르니에Ternier(제네바에서 남쪽으로 수 킬로미터 떨어진 지역)에서 활동했던 목회자들은 자끄 위그º, 자끄 카메를º, 자끄 베르나르이다(COR). 파렐과 칼뱅은 이들과 회합을 가졌던 것으로 여겨진다(Herminjard, IV, 276, n. 1). 1537년에는 제네바 시 의회와 젝스 관할 구역 사이에 많은 긴장이 있었다.

2) 모를레 뒤 뮈소를 의미하는 듯하다(서신 25, 각주 2 참고).

3) 〈제네바 신앙 교육서〉를 의미한다. 이것이 베른 시 의회에 받아들여졌는지는 확실하지 않다.

4) 당시 출판되지 않은 〈스위스 제 1 신앙고백서〉Confessio Helvetica Prior(1536년 1-2월)를 의미하며, 1537년 8월 30일 편지에서 제네바 목회자들은 이 신앙고백의 채택을 선포했다(서신 44 참고).

아연실색합니다. 달리 하지 않는다면, 우리는 다른 처방을 강구하지 않을 수 없습니다.

1537년 8월 13일 베른에서.

베른 시 의회와 서기[5]

---

5) Ladvoyer. 1528년 4월 7일부터 베른 시 의회 서기관이었던 페터 키로는 여기서 베른 국가의 검찰관 역할을 수행한다(COR).

43

파렐과 칼뱅이 베른 시 의회에

[1537년 8월 17일 또는 9월 22일경, 제네바에서 베른으로]
CO, IX, 707; COR, VI/I, 245

우리가 알기로 삼위일체와 위격이라는 말은 그리스도의 교회에 대단히 적합하고, 그것으로 성부와 성자와 성령의 구분이 보다 분명하게 표현되며 논쟁을 많이 줄여주기 때문에 우리는 그 용어를-다른 사람들이 사용하건 우리가 사용하건 간에-흔쾌히 붙들 정도로 좋아합니다.[1] 이처럼 우리가 이전[2]에 그것을 사용했기 때문에, 이후에도 할 수 있는 한 이것을 수용하며 우리 교회에서 그 사용을 폐기하지 않습니다. 분명히 우리는 저술과 성경 해석과 대중 강연에서 이것을 삼가지 않을 것이며, 미신적인 양 기피하지 않고 우리 자신과 타인들에게 가르칠 것입니다.[3]

그런데 설령 누군가 잘못된 경건에 붙들려서 그런 미신은 우리에게 인정되지 않는다고 증언함에도 불구하고, 우리의 노력이 고치지 못할 정도로 감히 그 말[삼위일체] 자체를 언급하지 않게 된다 하더라도, 다른 관점에서 볼 때는 경건하고 동시에 종교에 있어서 마음으로 우리와 동의하는 사람을 거부할 만한 이유가 없기 때문에 우리는 부분적으로 그의 미숙함을 감수하고 교회 밖으로 내치지 않을 것이며, 또한 신앙에 대해서 나쁘게 판결하지 않도록 주의할 것입니다. 그러는 동안 베른 교회의 목사들이 이 용어들을 거절할 이유를 발견한 그들을 말

---

1) 파렐은 그의 *Sommaire* 첫 번째 판에서는 삼위일체라는 말을 사용하지 않았으나 1542년 두 번째 판에서는 이 말을 사용했다. 칼뱅은 1545년 그의 *Def. pro Farello adv. Carolum*에서 이 말을 의도적으로 사용했다(CO, VII, 316).
2) 칼뱅은 1536년 〈기독교 강요〉에서 삼위일체라는 말을 다섯 번 사용했다(〈기독교 강요/1536〉, 145, 160, 190).
3) 1537년 5월 14일 로잔 대회에서 이렇게 경고 받아 자신의 반삼위일체적인 견해를 철회한 사람은 클로드 달리오이다(서신 37, 각주 4 참고).

씀의 사역자로 받아들이는 것을 지지하지 않는다 하더라도, 그들을 악의를 가지고 판단하지 않을 것입니다.

44
제네바 목사들이 취리히 목사들에게

[1537년] 8월 30일, 제네바에서
CO, Xb, 119; Herminjard, IV, 281; COR, VI/I, 249

매우 고귀한 분들이요, 그리스도 안에서 매우 존경받아 마땅한 형제들인 취리히 교회 목회자들에게. 취리히로.

존경하는 형제들이여, 은혜와 평강이 하나님 아버지와 주 예수 그리스도로부터 여러분에게 임하기를 기원합니다.

카롤리가 우리와 더불어 이 소동을 야기했는바, 그 소동이 전혀 무익했고 단지 하찮은 참소에서 발생했기에 그와 관련한 소문이 금세 사라지기를 바랐음에도 불구하고, 거의 모든 독일어권 교회들[1]을 격동시켰습니다. 그래서 우리는 선량한 사람들의 마음에 불안이 자리 잡지 않도록 우리가 할 수 있는 일을 했고, 그 결과 우리의 무죄가 이웃 교회들에 입증되었습니다.[2] 우리에게 의심의 여지가 없는 것은, 그리나이우스가 짧은 편지와 함께 우리의 신앙고백서를 마치 요청이 있었거나 한 듯이 여러분에게 동봉하여 보냈고[3] 그것을 통해 우리가 이 짐승에게서 정당하게 공격을 받았는지를 쉽게 살펴볼 수 있다는 사실입니다.

이제 우리는 어떤 이들이 여전히 대놓고 우리가 은밀히 무언가—나는 그들이 왜 불평하는지 모릅니다—를 계획한다고 투덜대는 것을 듣고 있으며, 또 어떤 이들이 카롤리가 우리의 비행과 거드럭거림으로 인해 충동을 받았다고 핑계 삼아 말하는 것을 듣고 있습니다.[4] 그가 다른 부분에서는 아주 나쁜 사람은 아니지만,

---

1) 스위스에 있는 독일어권 교회들을 지칭한 말이다.
2) 이 문제로 1537년 5월과 6월에 로잔과 베른에서 잇단 회의가 열렸다.
3) *Confessio de Trinitate propter calumnias P. Caroli* (서신 37, 각주 10 참고).
4) 서신 37, 각주 16 참고.

마치 그리스도의 교회를 무절제하게 어지럽히거나 아니면 몇 마디 말로 공격해야 할 이유가 있는 듯이 보였다는 것입니다. 그러나 지금 우리에게는 모든 이야기를 추적하기 위한 짧은 기간조차 허락되지 않습니다. 사실 그토록 명료하고 확실한 문제에서 의혹의 내용을 조사하는 저 까다로운 검열관들에게 답할 이유도 없다고 생각합니다. 진정 그들이 원하는 것은 무엇일까요? 그들은 우리가 교묘하게 다른 무언가를 만들어 낸다고 비난합니다. 도대체 그들은 가장 보잘것없는 교활한 논증을 어디서 모았을까요? 우리의 신앙고백에는 의혹 때문에 제거되어야 마땅한 것 중 빠뜨린 것이 아무것도 없고, 주저의 모습을 보일 만큼 애매하고 모호하게 주장된 것이 아무것도 없습니다.

처음에 카롤리는 욕망에 사로잡힌 채 끓어올라 대략 열 가지 주제[5] 가운데 이것[6]을 반대하고자 시도했고, 그 자신의 온전한 판단에 따라 이것을 자기 것으로 삼아야 할 것처럼 느꼈습니다. 왜냐하면 소르본주의자들[7]에게는 그들이 누군가를 단죄하고자 할 때, 불만으로 가득한 이단과 분파가 소리를 내는 것만으로 충분하기 때문입니다.[8] 그렇지만 많은 양의 저급한 허위 진술-우리의 말에 반대하여 행한 수만큼 많은-에 대한 우리의 답변으로 말미암아 유죄 판결을 받은 그는 부끄럽게 발을 뺐습니다. 결국 [우리에 대한] 모든 범죄 고발 가운데서 삼위일체와 위격이라는 말들이 집요하게 언급되지 않는다는 것과 우리가 그리스도의 본질이 그 자체로 신적임을 주장한다는 것[9] 외에는 그 어떤 것도 우리의 잘못으로 돌려지는 일이 감행되지 않았습니다. 하지만 전자의 저 트집보다 더 억지스러운 것이 무엇이겠습니까? 우리가 싫어하지 않는 이 용어[삼위일체와 위격]에 관해서 명백한 것은 우리가 언제나 교회에서 그것의 자유로운 사용이 존속되기를 원했다는 것입니다. 또한 우리는 바젤에서 공표된 스위스 신앙고백서-위격에 대한 언급이 담겨 있는-가 우리에게 경건하고 거룩하게 보였음을 선포한 바 있습니다.[10] 우리는 서로 다른 규정에 따라 말하지 않는 자가 이단이라고 평

---

5) 서신 37, 각주 11 참고.
6) 삼위일체 문제를 말한다.
7) Sorbonistus는 당시 파리 신학 대학의 입장을 따르는 자들을 지칭한다.
8) 파리 신학 대학이 처음으로 이단 정죄 목록을 작성한 것은 1283년이다. 종교 개혁 당시에는 이단과 분파가 같이 취급되었다(COR).
9) 서신 37, 각주 12 참고.
10) 서신 42, 각주 4 참고.

가될 정도의 폭정의 사례가 교회에 들어오는 것을 원하지 않았습니다. 이에 반해 그는 세 가지 신경을 따르지 않을 경우 누구도 그리스도인이 아니라고 용맹스럽게 주장했습니다.[11]

그리고 누구든 열정적인 논쟁 대상인 이것이 우리에 의해 만들어졌다고 생각하지 않도록, 즉시 우리가 [무죄] 입증되었음을 명백히 아십시오. 우리가 당시 위격이란 표현을 기피한 이유는 그것이 그의 요청에 의해 받아들일 수 있었던 것이 아니었기 때문이며, 동시에 그가 죄과를 우리에게 겨누었다는 것을 알았기 때문입니다. 그는 자신의 꾀에 따라 모든 모임ordo에서 이런 조치를 취했는바 이는 만일 그의 요청으로 우리가 양보하는 모습을 보일 경우, 우리의 신앙을 의심스럽게 만들기 위함이었습니다. 이것은 그가 공공연히 자신을 드러낸 셈인데, 왜냐하면 그는 우리의 교리가 신경의 서명에 의해 인정받기 전까지는 의심스럽다고 주장했기 때문입니다. 이와 같이 그는 자신이 주장한 것을 얻어 냈을 때마다 그것이 무엇이건 우리의 사역이 지금까지 이룩한 것에 굴복하지 않았을 뿐만 아니라 그것을 철저히 무너뜨려왔습니다. 그러므로 그 자체로 부당하게 고발되고 있음을 입증하는 우리 교리의 명쾌한 표본[12]을 공표하는 것 외에 우리에게 남은 것이 무엇이겠습니까? 우리는 이것이 우리의 건전한 직무에 속한다고 여겼습니다.

이제 카롤리가 [우리에게] 가공할 이단성이 있다고 고함치는[13] 이 주제는 아무런 해명도 필요하지 않은 듯 보입니다. 왜냐하면 그리스도의 신성에 대한 순수한 말씀이 있는 곳에는, 한 분이시고 진실하시며 영원하신 하나님께 귀속하는 것은 무엇이든 당연히 그리스도에게 돌려지기 때문입니다.

하지만 그리스도가 성부와 비교되는 곳에는 구분의 주제가 관찰되는 바, 우리는 이것 역시 부지런히 살폈습니다. 우리는 이 영원하신 말씀이 성부 하나님

---

11) 카롤리의 *Refutatio*(1545)에 따르면, 칼뱅은 니케아-콘스탄티노플 신경을 조롱했을 뿐만 아니라, 아타나시우스 신경의 권위를 훼손했으며, 삼위일체라는 용어를 기피했다. 나아가 카롤리는 칼뱅과 그의 동료들이 새 신앙고백서를 만들고 세르베투스의 교리를 강화한다고 비난했다. 칼뱅과 그의 동료들이 니케아-콘스탄티노플 신경에 서명하기를 거부하자, 카롤리는 그들과 결별하겠다고 위협했다. 카롤리는 로잔 회의에서 자신이 아타나시우스 신경을 인용할 때 칼뱅이 농담하면서 웃던 것을 언급했다 (COR).

12) *Confessio de Trinitate*를 의미한다(각주 3 참고).

13) 카롤리에 따르면 그리스도는 철저히 하나님 편에서 고려되어야 했고, 따라서 그는 그리스도와 인간 사이에 가능한 가장 큰 거리를 두고자 했다(COR).

에게서 출생했다고 가르치지 않습니다. 분명 우리는 [그리스도의] 일부가 성부의 본질에 속하는 유출설을 인정하지 않고 전체가 성부 안에 있는-자신 안에 교대로 그의 전부를 갖는-출생을 인정합니다. 종종 성부를 성자의 기원이라고 부르곤 했던 키릴루스[14]의 방식에 따라 말하자면, 만일 성자가 그 자체로 생명과 영생을 갖는다고 믿어지지 않을 경우, 그리스도는 이토록 엄청난 부조리한 사람들에 의해 다른 곳으로 이끌릴 것입니다.[15] [16] 또한 키릴루스는, 만일 말로 표현할 수 없는 성질의 특성이 스스로 존재한다면 그것은 당연히 성자에게로 돌려진다고 가르칩니다.[17] 그는 만일 성자가 스스로 아무것도 갖지 못한다면 성부 역시 스스로 아무것도 갖지 못한다고 결론짓습니다.[18] 마치 성경의 그리스도를 드러내는[19] 우리의 이 말들이 여호와Jehovah라는 이름이 그 안에 담고 있는 것 이상으로 아무것도 표현하지 않기라도 하듯이, 여기서 우리가 그토록 불안하게 머물러 있을 이유가 무엇이겠습니까? 그러므로 우리는 우리가 지나치게 교활하게 행동하도록 획책하는 저 아리스타르쿠스 학파 사람들[20]이 우리에게서 무엇을 원하는지 알지 못합니다.

이제 다른 험담 주제로 가 봅시다. 그들은 소동이 그들을 자극하기 전까지는 카롤리가 우리의 오만함 때문에 부당하게 강압을 받았다고 반박했습니다. 그들의 중상모략이 색깔 있는 의상이 되기를 원했다면, 그들은 보다 신중하게 거짓말을 해야 했습니다. 비록 이 미친 짐승이 욕망으로 말미암아 기뻐 날뛰고 사나워져서 [우리에게] 해를 가했음에도 불구하고, 우리는 죽은 자들이 기도에 의해 도움을 받지 않는다고 가르쳤던 모든 사람들이 공적 강연을 통해 모욕적으로 비난을 받기까지, 그의 악취가 퍼지지 않도록 우리를 자제함으로써 그를 몇 달 동

---

14) 칼뱅은 오이콜람파디우스가 번역한 알렉산드리아의 키릴루스 전집(1528, Basel)을 활용하고 있다. *Dialogorum cum Hermia de trinitate libri septem* 3, in Opera 2, 99d(COR).

15) *Thesaurus*, 10, in Opera 2, 42b(COR).

16) 이 문장은 파렐과 칼뱅과 비레가 로잔 회의에 제출하고 카피토, 부처, 미코니우스, 그리고 그리나이우스가 동의한 신앙고백인 **De Christo Iehova**에 수록된 글과 거의 동일하다(CO, IX, 708-709).

17) *Thesaurus*, 10, in Opera 2, 42a(COR).

18) *Thesaurus*, 10, in Opera 2, 41d(COR).

19) 칼뱅은 에스겔 1:25-26을 주석하면서 요 12:41과 행 20:28을 인용하였다(CO, XL, 56-57).

20) 아리스타르쿠스Aristarchus는 호메로스의 시들을 재검토한 알렉산드리아의 비평가이다. 칼뱅은 그의 글을 비판한 사람들을 '아리스타르쿠스 학파 사람들'에 비유하여 말하고 있다.

안[21] 억제했습니다. 나이에 비해 판단력이 올바른 그의 동료 비레는 다투다가 더 큰 불화를 야기하지 않도록 이것을 공개적으로 알리지 않았습니다. 그는 같은 방식으로 기도를 가르쳤는데[22], 마치 저 사람의 활동으로[23] 하나님의 말씀이 가증스러웠던 로잔 시 의회에 드러나서 애매하거나 상징적으로가 아니라 명백하게 아리우스주의의 어투라는 이유로 고소될 때까지 그들 사이에 아무런 쟁론이 없었던 듯이 말입니다.

또한 칼뱅 역시, 마치 저쪽에서 우리 교회에 요청한 것을 정확히 준비라도 해놓은 양, 베른의 사절들-그 밑에 세워진 관할 구역의 일 때문에 잠시 파송된-앞에서 저 신성모독자에 의해 구두로, 파렐과 더불어 아리우스주의자 가운데 하나로 낙인 찍혔습니다. 칼뱅은 자신의 무죄를 입증할 확고한 방책이 그의 책[24]에 있다고 충분히 답했습니다. 참으로 그는 자신의 결백 못지않게 그 결백이 분명한 파렐의 소송도 포기하지 않기 위해, 주요 대목을 우리 교회가 사용하는 신앙 교육서에서 인용했습니다. 거기에서 우리는 명료한 말로 성부와 성자와 성령의 신성과 영광과 본질은 하나라고 주장합니다. 그리고 그리스도께서 하나님의 아들로 선포된다고 가르칩니다. 즉, 그는 입양이나 은혜로만 이루어지는 신자들과 달리 진실로 본성적이며 홀로 유일하게 하나님의 아들이라 칭하는데, 이는 그가 다른 이들과 구별되기 위함이다, 그는 영원부터 성부와 더불어 가졌던 그의 신성에 따라서뿐만 아니라 우리에게 나타난 육신에 있어서도 우리의 주님이시다라고 말입니다.[25]

이것이 정녕 아리우스주의자들의 말입니까? 이 고약한 사람이 논쟁하고 다투면서 아무런 목적도 만들어 내지 않았기 때문에, 심리가 베른 시 의회에 위임되었습니다. 칼뱅이 우리 교회의 공적 이름으로 종교 회의를 청원하는 일에서 성과를 얻었기 때문에, 매우 **뻔뻔한** 중상모략가가 우리를 더럽힌 그 허위 사실

---

21) 이 문제가 주목받기 시작한 것은 1537년 2월이다. 이 시기에 제네바 목사들이 베른 목사들에게 보낸 편지를 참고할 것(CO, Xb, 82; Herminjard IV, 183; COR, VI/I, 171).

22) 파렐이 카피토에게 쓴 편지(1537년 5월 5일)에서 비레가 교인들의 무지를 돕기 위해 자신이 주기도문에 관해 설교한 내용을 집집마다 돌렸음을 암시하고 있다(Herminjard, V, 436, n. 18).

23) 각주 4 참고.

24) 서신 43, 각주 2 참고. 카롤리는 로잔과 베른 토론에서 칼뱅이 〈기독교 강요〉에서 삼위일체란 용어를 사용한 사실을 인정해야만 했다.

25) 〈제네바 교회가 사용하는 신앙 교육서〉, in 〈칼뱅 작품 선집〉 2권, 364.

들이 거기서 더 훌륭한 무죄 증명으로 지워졌던 것입니다.

여러분이 보다시피 결국 그것 때문에 사태는 우리의 기대 이상으로, 물론 하나님의 놀라운 섭리와 함께 진행되었습니다.[26] 그가 아직은 도처에 퍼뜨리려고 생각하지는 않았지만 우리가 그리스도의 신성을 부정한다는 [소문을 퍼뜨리려는] 계획이 의심스러운 사실에서 비롯된 것이 아니면 무엇이겠습니까? 이런 소송 행위는 그가 제정신이 아니라는 것이 명백히 드러나도록, 우리가 오직 그의 광기와 싸우는 것이었습니다. 하지만 우리는 여러분이 다른 사람들을 통해 이 사실들에 대해 아는 것을 더 좋아합니다. 서두르는 우편배달부들은 우리 손에서 편지를 거의 빼앗다시피 합니다. 우리는 여러분이 우리의 이 변명[서신]을 다른 입장에서 받아들이지 않을 만큼만 요청하는 바, 이 변명은 그런 마음으로 작성되었습니다. 우리는 밀고자들의 책략이 어떠한지, 어떤 영향을 갖는지 잘 압니다. 또한 거기에서는 진리를 위한 어떤 목소리도 울려 퍼지지 않는다는 사실을 잘 압니다. 우리는 이미 다른 곳에서 침묵이 우리에게 해롭다는 것을 느꼈습니다. 그러므로 우리는 사탄이 여러분 옆에서 동일한 것을 시도한다는 사실을 의심하지 않기 때문에[27], 그런 비방하는 자들이 거짓된 중상모략으로 여러분의 마음을 우리에게서 떼어 놓지 못하도록 예방하고자 했습니다. 우리는 여러분의 분별력을 의심하지 않지만, 단절되는 분열의 시기이므로 더욱 신중을 기해야 합니다.

우리는 여러분의 교회와 우리 교회의 연합[28]을 확고히 할 어떤 수단도 놓치고 싶지 않을 정도로 여러분에게 열려 있습니다. 지금까지 그리스도의 교회들 사이에서는 증오와 반목으로 인해 충분히 많은 싸움이 있었습니다. 만일 서로가 앞다투어 상대방을 정직하게 받아들였다면 결코 그런 증오와 반목으로 시달리지 않았을 것입니다. 이제 우리는 그리스도의 거룩한 이름으로 여러분에게 간청하는 바, 이 문제에서 다른 누군가가 우리 때문에 죄를 짓는다고 생각하지 않도록, 우리를 훈계하는 데 귀찮아하지 말아 달라는 것입니다. 우리는 우리가 책임을 맡은 일에 있어서 무엇을 집행하든지 그것이 여러분의 것과 동일하게 인정받는 것 외에 더 이상 아무것도 원하지 않습니다.

---

26) 서신 37, 각주 16 참고.
27) 7월 9일 자 미코니우스가 불링거에게 쓴 편지(Herminjard, IV, 254-256)를 참고할 것.
28) 이 편지는 칼뱅과 그의 동료들이 협력 관계를 베른에서 취리히로 바꾸는 최초의 시도로 보인다.

우리 주님께서 그의 영의 새로운 증진으로 즉시 여러분을 부유하게 하시기를 바랍니다.

8월 30일, 제네바에서.
여러분을 존경하고 매우 친절한 형제들인 제네바 교회 목회자들 올림.

45
제네바 목사들이 베른 콘지스토리움에게

[1537년] 8월 31일 제네바에서
CO, XX, 361; Herminjard, IV, 286; COR, VI/I, 258

베른의 콘지스토리움에게.[1]

아버지 하나님과 주 예수 그리스도로 말미암아 은혜와 평강이, 매우 탁월한 여러분에게 [임하기를 바랍니다].

로잔의 그리스어 [교수]직을 맡을 사람이 주어지기를 청했던 여러분의 편지가 우리에게 전달되었을 당시에는 충분히 적합하다고 여겼던 사람이 아무도 없었습니다. 그 직분에 부응할 수 없는 누군가를 경솔하게 임명하게 할 마음도 없었습니다. 그런데 이 사람[2]이 나타나자마자, 우리는 그를 선정했습니다. 그런데 다른 사람이 선출되었다는 사실이 우리에게 통보되었습니다.[3]

그 후에 파렐은, 베른 시 의회로부터 오본 교회에 신실한 사역자 한 사람을 선발하여 잘 알아보고 확인한 뒤 여러분에게 파송하라는 책임이 담긴 편지를 받았습니다.[4] 우리는 오본 교회에 더 이상 목사가 부재하지 않는 것이[5] 매우 중요

---

1) Consistorium. 독일어로는 Chorgericht 또는 Ehegericht라고 불리는 감독치리회는 베른에서 1528년 5월에 설립되었다. 위원은 시 의회에서 2명, 시민 가운데서 2명, 그리고 목사 2명 등 총 6명으로 구성되었고, 주로 월, 수, 금요일 오전 설교 직후 모였다(COR).

2) Herminjard는 살Sales 지방 출신으로 파리에서 대학 과정을 수학한 장 리비°, 또는 뤼비Rubit로 추정한다.

3) 베른 시 의회가 로잔 아카데미의 그리스어 교수로 선정한 사람은 취리히의 콘라트 게스너°였고, 그는 1540년 9월까지 교수직을 수행했다(Herminjard).

4) 이 편지는 알려져 있지 않다. 1537년 8월 7일, 베른 시 의회는 파렐에게 오본 교회를 위한 사역자를 찾는 책임을 맡도록 결정했다. 파렐은 당시 베베에서 교육 책임자로 있었던 자끄 발리에°를 천거했으나, 베른 당국이 발리에를 임명할 가능성이 많지 않음을 알고 비레에게 잠정적으로라도 발리에를 임명하도록 했다(Herminjard, IV, 280-281). 어쩌면 본 편지에서 칼뱅은 제네바 목사회의 이름으로 발리에의 임명을 촉구하고 있는지도 모른다. 발리에는 오본 교회의 목사로 임명되었고 1546년까지 그곳에 머물렀다.

하다는 것을 알기 때문에 여러분에게도 그렇게 보여진 이상, 일찍이 여러분이 베베Vevey[6]의 사역자로 결정한 사람이 이끌어 가도록, 동시에 그가 그 도시의 학교를 관장하도록 규칙에 따라 시행할 생각입니다. 만일 어떤 것이 정녕 우리의 판단에 속한다면, 그것은 말씀의 직분과 그 지위에 가장 합당할 것입니다. 그 직분과 지위가 다른 자질 있는 목사들에게 교리와 경험과 순결함과 믿음에 있어서 효력이 있는 한 말입니다.

지금껏 모든 지역을 통틀어 가장 [학생] 수가 많은 베베 학교에 선생이 부족하지 않도록, 우리는 그 사람[7]을 여러분에게 천거합니다. 우리는 그가 지식이나 언어, 둘 중 어느 하나도 후회의 대상이 되지 않을 만큼 구비했음을 검증했습니다. 만일 그가 여러분의 인정을 받는다면, 시 의회의 공적인 위촉과 함께 그를 그쪽으로 보낼 수 있도록 도와주십시오. 우선 급료가 그에게 합당한 것보다는 다소 인색하게 책정되었습니다. 단지 100플로린만이 배정되었습니다.[8] 그 문제에 대해서 우리는 여러분이 그에게 보다 나은 예우로 조치해 달라고 권면합니다. 그에 대한 고려를 하는 것은 합당합니다. 그는 성장하는 소년기에, 교리 외에도 결코 열매가 없지 않은 숙련됨을 갖고 있으며, 나아가 그것은 몇몇 사람의 관계에 의해 확인되었습니다. 이곳에는 적지 않은 수의 가난한 사람들이 매일 몰려듭니다.[9] 그들이 정당한 조사를 통해 인정받을 때까지 오랜 시간 지원하기에는 우리의 능력이 부족합니다.

8월 31일 제네바에서.

---

5) 서신 35 각주 3 참고.
6) 로잔에서 동쪽으로 20킬로미터에 위치한 도시이다.
7) 각주 2 참고.
8) 콘라트 게스너의 후계자가 받은 급료는 숙식을 포함하여 200플로린이었으며, 거기에 밀 200리터와 포도주 두 수레도 포함되었다. 이것은 당시 정규 목사의 급료와 동일했다.
9) 이 시기에도 이미 프랑스에서 오는 종교적 피난민들이 많이 있었다. Herminjard는 훗날 목회자가 될 미셸 뒤 부아와 장 드 코르노라는 이름을 제공한다. 이 가운데는 장 모랑과 미셸 뮐로도 있었다.

46

볼프강 카피토가 칼뱅에게

1537년 9월 1일, 스트라스부르에서 제네바로
CO, Xb, 124; Herminjard, IV, 292; COR, VI/I, 262

제네바에서 성서를 가르치고 있는, 주 안에서 사랑받는 형제 장 칼뱅에게.

문안드립니다. 부처는 [건강 문제에 대해] 보다 빨리 받아들여야 할 필요성 때문에 온천에 있었습니다.[1] 다른 치료를 받기 전에 회복된 그는 즉시 나와 함께 베른으로 돌아가서, 그곳의 대다수 사람들의 적대적인 교활함에 의해 만들어진 위협적인 의심과 비난에 대해 자신의 무죄를 입증하기로 결정했습니다. 그사이 그리스도인의 사랑에 속한 것이 당신과 함께[2] 그리고 다른 사람들과 더불어 이뤄지기를 바랍니다. 나는 지금 사탄이 기회를 포착하고 있음[3]과, 또한 그를 반대하는 분별력이 주님을 바라는 자들에게 없지 않음을 잘 압니다. 많은 안건들이 그 시기에 정리되었습니다. 누구도 이 문제에 있어서 시간의 비용을 한 번도 후회한 적이 없습니다. 아무튼 우리는 이달 9일이나 10일에 베른에 있을 것입니다. 여러분은 [허락이] 빨리 떨어지도록 애쓰십시오. 우리는 이것[위 사안]을 여러분에게 더 빨리 통지할 수는 없습니다. 왜냐하면 지금은 먼저 부처의 건강에 대해 더 확실하게 이야기하고 있기 때문입니다.

---

1) 부처는 스트라스부르에서 동쪽으로 65킬로미터 지점에 있는 빌트바트Wildbad 온천에 있었는데, 1537년 8월 16일 자 암브로시우스 블라러ª에게 쓴 편지에 따르면 그는 부인과 함께 이미 2주간 그곳에 머무르고 있었다(COR).
2) 〈비텐베르크 일치〉를 추진하고자 했던 부처와 카피토는 1536년 말에 칼뱅에게 회합을 갖자고 요청한 바 있다(서신 25, 27 참고).
3) 파렐이 카피토에게 쓴 편지를 참고(CO, Xb, 97)하라.

가장 거룩하고, 또한 가장 박학다식한 당신의 편지[4]에 대해서는 직접 만나 답을 드리겠습니다. 이는 그것에 대한 대화의 어떤 열매가 우리에게 맺히기를 바라기 때문입니다.

안녕히 계십시오. 주 안에서 파렐과 비레, 그리고 다른 선한 이들이 나를 통해 정중히 문안을 드립니다.

스트라스부르에서 1537년 9월 1일.

V. 카피토 올림.

---

4) 여기서 편지란 십중팔구 칼뱅이 쓴 공개서한인 〈두 서신〉(1537년 3월 출판)을 의미한다. 본 서신의 맨 앞에 나오는 수취인 칭호(성서를 가르치는sacras literas docenti)와 〈두 서신〉에서 칼뱅이 묘사한 자신의 역할(성서 교사sacrarum literarum···professor)의 일치도 이 사실을 입증한다(〈칼뱅 작품 선집〉 2권, 197. 표지 참고). 스트라스부르 개혁자들은 급진적이고 과감한 칼뱅의 입장을 반대했다. 일례로 마르틴 부처는 그의 *Consilium theologicum privatim conscriptum*에서 〈두 서신〉을 반박했다(BOL, 4, xvi).

47

하인리히 불링거[1]가 파렐과 칼뱅에게

[1537년] 11월 1일, 취리히에서 제네바로
CO, Xb, 127; Herminjard, IV, 309; COR, VI/I, 267

매우 친애하는 분들이요, 매우 친애하는 형제들이자 제네바 교회 목회자들인 파렐 선생과 칼뱅 선생에게.

주님으로 말미암아 은혜와 청렴한 삶을 누리시길 바랍니다.

내가 주 안에서 형제들을 돌보는 여러분에게 이제껏 아무것도 쓰지 않은 것은 여러분을 덜 좋아하기 때문이 아닙니다.[2] 실로 나는 그리스도의 충실한 사역자인 여러분과, 여러분에게 있는 흔치 않은 은사들을 언제나 좋아했고 가장 존중했습니다. 주님은 여러분의 사역을 통해 왕이신 그리스도에게 많은 유익을 가져오고, 또 그리스도의 통치 안에서 신자들을 계속 섬기도록 하십니다.

여러분이 취리히 교회에 보낸, 거룩한 삼위일체에 관해 작성된 신앙고백서[3]는 나를 많이 기쁘게 했습니다. 나는 우리들 가운데 그것을 마음에 들어 하지 않는 이가 없다고 들었습니다. 저 비방자들[4]을 믿는 자는 아무도 없습니다. 우리는 카롤리가 누구인지를 경험으로 알고 있습니다.[5] 아무쪼록 그가 하나님의 은혜와 평화에 속한 것이 무엇인지를 깨닫기를! 베른의 형제들은 이 문제에 대해 많은

---

1) 불링거[2]는 1531년에 사망한 개혁자 츠빙글리의 친구이자 후계자였으며 멜란히톤, 크랜머, 칼뱅, 베즈 등과 왕성한 서신 왕래를 했다.
2) 이것이 불링거가 파렐과 칼뱅에게 쓴 첫 번째 편지이다. 불링거는 1528년 1월 베른 논쟁에서 파렐을 만났고, 칼뱅과는 1536년 초에 알게 되었다.
3) *Confessio de Trinitate*를 의미한다(서신 34, 37 참고).
4) 카롤리 일당을 지칭한다.
5) 카롤리는 1536년 초에 취리히를 방문한 적이 있다.

것들을 여러 번 써 보냈습니다. 주님은 모든 불화를 분쇄하여 한마음으로 되돌려 놓으실 것이며, 진리를 거스르는 도모들과 사탄이 만든 [거짓] 진리의 애호가들을 무너뜨리실 것입니다.[6]

이 편지를 운반하는 사람들은 영국인들입니다.[7] 이들은 칼뱅과 파렐을 볼 목적으로 그곳에 갑니다. 그들은 취리히의 우리 곁에서 일 년하고도 수개월 동안 살았습니다. 그들 자신들이 어떻게 처신했는지는 우리가 준 찬사가 입증할 것입니다. 더 중요한 것이 무엇이겠습니까? 하나님과 진리를 마음으로 추구하는 사람들은 거룩하고 현명합니다. 그러므로 매우 착한 형제들에 대한 배려를 등한히 하지 마십시오. 나는 여러분에 의해 그들이 머무를 수 있는 조용한 장소가 마련되기를 원합니다. 왜냐하면 그들은 형편에 따라 여러분의 말을 듣고, 또 자신들의 경건을 돌보기를 원하기 때문입니다. 원컨대 그들에게 적합한 환대가 이뤄지기를 바랍니다. 게다가 그들은 문벌 좋은 귀족 가문 태생들입니다. 니콜라우스 엘리오투스 경[8]은 왕의 급료로 생활하며, 다른 두 사람인 요아네스 부틀레루스와 니콜라우스 파르트리기우스 경은 자비로 생활합니다. 만일 여러분이 그들에게 모든 인정을 베풀어 준다면, 나는 이 일이 여러분이 매우 감사함으로 하나님께 행하는 것임을 조금도 의심하지 않겠습니다. 만일 여러분 중 누군가가 내게 부탁하고자 한다면, 매우 거룩한 사람들을 천거하십시오.

건강하시고 안녕히 계십시오. 취리히 교회를 위해 기도해 주십시오.

취리히에서, 1537년 11월 1일.

H. 불링거 올림.

---

6) 당시 베른에서는 츠빙글리를 지지하는 메간더와 루터를 지지하는 쿤츠 사이에 문제가 있었고, 어쩌면 불링거는 이것을 염두에 두고 있다.

7) 1536년 8월 부처는 불링거에게 세 명의 영국인을 천거한 바 있고, 그해 9월 불링거는 취리히에 있는 네 명의 영국인 명단을 통보했다. 그중 니컬러스 파트리지°는 1537년 1월에 영국으로 가서 토마스 크랜머에게 불링거의 편지를 전달했다. 돌아오는 길에 그는 안트베르프에서 엘리엇°과 존 핀치John Finch를, 그리고 스트라스부르에서 우드로프°와 버틀러°를 대동하여 모두 6월 8일 취리히에 도착했다(COR). 불링거의 편지를 가져간 사람들은 곧이어 언급되는 엘리엇, 버틀러, 파트리지, 이 세 사람이다.

8) 법학을 공부한 이 사람은 1539년 3월에도 여전히 왕의 급여를 받았고 1542년에는 영국에서 [법률] 사무소를 개설하였다.

48
제네바 목회자들이 취리히 목회자들에게

1537년 11월 13일, 제네바에서
CO, Xb, 129; Herminjard, IV, 315; COR, VI/I, 270; CSW, IV, 58

주 안에서 존경받아 마땅한 우리의 형제요, 동료인 취리히 교회 목회자들에게.

매우 사랑하며 비할 바 없이 우리의 존경을 받아 마땅한 형제들이여, 하나님 우리 아버지와 주 예수 그리스도로부터 은혜와 평화가 여러분에게 임하기를 바랍니다.

우리는 그 문제에 대해서는 간단히 결론지을 것입니다. 왜냐하면 그 일 때문에 여러분에게 일부러 사람을 보내야 할 것으로 여겼기 때문입니다. 주로 오크oc어를 말하는 지방-지금 불리고 있는 대로[1]-의 꽤 알려진 님Nîmes에서, 최근 불경한 자들의 잔인함이 그곳에 흩어져 머물고 있는 비참한 형제들을 향해 또다시 끓어올랐지만, 우리는 그것에 대해 아무것도 예상하지 못했습니다. 그리 오래되지 않은 때에 우리는 스트라스부르와 바젤의 시 의회로부터 편지를 받았습니다. 그 편지에 따르면 지금 프랑스 감옥에 구금된 모든 사람의 구출과 안전이 기욤 백작에게 위임된 상태였습니다.[2] 그는 모든 사람의 방면을 왕에게서 허락받았다고 말했습니다.[3]

---

1) 16세기 프랑스 남부에서는 오크oc어를 사용했는데, 오크의 언어를 지칭하는 **Languedoc**가 남부 지방의 주州 이름이 되었고 그곳에 님Nîmes이라는 도시가 있다.
2) 빌헬름 폰 퓌르스텐베르크² 백작을 의미한다(Herminjard). 스트라스부르 시 의회는 1537년 9월 3일자로 퓌르스텐베르크 백작에게 편지를 썼고, 당시 백작의 비서 일을 보았던 고쉬에 파렐은 이 편지와 바젤 시 의회의 편지를 백작에게 전달했다.
3) 퓌르스텐베르크 백작이 1537년 10월 10일 자로 스트라스부르 시 의회에 보낸 편지의 내용이다.

우리는 박해의 불이 그곳에서 맹렬히 타올랐다는 소식을 들을 때까지, 이런 기대 가운데서 안심하고 있었습니다. 두 명이 화형을 당했습니다. 여러분은 그들의 죽음에 대해 목격자로부터 직접 듣게 될 것입니다.[4] 이는 그가 우리에게 보고한 것을 여러분에게도 라틴어로 이야기할 수 있기 때문입니다. 많은 사람이 감옥에 내던져지고 있는 바, 만일 이미 두 사람의 피에 도취해서 미쳐 날뛰는 것 외에 다른 목적을 갖지 않는 자들의 광기를 제때에 막지 못한다면, 저 [수감자]들의 생명은 위태로울 것입니다. 그 두 사람은, 그들의 인내가 더할 나위 없는 잔인함에 의해 공격받았음에도 불구하고, 마지막까지 계속해서 특별한 지조의 정신을 보여 주었습니다. 실로 우리가 그와 같은 위대한 정신을 다른 누구에게서 발견할 수 있을까요? 그러므로 연약한 자들이 공포에 의해 기가 꺾이지 않도록, 무슨 방법이 있다면 도움이 필요할 때에 이뤄져야 합니다. 게다가 **주님의 눈에 소중하고** 경건한 자들의 **피가** 우리에게 하찮게 여겨지지 않도록 극히 조심해야 합니다[시 72:14].

우리는 최근 여러분의 통치자들이 우리의 왕[5]과 더불어 협약을 체결했는데, 그 협약에는 종교 이해에 있어 여러분과 일치하는 자들은 향후 현행의 가혹함으로 처벌되지 않는다는 종교 문제에 대한 언급이 있다고 들었습니다.[6] 만일 이것이 사실이라면, 우리는 형제들을 돕는 그런 기회를 소홀히 해서는 안 됩니다. 그리스도는 명백히 우리를 불러 그들을 마땅히 돕도록 하실 뿐만 아니라, 그들이 버려질 때 그 자신이 버려지는 것이라고 개탄하십니다[마 25:45]. 그러므로 매우 훌륭하고 경건한 형제들이여, 여러분 마음의 정직함을 따라, 이 대의명분에 모든 것을 쏟으십시오. 우리는 여러분이 그 이상으로 할 것을 확신하기 때문에, 이 문제에 대해 더 이상 논하지 않을 것입니다. 그러므로 이제 왕이 엄숙히 소환되도록 여러분의 시 의회 앞에서 실행하십시오. 그리고 이것이 가능한 한 빨리

---

4) 이 편지를 취리히로 가져간 사람이 목격자였을 것이다. 님 시 의회 장부는 이 두 명의 순교자들과 관련해서 아무런 내용도 남기지 않고 있다.

5) 프랑수아 1세를 의미한다.

6) 취리히, 베른, 바젤, 스트라스부르의 대표들은 1537년 2월 프랑수아 1세를 방문하여 프랑스 프로테스탄트들을 인정해 줄 것을 간청했고 구두로 긍정적인 답을 얻었으나, 왕은 이를 실행하지 않았다. 1537년 9월 4일 다시 한 번 구류된 자들의 석방에 대한 기대가 퓌르스텐베르크 백작의 노력으로 얻어졌다. 하지만 어떤 협약도 문서화되진 않은 듯하다.

이뤄져서 저 광포한 인간들이 선수 치지 못하도록 하십시오.[7] 여러분은 그들의 비행이 얼마나 악착스러운지를 압니다. 매우 학식 있고 우리에게 매우 사랑받는 형제들이여, 주 예수께서 그의 영을 날마다 새롭게 증대시켜 주심으로 여러분을 더욱 풍성케 하시기를 원합니다.

1537년 11월 13일, 제네바에서.
매우 사랑받고 존경받는 여러분의 형제들인 제네바 교회 목회자 일동.

---

7) 1537년 11월 17일 자로 베른 시가 프랑수아 1세에게 보낸 편지를 참고하라. "우리는 폐하께서 종교 때문에 투옥된 폐하의 왕국의 모든 죄수들을 석방하고, 폐하의 왕국에서 나오는 자들에게 아무것도 요구하지 않겠다는 약속을 하셨다고 들었습니다(Herminjard, IV, 321)." 취리히와 바젤도 동일한 행동을 보인 듯하다.

49
시몬 그리나이우스가 칼뱅에게

[1537년 12월 5일 또는 직전, 바젤에서]
CO, XX, 363; Herminjard, IV, 326; COR, VI/I, 274

매우 친애하는 형제인 장 칼뱅에게. 제네바로.

문안드립니다. 비록 나는 우리의 로슈포르[1]의 죽음에 대한 소문이 최근 당신에게 알려졌으리라는 사실을 의심하지 않지만, 당신의 요구 때문에[2] 간단한 말로 알립니다.[3] 그는 인척인 비바리우스[4]와 산책하다가 내통자[5]의 꾐에 빠져 [바

---

1) 프랑수아 드 로슈포르°는 나바르 왕을 섬겼던 재산가로서 1537년 카를슈타트가 총장으로 있던 바젤 대학교의 학생이었다. 학생 등록부에는 툴루즈 남쪽에 있는 파미에Pamiers의 주교로 되어 있으며 또한 성직록을 받았기 때문에 '수도원장'으로도 불렸다. 하지만 그는 복음주의자 편에 있었다.
2) 칼뱅의 요구를 담은 편지는 남아 있지 않다.
3) 1537년 11월 24일 토요일, 바젤에서 프랑스 사람 세 명(로슈포르 형제인 프랑수아와 상시, 그리고 그들의 하인이자 오르간 반주인인 마르크 로지에)이 습격당한 사건은 세간의 주목을 끌었다. 이로 인해 스위스 주 의회가 열렸고 전쟁 발발을 피할 수 있었다. 이후 배후였던 빌헬름 아르젠트°에 대한 소송이 이뤄졌다. 그는 스위스 프라이부르크 출신의 프로테스탄트 용병으로, 프랑수아 1세에게 4,500크라운을 요구했으며 주 의회는 공식적으로 그의 편에 섰다. 프랑수아 1세가 아르젠트에게 진 빚을 받아내기 위해 프랑스 사람 세 명을 인질로 삼으려는 계획을 세운 것이다. 아르젠트는 같은 바젤 대학 학생인 조카 야코프 아르젠트°를 시켜 11월 24일에 세 사람을 바젤 밖으로 꾀어 13시경 습격했다. 다른 두 명은 죄수처럼 라인 강을 따라 배로 이송되었지만, 프랑수아 드 로슈포르는 처음에는 도망쳤으나 계속 패주하여 말에 묶여 숲으로 끌려 다니다가 총에 맞아 죽었고 시체는 11월 25일 아침에 발견되었다. 빌헬름 아르젠트가 배후였음이 밝혀진 것은 11월 28일 가담자 중 하나였던 브로슬리 크렌클리Brosli Krenkli를 심문한 결과였다.
4) 프랑수아 드 로슈포르의 동생인 상시Sancy 드 로슈포르를 의미한다. 라틴명인 비바리우스Vivarius는 그가 살았던 툴루즈 동쪽의 비비에(Viviers-les-Lavaur나 아니면 Viviers-les-Montagnes)에 기인한다. 1537년 12월 28일 빌헬름 아르젠트는 상시의 몸값으로 5,000크라운의 배상금을 요구했고, 부활절 전까지 갚지 않으면 상시의 손을 자르겠다는 통보서를 시 의회에 보냈다. 스위스 주 의회에 통보된 것은 1537년 12월 30일이며, 상시는 1538년 3월 24일에 풀려났다.
5) 위에서 말한 야코프 아르젠트를 가리킨다.

젤] 성곽 밖으로 나갔습니다. 이 내통자는 싸우고 뛰어넘는데 정통한 몇몇 군인들이 최근 프랑스에서 돌아와 인근 마을[6]에 있다고 장담했습니다. 마을에 거의 도착했을 때 적들은 준비된 공격을 통해 모두를 덮쳐, 라인 강가에 미리 준비되어 있는 정박한 배에 몰아넣었습니다. 결국 인척 비바리우스와 로슈포르의 하인 한 명[7]이 배로 떨어졌고, 군인들의 소란 가운데 있던 로슈포르 자신은 용케 강변으로 빠져나와 용병들의 손에서 도망쳤습니다. 두 명의 기병이 이 음모에 끼어 있었는데, 그들은 이웃 마을[8]까지 쫓겨 온 그를 마을 어귀에서 더 멀리 내몰았고, 스트라스부르에서 [바젤로] 지나가는 마차 길인 확 트인 벌판에서 그를 가로챘습니다. 그[로슈포르]는 강하게 버티면서 마차에 탄 사람들에게 도움을 간청했지만 결국 붙잡혀서 말에 얹힌 채 근처 숲 속으로 끌려가고 말았습니다. 이 사건은 성곽에서 불과 1.5km[9] 떨어진 곳에서 일어났습니다. 다른 기병이 도망갔기 때문에 그는 말에 [실린 채] 숲으로 끌려갔습니다. 어느새 밤이 되었으며, 머리에 큰 상처를 입고 여행길에 지친 그는 말에 실린 상태에서 편하게 연행될 수도 없었고 외부에 드러나기 시작한 이래 사람들에게 맡겨질 수도 없었습니다. 그들 무리 가운데 용병이 곧장 이 사람의 심장에 총을 쏘아 죽였습니다.[10] 우리는 그 무리들을 이곳에 붙들어 두고 있습니다. 한 농부가 자신이 직접 눈으로 보았고, 총소리와 죽어 가는 소리를 들었다고 우리에게 말했습니다. 이것은 어떤 말로도 두둔할 수 없는 악행입니다. 관청은 배를 지휘했던 자를 체포했습니다.[11] 모든 정황상 요새[12]를 파괴할 태세가 갖추어지고 있으며, [주 정부는] 이것을 인정하고 말없이 수용하고 있습니다. 이번 주에 스위스 국민 회의comitia[13]가 있습니다.

---

6) 바젤 성곽에서 1마일 떨어진 라인 강변의 Hüningen 마을(각주 9 참고).

7) 각주 3 참고.

8) Hüningen 마을 서쪽에 있는 Michelfelden 마을.

9) mille pessuum intervallo. 1 pessus는 약 150cm이다.

10) 이 일은 바젤에서 북쪽으로 15킬로미터 떨어진 켐프스Kembs 부근에서 일어났고 프랑수아 드 로슈포르는 거기에 묻혔다.

11) 벨링겐Bellingen의 토지 관리인인 브로슬리 크렌클리 또는 암브로시우스 크렌클린Ambrosius Krenklin은 11월 27-28일 밤에 체포되어 28일 10시에 바젤로 호송되었다.

12) 뮌스터 부근에 있는 쉬바르첸부르크Schwarzenburg성을 의미하며, 1538년 2월 3일 스위스 주 의회는 이 성을 파괴하기로 결정했다.

13) 1537년 12월 6일 바덴Baden에서 열린 스위스 주 의회를 말한다.

이것이 이 사람의 운명이었습니다. 그는 살해되기 직전 주일[14]에 성찬에 참여하면서 분명한 신앙의 증거를 보여 주었고 내 곁에서[15] 매우 바르게 살았습니다. 특히 많은 것들과 관련된 것으로 보이는 이 사건에서 유래한, 모든 고통은 말로 표현할 수 없을 정도입니다.

왕과의 협약[16]은 다른 무언가가 없는 한[17] 아무것도 아닙니다. [바젤] 시장은 친히 빌헬름 백작에게 두 번이나 편지를 썼으며 시 의회 역시 [백작의] 이름이 서명되기를 당부했습니다.[18] 나는 스트라스부르 사람들에게 모든 것을 알렸습니다.

그곳의 못된 시도들[19]은 심히 가슴 아픈 일입니다. 하지만 당신이 바르게 쓰고 있듯이, 이런 폭풍은 이 대양을 결코 내버려 두지 않습니다. 우리는 언제나 포구에 있어 감사할 것입니다. 그사이 그리스도는 모든 것에 맞서 우리를 안전하게 방비하시며 결국 불경한 자는 그리스도의 통치에 의해 패망할 것입니다. 아, 어떤 끔찍한 종류의 일이 우리를 위협하지 않기를! 분명 주 예수 그리스도와 우리의 확실한 믿음이 이길 것입니다. 오, 그에게 어떤 보상이 있을지! 주 그리스도께서는 그의 온 뜻을 다해 적어도 우리를 지키시기를! 아멘.

우리의 매우 소중한 파렐에게 머리와 가슴으로 부드럽게 문안드립니다. 우리를 진정 사랑해 주십시오. 주 그리스도께서 우리를 사랑하시기를 바랍니다. 아멘.

---

14) 11월 18일.
15) 아우구스티누스 수도원.
16) 서신 48 각주 6 참고.
17) 퓌르스텐베르크 백작의 서명을 의미하는 듯하다.
18) 바젤 시장 야코프 마이어[a]의 편지나 바젤 시 의회가 퓌르스텐베르크 백작에게 보낸 편지는 알려져 있지 않다.
19) 1537년 11월 25일에 열린 제네바 시 의회 총회의 소란함에 대한 암시이다(COR).

50
제네바 목회자들이 그리스도의 복음을 존중하는 모든 이들에게[1]

제네바 카테키스무스 헌정 서한
[1538년 1-2월, 제네바에서]
CO, V, 317; COR, III/II, 115; COR, VI/I, 279

제네바 교회의 목회자들은 그리스도의 복음을 성실하게 실천하는 모든 이들에게 주님의 은혜와 평화, 그리고 참된 경건의 증대가 임하기를 기원합니다.

아무도 우리의 신앙 교육서에 대한 유별난 찬사를 기대하지 않도록 장차 그것이[신앙 교육서] 우리의 경내에 머무르고 더 넓게 보급되지 않는 것으로 보일 수도 있었음을 기꺼이 인정합니다. 왜냐하면 이 책은 예리하고 고매한 박식함보다는 어진 평이함으로 작성되어 있어서, 그로 인해 드물게나마, 특히 라틴어를 아는 사람들 가운데서 이뤄질 수 있는 교리적 결실이 맺힐 수도 있겠지만 그렇게까지 소망이 크지는 않기 때문입니다. 만일 외부 사람들에게 우리의 재능과는 다른 것을 천거하는 방식이 우리를 자극하지 않았다면, 우리는 정녕 [이것을] 출판하지 않았을 것입니다. 그러므로 누구도 우리가 온 힘을 쏟은 이 책의 출판 의도를 나쁘게 해석하지 않도록 [독자] 여러분에게 그런 천거 방식을 설명하고 싶습니다. 왜냐하면 우리는 모든 사람들이 교회에 대한 애정을 가지고 서로를 받아들이도록 먼저 우리의 것을 제안할 줄 알아야 한다고 생각합니다. 또한 우리에게 긴밀한 유대가 조금도 남아 있지 않은 경우, 주님 안에서 상호간의 확실하고 확증된 합의를 갖는 것보다 더 나은 길이 없다고 생각하기 때문입니다. 언젠가 이 유대가 유익하다면, 분명 그것은 우리 시대에 필요하다고 생각합니다. 왜

---

1) 1538년 〈신앙 교육서〉 라틴어판(*Catechismus, sive Christianae religionis institutio*) 헌정 서문이다.

냐하면 우리는 결백함이 잘못된 고소로 인해, 솔직함이 의혹으로 인해 전혀 보호받지 못할 정도로 악의를 가지고 바라보기 때문입니다.

우리는 다른 것들에 관해서는 침묵합니다. 하지만 우리는 상당히 많은 체험을 통해 충분한 교훈을 얻을 수 있었습니다. 고발자의 불의는 완전히 확인되지 않은 문제에 관해 악의에 찬 소문이 퍼질 때마다 선한 자의 정신을 분리할 뿐만 아니라[2] 교회 자체까지도 갈라놓을 지경입니다. 악은 한꺼번에 발생하므로 우리가 진압하려 했을 때는 이미 늦은 경우가 많습니다. 불이란 길고 천천히 타올라서 요행수로는 진압되지 않기 때문입니다. 짧은 시간 안에 참소의 독이 너무나 많이 번져서 사람들의 정신을 썩게 하기 전에 결코 바로잡을 수 없다는 것은 놀라운 일입니다. 부패한 견해로 교육받은 인간의 정신을 정화하는 것이 그것을 오염시키는 것보다 더 어렵기 때문에, 설령 우리가 받아들여야 하고 또한 동시에 매우 힘들게 받아들인 주요 고발에 관해서 우리에게 용이한 그 어떤 것도 포기하지 않는다 하더라도, 이미 치료 자체가 어려운 경우가 지극히 많습니다. 그러므로 허위 고발에 몇 번 시달려 본 우리가 그것을 두려워해야 한다는 사실을 크게 깨달은 이상, 우리는 장차 그들과 맞붙어 싸워야 할 때, 할 수 있는 한 기회를 기대하기보다는 차라리 포기하는 편이 더 낫다고 생각합니다.

우리 교리에 대한 확실한 무슨 표본-예컨대 가톨릭의 신앙 진술보다 나은-이 공적으로 존재하는 경우보다 더 신속하게 어떤 신앙 개요서에 도달하는 일은 있을 수 없어 보이기에, 우리는 얼마 전 우리의 통속어로 출판한 이 카테키스무스[3]가 다른 교회들에도 공개돼야 할 것으로 여겼습니다. 예컨대 그것이 우리의 연합에 대한 담보로 받아들여졌음에 대해 그들이 스스로 알도록 말입니다. 물론 우리가 경건과 덕성과 박식에 있어서 매우 중요하게 여기는 교회의 목사들이 우리에 대한 성실한 호의와 사랑의 분명한 찬동을 이전에도 보여 줬고 또 지속적으로 보여 주고 있기에, 그들이 순수한 우리 종교에 관해, 문서에 백 번 서명되는 경우 못지않게 조용히 확신하는 것으로 보이긴 하지만 말입니다.[4]

그러나 이것은 그들만의 문제가 아닙니다. 그들이 원칙을 갖는 것은 합당합

---

2) 칼뱅은 그리나이우스에게 이런 한탄을 한 바 있다(서신 37 참고).
3) 1537년에 출판된 〈제네바 신앙 교육서〉(《칼뱅 작품 선집》 2권, 337 이하)를 의미하며 이것을 라틴어로 번역한 일을 암시한다(서신 37, 각주 5 참고).
4) 시몬 그리나이우스와 불링거가 칼뱅과 파렐에게 쓴 서신들(38, 47, 53, 54) 참고.

니다. 적어도 과도함이 있을 이유가 없는 이 문제에 있어서 우리가 지나치지나 않을까 두려워해야 합니다. 향후 주님이 우리에게 맡긴 백성을 가르친다는 점에서, 우리는 교리가 거룩한 진리에 일치한다고 확신합니다. 따라서 이 점에 있어서 앞으로 누구든 [우리] 종교에 대한 인식을 점검하지 않는 자는 경건한 자 가운데 들지 못할 것입니다. 왜냐하면 우리는 우리의 것들을 내세우려 한 것이 아니라, 하나님의 순전한 말씀에서 인용한 것을 건전하고 신실하게 섬기려고 애썼기 때문입니다. 특히 그렇게 부당하게 판단하기를 원하지 않는 자들은 그 사람[5]이 얼마나 우리에게 부당했는지를 쉽게 생각할 수 있을 것입니다. 이 사람은 마치 한 분 하나님 안에 있는 위격의 구분에 관한 우리의 견해가 교회의 일치된 정통 교리와 다르기나 한 듯이, 명백한 의혹 못지않게 애매한 의혹으로 선량한 사람들 앞에서 우리를 괴롭히고자 했습니다. 실로 그는 그의 불경함뿐만 아니라 매우 추잡한 생활[6]에 합당한 대로, 인간의 법정에서 원하는 때에 빠져나갔습니다.[7] 이는 그가 하나님의 보복에 맡겨지기 위함인 바, 그 명백한 징표가 이미 그에게 나타나는 것을 모든 사람들이 봅니다. 주님은 잠시 동안 우리의 무죄의 승리를 드러내셨고, 이런 뻔뻔한 거짓의 길을 서둘러 차단함으로써 그것이 더 넓게 퍼지거나 경건한 마음들에 더 오래 머무르게 하지 못하게 하셨습니다. 하나님의 도움으로 우리는 분명 성경 훈련에 있어서, 이처럼 투명한 빛 안에서 눈이 멀 만큼 그렇게까지 서투르지 않으며 그렇게까지 열매가 없을 정도는 아닙니다. 이 신앙 진술이 다른 이들에게 불분명하고 거의 불투명하게 보인다 하더라도, 우리는 거기에 **하나님의 하나의 본질에 있는 삼위의 일체**[8]가 너무도 명백히 표명되어 있음을 알고 있습니다.

우리가 이미 서약을 통해 모든 백성에 의해 선포된 의식의 신앙고백[9]이 [여기에] 함께 묶이도록 한 데는 이유가 없지 않습니다.[10] 물론 이는 이 문제에 관해

---

5) 피에르 카롤리를 의미한다.

6) 서신 37 참고.

7) 카롤리는 1537년 6월 6일과 7일 밤 사이에 베른의 관할권을 빠져나갔다(서신 36, 각주 6 참고).

8) in una Dei essentia personarum trinitatem. 〈기독교 강요〉 초판에는 이 표현이 다섯 번 나온다(서신 43, 각주 2 참고). 칼뱅은 카롤리와의 논쟁 시에는 trinitas라는 말의 사용을 피했다(서신 43, 각주 1과 2, 서신 44, 각주 24 참고).

9) 파렐이 작성한 〈제네바 신앙고백서〉(〈칼뱅 작품 선집〉 2권, 391 이하)를 의미한다.

10) 칼뱅은 〈제네바 신앙 교육서〉의 라틴어 번역과 파렐의 〈제네바 신앙고백서〉 라틴어 번역을 묶어서 출판했다(CO, V, 313-362). 이 문서들의 불어판은 CO의 XX권에 들어 있다(25-74; 85-96).

맹목적인 소문-우리는 이것의 미미하지 않은 입김을 느끼기 시작하거니와-이 어디론가 전해질 경우(흔히 일어나듯이, 진실이란 명백하게 드러나지 않는 까닭에), 어떤 새로운 사례를 들어 우리가 동요했다고 의심하는 자들이 없도록 하기 위함입니다. 왜냐하면 이 서약sacramentum이 강요되도록 시 의회에 제안한 사람들이 우리이기 때문입니다.[11] 실로 우리는 우리 행위의 공명정대함이 보다 명백하게 드러나리라고 여기며, 따라서 적어도 현명하고 사려 깊은 사람들에게는 어떤 옹호도 필요 없을 정도입니다. 물론 [시 의회는] 어떤 이들[12]의 고발을 피할 수 없었습니다. [시 의회는] 무엇보다도 가장 인정받는 일에 있어서 언제나 꾸짖는 일을 해야 할 만큼 미숙함에서 오는 괴팍함이 많습니다. 그러므로 우리는 우리의 직무와 관련해서 만큼은 모두에게 만족을 주며, 소수에게는 이 확고한 결정의 이유가 얼마나 정당한 것인지를 알려 줄 것입니다.

비록 교황제의 가증함이 여기서 말씀의 능력으로 무너지고 이어서 이것[신앙고백서]이 시 의회의 긴급 법령에 의해 공표됨으로 말미암아 도시의 종교가 제거된 미신과 그 도구에서 순수한 복음의 모양을 갖추긴 했지만,[13] 그렇다고 아직 우리에게 교회의 외양이 있는 것으로 보이지는 않습니다. 왜냐하면 우리 책임의 적법한 수행이 요구되기 때문입니다. 다른 사람들이 어떻게 평가하든지 간에 분명 우리는, 잘 손질한 설교로 하루 일과를 마쳐야만 할 정도로, 우리의 직무가 작은 목적에 한정되어 있다고 생각하지 않습니다.[14] 많은 경계심으로 처리해야 할 더 긴박한 일들이 있으며, 우리가 게으르지 않다면 이 일들에 대한 활력

---

11) 파렐과 칼뱅이 1537년 1월 13일에 제네바 시 의회에 제출한 〈교회 설립 시안〉을 의미한다(〈칼뱅 작품 선집〉 2권, 323-336). 제네바 시 의회는 1월 16일에 이 시안을 승인했고, 3월 13일에 '시안이 준수될 것'이라고 결정했다(RCC, II/1, 23, 103).

12) 1537년 9월 19일, 시 의회는 "많은 사람들이 서약하러 오지 않았다."는 보고를 받고, [신앙고백]을 요구했을 때 거절하고 서약을 원하지 않을 경우 다른 곳에 가서 살라고 말할 것"을 결정했다. 11월 12일, 시 의회는 서약을 거절한 독일인 거리의 주민들에 대해 다음과 같이 기록했다. "어제 아직 종교 개혁에 서약하지 않은 사람들에게 열 명씩 올 것을 요구해 여러 명이 왔으나 오지 않은 이들도 있었다. 심지어 독일인 거리의 사람들은 한 명도 오지 않았다. 이에 대해 종교 개혁을 서약하기를 원하지 않을 경우 도시를 떠나 다른 곳으로 가서 원하는 대로 살라는 명령서가 작성되도록 결정되었다(COR)." 대표적인 서약 반대자는 피에르 아모였다.

13) 서신 29 각주 10 참고.

14) 칼뱅은 불링거에게 "대부분의 사람들은 우리를 목회 사역자로서보다는 설교자로서 인식하기가 더욱 쉽다."고 쓰면서 도시 개혁자의 임무가 설교로 그치지 않음을 보인다(서신 56 참고).

이 우리에게 요구됩니다.[15] 그런데 이런 염려가 다른 식으로 우리를 불안하게 했을 때, 그것은 주의 만찬이 분배될 때마다 실로 혹독하게 우리를 괴롭히고 초조하게 만들었습니다. 많은 사람들에 대한 믿음이 불확실하고 심지어 의심스러웠을 때, 모든 사람들이 뒤섞여서 밀려왔습니다. 그들은 생명의 성례에 참여한다기보다는 오히려 정녕 하나님의 진노를 삼켰습니다[고전 11:29]. 그렇지만 아무나 참여시키는 목사 역시 이런 신비를 더럽힌다고 여겨야 되지 않을까요? 그러므로 우리는, 이 백성의 일원으로 여겨지고 또한 저 지극히 거룩한 영적 축연에 받아들여지기를 원하는 저들이 의식에 따라 고백함으로써[16] 그리스도에 참여하는 것 외에, 다른 어떤 법령으로도 우리 자신의 양심과 더불어 평화와 평온을 얻어 낼 수 없었습니다.

세례의 경우에는 이것[참여하는 것]이 단번에 이뤄졌다고 그들은 말합니다. 하지만 모든 사람이 세례 서약을 배반했습니다. 만일 그들이 군대에서 이탈한 자에게 그가 위반한 최초의 서약[17]만으로 충분하다고 주장한다면, 우리는 우리의 입장에 따라 보호의 말을 만들어 내지 않을 것입니다. 그렇지 않고 상식조차도 다른 것을 가르친다면, 우리는 모든 무고에서 자유롭습니다. 우리는 실로 명백한 사례들에서뿐만 아니라 성경의 찬동에서도 벗어나지 않았습니다. 백성은 그의 몸에 새겨진 할례 언약을 갖고 있었는 바, 모세는 그들을 새로 체결해야 할 언약으로 훈계하였습니다[신 5:2-4]. 이 언약의 갱신은 거룩한 왕인 요시아와 아사에 의해서, 다음으로 해방의 증인인 에스라와 느헤미야에 의해서 이뤄졌습니다[왕하 23:3; 대하 15:12; 스 10:3; 느 9:8].[18] 이미 허다한 고전 작가들[19]로 무장한 우리의 업적이 이미 이 고발에 영향을 끼칠 수 있지 않습니까?

---

15) 칼뱅은 에스겔에 나오는 파수꾼의 사명(겔 3:18-22; 33:6-8)을 〈두 서신〉에서 인용한 바 있다(〈칼뱅 작품 선집〉 2권, 274, 276, 279).

16) 제네바 시 의회는 1537년 7월 29일 신앙고백에 서약하는 문제를 다뤘다. "모든 십부장은 사람들을 열 명씩 생 - 피에르 교회에 데려와서 신앙고백에 관한 문항들을 읽히고 준수 여부를 묻도록 한다. 또한 도시에 충성 서약을 하게 한다(RCC, II/1, 273)."

17) sacramentum에는 군 복무를 위한 맹세iuramentum의 개념이 있다(Cicero, De officiis, 1, 11, 36). 칼뱅은 이 사실을 〈기독교 강요〉에서 언급하였다(〈기독교 강요/1536〉, 303).

18) 1537년 11월 26일 제네바 시 의회에서는 느헤미야와 예레미야의 사례가 언급되었다. "[시 의회가] 우리에게 서면으로 강요한 신앙고백의 서약은 거짓 선서라고들 말합니다. 나는 기록된 이 신앙고백의 내용을 보면 사실은 그렇지 않고 오히려 하나님이 백성을 모으기 위해 하신 신앙고백이라고 답합니다. 성경에서 느헤미야와 예레미야의 사례가 있듯이 말입니다(RCC, II/1, 416)."

19) 기욤 뷔데는 이 말로 키케로, 쿠인틸리아누스, 리비우스를 염두에 두었다(COR).

그러므로 우리는 이렇게 강요될 필요 때문에 이 일에 대해 시 의회에 호소했으며 제출된 신앙고백서들[20]을 열렬히 통과시켰습니다. 즉, 공약된 이 진리 안에서 주님께 영광을 돌리는 것이 거절되지 않았습니다. 온 힘을 다해 스스로 모범이 되어야 한다는 것을 알았던 그들이 이런 거룩한 행동으로 자기 백성을 선도하는 것은 정당합니다. 우리 요구에 공정함이 있었기 때문에, 우리는 열 명씩 소환된 백성이 이 신앙고백에 서약하는 것을 쉽게 얻어 낼 수 있었습니다.[21] 열성적으로 보여 준 서약은 시 의회의 성실한 공고 못지않았습니다.[22] 그리고 하나님의 법의 준수가 선서를 통해 보증되도록 명령되었습니다. 이것은 진정 어떤 방식으로도 양해될 수 없는 일입니다.[23] 누구든지 감히 경솔하게 훼방하는 자들은 그들이 누구와 싸우려 하는지를 깨닫지 못합니다. 요시야가 그의 하나님에 의해 승인을 얻어 내고 백성의 이름으로 체결한 언약은 과연 어떤 것인가요[왕하 23:3]? 정녕 그는 그가 주님 앞에서 행할 때 그의 온몸과 온 마음으로 주의 계명과 증언과 법도를 지켰는 바, 유대 백성 전체가 그런 협정으로 그들의 믿음을 묶어 두면서 맹세를 하지 않은 것이 아닙니다. 아사 시대에 언약은 동일한 법에 의해 인준되고, 환호성과 함께 **큰 목소리로 그리고 피리와 나팔 소리로 온 힘을 다해** 맹세되었습니다[대하 15:14]. 동일한 맹세sacramentum가 에스라와 느헤미야가 언약을 했기 때문에 이행되었는 바, 자녀들을 대신하여 부모가, 미성년자들을 대신하여 연장자가 서약했습니다[스 10:1-5; 느 10:29-30 참고]. 성경은 이런 식의 맹세-이것으로 사람들이 하나님의 법을 지키는 의무를 갖게 된다-를 통해 주님이 통치하셨음을 증언합니다. [맹세가] 이 영원한 언약에 내포되어 있기 때문에, 선포된 거룩한 법에 따라 수호자 자신에 의해, 그리고 지도자와 책임자에

---

20) 칼뱅의 〈제네바 신앙 교육서〉는 파렐의 〈제네바 신앙고백서〉 이후에 출판되었다(BC, I, 46).

21) 하지만 많은 반발이 있었다(각주 12 참고).

22) COR 편집자는 제네바 시 의회의 5월 1일 자 결정 사항을 여기에 연결시켰다. "할 수 있는 한 최대한 이것을 따르도록 한다(RCG, II/1, 164)."

23) 1537년 11월 25일 어떤 이들은 제네바 시 의회 총회에서 베른 사절단이 자신들을 거짓 맹세로 위협했다고 말했다. 회의록 서기의 다음과 같은 단평이 있다. "시 의회 총회에서 Jo. Philippe가 나는 신앙고백을 맹세했고 그는 맹세하지 않았다고 말했듯이, 장 뤼랭9은 우리가 잘못 맹세했다고 말했으며 베른의 사절들은 그에게 우리가 거짓 맹세를 했다고 말했다(RCG, II/1, 401, n. 57)." 사실 〈제네바 신앙고백서〉에는 "우리는 우리의 모든 생활이 의의 모든 완전함을 담고 있는 그의 거룩한 율법의 명령에 맞춰져야 한다고 고백하며, 또한 우리가 선하고 올바르게 살기 위해서나 그를 만족케 하기 위하여… 율법에 담겨 있는 규칙 및 선행과 다른 규칙을 갖거나 다른 선행을 고안해 내어서는 안 된다고 고백한다(〈칼뱅 작품 선집〉 2권, 394)."고 되어 있다.

의해 즉시 존재했다는 것은 이상한 일이 아닙니다[출 24:1-8 참고].

그러므로 조심성 없는 비방으로 이런 언약의 형식을 비난하는 사람들은 교회의 수많은 지도층과 더불어, 모든 선지자들 중 으뜸인 모세와 더불어, 하나님과 더불어 시비를 가려야 할 것입니다. 그러나 자신의 법을 지키도록 언약함으로써 긍휼과 죄의 사면을 약속하신 주님이 선서를 통해 자기 사람들을 거짓 맹세하게 만들었다고 여겨질 이유가 무엇입니까? 자신을 의무로 묶음으로써 동시에 자신에게 제공된 은혜를 부여잡은 백성이 거짓 맹세로 고발될 까닭이 무엇입니까? 그러나 만일 그들이[시 의회] 우리가 작성한 이 맹세 규정을 모세법과 비교했다면, 배척받았던 허다한 거룩한 사람들이 우리를 사면해야 합니다. 주님이 예레미야를 통해서 약속하는 동안(렘 31[:31-34]) 언약이 깨어지지 않을 것이라고 선포하시는 이상, 우리는 정녕 언약의 교섭자입니다. 왜냐하면 **화목의 말씀이 우리에게 명령되었고**(고후 5[:19]), 화목의 완성으로서 **죄를 알지도 못하셨던** 그리스도께서 **우리가 그 안에서 하나님의 의가 되도록 우리를 대신해서** 속죄를 이루셨기 때문입니다[고후 5:21]. 이것은 인간들이 법적 정의를 추구함으로써 그들 자신들에 의해서 얻어지지 않습니다. 오히려 자신의 의를 잃은 자들이 그리스도의 의로 옷 입을 때 얻어집니다. 왜냐하면 우리의 신앙고백에는 하나님의 법의 준수가 불가능하다는 내용이 내포되어 있기 때문입니다.[24] 하지만 우리가 백성으로 하여금 단순히 서약을 통해 법적 이행을 약속하게 했다고 공공연히 불평하는 사람들이 있습니다. 이는 그들이 스스로 신앙고백-그 안에 주님의 법이 담긴-을 준수할 자들이라고 맹세했기 때문입니다. 그들은 거기서 명료한 말로 법 자체에 대해 무엇을 가르치고 있는지를 깨닫지 못합니다.

형제들이여, 이제 우리는 다스리고 양육해야 할 그리스도의 교회를 통해 성령의 가호로 선출된 여러분에게 말합니다. 우리가 동일한 진영에서 동일한 적대자에 맞서 단 하나의 지도자와 동일한 전쟁을 벌인다면,[25] 우리는 우리가 이 사람들과 더불어 화합과 일치를 상당히 서둘러야 할 것을 기억해야 합니다. 그렇게 큰 지도자가 우리를 자신과 같은 신분으로 인정했다는 것은 작은 영광이 아

---

24) 〈제네바 신앙고백서〉 제4조 : "우리는 본성 그대로의 인간이 온전히 맹목적이고 판단력이 암흑 상태이며, 마음이 타락과 부패로 가득 차 있어서 그 스스로는 하나님에 대한 참된 지식을 그것에 합당한 대로 이해할 능력과 선을 행하는 데 전념할 능력이 전혀 없음을 인정한다(〈칼뱅 작품 선집〉 2권, 395)."

25) 루터파에 맞서는 개혁파 진영을 암시한다(서신 51 참고).

닙니다. 따라서 우리가 그에게 모든 것을 바치지 않으면 우리는 은혜를 저버리는 자들이 됩니다. 그런데 이것은 결과적으로 그의 일을 수행함에 충심으로 열정을 기울이게 될 뿐만 아니라, 그의 동의하에서 고려하는 것이 쌍방이 보기에 적합해지는 것입니다. 둘 다 매우 필연적입니다. 그때부터 최대의 경쟁이 분출되는 바, 이는 각자가 그리스도를 추구하지 않고 자기 자신을 추구하기 때문입니다[고전 10:24]. 그러는 동안 강렬한 정신의 열정으로 자신의 직책을 충실하게 수행함에 있어서, 지도자의 신호보다 더 자신의 기분을 따르는 자들이 적지 않은 다툼을 일으킵니다. 아무튼 실제로 평가하자면, 군인에게 바르게 행동하는 원리는 모두가 간직한 고집이 지도자의 의지에 속한다는 것입니다. 자기 자신에게 탐닉한 사람은 확실히 자기 자신에게 열중합니다. 그런데 만일 우리가 사령관이신 그리스도에게 우리의 충성을 인정받고자 한다면, 성실한 협동으로 들어가고 상호 평화-그리스도께서 그의 백성에게 천거할 뿐 아니라 또한 고취하시는-를 간직하는 것이 필요합니다.

왜 그런가요? 악마 자신조차도 원수의 신랄함[우리가 행하는]을 [그의] 통합 수행으로 돌리고 있지 않나요? 실로 많은 머리를 가진 [하나의] 짐승이 있을지라도[계 12:3; 13:1], 우리는 그것이 밀집된 위세로 그리스도의 통치를 공격하는 일에 가담하고 있음을 봅니다. 증오와 파당과 불화의 군주에게 이런 합의가 있을진대, 평화의 왕을 위해 그와 싸우는 우리에게는 정신과 능력을 더욱 치밀하게 결합시키는 일이 얼마나 합당한가요! 여기에다 전투의 구실이 우리를 자극합니다. 하나님의 진리 외에, 사탄의 날조에 맞서 우리가 어떤 무기를 준비하겠습니까? 장비 없이 무장 해제된 우리에게는 제공된 진리가 남아 있습니다. 진리가 하나이고 자신에게 불변하듯이, 이렇게 진리는 우리의 경쟁에 의해 붕괴되는 것을 스스로 견디지 못합니다. 우리가 진리 편을 옹호하는 일에 배치되었을진대, 내부의 싸움에 의해 혼란스러운 상황에서 우리는 무엇을 원하나요? 만약 온갖 방법이 우리를 약하게 한다면, 우리는 그리스도께서 단언하시는 말씀을 상기해야 합니다. 즉 그리스도 자신이 치욕당한 것을 자신에게로 돌리지 않는 한, 그 치욕이 그의 종들에게 남겨질 수는 없다는 것입니다[마 25:31-46 참고]. 아, 우리가 그들-그들에게서 경건의 한 가지 불씨가 눈에 띄는-과의 논쟁을 환영하기까지 즐길 때마다, 다음과 같은 생각이 우리 정신에 들어온다면 좋으련만! 즉, 그[그리스도]가 얼마나 많이 퍼지는 반목의 요소들을 질식시키셨는지, 그가 얼마나 끓어오르는 분노를 삭이셨는지, 얼마나 솟아오르는 언쟁을 억제하셨는지 말입니다.

실로 우리 자신은 또 다른 면에서 하나님의 종입니다. 그러므로 우리가 우리 주님의 징표와 영예-그것들이 나타나는 곳은 어디든지-를 존중하고 공경하는 일은 그만큼 더 많은 관심의 대상이어야 합니다. 이와 같이 우리가 논쟁함으로써 하나님의 은사들을 갈기갈기 찢기를 원하지 않는 한, 무엇이든 자신의 권리로 상호 양보하고 많은 것을 포기하는 것이 자신을 위해 합당합니다. 은사가 뒤섞여 있는 악습에 친절함이 동시에 베풀어지지 않고서는, 이런 찢겨진 은사에 하나님의 영광이 머물 수 없습니다. 그런데 우리가 불확실한, 심지어 무가치한 의심들 때문에 그들-이들의 경건과 정직, 그리고 믿음직한 문서에 의한 명백한 결백을 우리가 갖고 있는-에게서 쪼개지는 동안, 우리에게 심히 부족한 공평과 절제가 나타날 때까지 말입니다! 우리가 조심하는 의심은 두 종류로서, 바로 여기서부터 교회는 대부분의 악을 이전에 용납했고 오늘날도 용납하고 있습니다. 우리가, 혹은 운 나쁘게도 우리와 형제 동료들이 악을 품고 있다고 설명하고, 또 그 악이 너무도 호의적이고 친절한 재판관을 만남으로써 가장 좋은 입장에서 수용되거나 확실한 방식으로 변명될 수 있다고 설명하기까지, 혹은 우리가 보잘것없는 소문을 너무도 쉽게 수용하고 흡수하는 데로 기울어지기까지 말입니다. 그때부터 악이 악의 꼬리를 물고 이어지는 바, 우리는 [악을] 시험해 보는 것보다 단순히 [악이라고] 아는 것을 더 좋아합니다. 따라서 우리는 우리가 예방되어야 할 것들에게 무슨 목적으로 어떤 노력을 기울여야 할지를 알아야 합니다. 미래는 믿을 수 없을 정도로 우리에게 이롭기 때문에, 우리는 오히려 상호 친절과 사랑으로 논쟁해야 하며, 다른 사람들을 보호할 수 있도록 힘써야 하며, 다른 이의 모범과 권고로 다른 사람들로 하여금 책무를 행하게 해야 합니다. 교회는 이 논쟁과 싸움의 형식으로 인해 지치고 힘들어하며 고통당하지 않고, 오히려 새로운 성장을 통해 건강해지고 꽃피기 시작하며 견고해집니다.

연합과 평화의 열정이 있다면 우리는 보다 힘들게, 그리고 완벽하게 만들어 내야 하는 의식들[26]을 고집하기보다는 차라리 교리와 마음의 일치에 전념해야 합니다. 주님이 자유를 남겨 두신 것들에서 건덕의 능력이 더 중요하면 할수록,

---

26) 1536년 말 베른 의식의 문제는 파렐과 파브리의 편지들에 언급되어 있다(Herminjard, IV, 143-145). 1537년 1월 5일, 베른 시 의회는 모든 목회자들에게 의식과 성례 문제에 있어 베른 방식을 따를 것을 종용했다(COR).

과거에 덕을 세운 사실을 들어 노예적인 일치를 추구하는 것은 실로 천부당만부당합니다. 마지막에 저 심판이 이를 때, 장차 우리 직무의 결산이 이행되어야 할 때, 의식에 관한 문제는 극히 작은 분량일 것이며,[27] 철저히 계산해야 할 것은 이런 외적인 것들에 관한 일치가 아니라 자유의 적법한 사용일 것입니다. 결국 많은 것을 건덕에 기여하는 자가 적법한 자로 여겨질 것입니다.[28] 그러므로 우리의 모든 염려, 경계, 근면, 부지런함이 이 건덕을 향해 가야 하며, 이것이 진정한 하나님에 대한 경외와 순전한 경건, 그리고 품행의 가장되지 않은 거룩함으로 이뤄지는 한, 우리는 이 건덕에 이를 줄 알 것입니다.

---

27) 〈기독교 강요/1536〉, 406-408 참고.
28) 파렐이 파브리에게 쓴 1536년 12월 23일 자 편지(Herminjard, IV, 145) 참고.

51

칼뱅이 마르틴 부처에게

1538년 1월 12일, 제네바에서 스트라스부르로
CO, Xb, 137; Herminjard, IV, 338; COR, VI/I, 291

문안드립니다. 비록 상황이 그렇게까지 유쾌한 것은 아니지만 내가 편지를 썼다는 것은 좀 더 여유가 있었다는 뜻이기에 만족합니다. [편지를] 쓴다는 것은 옹색한 시간에 얼마나 많은 양을 전달하는가입니다. 우리를 압박하는 것이 무엇이건 그것이 당신의 가슴에 고통을 심었다는 사실이야말로 내게는 적지 않은 위로가 될 것입니다.

베른 시 의회가 카피토에게 쓴 편지[1]를 통해, 나는 예상했던 판결의 결과로 인해 마치 뛸 듯이 기뻤습니다. 이렇게 선한 소송의 성공에 대해 누가 의심할 수 있겠습니까? 진정 그때 논의되었던 우리의 신앙고백은 목회자들에 의해 경건한 것으로 여겨졌으며, 그중 확정된 성례[교리]는 백성들에 의해 최선의 규칙으로 확정돼야만 했습니다.[2] 비록 사절단이 결정됐다 하더라도 베른 사절단에 의해 입은 상처[3]가 치료되지 않았다면 무슨 소용이 있겠습니까? 그것[결과]은 매우 고통스럽게 얻어졌을 뿐만 아니라, 우리의 청원 때문에 그들[베른 시]은 그들이

---

1) 알려지지 않은 이 편지는 베른 시 의회가 파렐과 칼뱅의 말을 듣고 난 후, 그리고 사절단이 임명되기 전, 대략 12월 7일경 쓰였다(COR).
2) 1537년 11월 25일 제네바 시 의회 총회의 모임은 흥분 상태에 있었다. 11월 10일부터 제네바에 머물렀던 베른 사절단은 [파렐의] 1537년 신앙고백서(《칼뱅 작품 선집》 2권, 391-404)에 서약한 자들을 거짓 서약이라는 이유로 고소했고, 다음 날 제네바 시 의회의 종용에 따라 파렐과 칼뱅은 이 사절단과 함께 베른으로 갔다. 베른 사절단은 제네바 소요와 관련한 보고서를 작성하여 제출했고 베른 시 의회는 12월 6일 제네바 시 의회에 도시의 불화에 대해 책망했다(RCG, II/2, 615). 베른 시 의회는 파렐과 칼뱅의 말을 듣고 제네바 신앙고백서를 인정했으며 동일한 2명의 사절단을 제네바로 보내 거짓 서약 고소에 오해가 있었음을 알렸다(COR).
3) 각주 2의 거짓 서약으로 인한 상처를 말한다.

할 수 있는 가장 부당한 방법으로 개입할 수 없었습니다. 마침내 소송을 수행할 사절들이 지명되었지만 그들은 그 임무를 수행하지 않을 것이 확실했습니다. 그들이 거절했음에도 불구하고, 불행의 기원이었던 그 소임은 그들에게 맡겨져야 합니다. 실로 나는 당신이 매우 진지하게 이해하도록 하기 위해서, 내가 들은 분명하지 않은 소문을 말하지 않았습니다. 그들이 소환되는 즉시 사태가 평온해질 수 있도록 말입니다.[4] 나는 누구에게도 감히 악의가 있다고 의심하진 않지만, 소란과 불화에서 즐거움을 느끼는 그들은 변화되는 사태를 통해서 모든 기회를 잡으려고 포효합니다. 오래지 않아 메간더가 추방을 당해 [취리히로] 돌아갔다는 통보를 받았습니다.[5] 우리 역시 그 소식을 듣고 충격을 받았습니다. 마치 베른 교회가 크게 무너졌다는 얘기를 듣기나 한 것처럼 말입니다.

나의 부처여, 나는 우리가 경건한 자들을 피 흘리며 처벌받고 죽게 만드는 이 일치[6]에 대해 심사숙고하지 않을까 봐 두렵습니다. 이 서식은 뜻있는 자의 발을 되돌리지 못하고 오히려 많은 선한 이들이 우리와 결합할 수 있는 화합을 탐욕적인 것으로 만듭니다. 정녕 우리에게 마음이 쓰인다면, [우리같이] 보다 소심한 자들을 방해할 수 있을 것으로 보이는 모든 덮개들이[7] 제거되어야 할 것입니다. 그런데 이 덮개들은 우리가 우리 자신들에게 대립되는 것으로 여긴 것들입니다. 이것들의 목적은 루터가 우리의 몸이 그리스도의 몸으로, 또는 그리스도의 몸이 우리의 몸으로 상호 소통한다며 잠꼬대 소리를 하는 것으로, 그리스도에게 무한한 몸을 덧붙이는 것으로, 그리고 장소적 임재를 강요하는 것으로 보이지 않게 하기 위함입니다.[8] 이제껏 항의한 자들 가운데 무언가 의심을 받지 않은 이는 아무도 없습니다. 만일 루터가 신앙고백[9]과 더불어 우리를 포용할 수 있다면, 나는 그 이상 원하는 것이 없습니다. 그렇다고 해서 하나님의 교회에서 루

---

4) 제네바에서 파렐과 칼뱅을 반대했던 위그 방델°은 제네바에 문제가 없으니 베른 시 의회에 사절단을 보내지 말라고 조언했다(COR).
5) 베른의 주 목회자 중 하나였던 카스파 메간더는 1537년 12월 24일 시 의회에 의해 면직되었고, 1538년 2월 3일 이전에 취리히로 돌아갔다(COR).
6) 비텐베르크 일치신조.
7) 신학적 차이를 숨긴다는 의미다.
8) 칼뱅은 루터의 성찬 이론을 부처의 책(*Defensio adversus axioma catholicum*)을 통해 파악했을 가능성이 크다. 부처는 자신의 책에서 루터와 츠빙글리 양편이 상호 오해했다고 지적했다.
9) 1536년 1-2월에 작성된 〈스위스 제1 신앙고백서〉*Confessio Helvetica Prior*(서신 42, 각주 4 참고).

터만 소중히 여겨져서는 안 됩니다. 만일 그렇게 된다면 우리는 특별한 이유가 없는 한 포악하고 야만적이 될 것입니다. 우리는 아마도 그의 신조가 유치하다고 맹렬히 조롱하는 자들이 될 것이니까 말입니다. 루터에 대해 어떻게 생각해야 할지 모르겠지만, 경건에 관해서만큼은 그가 매우 훌륭하다고 확신합니다. 하지만 다른 관점에서 그에게 부당한 것이 있기를 원하지 않는 대부분의 사람들이 입 밖에 내는 말—그의 변함없는 완고함이 다소 개입되어 있다는 것—은 제발 거짓이기를 바랍니다. 루터는 이 사건에 적지 않은 의혹을 드러내고 있습니다. 내가 최근에 느낀 바대로 비텐베르크 사람들이 영광을 좇아 분주한 것이 사실이라면, 그리고 그들이 거의 모든 교회들을 마땅히 인정되어야 할 오류로 끌어간 것이[10] 사실이라면, 이 얼마나 큰 허영이겠습니까? 만일 야망의 탐욕으로 그런 허영이 우리 사이에 만들어지지 않[았]다면 참된 그리스도가 계신 것으로, 그리고 그의 진리가 사람들의 마음에 환히 드러나는 것으로 만족하지 않았을까요? 실로 나는 미래가 어떻게 될지를 봅니다. 저 **욕망의 다툼**[눅 22:24]이 우리를 부추기는 동안에는 온전한 사람이 아무도 없을 것입니다.

그러므로 우리가 견고한 평화를 추구한다면, 양쪽 모두 과거의 기억을 파묻어야 합니다. 그런데 그가 모종의 불씨를 일으킨다는 것은, 생각하기에 너무 가혹하고 신랄한 다툼입니다. 만일 루터가 그토록 승리의 명성을 추구한다면, 하나님의 순수한 진리 안에서의 진실한 화합은 뿌리를 내릴 수 없을 것입니다. 그가 잘못을 저지른 것은 공판 방식과 비방으로서가 아니라 무지와 매우 투박한 환상으로서입니다. 처음에 그가 빵이 바로 몸이라고 말했을 때 얼마나 부조리하게 밀어붙였는지요?[11] 만일 그가 그리스도의 몸이 빵에 빠져 있다고까지 생각한다면, 나는 그가 매우 치욕스러운 잘못을 저지르고 있다고 공언할 수 있습니다. 다른 사람들이 그의 명분에 동조하는 이유는 무엇입니까? 그리스도의 몸에 관해 마르키온[12]보다 더 나쁘게 말하고 있는 것이 아닙니까? 만일 그런 과오들을 신랄하게 비판하는 일이 스위스 정신에 도입되었다면, 과연 화합으로 가는 길이 이렇게 평탄하게 되었을까요? 그러므로 만일 은총으로나 당국에 의해 마르틴 옆

---

10) 베른에서는 루터가 자신이 승자임을 전 스위스 교회가 인정하기를 원했다고 회자되었고 부처와 카피토도 이 말을 들었다(COR).

11) 루터는 〈바빌론 포로〉(1520)에서 자신의 입장을 설명한 바 있다.

12) 1526년부터 성찬 논쟁에서 가현설을 주장한 바 있는 마르키온이 등장하는데, 그 이유는 결국 루터가 그리스도를 유령 몸으로 만드는 셈이 되었기 때문이다.

에서 무언가를 할 수 있다면, 그에게보다 그리스도에게 복종하기를 더 원하듯이 하십시오. 그들과의 논쟁은 여전히 가장 불행한 투쟁입니다. 그가 분명히 잘못을 저지르고 있는 진리 그 자체에 항복하지 않는 한 말입니다.

이것은 각자가 자신의 과오를 스스로 교양 있게 인정하기 위한 협의 사항이었습니다. 나는 당신이 기술한 것을 생각할 때, 당신이 당신 자신과 츠빙글리의 입장을 애써 변명했던 것이 마음에 들지 않는다고 내게 해 준 암시를 증거로 삼지 않을 수 없습니다.[13] 하지만 그 사이에 다른 사람들을 서로 모욕하는 일은 적절하지 못합니다. 제발 온갖 비난이 내 머리로 다시 떨어지지 않기를 바랍니다. 내가 확실히 아는 것은 내가 성례의 사용과 그리스도의 몸에 참여하는 것에 관해 경건한 인식을 간직했다는 사실입니다. 주님을 통해 말씀을 맛보기 시작한 나를 주님이 결코 내버려 두지 않으시기 때문입니다. 물론 이것이 [저들 사이의] 화해를 조금도 방해해서는 안 됩니다. 하지만 과오를 고백해야 하는 쪽에 잘못된 경외심이 있음을 우리가 제시할 때, [우리같이] 무례한 자들 앞에서 그 경외심-용맹스러운 루터의 추종자들이 말하는-을 핑계로 내세우지 않는 사 누구입니까? 부처 [선생이]여, 내가 보기에[14] 모든 것이 양편에서 다 잘된다면 그것이 당신의 공인데 그 이유는 무엇일까요? 그것은 그 소임이 어렵고 불안한 것이기 때문입니다. 나는 분명 이것을 인정합니다. 하지만 당신이 이 역할을 당신 몫으로 받아들인 이상, 성실하게 해내야 합니다. 내 말은 당신이 성취해야 한다는 말이 아니라 노력해야 한다는 말입니다. 만일 당신이 전 교회는 아니지만 적어도 작센 지방의 교회들은 회개해야 할 필요가 있다는 사실을 용납할 수 없는 것으로 여긴다면, 그토록 오랫동안 기다려 온 공평한 화합을 위해 그들이 헌신할 곳은 어디겠습니까?[15] 그러므로 만일 당신이 스위스 사람들에게 완강함을 내려놓으라고 요구한다면, 마찬가지로 루터가 독단적으로 처신하는 것을 중지시키십시오.

---

13) 부처는 그의 *Retractationes*(1536)에서 그 자신과 츠빙글리와 오이콜람파디우스의 입장에 대해 말하고, 성찬 논쟁이 일부는 기본 전제에서 다르지만 또한 일부는 의미론에서 서로 다르다고 설명했다.

14) CO 편집자들과 Herminjard는 mihi를 mi Bucere(나의 부처 선생)으로 읽었으나, COR 편집자는 일부 학자들의 견해에 따라 사본을 그대로 읽었다.

15) 1537년 1월 스위스 사람들은 비텐베르크 일치를 원칙적으로 받아들이고 이를 루터에게 편지로 썼다. 루터는 동년 12월 1일에 답장을 보냈다. 부처는 1538년 1월 10일 루터의 편지에 대해 알았으나 칼뱅은 그것에 대해 전혀 몰랐다.

자, 이제 메간더 이야기로 돌아갑니다. 그는 당신 쪽 사람들의 징계를 받아들이지 않았다는 이유로 강제로 추방을 당했습니다.[16] 당신은 그가 까닭 없이 진리를 반대한 것이 충분한 이유가 아니냐고 말합니다. 그 자신이 저쪽으로[취리히] 가면서 진리를 증언할 준비가 되었다면 어떻게 할 것입니까? 그가 다른 발언을 통해 바르게 회복할 기회를 주지 않은 것은 무엇 때문입니까? 우리는 그에게 인간적인 조치가 취해질 것이라고 생각했습니다. 막대한 죄, 하나님 말씀에 대한 막대한 경멸, 교회에 대한 막대한 손실과 그에 뒤따르는 엄청난 위험 때문에 직분에서 쫓겨난 사람들보다 그렇게 작은 결함으로 인해 사면된 사람을 [베른에] 머물러 있게 하는 것이 더 낫지 않았단 말입니까? 지금 사방에서 위풍당당한 복음의 적대자들이 뻔뻔하게도 목사들을 추방으로 내몰기 시작한 것에 비해, 그리고 그들이 주님의 복음을 멋대로 조롱하는 것에 비해 말입니다. 그들이 얼마나 우리를 조롱하고 있는지요. 매우 강력하고 준비된 대적들이 있는 전장에서 우리가 서로를 상처 입힌다고 말입니다. 그들이 앞으로 자신들의 목사들―이전에는 이들의 입에 의존적이었던―이 추방으로 처벌되는 것을 볼 때 약하게 행동할 이유가 무엇이겠습니까? 요컨대, 당신은 이런 목사들을 빼앗김으로 말미암아 베른 교회가 얼마나 큰 손실을 입게 되는지 모릅니다.[17] 당신이 모른다고 감히 말하는 것은 당신이 이것을 못 보고 있거나, 아니면 적어도 환상에 사로잡혀 있기 때문임을 우리 모두는 확실히 알고 있습니다.

물론 세바스티아누스와 쿤츠[18]는 남아 있습니다. 하지만 그들이 할 수 있는 것이라곤 복음의 순수함을 자신들의 망상으로 뒤엎는 것 외에 무엇이 있겠습니까? 나는 최근 그[세바스티아누스]가 어떤 미신의 불씨를 조장했는지를 알아냈습니다. 그는 일곱 성례에 대한 스콜라주의 교리가 무가치하다는 것을 고통스럽게 받아들였고, 우리가 혼례와 사도 예식[19]을 성례 가운데 열거하지 않았다고 매

---

16) 부처와 카피토가 비텐베르크 일치를 종용하기 위해 참석한 1537년 가을 대회에서, 부처는 메간더의 성찬 이론에 대해 공격했다. 토론 중 메간더는 자신의 카테키스무스에서 밝힌 입장을 비텐베르크 일치에 맞게 고칠 의향을 보였고 대회가 끝난 뒤 부처는 그 작업을 도왔다. 메간더는 현저히 바뀐 자신의 입장에 불만을 품고 시 의회에 호소했으나 오히려 12월 24일 공직을 박탈당하고 베른에서 추방당해 취리히로 갔다(1538년 2월 초)(COR).
17) 메간더의 면직은 칼뱅뿐만 아니라 베른과 스위스에서 그를 지지한 많은 사람들을 놀라게 했다.
18) 제바스티안 마이어와 페터 쿤츠를 의미한다.
19) absolutio. 사도 예식敉贖 禮式은 성사로서 죄를 사해 주는 것을 말한다.

우 사악하게 헐뜯었습니다. 설령 우리가 이것을 눈감아 준다 하더라도, 모든 사람들이 보듯이, 무엇보다도 어려운 시기에 그가 교회를 다스리는 것은 마땅하지 않다고 생각합니다. 나아가 그는 충고에 관해 일반적으로 세 번씩이나 망각을 했습니다. 혹 화가 나면, 엄청난 무절제에 사로잡혀서 실로 자제할 줄 모릅니다. 혹 누군가가 그에게 동조하면, 마음에 든다는 이유로 아이처럼 그를 데리고 다닙니다. 당신은 내가 편지로는 벼락을 치고, 현장에서는 순풍처럼 부드러워지는 습관이 있다고 말합니다. 논쟁하는 것은 분명 내 방식이 아닙니다. 내게는 대중 앞에서와 편지를 통해 마음속 감정을 솔직한 말로 표현하지 않을 만큼의 절제력이 없습니다. 당신은 맘만 먹으면 파악할 수 있을 것입니다. 하지만 성실함이 세심하게 평가되는 편이 나을 때면, 나는 내 성품을 내세울 생각이 없습니다. 이는 내가 옳다고 보는 것을 당신에게 멋대로 제시하지 않기 위함입니다. 진정 나는 무엇을 간직하고 있어야 할지를 압니다.

나는 쿤츠가 어떤 인물인지에 대해서는 즉시 과감하게 말할 수 있습니다. 그는 여러분의 겸양과 유순함에 의해 다소 길들여진 것처럼 보입니다.[20] 그리고 최근 그는 우리의 일에 기묘한 열성을 보여 주었습니다.[21] 파렐은 가장 최근의 그보다 더 미친 짐승을 본 적이 없다고 단언합니다. 그가 말할 때마다 그의 안색, 몸짓, 말, 음색에서는 광기가 뿜어져 나왔습니다.[22] 그러므로 그가 향후 내게 뭐라고 변명하든지 간에, 내가 그를 달리 판단하기 전까지는 독으로 여길 생각입니다. 과연 그가 절망적인 것이라면 무엇이든지 끊임없이 협박 수단으로 삼으면서 우리를 이토록 과격하게 증오하는 이유는 무엇입니까? 설령 당신에게 확신이 없다 하더라도, 적당한 시기에 보호자로 나타나실 주님은 지켜보고 계십니다. 비록 우리는 비난받아 마땅하지 않도록 그렇게 살고자 열망하지만, 주님의 만족스러운 판단이 있기 때문에 인간들의 구경거리가 되는 것을 거부하지 않습니다 [고전 4:9]. 우리는 바로 이런 사람들입니다. 이는 그가 우리에게 해를 끼친다 하더라도 우리는 그에게 적대적이지 않다는 사실을 그가 알도록 하기 위함입니다. 우리가 이렇게 그를 온화하게 어루만지는 것은 그가 우리 안에서 미쳐 날뛰

---

20) 쿤츠가 베른의 가을 대회에서 보여 준 태도를 암시한다.

21) 1537년 12월 초 베른의 목회자들이 제네바 신앙고백서에 보여 준 우호적인 입장을 암시한다(각주 2 참고).

22) 쿤츠와 파렐 사이의 격한 논쟁의 내용이 무엇인지는 정확하지 않으나, 필경 베른과 취리히와 제네바 사이의 개혁 방향과 관련된 논쟁일 것이다(COR).

지 못하게 하기 위함입니다. 나는 우리가 그와는 결정적으로 다르다고 진중하게 고백합니다. 우리는 그가 말씀의 사역을 위해 쌓아 올리는 것들이 교수대에 올려지는 것이 합당하다고 판단합니다. 설령 당신이 매우 반대로 알고 있다 하더라도, 그는 우리가 인정한 훌륭한 사람들을, 지정된 그 지역의 모든 지도층[23]에 의해 확인되지 않는 한, 감히 동료로 받아들이지 않습니다. 이 훌륭한 사람들은 실로 모든 지도층에 의해, 교회 직무뿐만 아니라 성찬 거행에 있어서조차 부적격하다고 선포되었지만, 지도층은 그들을 드러나지 않게 지원하고 있습니다.[24] 그는 재세례파로 낙인찍힌 자들[25]과 은밀히 체포된 바 있는 자들[26]을 형제로 받아들이도록 억지 강요를 합니다. 그러는 사이 이 인근에 있는 모든 이들 가운데 가장 경건하고 학식과 분별력이 있는 사람[27]이 두 명의 종교 감독관에 의해 사형죄로 소환되었습니다. 그는 그의 죽음을 끈질기게 바라는 저 쿤츠에 의해 비인간적인 괴롭힘, 즉 매우 난폭하게 취급당했습니다. 이런 상황에서 우리가 예측할 수 있는 것이 무엇이겠습니까? 그가 우리 때문에 채찍을 맞는다고 생각한다면, 나는 그가 자살을 계획하지나 않을까 두렵습니다. 정녕 주님의 뜻이 이러하다면, 그[쿤츠]는 그리스도의 교회에 이런 괴로움을 더 오래도록 끼치기보다는 오히려 자신이 걸어 놓은 올가미에 걸릴 것이고, 자신이 준비한 함정으로 곤두박질할 것입니다[시 9:16; 전 27:29; 시 7:16]. 이 사실은 베른의 신중한 많은 사람들로 하여금 여러분의 명분을 심히 혐오하게 만듭니다. 왜냐하면 그들은 추방된 목사들로 인해서 자신들에게 흉악한 짐승이 남아 있음을 알게 되기 때문입니다. 내가 이렇게 푸념하는 이유가 무엇이겠습니까? 할 수만 있다면 당신이 나서서 무슨 방책이든 생각해 달라는 것이며, 당신에게 아무런 방책이 없다면 우리와 함께 주님께 간구해 주길 바라기 때문입니다. 우리가 이 시험의 길에서 벗어날 수 있게 해 주며, 그의 백성을 사나운 자들의 먹이통에서 건져 달라고 말입니다.

---

23) 로잔과 뇌샤텔 등 제네바 외곽 도시들에는 독립적인 시 의회가 없었으며 대신 베른에서 인정한 목사들과 통치자들이 지도 계층을 이루고 있었다(Herminjard IV, 410; IX, 251).

24) 1536년 말부터 쿤츠의 지휘 하에 있는 베른의 목회자들과 불어를 사용하는 스위스 지역 대표자들 사이에 이 지역에 대한 영향력 행사를 두고 긴장이 조성되고 있었다.

25) 파렐은 이들의 명단을 작성하고 있다(CO, Xb, 145).

26) 요하네스 가스트[a](Herminjard IV, 272)와 자끄 므로Jacques Meraud(RCC, II/1, 346) 같은 인물들을 암시한다.

27) 수개월 전부터 젝스에서 사역하던 자끄 메를을 암시한다.

이미 당신 자신도(이제 나는 나와 내 동료들의 이름으로 말합니다.) 우리에게 맹세해야 할 것으로 보입니다.-우리는 당신이 특별히 신뢰가 가는 온건함을 통해 우리의 것을 마음대로 취한다고 듣고 있습니다.-왜냐하면 주님의 말씀을 다룸에 있어서와 특히 오늘날 중요한 논쟁에 있어서 당신은 화술을 조절하고자 애씀으로써 충돌을 최소화하기 때문입니다.[28] 우리는 당신이 이 일을 최선을 다해 행한다는 것을 믿습니다. 그러나 우리는 그 회합을 강력하게 비난합니다. 당신은 이전에도 종종 우리를 통해 이것을 알았음에도 불구하고, 여전히 우리에게 동일한 말을 처음부터 다시 되풀이할 것을 강요합니다. 왜냐하면 우리는 이런 절제하는 신중함이 날로 유해한 것이 된다는 사실을 깨닫기 때문입니다.

나는 당신이 늘 무엇을 내세우는지를 잘 압니다. 이쪽[개혁파]에서 불경함을 용납할 수 있다는 것이 다소 양해될 수만 있다면, 어떤 식으로든 유혹받을 수 있는 소박한 자들의 정신을 반목적인 논쟁으로 말미암아 경건에서 멀어지게 해서는 안 된다는 것 말입니다. 실로 나는 당신에게 종전대로 답합니다. 만일 당신이 모든 사람에게 박수 받을 만한 그리스도를 만들어 내고자 한다면, 당신에게 새로운 복음이 만들어져야 하며, 또 그것이 어디로 되돌아갈지 명백히 보인다는 것입니다. 당신은 성인들을 향한 기도가 하나님의 말씀에 기초하기보다는 인간의 미신에 의해 만들어진 것이라는 말을 들었을 때, 거룩한 교부들이 글로 천거한 이런 기도가 전적으로 단죄되지 않도록 이 문제가 교부들의 권위에 의해 제기되어야 한다고 즉시 부연합니다. 이처럼 당신은 그들의 권위-이 권위에 의해 어떤 거짓도 진리를 위한 구실로 여겨지는-를 끝까지 내세우는 습관이 있습니다.[29] 과연 이것이 진정 하나님을 거룩하게 하는 것인지, 아니면 하나님의 진리만이 우리를 다스리지 못하도록 인간들에게 넘겨주는 것인지요? 교부들이 많이 타락했음에도 그들이 거부되거나 경멸돼서는 안 된다고 여기는 자가 있다면, 그 사람은 이미 충분히 교부들을 공경하고 있는 것 아닌가요? 인간의 방종이란 일단 그 고삐가 느슨해질 경우 언제나 지나치지 않고서는 억제될 수 없을진대, 우리가 처벌되지 않은 채 하나님 말씀의 목적 밖으로 이탈되는 것이 허용된다면, 우리에게 무슨 방도가 있겠습니까?

물론 당신이 이 문제에 있어서 한결같지는 않으나, 도처에서 그리스도와 교

---

28) 칼뱅은 부처가 성찬 논쟁에서 너무 가톨릭의 입장에 기울어 타협한다고 여겼다.
29) 각주 33에 소개되는 부처의 책을 참고할 것.

황 사이에 어떤 중립적 왕권을 분배하고 있는 듯 보입니다. 물론 우리가 실제로 그렇다고 말하는 것도 아니고, 정말 의심하는 것도 아닙니다. 하지만 명민하게 머리를 굴리는 교활한 자들이라면 이 점을 눈치 챌 듯하며, 보다 소박한 자들은 이것을 철회로 해석하면서 심히 어리둥절할 것입니다. 당신은 〈시편 주석〉[30]-다른 내용이 있었다면 매우 훌륭한 작품인-에서부터 시작했지만, 관련 없는 제목 때문에 당신의 이 자비로운 재치는 용서되었습니다. 그렇지만 당신에게 솔직하게 고백하자면, 나는 이것을 어떤 방법으로든 용납할 수 없었습니다. 왜냐하면 당신이 거기서 근본적으로 믿음의 칭의를 무너뜨렸기 때문입니다.[31] 하지만 그 대가가 어떠하든지 간에, 이처럼 소중한 보물이 유럽 전역에 유포된다는 것은 그럭저럭 용납될 것으로 여겨졌습니다.[32] 케날루스를 반박하는 당신의 책[33]이 읽히기 시작했을 때, 경건한 사람들 중 이런 복음 전령[케날루스]을 통해서 아직 날지 못한 복음을 묶어두는 것이 매우 부당한 일이라고 명백히 외치지 않는 사람은 없었습니다. 사람들이 많은 얼룩 가운데 단 하나라도 지우기를 열망하는 판에 알려지지 않은 지식으로 가득하고, 특출한 솜씨와 상당한 노력을 겸하고 있지만, 허다한 흠이 섞여 있는 사람으로서 아무런 교육을 받지 않는다는 것은 방종입니다. 또한 나는 당신이 프랑스와 영국에서 어떤 결과가 초래될지 알게 된다면 동일한 정신이 장차 당신에게 있을 것을 의심하지 않습니다.[34] 당신이 그 후 출판한 것이 무엇이건 거기에는 어떤 찌꺼기가 섞여 있을 것입니다.

그러나 당신은 제멋대로 달리 생각한다는 견책을 받고서 내가 당신의 책에 대해 너무 부당하고 악의적으로 판단한다고 생각해서는 안 됩니다. 나 자신이 경건한 사람들과 더불어, 특히 경건을 제외하고라도 매우 탁월한 재능을 인정하고 존중하지 않을 수 없는 당신과 더불어 잘 어울리지 못하는 것을 볼 때마다,

---

30) *S. Psalmorum libri quinque ad ebraicam veritatem versi* (1529). 이 책은 Aretius Felinus라는 익명으로 출판되었다.
31) 칼뱅은 부처가 시편 2편 주해의 부록으로 붙여 놓은 'Disputatio de fide'를 언급하고 있다(COR).
32) 이 책은 프랑스에서 잘 팔렸고 프라이슬랜드에서만 100-200권이 팔렸다.
33) 부처는 1534년 아브랑슈의 주교인 로베르 세노°(라틴명으로 케날루스)를 반박하는 글을 썼다. *Defensio adversus axioma catholicum, id est criminationem R. P. Roberti episcopi abrincensis.*
34) 부처의 *Defensio*는 파리의 보수 가톨릭 사회에 강한 반발을 야기했고, 그가 기획한 프랑스와 독일 프로테스탄트 신학자들의 회담 계획은 프랑스와 다른 나라들에서 종교 개혁에 대한 반대 기운을 북돋웠다. 어쩌면 칼뱅은 이 소문을 들었을 것이다(COR).

주님은 내 온 심장뿐만 아니라 내장까지도 심란해하는 것에 대한 증인이십니다. 하지만 나는 최대한 관대하게 편지를 썼기 때문에, 양심의 증거가 있는 한 그 어떤 것도 동의할 수 없습니다.

나는 당신이 우리 쪽에 원하는 것에 대해 매우 놀라곤 합니다. 왜냐하면 당신이 루터와의 합의를 추구하도록 격려하는 동안, 당신은 정신과 무기를 가지고 사탄의 날조와 싸우는 것보다 더 중요한 것이 우리에게 있어서는 안 된다고 단언할 정도로 평가하고 있습니다. 이런 온건함에 있어서 당신은 루터와는 다르며, 따라서 나는 당신의 행동이 뭔가를 유발할 경우, 당신의 이런 활동 방식으로 말미암아 이전에 츠빙글리와 오이콜람파디우스의 견해로 인해 있었던 충돌보다 더 심각한 충돌이 있을 것으로 생각합니다. 믿음에 의한 칭의가 무너지거나 아니면 약화되거나 혼란케 되도록 반대하는 경우 외에 그 어떤 질투도 성사 예식 주의자들을 더 크게 악화시키지 않았습니다.[35]

매우 친애하고 우리에게 존중받아 마땅한 형제여, 우리가 당신에게 이것들을 불평하는 데는 고통이 없지 않습니다. 왜냐하면 우리는 당신이 이해한 방식으로 계속 진행할 경우, 다방면에서 엄청난 파멸의 전조를 보기 때문입니다. 당신은 주님께서 보다 탁월한 교훈과 재능과 사리판단으로 준비하시고 교육하신 것이 쌍방에 얼마나 가치 있는지를 알고 있습니다. 분명 당신은 정상에 올라섰고 그리스도의 교회에서 그 지위를 유지하고 있습니다. 따라서 대부분의 사람들이 당신에게로 눈을 돌립니다. 그러므로 당신은, 설령 우리가 다른 사람들보다 당신에게 더욱 까다롭고 정교한 완벽함을 공개적으로 요구한다 하더라도 놀라서는 안 됩니다. 우리가 앞서 가서 빛을 비춰 주어야 마땅하다는 것을 너무도 잘 아는 한 말입니다. 우리가 일반 사람들보다 감소된 손실로 잘못을 적게 저지를수록, 우리로 말미암아 보다 많은 자유가 주어집니다. 그런데 여러분의 경우, 여러분의 사례로 손실이 더욱 많아졌기 때문에, 교회는 더 큰 경건의 의무로 여러분을 묶어 두어야 합니다.

매우 사심이 없고 우리의 사랑을 받는 형제여, 주님께서 당신을 보호하시고 당신 안에서 그의 은사를 배가시키시기를 바랍니다. 내 이름으로 카피토에게 문

---

35) 성사 예식주의자들sacramentarios은 루터파가 츠빙글리를 비롯한 스위스 신학자들을 지칭한 말로, 이들은 성례를 받는 자의 믿음이 성례의 구성 요소라고 여겼다. 한편 루터는 믿음이 없이 행해지는 이런 '부자격자들의 먹기'가 이신칭의에 대한 부인이라고 보았다.

안 주시기 바랍니다. 파렐과 우리의 다른 두 명의 동료[36] 중 하나가 문안드립니다.

1538년 1월 12일, 제네바에서.
칼뱅 올림.

나는 마지막 자리에 있어서는 안 될 것을 누락시켰습니다. 이웃 교회를 감독하는 모든 목회자들이 우리와 함께 일하지 못하도록, 또는 어떤 식으로든 참여하지 못하도록 그들에게 금지령이 내려졌습니다.[37] 이 불화의 논쟁이 교회들이 완전히 붕괴되는 방향이 아니라면, 어디를 향하는지 보십시오. 우리는 이것이 쿤츠에게는 용납되었다는 것을 알립니다.

---

36) 엘리 코로°와 앙리 드 라 마르°.
37) 1538년 1월 14일 자로 파브리에게 쓴 편지에서 파렐은 젝스와 테르니에의 행정관들이 그들 영토의 목회자들에게 제네바 목회자들의 모임에 참석하거나 제네바 목회자들을 그들의 모임에 참석시키는 것을 금했다고 말하고 있다(CO, Xb, 145; Herminjard IV, 351).

52
칼뱅이 루이 뒤 티에[1]에게

1538년 1월 31일, 제네바에서 [파리로]
CO, Xb, 146; Herminjard, V, 354; COR, VI/I, 310; Bonnet, I, 1

데스프빌[2]이 드 오몽[3]에게.

선생, 그대가 떠날 때 내게 보내기 위해 맡겨 둔 편지[4]를 받기 일주일 전에, 장이 도착했습니다.[5] 그래서 내가 그대로부터 소식을 듣기 몇 주 전에, 이미 그대가 떠난다는 소문이 이곳까지 날아왔습니다.[6] 그런 불확실한 소문은 나를 매우 유감스럽게 하기에 충분했지만, 그럼에도 불구하고 나는 할 수 있는 한, 나의 판단을 뒤로 미뤘습니다. 나를 가장 곤혹스럽게 하고 괴롭힌 것은 내가 나의 경솔함으로 인해 그대에게 무례를 범하지나 않았는가 하는 두려움이었습니다. 나는 내가 그대에게 마땅히 가져야 할 겸손을 지키지 못했음을 알고 있고, 또 인정합니다. 그대의 모임과 대화에서 그것을 느꼈고, 또 겸손의 결핍이 내게 즐거움이 되지 못했음도 사실입니다. 그렇지만 나는 그대가 이곳에 있을 때 활기가 없

---

1) 루이 뒤 티에Louis du Tillet는 파리 콜레주 시절 칼뱅과 친분을 맺었고 1534년 칼뱅이 파리에서 도망쳐 오자 앙굴렘의 자기 집에 머물게 했다. 칼뱅의 개혁 정신에 동조한 그는 자신의 신부직을 사임하고 젊은 개혁자와 함께 오몽이라는 가명으로 스트라스부르, 바젤, 이탈리아 등지를 동행했고, 1536년 8월에 칼뱅이 파렐에게 붙들릴 때 이미 제네바에 있었다. 그러나 그의 온순하고 명상적인 기질은 종교 개혁의 투쟁에 어울리지 않았고, 결국 제네바를 떠나 로마 가톨릭 신앙으로 돌아갔다.
2) 샤를 데스프빌Charles d'Espeville. 칼뱅이 망명 기간 동안(1534-1536년) 사용했던 가명이다.
3) 루이 뒤 티에는 오몽Haultmont의 영주이다.
4) 이 편지는 보존되어 있지 않다.
5) Bonnet와 CO 편집자들은 루이의 형인 장 뒤 티에로 보았으나, Herminjard는 이에 이의를 제기했다. COR 편집자는 엘리 뒤 티에(1484-1520년)의 다섯 명의 아들들 가운데 장이라는 이름을 가진 아들이 두 명 있었고, 칼뱅이 그중 두 번째 장을 제네바에서 만난 것으로 보았다. 루이는 막내였다.
6) 뒤 티에가 제네바를 떠난 것은 1537년 8월이고, 잠시 스트라스부르에 머물렀다가 10월이나 11월에 파리로 갔을 것으로 추정된다.

어 보였기에 그대를 위안하는 것을 좋은 보상으로 여기며, 내게 없는 것을 끈기 있게 감당했습니다. 결국 그대의 편지들이 두 군데서 도착했을 때,[7] 나는 그대의 의도의 일부를 알게 되었습니다. 비록 내가 그대에게 무례하고 버릇없게 행동함으로써 내 소속 사회가 그대에게 썩 유쾌하지는 못했다 하더라도, 나는 그러한 이유 때문에 그대가 우리에게서 멀어지고 타인이 된 것은 아닐 거라고 확신합니다. 그리고 이것은 물론 내가 마땅히 합당하게 처신했기 때문이라기보다 이 점에서 나를 붙든 그대의 신중함에 기인한다는 것도 잘 알고 있습니다.

나는 그대의 의도와 심지어 이 의도의 선언과 더불어 그대의 편지 속에 끼어 있는 이유들을 듣고 심히 놀랐음을 숨길 수 없습니다. 나를 가장 크게 경악케 하는 것은 이 일에 있어서 내가 그대를 무척이나 견고하고 확고하게 여겨 왔기에 그대가 우리의 목적을 이탈하는 것이란 전혀 불가능하다고 여겨 왔다는 점입니다. 설사 그대가 이 일을 시작한 이래 매우 확고한 이유를 갖지 못했다 하더라도, 그간 그대가 보여 준 꿋꿋함과 단호함으로 보아 이 갑작스러운 변화는 너무도 이상한 것이었습니다. 어쨌든 하나님께서 내가 그대의 변화를 받아들이려 애쓰는 것처럼 다른 사람들도 그것을 동일하게 받아들이도록 해 주시길 빕니다.

그대로 하여금 그런 생각을 하도록 만든 이유들에 대해선 나는 정말 진정으로 이해가 되지 않습니다. 나는 내 양심이 하나님 앞에서 그 반대의 것을 확신함을 잘 알고 있고 또 우리가 계산대 앞에 서는 날까지[히 4:13] 그렇게 되기를 바랍니다. 게다가 어떤 이들은 너무 쉽게 용서하고 다른 이들은 예수 그리스도께서 결코 가기를 원치 않는 길로, 그에게로의 입장권을 주려 하기 때문에 나는 각 사람이 내 명분[8]에 만족해야 할 정도로 그 명분의 정당함을 너무도 주장하지는 않았나 하는 오해를 받았습니다. 나는 그대가 언급하고 있는 인물들[9]이, 비록 내게 쓴 편지에선 이 문제를 감추고 있지만, 전혀 의식하지 못한 채 그대로 하여금 그런 결정을 내리도록 다소간 도왔으리라는 것을 의심하지 않을 수 없습니다.[10] 확실히 그들의 위대한 가르침과 경건함은 그들과의 상담에 권위를 주는 큰 모양

---

7) 뒤 티에는 아마도 두 통의 동일한 편지를 각각 다른 경로로 칼뱅에게 보낸 듯하다.
8) 〈기독교 강요〉에 대한 암시(Herminjard)라기보다는 제네바에서 직분을 맡은 것(COR)이라 볼 수 있다.
9) 부처와 카피토를 말한다.
10) 스트라스부르의 신학자들에게는 루이 뒤 티에의 프랑스 귀국을 감출 동기가 없었다. 왜냐하면 그들은 그가 여전히 심정과 원리에 있어서 그들과 일치하고 있는 것으로 믿었기 때문이다.

새가 됩니다. 하지만 내가 확신하기로 이 문제에 있어서 내가 그들과 흡사한 모습으로 나타난다면, 나는 이 생생한 이유 외에도 그들보다 더 다채로운 이유들을 댈 것입니다. 그들은 자신들의 행동 방식을 통해 나로 하여금 더 큰 확고함과 꿋꿋함을 갈망하도록 만들고 있습니다. 사람들이 갖는 신용이야 어쨌든 간에, 타인에게 선을 베푸는 데 그토록 후한 것이 결코 좋은 것이 아니요, 또 우리가 사람들을 희생시키면서 인심을 베푸는 것을 조심해야 할진대, 하나님께서 아무것도 감하지 말라고 명하신[신 4:2; 12:32; 계 22:18-19] 그 진리를 희생하고 얻으려는 대가에 얼마나 주의를 해야 할까요? 주님께서 우리에게 지성을 주시고 어리석은 우리에게 자신의 몫을 나눠 주기를 원하시는 것처럼 절반만 섬김을 받으려 하는 것이 아니라 그의 의지에 따라 온전히 섬김을 받으려 하신다는 사실을 그대로 하여금 깨닫게 하시길 바랍니다.

만일 그대가 우리를 증오하는 교회를 하나님의 교회로 인정한다면, 난 어쩔 도리가 없습니다. 하지만 그것이 진정 하나님의 교회라면 우리는 고약한 입장에 처하게 될 것입니다. 왜냐하면 그대가 우리를 분리주의자들로 여기지 않고서는 분명 이 칭호를 그들에게 줄 수 없을 것이기 때문입니다. 게다가 이 경우 그대는 주님의 말씀 '내가 천국 열쇠를 네게 주리니…[마 18:18]'에 그대의 견해를 어떻게 일치시키는지를 생각해야 합니다. 만일 그대가, 바울이 이스라엘 사람들에 대해 확언한 것처럼[롬 11:5], 하나님의 축복의 잔재가 언제나 그곳에 남아 있다고 생각한다면, 그대는 내가 그대와 견해를 같이한다는 사실을 잘 이해할 수 있을 것입니다. 왜냐하면 나는 여러 번, 심지어 그리스 [정]교회에 이르기까지 내 판단도 그러했음을 천명했었기 때문입니다. 그러나 이것이 회중 가운데서 교회를 인정해야 한다는 의미는 아닙니다. 만일 우리가 그 [로마] 교회를 인정한다면 그것은 우리의 교회는 될 수 있을지 몰라도, 다른 것들 가운데서 자신의 표지를 보이시며 내 양은 내 음성을 듣나니…[요 10:3, 27]라고 말씀하신, 그리고 바울이 진리의 기둥[딤전 3:15]이라 칭한 그리스도의 교회는 아닐 것입니다. 그대는 사방에 있는 무지로 인해 그런 교회는 아무 데도 없다고 대답할 것입니다. 그렇지만 이런 무지는 하나님의 자녀에게 있어 그 뜻을 따르지 못하게 할 정도의 무지는 아닙니다.

이런 모임들과 유대인의 회당들을 비교하는 문제에 있어서, 나는 이런 모임들보다 회당을 더 좋아하지 않음으로써, 아니면 적어도 회당을 낮게 평가함으로써 회당을 모욕하지나 않을까 두렵습니다. 왜냐하면 [회당의] 우상 숭배와 신성

모독이 그렇게까지 끔찍하지는 않기 때문입니다. 잘 볼 수 있다는 것이 둘 사이의 공통점인데, 다만 전자에선 예수 그리스도의 이름이 인정되고 후자에선 그렇지 않다는 점에서 전자가 매우 유리한 듯 여겨질 것입니다. 하지만 그래도 [주님의] 능력은 폐지되지 않았습니다. 만일 우리가 보다 적절하게 비교하길 원한다면, 지금의 상태는 오랜 관습으로 인해 심령들이 가장 부패했던 시절인 여로보암[왕상 12-14장]이나 아합[왕상 16:29-18장] 시대의 이스라엘에 비교될 것입니다. 내가 이유 없이 그대에게 이런 말을 하는 것은 아닙니다. 사실 나는 얼마나 많은 사람들이 교회의 이름으로 자만하기를 좋아하여 그들과 같지 않은 사람들은 모두 과감히 정죄하는-바로 이 일로 그들이 셈을 치러야 할-지를 알고 있습니다. 그들은 마땅히 자기들이 무슨 권리로 그렇게 하는지를 살펴야 할 것입니다. 나는 우리의 보증이 너무도 확실해서 헛된 반론에 양보할 수 없음을 잘 알고 있습니다.

그대에 관해서 말하자면, 나는 그대가 우리와 함께 있는 한 우리를 다른 사람들로 취급한다고 생각지 않습니다. 하지만 하나님과 반대되는 것에 결합될 때, 그것은 하나님의 교회에서 분리되는 단계라고 생각합니다. 게다가 나는 그대 안에 하나님에 대한 경외가 있음을 알기 때문에 내가 품은 확신을 빼앗아 가는 그 큰 논증들을 알아보는 것은 당연할 것입니다. 하지만 안심하십시오. 처음 몇 개의 경솔한 보고들은 내가 그토록 오랜 기간에 걸쳐 그대와 가졌던 경험을 뒤집어 놓을 수는 없을 것입니다. 그러나 비록 내가 이 연약함 가운데 있는 그대를 지지하면서, 그대가 우리 중에 있는 경우와 마찬가지로 그대를 반대하지 않는다 하더라도, 사실 나는 이 시도에 전혀 동의할 수 없습니다. 나는 그대의 행위를 인정하느니 비통한 죽음으로 세상을 하직하는 것이 더 낫습니다. 사실 그대의 행위는 내가 알기로 그 자체로서 정죄받아 마땅하며, 그 외에도 파멸로 가득 차고, 다른 이들로 하여금 유사한 행동을 유발시킬 만큼 다소간 많은 사람들을 기가 막히게 범죄하게 만들 것이라 생각합니다. 왜냐하면 나는 우리에게 우리를 정당화하기 위해 그렇게 할 소질이 있음을 보기 때문입니다. 어쨌든 지금까지 결정된 이 일에 대해서 나는 더 길게 토론하지 않으렵니다. 그저 주님께서 모든 양심의 가책에서 그대를 건지시길 기뻐하셔서 주님의 길이 이곳에서 그대에게 온전히 평탄하게 열리기를-그런 좋은 기회가 오기를 기다리면서-바라렵니다.

다르투아[11]가 떠난 문제에 대해선, 그대 때문이라고 의심해 본 적이 결코 없습니다. 왜냐하면 최근에 그 반대의 소식을 들었기 때문입니다. 하지만 그가 하나님을 속일 수 없는 것을 내게 감추려 한 것은 보잘것없는 교활함에서 비롯된 것이었습니다. 하나님을 시험하는 것은[신 6:16; 마 4:7] 경미한 일이 아닙니다. 그것은 자발적으로 포로 상태에 던지는 자들이 하는 일인 것입니다. 우리들이 사람들 앞에서 습관적으로 하는 나쁜 변명은 하나님의 심판의 열기를 견뎌 내지 못할 것입니다.

그대는 오랫동안 은혜를 베풀어 그대의 것이 내 것임을 알게 했습니다.[12] 내가 이 점에 대해 무척 감사한 것이 하나님을 기쁘시게 했습니다. 나와 같은 생각을 갖고 있는 동료들이 그대에게 안부를 전합니다. 물론 나는 그들에게 그대의 편지를 보이지 않음으로 모든 공박들을 미리 예방했습니다. 나는 장[13]에게, 내가 하나님의 진리와 그 자신의 구원의 배신자가 되려 하지 않기 때문에, 내 양심이 붙들고 있는 것 이외의 다른 조언은 할 수 없었습니다. 그대도 그것을 나쁘게 해석하지 않을 것입니다. 나는 그대가 기도 가운데서 우리를 특별히 기억하여, 물론 우리의 연약함에 대한 그대의 인식이 그대로 하여금 충분히 기도하게 하겠지만, 이 전례 없이 큰 난관이 더욱 그대의 기도를 불타오르게 하기를 간청합니다.[14]

그대의 선한 은총에 나를 겸손히 부탁하면서, 주님께서 거룩하신 보호로 그대를 지키시며, 그대가 있는 그 미끄러지는 길에 빠지지 않도록 인도하시되, 그가 온전한 구원을 보이실 때까지 하시기를 기도합니다. 이 편지가 매우 혼란스럽게 쓰인 점을 용서하십시오. 사실 한편으론 시간이 모자라고, 다른 한편으론 우리에게 있는 소요가 그 원인이며, 게다가 나로서는 이러한 논지를 다루기에 썩 적합하지 못합니다.

해방된 도시[15]에서, [1538년] 1월 31일.
그대의 보잘것없는 종 및 형제 샤를 데스프빌.

---

11) Loïs(Lois-COR) Dartois. 서신 24 각주 4 참고.
12) 프랑수아 다니엘과 마찬가지로 루이 뒤 티에 역시 칼뱅에게 경제적으로 도움을 주었다.
13) 각주 5 참고.
14) 앞 편지에서 본 베른시의 종교 정책과의 갈등은 점차 확대된다. 파렐, 칼뱅, 코로 등의 사전 통고에 맞서, 제네바의 200인 의회는 1월 4일 성찬이 누구에게도 거부되어서는 안 된다고 결정했다. 이것은 제네바에서 개혁자들의 실패를 의미했다(Herminjard).
15) 제네바를 의미한다.

53
시몬 그리나이우스가 칼뱅에게

[1538년] 2월 12일, [바젤에서] 제네바로
CO, Xb, 151; Herminjard IV, 360; COR, VI/I, 319

매우 친애하는 형제 장 칼뱅에게. 제네바로.

문안드립니다. 가스티우스[1]가 당신에게 성실히 양해를 구해 달라고 내게 청했습니다. 왜냐하면 그는 본인이 당신의 신앙고백서[2]에 대한 잘못된 판단으로 당신을 공격했다는 것을 알았고, 이전에 그것[고백서]이 나왔을 때와 마찬가지로 동일한 판단을 내린 것이 당신의 의심을 악화시키지나 않았는지 두려워했기 때문입니다. 가스티우스는 이러한 내용에 대해 내게 미리 알렸고, 따라서 최소한 미래를 위해 나는 가스티우스에 대해 당신에게 말합니다. 우리는 주 안에서 당신을 기꺼이, 그리고 기쁘게 형제로 인정하며, 우리 교회의 특출한 자랑으로 인정합니다. 따라서 내 형제여, 이제 가스티우스에 대해서 더 이상 불쾌해하지 마십시오.

나는 우리의 신앙고백서에 관한 루터의 친절한 답에 대해 당신이 들었으리라고 생각합니다.[3] 소망이 우리에게 최적의 상태입니다.

주 그리스도 안에서 매우 훌륭한 여러분, 안녕히 계십시오. 내게 존경받아 마땅한 사람인 파렐에게 문안합니다.

[1538년] 2월 12일.
시몬 그리나이우스 올림.

---

1) 요하네스 가스트[라틴명은 가스티우스]는 1529년 바젤의 성 마르틴 교회의 집사로 임명되었다.
2) 칼뱅은 그의 *Confessio de Trinitate*를 바젤에 보낸 바 있다(서신 37 각주 10 참고).
3) 루터는 1537년 12월 1일 자로 스위스 사람들에게 편지를 썼고, 부처는 그것을 1538년 1월 10일에, 그리나이우스는 1월 26일에 받았다(Herminjard). 칼뱅은 이 편지의 내용에 대해 몰랐다(서신 51 참고).

54

시몬 그리나이우스가 파렐과 칼뱅에게

1538년 2월 13일, [바젤에서] 제네바로
CO, Xb, 152; Herminjard IV, 361; COR, VI/I, 321

주 안에서 매우 친애하는 형제들인 기욤 파렐과 장 칼뱅에게. 제네바로.

문안드립니다. 나는 두 통의 편지[1]를 모두 읽고 고통스러웠습니다. 나는 격동과 소동을 보고 있습니다.[2] 기어이 사탄이 미쳐 날뛰며 여러분을 흔들고 괴롭힙니다. 그렇지만 매우 친애하는 나의 형제들이여, 이것은 여러분의 명분이 아니라 만왕의 왕[딤전 6:15]이신 예수 그리스도의 명분입니다. 그는 그의 눈앞에서 그의 목회자들과 미쳐 날뛰는 사탄을 보고 계십니다. 여러분에게 필요한 것은 하나님의 성령의 힘을 탐색하는 것과 사탄의 명백한 책략이 있다는 사실[을 아는 것]입니다.

매우 친애하는 나의 형제들이여, 이 대양이 소용돌이로 인해 송두리째 흔들리는 듯 보일 때마다 오직 하나의 처방, 하나의 도움이 있습니다. 즉 하나님의 말씀의 강력한 통치를 향해 고요하고 안전하게, 단호한 정신으로 서서 물러나지 않는 것입니다! 그러므로 종전처럼 단호한 결심과 더불어, 그리고 주 예수 그리스도에 대한 확실한 신뢰와 더불어, 당신들의 강단으로 나아가십시오. 모든 사람들에게 확실한 믿음과 확실한 사랑으로 호소하십시오. 이것이 우리의 직무이며, 그 밖의 것에 대해서는 주 예수께서 친히 적절한 시기에 처리하실 것입니다.

내가 보는 바, [제네바] 시 의회는 순수하지 않고 이웃인 베른의 도움도 신실하지 않습니다.[3] 그렇지만 주님은 살아 계십니다. 여러분은 흔들리는 상황에서

---

1) 파렐과 칼뱅이 도움을 호소한 편지들로, 현재 보존되어 있지 않다.
2) 제네바의 새로운 시 의회 의원 선출(1538년 2월 3일) 이후 있었던 소란을 의미한다. 이때 시 의회는 개혁자들을 반대하는 사람들 다수를 시 의원으로 선출했다.
3) 새로운 시 의원 선출과 관련된 내용이다.

도 극단의 성실과 신의를 가지고 오직 확고부동한 직무를 고수하십시오. 주님의 말씀은 정확히 사탄이 미쳐 날뛸 때만큼 능력이 있습니다. 그러므로 그 사람들이 간계로 당신들을 공격할 때, 그들을 위해 공개적으로 주님께 기도하십시오. 그들이 여러분을 비방할 때, 무서워 떠는 모두에게 주님의 복을 비십시오[롬 12:14]. 그들이 자신들의 집회 장소를 강요할 때, 선한 사람들-이들이 소수라 하더라도-과 더불어 주님이 보시는 가운데 고요한 마음의 상태에서 간소한 정신과 예수 그리스도를 믿는 온전한 믿음으로, 거듭 공적으로, 그 결정을 받아들이십시오. 사탄이 하나님의 말씀의 힘으로 꺾이도록 말입니다. 나는 이곳에서 그토록 오랫동안 그리스도의 복음이 전파되었음에도 불구하고, 사람들이 여전히 매우 방탕하다는 사실을 압니다. 그들은 여러분을 술책으로 공격하고 간책으로 속입니다. 또한 주님의 목회자들을 조롱함으로써 이곳에서 그들의 권한을 견고히 하여 [마치] 더 높이 있는 듯 보입니다. 여러분이 보시겠지만, 모든 것은 사탄을 드러내고 선한 사람들이 경험을 얻는 것과 관련됩니다. 주 그리스도가 이 비극의 목격자이십니다. 아무도 공연히 이 무대에 나서지 않습니다. 그러므로 우리는 대담해야 합니다. 주님이 친히 조치하실 것이기 때문입니다.

나는 어떤 일이 생길 때마다 모든 것을 스트라스부르의 형제들에게 알리곤 합니다.[4] 우리 모두는 인도자이신 주님을 통해 일을 돕도록 애쓸 것입니다. 베른 사람들 편에는 많은 지원이 구축됩니다. 당신들은 여기서도 지금까지 해임된 자들이 누구인지를 알고 있습니다. 나는 주 그리스도께서 모든 것을 그의 교회의 유익으로 돌려놓으시기를 바랍니다. 우리는 그분을 바라봅니다. 그분은 힘이 있고 또한 확실한 길을, 눈에 띄는 곳이면 어디서든지 찾아내실 것입니다. 문제에 다른 상황을 붙여 주기 위해서 말입니다. 그사이 우리는 형제들 곁에서 부지런히 모든 일을 할 것입니다.

매우 친애하는 내 형제들이여, 안녕히 계십시오. 주 그리스도께서 진정 그의 백성을 구원할 때까지 여러분을 거룩한 직분 가운데서 굳건히 지키시기를 바랍니다. 아멘.

1538년 2월 13일.
여러분의 형제 시몬 그리나이우스.

---

4) 스위스 도시들과 스트라스부르 사이의 대부분의 편지들은 바젤을 경유했는데, 그리나이우스가 그 중재 역할을 담당했다.

55

피에르 투생[1]이 파렐과 칼뱅에게

1538년 2월 18일, 몽벨리아르에서 제네바로
CO, Xb, 156; Herminjard IV, 363; COR, VI/I, 324

주님 안에서 매우 공경 받아 마땅한 형제들인 파렐과 칼뱅에게 문안드립니다.

우리의 매우 친애하는 형제인 미셸 뮐로[2]가 우리의 사정에 대해서, 그리고 그가 마음에 담고 있는 것에 대해 여러분에게 써 보냅니다. 그는 기꺼이 책임지는 마음으로 직분을 수행하겠다고 주장합니다. 이것은 분명 내게 몹시 고맙고 유쾌한 일입니다. 그의 주변에는 80명의 아이들이 있습니다. 나는 이 도시에서뿐만 아니라 인근 지역에서 그의 곁으로 오는 아이들의 숫자가 날이 갈수록 빠르게 늘고 있다는 것을 알고 있습니다.

뮐로는 그들을 학문과 경건으로 정성껏 그리고 부지런히 가르치고 있습니다. 나는 여기에 있는 우리[3] 모두의 활동과 설교에 의한 것보다 분명 더 많은 열매가 그리스도의 영광으로 돌아가리라고 기대합니다. 왜냐하면 이전과는 달리 오늘날에는 **온 세상이 악에 놓여 있고**[요일 5:19] 매우 적은 수의 어른들이 주님

---

1) 피에르 투생º은 1535년 6월부터 몽벨리아르에서 목회자로 일했다. 그의 주군인 뷔르템베르크의 울리히 공작은 자신의 영토에 성사 예식주의자들의 출입을 금했다. 츠빙글리의 지지자인 투생은 성사 예식주의자로 여겨졌다. 울리히 공은 1538년 11월 17일에 몽벨리아르에서 미사를 없애고 1539년 4월 6일부터 복음적인 성만찬을 거행했다. 파렐과 투생 사이의 친교는 오래된 것으로, 그들 사이의 편지 교환은 1524년 8월 2일까지 거슬러 올라간다(Herminjard, I, 250). 투생은 1537년 초순에 잠시 제네바에 머물렀다(COR).

2) 미셸 뮐로º는 1537년 11월 초순에 투생의 소개로 제네바에서 몽벨리아르로 왔다. 투생은 뮐로의 필치에 대해 불평한 바 있다(Herminjard, IV, 313, 333). 뮐로에 대한 칼뱅의 평가에 대해서는 Herminjard, V, 167을 볼 것.

3) 당시 몽벨리아르에는 기욤 셸º이 교사로 있었다(Herminjard).

께 속해 있음을 보기 때문인 바, 이러한 때에 이 슬픈 후손에게 남은 소망은 마땅히 가르침을 받아야 할 것이 있다면 그것이 소년 시절에 허락되기를 바라는 것입니다. 나는 이 도시에서 다른 교회들의 희생이건, 아니면 우리의 매우 친애하는 형제인 묄로의 손실이건 간에 결정을 원합니다. 그는 선한 마음으로 충고하든지, 아니면 형제들이 그리스도의 영광에 더 크게 관계하느냐를 판단하든지 간에 무엇이든 언제나 자유롭게 행했습니다.

그 밖에 자격이 박탈되어야 할 이 불경한 형제회[4]와 결정되어야 할 학교의 보수에 관해, 관리해야 할 우리가, 이곳에서 아이들을 가르치는 일을 할 수 있도록 하기 위해, 군주와 시민 앞에서 누가 아이들의 쓰기와 문장 꾸미기[5]를 가르쳐야 할지를 정하기 위해, 나는 그리스도의 이름으로 여러분에게 간청합니다. 이 중요한 시기에 프랑수아 뒤 퐁[6]−그가 피놀리를 통해 내게 쓴 것[7]이 무엇이든 여러분 앞에서 행하는 사람임−을 이곳으로 보내 주십시오. 그의 문장 묘사는 우리에게 충분히 도움이 되며, 혹 주님이 묄로를 다른 곳으로 부르실 경우 그가 학교의 전반적인 소임도 짊어질 수 있을 것입니다.[8]

이렇게 많은 사람들을 불러낸 탓에 나는 파렐의 비난을 받았습니다.[9] 하지만 내가 이렇게 하는 것은 날이 갈수록 이 교회의 재건을 바라고 기대하기 때문입니다. 그렇지 않다면 우리는 이곳에 있기를 원하지 않습니다. 우리 모두가 다른 때를 [기다리자는] 구실을 내세울 준비가 되어 있지 않고서는, 주님의 거룩한 교회에서 안전히 여러분을 지키시는 주님에게 그렇게 보이는 한, 이 진흙탕에서 이렇게 오래 머물지 않습니다.

안녕히 계십시오. 1538년 2월 18일, 몽벨리아르에서.

모랑, 코로, 소니에, 올리베탕, 그리고 다른 형제들에게 안부 전해 주십시오.

투생 올림.

---

4) 평신도회. 파브리는 1537년 12월 28일 자로 파렐에게 썼다. "여기 형제회confrairies는 폐지되었고 급료는 학교의 이용권으로 돌려졌습니다(Herminjard IV, 334)."

5) 묄로는 이 점에 약했다(각주 2 참고).

6) 프랑수아 뒤 퐁º(라틴명 폰타누스). 제네바 시 의회는 1538년 2월 15일에 그를 모앵Moing 마을의 목회자로 임명한 바 있다(CO, XXI, 221).

7) 앙드레 피놀리º(라틴명 피그놀리스)의 이 편지는 알려져 있지 않다(Herminjard IV, 335 n. 18).

8) 당시 교사는 통상 1년의 계약직이었다(COR).

9) 파렐은 목회자의 수가 부족한 것에 대해 염려한 바 있다(Herminjard IV, 109).

56
칼뱅이 하인리히 불링거에게

1538년 2월 21일, 제네바에서 취리히로
CO, Xb, 153; Herminjard, IV, 367; COR, VI/I, 328; CSW, IV, 65

내게 존경받아 마땅한 형제이자 동료이며, 매우 깨어 있는 취리히 교회 목사인 불링거에게.

매우 순수하고 동시에 박식한 형제여, 당신에게 하나님 아버지와 주 그리스도로부터 은혜와 평강이 임하기를 기원합니다.

만일 내가 당신에게 우리의 가장 비참한 형편에 대한 내용을 철저히 문서로 작성하기 시작한다면, 아마도 긴 이야기를 털어놓게 될 것이 분명합니다. 나는 주님께서 우리가 보호하기를 원하셨던 우리의 교회를 어떤[베른] 교회가 오랫동안 괴롭혔고, 또 지금도 전반적으로 압박하고 있음을 지적하고자 합니다. 그러나 지금은 모든 것을 설명할 만한 충분한 여유도 없고 이 선량한 사람들[1]이 스스로 어느 정도 이야기할 수 있기에, 더 이상의 긴 편지로 당신을 번거롭게 하지 않으려 합니다. 비록 그들이 악의 근원 자체[2]를 식별하지 못했거나 또는 사악한 자들이 꾀한 시도가 어느 쪽으로 향하는지를 알아차리지는 못했을지라도, 그들은 사건의 양상 자체가 어떠한지를 꽤 명확하게 인식했습니다. 단 하루만이라도 자유로운 연구의 시간이 우리에게 주어진다면 얼마나 좋을까요! 왜냐하면 내가 바라는 대로, 정녕 그런 시간은 엄청난 열매 없이 끝나지 않기 때문입니다. 분명 내게는 편지로 안전하게 받아들일 수 없어 보이고, 또한 양측에서 철저히 검토하고 토론하지 않는 한 결정할 수 없는 몇 가지 일이 있습니다.

---

1) 아마도 존 버틀러와 바톨로뮤 트라헤론일 듯(서신 47 각주 7, 서신 57 참고)하다.
2) 베른의 목회자들(COR)을 말한다.

하지만 내친김에 넌지시 말해 보자면 내가 보기에 저 고대의 훈련, 즉 우리에게 대부분 상실되어 있는 사도적인 훈련[3]이 완전히 회복되지 않는 한 우리가 영속하는 교회를 갖지 못하리라는 것입니다. 우리는 수찬정지라는 신실하고 거룩한 준수를 다시 도입하는 일[4]과 면적에 비례하여 인구가 매우 조밀한 도시를 교구로 분할하는 일을 아직까지 강제로 얻어내지 못했습니다. 정녕 이 복잡한 행정이 사람들의 입에 오르내리는 바와 같이, 대부분의 사람들은 우리를 목사보다는 대중 연설가로 인식합니다. 만일 우리가 모든 면에서 믿음과 열정과 근면으로 이루어 내지 않는 한, 설령 우리가 개량된 모습을 강렬하게 원한다 하더라도 그 방법을 전혀 찾을 수 없는 다른 많은 것들이 있습니다. 오, 순수하고 진지한 일치가 우리 사이에서 마침내 확립될 수 있다면 좋으련만! 그럴 수만 있다면 공적 모임이 소집되는 것을 방해할 것이 무엇이겠습니까? 각기 자신의 교회에 최대로 도움이 될 것을 제안하고, 공동 심의로 일할 방법이 검토되며, 또 필요하다면 전체 시민과 지도자들이 상호 권면을 통해 서로 돕고, 권위의 힘으로 보장하는 그런 모임 말입니다. 그러나 이처럼 크게 혼란한 상태에서는 주님께서 길을 열어 주시도록 간구해야 합니다.

당신이 루터로부터 매우 친절하고 다정한 당신[5]을 받았다고 펠리칸이 우리에게 알려 줬습니다.[6] 이 사실로부터 그리나이우스는 평화가 다른 편에서 얻어지게 될 큰 희망이 자신에게 있다고 증언합니다.[7] 그러나 우리는 그것이 어떠한 종류의 것인지 그때까지 예측할 수 없었습니다. 저 교회는 우리와 가까이 있기에 모든 일에 있어서 우리와 가장 쉽게 소통할 수 있지만, 우리는 작은 꿀벌 하나도 가질 자격이 없습니다.[8] 기회가 주어진다면, 당신은 적어도 우리에게 그 대략적인 내용을 설명해 주는 것을 못마땅히 여겨서는 안 됩니다.

---

3) 수찬정지를 의미하는 바, 칼뱅은 취리히가 수찬정지의 도입을 심히 반대했음을 알고 있었다(COR).
4) 제네바는 1538년 1월 4일 목회자들에게 "성찬은 누구에게도 거부되어서는 안 된다."고 명했다(CO, XXI, 220).
5) 서신 53 각주 3 참고.
6) 콘라트 펠리칸[9]의 이 편지는 소장되어 있지 않다.
7) 서신 53 참고.
8) 베른 교회 목회자들을 암시하고 있다.

파렐이 당신에게 문안합니다. 주 안에서 내가 매우 존경하는 형제들인 당신의 동료 펠리칸[9], 레오[10], 비블리안더[11], 그리고 프리시우스[12]에게 깊은 존경심으로 나의 인사를 대신 전해 주십시오. 주님께서 그의 나라의 전파를 위해 여러분 모두를 안전하게 지키시기를 기원합니다.

1538년 2월 21일, 제네바에서.

칼뱅 올림.

---

9) 펠리칸은 1526년부터 취리히에서 그리스어와 히브리어를 가르쳤다.

10) 레오 유드²는 불링거의 동료로서 1523년에 취리히의 목회자로 임명되었다.

11) 비블리안더²는 츠빙글리가 죽고 난 뒤 1532년부터 취리히에서 구약 교수였다.

12) 요하네스 프리에스²(라틴명은 프리시우스)는 1536년 6월 바젤에서 라틴어와 그리스어 교수가 되었다가 1537년 2월에는 취리히 콜레주 교장으로 임명되었다.

57
존 버틀러와 바톨로뮤 트라헤론이 칼뱅에게

[1538년 3월 초 취리히에서] 제네바로[1]
CO, XX, 364; Herminjard, IV, 376; COR, VI/I, 332

학문과 경건에서 탁월한 인물이자, 특히 존경받아 마땅한 인물인 장 칼뱅 선생께.

존 버틀러와 바톨로뮤 트라헤론은 매우 박학다식한 사람이자 친애하는 장 칼뱅 선생께 **그리스도 안에서 참된 기쁨이**[벧전 5:13 참고] 임하기를 바랍니다.

이렇게 선생에게서 멀어지는 것이 우리에게 심한 고통을 주었다 할지라도 이후 우리로 인해 즐거운 일들이 있기를 바랍니다. 우리가 바라는 대로 [다시 올 날이] 멀지 않은 장래가 된다 하더라도[2], 우리의 그토록 부드러운 성품과 유쾌한 담화 때문에 몇 시간 안에 기피 당한다는 것을 아파하지 않을 수 없습니다. 우리를 여름이면 어김없이 찾아오고 겨울이 닥치면 도망치는 파리처럼 여기는 자들이 있지나 않을까 하는 생각에 마음이 상당히 괴롭습니다. 실제로 우리가 선생을 도울 수 있었다면, 그것은 분명 어떤 쾌락도 우리를 선생에게서 뺏어 가지 못했을 것이며 또한 어떤 위험도 우리를 선생에게서 떼어 놓지 못했을 것입니다. 사실상 이 슬픔이야말로 뭔가 온전한 인물들이 선생에게 잘못 야기한 것보다, 그리고 어찌됐건 우리가 그들을 진정시킬 수 있으리라는 것보다 더 큽니다. 하지만 선생의 마음에 찜찜하게 나타나는 것은 무엇이건 간에, 선생에게는 그것을 위로의 햇살로 쉽게 흩어 버리시는 그리스도 예수가 계십니다. 그는 선생에게 만족스러운 평온을 주실 것입니다. 그는 선생의 적들을 격퇴하며 그들로 도망하

---

1) 버틀러와 트라헤론은 1537년 11월 초에 제네바에 도착했다가 1538년 2월 하순경 취리히로 떠났다.
2) 버틀러와 트라헤론이 언제 다시 제네바에 왔는지는 모른다(COR의 문장 이해).

게 할 것입니다. 그는 선생으로 하여금 **적들에게 승리하게 할** 것입니다[고후 2:14 참고]. 우리는 즉시 이 일이 이뤄지도록 할 수 있는 한 열심히 그에게 기도할 것입니다.

매우 상냥하고 박학다식한 칼뱅 선생이여, 그대가 그대에 대한 우리의 마음을 기억하도록 당장에는 몇 마디 말[만 남깁니다]. 한편으로 불굴의 정신력의 소유자요, 다른 한편으로는 훌륭한 학문과 탁월한 경건의 인물인 파렐 선생께 우리의 말로 문안드릴 것입니다. 올리베탕 선생, 폰타누스[3] 선생, 선생의 동생[4], 우리의 성실한 친구들에게 안부 부탁합니다. 모든 우리 동향 사람들에게도 안부 전해 주십시오. 안녕히 계십시오.

매우 사랑하는 마음으로.

---

3) Herminjard는 톤Thones의 지도층classe에 속한 목회자인 피에르 드 라 퐁텐Pierre de la Fontaine으로 제안하였다. 이 사람은 1539년 올리베탕의 일을 돕는다(VI, 15 n. 14).
4) 앙투안 칼뱅.

58

시몬 그리나이우스가 파렐과 칼뱅에게

1538년 3월 4일, 바젤에서 제네바로
CO, Xb, 158; Herminjard, IV, 379; COR, VI/I, 334

주 안에서 매우 친애하는 형제들인 기욤 파렐과 장 칼뱅에게. 제네바로.

문안드립니다. 내가 주 그리스도로 말미암아 형제들을 권면하거니와, 당신들을 마땅히 그리스도의 성도들의 우두머리가 되게 한 그분의 정신으로 잠시 내 말을 들으십시오. 실로 나는 사탄이 강력하게 미쳐 날뛰며 온갖 수단으로 우리를 갈라놓으려 애쓰는 것을 봅니다. 베른 형제들에[1] 대한 당신들의 불평은 심각한 것 그 이상입니다. 나는 사탄이 그들[베른 형제들]의 모든 일들을 당신들에게 고약하게 해석하지나 않을까 심히 두렵습니다. 그렇지 않다면 그들에 대한 당신들의 의심이 어떻게 이렇게 잔인할 수가 있겠습니까?[2] 분명 나는 사랑이 내게 지시하는 것에 따라서 두 사람 다 아니라고 확신합니다. 왜냐하면 칼뱅이여, 당신이 두 사람 다 그렇다고 확신할 뿐만 아니라 내가 보기에, [그 확신이] 마음에 철저히 박혀 있기 때문입니다. 베른 형제들은 우리에게 편지를 쓸 때마다 당신들을 훌륭히 여기고 있습니다. 또한 그들은 자신들이 이미 시작된 일치[운동]를[3] 온갖 방식으로 지원했을 때, 덜 중요한 것[4]이 끼어든 것을 제외하고는 완전하다는 통지를 종종 우리에게서 받았다고 쓰고 있습니다. 의심에 의해 노출된 이 덜 중요한 것은 우리에 의해 교육되고 확인되기 전까지는, 즉 우리 앞에 피고인들이 있어 그들 모두를 만족시킬 준비가 되어 있기 전까지는 받아들여지지 않을 것입니다. 그들이 당신들에 대해 이렇게 썼습니다. 그들은 매우 우

---

1) 제바스티안 마이어와 페터 쿤츠를 가리킨다(서신 51 각주 18 참고).
2) 서신 51 참고.
3) 부처와 카피토는 1537년 9월 베른 회합에서 비텐베르크와의 일치 논쟁이 마무리된 것으로 보는 듯하다.

호적으로 당신들을 섬길 마음을 갖고 있습니다.

매우 친애하는 칼뱅이여, 당신의 편지는 도리어 훨씬 적대적입니다. 아 예수 그리스도여, 교회의 공공의 유익 때문에 우리의 것을 당연히 형제에게 양보할 준비가 되어 있는 이는 누가 있을까요? 때와 장소를 막론하고 일찍이, 그리스도 예수 안에서 모든 언약이 언제나 깨어지지 않고서는, 절대로 두 우두머리가-오직 그리스도 예수에 대한 경외심 때문에 미련하고 어리석은 자들에게 복종하고 [롬 1:14] 적대자들과 원수들에게 축복할[마 5:44] 준비가 된-훌륭하게 합의한 적이 없었습니다. 아무튼 이것은 기독교 정신과 마음이 아닙니다. 하물며 형제 때문에 아무것도 하기를 원하지 않는다는 것은 [말할 필요도 없습니다]. 예수 그리스도여, 우리가 형제들의 모든 결점을 묵과할 준비가 되어 있지 않을진대, 우리가 하나의 교회를 만들기보다 천 개의 교회를 파괴하는 것이 더 빠를 것입니다. 나는 결점에 대해 말하는 바, 당신들의 분리적인 태도는 어떠하며, 우리에게 화가 나 기고만장하여 눈을 부릅뜨고 답하는 자는 누구입니까? 나의 칼뱅이여, 우리가 우리에 대해서 이처럼 많은 것을 생각해서 타인이 압박하지 않는 한 우리가 우리에게 주어질 것을 그만큼 바란다고 해서, 우리 자신들에게 교만하고 불의한 듯 보이는 것이 무엇이란 말입니까?

내가 느끼는 것을 말하자면, 쿤츠의 품행은 내게도 인정받지 못합니다. 실로 지극히 촌스럽습니다. 그러나 나는 마음의 의도를 보며, 아무리 무례하더라도 인간의 믿음과 교회에 대한 열성을 보기 때문에 형제를 내칠 수가 없습니다. 나라고 그의 인간 본성을, [그가 차지한] 높은 자리를, 그의 혈통을, 그가 태어난 장소-알프스 중앙에 있는-를 조사하지 않을 이유가 무엇이겠습니까?[5] 분명 당신은 당신과 마찬가지로 어린 시절부터 프랑스 중부[6]에서 교육받은 매우 학식 있는 자들과 의견 교환을 하고 있기 때문에, 회의에서 늘 부딪히는 이유가 무엇인지 쉽게 알고 있을 것입니다. 그가 최근[7]에 당신과 함께한 우리 앞에서 발언하면서 화법상 문법과 어법을 많이 틀릴 정도로 이 직분에 태만한 것은 사실입니

---

4) 베른 식의 의식을 의미한다. 제바스티안 마이어는 1538년 1월 30일 자로 부처에게 썼다. "여러분이 크게 걱정을 하지 않아도 되었던 어떤 중요치 않은 것들(CO, Xb, 146)."
5) 쿤츠는 그가 태어난 에르렌바흐Erlenbach에서 수년 동안 활동했는바, 그곳은 베른에서 남쪽으로 40킬로미터 정도 떨어진 곳에 위치한 알프스 지대 짐멘탈Simmental 지역의 작은 마을이다.
6) media. 불어로 Midi는 남부이다. 칼뱅이 법학을 공부한 오를레앙과 부르주는 중부이다.
7) 1537년 9월 베른 회의를 말한다.

다. 다른 경우에는 적합하고 바르게 글을 쓰는[8] 그가 말입니다. 그러나 그쪽의 학자들에게 철저히 비난받는다는 이유로, 바로 그것 때문에, 내가 현명한 형제를 경멸해야 한단 말입니까? 그가 보여 주는 품행 역시 훨씬 더 다듬어지지 못했습니다. 그래서 어떻다는 말입니까? 나는 당신의 면전에서 그가 곤장을 맞아 마땅하다고 말했습니다. 당신이 참기 힘든 만큼, 아니면 아무나 비난하고 견책하기 쉬운 만큼 그가 바꾸는 것이 쉬울진대, 그가 천성을 바꾸지 않는다면 그는 당신의 경우보다 더 가혹한 고발을 받아 마땅합니다. 그렇지만 실상 그의 성격과 품성이 이렇게 형성된 이상, 이 성격들은 종종 미숙한 채로 자기 쪽 사람들에게 맡겨지기를 바라는 것입니다. 그리고 당신들이 좋아하는 것은 험한 얼굴이 아니라 점잖음과 예의 바름입니다. 그렇지만 나의 칼뱅이여, 당신은 후자가 얼마나 기만적인 인간성임을 알고 있습니다. 그러므로 나는 그리스도의 철학에서 열매를 맺고 있는 자가 **여러 사람에게 여러 모습**[고전 9:22]이 될 수 있도록 당신에게 보다 숭고한 정신을 요구합니다. 실로 이 학문이 이 시기에 우리에게서 사용되지 않는다면 그것은 우리를 철저히 파괴할 것입니다.

우리의 파렐은 옛적부터 난폭하다고 평가되었지만 당신보다는 부드러워지고 있습니다.[9] 나는 그리스도 예수 안에서 당신이 형제들과 더불어 보다 온화하게 행동하기를 바랍니다.[10] 하나님이 거룩하시다는 것과 덕행이 무엇인지, 그리고 기독교 사랑의 효력이 무엇인지[를 생각하십시오]! 나의 칼뱅이여, 쿤츠가 당신에게 형제라는 이 중요한 사실을 생각하고 행동하십시오. 나는 당신이 이 형제에 대한 많은 소송들 때문에 부끄러워하지 않을 뿐만 아니라, 이제 당신에게도 어떤 흠이 보인다는 사실을 주님의 이름으로 분명히 주장합니다. 하지만 당신은 뒤집어진 마음으로 그 흠을 매우 탁월한 덕목이라고 주장할 것입니다. 당신은 억셈을 꿋꿋함이라고 말하고 촌스러움을 소박함이라고 말할 것이며, 예의 바른 직분에 대해 무지한 사람을 언젠가 매우 고상한 표현으로 파트로필리아[11]라고 말할 것입니다. 이는 당신이 매우 크게 칭찬하거나 또는 비난할 수 없을 때, 당신의 친형제 같은 형제에게 있는 모든 결함을 가장 유순하게 해석하기 위

---

8) 쿤츠의 편지에 대해서는 Herminjard, V, 184; VIII, 295를 참고할 것.

9) 그리나이우스가 1538년 3월 10일 자로 파렐에게 쓴 편지를 참고(CO, Xb, 180)할 것.

10) 1539년 10월, 칼뱅은 스트라스부르크에서 이루어진 카롤리와의 화해 과정에서 파렐의 유순함과 충돌하였다(Herminjard, VI, 55).

11) πατροφιλίαν. 사전에 없는 신조어로 보이며 뜻이 불분명하다.

함입니다. 당신은 잘못에 따라 고발하고 비난할 때, 분명 적대감이나 온갖 광적인 태도 없이 행할 것입니다. 당신과 당신의 형제가 동일한 그리스도 예수와 아버지 하나님 안에서 어울림이 있는 한, 그리고 동일한 피와 동일한 본향[12]이 있는 한, 당신이 아무 이유 없이 형제로부터 소외되는 일이 어떻게 있을 수 있겠습니까?

오, 주 예수여, 당신이 형제들을 우리에게 묶어 놓는 줄이 당신의 성령이요, 당신의 뼈요, 당신의 몸이요, 당신의 피이기를 [바랍니다]! 오, 공동체를, 오, 혈족 관계를 [기억하소서]! 주 예수 그리스도여, 우리의 마음을 당신의 영으로 긴밀하게 묶되 필요에 의해서가 아니라, 당신의 백성이 모인 곳에서, 그리고 당신의 양 떼를 삼킬 준비가 된 무서운 이리들의 공포 가운데서 당신의 양 떼의 구원을 위해, 동일한 것을 말하고 행하며, 칭찬하고 견책하며, 한 분 주님을 설교하고 성별하게 하소서!

분명 그 후[13] 당신들과의 지나친 싸움에 이른 우리는 매우 유쾌한 형제들을 떠나야 했지만 화해를 한 후에는 우리의 마음에 즐거움과 위로가 없지 않았습니다. 물론 나는 당신들에게 형제들에 대해 전해지는 어떤 말들을 경솔하게 믿지 말 것과, 반목으로 인해 어떤 무례함이 발생할 경우 당신들과 문제되는 사람들 사이에서 조용히 타결할 것, 사탄의 통치에 여지를 만들지 말 것을 권고했습니다. 아, 이 약속을 한 후 우리가 얼마나 확실한 소망으로, 얼마나 큰 기쁨으로 헤어졌던가요! 그런데 내가 당신들 편에서 이렇게 많은 말을 [듣는] 이유는 무엇인가요? 나는 주 그리스도 안에서 사탄의 이런 시도가 성공하지 못하리라고 확신합니다. 비록 여러분은 이 사적인 반목 때문에 언젠가 고통을 받겠지만, 나는 주의 영이 그의 거룩한 능력의 힘을 무한히, 그리스도의 교회가 당하는 손해 이상으로 여러분에게 행사하실 것을 압니다. 그러므로 우리는 형제들에게 복종해야 합니다. 특히 그리스도의 매우 탁월한 직분을 맡은 형제들에게 말입니다. **큰 자는 다른 사람들을 섬기는 자와 같다**[눅 22:27]는 말이 실로 진리가 아닙니까?

아, 주 그리스도여, 당신이 사태를 일치시켜 주신 만큼 우리가 직분, 열정, 방법, 교리, 그리고 모든 문제의 대립과 차이 때문에 나뉘지 않도록 하옵소서! 모든 존재가 소중한 것이 아닌 이유가 무엇이며, 발이 눈에 비해 쓸모없는 이유가 무엇인가요[고전 12:21]? 아, 예수여, 당신은 모든 지체의 하나의 머리이시요

---

12) 성찬과 하늘나라를 의미한다.
13) 1537년 9월 베른 회담 이후를 말한다. 각주 3 참고.

[엡 4:15], 당신의 영은 모든 것을 주시는 단 한 분이시며, 모든 지체는 하나의 몸입니다[고전 12:20].

눈이 발에게 지혜를 구하는 이유는 무엇인가요? 눈이 자신 그 이상으로 조심해야 하는 이유는 무엇인가요? 또한 모든 교회들이 그들의 모든 것을 하나로 받아들이고 하나를 향해 나아가는 경우 외에, 다른 교회의 어떤 일이 조사될 이유가 무엇입니까?

그러므로 나의 칼뱅이여, 이 일에서 청컨대, 부드러워지고 머리가 희어진 당신의 동료이자 주님의 탁월한 도구인 파렐을 본받고 또한 그리스도의 영의 온화함에 따라 모든 것을 형제들과 타협할 마음을 가지십시오. 예수 그리스도의 이름으로 간청합니다. 나는 그리스도의 힘으로 저 베른 사람들로 하여금 당신들을 소홀히 하지 않게 할 것입니다. 나는 양쪽 모두를 위해 주님께 신실하게 기도할 것입니다. 주 예수 그리스도는 진정 그의 성령으로 충만함으로써, 그리고 사랑의 불길과 하늘의 불에 타오름으로써, 날조된 것들을 하나로 되돌릴 것입니다! 아멘.

이 [편지를] 가져가는 사람은 우리 시장의 아들로서, 경건한 젊은이이자 매우 경건한 사람의 아들입니다.[14] 그는 용무 때문에 당신들에게로 갑니다. 그는 어린 나이에 당신들 곁에서 프랑스어를 배울 수 있는지를 알아보려 합니다. 그리스도의 모든 일에 있어서 누구보다도 신실하게 행하는 그의 아버지는 당신들에게 언어의 수고를 해 달라고, 그리고 아이가 바르고 경건하게 프랑스어를 배울 수 있게 해 달라고 내게 간청했습니다.

매우 상냥한 형제들인 파렐과 칼뱅이여, 가장 사랑하는 마음으로, 안녕히 계십시오.

1538년 3월 4일.
주 안에서 여러분의 종인 시몬 그리나이우스.

시몬 술체루스가 베른으로 갔습니다.[15] 이 사람은 우리의 명령에 따라 주 안에서 모든 상냥함을 당신들에게 보일 것입니다. 안녕히 계십시오.

---

14) 바젤 시장 야코프 마이어에게는 요한 루돌프라는 아들이 하나 있었다.
15) 술처º는 베른에서 메간더의 후임이 되었다.

59
루이 뒤 티에가 칼뱅에게

[1538년] 3월 10일, 파리에서 제네바로
CO, Xb, 163; Herminjard, IV, 384; COR, VI/I, 340

그대가 1월의 마지막 날 쓴 편지[1]를 통해 알았거니와, 내가 이 나라로 물러나온 것이 그대를 심히 유감스럽게 했다면, 나 역시 우리의 교제와 사귐의 단절[2]과 그대의 판단에 대한 나의 반대가 그런 비탄을 낳을 수밖에 없었으리라고 여기면서 그대 못지않게 유감으로 생각합니다.

하지만 내가 무엇을 할 수 있었을까요? 2년이 넘도록 그쪽에 거주하면서[3] 내 양심은 하나님의 확실한 소명도 없이 하나님의 명령 없이 떠나지 말았어야 했던 장소[4]에서 물러났던 것에 대해 결코 편치 않았습니다. 나는 그대가 본 대로 무기력한 상태에 있었으며 내 정신은 크고 지속적인 고통 때문에 그 당시 내내 만사에 무익한 존재가 되었습니다. 주님께서 내가 그분 없이 시작한 일에 대해 기뻐하지 않으시리라는 점, 그 일을 지속하는 한 내 잘못이 용서되지 않으리라는 점, 따라서 내가 주님께 용서를 구하기 위해 있었던 곳으로 되돌아가서 이쪽 [가톨릭교회]에서 그가 나를 기뻐 사용하시도록 그를 섬길 준비를 해야 했다는 점을 생각해야만 하지 않았을까요?

분명 당시 내가 짊어져야 했던 세상사는—이전의 익숙했던 생활 방식의 변화 때문이나 재력과 지상의 경제력의 결핍 때문에 힘들었을 수도 있었던(솔직히 말

---

1) 서신 52 참고.
2) 루이 뒤 티에는 1537년 말에 스트라스부르에서 프랑스로 떠났다.
3) 뒤 티에는 1534년 칼뱅과 함께 프랑스를 떠났고, 1536년 3월경 바젤에서 페라라로 여행했으며, 1536년 7월 칼뱅보다 조금 먼저 제네바에 도착했다. 그는 2년간 종교 개혁 진영에 있었다.
4) 뒤 티에는 클레에서 주임 사제로 임명되었고, 1532년에는 앙굴렘 성당 참사회원이 되었다. 이 직분이 그가 받았던 소명이었다.

해서 나는 나보다 다른 사람 때문에 더 힘들었을 수도 있습니다.)[5]-그 어떤 것도 되돌아가게 만들 만큼 나를 불쾌하게 하지는 않았습니다. 심지어 주님의 은혜로 견뎌 낼 확고한 의지가 내게 조금이라도 있는 한, 우리 주님이 그의 선하심에 따라 원하시는 데까지[고전 10:13 참고] 비할 데 없이 견뎌 내야 했을 때에도 말입니다. 이것은 내가 그쪽에 머물기 위해 오직 이것[양심의 소명]과 싸워야 했을 때 그가 나로 하여금 언제나 박해를 이기게 하셨다고 여기게 합니다. 이는 내가 달리 주님을 기쁘시게 하는 것으로 본 길, 따라서 그 안에서 안식했을 길에 있었기 때문입니다[마 11:28 참고]. 사실 그는 이때야말로 **십자가를 지고 그를 따를**[마 16:24] 위대한 순간이라는 것과 뒤따르는 십자가의 쓴맛이 오직 단맛을 낳는다는 것을 알게 하는 은혜를 내게 베푸셨습니다. 하지만 앞서 말한 이유에 근거한 양심의 고통(이를 통해 우리 주님은 내가 볼 수 있는 동안, 내게 경고하고 교정하려 했습니다.)은 나를 내가 한 행위에 몰아넣었고 다른 어떤 것도 나를 그것으로 끌어가지 못했습니다. 그러므로 그대가 가졌던 두려움-이것이 우리가 가졌던 교제에서 그대가 저지른 무례함에서 비롯되었다는[6]-은 쓸데없는 것이었습니다. 게다가 그대는 결코 내게 무례를 범하지 않았습니다. 내가 신중함으로 그대를 대할 필요가 없었고 오히려 이 점에서 내가 그대를 도왔습니다.[7] 따라서 그대는, 그대 역시 온전히 확신할 수 있듯이, 이런 이유가 나를 그대에게서 멀어지게 하거나 타인이 되게 하지 않았음을 스스로에게 훨씬 더 잘 믿게 했습니다. 그럼에도 불구하고 내가 하나님 안에서 그대와의 연합과 우정을 간직할 수 있는 한, 나 자신도 이쪽으로 물러나기 위해 그대에게서 멀어지거나 타인이 되지 않았습니다. 바로 이것이 지속되기를 내 온 마음을 다해 바라며 하나님이 우리에게 그렇게 되도록 허락하시길 소망합니다. 비록 잠시 우리가 어떤 점에서 서로 다른 견해를 가지고 있고, 또 이것 때문에 서로에게 멀어짐과 낯섦의 기회를 준다 하더라도 말입니다.

나는 그대가, 나를 꿋꿋하고 단호하다고 판단하는 이 사안에 의해서, 그리고 그런 꿋꿋함과 단호함 때문에 내가 되돌아갈 가능성이 전혀 없다는 이 결심에 의해서(이것이 그대로 하여금 내가 돌아간 사실로 말미암아 놀라게 했다고 말하

---

5) 뒤 티에는 칼뱅을 경제적으로 도와주었다.
6) 서신 52 참고.
7) 경제적 도움을 말한다.

는), [내 안에 있는] 하나님의 말씀과 종교의 순수성이라는 사안과 그것을 따르고 지키려는 결심을 파악한다고 여깁니다. 그대는 그대가 여전히 간직하고 있는 것을 내가 바라고 있다고, 하지만 그대가 품은 것이 너무도 클 수 있어서 내가 그것을 받을 만한 것으로 느끼지 않고 있다고 여긴 것입니다. 왜냐하면 내 결함이 전적으로 알려지지 않은 것이 아니기 때문입니다. 그럼에도 불구하고 내 마음은 주님의 은혜로 진정 확고했고, 이 점에서 내가 가졌던 것과 다른 꿋꿋함이나 단호함을 보이지 않은 채, 의심의 여지없이 하나님의 말씀과 종교의 순수성에 속한 것이 무엇인지를 알았으며, 그것을 따르고 지키는 일에 애착을 느꼈습니다. 지금도 내 마음은 이전과 마찬가지로 확고함과 애착을 갖고 있으며, 더욱더 그렇게 되도록 하나님 안에서 소망합니다. 하지만 만일 그대가 내 귀국을 이뤄진 방식에 따라서 파악했다면 이런 꿋꿋함이 그대로 하여금 내 귀국에 대해 놀라게 하지 않았을 것으로 여겨집니다. 왜냐하면 실로 내가 인정할 수 있었던 것에 따르자면 내 귀국은 이런 [꿋꿋하다는] 평가에 어긋나는 방식으로 이뤄지지 않았기 때문입니다. 이런 놀람은 그대가 내 귀국에 대해 다른 견해를 갖고 있어 내가 인정할 수 없는 어떤 것들을 확고하게 여기고 있음—내 양심이 판단하는 한 합당하지 않은—을 입증합니다. 나는 언젠가 그대 자신이 이 사실을 인정하기를 바랍니다.

귀국을 하는 상황에서 내가 뭔가 잘못을 저질렀음은 부인하지 않겠습니다. 그렇게 하겠다고 결단을 내린 이후에도 그대와 그대 주변의 다른 사람들에게 아무것도 알리거나 밝히지 않았다는 점에서, 그리고 내가 그대가 있는 곳에서 떠나기 두 달 전쯤 시작한 생각들을 그대에게 감추었다는 점에서 그렇습니다.[8] 하지만 내 결점이 원인이었습니다. 다시 말해서 내가 그곳에서 아무런 유익을 주지 못하고 우리 사이에 화와 불만을 불러일으켰다는 두려움 때문이었습니다. 그럼에도 불구하고 그 두려움은 나 자신에게 최선이자, 가장 정직한 것을 행하지 못하게 막고 붙들지는 못했습니다. 그렇지만 나는 이 중대한 행위가 그대에게 옳게 보인다면, 그 행위의 정황에서 저질러진 내 잘못이 그대에게 용서되리라고 생각합니다. 나는 이것이 여러분에게 잘 이해되기를 언제나 바랍니다. 이것이 어떤 이들에 의해 공평하게 이해되지 않는다면, 이 세상에서 모든 사람이 만사를 그에 합당하게 이해하는 일은 결코 없을 것입니다.

---

8) 뒤 티에는 1537년 8월 26일 전에 제네바를 떠났다.

만일 내가 내 행위에 대해 가졌던 이유들이 그대에게 그렇게 결정적이지 않고, 오히려 그대의 양심이 하나님 앞에서 정반대의 것을 확신한다면, 분명 나는 그 이유들을 그대에게 더 잘 설명하고 추론하여 이해시킴으로써 그대가 그런 식으로 확신해서는 안 된다는 것을 알게 할 수 있을 것입니다. 하지만 그렇게 할 수 없다 해서, 내가 그대의 견해를 따르기 위하여 내 행위에 관해 양심의 판단을 저버리면서까지 위반할 필요는 없다고 생각합니다. 종종 어떤 일에 대해, 그것이 하나님 앞에서 실제로 그렇지 않음에도 불구하고, 잘못된 신념과 확신으로 하나님 앞에서 확신한다고 생각하는 경우가 있는 것과 마찬가지로, 어떤 양심도 다른 사람이 확실하다고 생각하거나 말한 것을 하나님 앞에서 검토해서는 안 되고, 오히려 그 양심은 그것 자체가 하나님으로부터 받는 확신을 따라야 합니다. 그대는 의인은 자신의 믿음에 따라 살리라[9][롬 1:17]고 기록된 것을 알고 있습니다. 타인의 믿음이 아닙니다. 동일한 사실에 대해 둘 중 한 사람은 확신을, 다른 한 사람은 정반대의 입장을 갖지만, 각자는 자신의 것이 하나님께 속한다고 주장합니다. 왜냐하면 편견이나 사로잡힌 열정으로 말미암아, 각자가 확신해야 할 것에 대해서와 각자가 판단하는 것과는 달리, 존재하는 것에 대해 자신을 확신 있는 자로 여기지 못한다면, 큰 겸손과 두려움으로 서로를 검토해야 하는 일이 이뤄질 수 없기 때문입니다. **의인은 자신의 믿음으로 살아야**[10] 하는 것처럼, 마찬가지로 자신 안에서 믿음이라고 여기지 않는 것을 조심해야 합니다. 하나님을 믿지 않으면서 하나님께 속한 것과는 반대의 것을 행할 수 있는 신념들 말입니다. 왜냐하면 하나님은 모든 사람들에게 동시에 모든 것을 있는 그대로 볼 수 있게 하지 않으시며, **사탄의 천사도 자신을 광명의 천사로 가장할 줄 알기**[고후 11:14] 때문입니다.

나는 그대가 그대의 명분의 정당성에 대해 말하고 행한 천명을 가지고 달리 말하지 않을 것이며, 또한 너무 쉽게 자신을 용서하는 자들과, 결코 예수 그리스도에게로 가는 길을 알려 주겠다며 원치 않는 길로 인도하는 자들이 있음을 부인하지 않을 것입니다. 하지만 또한 의심해서는 안 될 것은 때로 타인이 그 스스로를 용서한다−실제로 그렇지 않은데도−고 생각하는 자들이 있는 한편, 예수 그리스도에게 속하지 않는 길인데도 그것이 있다고 믿는 자들이 있다는 것입니

---

9) justus fide sua vivet.
10) le juste vive de sa foy.

다.

마찬가지로 나는 그대가 아는 인물들[11]에 관한 언급에 응답하지 않을 것입니다. 다만 그대 편에서는 당장 동의하지 않을 여러 가지 점들에서 그들과 내가 일치하는 것은 사실입니다. 하지만 내가 돌아올 마음을 먹은 것이 그들 때문이 아니라는 것을 그대가 확신할 수 있기를 바랍니다.

나는 내가 되돌아온 이 교회가 하나님의 교회임을 인정한다고 고백합니다. 나는 이 교회가 그대를 증오하고 있다는 것에 대해 일말의 의문을 갖습니다. 이 교회의 어떤 구성원들이, 심지어 주요 보직을 차지한 자들조차 그대를 증오하고, 또 진실과는 달리 중상모략으로 많은 것들의 책임을 그대에게 전가함으로써 그 밖의 사람들이나 이 교회의 다른 구성원들로 하여금 그대를 증오하게 만드는지 말입니다. 나는 이 교회가 그대를 증오했다고, 아니 지금도 증오하고 있다고 말해야 할지 모르겠습니다. 그대의 교리와 그대에게 올바름이 있다는 말이 아니라 교회가 그대에 대해 말하는 것을 듣고 그것을 믿을 기회를 갖고 있다는 말입니다. 왜냐하면 그대는 하나님과 더불어 이뤄질 수 있는 모든 것에서 교회와의 일치를 유지하는 대신 분리 가운데 머물고 있기 때문입니다. 내가 그대를 분리주의자로 여기지 않고는 그들에게 하나님의 교회라는 칭호를 줄 수 없다[고 그대는 말합니다]. 분명 나는 한편으로는 우리 주님께서 그대들 가운데 많은 사람들에게 베푸신 은혜와 은사뿐만 아니라 그대가 갖고 있는 하나님에 대한 열정을 고려하고, 다른 한편으로는 많은 사람들이 그래서는 안 될 어떤 문제들에서 그대를 반대하고 심지어 그 때문에 그대를 부당하고 과도하게 박해하는 것을 고려하면서, 그대에 대한 이 평판을 감히 쉽고 경솔하게 갖지 않고 보다 신중하게 평가하여 말하기를 바라듯이, 또한 마찬가지로 그대가 얼마나 명백히 철저하게 분리적인지를 볼 수 없으며 따라서 어떤 비난도 그대에게 주어져서는 안 된다는 사실을 감추고 싶지 않습니다.

그대가 이 교회에 대해 내린 판단, 즉 성 바울이 이스라엘 사람들에 대해 단언하듯이 이 교회에 하나님의 축복을 받은 남은 자들만 있다는 판단은 나를 만족시키지 못하며 그것을 감히 유대인의 회당과 비교하는 것에 대해, 회당에서의 우상 숭배나 가증함이 그렇게까지 끔찍하지 않다는 이유로 회당을 교회보다 선호하거나 적어도 교회를 하위에 둠으로써 교회를 모욕할까 두려워, 반대하지 않

---

11) 스트라스부르 개혁자들을 말한다.

을 수 없습니다. 또한 나는 그대가 이 교회의 상태를 사람들의 정신이 오랜 관습에 의해 가장 부패했던 시기인 여로보함이나 아합 시대의 이스라엘 백성의 상태에 비유하는 것을 인정할 수 없습니다.

나는 우리 사이에 반목을 일으킬 수 있는 논쟁으로 들어가길 원치 않습니다. 왜냐하면 나는 앞서 말했듯이, 하나님과 더불어 내가 할 수 있는 한 그대와 더불어 일치와 지속적인 우정을 지켜 나갈 수 있기를 바라기 때문입니다. 하지만 [이것을 쓰는 것은] 내가 이 점에서 그대와 다른 견해를 갖고 있음을 다소 설명하기 위함입니다. 만일 우리에게 하나님의 참된 성직에 의한 세례가 없다면, 그대에게나 나에게 예수 그리스도의 세례의 효력은 결코 없습니다.[12] 나는 나와 마찬가지로 그대 역시 우리가 태어나고 세례 받은 교회의 성직이 인정한 세례에 그 효력이 있음을-즉 우리가 그곳에서 세례를 받았을 때부터-부인하지 않으리라고 믿습니다. 비록 우리가 세례의 효력을 느끼지 못하고 그 후 깨달음의 나이에 이르지 못했을 때에도, 그 효력이 충분히 바른 교육 없이 하나님의 분배에 따라 여러 해를 거쳐, 우리가 아무런 느낌도 가질 수 없을 정도로, 또는 매우 적은 느낌을 가질 정도로 거의 행사되지 않았다 하더라도, 그때부터 그 효력이 우리 안에서 시작되었고 우리 주님이 원하는 때와 방법에 따라 배가되었다는 사실은 의심의 여지가 없습니다. 내 입장에서 볼 때 그대가 잘 생각한다면, 그대는 양심에 비추어 반대로 말할 수 없을 것입니다. 만일 우리가 우리에게 세례를 준 교회에서 그곳에 있던 성직에 의해 예수 그리스도의 세례의 효력을 받았다고-이 효력은 하나님의 참된 성직에 의해서만 부여될 수 있기에-인정한다면, 하나님의 뜻이 그럴진대, 우리가 이 교회에서 계속적으로 지속되는 성직이 하나님의 참된 성직임을 고백하는 것이 필요합니다. 왜냐하면 그때 있었던 동일한 성직이 여전히 있고 제거되지 않았기 때문입니다. 이 교회에 하나님의 참된 성직이 있었고 또 여전히 있다면, 결과적으로 이 교회는 하나님의 참된 교회였고 여전히 그렇다는 결론이 뒤따릅니다. 하나님의 참된 성직이 있는 곳에 또한 필경 하나님의 참된 교회가 있기 때문입니다. 그런데 그대는 우리가 말하는 이 교회가 우리가 함께 연합하여 살고 있는 교회라는 것을 압니다. 따라서 그중 어떤 교회가 하나님의 교회라면 다른 것도 마찬가지입니다. 우리가 이 교회에 불신과 죄의 장애

---

12) 이것은 세례의 효력에 대한 부처의 입장이기도 하다(1538년 9월 27일 자, 부처가 뒤 티에게 보낸 편지 참고-Herminjard, V, 187). 한편 칼뱅의 입장은 〈기독교 강요/1536〉, 316-342 참고.

물을 놓아두지 않았을 때 그곳에서 그리스도의 세례와 다른 성례들이 효력을 발휘했듯, 마찬가지로 주님의 은혜로 성례를 받았거나 받고 있는 다른 모든 사람들의 경우도 동일하게 이뤄졌고 또 이뤄지고 있습니다. 이것은 의심의 여지없이 하나님의 선한 뜻에 따라 이미 일어났고, 또 날마다 일어나고 있는 것입니다. 그러므로 만일 우리 주님의 성례와 그의 말씀이 이 교회에서 날마다 효력 있게 분배되고 있다고 고백한다면, 어떻게 그것을 하나님의 교회로 인정하지 않을 수 있습니까?

나는 많은 사람들이 교회 안에서 끝없이 악을 저지르고 있다는 것, 주님의 말씀이 너무나 자주 순전하거나 충직하게 다뤄지거나 선포되지 않을 뿐더러 성례 역시 합당하고 거룩하게 시행되지 않고 있다는 것, 어떤 곳에서는 심히 끔찍한 우상 숭배와 가증함이 저질러지고 있다는 것, 오늘날 모든 곳에서 많은 부패가 이뤄지고 있다는 것에 대해서는 부인하지 않겠습니다. 나는 품행과 치리뿐만 아니라 말씀과 성례도 포함시킵니다. 그러나 이 모든 것이 이곳을 하나님의 교회가 아닌 것으로 만들지는 않습니다. 왜냐하면 하나님과 예수님의 이름이 실제로 그리고 공적으로 불리며, 그의 말씀이 선포되고, 그의 성례가 분배되기 때문입니다. 설령 하나님과 예수님의 이름을 공적으로 부르는 일이 모든 사람에 의해 진실한 마음으로 이뤄지지는 않는다 하더라도, 일부가 많은 무지와 결함, 많은 오류와 잘못을 갖고 있는 것과 마찬가지로 또한 적어도 일부는 진심으로 행할 것입니다. 설령 말씀과 성례가 부패되었다 하더라도, 그래도 역시 많은 말씀과 성례가 진실하게 선포되며 분배되고 있습니다.

물론 그대도 알다시피, 하나님의 말씀을 통해 참되게 선포되고 성례를 통해 참되게 분배되는 것은, 어느 방면으로든 결코 열매 없이 머물러 있을 수 없습니다[마 7:15-20 참고]. 따라서 만일 이런 것들이 이 교회에 있다면, 열매 맺고 유익을 주는 개개인들도 있음을 의심해서는 안 됩니다. 그에 따라 확실하게 뒤따르는 결과는 이 개개인들이 비록 그들에게 여전히 무지나 오류나 결함—우리 주님은 이것들을 그의 뜻에 따라 깨끗하게 하실 것입니다.—이 있다 하더라도 하나님을 진심으로 부른다는 것입니다. 그리고 이 교회에서 하나님의 말씀이 참되게 선포되고 그의 성례가 분배된다는 것이요, 이런 방식으로 열매 맺는 개개인들이 있다는 것입니다. 성령의 증언은 그곳에서 말씀과 성례를 받아 참된 경건의 열매를 맺는 개개인의 마음에 이 사실을 선포하고 굳건히 합니다. 그리고 다른 사람들은 이 개개인 안에서 보는 열매의 산물—즉 하나님에 대한 경외와 그를 향한 기도, 하나님에 대한 사랑과 이웃에 대한 사랑, 그리고 거기서 나오는 모든 정직한 삶-을 통해 이 사실을 인식할 수 있습니다. 게다가 이것은 이 교회에서 행해지는 [말씀과 성례의] 집행을 아는 모든 이들에게 그 자체로 너무도 명백하기 때문에 그들은 그들의 양심을 거슬러야만 그것을 부인할 수 있을 것입니다. 우리 주님께서 **내 양은 내 음성을 듣는다**고 말씀하셨을 때[요 10:3] 그가 자기 백성을 식별하는 표지를 주셨음은 분명한 사실입니다. 하지만 그는 이 세상에 있는 사람들 사이에서 교회가 인정되어야 하는 한, 어떤 단체도 모두가 마음의 귀로 그의 음성을 듣는 식에 의해 그의 교회로 인정되어야 한다고 말씀하지 않으셨습니다. 이런 이유에서 그는 교회를 **다섯은 현명하고 다섯은 어리석은 열 처녀**에[마 25:1-13], 그리고 좋은 물고기와 나쁜 물고기를 함께 포함하고 있는 그물에[마 13:47-48] 비유했습니다.

나는 하나의 교회가 잘 정돈되려면 아무나 교회의 구성원으로 인정해서는 안 된다는 것에 동의합니다. 교회는 그를 외양으로 평가해서는 안 되며, 그는 주님의 말씀을 진실하게 들어야 합니다. 그러나 설령 목사들이 잘못 가르치고 잘못 명을 내린다 하더라도, 또한 교회에 숱한 무지와 부패가 있다 하더라도, 교회에 하나님의 말씀과 성례의 집행, 그리고 비록 많은 무지와 오류와 결함이 있지만 진정으로 하나님의 이름을 부르는 상당수의 백성이 있다면, 그 교회는 그래도 하나님의 교회입니다. 내 생각에 그대는 그렇게 말하거나 또는 그렇게 추론될 수 있는 성경 구절을 찾지 못할 것이며 오히려 정반대의 많은 구절들을 발견할 것입니다. 성 바울이 고린도 교회와 갈라디아 교회의 잘못과 오류에 대해 말하듯이, 그리고 계시록 2장과 3장에 그곳에 언급된 교회들의 잘못들에 대해 기록되어 있듯이 말입니다. 성 바울이 디모데에게 쓰면서 교회를 진리의 기둥[딤전 3:15]이라고 명명했을 때, 그는 (흔히 해석되는 식으로)[13] 개별 교회에 대해서가 아니라 보편 교회에 대해 말한 것입니다. 비록 디모데가 (보편의 관점에서) 개별적인 그레데 교회에 있었다 하더라도,[14] 그의 거주 역시 보편 교회 안에 있었습니다. 왜냐하면 보편 교회 안에 개별 교회들이 포함되기 때문입니다. 분명 보편 교회는 진리의 기둥입니다. 교회의 잘 연합된 일치는 실패하지 않는 버팀목이자 진리의 명백한 보증이기 때문입니다. 하지만 이것을 디모데가 있었던 개

---

13) 칼뱅의 해석을 암시한다(CO, I, 20-21; 〈기독교 강요/1536〉, 29-31).
14) 뒤 티에의 착각이다. 그레데에 있었던 이는 디도였다(딛 1:5).

별 교회를 위해 기록된 것으로 이해할 경우에도 그것은 마찬가지입니다. 왜냐하면 하나의 개별 교회가 우리 주님의 이름으로 모일 때마다 주님이 거기에 계심으로 인해 그렇게 하는 한, 주님이 **두세 사람이 모인 곳에…**라고 하신 말씀과 유사하며, 이 교회의 일치 역시 실패할 수 없는 버팀목이자 진리의 명백한 보증이요, 따라서 실로 **진리의 기둥**이라고 말할 수 있기 때문입니다.

나는 어떤 교회들에 많은 무지와 부패가 있다는 사실에 대해 질색하지 않습니다. 왜냐하면 이 교회들의 모임 중 일부는 주님의 이름으로 이뤄질 수 있고, 이 점에서 주님은 그들을 도와 **진리의 기둥**으로 삼으시기 때문입니다. 또한 일부 모임은 다른 이름으로도 이뤄질 수 있는데, 이는 우리 주님이 그들의 목사들의 부패를 허용하고, 그들이 말씀을 위장하거나 타인들에게 그렇게 하는 것을 묵인하도록 허용하며, 많은 사람들이 육적인 애착이나 눈먼 무지로 빗나가게 하여 모임이 방황하도록 허용하시기 때문입니다. 하지만 이렇게 방황하는 자들에도 차이가 있습니다. 어떤 이들은 그들의 마음을 진정 하나님께 두면서도 무지 때문에 방황하는 바, 만일 그들이 자신들의 오류를 깨닫게 된다면 그렇게 행하기를 원치 않을 것입니다. 그들의 오류는 그들이 개개인에게 있는 **그리스도의 터**를 파괴하지도 제거하지도 않는 것으로, 다만 이 터 위에 첨가된 풀이나 짚과 같아서 우리 주님이 그의 기쁘신 뜻대로 그것들을 깨끗하게 하십니다[고전 3:11-12]. 다른 이들은 철저히 부패한, 일종의 타락한 마음을 가지고 방황하는 바, 그들에게는 참된 경건이라곤 아무것도 없으며 그들의 오류는 완전한 위선 내지는 우상 숭배이자 하나님 앞에서 명백히 가증한 행위입니다. 이런 모습 그대로의 이 사람들로 인해 모임은 오직 그들을 비난하거나 또는 권면하여 스스로를 고치게 하는 경우 외에는 결코 주님의 이름으로 이뤄지지 않으며, 오히려 다른 사람들과 스스로를 고쳐 저들과 같이 되는 사람들로 인해 모임이 이뤄집니다. 바로 이들을 위해 우리 주님은 이곳에 있는 모든 오류와 부패에도 불구하고 그것들과 함께, 말씀과 성례의 참된 집행을 보존하여 그들로 하여금 은혜의 전달 수단을 갖고 구원에 이르도록 하시는 것입니다. 이와 같이 그대는 성 바울이 교회를 **진리의 기둥**이라고 명명했다는 사실이 우리가 말하는 교회가 그리스도의 교회로 인정되어야 하는 것을 막지 못한다는 것을 봅니다. 우리 주님이 **내 양은 내 음성을 듣는다**고 말씀하신 사실도 마찬가지입니다.

성 바울 시대의 유대인들 내지는 이스라엘 사람들과 회당에 대해 말하자면, 분명 당시 이 백성은 비록 성 바울이 쓰고 있는 대로 **은혜의 선택에 따라 남은 자**

들이[롬 11:5] 있었지만, 다시 말해서 하나님의 값없는 선택에 따라 어떤 이들이 구원받는 데 이르렀지만[롬 9:27], 그럼에도 불구하고 나머지 모든 사람들의 경우 **하나님의 백성**[벧전 2:10]이라는 칭호가 상실되었고, 이들의 회당이 하나님의 회중 내지는 교회였다거나, 거기에 하나님의 성직이 있었다거나, 이런 방식으로 말씀과 성례의 분배가 있었다고 말할 수 없습니다. 당시 유대인 또는 이스라엘 사람들을 구성원으로 하여, 하나님의 성직과 말씀과 성례의 분배를 갖춘, 예수 그리스도의 교회가 있을 수 없었다는 말은 아닙니다. 초기 예루살렘에 있었던 예수 그리스도의 최초의 교회가 그랬던 것처럼 말입니다[행 2:42]. 하지만 그것은 유대인 또는 이스라엘 사람들의 회당, 다시 말해 그들의 옛 형태에 따른 모임이나 회중이 아니었습니다. 그들은 이 백성의 남은 자들로서 은혜의 선택에 따라 구원에 이르렀으며 그들의 회당을 버리고 예수 그리스도의 새 교회를 세운 것입니다. 왜냐하면 우리 주님으로부터 믿음을 받아들인 유대인이나 이스라엘 사람들은 더 이상 그들의 회당에 가서 하나님을 찾지 않고 오히려 그것을 무시하고 그리스도의 새 교회를 세우거나 아니면 이미 세워진 교회에 합류하여, 그리스도 예수로 말미암아 하나님의 모든 자녀들과 더불어 **하나의 거룩한 보편 교회** 안에서 하나가 됨으로써, 거기서 하나님을 소유하고 그리스도 예수 안에서 하나님의 영에 참여했기 때문입니다.

　이 신앙을 받아들이고 이런 방식으로 그리스도의 교회에 오고자 한 유대인이나 이스라엘 사람들은, 그들과 그들이 만든 모든 회당이 그리스도를 거절하여 하나님에게서 버림받고 거부당했기 때문에 그들의 회당에 가기를 중단했으며, 이 회당을 떠나 그리스도 안에서 신도들을 만난 것입니다. 물론 그리스도를 전하거나 고백하면서 그곳에서 어울리고 그 자체로 중립적인 그곳의 준수 항목들을 사용하여, 하나님이 그런 소망을 주시는 한, 그들 형제들을 얻어 그리스도에게로 이끄는 것이 적법하지 않은 것은 아니지만, 그들은 마치 그리스도께서 오시지 않은 것처럼 여전히 그를 기다리는 사람들이므로, 따라서 옛 언약 외에 다른 언약과 하나님의 다른 성직을 갖지 않는 사람들이므로, 그리스도를 부인하거나 거부한 자들에게 동의하는 자들로 여겨서는 안 됩니다. 그런데 만일 성 바울이 **남은 자들이 은혜의 선택**에 따라 이뤄진 것으로 단언하던 시기에 이스라엘 백성의 나머지 사람들이 하나님의 백성이라는 칭호를 상실하고 더 이상 그렇게 인정되지 못했다면, 내가 돌아온 나라의 교회가, 그곳에서 행해지는 악습과 오류에도 불구하고 오늘날 하나님의 교회라면, 그리고 이렇게 해서 하나님의 백성으로 인정되어야 한다면, 오늘날 이 교회에 대해 거기에 **하나님의 축복의 남은 자들**이 있다고 판단하거나 말할 충분한 근거가 있다는 결론이 뒤따릅니다. 성 바울이 이스라엘 백성에 대해 **은혜의 선택**에 따라 **남은 자들**이 만들어졌다고 말했듯이 말입니다.

물론 이 교회에서, 그 지체로 있는 자들과 잠시 그곳에서 살며 견디고 있다는 이유로 공공연히 지체로 인정받는 자들이 모두, 영원한 영광으로 구원받아 하나님의 거룩한 교회에 영원히 참여하기 위해 선택을 받은 자들이 아니라는 것은 사실입니다. 왜냐하면 많은 사람들이 멸망할 것이기 때문입니다. 이런 점에서 성 바울이 이스라엘 백성에 대해 한 말은 이 교회에 대해서도 적용될 수 있습니다. 즉 **남은 자들**만이 **은혜의 선택**에 의해 만들어지고 구원받는다는 것입니다. 아무튼 내가 추론한 바에 의해 다음 사실이 명백해진 것으로 보입니다. 그것은 그대가 말하고자 하는 것이 내가 이해하는 식으로 말해져야 한다는 것입니다. 이 교회가 결코 하나님의 교회가 아니라고 판단된다는 것과, 다만 몇몇 남은 자들만이 하나님의 신맥에 따라 이뤄졌다는 것, 그리고 하나님의 은혜가 전달되었을 때 그들이 사탄의 교회와도 같은 이 교회에서 물러나 그리스도에게 속한 새로운 다른 외적 교회를 만들거나 아니면 이미 만들어진 교회에 합류해야 한다는 것입니다. 마치 신약 이후에 구원받았던 이스라엘 백성의 **남은 자**가 그들의 옛 회당을 떠나, 내가 말한 대로, 그리스도의 새로운 외적 교회를 시작하고 세우거나 아니면 이미 만들어지고 세워진 교회에 합류하고 가담해야 했듯이 말입니다. 내 편에서 볼 때 나는 양심을 어기지 않고서는 이 교회에 대해 이렇게 판단할 수 없습니다.

이와 같이 평가해 볼 때, 비록 예루살렘 성전에서 하나님의 성직을 맡았던 자들의 나쁜 누룩[마 16:6; 고전 5:6]과 부패한 전통으로 말미암아 하나님의 많은 교리와 제도가 부패했고 또 끝없는 오류와 불경함이 저질러졌다 하더라도, 유대 백성이 하나님의 백성이었고, 그리스도께서 태어나신 직후에도 그러하며, 그가 자신의 새 교회를 세우시고 새 언약을 수립하시기까지 그러함을 인정해야 한다고(왜냐하면 그때 이 백성은 하나님의 성직이요, 하나님의 교리이자 제도였기 때문에) 여기고 있습니다. 또한 그대는 우리 주님이 이 시대의 백성에게서 자신을 위해 남겨 두신 자들이(많은 사람들이 남겨져 있었다는 것은 의심의 여지가 없습니다.) 다른 이들이 저지른 악습과 불경함 때문에 하나님께 속한 모든 것에 관해 성전과 성전의 교제에서 서로 분리되어서는 안 되고, 다른 성전을 만들어서도 안 되며, 그들이 하나님에게서 받은 것과 다른 성직과 다른 제도-백성 대부분이 이것들을 악용했음에도 불구하고-를 세워서도 안 되고, 오히려 각자의 소명에 따라 하나님과 그의 율법에 속한 것을 준수하면서, 또한 모든 악습과 불경함뿐만 아니라 하나님과 그의 율법에 어긋나는 모든 것을 경계하면서,-왜냐하면 그들이 이 모든 것을 이해할 수 있었기 때문에-하나님 안에서 끝까지 견디고 그를 따라 살기 위해 이 교제를 견지하고 성전에 모이며 성직에 순종해야 한다고 판단합니다. 그러므로 나는 비록 많은 부패가 있고 엄청 많은 악습과 불경함이 횡행하고 있지만 거기에 하나님의 성직과 그의 교리와 제도가 있는 이상, 우리가 말하는 이 기독교 교회가 하나님의 교회요 하나님의 백성이며 또 그렇게 인정해야 한다고 믿습니다. 또한 나는 이 교회에서 진정 하나님을 두려워하는 자들과 자신의 소명을 갖고 있는 자들이 하나님 안에서 끝까지 견디기를 원한다면, 그들이 교회를 저버린다거나 하나님께 속한 모든 것 안에 있는 교회의 교제에서 분리되어서는 안 되며, 오히려 각자의 소명에 따라 하나님과 그의 복음의 법에 속한 것을 준수하면서, 그리고 모든 악습과 불경함뿐 아니라 하나님과 복음의 법에 어긋난다고 여길 수 있는 모든 것을 경계하면서, 교회를 붙잡고 교회와 어울려야 한다고 믿습니다.

이 교회와 현재의 **유대 회당**(내 생각에 그대가 회당에 대한 말을 듣고 있기 때문에)을 비교하는 것에 관해, 나는 그대가 그것들을 감히 함께 비교한 것을 비난하려는 것이 아니라 다만 그대가 그렇게 말하는 이유를 인정할 수 없을 뿐입니다. 왜냐하면 내가 이미 추론한 바, 오늘날뿐만 아니라 새 언약이 세워진 이래 있었던 **유대 회당**-그리스도를 영접하기를 원하지 않았던-중 어떤 것도 결코 이 교회와 비교되어서는 안 된다는 것이 내게는 매우 참되게 보이기 때문입니다. 이것은 교회를 선호하여 회당을 모욕하거나 회당을 교회 밑에 두려는 것이 아니라, 이 교회가 하나님께 속하고 하나님의 성직을 갖고 있는 반면, 회당은 그들이 성경의 문자를 어떻게 해독하든 간에, 그리스도를 영접하기를 거부하고 그를 죽임으로써 그 후 아무런 성직 없이 영원히 하나님에게서 버려지고 멀어졌기 때문입니다. 설령 이 교회에서 **우상 숭배와 매우 끔찍한 가증 행위**가 행해진다 하더라도, 그리고 거기에 유대 회당에서 저질러진 것보다 하나님께 더 크고 더 혐오스러우며 불쾌한 고려 대상이 있다 하더라도,-왜냐하면 이것이 하나님의 교회에서 저질러지고, 더 많은 은혜가 베풀어진 자들에 의해 더 큰 죄가 저질러지며, 따라서 하나님을 향한 더 많은 배은망덕이 있고 죄의 고통이 더 크기 때문에-유대 회당은 이 교회보다 선호되거나 상위에 놓여서는 안 됩니다. 왜냐하면 이 교회는 하나님께 속하고 저 회당은 결코 그렇지 않으며, 결과적으로 이 교회에는 하나님의 은혜와 구원의 분배가 있고 거기서 사람들이 분배를 받고 거기에 동참하기 때문입니다. 많은 사람들이 이렇게 하고 있습니다. 그러므로 그들은, 비록 많은 무지와 오류, 그리고 다른 많은 결함—하나님이 그래도 그들과 그들의 선행을 기뻐하시면서 깨끗하게 해 주시고 그들에게 전가하시지 않는—이 있을지라도 많은 선한 열매들을, 다시 말해서 하나님 안에서 거룩하고 합당한 일들을 산출해야 합니다. 반대로 저 회당에서는 하나님께 속한 것은 아무것도 없으며 진정 하나님의 마음에 드는 어떤 것도 행해질 수 없습니다. 왜냐하면 이 교회에서 볼 수 있는 선이 그들에게도 공통되기는커녕 거기에 있는 모든 것이 악과 가증 행위이기 때문입니다.

이제 이 교회의 상태와 여로보함 또는 아합 시대의 이스라엘 백성의 상태를 비교해 보자면 당시 이스라엘 백성은 하나님의 백성이었고 이 백성에게 놀라운 부패, 극심한 우상 숭배, 엄청난 가증 행위가 있어서 백성 대부분이 하나님과 참된 종교에서 이탈했었다는 것은 사실입니다. 지금 우리가 말하는 교회 또한 하나님의 백성이며, 또 그 안에 엄청난 부패가 있고 많은 이들에 의해 우상 숭배와 가증 행위가 저질러지고 있기 때문에, 나는 이 점에서 이 교회와 당시 이스라엘 백성 사이의 비교가 이뤄질 수 있음은 부인하지 않겠습니다. 하지만 나는 그대가 이해하는 방식대로, 현재 이 교회의 상태가 당시 이스라엘 백성의 상태와 유사하다는 말에는 동의할 수 없습니다. 그것은 이 교회에 있는 **공적 종교 형태**[15]가 그 자체로 하나님을 대적하여 악하고 가증하다는 것입니다. 여로보함이 저 백성에게 창안하여 세우고 그 후 아합이 계속해서 보존하거나 첨가한 종교 형태처럼 말입니다. 물론 나는 이 교회에, 교회가 준수하는 종교의 공적 형태에, 그 자체로 악하고 하나님을 대적할 수 있는 어떤 것이 만들어지고 세워지지 않았다고 단언할 수는 없습니다. 마찬가지로 나는 내 지각만으로 경솔하게 그런 것이 있는지 판단하거나 그것이 무엇인지 식별하려 하지도 않습니다. 하지만 설령 그런 것이 있다 하더라도 그래도 모두가 다 그렇지는 않으며, 그것이 남은 것을 부패시키거나 그것처럼 만들지도 못합니다. 여로보함과 아합이 이스라엘 백성에게 도입하고 세운 모든 종교 형태는 그들이 무슨 구실을 갖다 댄다 하더라도 그 자

---

15) 〈기독교 강요/1536〉(684)와 〈신앙 교육서〉(〈칼뱅 작품 선집〉 2권, 389) 참고.

체로 철저히 악합니다. 왜냐하면 그 형태는 하나님의 명백한 말씀과 그의 분명한 금지를 거슬러 세워졌기 때문입니다. 당시 하나님은 예루살렘 성전에서 규정해 준 **공적 종교 형태** 외에 다른 어떤 것도 백성이 수용하는 것을 원하지 않으셨습니다. 이 교회에 있는 형태는 그 자체로 선한 것입니다. 나는 그 안에 있는 모든 형태를 포함시키는 바, 사람들을 자극하여 하나님을 인정하고 경외하게 하는 것, 은혜와 구원을 갈망하게 하는 것, 점점 더 확고한 신앙과 자신뿐 아니라 이웃을 향한 열렬한 사랑을 가지게 하는 것 등 교회에 있는 모든 권징과 바른 질서와 정체를 지키게 하는 데 도움을 줄 수 있는 모든 것을 말입니다. 간단히 말해서 선에 소용이 될 수 있는 교회의 이 모든 종교 형태는 그 자체로 선합니다. 그것이 하나님에 의해서 제정되었음을 의심해서는 안 됩니다. 다만 예수 그리스도의 입 내지는 그의 사도들의 입-하지만 그리스도의 영으로-을 통해, 그것을 이 교회에 도입한 선한 목자들이나 하나님의 종들을 세움으로써 하신 것입니다. 모세처럼 입법자로서가 아니라 자신의 복음을 주시면서 **은혜와 진리**를[요 1:17] 베풀기 위해 오신 우리 주 예수께서는 친히 몇몇 성례를 제정하시고 그의 모든 교회에 공유하게 하셔서, 모든 사람들이 억지로 따르도록 강요하는 어떤 외적 종교 형태를 더 이상 세우지 않게 하셨을 뿐만 아니라, 이 교회의 성직을 받은 자들에게 권세를 주사 교회에 사용될 모든 것들을 정하게 하시고, 이 수단을 사용하여 이 교회의 교화와 하나님 나라의 증진을 위해 때에 따라 적절하게 그리스도의 성례 외에 어떤 **공적 종교 형태**를 제정하고 유지하며, 바꾸거나 수정하게 하셨습니다. 그들은 그들의 권세로 이것을 하는 바(우리가 말한 목적에 따라 참된 종이 되어야 하는데, 그렇지 않을 경우 이것은 이 권세에 기인하지 않고 독재와 악습에 기인할 것이기 때문입니다.), 이것이 예수님의 정신과 그의 말씀으로 이뤄지지 않는다고 말할 수는 없습니다(이 권세가 예수님께 속하기 때문에).

오늘날 이 교회 안에서 사람들이 저지르고 교회를 악으로 만드는 폐습 때문에 많은 것들을 바꾸거나 고치는 것이 적절할 수 있습니다(제도의 관점에서는 그 자체로 선하고 제대로 규정된 것들을 사람들이 악용하고 악으로 만들어 버리기 때문에). 이것을 아는 사람들은 합당한 곳에서 소명에 따라 마땅히 권면해야 하지만, 그래도 그런 것들이 그 자체로 악한 것처럼 정죄한다거나, 아니면 적법하지 않은 방식으로 바꾸거나 고치게 해서는 안 됩니다. 이처럼 우리 주님이 이런 길을 열어 주기를 기뻐하시지 않는 한, 우리는 여기서 행해지는 악습을 비난하고 또 선으로 사용하면서, 그리고 소명에 따라 자신을 지킬 수 있는 한 악습을 하나하나 밝히고 질책하면서 인내해야 합니다. 이 교회에 주님이 주시는 지식과 또한 연약한 가운데서 강함을 주시는[히 11:34] 은혜에 따라, 할 수 있는 한 최선을 다해 처신하는 사람이 많지 않다는 말은, 바르게 판단하고자 하는 사람들에게 입증되는 경험을 거스르는 말이라고 단언할 수 있으며, 진정 하나님을 경외하고 사랑하는 지체들 없이 하나님의 교회가 될 수 있다고 말하는 것입니다.

그러나 여로보함과 아합에 의해 세워지고 준수된 종교에 가담한 모든 이스라엘 백성에 대해서는, 그들 중 어떤 이들은 그것을 선으로 사용했다고 평가될 수 없습니다. 그 종교가 자체로 사악하며 하나님을 거슬러 악하게 제정되었기 때문에, 누구도 악으로 사용하는 것 외에는 달리 사용하는 일이 있을 수 없었습니다. 또한 그것을 사용하는 자는 누구든지 하나님의 경외와 사랑을 저버리거나 철저히 빼앗기곤 했습니다. 그러므로 그대는 여로보함이나 아합 시대의 이스라엘 백성과 오늘날 이 교회의 상태를, 마치 여로보함과 아합이 이스라엘 백성에게 도입한 **공적 종교 형태**와 이 교회의 형태 사이에 불경함의 일치라도 있듯이 비교해서는 안 됩니다.

바라기는, 내가 그대에게 이런 내용들에 대해 쓰는 것은 오직 내가 그것들을 보고 판단-어떤 점에서 내가 해야 한다면 전심으로 하나님께 간구하면서-할 수 있기 때문이라고 여기십시오. 내가 하나님의 진리에 속하지 않은 어떤 것에 결코 가담하거나 의지하지 않기 위해서-내가 이런 목적으로 그의 은혜에 참여하리라고 확신하듯이-그의 빛에서 출발하여 내 시각을 보다 잘 세우며 내 판단을 보다 잘 내리는 것이 그의 선한 뜻이기 때문입니다. 또한 바라기는, 그대 쪽에서 동일한 마음으로, 내가 쓰는 것이 하나님의 진리와 어울리지 않는지를 살피십시오. 그대가 그렇다고 인정하는 것은 받아들이십시오. 마치 내 편에서, 만일 그대가 나의 그렇지 않은 어떤 것을 보게 할 수 있다면, 내가 하나님이 그대를 통해 내게 입증하는 그의 진리를 고백하면서 (구주의 은혜의 도움으로) 그에게 영광을 돌릴 준비를 하는 것처럼 말입니다. 많은 사람들이 자신들과 다른 모든 것을 대담하게 비난하면서 **교회의 이름으로 우쭐거리는 것**이 사실입니다. 설령 그들이 교회에서 부패한 지체요, 역병에 불과한 자들이라 하더라도 하나님이 그들을 어떤 장소에 있도록 허락했든 간에 하나님의 은사를 많이 받았다는 이유로, 그리고 어떤 이들에게서는 결함과 부족함을, 다른 이들에게서는 악의를 본다는 이유로, 그들이 속한 교회가 하나님의 교회에 속한다는 것을 결코 인정하지 않는 것도 마찬가지로 위험합니다.

그대의 이후 편지 내용에 대해서는 답할 필요가 없습니다.[16] 왜냐하면 내가 말한 것에 대해 그대는 우리가 어떤 점에서 서로 다른 견해를 갖고 있는지, 그리고 내가 내 것으로 삼은 이유가 무엇인지 충분히 이해하기 때문입니다. 내가 추론한 것이 사실일진대, 그대가 보내 온 편지의 남은 부분에는 내가 이 나라로 귀국한 것에 대해 사실과 반대의 영향을 주는 논지가 없습니다. 다만 내가 말하고 싶은 것은 **다르투아가 떠난 것**에 내가 원인을 제공하지 않았듯이, 또한 나는 그가 하나님께 받은 소명, 즉 그의 부모와 집을 돕고 섬기며 나아가 잠시 떠났던―그래도 그의 부친의 허락을 받고―그의 집을 보살피겠다는 소명에 따라, 하나님의 교회로 물러 나오기 위해 하나님을 시험한다고 보지도 않는다는 것입니다.

장[17]에 관해서도, 그 역시 다른 사람들과 마찬가지로 자신의 양심을 판관으로 갖고 있습니다. 그가 그 양심을 따른다면, 그대의 조언을 따르건 역행하건 양심이 그에게 답하고 하나님 앞에서 진리를 알게 됨에 따라, 그는 자신의 의무를 행할 것이고 언제나 만족할 것입니다. 나는 또한 그대가 그에 대해 조금이라도 알고 있는 한, 다른 조언을 통해 그를 진리에서 이탈시키려고 하지는 않을 것이라고 생각합니다. 만일 그대가 나의 생각과 다르게 했더라면, 설령 내가 그대를 결코 용서할 수 없다 하더라도 남모를 고통이 그대의 마음에만 있지는 않을 것입니다.

결론적으로 바라기는, 그대가 앞서 내 안에 남아 있는 하나님에 대한 경외와 경건을 인정했을진대, 내가 그것을 잃었다고 확신하거나 또는 의심해서는 안 됩니다. 하나님이 내 증인이시거니와 설령 내가 매우 연약하고 불완전하며 엄청난 죄인이라 하더라도, 하나님이 내 마음에 놓아두신 씨가 죽지 않는 은혜를, 그리고 감사하게도 이전에 내가 했던 것 이상으로 그 씨가 계속 자라기를 바라는 은혜를 내게 베푸시는 한 말입니다. 따라서 내가 간곡히 바라는 것은 그대가 이 점을 인정하고, 내가 생각하듯이 그것이 진정 마음에 와 닿는다면, 우리 주님께 함께 간구합시다. 너무도 큰 비중이 있는 일에 우리가 서로 다른 견해를 갖고 있기 때문에―이것은 우리 중 하나가, 또는 가능하다면 서로가 자신의 진리에 반대하는 확신을 갖지 않고서는 해결될 수 없는 것인바―우리 서로가 성령에 의해 조명되는 것이 그의 선한 뜻이 되어, 우리 이해력의 어둠이 물리쳐지고 밝아져서 우

---

16) 루이 뒤 티에가 로마 교회로 돌아가게 된 동기에 대한 답을 말한다.

17) 장 뒤 티에(서신 52, 각주 5 참고).

리가 함께 그의 진리를 명백히 볼 수 있게 해 달라고 말입니다. 왜냐하면 하나님이 우리를 구원하시기에 적합하며, 우리가 그 안에서 일치하고 그의 길을 가며 우리에게 베푸시는 은혜를 그의 영광을 위해 사용하면서 연합된 상태로 있도록, 그리고 그가 그의 택한 자들에게 약속하신 대가를 받도록, 하나님이 우리에게 진리를 영접하고 고백하며 따라갈 마음을 만들어 주시기 때문입니다. 아멘.

그대의 동료들에게 내 안부를 부탁하며, 그들에게도 내 특별한 마음을 전합니다.

파리에서 3월 10일.

언제나 그대가 그리스도 안에서 형제와 친구이기를 바라는 자, 드 오몽.

60
시몬 그리나이우스가 파렐과 칼뱅에게

[1538년] 3월 12일, 바젤에서 제네바로
CO, Xb, 196; Herminjard, IV, 401; COR, VI/I, 360

[나는] 당신들이 될 수 있는 대로 빨리, 문서로 처리되어야 할 모든 문제들에 대한 막중한 염려[1]에서 우리를 해방시켜 줄 것을 주님의 이름으로 [바랍니다]. 나는 주 그리스도 안에서 당신들이 기독교의 온유함과 인간미로 모든 대적들을 극복하고 또한 비방 받아 마땅한 적들에게서 당신들의 복음의 기회를 탈취할 것을 기대합니다. 오, 불로 이글거리는 사탄의 눈과 어긋난 당신들의 직분에 배가 된 열정이여! 하지만 기독 군대의 모든 무기로 무장하며[고후 10:4; 엡 6:11], 이 유달리 매우 부당한 시기에 가장 신실하게 교육을 받은, 가장 착하고 가장 거룩한 마음을 가진 매우 친애하는 나의 형제들이여, 행동하고 행동하십시오. 우리는 굳건히 서서 강력한 정신과 불굴의 가슴을 가지고 주님의 일로 돌아가야 합니다.

이 소송에서 실로 가증스럽게 행동하는 이들의 증오가 남아 있어서는 안 됩니다. 진정 우리는 원수를 위해서도 기도하는 자들일[마 5:44] 뿐 아니라, 그들을 용납하고 포용할 수 있습니다. 어리석은 백성의 판단력과 민중의 어리석고 경솔한 판단력에 대한 공포는 우리를 동요케 하지 않습니다. 왜냐하면 우리가 **세상의 빛**[마 5:14]이고 또 우리 서로를 가장 달갑지 않은 맨 밑바닥에 굴복시킬 수 있기 때문입니다. 경멸에서 오는 고통도 정당한 우리를 꺾지는 못합니다. 왜냐하면 사탄이 그의 술책으로 주님의 일을 어지럽힐 때마다 우리는 아무것도 아파하지 않는 법을 배웠기 때문입니다.

매우 친애하는 형제들이여, 당신들이 다시 한 번 안내자이신 하나님에 의해

---

1) 서신 58 참고.

당신들의 손으로 되돌아온 이 흔들리는 교회를 당신들의 힘과 꿋꿋함으로, 마치 막 시작한 것처럼 보살피고 지도하는 동안, 당신들의 정신에 모든 경건과 전위 부대의 모든 노련함을 되살리기를 그리스도의 마음으로 기도합니다. 원컨대 이 모든 소송에서 오직 그리스도만을 바라보면서 당신들의 성과가 어떤 것인지, 업적이 얼마나 확고하고 정당한 것인지를 잊어버리시기를! 주 예수 그리스도께서 당신들의 모든 거룩한 행위에 따라 당신들의 정신을 확고히 하실 것입니다. 아멘.

[1538년][2] 3월 12일, 바젤에서.
시몬 그리나이우스 올림.

---

2) Martii(COR, Herminjard). CO는 5월(Maii)로 읽음.

61
니콜라우스 추르킨덴이 칼뱅에게

1538년 3월 31일, 봉몽에서[1] [제네바로]
CO, Xb, 183; Herminjard, IV, 406; COR, VI/I, 362

매우 상냥한 칼뱅이여, 당신의 편지[2]와 책자[3]를 받았습니다. 당신이 방문했을 때—당신이 오래지 않아 그럴 수 있기를 바라기 때문에—내가 당신을 만날 자격이 있다면 더 좋고 더 큰 즐거움으로 당신을 맞이할 것입니다. 편지 전달자가 값을 일러 줄 수가 없어서 내 마음대로 정했습니다. 하지만 이것에 대해서 나는 당신과 함께 직접 처리하겠습니다.

전례[의식]의 일치에 관한 우리의 청원에 대해[4] 내가 무슨 생각을 갖고 있는지 당신은 알고 있습니다. 분명 내게는 우리가 품위 있어야 할 삶의 온전함과 순수함, 그리고 무결함에 대해서 그다지 염려하지 않는 사람들로 보이며, 벅차고 덜 중요한 서약에 관해서는 우리의 어리석음—이것으로 헛되이 스스로를 달래는—만큼이나 하나님의 경멸을 소액의 돈에 따라[5] 판단하는 것으로 보입니다. 또한 나는 여러분들이 정도 이상으로 짓눌리는 것이 이상합니다. 왜냐하면 취리히

---

1) 봉몽Bonmont은 니옹에서 북서쪽으로 8킬로미터 떨어진 곳으로, 베른 시 의회는 1537년 9월 1일 자로 추르킨덴을 이곳의 시토 수도원의 관리자로 임명했다. 추르킨덴과 칼뱅이 처음 만난 것은 1537년 5월 14일 제2차 로잔 대회 때다. 이 편지가 쓰인 날 베른 식의 의식에 대해 상의하기 위해 제3차 로잔 대회가 소환되었는데(1538년 3월 31일-4월 4일), 파렐과 칼뱅뿐 아니라 추르킨덴 역시 참석하지 않았다(COR).

2) 이 편지는 알려지지 않았다.

3) 칼뱅의 첫 번째 카테키스무스를 의미한다(〈칼뱅 작품 선집〉 2권 '편역자 서문', 13-14 참고).

4) 제3차 로잔 대회 이후 베른 시 의회는 1538년 4월 15일 자 편지에서 제네바 시 의회에 전례를 명기했다(서신 63 참고).

5) ad libellam. "정당한 무게의 현금을 빚진 자는…소액으로 빚진 것ad libellam debere"이라 일컬어진다. 왜냐하면 옛적에는 돈이 수량으로서가 아니라 재량껏ad libram 갚아졌기 때문이다(Erasmus, *Adagia*, 189).

사람들은 우리가 행하는 것과는 달리 주의 성찬을 앉아서 거행하기 때문입니다.[6] 그들은 심벌즈를 쳐서 성모 마리아의 경배로 초대하는데, 우리는 그렇지 않습니다.[7] 나는 축일들의 준수에 대해서는 말하지 않겠지만, 그 준수 방식에 있어 우리는 대부분 그들과 다르며, 또 축일들도 얼마 되지 않고 그 차별도 전혀 없음을 고백합니다. 그러나 사람들은 호의-받을 자격 없는 자들에 대한-와 질투에 의해 경솔하게 움직이는 경향이 있는바, 그들은 아무런 의무도 갖지 않은 채 어떤 방법으로든 무엇이든 행동합니다. 주님은 우리를 모든 공포에서 해방시키셨습니다.[8] 따라서 하늘이 마음에 기인하고 원인이 우리 영혼에 기인한다고 생각한다면, 우리는 인간들에게서 오는 그 어떤 것도 위협적이지 않음을 압니다. 인간들은 주님의 존엄이나 그들 자신을[9] 몰랐기 때문에, 인간의 나약함에 어울리는 것보다 더 많은 것을 자신에게 돌립니다.

주 안에서 안녕히 계십시오. 주님께 당신을 맡깁니다. 내게는 새로운 것이 아무것도 없으며 사람들이 날마다 일으키는 새로운 것들도 보이지 않습니다. 왜냐하면 나는 어떤 일이 발생할지 모르기에, 이런 것에 대비하여 항상 경계하고 있으며 아직까지는 그 어떤 일도 일어나지 않았기 때문입니다. 그러므로 어떤 새로운 것이나 어떤 예기치 않은 일도 나를 압박할 수 없을 것입니다.

1538년 3월 31일, 봉몽에서.
주 안에서 니콜라우스 추르킨덴 올림.

---

6) 취리히에서는 성찬 때 목회자와 집사들이 빵과 포도주를 사람들에게 가져다주었다.

7) 1529년 11월 4일 베른 시 의회가 도시와 지방에서 성모 마리아 찬미 기도를 금하는 법령을 통과시킨 반면, 취리히 전례에는 여전히 이 의식이 남아 있었다.

8) 일반적인 공포로도 볼 수 있겠지만, 프랑스 왕의 장교 몽슈뉘Montchenu가 제네바 인근을 염탐하고 제네바 관리들과 접촉한 사건을 암시하는 것으로 볼 수도 있다. 1538년 3월 3일 베른에서 온 사절단이 제네바 시 의회에 이 사실을 알려 주었고, 조사에 의해 적발된 두 명의 전직 시 의원은 모두 파렐의 추종자들이었다(Herminjard, COR).

9) 〈기독교 강요〉의 첫 부분에 나오는 하나님에 대한 지식과 인간에 대한 지식을 말한다.

62
칼뱅이 피에르 비레에게

[1538년 4월 13일, 제네바에서 로잔으로]
CO, Xb, 186; COR, VI/I, 368

피에르 비레 선생.

이미 오래전의 결정대로 나는 우리가 추방되기를 지금까지 기다렸소.[1] 그러나 매일매일 지연됨으로써 이 계획은 거의 취소되는 것처럼 보였다오. 이럴 때 수석 의장[2]이 내게 가져온 우리가 성찬식을 팔 일 후에 즉, 오는 주일에 거행하는 것이 허락된다는 대답을 나는 받아들일 수 있었소. 그래서 우리는 그때까지 회개 설교를 미루고자 한다오. 내가 문 밖 출입을 하게 되면 가도록 하겠소.

안녕히 계시오.

---

1) 제네바 시 의회와 개혁자들 사이의 갈등은 극에 달했고, 제네바 시 의회는 오래전부터 파렐과 칼뱅의 면직을 고려하고 있었다.
2) 1538년 2월 3일에 클로드 리샤르데(Claude Richardet)가 가져왔다(CO, XXI, 221).

63

베른 시 의회가 칼뱅과 파렐에게

1538년 4월 15일, 베른에서 제네바로
CO, Xb, 185; Herminjar, IV, 414; COR, VI/I, 371

칼뱅과 파렐에게.[1]

매우 박식하고 매우 친애하며 특별한 친구이자 형제들이여.

우리는 로잔 대회의 결과[2]와 여러분이 거기서 한 발언, 그리고 여러분이 스트라스부르와 바젤에 구한 자문[3]을 듣고 나서, 평화와 연합의 증진을 위해 형제의 우애로 여러분에게 간청하고 권면할 기회를 갖는 바, 즉 제네바 교회와 우리교회가 신앙의 토대로 하나가 되고 의식이 일치하도록 저 대회의 결과에 기꺼이동의해 달라는 것입니다.[4] 이렇게 함으로써 우리는 우리의 대적들이 비방할 기

---

1) 지금까지는 파렐이 먼저 기록되었으며, 여기서부터 칼뱅의 이름이 앞에 등장한다.
2) 제3차 로잔 대회(1538년 3월 31일-4월 4일)는 베른의 전례를 베른 영내의 불어권 교회에 적용시키는 결과를 낳았다. 대회의 전후 과정은 대강 이렇다. ① 1538년 3월 5일, 베른 시 의회가 파렐과 칼뱅을 로잔 대회에 파송해 달라고 제네바 시 의회에 요청하다. ② 3월 11일, 제네바 시 의회가 베른 전례를 채택하다. ③ 3월 12일, 제네바 시 의회가 칼뱅을 소환하여 그가 설교 시간에 예정된 로잔 대회를 '마귀의 대회'라고 했는지 확인하고, 파렐과 칼뱅에게 위정자와 혼동하지 말 것을 명령하다. ④ 3월 20일, 베른 시 의회가 칼뱅과 파렐에게 대회 전에 전례를 수락할 것을 요구하다. 그렇지 않으면 대회 후에 협의할 것이라고 통보하다. ⑤ 3월 26일 제네바 시 의회가 파렐과 칼뱅을 로잔 대회에 보내기로 결정하다. ⑥ 4월 4일, 로잔 대회에서 베른 전례를 채택하기로 결정하다. ⑦ 4월 8일, 제네바 시 의회가 엘리 코로를 소환하여 그가 위정자를 비난했는지 밝히다(COR).
3) COR 편집자는 칼뱅과 파렐이 스트라스부르에 갔다는 기록이 있음에도 불구하고, 그들이 서면으로 자문을 구했을 것으로 보았다.
4) 로잔 대회 이후 베른의 목회자들이 그들의 전례에 대해 천명한 보고서의 연대 측정에는 이견이 있다. CO는 대회 초에 베른과 제네바 목회자들 사이에 의견 일치가 있었다고 보고 그 연대를 3월 말로 여기고(Xb, 181), Herminjard는 서로 이견이 있어 칼뱅과 파렐의 추방 이후인 10월 1일로 추정하였다(V, 135). COR은 후자를 따르고 있다.

회를 빼앗을 수 있을 것입니다.

이런 이유에서 우리는 형제애로, 그리고 매우 확실하게 여러분이 여러분의 행정 당국-그곳에는 우리가 이 일에 대해 [별도로] 쓰겠습니다.[5]-과 협의하여 바른 결정을 내리기를 바라고 권합니다. 이는 우리의 대립이 진리를 위해할 만큼 심각한 정도는 아님을[6] 고려함으로써, 여러분이 [로잔] 대회에서 모든 목회자들에 의해 결정된 세 가지 조항들을 수용할 경우, 우리 사이에는 아무것도 달라질 게 없기 때문입니다. 세 가지 조항이란, 세례 수반 위에서 세례를 베푸는 것과 우리 주님의 성찬에서 무교병을 사용하는 것, 그리고 네 가지 축일[7]을 지키는 것입니다.

우리에 대한 사랑과 우리 사이의 연합의 유익을 위해, [대회가] 취리히에서 열리는 날까지 일을 끌지 말고 쾌히 승낙하기를 바랍니다. 하나님께서 우리에게 거룩하게 살 은혜를 주시기를 기도하면서.

1538년 4월 15일.
시장.

---

5) 서신 64.
6) 베른 시 의회는 전례와 관련된 문제를 아디아포라의 문제로 여겼다(서신 58 참고).
7) 성탄절, 그리스도 할례제(1월 1일), 성 수태고지제(3월 25일), 그리스도 승천제(부활절 후 40일째 목요일)를 말한다.

64
[파렐과 칼뱅이 베른 시 의회에]

[1538년 4월 26/27일, 베른에서 베른으로]
CO, Xb, 188; Herminjard, IV, 422; COR, VI/I, 458

먼저 그들은 코로[1]가 [설교자의] 직분에 적합하지 않다는 확실한 증거도 없이 오히려 잘못된 소식에 따른 단순한 의혹만을 가지고 말씀의 직분으로부터 그를 몰아내고자 했습니다.[2]

그뿐 아니라 그는 설교가 금지된 후에도 설교를 하였기 때문에[3] 독방에 갇혀, 아무도 그와 이야기해서는 안 되고, 심지어 그에게 늘 읽어 주었던[4] 길 안내자조차도 그에게 다가가도록 허락되지 않습니다.

그가 재판의 질서를 어지럽힌 것은 아니었기 때문에 이 구류는 부당한 것이었습니다. 사실 그는 200인 의회의 판결에 대해 상소했었고, 그 상소가 결정 날 때까지 자신의 직분을 완수할 것을 주장했습니다.

그들에게 백 명의 시민들을 담보로 몸에는-몸으로, 재산에는 재산으로-내놓자, 그들은 그가 금지된 것을 어기고 설교를 한 점에서 법률을 위반-정말 하찮은 이유인-했기 때문에 구류된 것뿐이라고 우리에게 말하면서 아무런 보증금

---

1) 코로² 또는 쿠로라고도 불린다.
2) 1538년 4월 8일 제네바 장부에는 이렇게 기록되어 있다. "설교 중에 법관들을 비방한 설교자 코로 선생에 대해서는, 훈계를 결정하고 내일 시 의회에 출두를 명한다." 동월 19일에는 이렇게 기록되어 있다. "코로 선생이 여기서 더 이상 설교를 못하도록 금하는 바, 이는 그가 설교 중에 관리를 자주 비난했기 때문이다. 코로는 위정자들이 '밀랍 발'을 가졌다고 욕하면서 200인 의회에 상고했으며, 그들이 믿는 하늘나라는 개구리 나라라고 생각한다는 말 외에도 그들을 주정꾼들이라고 부르면서 여러 말을 길게 했다(Herminjard)."
3) 전날 설교 금지를 당했음에도 불구하고, 코로는 다음 날(20일) 강단에 올라갔다가 즉시 체포되었다. 칼뱅은 코로가 25일에 석방된 사실을 몰랐음에 틀림없다.
4) 코로는 시각 장애인이었다.

없이 그를 풀어 주려 했습니다.

우리 두 사람에 관해서는, 비록 그들이 우리가 그 도시에서 쫓겨난 이유에 대해 말해 주긴 했지만 그럼에도 불구하고 우리가 듣기로, 그들이 주장한 이유는 다음 두 가지입니다. 즉, 우리가 그들의 명령에 반항했다는 것[5]과 우리가 전례 문제에 있어서 베른의 통치자들과 일치하기를 거부했다는 것입니다. 그러나 두 가지 모두 거짓입니다. 왜냐하면 우리는 그들에게 순종하기 위해 우리에게 주어진 것을 행했고, 또 그 일치를 단순히 거절한 것이 아니라, 오히려 반대로 교회를 세우기 위해 어떻게 잘 다루어야 할지를 고려하기로 했다고 설명했기 때문입니다.[6]

더욱이 그들은 우리 동료가 설교의 직책에서 거절당하는 것에 우리가 동의하기만 하면 이 사건을 취리히 회의 때까지[7] 미루는 일을 받아들일 준비가 되어 있다고 말한 까닭에, 이것은 명백히 헛된 핑계입니다. 우리가 성경의 엄명에 따라[8] 그것에 동의하려 하지 않자 그들은 우리에게 더욱더 강한 압박을 시작했습니다.[9]

우리는 부활절 성찬식을 거행하지 않은 것에 대해 공개적으로 모든 백성들 앞에서 그것이 빵 때문이 아님을 밝히고[10], 이것이 교회의 자유에 속한 아무래도

---

5) 4월 20일 부활절 직전 토요일, 시 의회는 파렐과 칼뱅이 부활절에 베른 전례에 따라 성찬을 시행할 것을 요구했으나 칼뱅은 즉각적인 답을 피했고 파렐은 집에 없었다. 법 집행관은 그들에게 설교를 금했고 그들은 거절했다(CO, XXI, 225)고 말했다. 월요일, 200인 의회가 모이는 동안 설교자들이 당국에 복종하지 않으려는 이유가 제기되었고 다음 날 시 의회 총회에서도 같은 문제가 제기되었다. 그들은 당국의 명령에 복종하려 하지 않았다(Herminjard).

6) 4월 20일, 파렐과 칼뱅은 여러 차례 답을 미루다가 "하나님이 명하신 것에 따르지 않고는 하지 않을 것"이라고 선언했다(CO, XXI, 223).

7) 파렐과 칼뱅은 오순절까지-그 사이에 취리히 회의가 있을 예정이기에-새로운 일을 하지 말아 달라고 소의회에 청원했다. 4월 28일에 열린 취리히 회의의 목적은 1537년 12월 1일 자 루터의 편지에 대한 스위스 독일어권 도시들(취리히, 베른, 바젤, 샤프하우젠, 잔크트 갈렌, 뮐하우젠, 비엘)의 답안을 작성하는 일이었다. 부처와 카피토도 참석하여 비텐베르크 합의를 옹호했다. 제네바 문제는 5월 2일에 토론되었다(COR).

8) 칼뱅은 바울이 디모데와 디도에게 준 임직에 대한 권면(딤후 2장; 딛 1:5 이하)을 염두에 두고 있다. 〈기독교 강요/1536〉에는 자유 도시에서 시행되기에 적합한 통치 방식이 기술되어 있다(555-556). 파렐과 칼뱅은 제네바 시 의회가 다른 교회들의 목회자들과 상의하지 않음으로써 이 방식을 위반했다고 보았다(COR).

9) 제네바 시 의회는 파렐과 칼뱅의 고집을 비판했다.

10) 베른 시 의회는 1538년 4월 15일 자 편지에서 제네바 시 의회에 성찬 시 누룩 없는 빵을 사용하도록 요구했다(서신 63).

좋은 문제임을 덧붙였습니다.[11] 그보다, 우리가 큰 어려움을 안고 이 일을 한 것은 백성들이 오늘날, 하나님과 그의 복음을 모독하고 조롱하는 일에 있어서뿐만 아니라 소요, 분파, 분리에 있어서 도시를 지배하는 무질서와 가증한 것을 삼가면서 잘 준비되지 않는 한, 그토록 거룩한 신비를 더럽히게 되기 때문임을 말했습니다. 왜냐하면 아무런 처벌도 행해지지 않은 채, 하나님의 말씀과 성찬 자체를 거스르는 수천 가지의 우롱들이 공개적으로 저질러지고 있기 때문입니다.

비록 그들이 어떤 허울을 둘러댈 수는 있어도, 자신들이 모든 공평과 법질서를 거슬러 행했음은 변명할 수 없을 것입니다. 왜냐하면 그들은 우리가 우리의 이유들을 설명하는 것을 결코 허락하지 않았고, 오히려 우리의 말도 듣지 않은 채 우리를 반대하도록 200인 의회와 백성을 자극시켰으며, 우리를 하나님 앞에서나 사람들 앞에서 참되지 못하다고 뒤집어씌웠기 때문입니다.[12]

그들은 이와 같은 행위를 통해 복음을 비방하기 위해 추문과 소란만을 추구하고 있음을 충분히 보여 주고 있습니다. 실제로 반년 전에 리옹과 프랑스 여러 지역에 그런 소문이 퍼져서 어떤 상인들은 우리가 추방될 때, 높은 가격을 지불해야 할 상품들을 팔려고 하기까지 했습니다.[13]

이러한 일들로 미루어 보아 오래전부터 비밀스러운 음모가 있어 왔다는 것을 알 수 있습니다. 그들은 또한 우리를 헐뜯는 것으로 만족하지 않고, 우리를 론Rhône강으로 집어던져야 한다[14]고 수차례 외쳐 댔습니다.

---

11) 칼뱅은 〈기독교 강요〉에서 이렇게 쓴 바 있다. "Hæc indifferentia sunt et in Ecclesiae libertate posita(아무래도 좋은 이러한 문제들은 교회의 자유에 놓여 있다)."(〈기독교 강요/1536〉, 411).

12) 4월 20일 파렐과 칼뱅은 200인 의회 소집을 요구했으나, 정작 4월 22일에 열린 200인 의회나 23일 시 의회 총회에는 두 사람 다 참석하지 않았다(CO, XXI, 225-226). 200인 의회는 베른의 세 편지(3월 5일, 3월 20일, 4월 15일)를 읽고 베른 전례를 따르기로("vivre selon les cérémonies de MM. de Berne") 결정했다. 시 의회 총회 역시 동일한 결정을 내리고 칼뱅과 파렐로 하여금 3일 안에 도시를 떠나라고 명했다(Herminjard).

13) 알려지지 않은 모종의 제네바 공직자들의 비리를 암시하는 듯하다. COR 편집자는 1534년에 있었던 장 보디숑 사건(서신 41, 각주 3)을 일례로 들었다.

14) 제네바는 파렐과 칼뱅을 추방하기 위해 이전의 주교와 수사들보다도 더 사나운 전쟁을 치렀는바, 그 과정에서 주민들은 개혁자들을 향해 "론강에 던져라!", "불에 태워라!"와 같은 소리를 외쳤다.

65

[파렐과 칼뱅이 취리히 회의 앞으로 보내는 신조]

[1538년 5월 2일-6월 10일, 취리히에서][1]
CO, Xb, 190; Herminjard, V, 3; COR, VI/I, 467

제1항 : 우리에게 제안된 일치에 관한 세 가지 주요 사항 가운데 첫 번째인, 세례 수반이 만들어져야 한다는 것에 대해서는 우리가 이미 이전에[2] 쉽게 받아들일 것으로 입증한 바 있습니다. 다만 그 밖의 것에 있어서는 지금까지의 전례를 준수[3]하는 가운데 아무것도 바꾸지 않아야 하며, 물론 세례 자체는 교회가 늘 모이는 시간에 베풀어져야 하고 그 교훈은 더 잘 들릴 수 있도록, 높은 곳에서 낭송되어야 합니다.[4]

제2항 : 빵을 바꾸는 것에 대해 말하면, 우리는 좀 더 큰 곤경에 빠지게 됩니다. 최근 우리는 변경이 이뤄졌을 경우 어느 정도까지 충돌이 발생하게 될지 주의 깊게 관찰했습니다. 이제 우리는 가장 충성스러운 일에 주력하는 자로 되돌아와서 우리 [제네바] 교회에 무교병의 사용이 도입되도록 하겠습니다. 반면 우리는 이후로 이 문제와 관련하여 힘든 문제가 새롭게 발생하지 않도록, 빵의 분할이 우리에게 허용되는 것이 베른 사람들에 의해 실현되기를 바랍니다.

---

1) **COR** 편집자의 추측에 따르면 부처가 파렐, 칼뱅과 더불어 상담하는 과정에서 기존의 14개 조항의 내용들을 듣고, 5월 2일 회의 때 제네바 개혁자들의 부재 가운데서 그들의 곤경에 대해 자연스럽게 말했으며, 그 후 칼뱅이 이 최종 문서를 작성했다. 따라서 작성 시기는 5월 2일 이후가 된다. 제네바에서는 5월 24일까지도 이 문서에 대해 알지 못했다.
2) 어쩌면 제3차 로잔 대회에서.
3) 당시 제네바에서는 파렐이 1533년에 만든 *Maniere et fasson*을 전례로 사용했다.
4) 칼뱅은 1541년 교회법 초인에 "세례의 신비와 그 용도를 낭송하는 것이 보다 잘 들리도록, 돌이나 세례 수반은 설교단 근처에 놓아둔다."는 문구를 넣었으나 최종 문건에는 빠졌다(《칼뱅 작품 선집》 3권, 142, 각주 28).

제3항 : 우리는 기존에 항상 그 방식을 공개한 다수의 축일에 관해 당혹감에 시달리는 바, 다른 조건 때문에 이 네 가지 축일이 제정되는 것을 용인할 수 없습니다.[5] 그것들에 대한 지나치게 독단적인 [베른의] 공고가 폐지되지 않는 한, 그리고 설교 후 일하러 가기를 원하는 자들이 자유로워지지 않는 한 말입니다.[6] 그렇다고 우리가, 그렇지 않을 경우 일어나리라고 예상되는 허다한 민중들의 소란에 원인을 제공하는 것은 아닙니다.

제4항 : 수용되어야 할 일치에 대한 이 방식이 우리에게 가장 잘 어울리며 최선이라고 여겨집니다. 베른의 사절들이 향후 우리가 준수하는 전례에 비난할 것이 조금도 없고, 또한 그들이 성경의 순수함에 맞지 않다고 판단하는 전례상 새로운 어떤 것을 우리가 추구하지 않으며, 오히려 하나의 화합과 일치만을 고려한다는 사실을 명백히 입증한다면 말입니다. 유사한 전례는 더욱 한데 잘 뭉치곤 합니다.[7] 설교는 전례와는 별도로 우리에게 자유로이 있어야 하며, 다음으로 우리는 백성의 합리적 결의에 의해 그들이 일치하도록 권고할 것입니다. 결국 교회의 자유로운 재판권이 허용될 깃입니다. 물론 이것은 장애물을 만날 것이나 선량한 사람들을 준비시킬 것인 바, 이들은 지금은 어느 정도 적대적이지만 [후에는] 일을 질서 있게 처리하기에 합당할 인물들입니다.

제5항 : 만일 우리의 복직이 논의된다면, 먼저 우리를 괴롭힌 비방이 해결되었다는 사실에 따라 우리가 인정받도록 조치되기를 바랍니다. 우리가 우리의 입장을 밝히기 위해 시청 문 앞에 대기해 있었음에도 불구하고, 보호받지 못하는 자들을 정죄하는 야만성과 비인간성은 견딜 수 없는 것이었습니다.[8] 왜냐하면 불경한 자들이 우리가 잘못을 면해 달라는 간청을 통해 복직되었다고 떠들고 다닐 수 있는 한, 우리의 직분은 장차 이들의 악담을 피할 수 없을 것이기 때문입

---

5) 제네바 시 의회는 1536년 5월 23일 축일들을 폐기했고, 1537년 12월 25일 성탄절을 축하하는 주민들을 기소하기 위해서 조사를 명했다(COR).

6) 1537년 1월 16일 제네바 시 의회 규정에 따르면, "주일 설교가 진행되는 동안에는 상점 문을 열어서는 안 된다(CO, XXI, 207)"고 되어 있다. 파렐은 이미 그의 *Summaire*(1533/1534)에서 이와 같은 입장을 보였다. "모두가 초대 교회처럼 행하는 것이 더 좋을 것이다. 하나님의 말씀을 듣고 함께 우리 주님의 상에서 축복의 떡을 먹은 후 각자 자기의 일을 하러 가는 것이다(*Sommaires et brève déclaration*. éd. par A. Hofer, 1980, 191)."

7) 이것은 베른 시 의회가 주장하던 입장이다.

8) 1538년 4월 20일 코로가 체포되고 나서, 두 명의 시 의원(샤포루주°와 리샤르데°)만이 시청에 있었고, 파렐과 칼뱅, 그리고 그들을 지지하는 몇몇과 이야기했다(COR).

니다.[9] 아무튼 우리에게 해명할 장소가 주어지지 않는다면, 그들이 떠들어 댈 것임에는 의심의 여지가 없습니다.

제6항 : 이어서 교회 법규를 확고히 하려는 노력을 기울여야 합니다. 그렇지 않으면 오래지 않아 무너질 것입니다. 설령 우리가 많은 것을 원한다 하더라도, 이것이 당장 얻어질 수 있다는 어떤 희망도 없기 때문에, 우리는 우선 필요한 것만이라도 제정되기를 원합니다.

제7항 : 첫째는 도시를 일정한 교구로 분할하는 것입니다. 도시에는 인구가 많다는 것 외에도 여러 민족이 모여 있기 때문에, 주민이 더 가까운 [교구] 목사를 바라보고 역으로 목사도 교구민을 돌보는 것이 실행되지 않는다면, 그 관리는 언제나 꽤 복잡할 것입니다. 왜냐하면 이 제도들은 식별력을 요할 것이기 때문입니다.

제8항 : 다음으로 그 많은 직분에 넉넉한 수의 목회자들이 때맞추어 확보되어야 한다는 것입니다.

제9항 : 수찬정지의 시행이 우리가 규정한 방법대로 회복되어야 한다는 것입니다. 즉, 우리와 함께 이 직무를 공동의 일로 맡을 성실하고 현명한 사람들을, 도시의 각 구역별로 하나씩 시 의회가 선발하는 것입니다.[10]

제10항 : 목회자들의 소명에 관한 적법한 규정이 준수되어야 합니다. 이는 목회자들에게 있어야 할 안수가 그것을 우리가 여러 번 시도했다는 이유로[11], 위정자의 권위에 의해 대중에게서 폐지되지 않도록 하기 위함입니다.

제11항 : 전례의 두 가지 항목-그중 하나에서는 이미 차이가 있으나 다른 하나에서는 미래를 기대하는-이 남아 있기 때문에 우리는 베른 사람들이 이 점에 대해서 우리에게 맡기기를 간청하고 탄원합니다.

제12항 : [위의 두 가지 중] 첫째는 설령 고대 교회의 관습을 따르지 않는다 하더라도, 성찬의 보다 빈번한 사용이 정해지되, 그러나 적어도 한 달에 한 번으로 하는 것입니다.[12]

제13항 : [두 가지 중] 둘째는 공적 기도를 위해 시편 찬양이 이용되는 것입니다.

---

9) 서신 68 참고.
10) 서신 29 참고.
11) 안수에 대해서는 〈기독교 강요/1536〉, 419-420, 563-566 참고.
12) 당시 베른에서 성찬은 일 년에 세 번 거행되었다(COR).

제14항 : 마지막으로, 언제나 대량으로 작성되는 추잡하고 외설적인 노래와 춤에 관해 사람들이 우리의 베른의 사례를 빙자하기 때문에, 그것들을 추구하는 자들이 그 사례를 따라 우리에게 기회를 제공하지 않도록, 우리는 그쪽 지역에서도 명령으로 이런 불결함을 제거할 것을 요청합니다.[13]

---

13) 1537년 1월 16일 자 제네바 시 의회 규정(CO, XXI, 207)과 1537년 8월 베른 회의 소집 (Herminjard) 참고.

66

칼뱅이 하인리히 불링거에게

1538년 5월 20일, 베른에서 취리히로
CO, Xb, 200; Herminjard, V, 16; COR, VI/I, 374; CSW, IV, 68

문안드립니다. 우리가 지금까지 편지하기를 삼간 것은, 모든 것이 우리에게 너무도 불확실하여 아무것도 확실하게 말할 수 없었기 때문입니다. 이제 불평이 이쪽 편에서의 고소장을 통해 나열될 수는 없기 때문에 나는 여러분이 이것 하나만은 알아주기를 바랄 뿐입니다. 즉, 우리가 겪은 일들이 우리의 희망에서 비롯된 것이 아니라 우리의 예상에 그대로 부응했다는 사실입니다. 그 두 주간의 지연 이외에도[1] 엄청난 피로감이 몰려왔고, 그로 인해 많은 불쾌감이 생겼습니다. 왜냐하면 취리히에서 명백히 결말짓고 마무리한 것들 중 그 어떤 것도 쿤츠[2]가 알려 주지 않았으며, 또한 마치 우리가 돌이켜 형제들에게 준 믿음을 저버리기를 원하는 것처럼, 그가 자신이 잘못되지 않은 소송을 하고 있는 것으로 보이기 위해서 너무나 맹렬히 우리를 야단쳤기 때문입니다. 그러므로 시 의회 자체가 모든 것의 주동자였다는 사실이 남았는바, 시 의회는 결정할 때 취리히에서 모든 사람들의 전반적인 동의에 의해 우리에게 양보된 것들을 그렇게 크게 고려하지 않았던 것입니다.[3] 교회에 만족을 줄 모든 방법을 시도하지 않기보다는 어떤 조건이든 받아들이는 것이 우리에게 더 나아 보입니다.

---

1) 파렐과 칼뱅은 루터파 독일과 개혁파 스위스 사이의 연합을 위한 모임인 취리히 대회(4월 29일-5월 3일)에 참석한 뒤 즉시 베른으로 돌아와서 베른 대표들(시 의회 측의 베른하르트 틸만*, 그리고 목회자 쿤츠와 에라스무스 리터*)이 돌아오는 5월 13일까지 기다려야만 했다(COR).
2) 쿤츠에 대해서는 서신 47, 51, 58 참고.
3) 하지만 1538년 4월 19일, 베른 시 의회가 제네바로 가는 그들의 사절단에게 준 소송 위임장에는 파렐과 칼뱅의 14조항에 대한 언급이 있었다(CO, Xb, 197-200).

그러므로 이제 우리는 여행을 떠나는데,[4] 부디 그리스도께서 성공하게 해 주시기를 기원합니다. 우리가 소송을 변론할 때 그를 바라보듯이, 이 성공 역시 그의 섭리에 맡깁니다. 동행인들[5]이 서두르기 때문에 이제 겨우 막 시작된 편지를 중단할 수밖에 없습니다.

　안녕히 계십시오. 매우 상냥하고 특히 내게 존경받아 마땅한 형제여. 매우 사랑하는 당신의 동료들에게 나의 안부를 전해 주십시오.

1538년 5월 20일, 베른에서.

칼뱅 올림.

---

4)　제네바 여행을 말한다. 불링거는 취리히 대회에서 베른 사람들에게 추방된 두 목사들을 동반할 사절을 제네바에 보내 달라고 부탁한 사실을 알고 있음에 틀림없다.

5)　제네바로 가는 베른의 사절들은 리터, 한스 후버°, 한스 암만°이다(CO, Xb, 197).

67

파렐과 칼뱅이
비레[와 엘리 코로]에게

[1538년 6월 6일경][1], 바젤에서 로잔으로
CO, Xb, 201; Herminjard, V, 19; COR, VI/I, 377; CSW, IV, 69

로잔 교회의 목사요, 우리의 매우 훌륭하고 매우 순수한 형제인 피에르 비레에게.

문안드립니다. 결국 우리는 바젤에 도착했지만 비로 흠뻑 젖었고 완전히 탈진했습니다. 또한 우리의 여행에 위험이 없었던 것도 아닙니다. 우리 중의 한 명이 강에서 떠내려갈 뻔했기 때문입니다. 그러나 우리는 동료들에게서보다도 맹렬한 강으로부터 더욱 부드러운 대우를 받았습니다. 우리의 동료들은 모든 정당함과 이성에 거슬러 우리를 파멸시키려 했지만, 강은 우리를 구원하시고자 하시는 하나님의 긍휼에 순종해야만 했기 때문입니다.

그리나이우스가 김나지움의 일을 오포리누스에게 이미 맡겼기 때문에, 아직은 [숙소 문제로] 정해지거나 의견 교환된 것이 아무것도 없습니다.[2] 우리에 대

---

1) 베른 사절단이 취리히 회의의 결과를 가지고 제네바 당국과 두 개혁자들을 중재하려 했으나 실패했다. 5월 26일 제네바 시 의회 총회가 투표를 통해서 그들을 베른으로 돌려보내기로 결정했기 때문이다(이때 아미 페랭은 개혁자들 편에 섰다). 제네바 국경 근처에서 불안한 3일을 보낸 칼뱅과 파렐은 걸어서 베른으로 되돌아왔고, 아마도 오는 길에 로잔에 들렀을 것이다. 6월 3일경 베른을 출발하여(왜냐하면 베른 시 의회가 장차 목회자 자리가 나게 되면 그들을 생각해 보겠다고 결정했기 때문에) 5일이나 6일에 바젤에 도착했을 것이다(Herminjard, COR).

2) 일자리의 문제가(CO) 아니라 숙소의 문제(Herminjard)이다. 그리나이우스가 더 이상 학교에 없었기 때문에 제공할 숙소가 없다는 뜻이다. 오포리누스가 바젤 대학 그리스어 교수 및 김나지움 교장이 된 것은 1536년 3월이다. 이와 관련하여 COR 편집자는 좀 더 자세히 밝히고 있다. 오포리누스는 1538년 5월 8일 그리나이우스를 계승하여 바젤의 이전 아우구스티누스 수도원 기숙사 담당자가 되었고 5월 17일에 들어왔다. 칼뱅은 오포리누스가 자신의 책을 출판했음을 알고 있었고 또 그에게서 친절

해서 서로 상의하지 못하도록 하기 위해서 우리는 시 의회에 물어보지 않고 베른을 떠나 왔습니다.[3] 왜냐하면 여러 사람들의 의견이 우리를 붙잡아 두는 쪽으로 기우는 것을 확실히 보았기 때문입니다. 그들은 만일 우리가 정당한 소명[4]을 거절한다면, 그것은 용서될 수 없는 일이라고 주장했습니다. 그러나 주님께서는 우리가 경솔하게 행동하지 않도록, 우리에게 벗어날 길을 제시해 주셨습니다. 왜냐하면 우리가 시 의회의 말을 듣게 해 달라고 요구했을 때, 그 다음 날로 미루어졌기 때문입니다. 이러한 답을 들음으로써 우리는 우리의 역할을 충분히 다한 것처럼 여겨졌습니다.

코로여, 그대의 문제를 가능한 대로 선한 이들에게 추천했습니다. 그러나 단지 말만 해 보는 것인데, 이는 우리가 그대를 위해 다른 곳에서 모든 것을 시도해 보기 전에는[5] 그대에게 의무를 지우지 않기 위함입니다. 우리가 원하는 것이 무엇인지 아실 것입니다. 우리가 확실한 거처를 발견하게 되면 가능한 한 빨리 여러분에게 상세한 편지를 할 것입니다.

안녕히 계십시오. 사랑하는 형제들, 그리고 친구들이여.

[1538년 6월 6일 이후], 바젤에서.
여러분의 형제인 파렐과 칼뱅.

우리가 도로 데려가도록 말馬들을 건네준 형제[6]가 그대들에게서 적당한 자리를 찾고자 원하고 있습니다. 그가 자신의 재능으로 그리스도의 교회에 봉사할 수 있는 곳을 찾아 우선 여러분들이 힘써 봐 주십시오. 우리는 그가 성실한 청년이고 학문에 있어서도 경험이 없지는 않다고 믿고 있습니다. 만일 그에게 참작할 만한 자격이 있어 보인다면, 우리를 위해서도 그대들의 선한 일에 그를 추천하고자 합니다.

한 편지를 받은 적도 있었다(서신 32). 따라서 숙소 문제를 해결하는 일은 어렵지 않았을 것이다. 실제로 파렐과 칼뱅은 1538년 10월 초 바젤에 오자마자 오포리누스의 집으로 갔다(CO, Xb, 280). 파렐은 6월 6일까지 51일간 기숙사에 머물렀고 7월 26일경 바젤을 떠나 뇌샤텔로 갔다. 어쩌면 그들은 바젤에서 일자리를 얻기를 바랐는지도 모른다.

3) 베른 시 의회에 통보 없이 떠난 이유가 결정의 지연에 따른 불쾌감 때문인지, 아니면 그곳에서 일할 마음이 없었기 때문인지는 확실하지 않다(COR).
4) 베른 시 의회가 '소명'이라는 미명 하에 칼뱅과 파렐을 어디로 보내려고 했는지는 불분명하다. 그러나 비레가 있는 로잔으로 보는 것은 무리이다.
5) 코로를 몽벨리아르에 심어 주는 일이다(서신 69).
6) 누군지 알 수 없다.

68
파렐과 칼뱅이 취리히 목회자들에게

[1538년 6월 6-10일 사이, 바젤에서] 취리히로
CO, Xb, 203; Herminjard, V, 21; COR, VI/I, 381

매우 경건하고 박학한 인물이요, 매우 친애하는 형제이자 취리히 교회의 목사인 불링거에게.

문안드립니다. 우리가 무엇보다도 원했던 여러분과의 직접적인 대화가 지금으로선 가능하지 않기 때문에[1] 우리는 주요한 사건들을 여러분에게 편지로 설명하거나 아니면 최소한 말이라도 해 주기 위해 차선으로 남겨져 있는 것에 호소해야 합니다. [우리의] 지난번 편지[2]를 통해 알고 있듯이, 우리가 베른에 도착한 8일 후에 그 어떤 열정도 남아 있지 않은 것처럼 보이는 쿤츠와 에라스무스 [리터]가 이곳에 돌아와 있습니다.[3] 나는 우리가 녹초가 될 정도로 심한 피로 때문에 이 소송을 포기할 경우, 이 모든 잘못이 우리에게 전가될 수 있도록 우리의 인내가 계획적으로 시험받고 있다고 생각했습니다.

그들이 사임하는 일이 일어났을 때 우리는 즉시 쿤츠의 집으로 갔습니다. 세바스티아누스와 에라스무스[4]도 그곳에 있었습니다. 거기서 쿤츠는 전혀 예상치 않게, 불평 섞인 호소를 길게 시작했고 결국은 심한 모욕적인 언사를 향해 나아갔습니다.[5] 우리는 그의 난폭한 성격을 가능한 한 최대의 온화함으로 받아들였

---

1) 서신 62 참고.
2) 서신 66 참고.
3) 베른 정부는 취리히 대회에 파송했던 쿤츠, 리터, 틸만(서신 66, 각주 1 참고)에게 다른 임무도 부여했었다. "우리 사절들은 돌아오는 길에 아르고비Argovie에서 회의를 개최해야 할 것이오."
4) 제바스티안 마이어와 에라스무스 리터는 둘 다 베른 시의 목사로서, 전자는 쿤츠와 더불어 루터 추종자였고, 후자는 츠빙글리 지지자였다.
5) 쿤츠를 대하는 태도를 놓고 칼뱅과 그리나이우스는 서로 다른 입장을 보였다(앞 편지들 참고).

습니다. 왜냐하면 더 과격한 언행을 할 경우, 미쳐 날뛰는 자를 극도의 분노로 몰아넣는 것 외엔 아무것도 할 수 없으리라는 것을 알았기 때문입니다. 그의 동료들은 그를 진정시키기 위해서 우리를 도왔습니다. 그러고 난 후 그는 우리가 우리의 문제에 자신의 일을 실행함으로써 방해하고자 했는지를 묻기 시작했습니다. 그는 설명을 덧붙였는데, 그 이유는 사태가 잘못될 경우 우리에 의해 악의가 드러날 것을 예견했기 때문입니다. 우리는 그가 취리히 회의의 결정으로 분명히 떠맡게 된 임무를 빼앗고자 한 적은 없다고 세 번이나 대답을 한 후에도[6] 그는 금방 똑같은 말을 반복했습니다. 결국 자신의 사악함으로 인해 극도로 지친 그는 결코 불리함을 초래하지 않을 것이라고 장담했습니다.

문제에 대한 소송이 다음 날로 통보되었습니다.[7] 그래서 우리는 다음 날 궁전[8]으로 갔습니다. 두 시간이 지난 후, 목사들이 우리를 위해 시간을 내기에는 치리 소송 때문에 매우 바쁘다는 말을 들었습니다. 우리는 점심 식사 후에 다시 한 번 그곳으로 갔지만 조금 전보다 더 마음 내켜 하지 않는다는 것을 알았습니다. 그들은 우리가 이미 [취리히] 회의에 평가를 의뢰했던 문제였는데도 그 신조들[9]을 아직 더 자세히 조사해야만 하고, 그런 문제로 전혀 이론이 제기되지 않았다고 이야기했습니다. 우리를 부당하게 다루고 있다는 것을 알았지만 우리는 조용히 그 치욕을 견디어 냈습니다. 그들과 논쟁할 말이 전혀 없었기 때문입니다.

성찬식에 있어서 빵의 본질 문제를 다루었던 두 번째 항목에 대해서 말했을 때 쿤츠는 벌써 감정을 억제하지 못하고 온갖 비난을 퍼붓기 시작했습니다. 그 중에서 우리는 다만 한 가지만 언급하고자 합니다. 그는 이전에는 아주 평온했었던 모든 독일 교회들[10]이 개혁에 대한 우리의 무분별한 욕망 때문에 동요하게 되었다며 우리를 비난했습니다. 우리는 발효된 빵의 관습이 우리에 의해서 처음으로 실시되는 것이 아니라 초대 교회의 관습을 이어받은 것으로, 대대로 전승된 것이라고 답변했습니다. 로마 가톨릭 교회 자체에도 발효된 빵을 나누는 순수한 성찬식의 흔적이 아직은 존재하고 있었기 때문입니다. 그러나 그는 그 이

---

6) 서신 66, 각주 3 참고.
7) 베른의 치리회를 의미하며(COR, VI/I, 259, n.1) 1538년 5월 13일에 열렸다.
8) 지금의 시청으로, 오늘날에도 여전히 베른 정부의 소재지이다.
9) 서신 65 참고.
10) 베른에 있는 독일어를 사용하는 스위스 교회들을 의미한다. 쿤츠와 리터는 메간더의 면직에 강력히 항의했던 교회들을 방문하고 방금 돌아온 상태이다.

유들에 대해서는 들으려 하지 않았고 더욱더 거칠게 미쳐 날뛰었습니다. 그는 소리 지르는 것에 만족하지 않고 동료들의 제지에도 불구하고 책상 위에 올라서서 온몸으로 흥분했습니다. 어느 정도 마음이 가라앉았을 때 그는 우리의 조항들에서 모든 것이 예외의 경우로 꽉 찬 참을 수 없는 간교함이 드러났다고 외쳤습니다. 우리는 그 [취리히] 회의에서 예외로 해야만 할 것을 솔직하고 공공연하게 말함으로써 그 일을 정직하게 할 수 있었다고 답변했습니다.

이제 이 사람의 뻔뻔스러움을 들어 보십시오. 그는 이 신조가 일찍이 우리에 의해 만들어졌음을 언급하지도 않았습니다. 당장 그런 공공연한 거짓말에 반박할 증인이 없었기 때문에, 우리는 만일 취리히 회의의 모든 참석자들이 [마르틴] 부처가 우리 문제에 대해 변호하고 그것에 관해 우리의 요구를 통틀어 찬성한 형제들의 판결을 선포한 모든 조항들[신조]을 인정하지 않는다면[11], 우리는 그 교회의 판결을 증거로 끌어들이고 우리에 대한 모든 비방을 받아들일 각오가 되어 있다고 말했습니다. 여러분이 더 잘 확신하도록 하기 위해서 여러분에게 믿을 만한 사본을 보내 드립니다. 그는 우리를 거짓으로 고발하고자 했기 때문에, "취리히에서 모든 형제들이 동의하지 않았던 여러분의 관례에 우리 사절들[12]이 동의한다 해서, 어떻게 여러분이 원하는 것이 지금 형제들의 결정과 어울릴 수 있는가?"라고 말했습니다.[13]

사랑하는 형제들이여, 여러분은 우리의 일이 사람과 관계되어 있지 않다는 것을 아십니다. 하물며 그[쿤츠]가 그런 어려운 사건에 있어서 어떻게 그리스도의 종으로서 나타날 수 있었겠습니까! 우리가 회피할 수 없는 분명한 증거로 압박하자 그는, "나는 너희들의 경솔함과 변덕을 이미 충분히 알고 있다. 왜냐하면 취리히에서 너희들은 우리에게 두 가지 점에서 굴복하고 로잔으로[14] 갈 준비가 되어 있었다고 주장했지만 우리에게 굴복하지 않았고, 아니 단 한 번도 우리의 말에 귀를 기울이지 않고 쉽게 우리를 거역했기 때문이다."라고 말했습니다. 우리는 "그 당시 아주 평화적으로 우리 가운데 협의되었고, 단지 축일에 관해서

---

11) 부처도 취리히 대회에서 비텐베르크 일치의 수용을 위해 노력했기 때문에 비난받았다.

12) 각주 3 참고.

13) 취리히 대회 의사록은 반대로, 이 회의가 전례와 관련된 모든 것에서 완전한 자유(재량)를 교회들에게 인정했음을 입증하고 있다(Herminjard, V, 23, n. 10). 파렐과 칼뱅은 베른 사절에게서 이 진술을 얻어 내지 못했다.

14) 1538년 3월 31일에 열린 로잔 대회를 암시한다. 여기서 베른 시가 제안한 3대 '일치' 조항은 세례수반, 성찬, 축일과 관계가 있다.

만 협의할 문제로 남아 있었다는 것을 기억하지 못하느냐?"라고 말했습니다.[15] 그가 역시 거짓말을 했을 때, 우리는 함께 있었던 에라스무스 리터를 증인으로 세웠습니다.[16] 그가 우리에게 동의했지만 쿤츠는 더욱더 뻔뻔스럽게 계속하기를 멈추지 않았습니다. 로잔 대회를 주재했던 사절[17]이 우리를 위해 가장 확실한 증거를 제시했고, 우리가 원했다면 자기가 지체 없이 쿤츠의 거짓말에 대해 시 의회[18] 앞에서도 항의했을 것이라고 덧붙였습니다. 그 말이 가장 결정적인 것이었음에도 불구하고 그는 마지막까지 계속해서 부정했습니다. 우리는 모든 희망을 포기하고 그 자리를 떠나 버렸습니다.

우리가 거리로 나왔을 때 세바스티아누스는 우리에게 실제로 우리를 대신했던 형제들이 모두 단호히 이리와 거짓 선지자로 불릴[마 7:15] 정도였다고 말했는지를 물었습니다.[19] 우리는 그들에 대해서 다른 것을 판단하지는 않았다고 대답했습니다. 그는 "그래서 메간더의 추방[20] 이후에 이곳에 세워진 법에 의해 유죄 판결을 받게 된 것이 아니냐?"라고 말했습니다. 우리는 그것은 같은 것이 아니고, 또한 우리가 각각의 이리들에 대해 좋지 않은 판단을 내릴 수 있었던 우리의 이유들을 들었다고 말했습니다. 그로부터 여러분은 그가 우리로부터 벗어나고자 어떤 핑계들을 댔는지 알 수 있을 것입니다. 왜냐하면 그는 우리의 말을 듣자마자 비록 그가 이전에 모든 것을 행하겠다고 약속했음에도 불구하고 곧 우리의 사건에서 일어난 개개의 다툼에서 손을 뗐기 때문입니다. 그래서 비록 그가 우리의 사건에 호의를 가지고 전력을 기울였다 하더라도 결국은 에라스무스 혼자만 남게 되었습니다.

이틀 후에는 우리가 제기한 조항들을 진술하기 위해 시 의회로부터 한 시간에 세 번이나 불려갔습니다.[21] 우리는 [제네바] 교회와의 일치가 정당하게 받아들여져야 한다고 주장했습니다. [제네바] 시 의회는 우리가 이미 받아들여진 것

---

15) 칼뱅과 파렐은 세 조항 가운데 두 가지는 동의했으나 축일에 대해서는 반대했다(서신 65).
16) 불링거도 리터가 파렐과 칼뱅의 입장을 지지한 것을 알고 있었다.
17) 요하네스 후버 또는 루드비히 암만이다.
18) 베른 시의 200인 의회 또는 대의회를 말한다.
19) 제네바의 후임 목사들에 대한 파렐과 칼뱅 지지자들의 평가를 암시한다.
20) 메간더는 츠빙글리의 열한 제자로서 10년이 넘도록 베른에서 목사와 교수의 직분을 수행했다. 그는 부처가 츠빙글리파와 루터파 사이에 세우려 했던 화의에 적대적이었기 때문에 1537년 12월 말경 면직되었다. 그는 1538년 2월 2일 베른을 떠나 취리히로 갔다.
21) 5월 18일에 있었던 것으로 추정된다.

에 충실하기를 원했습니다.[22] 그러나 시 의회는 몇몇 공모자들에 의해 접수되어 우리가 론Rhône강에 던져져야 마땅하다는 결정을 했습니다.[23] 우리는 결국 우리를 통해 다른 행동들이 정지되게끔 선한 이들을 신앙으로 이끌기보다는 차라리 마지못해 몇몇 특별한 조건들을 받아들이는 편을 택했습니다. 시 의회에 의해 두 명의 사절이 우리를 제네바 시에서 4마일 거리까지[24] 동행하고 먼저 가서 우리의 귀환을 성취시키도록 결정되었습니다. 그들이 도착했다면 그들은 우리와 함께 시로 동행해야 하고 우리가 다시 우리의 직분에 임명될 것을 배려해 주어야만 합니다. 그러나 그것은 우리를 전혀 만족시키지 못했기 때문에 우리는 시 의회 회의를 다시 요구했습니다. 우리는 오자마자 그들의 행동으로부터 우리가 가장 두려워했었던 바로 그 결과가 나타났다고, 즉 한 잘못에 대한 사죄로서만 다시 임명된 것처럼 보인다고 설명했습니다.[25] 또한 우리는 사절로서 그 어느 목사도 붙여지지 않았다고 하소연했습니다. 우리가 우리의 직분 수행에 대해 변명을 했고 잘못이 없다고 인정되었다면 다시 임명되도록 하기 위해서 사절들이 시까지 우리를 안내해 주어야 하고, 무엇보다도 먼저 우리의 문제에 대해 이야기할 허가가 우리를 위해 실현되어야 한다는 새로운 시 의회 결정이 성립되었습니다. 그 밖에도 에라스무스 리터와 비레가 우리의 동행자로 결정되었습니다.[26]

　사절들이 우리를 마중하고 우리에게 시로 들어오는 것을 금지했을 때 우리는 제네바 시로부터 단지 1마일 정도 떨어져 있었을 뿐입니다.[27] 비록 이것이 불법적이고 시 관례에 어긋난 것이었다 할지라도 우리는 사절들의 권고에 복종했습니다. 그렇지 않고 우리가 완강하게 이를 거역했더라면 분명 계속해서 여행을

---

22) 제네바 시 의회가 로잔 대회의 결정 사항을 받아들인 것을 의미한다. 베른 시 의회는 전례 문제를 제네바와 합법적으로 체결한 것으로 보았으나, 파렐과 칼뱅은 제네바의 몇몇 공모자들의 소행으로 보았다.
23) 4월 23일의 결정은 론 강에 던지는 결정은 아니었고(서신 64, 각주 14 참고) "3일 안에 도시를 떠나라."는 결정이었다.
24) 마일mile을 리(lieue = 4km)로 이해할 것. 칼뱅이 말하고자 하는 것은 4리의 거리로서 제네바에서 그만큼 떨어진 곳은 니옹 시이다.
25) 베른 시가 사절에게 준 소송 위임장(1538년 5월 19일)에 따르면, 파렐과 칼뱅으로 하여금 제네바 시 의회와의 회담 초두에 말하게 하는 것이었다(COR).
26) 베른 시 200인 의회가 이 결정을 한 것은 5월 19일이다.
27) 5월 22일 전령이 소의회가 사절들에게 써 준 문서를 제시했는바, 거기에는 파렐과 칼뱅의 입성이 소란을 야기할 수 있기 때문에 접근을 금한다고 되어 있었다. 소의회는 대의회와 공을 시민 총회에 넘겼다.

해야만 했을 것입니다. 그러나 겨우 그것을 통해 우리의 생명이 가장 잘 배려받을 수 있었습니다. 왜냐하면 나중에 성벽으로부터 멀지 않은 곳에 매복이 되어 있고 20명의 무장한 시 젊은이들이 문 아래 앉아 있게 되는 결과가 생겨났기 때문입니다.[28]

양쪽 시 의회[29]는 모두 결정을 시민들에게 맡기겠다고 공포를 했습니다. 그런데 이것에 대해 사절인 루드비히 암만, 그리고 자신과 에라스무스 [리터]의 이름으로 이야기한 비레가 정의를 위한 다수의 목소리로 돌리는 듯이 보인 그런 진지함으로 그 문제를 다루었습니다.[30] 그러고 나서 우리의 조항들에 대해 가능한 한 악의에 차 있던 그들의 퇴장을 시 의회 의장에게 제안했고 몇몇 사람들이 그에게 갈채를 보내 주었습니다. 왜냐하면 그가 제안하는 동안 그들이 구두 찬반에 의해 시민들을 흥분시켜야 하는 것으로 타협이 되었기 때문입니다. 우리에 대한 증오를 부채질하기 위해서 그들은 무엇보다 세 가지 사실을 끄집어냈습니다. 첫째, 우리가 제네바 교회를 우리 교회라 칭한 것, 둘째, 우리가 경칭 없이 베른 사람들을 단순히 명칭으로 부른 것, 셋째, 우리가 출교에 관하여 언급한 것입니다.[31] 그들은 묻습니다. "마치 자신들이 그것을 다시 만든 것처럼 자신들의 교회로 말하고 있는 것을 보시오. 그들이 얼마나 거만하게 당국을 업신여기고 있는지를 보시오. 그들이 얼마나 압정을 추구하고 있는지를 보시오. 출교가 압정이 아니면 무엇입니까?" 여러분은 그런 중상이 얼마나 경솔하고 어리석은 것이었는지를 이제 봅니다. 그들은 자신들이 그렇게 두려워하는 출교를 벌써 오래전부터 받아들였습니다. 그러나 이것은 모든 이들의 분위기를 분노로 불러일으키는 좋은 풀무였습니다. 그들은 우리의 답변을 들으니 차라리 죽기로 결정을 내렸습니다. 과연 사절들이 조항들을 가져갔지만 무엇인가 머리에 떠오르는 의심을 갖게 되기 쉽기 때문에 그들은 훈령으로 우리의 도착에 대해서 시민들에게

---

28) 이 상황은 개혁자들의 문제와는 상관이 없었다. 500명의 기병이 제네바 인근 주민을 난폭하게 다뤘기 때문에 초병을 배로 늘린 것이었다. 베른에 대한 두려움도 원인 가운데 하나였다(COR).

29) 베른의 사절들은 5월 23일에 제네바에 도착했다. 그들은 그날로 파렐과 칼뱅이 백성들 앞에서 자신들을 정당화할 자유를 갖는다고 소의회에 요구했다. 사절들은 다음 날 대의회에 자신들의 훈령 외에 취리히의 편지와 당사자들의 항소 조항들을 전달하면서 동일한 것을 요구했다. 그러나 시 의회 총회는 5월 26일 거의 만장일치로 세 명의 목사들의 입성을 금했다.

30) 5월 26일에 열린 시민 총회에서 이뤄진 일이다.

31) 서신 65 참고.

알리지 않았습니다.[32] 그러나 우리의 친절한 쿤츠가 다른 계획을 갖고 있었습니다. 왜냐하면 그는 우리가 불확실한 추측에 근거를 두고 있다고 그들이 믿지 않도록 하기 위해서 피에르 방델이라는 우리에게 알려진 배반자 한 사람을 통해 그것을 그들에게 은밀하게 보냈기 때문입니다.[33] 그의 불신적인 행위는 명백한 일입니다. 왜냐하면 그 외에 세바스티아누스[34]만이 그 사본을 갖고 있었고, 방델이 길거리의 많은 사람들 앞에서 자신이 그것을 가지고 우리를 위해 죽음의 독가스를 운반했다고 자랑했기 때문입니다. 쿤츠는 우리에 대한 자신의 의향을 거짓으로 꾸밀 수 없었습니다. 왜냐하면 니다우[35]의 신우회에서 그는 시 의회가 과연 추방된 자(그는 우리를 그렇게 비웃으며 일컬었습니다.)들을 다시 임명하기 위해서 내가 제네바로 가도록 결정했다고 이야기해야 했기 때문입니다. 그러나 나는 나를 잔인하게 다루는 그의 도움보다는 차라리 직분과 조국을 저버리고자 했습니다. 명백한 것은 이것이 여러분과 그리스도의 교회에 장엄하게 주어진 약속이라는 것이며, 여러분은 쿤츠가 이 약속을 속이는 능력을 일찍 가져갔다고 여길 것입니다.

교회의 뜻이 우리를 오류에 빠지도록 하지 않았다고 여러분에게서 놀랐을 때 그것은 근거 없는 두려움이었다는 경험을 결국은 믿고 있습니다. 물론 지금 우리는 끝났습니다. 우리는 여러분과 모든 경건한 이들의 판단을 믿고 있으며, 모든 것이 이전보다 두세 배는 더 심각해져 버렸다는 것 외에는 아무것도 이루어진 것이 없습니다. 왜냐하면 사탄이 애초부터 우리의 추방을 그곳에서, 그리고 프랑스 전체에서 즐거워하며 승리감에 도취되어 있었다면 이러한 후퇴 이후로 그와 그의 동아리들은 그 오만불손함을 비로소 시기적절하게 증대시켰기 때문입니다. 지금 제네바에서 온갖 악한 이들이 얼마나 불손하고 뻔뻔스럽게 죄악을 행하고 있는지, 그들이 그리스도의 종들을 얼마나 심술궂게 모멸하고 있는지, 그들이 얼마나 거칠게 복음에 대해 조롱하고 있는지, 간단히 얘기해서 그들이 온갖 방법으로 얼마나 불법적으로 미쳐 날뛰고 있는지 믿지 못하겠습니다. 복음에 대한 가장 극렬한 반대자를 하나님께 영광 돌리도록 강요했던 얼마 전에, 그곳에서 극히 명백하게 드러났던 훌륭한 기율처럼, 그렇게 지금은 이전보

---

32) 시 의회 총회를 가리킨다.
33) 아마도 쿤츠가 제네바 시 의회 회원 중 하나였던 피에르 방델°에게 14개 조항을 보냈을 것이다.
34) 제바스티안 마이어°.
35) Nidau 또는 Nidouw는 베른 소속의 작은 마을이다.

다 더 복음적인 것에 대한 사악한 조종에 대한 시의 명성 때문에 모든 악한 이들이 행하고 있는 난폭한 자유가 모든 대중들이 보는 가운데서 명백히 드러나 있습니다. 그런 분노할 일을 일으킨 자에게 화가 있기를 원합니다. 그러한 자와 더불어 부당한 계획을 공모한 자들에겐 더욱더 큰 화가 있기를 원합니다. 그들 중 대부분은 분명 우리의 목숨을 건져 주었습니다. 그들은 진리의 빛을 끄지 않고 자신들이 원했던 것을 이룰 수는 없었기 때문에 좋지 않은 욕망의 자리에서 이런 값을 지불하기를 주저하지 않았습니다. 쿤츠는 교회를 파멸시키지 않고 우리를 없앨 수는 없었기에 우리와 함께 교회를 희생시키기를 주저하지 않았습니다. 더욱이 그는 지금 조직을 파괴하고 있습니다. 그러나 우리는 주 안에서 더욱 확고하게 서 있으며, 그가 무신론자들 전체와 함께 돌진해 온다면 더욱 확고하게 설 것입니다.

물론 교회가 목자의 탈을 쓰고 모반자들의 손에 있는 것처럼 목자의 손에서 탈취되어 있다면 더 그럴 것입니다. 우리의 위치를 위협하고 있는 두 사람이 있습니다. 한 사람은 그가 알게 되사마사 모든 방법을 동원하여 못쓰게 해 버린 한 여인의 아름다움 속에서 뜻밖에 기독교를 발견하게 된 사람으로, 그는 자신이 프란체스코 수도회의 원장[36]이었기 때문에 복음의 회복을 반대했습니다. 그는 이미 수도사 시절에 오점과 치욕 속에서 살았고 이전의 경건함도 없었을 뿐만 아니라 그런 경건함의 조그마한 외견조차도 없이 살았습니다. 이제 기독교 주교 신분의 한 외식자로서 정당하지 못하게 출현하기 위해서 그는, 바울은 주교에 대해서 지금까지의 삶에 대해서는 신경 쓰지 않고 다만 그가 주교라는 직분을 수행하기 시작하면서 흠 잡을 데 없는 사람이 되기를 요구하고 있다고 설교단에서 자주 이야기합니다. 그가 복음을 고백한 이후 그는 자신의 하나님에 대한 경외심과 경건함이 완벽히 드러나, 그것이 모든 사람들에게 분명한 듯이 행동했습니다.

역시 자신의 죄악을 숨기고 있는 간교한 두 번째 사람[37]은 아직 이방에만은 감탄의 마음이 생기게 할 수 있을 만큼 방탕하기로 악명 높은 사람입니다. 그는 전혀 배우지 못했고 온갖 쓸데없는 지껄임으로 일관하는데, 하물며 설교일까 봄

---

36) 제네바의 리브 프란체스코 수도회 원장이었던 자끄 베르나르를 말한다.

37) 앙리 드 라 마르°. 루앙 태생으로 파렐의 동료인 그는 1536년 초에 제네바로 와서 목사로서 이따금 주변 마을에서 설교했다. 그는 자끄 베르나르와 함께 1538년 4월 28일 제네바에서 성찬식을 거행했다.

니다만 뻔뻔스럽고 거만합니다. 얼마 전에는 만일 몇몇 사람들의 호의로 판결을 벗어나지 못했다면 간음죄로 유죄 판결을 받고 거의 심문에까지 회부되었을 제 3의 사람[38]과 한패가 되었다는 소문이 있습니다. 자신의 직분을 수행하는 기량이 그것에 끼워 맞추는 기량보다 더 크지 못합니다. 그들이 일부는 무지로, 또 일부는 모든 지역의 같은 직분의 동료들에 대한 반대에도 불구하고 관직에 앉아 있는 것처럼, 그들은 지금 그리스도의 겸손한 종으로서보다는 오히려 모두 다른 가면을 쓰고 있는 것입니다. 그러나 그들의 무지와 경솔, 그리고 어리석음으로 인해 말씀의 직분을 더럽히고 오명을 안겨 주는 것보다 우리에게 상처를 주고 있지는 않습니다. 왜냐하면 그들은 공식적으로 남녀, 심지어 때로는 어린아이들에 의해 그 어떤 하나의 오류가 유지되지 못하는 한 오래가지 못할 것이기 때문입니다.[39]

급히 서둘러야 했던 사절은 우리 손에서 편지를 거의 뺏다시피 하고 있습니다. 그러니 평안하십시오. 사랑하는 그리고 특별히 존경하는 형제님들. 그가 곧 출발하도록 주님께 우리와 함께 진지한 기도를 해 주십시오.

여러분을 매우 사랑하는 형제
파렐과 칼뱅[40].

사랑하는 형제들이여, 우리는 이 편지가 피해를 주었다는 소식이 우리에게 들리지 않기를 염려하고 있습니다. 왜냐하면 우리가 당시에 대한 이야기를 했다기보다 여러분에게 모든 것을 허물없이 썼기 때문입니다. 따라서 우리가 여러분의 과묵함을 믿고 비밀을 털어놓았다는 것을 기억하십시오.

---

38) 장 모랑으로, 전에 소르본의 박사였다가 보 지방의 목사가 되었고 1538년 4월 24일 제네바 위정자들에 의해 부름을 받았다. 그러나 모랑이 제네바에 정착한 것은 7월 10일경이었다.
39) 칼뱅과 파렐은 이런 이야기들을 제네바 국경에 있던 3일 동안, 장토Genthod나 니옹Nyon에서 들을 수 있었을 것이다.
40) 두 서명 모두 칼뱅이 했다.

69

칼뱅[과 파렐]이 비레와 코로에게

[1538년] 6월 14일, 바젤에서 로잔으로
CO, Xb, 209; Herminjard, V, 30; COR, VI/I, 393

매우 순수한 형제요, 로잔 교회의 매우 신실한 목회자인 피에르 비레에게.

문안드립니다. 이 편지를 여러분에게 가져갈 젊은이[1]가 같은 공간에서 우리와 함께 행동하고 있기 때문에, 우리는 마침내 그의 길 떠남이 기꺼이 엄습하기 전까지는 그가 여러분에게로 가리라는 것을 인식하지 못했습니다. 그러므로 시간에 대한 불안 때문에 우리 편지가 짧을 것입니다.

우리는 스트라스부르와 취리히 목회자들에게 우리의 사정을 편지로 설명한 바 있습니다.[2] 아직 회신이 없기 때문에 우리의 증언-우리의 양심은 이 증언이 매우 진실하다는 것을 하나님 앞에서 입증합니다.-이 그들에게 얼마나 큰 믿음을 주었는지는 잘 모릅니다. 사실 우리는 사람들의 눈에 공로로 보이는 것들을 대충 짐작으로 단순하게 나열했습니다. 결국 다른 쪽을 통해서 스트라스부르 목회자들이 마음에 뭔가를 품었음을 알게 되었습니다. 부처는 우리의 편지를 받기 전에 사건에 대해 듣고, 큰 슬픔-그곳에 있는 선량한 사람들의 비애로 표현되는-을 나타내면서, 교회들이 어떤 최후의 처방도 시도하기를 그만두지 말고 오히려 열렬히 시도할 것을 그리나이우스에게 간청했습니다.

우리가 여러분을 지나친 희망으로 격려해서는 안 될 것입니다. 우리는 다른 불행으로 인해 길[3]이 차단되었다고 생각합니다. 왜냐하면 블라러가 우리와 동일

---

1) 누군지 알 수 없다.
2) 파렐과 칼뱅이 취리히 목회자들에게 보낸 편지는 있으나(서신 68), 스트라스부르 목사들에게 쓴 편지는 알려져 있지 않다. 다만 부처의 답장은 남아 있다(서신 74).
3) 제네바 사역으로 돌아가는 길을 말한다.

한 사례를 따라 엄청난 치욕을 당한 후 뷔르템베르크 공작령에서 추방되었기 때문입니다.[4] 공작은 슈투름[5]이 자신에게 탄원하는 것도 허용하지 않았습니다. 슈투름은 비록 공작 앞에서는 아무것도 할 수 없었지만, 그에게 [블라러의] 행정 수행에 대해 훌륭히 증언하기 위해 달리 뭔가를 하지 않은 것은 아닙니다. 그러나 공작은 오히려 인정머리 없이 그의 정당한 급료를 횡령했습니다. 이것은 우리 사이에서 비밀에 붙여질 필요가 있습니다. 그렇기 때문에 코로여, 이런 때에 지금까지 우리가 그대를 지명해 온 [몽벨리아르] 백작령에서[6] 그대가 보살펴지지 않으리라는 것은 짐작할 수 있습니다. 그 사이 우리는 그대에게 제공되는 정당한 청빙이라면 무엇이든 물리치지 않도록 그대를 자유롭게 할 생각입니다. 이런 상황에서도 우리는 주님께서 어떤 길을 여실지 기다릴 것입니다.[7]

비레여, 그리나이우스가 내게 콘라두스[8] 곁에 있는 저 가스파르[9]가 악한 수단으로 가득한 경박한 사람이라는 것을 그대에게 알리도록 부탁했습니다. 그는 한동안 가스파르가 자신의 집에 머물렀기 때문에 이 사실을 쉽게 꿰뚫어 볼 수 있었습니다. 그러므로 콘라두스가 가스파르의 기만으로 인해 손해를 보지 않도록 그대가 주의를 환기해 주어야 합니다. 그대는 그리나이우스가 [그를] 가장 나쁜 자로 낙인찍는 것을 원치 않는다는 사실을 알고 있습니다. 따라서 그가 부당하게 비방하고자 한다는 말은 그만큼 거리가 멉니다.[10] 따라서 비록 그가 우리와 아주 친밀하게 아는 사이는 아니라 하더라도, 우리는 이런 믿음직한 판단에 의해 이 몇 마디 말을 주저 없이 그대에게 일러 줍니다.

---

4) 뷔르템베르크의 울리히 공작은 1534년 그의 공작 직위를 되찾은 후, 츠빙글리파 사람인 암브로시우스 블라러와 루터파 사람인 에르하르트 슈네프를 개혁자로 임명했다. 하지만 그들 사이에 심각한 긴장이 조성되자 공작은 후자를 택하고 블라러를 면직시켰다(1538년 5월). 블라러는 공작에게 진 빚인 300플로린을 울리히의 아들 크리스토프가 뒤를 이은 1556년까지도 갚지 못했다(COR).
5) 스트라스부르 아카데미 학장인 요한 슈투름을 의미한다.
6) 이것은 뷔르템베르크의 울리히의 관할 지역인 몽벨리아르 백작령을 암시한다. 당시 울리히의 동생인 게오르크가 이곳을 다스렸고, 츠빙글리파인 피에르 투생이 교회를 이끌었다. 하지만 울리히의 아들이자 루터파인 크리스토프 공작이 게오르크를 대체하고 나서 교리적인 문제가 발생했다(COR).
7) COR 편집자가 제안하듯이 파렐과 칼뱅과 코로가 뇌샤텔의 목회자로 가는 일일 수도 있다. 하지만 정작 파렐만이 그곳의 목회자로 임명되었다(7월 말). 서신 74 참고.
8) Herminjard는 1537-1540년에 로잔에서 그리스어 교수로 있었던 콘라트 게스너일 것으로 제안한다.
9) 누군지 알 수 없다.
10) 서신 58에 나타난 그리나이우스의 온건한 성품을 보라.

우리가 그대들의 편지에 대한 갈망으로 얼마나 타오르는지 믿기 어려울 것입니다. 우리는 우리들이 헤어져 있음으로 인해 무슨 일이 생기고 있는지를 알고 있습니다.

매우 순수하고 매우 친애하는 형제들이여, 안녕히 계십시오. 주님께서 자신의 필요에 따라 여러분을 굳세게 하시기를 바랍니다.

[1538년] 6월 14일, 바젤에서.

그리나이우스가 여러분 둘 다에게 문안합니다.

70
칼뱅이 독자에게[1]

크리소스토무스 설교집 불어 역본 헌정 서한
[1538년 여름, 바젤?]
CO, IX, 831; COR, VI/I, 397

이제 내가 공적으로 내놓는 이런 종류의 노고가 아직까지는 이례적이기 때문에 내 계획의 성격을 간략하게 설명한다면, 수고한 보람이 있을 것으로 보입니다.[2] 나는 새로운 것들에서 대략 무슨 일이 실현되곤 하는지를[3] 알며, [또한] 나의 이 수고가 불필요한 것인 양 경멸할 뿐 아니라, 별로 유익이 없는 양 전적으로 교회에서 거부되어야 할 것으로 여기는 이들이 없지 않을 것을 압니다. 나는 설령 그들이 잠시 인내로 내 논지에 정신을 집중시킨다 하더라도, 그들이 내게 호의적이 되리라고는 생각하지 않습니다.

---

1) 이 편지의 첫 장 맨 위에는 다음과 같은 제목이 첨가되어 있다. "칼뱅 선생이 준비한 크리소스토무스의 설교집 [불어 역본] 출판에 관한 서문. 이 사람은 어떤 때는 크리소스토무스에 대해서, 또 어떤 때는 다른 이들에 대해서 자신의 것을 제안하며, 교회 박사들이 첨가한 견해는 그들과 그를 비교하게 한다."

2) 각주 1의 제목이 보여 주듯, 크리소스토무스 설교집의 불어 역본을 의미한다. 칼뱅은 1536년 파리에서 출판된 크리소스토무스 저작물 라틴어 역본(1530에 에라스무스가 바젤에서 펴낸 것의 수정판임)인 슈발롱Chevallon판을 사용했을 것이다. 하지만 이 계획의 실현 여부는 어디서도 그 흔적을 찾을 수 없다. 오히려 어느 순간 칼뱅은 자신이 직접 성서 주석을 쓰기로 결심했고 이것은 1539년 스트라스부르에서 〈로마서 주석〉을 완성하는 것으로 결실을 맺는다. 그러므로 이 서문은 칼뱅이 자신의 계획을 수정하기 직전에 쓴 것으로 보이며, 따라서 그 시기는 로마서 주석 집필 시기(1538년 9월) 직전인 1538년 중순경이 될 것이다. COR 편집자는 이 서문의 작성 날짜를 1538년 8월 바젤 체류 시점으로 보았다.

3) 칼뱅은 올리베탕 성서 서문에서 새로운 것(새 성서 번역)에 대한 적극적인 수용에 대해 언급한 바 있다(서신 19 참고).

우리는 복음이 공공연히 읽혀지도록 제안되었을 때,[4] 처음에는 미숙한 자들이 어떻게 격렬한 함성을 질렀는지를 압니다. 실제로 그들은 이처럼 오랫동안 사제와 수사에 의해 억압되어 온 하나님의 신비를 평민들에게 두루 알리는 것이 부당한 행동이라고 여겼습니다.[5] 이것은 모두에게 존경심이 제거됨으로 말미암아 하나님의 비밀 장소[6]가 더럽혀지는 것으로밖에 달리 보이지 않았습니다. 우리는 이제 이런 모든 불평이 이것을 그다지 기뻐하지 않은 사람들 사이에서조차 감사로 바뀌었음을 봅니다. 실로 하나님의 백성이 그의 구원의 최대의 보물 창고에서 헐벗은 채로 있음이 드러났습니다. 왜냐하면 성경은 적은 수의 사람들의 서재에 숨어 있으며, 많은 사람들이 그것에 손을 대지 않기 때문입니다.[7] 그러므로 이제 약간의 경건이라도 갖고 있는 사람이라면 누구나 이 일이 하나님의 특별한 호의로 이뤄졌음을 인정합니다. 하나님의 지극히 거룩한 말씀이 보편 교회에 되돌려지도록 말입니다. 이렇게 의의 태양이신[말 4:2] 그리스도는 자기 사람들에게 빛으로 나타나셨는데, 이는 하나님 아버지께서 복음을 통해 그를 우리에게 나타내실 때 우리가 명백한 그의 능력으로 그를 영접한다면, 우리가 마침내 그와 함께 거하도록 하기 위함입니다. 20년 전,[8] 세대에 걸쳐 세상의 현상을 볼 수 있었던 사람들은 대부분의 사람들에게 그리스도의 이름을 제외하고는 거의 남아 있지 않다는 것, 그리고 그의 능력에 대한 드물고 빈약한 기억만이 남아 있다는 것을 알고 있습니다. 모든 사람들에게 최악인 이 재앙은 분명 오직 백성이 자신과는 아무런 관계가 없는 듯이 사제들과 수사들의 영향으로 성경 읽기를 경원한 데서 기인합니다. 우리가 우리 시대를 자랑하는 이유는, 그리스도가 모든 풍요로운 복으로 우리에게 설명되는 이 보물이 모든 하나님의 자녀들 사이에 공개되기 시작했기 때문입니다. 하늘의 유산이 우리에게 작성되어 있는 이 증서,[9] 하나님이 자신의 의지를 우리에게 드러내시는 이 비밀 장소 말입니다.

---

4) 칼뱅은 에라스무스가 헬라어 신약 성서 제2판을 출간(1519년)하면서 제안했던 것을 염두에 두고 있다 (COR).

5) 서신 19, 각주 5 참고.

6) 여기에서는 성경을 의미한다.

7) 서신 19, 각주 14 참고.

8) 에라스무스가 헬라어 신약 성서를 처음 출판한 것은 1516년이다. 칼뱅은 이때부터 20년을 계산하고 있는 듯하다(COR).

9) 에라스무스가 1516년에 펴낸 헬라어 신약 성서 제목이 *Novum Instrumentum*이다.

정녕 우리의 이 교리가 보존되고 편취당하지 않으며 그것으로 영혼들이 영생을 즐기도록 우리가 그것을 얻어 냈을 때, 거기서 무엇이 구해져야 마땅한지를 알고 우리가 겨냥해야 할 어떤 목표를 갖는 것이 적지 않게 필요합니다. 만일 그것이 이뤄지지 않는다면, 큰 열매 없이 오랫동안 방황하는 일이 정녕 우리에게 생길 것이기 때문입니다. 진정 나는 하나님의 영이 최선이자 유일한 안내자이심을 고백합니다. 왜냐하면 이 안내자 없이는 우리의 정신에 하늘 지혜의 통찰로 가는 한 줄기의 빛조차 내재하지 않기 때문입니다. 성령은 빛으로 나타나심과 동시에 뒤따라야 할 지혜에 관해 [우리 정신을] 넉넉히, 그리고 많이도 준비하고 교육시켰습니다. 그러는 동안 주님은 그의 영에 의해 우리를 조명하시는 바로 이 지혜와 더불어, 친절하게도 우리에게 받침대까지 주시고, 이것을 통해 우리의 연구가 자신의 진리를 탐구하는 일에 도움이 되기를 원하셨습니다. [따라서] 우리에게는 그것이 불필요한 것인 양 소홀히 한다든지, 덜 필요한 것처럼 관심 갖지 않는다든지 할 이유가 없습니다. 우리의 영혼은, "모든 것이 우리의 것이요 우리는 그리스도의 것"이라는 바울의 말에 주목해야 합니다[고전 3:22-23]. 그러므로 주님이 우리의 용도를 목표로 정하신 것들은 우리에게 유용합니다.

기독교 백성이 하나님의 말씀을 빼앗기지 않는 것이 합당하다면, 그것에 대한 참된 깨달음에 소용이 될 방책 또한 백성에게 [주어지는 것이] 거절되어서는 안 됩니다. 그런데 백성에게는 수단과 방법이 없습니다. 어떤 면에서 방책이 전혀 없진 않다 해도, 모두에게 허용되지는 않습니다. 그러므로 백성이 해석자의 수고로 도움을 받는 일과, 하나님에 대한 지식에 이바지한 사람들이 다른 이들을 이 지식으로 이끌어 갈 수 있는 일이 남아 있습니다. 그런데 자신들에게는 모든 것 가운데 한 가지가 결여되어 있다는 사실 자체로 인해 이러한 모든 지원을 결핍한 자들이, 학문과 배움에서 이러한 혜택을 받은 박학한 사람들을 갖는다는 것은 누구에게 공평할까요? 만일 연약한 자들을 돕고 그들 자신에게 많은 것이 없을수록 더욱 성실하게 도움을 베푸는 것이 경건의 임무라면, 나의 이 수고를 비난하는 자들은 의당 무례함을 드러내지 않도록 조심해야 할 것입니다. 왜냐하면 내 목적은 초보자들과 무지한 자들이 성경을 읽도록 길을 평탄하게 해 주는 것 외에 다른 것이 없기 때문입니다.

물론 여기서 나를 반대할 수 있는 무엇이 없지는 않습니다. 크리소스토무스-내가 대다수의 사람에게 공개할 작정인-가 자신의 노고를 학문적으로 박학하고 숙련된 자들을 대상으로 수행했다는 것입니다. 하지만 책 제목과 연설문이 거짓을 말하지 않는 한, 여기서 문제는 실로 그가 일반 대중에게 어떤 설교를 했던가입니다.[10] 이렇게 그는 일 처리와 강연을 마치 많은 사람들을 가르치고자 하듯이 합니다. 그러므로 그가 일부러 대중적이고자 힘쓴 이상, 그가 교부들doctos 가운데서 숨겨져 있어야 마땅하다고 말하는 어떤 이의 주장은 잘못된 것입니다. 물론 내가 크리소스토무스와 유대 관계가 있다는 이 변명은, 그가 백성의 이름을 제목에 붙인 것들만을 내가 백성에게 전달하기 때문에 더욱 충분히 정당합니다.[11] 크리소스토무스만이 이렇게 한 것이 아니라 다른 저명한 고대 작가들도 설교들의 제목을 붙일 때, 그들의 밤샘 노고를 이렇게 백성에게 바쳤던 것입니다. 정녕 그들은 바울의 저 규칙을 지켰습니다. 즉 하나님이 종들에게 주신 모든 재능은 마땅히 모든 이의 건덕에 기여되어야 한다는 것입니다[롬 15:2; 고전 14:3-16]. 뿐만 아니라, 그들은 누군가가 그들의 수고를 더 많이 필요로 할수록, 그만큼 더 그에게 스스로를 묶어 두는 법을 알았습니다. 바울은 그가 셋째 하늘에 이끌려 가서 사람이 표현할 수 없는 비밀을 보고 난 후[고후 12:2-4], 여전히 자신이 무지하고 미숙한 자들에게 빚진 자임을 고백할진대[롬 1:14], 그들이 어떤 방법으로 이 상태에서 해방되겠습니까? 그러므로 그들이 주님에게서 받은 것으로 공공의 복리에 기여하지 않는 한, 그들의 직무에 속한 것을 결코 준수하지 못한 것인 바, 이처럼 만일 우리가 우리의 것을 하나님의 백성에게 나눠 주지 않는다면 우리는 [하나님께] 반감을 품은 것이며, 백성의 경우 만일 그들에게 맡겨진 하나님의 직무를 민첩한 정신으로 받아들이지 않는다면, 그들은 배은망덕한 것입니다.

게다가 교회를 관리하는 자들은 자신들의 언어로 말하는 저 고대 저술가들[12]의 설교를 읽을 수 있을 만큼 그리스어와 라틴어에 숙련되어 있지 않으며, 또한 우리와 항상 의논이 잘되는 것도 아닙니다. 고대 교회의 모습이 어떠했는가를 아는 것은 교회 목사에게 얼마나 요구되는 일인지요. 그리고 나는 옛것에 대한 어떤 지식은 구비되고 공개되어야 한다고 생각합니다. 이렇게 해서 내 노력은

---

10) 일례로 *Clavis Patrum Graecorum*, 2, 499(COR).

11) 에라스무스는 크리소스토무스의 설교 제목들이 일반 대중을 겨냥하고 있다고 보았다(COR).

12) 에라스무스는 1526년과 1529년, 그리고 1533년에 그리스어와 라틴어로 된 크리소스토무스의 설교를 펴냈다. 한편 1530년 에라스무스가 엮은 크리소스토무스의 저술은 라틴어 역본들로만 구성되었다 (COR).

이 부분에서도, 그리고 모든 이들의 신앙고백에서도 성과가 있을 것입니다. 왜냐하면 기독교 백성 가운데서 가르치는 소임을 맡은 모든 사람들 중 이런 종류의 원문에 몰두하는 것이 유익하다는 것을 부인할 자는 아무도 없기 때문입니다. 하지만 간혹 해석의 도움 없이는 이것에 도달하지 못하는 이들이 여럿 있습니다. 나는 마치 내가 난처한 문제에 머물러 있는 듯 보이지 않도록 더 이상 주장하지 않겠습니다.

그런데 내가 모든 사람들 가운데서 특히 크리소스토무스를 택한 이유는 이 문제를 통해 보여 줘야 할 내용이 있기 때문입니다. 예를 들어 이런 종류의 서적에서는 정녕 으뜸가는 해설가를 언급하는 것이 합당합니다. 바로 이 점에서 나는 다른 사람들보다 그를 선호했습니다. 여러 방면에서 [나의 선택 이유에] 부합하는 그의 설교가 있습니다. 그 가운데서 성경 해석은 첫째가는 이유가 되는 바, 이 점에서 크리소스토무스가 오늘날 눈에 띄는 모든 고대 작가들을 능가했다는 것은 건전한 판단력을 가진 사람이라면 아무도 부인하지 못할 것입니다. 그는 특히 신약을 다루는 데 있어 고대 작가들을 능가했는데, 이는 [후대의] 히브리어의 미숙함이 그가 구약에서도 그만큼 우월하지 못하도록 방해했기 때문입니다. 나는 그런 문제에 대해 경솔히 판단한다든가 나머지 사람들을 모욕한다든가 하는 것으로 보이지 않도록, 내가 그에게 돌리는 이 칭찬을 그가 의당 받아 마땅하다는 것을 적은 말로 밝힙니다.

오늘날 기록이 존재하는 그리스 작가들 가운데 오리게네스, 아타나시우스, 바실리우스, 그레고리우스[13]를 제외하고는, 그[크리소스토무스] 이전이나 그 시대에는 아무도 없었습니다. 오리게네스는 지속적인 풍유로 성경의 순도를 크게 흐립니다.[14] [그 외 다른] 사람들[15]과는 아무런 논쟁도 일어날 수 없었습니다. 왜냐하면 그들 중 누구에게도, 이 [크리소스토무스의] 주석과 더불어 비교될 지속적인 주석이 없기 때문입니다. 남아 있는 적은 주석들을 통해서 마지막 두 사람[16]은 교훈적으로 글 쓰는 방법에서보다는 수사학에서 더 타고났음을 짐작할 수

---

13) 에라스무스는 바젤에서 오리게네스 작품집(1536년), 아타나시우스 작품집(1527년), 바실리우스 작품집(1532년), 나시안수스의 그레고리우스 작품집(1531년)을 출판했다(COR).
14) 오리게네스는 특히 마르키온주의자들의 문자적 성서 해석에 맞서 풍유적 해석을 전개시켰다(COR).
15) 오리게네스 외의 다른 세 사람, 아타나시우스, 바실리우스, 그레고리우스를 가리킨다.
16) 바실리우스와 그레고리우스를 말한다.

있습니다. 그 시대 직후 뒤를 이은 사람들 가운데서는 상당히 탁월한 해설가인 키릴루스를 으뜸으로 꼽을 수 있습니다.[17] 그는 그리스 작가들 가운데서 크리소스토무스에 이어 두 번째로 인정받을 수 있으나 그와 겨룰 수는 없습니다. 테오필라크투스[18]는 크리소스토무스에게서 인용한 '칭찬받을 만한 것 외에는 아무것도 없다.'라는 말보다 더 좋게 평가될 수는 없습니다.[19] 많은 사람들을 열거하는 것은 불필요하며, 그들에 대한 어떤 이론도 있을 수 없습니다.

라틴 작가들에 관해 말하자면, 테르툴리아누스와 키프리아누스[20]가 수고한 이런 종류의 책들은 사라졌습니다. 하지만 힐라리우스[21]의 것은 조금 남아 있습니다. 시편 주석은 선지자의 정신을 이해하는 데 약간의 도움이 되며, 마태복음 주석은 더 많은 가치가 있지만, 그에게는 주석가의 특별한 능력인 명료성이 없습니다. 구약에 관해 히에로니무스[22]가 쓴 것들은 교사들 사이에서 약간의 칭찬을 받아 마땅합니다. 거의 대부분이 지나칠 정도로 풍유에 잠겨 있어서, 성경을 제멋대로 왜곡합니다. 마태복음과 바울의 두 서신[23]에 관한 주석들은 교회 문제에 있어서 충분히 숙련되지 못한 사람의 냄새를 풍기는 것을 제외하면 참을 만합니다. 암브로시우스[24]는 비록 표현은 매우 짧지만 그 자체로 더 낫고 더 풍부합니다. 크리소스토무스 이후 [이 사람만큼] 성경의 순수성에 가까이 근접한 사람은 아무도 없습니다. 왜냐하면 그가 예리한 재능과 판단력과 능숙함에 있어서 출중한 만큼 가르침에 있어서도 타고났을진대, 그는 어쩌면 성경 주해에 있어서도 으뜸이라는 칭호를 받았을 것입니다. 아우구스티누스[25]는 이론의 여지없이 신앙 교리에 있어서 모든 사람들을 능가합니다. 그는 특히 경건한 성경 주석가이지만, 덜 확고하고 덜 확실한 내용이 있을수록 정도 이상으로 말이 많습니다.

---

17) 오이콜람파디우스는 1528년에 바젤에서 알렉산드리아의 키릴루스의 작품집을 출판했다(COR).
18) 오이콜람파디우스는 1524년 테오필라크투스의 작품집을 출판했다.
19) 칼뱅은 〈기독교 강요〉 초판에서 단 한 번 테오필라크투스의 글을 인용했으나(CO, I, 185) 그 뒤로는 삭제했다.
20) Beatus Rhenanus는 1521년에 바젤에서 테르툴리아누스의 작품집을 출판했으며, 에라스무스는 1520년에 바젤에서 카르타고의 키프리아누스의 작품집을 출판했다(COR).
21) 에라스무스는 1523년 바젤에서 푸아티에의 힐라리우스의 작품집을 출판했다(COR).
22) 에라스무스는 1516년 바젤에서 히에로니무스의 작품집을 7권으로 출판했다. 후에 수정본이 바젤(1524-1526년)과 파리(1533년)에서 출판됐다(COR).
23) 히에로니무스는 바울의 4개(갈라디아서, 에베소서, 디도서, 빌레몬서)의 편지를 주석했다(COR).
24) 에라스무스는 1527년 바젤에서 암브로시우스의 작품집(Ambrosiater)을 출판했다(COR).
25) 에라스무스는 1528-1529년에 바젤에서 총 10권으로 된 아우구스티누스의 작품집을 펴냈다(COR).

그리하여 첫째가는 칭송은 우리의 크리소스토무스의 몫입니다. 왜냐하면 어느 곳에서건 지대한 열정에도 불구하고 성경의 참된 순수성에서 조금도 벗어나지 않고, 또한 말씀의 단순한 의미를 왜곡함으로써 결코 스스로 자유분방하지 않는 것이 그의 특성이었기 때문입니다. 나는 바르게 판단할 수 있고 또한 주저 없이 사실을 말할 사람들이 인정할 만한 것 외에 다른 것에 대해서는 말하지 않습니다.[26] 비록 그의 저술이 다른 이들의 저술과 비교가 되지 않는다 할지라도, 나는 그 자신이 어떤 점에서 다른 이들보다 못한지와 무엇이 비난받아 마땅한 것인지를 판단하고 있다는 것을 인정합니다. 실로 우리가 모든 것이 우리의 것임을 알고 또 우리가 한 분 그리스도의 것임을 알 때[고전 3:22], 우리는 정녕 주님의 친절하심을 누리게 됩니다. 내가 말하거니와 우리는 모든 저술들에 대해서 존경하는 마음과 신중한 태도로 평가했으며, 또한 검증을 거치지 않고 받아들인 것은 아무것도 없습니다. 그리스도의 모든 종들이 쓴 것들은 분명 바울이 자신의 천사들에게조차 지시한 저 규칙에서[갈 1:8] 면제될 수 없었습니다.

크리소스토무스의 이 [칼뱅이 번역하고 있는] 작품이 미움을 덜 받고 또한 열매와 더불어 더 많이 읽혀지도록, 나는 지나가는 말로 어떤 면에서 그것이 내가 만족할 정도까지는 아닌지를 일러두겠습니다. 주의를 받는 독자들이 더욱 용이하게 그것들에서 안전 조치를 취하도록 말입니다. 즉 인간의 자유의지에 대해 서술함에 있어서, 행위에 의한 공로를 치켜세움에 있어서 과도한 그는 우리의 선택과 소명에 있어서, 하나님의 은혜와 나아가 값없는 긍휼-소명에서 죽음까지 우리를 따라다니는-을 다소간 퇴색시킵니다. 먼저 그는 선택을 우리 행위의 어떤 존중과 뒤섞으려 합니다.[27] 왜냐하면 성경이 도처에서, 우리의 선택에서 하나님이 동인이신 한 누구나 극도의 불행일 뿐이라고 외치며, 하나님이 우리에게 도움을 주시는 한 누구나 하나님 자신의 선하심 외에 다른 것에 의해 스스로를 택하지 못한다고 외치기 때문입니다. 이어서 그는 우리의 소명에 대한 칭송을 하나님과 우리 사이에 얼마간 분배합니다.[28] 왜냐하면 성경이 소명의 확고한 보완을 끊임없이 하나님께 돌리기 때문입니다. 그는 자유의지에 관해 이렇게 말합니다. 마치 그에게 하나님의 능력을 연구하고 그의 법을 준수하는 일이 대단히

---

26) 이런 평가는 이미 에라스무스에 의해 내려진 바 있다(COR).

27) 〈기독교 강요/1539〉(CO, I, 317, 357) 참고.

28) 〈기독교 강요/1539〉(CO, I, 322, 341, 343) 참고.

중요하기나 한 듯이 말입니다.[29] 즉 도처에서 주님은 그의 말씀의 증거로 우리에게서 선행의 모든 능력을 **빼앗으며**, 그 자신이 그의 영으로 공급하는 것을 제외하고는 다른 능력을 우리에게 남겨 주지 않는다는 것입니다. 그가 하나님 앞에서 우리의 의를 다른 편인 행위와 공평에 두는 것으로 보일 때, 그는 이미 저것들을 더 많이 인정합니다. 그런데 성경이, 우리의 모든 저주받은 행위에 의해 불의를 우리에게 돌리고, 의의 확고한 찬양을 하나님께 돌릴 때만큼 그렇게 강조하는 것은 없습니다. 이는 그 자체의 방식으로 의인이 되는 것이 아니며, 하나님이 그의 값없는 선하심으로 그의 종들을, 행위의 자격이나 공로 때문이 아니라 예수 그리스도의 믿음으로 의롭게 하기 위함입니다. 하지만 그가 인간 조건의 불행이나 이 불행의 유일한 처방인 하나님의 은혜를 몰랐을 정도로 기독교 교리에 무지하고 미숙했다는 것은 믿을 수 없으나, 그 자신을 그런 쪽으로 충동질할 이유는 충분히 있었습니다. 우리는 이것이 일반인의 신중함과 철학자들의 학설에 얼마나 일치하는지 알고 있는 바, 이 교리는 인간 성품의 맹목, 육신의 타락, 영혼의 총체적 무능, 그리고 자연의 부패에 대해서 글로 전해지는 것입니다. 당시 철학자들은 우리 종교에서 온갖 방식으로 이러한 점을 포착했습니다. 왜냐하면 그들이 다른 사람들을 이 종교에서 떼어 놓고 있었기 때문입니다. 우리의 크리소스토무스는 그들의 악의적인 궤변과 책략에 맞서 싸우는 것이 자신의 소임이라고 보았습니다. 맞서 싸워야 할 더 나은 수단도 충분하지 않았기에, 그는 사람들의 공통된 의견과 지나치게 상충되지 않도록 자신의 견해를 조절했던 것입니다.

그러므로 이것이, 그가 예정에 대해서는 보다 애매하게 말하고 우리 의지의 자유 재량에 양보한 가장 큰 이유였던 것으로 보입니다. 이로써 확실히 그는, 이 주제들에 관해 하나님의 말씀에 따라 단순하게 언급되었던 것들을 증오와 질투로 돌리기 위해 이 문제 자체에 골몰한 궤변가들의 비난에 줄 구실을 미리 제거했습니다. 물론 나는 이것이, 어째서 그가 성경의 단순성에서 벗어났는지에 대한 충분히 적합한 이유가 아니었음을 인정합니다. 사실, 인간의 모든 인식을 마치 죄수처럼 길들여야 하고 모든 정신을 그 인식력과 함께 예속시켜야 할 하나님의 진리가 인간의 판단에 의해 토막 난다는 것은 합당하지 않습니다. 하지만 **그리스도의 십자가의 원수**[빌 3:18]에게서 해방되기 위한 것 외에 다른 어떤 것도

---

29) 〈기독교 강요/1539〉(CO, I, 358) 참고.

추구하지 않은 것이 확실할진대, 분명 이런 경건한 정신 상태는 비록 성과가 없다 하더라도 변명을 할 자격은 충분히 있습니다.

그는 다른 면에 있어서는 지금까지 큰 모범이 되어 왔습니다. 사실 교회 안에 불순하고 방종한 삶을 사는 많은 사람들이 있었는바, 이들은 [이 사실이] 그들의 목사들에 의해 드러나자 즉시 그들의 게으름에 대한 변명거리를 간직했습니다. 즉 그들의 천성이 악습에 의해 죄짓는 쪽으로 강요되기 때문에, 또한 하나님의 은혜가 돕지 않는 동안에는 이 냉혹한 필연을 극복하는 것이 그들의 능력 밖이기 때문에, 육신의 본성에 따라 사는 것을 결코 자신들의 탓으로 돌릴 수는 없다는 것입니다. 나아가 그들은 그들 자신들에게 남아 있는 악행의 죄과를 핑계 댐으로써, 불경하고 부당하게도 누구의 것도 아니게 되는 악의 원인을 모든 선의 조성자이신 하나님께로 돌렸습니다. 또한 운명에 대해 운운한 어떤 이들이 있었습니다.[30] 이 거룩한 사람이 이런 형태의 전염병과 투쟁한 데는 최선의 이유가 있었습니다. 하지만 저들을 굴복시켜 가면서 게으름을 떨쳐 내고 모든 변명을 걷어치울 이유가 반드시 있었던 것은 아니기 때문에, 인간이 하나님의 은혜로 선을 준비할 수 있다는 것을 부인했습니다. 이는 그가 인간의 어떤 것도 가져오지 않기 위함입니다. 성령의 한결같은 표현으로 말하는 이 방식으로는 부족합니다. 이것이 내가 처음부터 말한 것입니다. 즉 그리스도의 신실한 종이, 그가 최선의 목적을 바라보았을 때, 길에서 다소간 벗어났다는 것입니다. 그렇지만 이런 종류의 실수는 그만큼 사람에게 쉽게 관용되어야 하기 때문에, 충고가 있다는 것은 경건한 독자들에게 중대한 일입니다. 이는 단순한 진리에 의해 그를 그의 권위에서 떼어 놓지 않게 하기 위함입니다.

나아가 이 설교에서 [독자는] 내가 말한 것 외에도 순수하고 참된 해석의 정성과 많은 고대의 기록을 발견할 것이며, 도처에서 그 시대에 직분과 존엄을 가졌던 감독들이 무엇을 간직했는지, 어떤 법으로 백성을 그 의무 상태에 놓아두었는지를 알게 될 것입니다. 또한 사제직과 백성에게 어떤 권징이 있었는지, 자신에게 주어진 권세를 마음대로 남용하지 않도록 그 권징에 얼마나 많은 관대함이 있었는지, 그렇게 해서 일부나마 주님이 명하신 통치를 경멸하는 일이 나타나지 않도록 얼마나 많은 절제가 있었는지, 거룩한 회의들이 경건의 증진과 더불어 열렸을 때는 어떤 일들이 있었는지, 질서 잡힌 의식들—인정받아야 했던 매

---

30) 〈기독교 강요/1539〉(CO, I, 890) 참고.

우 대단히 유익한 것들—은 무슨 목적으로 있었는지를 알게 될 것입니다. 우리가 교회의 평안을 제대로 돌보기를 원한다면, 고대 교회에서 권징 규범을 끌어오는 것보다 더 적합한 방법은 없을 거라고 생각합니다. 아무튼 교회 일에 있어서…[31]

---

31) 이 서문의 나머지 부분은 분실되었다.

71
칼뱅이 루이 뒤 티에에게

[1538년] 7월 10일, 스트라스부르에서 파리로
CO, Xb, 220; Herminjard, V, 43; COR, VI/I, 408; Bonnet, I, 8

에스프빌이 드 오몽에게.[1]

티에 선생, 장[2]이 내 편지를 지니지 않고 그대에게 간 것에 대해 그렇게 나쁘게 여기지 않기를 바랍니다. 사실 그대에게 할 이야기는 많았으나 그중 일부만 쓴 것이 나를 아프게 했습니다. 다른 한편으로는 그런 문제[3]에 대해 그대에게 온전히 털어놓지 못하고 절반만 말하는 것도 내겐 어려운 일이었습니다. 다 털어놓는 것이 불가능한 일은 아니었지만, 나는 그것이 그대를 기쁘게 하지 못할까 봐 염려되었습니다. 오히려 나는 [쓰는 일을] 아예 삼가고 장에게 임무를 맡기는 것을 더 좋게 여겼습니다. 내 생각에 장은 많은 사람들에게 잘 알려지지 않은 악의 근원과 기원[4]을 그대에게 드러내 보이는 일 외에는 이 일을 충실히 이행할 것입니다.

나는 이 도시에 있는 두 인물[5]의 간청에 못 이겨 그들을 만족시키기 위해 이곳으로 여행을 왔습니다. 우리는 우리의 일 외에도 여러 가지 많은 문제들을 다뤘습니다. 우리들에 관해서는 취리히, 베른, 바젤, 이 도시, 비엔,[6] 그리고 앞서 말한 장소[7]에서 누군가가 참석하는 대 집회를 열고[8], 여기서 우리가 정말 우리

---

1) 서신 52, 각주 2, 3 참고.
2) 루이의 형인 장 뒤 티에는(서신 52, 각주 5 참고) 바젤에서 칼뱅을 만났다.
3) 칼뱅의 제네바 추방 사건을 말한다.
4) COR 편집자에 따르면 '악의 기원'이 베른 및 제네바 당국과 목회자의 관계를 의미하는 것이 아니다. 어쩌면 국가와 교회 사이의 본질적인 문제일지도 모른다.
5) 부처와 카피토를 말한다.
6) Biel은 Bienne의 독일식 명이다.
7) 제네바를 말한다.
8) 1538년 5월 3일 이후 취리히, 바젤, 베른의 대표들과 스트라스부르 개혁자들은 제네바에서 파렐과 칼

272 · 칼뱅 서간집 1

의 임무를 부지런히 살펴서 그것을 정당하고 충실하게 수행했는지 선포함으로써, 이 증거가 교활한 자들의 입을 막고 또한 감히 그런 행동을 기도한 자들을 창피하게 하도록 결정되었습니다. 그들은 동일한 방법으로 또다시 발생할 수도 있고, 어쩌면 이미 시작된 분열[9]이 약해지기만을 바라고 있습니다. 상황을 고려해 볼 때, 내겐 난관이 모든 인간적인 도움을 넘어서는 것 같습니다. 내게는 이제 오직 유일하게 필요한 것을 공급하시며 또 명령을 내리실 수 있는 위대하신 의사[출 15:26]에게 해결 방법을 부탁하는 일 외에는 다른 길이 없습니다. 베른 사람들은, 할 수 있는 한 모든 것이 잘되고 있다고 믿게 하려 애쓰며, 아니 차라리 그렇게 고집을 부리고 있지만, 그러나 그 반대 것을 생각지 않는 사람은 아무도 없습니다. 하나님은 의로우신 판단으로 자기 교회의 무질서를 이처럼 부당하게 조롱하는 자들의 우두머리와 그 가족에게 복을 보내사, 그들이 교정되어 그토록 중요한 일에 다른 감정을 갖는 법을 배우게 되길 원하십니다.

나는 바젤에 은거하면서, 주님께서 나를 통해 이루기를 원하시는 것이 무엇인지 알려 주시기를 기다리렵니다. 내가 이 도시의 손님으로 있는 것은 이곳 사람들 때문이 아닙니다. 그들은 나 없이도 이미 충분한 부담을 갖고 있으며, 또한 나는 내 책의 일부를 포함해서 남겨진 것의 도움으로 얼마동안 살 수 있습니다.[10] 주님께서 우리에게 공급하실 것입니다. 나는 내가 그곳[11]에 사로잡혀 있던 시절에 얼마나 당황했었는지를 생각하면, 이제 해방된 그 임무를 다시 맡게 되는 것이 무엇보다도 두렵습니다. 당시 나는 하나님의 소명이 나를 묶어 놓았음을 느꼈고 또 거기서 위안을 얻었던 것이 사실이나, 지금은 반대로 내가 질 수 없는 것으로 알게 된 그런 짐을 다시 취함으로써 하나님을 시험하게 될까 두렵습니다. 그 외에 입으로밖에 설명할 수 없는 다른 이유들이 있는데[12], 이것들이 나와 관련된 사람들을 만족시키지 못하는 것입니다. 그럼에도 불구하고 나는 우리 주님께서 이 막연한 심사숙고 속에서 나를 인도하실 것을 압니다. 왜냐하면

뱅의 재임명을 보장하기 위해 노력했다. 제네바가 이를 거부하자, 6월 3일 베른 시 의회는 파렐과 칼뱅에게 다른 곳에 자리를 제공할 준비가 되어 있음을 보여 주었다. 이 글에 따르면 부처는 칼뱅의 제네바 재임명을 위해 노력하고 있었다.

9) 개혁자들이 쫓겨난 뒤 제네바의 상황을 암시한다.

10) 뒤 티에의 도움이 없는 상황에서도 칼뱅은 약간의 돈과 책을 갖고 있었다. 얼마 후 칼뱅은 토마스 그리나이우스를 시켜 바젤에서 남은 재산을 가져오게 했다(서신 73 참고).

11) 제네바를 말한다.

12) **COR** 편집자는 칼뱅의 되지도 않을 제네바 재임명을 위한 파렐의 개인적 노력을 지적하였다.

나 자신을 지나치게 반대편으로 이끌어 감으로써 의심스럽게 만드는 나의 판단보다는 오히려 하나님께서 내게 보여 주시는 것을 바라보려 하기 때문입니다.

당장 매우 중대한 하나의 사건이 움직이고 있는 바, 왕과 황제가 모르지 않는 것으로,[13] 이 점에 대해선 피르미우스 선생[14]이 그대에게 전해 주리라 생각됩니다. 따라서 나는 그 문제에 대해서는 말하지 않겠습니다. 전혀 전진할 의도 없이 위험을 무릅쓰려 하는 것이 아닌가 하는 커다란 의심이 있지만, 두 달 안으로 그것이 무엇인지 알게 될 것입니다.[15]

그대의 선한 은총에 겸손히 나를 부탁하면서, 우리 주님께서 그대의 길로 그대를 잘 인도하사 주님이 오시는 날 **거룩하고 흠이 없게 하시기를**[엡 1:4] 기도합니다.

[1538년] 7월 10일, 스트라스부르에서.
그대의 보잘것없는 종이자 전적인 친구, 샤를 데스프빌.

---

13) 교황 바오로 III세는 프랑수아 I세와 황제 카를 V세를 화해시킬 목적으로 Nizza(Herminjard는 프랑스의 Nice로 본다)에서 한 달 동안 여러 차례 회합을 가졌다. 이 회합으로 양 군주는 1538년 6월 18일 평화 조약을 체결했다(Herminjard). 스트라스부르 시 의회는 이 사실을 1538년 7월 9일 헤세의 영주 필리프에게 알렸다(COR).

14) CO 편집자들은 스트라스부르의 목사였던 앙투안 피른Firm으로 여겼으나, 이와는 달리 Herminjard는 프랑스의 어느 난민이거나 아니면 왕의 사절로 여겼다. 한편 COR 편집자는 적어도 이런 정보를 빨리 가질 수 있는 인물이자 칼뱅에게 알려 줄 수 있는 인물이면서 '확고하다firmus'라는 수사학적 가명에 적합한 사람으로 부처를 꼽았다. 실상 뒤 티에는 부처를 Monsieur du Ferme라고 불렀고(서신 81 참고), 칼뱅도 Firmius로 부처의 이름을 대신한 바 있다(서신 79 참고).

15) 두 달 안에 야코프 슈투름이 프로테스탄트 군주들의 슈말칼덴 동맹의 회합(1538년 7월 24일-8월 11일, 아이제나흐)에 참석한 뒤 스트라스부르로 돌아올 예정이었다. 1538년 6월 10일에 마티아스 헬트[e]가 창설한 가톨릭 동맹에 대한 소식도 궁금했을 것이다(COR).

72
파렐과 칼뱅이 피에르 비레에게

[1538년] 7월 20일, 바젤에서 로잔으로
CO, Xb, 223; Herminjard, V, 57; COR, VI/I, 413

매우 친애하는 형제요, 로잔 교회 목회자인 피에르 비레에게.

　문안드립니다. 그대는 특히 이 시점에서, 그대의 시각만으로는, 사람들에 의해 우리에게 일어날 수 있는 [보다 유쾌한][1] 어떤 것도 충분히 알지 못합니다. 더욱이 며칠간의 대화[2]를 통해서는 말입니다. 내가 그대를 조속히 만나기 위해서 기존의 생각에서 벗어나지 않은 채 오히려 여행을 힘써 독려했을 때, 누려 마땅한 이런 기쁨의 과도한 욕망이 나를 우롱한 것이라는 생각은 조금도 하지 못했습니다. 그리나이우스와 파렐은 현재 우리의 사정이 어떠한지를 즉시 상기시켜 주었습니다. 즉 최대의 즐거움이 우리에게 돌아가기보다는 그대에게 최대의 시샘이 야기될 위험이 훨씬 더 크다는 것입니다. 그들은 할 수 있는 한 맞서 싸우는 것을 생각했습니다. [그들의] 권고를 받은 나는 그들의 견해에 동의했습니다. 그러므로 형제여, 우리는 이처럼 불리한 시기에 그대가 어느 누구에게 걸림돌이 되는 원인을 제공하기보다는 우리가 당장 그대와의 대화-가장 바라 마지 않던-의 즐거움을 갖지 않는 것이 더 낫다는 것을 한마음으로 그대에게 알립니다. 중요한 것은 [걸림돌이 될 수 있는] 저들은 그대에게 호의적인 교회의 선량한 대중들이거나, 혹은 적어도 분명하지 않은 적대자들[3]일 것입니다. 더 많은 것

---

1) Herminjard는 gratius라는 말이 1575년 최초의 칼뱅 서간집이 만들어질 때 베즈를 도왔던 니콜라 콜라동에 의해 첨가되었다고 말한다(V, 57, n.1).
2) 이 시기에 비레의 바젤 방문에 대해서는 알려진 바 없다.
3) 아마도 제네바의 위정자들 가운데 비교적 온건한 사람들을 의미하는 듯하다.

을 쓰고 싶었지만, 확실한 전령[4]에게 맡겨지지 않는 한 그럴 수 없었습니다.

안녕히 계십시오. 우리 대부분이 콩트[5]와 자끄[6]에게 문안드립니다.

[1538년] 7월 20일, 바젤에서.

파렐과 칼뱅 드림.

---

4) 전령이 누구인지는 알 수 없다(서신 73 참고).

5) 베아 콩트[a]는 카롤리의 후임으로 로잔에 온 목회자이다.

6) 로잔 교회의 자끄 폴Jacques Foles 집사에 대해서는 별로 알려진 바 없다(Herminjard, IV, 290, n. 4).

73

칼뱅이 토마스 그리나이우스에게

[1538년] 7월 20일, 바젤에서 베른으로
CO, Xb, 224; Herminjard, V, 56; COR, VI/I, 415

매우 박식한 문학 교수인 토마스 그리나이우스 선생에게.

매우 순수하고 매우 친애하는 토마스[1]에게 문안하네. 제네바에 남겨 둔 동생[2]이 내게 편지[3]로 일러 주기를, 상자 하나를 그곳으로 보내 자네가 맡아 두기를 바랐다고 했네. 기회가 생기는 대로 즉시, 그대의 신용과 성실로 이곳으로 보내지도록 말일세. 그 안에는 내가 날마다 사용하는 것들이 들어 있기 때문에, 나는 그것이 최대한 빨리 이곳으로 이동될 수 있기를 바란다네. 그러므로 자네가 믿음이 가는 전령을 우연히 만날 경우, 바라기는 자네가 책임지고 보내 줄 것인지 아니면 이곳으로 보낼 다른 방법이 있다면 내게 알려 주게나. 만일 마부가 있다면, 나는 우리가 이쪽저쪽에서 서로 운송 방법에 대해 상의하기보다는 즉시 운반되는 것을 훨씬 더 원한다네. 자네의 신실함을 믿기에 자네의 성실과 헌신을 간곡히 요청하네. 없이 지내는 불편이 그 상자를 정도 이상으로 찾게 만들지 않는 한, 그런 헌신조차 생기지 않을까 봐 말일세. 대신 감히 지금 내 처지에서 내 재능을 자네에게 제공하겠거니와 결국 자네에게 공개할 것을 의심하지 말게나. 잘 있게. 매우 선량하고, 내 생각에 매우 사랑받는 형제여.

[1538년] 7월 20일, 바젤에서.
칼뱅.

---

1) 시몬 그리나이우스의 조카인 토마스 그리나이우스는 1536년에 베른에서 시몬 술처의 뒤를 이어 그리스어 교수가 되었다. 칼뱅은 1538년 4월 23일 직후에 제네바를 떠났고, 이 편지는 앞 편지와 같은 날 작성되었다.

2) 칼뱅의 동생 앙투안은 1538년 말에 스트라스부르로 이주했다(CO, Xb, 303).

3) 이 편지는 알려지지 않았다.

74
[마르틴 부처가 칼뱅에게]

[1538년 7월 말경, 스트라스부르에서 바젤로]
CO, Xb, 218; Herminjard, V, 62; COR, VI/I, 417

은혜와 평강을 빕니다. 매우 친절하고 매우 존중받아 마땅한 인물이자 형제
여, 당신의 세 통의 편지[1]에 대해서 이제야 회답하게 됩니다. 제네바 형제들[2]의
간청은 간절하며, 우리 쪽 사람들[3]은 직무에 대한 태만 없이는 저들의 간청을 등
한히 할 수 없습니다. 그러나 베른 사람들이 이 점에 있어 아무것도 소홀히 하지
않으리라 생각하는 우리 쪽 사람들이 있는 한, 그것이 우리의 한계입니다. 베른
사람들이 무엇을 보고 제네바에서 모든 것이 바르게 통치된다고 확신하는지 신
기한 일입니다.[4] [그들을 통해서] 나는 [제네바에] 교리와 성실함에 있어서 훌륭
한 앙투안과 모랑[5]이 있다고 들었습니다. 만일 제네바 사람들이 뭔가 더욱 무거
운 죄를 저지른다면, 그들[베른 사람들]은 결코 숨기고 있지만은 않을 것입니다.
나로 말하면 제네바에서 무슨 일이 행해지는지, 또 이 두 사람이 어떤 사람들인
지 모릅니다. 실로 여러분뿐만이 아니라 우리 쪽 사람들에게서, 제네바에서 이
제 막 권력을 잡은 자들이 그리스도의 열정과 상관이 없다는 것과 그리하여 여
러분에게 교회 치리가 그토록 가혹하게 채택되었다는 것을 들었을 때, 나는 공
화국을 다스리는 이 사람들에 의해 품행에 대한 권징과 경건이 가련하게 되지
않을까 무척-그리고 당연히-두려웠습니다. 실제로 주님과 더불어 있지 않고 그

---

1) 이 편지들은 알려져 있지 않다.
2) 제네바에 있는 개혁자들의 지지자들을 말한다.
3) 스트라스부르의 통치자들을 말한다.
4) 서신 71 참고.
5) 뇌샤텔의 목회자였던 앙투안 마르쿠르[6]와 소르본의 박사로서 1538년 4월부터 퀼리에서 사역을 하던
   장 모랑[8]을 말한다. 두 사람은 생 피에르 교회에서 설교를 했고 300플로린의 급료를 받았다. 한편 생
   제르베에서 설교했던 목회자들(자끄 베르나르와 앙리 드 라 마르)은 240플로린을 받았다. 서신 68에
   는 이 마지막 두 사람에 대한 칼뱅의 평가가 있다(COR).

와 함께 모으지 않는 자는 그를 반대하며 흩어지게 하는 자입니다[눅 11:23]. 이제 주님의 무리의 목자들이 그토록 사악하고 난폭하게 그 무리들로부터 쫓겨났다는 사실이 여러분의 후임자들에게 묵인되고 있는 바, 이것은 그들이 주님의 무리의 목자가 된다는 것의 의미를 깨닫지 못하거나 아니면 그리스도에 관해 심히 적대적인 마음을 갖고 있다는 증거입니다. 그러나 여러분이 반란에 의해 주님의 무리에서 그곳으로 쫓겨났다는 사실이 그들에게 얼마나 묵인되고 있는지 나는 모릅니다. 이런 형편에서 주님이 그들에게 그의 분별력을 주시기를 바랍니다[요일 5:20]. 사정이 이럴진대, 저 사절단을 통해서 우리가 약속할 것이라곤 아무것도 없습니다. 주님께서 저 경건한 심령들을 지키시며, 저들의 길을 준비하시고 드러내시기를 바랍니다. 저 교회가 실로 회복되는 방식으로 말입니다. 이것이 첫 번째 편지와 관련된 답입니다.

두 번째 편지에는, 자신 안에서 주님을 고백하는 순수하고 경건한 청년에 대한 천거 외에는 아무것도 들어 있지 않습니다. 나는 내 나름대로 그를 도와주었고, 또 도울 것입니다. 나는 그가 직접 편지를 쓸 것으로 압니다. 틀림없이 그는 그렇게 결정했습니다.

이제 세 번째 편지에 대해 답합니다. 많은 심사숙고 끝에 카피토와 슈투름과 나는 다음과 같은 생각에 이르렀습니다.[6] 즉 당신의 한가함과 동시에 이곳의 분주함으로 인해[분주함을 고려할 때] 우리는 당신이 이곳에서 그리스도를 바라보기를 원합니다. 따라서 우리가 원하는 것보다 더 큰 소망이 제시되지 않는 한 이곳으로 오십시오.[7] 여기서 당신이 섬길 사람들의 수는 정말 적습니다.[8] 그런데 당신이 많은 열매를 기대하는 이 사람들 가운데는, 그래서 더욱 당신의 보살핌을 필요로 하는 사람들이 있습니다. 요컨대 이곳에서의 목회 사역이 어떠하든 간에, 우리는 이 사역이 다음과 같은 것으로 인해 무익하지 않으리라고 확신합니다. 즉 당신의 사역을 통해 사부아[9] 교회들에 드러난 주님의 일이 그 자신의

---

6) 당시 스트라스부르 시는 최고 통치자인 야코프 슈투름 밑에서 부처, 카피토, 요한 슈투름이 교회를 이끌었다.

7) 한편 이 시기에 칼뱅은 뇌샤텔의 목회자로 임명될 가능성이 있었다(1538년 8월 7일 자 제네바 사람들에게 쓴 편지 참고, Herminjard, V, 74).

8) 이때 스트라스부르의 프랑스인 교회의 교인 수는 200명에 훨씬 못 미쳤을 것이다. 칼뱅이 이곳에서 사역을 마치고 제네바로 돌아간 지 몇 년 후인 1544년에 플렝^e은 교인 수가 200명이라고 칼뱅에게 알려 왔다(Herminjard, IX, 342).

9) 칼뱅이 사역한 제네바 일대는 사부아Sapaudia 지역에 속했다.

신뢰와 권위로 회복되기 위해서 말입니다. 물론 당신은 아무런 사역 장소가 제공되지 않는 동안에도 하나님을 거스르지 않고서는 아주 잠시라도 목회 사역을 회피하려는 생각을 품지 못했을 것입니다. 당신의 단 하나의 심각한 죄로 제네바에서 그리스도의 일들이 이렇게 뒤흔들렸다는 사실이 있다고 합시다. 적합한 목회자들이 부족한 상태에서, 당신이, 당신을 위해서가 아니라 교회를 위해 마련된 이 재능을 갖고서 제공된 사역을 거부하는 한, 이러한 참회는 경건하지 않을 것입니다!

파렐에게는, 이제 당신이 그 장소-받은 상처가 새로 도짐으로써 날마다 악화될-에서 활동하는 것이 교회나 당신에게 유익하지 않은 것으로 보고 있다고 쓸 것입니다.[10] 왜냐하면 우리가 베른으로부터 편지들[11]을 받았는바, 이 시점에서는 어떤 모임도 실현될 수 있을 것 같아 보이지 않기 때문입니다. 우리는 제네바에서 사태가 호전되고 있는지, 여러분의 후임자들이 직무를 행하고 있는지에 대해서는 들은 바가 없습니다. 나는 그들이 이렇게 큰 교회의 고통 가운데서 고의적으로 직무를 등한히 할 경우 그 상실한 마음에 빠지게 되어[롬 1:28] 어느 날 더욱 거칠게 일을 저지름으로써 주님의 무거운 심판을 받지나 않을까 두렵습니다. 만일 실제로 이런 일이 생긴다면, 주님이 외면하시기 때문에 당신이 이 이웃을 지속적인 형벌에 처하게 하는 것 외에 달리 어떤 것을 그들에게 제공하겠습니까? 당연히 이것은 거룩하고 주님의 집에 열심인[시 68:10; 요 2:17] 누군가의 영혼을 최대한으로 부수고 형벌을 가할 것입니다. 하지만 주님은 그들과 더불어 보다 부드럽게 행하실 수 있습니다. 아무튼 내가 잘 모르긴 하지만, 우리는 당신이 감당해야 할 것보다 더 많은 불행이 거기에서 더 이상 나오지 않기를 바랍니다. 덧붙여 말해서 우리는 이토록 작은 목회 사역으로 당신을 붙잡아 두려는 것이 아니라, 다만 저 상처에서 더욱 온전하게 회복할 기회가 이곳에서 당신에게 주어지기를 바랄 뿐입니다. 이것은 진심입니다.

마르틴 부처[12].

---

10) 뇌샤텔 시 의회는 앙투안 마르쿠르가 제네바로 떠난 후 파렐과 칼뱅을 끌어들이려 했으나(7월 21일), 그곳 역시 베른의 관할권에 속했다. 파렐이 뇌샤텔의 목회 사역을 위해 바젤을 떠난 것은 7월 23이나 24일이다(COR).

11) 이 편지들은 알려지지 않았다.

12) 본래 편지의 마지막 부분은 분실되었다. 베즈는 칼뱅의 편지들을 정리하면서(*Calvini Epistolae et Responsa*), 분실된 이 부분을 첨가하고 그라나이우스의 것으로 추정했으나, **Herminjard**는 이 편지의 저자를 마르틴 부처로 확인했다(V, 62-66). CO는 베즈의 첨가물을 그대로 덧붙였으나 COR은 이 부분을 아예 생략했다. 본서는 COR을 따른다.

75
칼뱅이 기욤 파렐에게

1538년 8월 4일, 바젤에서 뇌샤텔로
CO, Xb, 228; Herminjard, V, 70; COR, VI/I, 422; CSW, IV, 73

매우 친애하는 형제요 뇌샤텔 교회의 목회자인 기욤 파렐에게.

주님의 은총이 당신[1]과 함께하기를 원합니다. 당신이 타고 갔던 말을 이곳으로 다시 데려온 사람이 나에게 사흘 안으로 다시 돌아오겠다고 약속을 했습니다.[2] 닷새가 지나서 나는 더 이상 기다리는 것을 포기했고 다른 전령을 찾기 시작했습니다. 왜냐하면 내 침묵이 길어질수록 당신은 그것을 내 태만과 게으름으로 쉽게 평가해 버릴 것이라고 생각했기 때문입니다. 내가 이런 생각을 하고 있는 동안에 그 전령이 나타났고, 그는 내게 자신이 도착하기 이틀 전에 당신이 출발했음을 알려 주었습니다.

당신의 편지[3]에 대해서 말하자면, 당신이 그리나이우스의 집을 예의 없이 떠나 버린 것에 대해[4] 충분히 사과해 줄 것을 내게 부탁했기 때문에, 나는 당신이 말한 것들을 주의 깊게 모아 두었습니다. 저녁 식사 때, 나는 그리나이우스에게 당신의 편지에서 비로 인해 당신이 속도를 더 늦출 수밖에 없었다는 내용을 읽

---

1) 칼뱅과 파렐 사이에 주고받은 편지들 가운데 남아 있는 첫 번째 편지이다. 둘 사이의 관계와 연령을 고려해서 칼뱅이 파렐에게 쓸 때는 '당신'으로, 파렐이 칼뱅에게 쓸 때는 약간의 낮춤말로 번역하였다.
2) 바젤과 뇌샤텔 사이의 거리는 150킬로미터로, 말을 이용했을 때 하루 이상 걸린다. 파렐이 뇌샤텔에 도착한 것은 7월 27일경이다.
3) 이 편지는 알려지지 않았다.
4) 파렐은 아마도 여행 동료들(뇌샤텔의 사절들)의 재촉으로, 그리나이우스에게 하직 인사도 못한 채 떠나야 했던 것 같다. 파렐이 뇌샤텔의 부름을 받게 되는 것에 대해서는 뇌샤텔 지도층이 보낸 편지(1541년 10월 2-10일)를 참고할 것(Herminjard, VII, 274-275).

었다고 말해 주었습니다. 그러자 그는 천천히 말을 타는 당신의 습관을 통해 당신이 시골풍이었음을 기억했습니다. 그러고 나서 나는 당신의 편지를 읽어 주었고, 내 자신이 진심 어린 사과를 했습니다.[5] 그리나이우스에 대해서 말하자면, 사실 당신의 행동에 대해 변명할 필요가 거의 없었습니다. 만일 그가 지금 전적으로 몰두하고 있는 일을 방해받지만 않았던들 그가 당신의 전염되기 쉬운 걱정을 기분 좋게 들었을[듣도록 내가 편지를 썼을] 것입니다.

우리의 후임자들[6]이 어떻게 일을 할지는 그 첫 출발로 미루어[7] 짐작할 수 있습니다. 그들은 자신들의 인내 부족으로 이미 모든 평화로운 합의의 가능성을 깨뜨렸기 때문에, 공적으로 그리고 사적으로, 우리를 비방함으로써 우리를 가능한 한 증오스럽게 만드는 것을 자신들이 행해야 할 최선으로 믿고 있습니다. 그러나 우리는 그들이 하나님의 허락 없이 그렇게 헐뜯을 수 없다는 것을 확실히 알고 있기 때문에, 그것을 허락하시면서 하나님이 생각하시는 그 종말도 알고 있습니다[삼하 16:10-12]. 그러므로 우리는 하나님께서 우리를 겸손케 하실 때 그와 싸우지 않도록, 스스로 겸손합시다. 그러면서 하나님을 기다립시다. 왜냐하면 에브라임의 술 취한 자들의 교만의 면류관은 쉽게 시들 것이기 때문입니다 [사 28:1-3].

나는 당신이 나로 인해 많은 걱정을 하지 않기를 바랐습니다. 나는 당신이 떠나간 이래, 긴급한 경우를 위해 무엇을 준비하는 게 옳은지를 더욱 주의 깊게 생각하기 시작했습니다.[8] 나는 다음과 같은 우려로 얼마나 괴로워했는지 모릅니다. 곧, 자신들의 기준으로 우리를 측량하는 자들이, 그들 양심이 스스로를 고소하기 때문에, 우리가 보복하기에 적당한 곳에 의도적으로 현 거주지를 정했다고 생각하고는 우리에 대한 소동을 야기하기까지 새로운 싸움을 준비하는 것을 조금도 쉬지 않을 것 같다는 생각 때문입니다. 내가 방해가 되지 않는다면,[9] 그런 의혹은 쉽게 생기지 않을 것입니다. 사실 뭔가 다른 의도를 갖고 있다고 생각하

---

5) 1538년 8월 7일 자 파렐의 편지에서 그는 자신의 계획과 반대로 뇌샤텔 사람들이 가능한 한 빨리 자신이 그들의 목회자가 되어 주기를 강권했다고 말했다(CO, Xb, 231; Herminjard, V, 73).

6) 제네바의 목사 계승자들은 자끄 베르나르, 앙리 드 라 마르, 앙투안 마르쿠르, 장 모랑이다(서신 68, 74 참고).

7) 파렐의 편지에 이와 관련된 내용이 들어 있었다(서신 65, 69, 72 참고).

8) 스트라스부르와 뇌샤텔이 칼뱅을 목회자로 임명하고 싶어 했고(서신 74 참고), 투생은 로잔의 가능성을 시사했다(CO, Xb, 222; Herminjard, V, 54).

9) 내가 제네바에 가까이 있기보다 더 멀어진다면,

는 사람보다 더 전적으로 악한 사람은 없을 것입니다. 만일 당신이 이 점에서 아직 내 생각에 동감하지 않으신다면,[10] 우리는 문제를 그 회의가 개최될 희망이 없어질 때까지 연기해야 합니다. 그 회의는 스트라스부르 사람들이 우리의 요구에 따라 계속 주장하고 있습니다.[11] 만일 회의가 열리게 되면, 그 결과는 우리가 무엇을 해야 할지를 가르쳐 줄 것입니다. 그러나 무엇보다도 나는 당신이 내게 미리 통보하지 않은 채, 나에 대한 어떤 결정도 내리지 말기를 주님의 이름으로 부탁합니다. 부처의 편지[12]를 통해 당신은 그가 어떤 의견을 갖고 있는지 알 것입니다. 그는 다른 문제로 그리나이우스에게 편지를 써 왔는데 나는 아직 읽어 볼 기회가 없었습니다. 하지만 강하게 추측하는 바로는 그들이 내가 그쪽으로 급히 가는 문제로 나아가고 있다는 것이며, 나는 절박한 필요성이 나를 확신시키지 않는 한 그것에 응하지 않을 것입니다.

내가 파악한 바에 의하면, 당신이 알고 있는 어떤 사람[13]이 자신의 관계를 이용해서 목회직의 길을 닦는 데 매우 야심차게 열성을 내어 왔습니다. 사람들이 어떤 표현을 말할 때, 때때로 그것이 담고 있는 의미보다는 추측에 더 큰 여지를 제공합니다. 그러나 그는 내가 미구에 이곳에서 떠나기를 원했기 때문에, 내가 얼마 안 있어 자기에게 넘겨주어야 할 무엇인가를 시작하도록 나를 고무시켰습니다. 그는 아직 당신과 협의되어야 할 것이 무엇인지 몰랐고, 나 역시 그것에 대해 입을 굳게 다물었습니다.[14] 그는 내게 말하기를 "그대는 그렇게 큰 회중 가운데서 말없이 있다는 것이 부끄럽지 않은가? 여기에는 그대를 위한 빈 교회가 없지 않은가?"라고 했습니다. 나는 우리 집 안에도[15] 우리에게 매우 잘 어울리는 청중이 있다고 대답했습니다. 그는 전적으로 공적인 것만을 가지려 했습니다. 그는 우리와 단지 한 번밖에 식사를 하지 않았음에도 곧 내 소개로 그리나이우스의 식탁에 참석하게 되기를 원했습니다. 변명은 소용없었고, 그는 결국 그리

---

10) 칼뱅은 제네바에서 거리를 두고 싶어 하는 반면, 파렐은 그곳에 있는 그의 지지자들과 접촉했다.

11) 서신 71, 각주 9 참고.

12) 서신 74.

13) 뇌샤텔에서 약간 떨어진 그랑송의 목회자 장 르콩트 드 라 크루아°는 뇌샤텔의 목회자였던 마르쿠르의 뒤를 잇기를 원했다. 그렇다면 그가 이때 바젤에 있었다는 말이 된다.

14) 1535년 3월부터 바젤에 있는 프랑스 난민을 위한 설교 계획이 있었고, 아마도 칼뱅은 파렐에게 자신이 할 수 있는 한 바젤에 오래 남아 있겠다고 약속한 듯하다(COR, Herminjard).

15) 바젤 김나지움에 있었던 오포리누스의 집을 말한다.

나이우스가 큰 소리로 꾸짖어 무례한 요구를 그만두게 할 때까지, 시도 때도 없이 끈질긴 요구를 계속했습니다.

　말의 주인에게는 계산을 했습니다. 당신의 다른 부탁들은 적당한 때를 기다리고 있습니다. 그러나 나이우스가 당신에게 친절한 안부를 전하며, 지금 그가 직접 편지를 하지 못함은 자신의 많은 일거리 때문이니 용서해 달라는 말을 전해 달라고 내게 부탁했습니다. 오포리누스와 스타그네우스, 그리고 탈레아리스[16]도 당신에게 안부를 전합니다. 뒤의 두 사람은 이곳을 떠났습니다. 주님께서 당신을 지키시고, 그분 자신의 영의 힘으로 당신이 하는 일을 축복하시기를 원합니다. 내가 카피토의 편지를 읽고 당신에게 봉하지 않은 채 보내 드리는 것에 대해 화내지 마십시오.[17] 부처의 편지들[18]을 돌려보내시거나 잘 간직하고 계시거나 임의대로 하십시오. 아마 후에 볼 기회가 있을 것입니다. 당신의 정중함뿐만 아니라 내 마음을 다해 모든 형제들, 특히 내가 누굴 말하는지 당신이 잘 아는 그런 형제들에게 안부 전해 주십시오. 만일 당신이 우리의 편지를 받기 원한다면, 우리가 당신 편에서 배달부를 맞이할 수 있도록 배려해 주십시오.

1538년 8월 4일, 바젤에서.
칼뱅 올림.

　뒤늦게 부처의 편지를 읽었습니다. 그는 우리가 함께 사역하는 것을 피하라고 충고하고 있습니다.[19] 이는 우리 둘 다 서로를 너무도 지나치게 자극한다는 염려 때문입니다. 심지어 그는 나의 안달하는 성질이 빈번한 소문으로 이상하게 되지 않도록, 그 정도까지 굴복할 것을 바라고 있습니다.

---

16) 스타그네우스의 불어명은 드 레스탕De l'Estang이고 탈레아리스의 불어명은 루이 뒤 타이Louis du Taillis이다. 이들에 대해서는 알려진 바가 없다.
17) 스트라스부르에서 뇌샤텔로 가는 편지들은 바젤을 경유하였다.
18) 서신 74를 포함한 다른 편지들을 말한다.
19) 서신 74 참고.

76
파렐이 칼뱅에게

1538년 8월 8일, 뇌샤텔에서 바젤로
CO, Xb, 232; Herminjard, V, 76; COR, VI/I, 427

문안드리오. 벌써 며칠 전 그대에게 편지를 보냈소.[1] 그 편지가 그대에게 전달되었으리라 여기던 때, [이 답장이] 나에게 도착했소. 아미 페랭이 크리스토프와 더불어 이곳으로 왔다오.[2] 그대가 [제네바] 교회의 비참한 형편에 대해 듣고, 온몸과 동시에 모든 지체를 관찰하고 있다면 좋으련만![3] 일부 사람들은 더 이상 놀랄 수 없을 만큼의 내용을 들었다오. 실로 지배권을 놓고 경쟁이 붙었는데, 남자[목회자]들 못지않게 부인들의 경쟁이 있을 것이오. 유대파[4]는 이전의 것은 무엇이든 가련하게, 그러나 현재의 것은 매우 훌륭하게 여긴다오. 비록 사람이 육신의 어떤 나약함에 붙들려 있다 할지라도, 누구나 다 선하지만, 나약함에 의해 이뤄진 심사숙고된 살인은 공개되어야 하오. 저 미친 자가 어디서건 지껄인 것이 진실로 주님의 말씀과 같지 않다고 말하지 않은 자는 매우 악한 허위 고발자라오. 요컨대, 질병이 이렇게 강력하기 때문에 주님께서 그의 힘으로 당장 도와주시지 않는 한, 죽음 말고는 아무런 소망을 가질 수 없을 것이오.

여기서 위정자는 다음과 같이 교육을 받는다오. 즉 그들 자신 외에는 다른

---

1) 앞 편지에서 언급했듯이 파렐이 칼뱅에게 쓸 때는 약간 낮춤말로 번역하였다.
2) 아미 페랭은 제네바에서 친파렐 진영 사람이고 크리스토프 파브리는 파렐의 동료였다. 이들이 칼뱅의 편지를 가지고 뇌샤텔에 온 것은 7월 27일(파렐이 뇌샤텔에 도착한 날짜)에서 8월 8일(이 편지를 작성한 날짜) 사이가 되겠다.
3) 서신 68 각주 1 참고. 칼뱅이 본 제네바의 상황과 비교해 볼 것.
4) Iudaei. 이 용어가 개혁자들의 지지 세력에 붙어 있는 것은 흥미롭다. 어쩌면 제네바의 새 목회자들이 추방된 목회자들에게 붙여준 것이었으리라. 축일을 인정했던 베른 의식의 도입을 반대하는 입장은 분명 유대파가 아닐 것이다(서신 63, 65 참고). 훗날 루터파는 개혁파를 비난하면서 '유대화하는 자들'이라는 말을 썼다.

어느 누구도, 하나님의 규정이 아닌 인간의 판단 규정에 따르는 것을 제외하고, 인간사에 대해서건 종교사에 대해서건 감히 조금이라도 입을 열지 못하게 하는 것이라오.[5]

바젤[의 우리 둘에게]로 갈 편지를 갖고 여기로 온 전령이 그 편지를 우리에게 주었으나, 내가 여기에 있게 되었다는 말을 듣는 동안 내가 아파하므로, 생각을 바꾸었다오. 물론 나는 그가 그대에게 [그것을] 전달하기를 원했소. 모든 형제들이 몸 된 그리스도의 지체인 한, 모두가 그곳에서 주님을 위해 애쓰도록, 그리고 서로 돕도록 예수 그리스도의 이름으로 간청한다오. 왜냐하면 그들 자신에게 죽음은 보다 은혜로운 삶이기 때문이오. 그러는 동안 그들은 도와주시는 주님을 바란다오. 그들은 진실이 빛 가운데 드러나고 현장에 임하도록, 지체 안에서 애쓰는 것 외에, 그리고 모든 것에 대해 듣고 자신의 것들을 제시하는 일이 자유롭게 되는 것 외에 다른 것을 원하지 않는다오. 우리는 많은 것들로 괴로워하며, 우리의 목회 직분은 많은 허위들과 날조된 거짓말들에 이끌려 가고 있소. 장 르콩트-그대도 알고 있는-는[6] 주요 인사들에게 우리가 로잔으로 갈 목적으로 돈을 받았으나 위정자를 조롱하면서 바젤과 스트라스부르로 갔다고 비방했소. 거기서 [우리가] 다른 에피쿠로스학파 사람들처럼 매우 화려하게 사는 자들이 될 수 있다[는 식으로 말이오]. 다른 말은 않겠소. 그사이 경건한 형제들은 그대가 뇌브빌 교회[7]를 맡기로 결심하기를 간절히 바라고 있소. 그곳에서 그대는 그리스도의 교회를 섬기고 그대의 학문을 동반할 수 있을 것이오. 만일 그들이 이런 시도가 헛되이 계획될까 두려워하지 않았다면, 그대가 성실하고 거룩하게 부름을 받도록 이미 노력했을 것이고 나아가 실행했을 것이오. 그들은 그대의 의중을 자신들에게 알려 달라고 나를 재촉한다오. 제발 명백한 그대의 의중을 우리에게 밝혀 주오. 나는 그대와 더불어 더 이상의 것을 논하지 않을 것이오. 나는 어떤 규율이 있는 이상 그만큼, 그대에게와 모든 경건한 사람들에게 그리스도의 소송건[대의명분]을 부탁하는 것이오. 왜냐하면 나는 모든 것이 붕괴되는 것을 보았기 때문이오. 유해 인물들이 규율을 다루는 곳에 정반대의 것을 제

---

5) 교회의 권한에 대해 위정자와 논쟁하는 것을 금한다는 의미인 듯하다.
6) 장 르콩트 드 라 크루아.
7) 뇌브빌은 뇌샤텔에서 북동쪽으로 20킬로미터 떨어진 비엘(또는 비엔) 호숫가에 있는 도시이다.

안하고 있소. 그들은 주님으로부터 아무것도 얻어 간직하지 않고 모든 것을 사람들에게서 얻으며, 진정 주님의 말씀을 내놓지 않고 오히려 검을 지니고 다닌다오.

안녕히 있으시오. 모든 이들에게 안부를 전하되, 특히 그리나이우스와 미코니우스, 그리고 프랑스인들과 더불어 오포리누스에게 전해 주오. 토마[8]와 다른 형제들이 여러분 모두에게 문안한다오.

1538년 8월 8일, 뇌샤텔에서.

파렐 드림.

---

8) 뇌샤텔 근처 부드리의 목사로 있던 토마 바르바랭Thomas Barbarin이거나, 아니면 뇌샤텔에서 직분을 맡았던 토마 드 라 플랑슈Thomas de la Planche로 추정(Herminjard)된다. COR 편집자는 두 사람을 동일 인물로 보았다.

77
칼뱅이 파렐에게

[1538년] 8월 8일, 바젤에서 뇌샤텔로
CO, Xb, 234; Herminjard, V, 83; COR, VI/I, 431

주 그리스도의 은혜가 당신과 함께하시길. 이 선량한 사람[1]이 그 자신의 상황을 더 잘 이야기할 것입니다. 나는 그것을 편지로 파악할 수 있을 뿐입니다. 이곳에서 형편에 관한 소망이 전혀 보이지 않기 때문에, 우리는 그가 그들 쪽[2]으로 가서 언어의 소통을 통해 그 자신이 쓸모가 있음을 드러낼 것에 대해 상의했습니다. 겉으로 보이는 그의 외모는 단정하고 순박합니다. 그가 어떤 재능을 갖고 있는지 파악할 수는 없었습니다. 그는 경건에 어느 정도 도움이 되기만 한다면, 어떤 종류의 삶으로도 들어갈 준비가 되어 있습니다. 나는 이것이 당신에게 추천장이 되기를 바랍니다.

미셸[3]은 당신이 떠난 후 3일간 로랑[4]에게 편지를 썼습니다. 그는 신중함 때문에 자신의 생각을 공공연히 드러내지 못하고, 다만 그곳에서 빠져나오기 위해서 우리 두 사람 곁에 중재자요 통역자인 그[로랑]를 두었습니다. [몽벨리아르에서는] 우리가 망하기를 바라는 것 외에는 그 어떤 소망도 없을 정도로 우리에 대한 혐오감이 일고 있습니다. 나는 지금까지 베른에서 휴식하며 머물고 있는 시몬[5]이 생각났습니다. 그는 투생[6]과 친한 사이로, 나는 그가 미래에 적합한 인물

---

1) 누군지는 알 수 없으나 바젤에 사는 불어권 사람으로 여겨진다. 편지의 내용을 통해서 그가 독일어의 소통이 어려워 적응하지 못하고 있음을 알 수 있다.
2) 불어권 지역을 말한다.
3) 몽벨리아르의 목회자인 미셸 뮐로를 의미한다(서신 55 각주 2 참고).
4) Herminjard에 따르면 훗날 보Vaux 지방에서 목회하게 되는 조르주 로랑Georges Laurent이다.
5) CO 편집자는 시몬 술처로 여기나, Herminjard는 제네바 인근에서 활동한 시몬 모로Simon Moreau를 비롯하여 시몬이라는 이름을 가진 여러 인물들을 제안하였다.
6) 서신 55 참고.

임을 의심하지 않습니다. 베른 교회가 하나의 통치권을 그에게 제안했지만[7] 자신의 나약함을 잘 알고 있는 그는 그 제안을 회피했습니다. 나는 그 태도가 합당하다고 여기지 않습니다. 그러므로 이 계획[8]이 당신의 마음에 드는지 아닌지를 될 수 있는 한 빨리 답해 주십시오. 나는 두 가지 이유에서 이 계획을 크게 찬성하는 바, [첫째] 이 계획을 실행함으로써 제대로 교육받지 못한 젊은이나 신참을 목회 사역에 투입하고자 하는 이들의 어리석음이 예방될 것이고, [둘째] 미셸은 그가 이 시점에서 매우 유익한 일을 열심히 할 그의 소임을 맡을 것이며, 동시에 몽벨리아르의 학교도 방치되지 않을 것이기 때문입니다. 미셸은 아직은 우리 둘 모두에게 가까이 있을 수 없기 때문에 당신과 가까이 있기를 원합니다.[9]

포르투나투스[10]는 4일 후에 [바젤을] 떠나기로 작정했다고 그의 아내에게 편지를 썼습니다. 비록 그가 베른의 쿤츠와 에라스무스 [리터]에게 편지를 썼지만[11], 길을 재촉하지 못하게 할 것으로 예상되는 회답은 결국 그를 말리지 못할 것입니다. 그사이 그는 당신이 편지를 그의 아내에게 전달해 주기를 청합니다. 그가 떠나기 전 스트라스부르에서 뭔가가 온다면 그것을 [그의 편으로] 당신에게 전할 것입니다. 당신 곁에서 이 가련한 형제가 보살펴질 수 없는지를 잘 생각하십시오.

매우 훌륭하고 매우 친절한 형제여, 안녕히 계십시오. 우리 모든 형제들에게 특별히 안부 주십시오.

[1538년] 8월 8일 바젤에서.
칼뱅 올림.

우리 동료[12]들이 당신에게 문안합니다. 포르투나투스가 당신에게 문안합니다.

---

7) 시몬에게 몽벨리아르를 맡기는 것을 말한다.
8) 뮐로에게 이 통치권을 맡도록 하는 것을 말한다.
9) 뮐로는 잠시 스트라스부르에 머물다가 1539년 3월에 뇌샤텔 근처의 생 블래즈Saint-Blaise의 목회자로 임명되었다.
10) 본명은 포르투나투스 안드로니쿠스으이며 파렐 및 부처와 서신 교환을 했으나, 그 자신에 대해서는 크게 알려진 바가 없다(Herminjard, II, 302, 376; Herminjard, III, 41 참고).
11) 칼뱅은 이 사람들에 대해 여러 차례 언급한 바 있다(서신 51, 66, 68 참고). 포르투나투스가 새로운 사역지를 원한 것이 명백하다.
12) 오포리누스 집에 기숙하던 동료가 아니라 그리나이우스 집에서 같이 음식을 나누던 동료들일 가능성이 크다(COR).

78

[파렐이 칼뱅에게][1]

[1538년 8월 8일 이후, 뇌샤텔에서 바젤로]
CO, Xb, 266; Herminjard, V, 78; COR, VI/I, 434

　　[제네바 시 의회가] 모랑에게[2] 쓴 편지[라오]. **그들의 통치권으로 그대에게 말씀의 사역을 수행하게 하는 통치자들[3]이 우리들의 간청에 설복되고 마음이 바뀌어, 미래의 복음 선포자인 그대가 이곳으로 오는 것을 인정하고 그대에 관한 문제를 그렇게 작성했기 때문에, 우리는 그대가 즉시 이리로 오기를 청합니다. 매우 은혜로운 일이 우리에게 일어날 것입니다. 등등.**

　　그래서 그는 받은 편지에 굴복하고 두 명의 옛 수도원장[4]과 함께 시 의회로 들어가서[5] 다음과 같이 말했다[오]. **내게 여러분 곁에서 복음 전파의 소임을 받아**

---

1) CO 편집자는 이 편지를 파렐의 1538년 10월 14일 자 편지(서신 87) 뒤에 붙여 놓았다. 하지만 Herminjard는 이것이 파렐의 1538년 8월 8일 편지(서신 76)과 관련된 것으로 보고 편지 연대를 앞당겼다. COR 편집자도 이에 동의했다.

2) M으로 되어 있는 원문은 장 모랑을 지칭한다(서신 45 참고). 파렐은 제네바 시 의회가 모랑에게 쓴 편지(알려지지 않은 것으로 대략 1538년 7월 8일경에 쓰인 것으로 여겨짐) 일부를 공개하고 있다. 1538년 5월 2일 베른 시 의회는 파렐과 칼뱅, 코로의 추방이 지연될 경우 모랑을 세우도록 제네바에 공한을 보냈고(Herminjard, V, 29, n. 29), 7월 6일에는 모랑이 원한다면 제네바가 그를 목회자로 임명하도록 했다(Herminjard, V, 81, n. 11). 그리고 7월 10일 제네바 200인 의회는 마르쿠르, 모랑, 베르나르, 드 라 마르의 급료를 결정했다(서신 74, 각주 5 참고).

3) 베른의 통치자들을 말한다.

4) gardianis. 이 말은 불어(gardien)에만 남아 있다. 제네바의 프란체스코 수도원장 출신 교역자 중 한 명은 자끄 베르나르가 분명하다. 1534년 2월 15일 자끄 베르나르와 함께 제네바로 간 프란체스코 수사는 샹베리 수도원장이었던 프랑수아 퀴텔리에François Cutellier였으나, 이 사람에 대해서는 거의 알려진 바가 없기 때문에 여기서 언급된 또 다른 수도원장 출신 교역자가 누군지는 분명하지 않다. 아무튼 이 두 동반자가 모랑의 지체 이유를 변명해 주었을 것이다.

5) 모랑이 제네바 시 의회에 출두한 시점은 제네바 시 의회가 그의 급료를 결정한 7월 10일 가능성이 크다.

들이기를 청한 여러분의 편지[6]를 받았습니다. 여러분은 이 목적으로, 나뿐만 아니라 내가 속한 감독관[7]에게 보내진 그 편지들을 상기시켰습니다. 그 편지들에 대한 입장을 밝힙니다. 여러분이 청했던 것은 서면으로 확실히 전달되었습니다. 그들은 당연히 그 간청에 대해서 귀를 막고 반대할 수 없었기 때문에, 이곳의 감독관은 나를 타일러 여러분을 방문하고 여러분과 전에 있던 교역자들 사이에 비등했던 반목이 진정되고 논쟁이 끝날 때까지 이곳에서 설교하도록 명했습니다.[8] 실로 나는 제출된 논거와 변론−그것을 핑계로 내가 행하지 않는 것이 금지된−을 통해 나의 약점을 변명했으며, 동시에 나의 이 선한 변명을 검토해 줄 것을 청했습니다. 그런데 이 변명의 대부분은 나로 하여금 내가 장차 이 교회에 유익한 존재가 될 것을 바라지 못하도록 방해하는 것들로서, 내게는 당장 점검하기에 지루하며 여러분에게는 듣기 귀찮은 것들입니다. 만일 여러분에게 그렇게 보인다면, 여러분은 여기 나와 함께한 형제들[9]을 통해서, 그들 중 누구도 모르지 않는 것들을 알 수 있을 것입니다. 나는 즉석에서 그 문제에 대해 더 이상 아무것도 받아들이지 않았습니다. 내가 이 첫 번째 편지들로 충분히 만족하고 또한 그것들이 담고 있는 내용을 만족시킨 것으로 여기게 되도록 말입니다. 물론 이것은 불화와 증오−이로 인해 도시가 소란스러운−가 해결되고 목회자들이 여러분과 화해해야만, 이곳에서 미래의 설교자로서 나를 받아들이겠다는 의미는 아니었습니다. 실로 아무런 바람이 없게 된 지금, 설령 그들[파렐과 칼뱅]이 여러분과 화해한다 하더라도, 이미 나는 어떤 문제에서도 그 편지들로 독촉받는다고 여기지는 않습니다. 왜냐하면 만일 [베른의] 통치자들이 내게 [그런] 명령을 내린다면, 나는 비록 내가 나의 약점을 잘 알고 있고 이곳에서 어떤 방식으로 살아갈 수 있을지 알지 못하지만, 감히 그들의 지시를 거절하고 무시할 수 없을 것이기 때문입니다. 그러므로 나는 여러분이 모든 것을 더 나은 쪽으로 해석해 주시길 청합니다. 그리고 내가 어디에−여러분 곁이든 세상 다른 어느 곳이든−있든지, 여러분은 내가 여러분의 은혜를 입어 모든 일에 각오가 된 자로 여겨 주십시오.

---

6) 이 편지는 1538년 4월 24일 제네바 시 의회가 처음으로 모랑에게 보낸 편지로, 불어로 되어 있다 (Herminjard, IV, 420).

7) 모랑이 있었던 퀼리는 1536년 5월 베른 시가 임명한 [로잔] 행정관인 세바스티앙 네글리[*]의 감독 하에 있었다.

8) 모랑은 임시로 제네바에서 설교하는 임무만을 받아들이려 하지 않았다.

9) 각주 3 참고.

그는 이렇게 자초지종을 말한 후 매우 기쁘게 밖으로 나갔다오. 보여진 그대로, 그는 거기서 변론된 그들[제네바 시 의회]의 몇 마디 말-그가 그 전에 인정하지 않았던-을 전혀 인정하지 않고, 선한 기대로 가득한 어떤 것도 인정하지 않고 모호하게 말했소. 그대는 이 마음 좋은 사람들[제네바 시 의회]을 보고 있소. 이들은 금방 비난하다가 금방 칭찬한다오! 나는 다시금 감독관에게 또 다른 편지가 보내져서 재차 모랑으로 하여금 그곳을 떠나도록 권면할 것이 청원되었다는 말을 듣고 있소. 왜냐하면 그가 스스로 기꺼이 가기를 원하지 않을 경우, 그들은 그가 그들의 지배하에서 행하도록 강요하지 않겠다고 주장하기 때문이오. 결국 그는 사람들이 말하는 대로, 부인과 어떤 시녀를 데리고 많은 기병의 호위를 받으면서 제네바에 왔소. 그들[새로 임명된 목회자들]은 설교를 통해 우리가 세우고자 시도한 모든 것을 무너뜨리려 애쓰고 있다오.[10] 그러면서 그들은 어떤 이에게는 이런 말을, 또 다른 이들에게는 저런 말을 한다오. 장 르콩트는 우리가 로잔에 갈 목적으로 돈을 받고는 도시[베른]를 속이고 다른 곳으로 갔다고 비난했소.[11] 그는 콜롱비에[12]까지 가서 그의 독을 퍼부었다오.

마르쿠르의 편지와 특히 이 도시[뇌샤텔]의 편지를 돌려보내 주시게.[13] 나는 최종판 히브리어 도형과 그에 관해 출판된 책자를 갖고 싶소.[14] 그곳에 훌륭한 장인이 있다면, 내가 전에 마련했던 것과 같은 쇠망치를 사서 보내 주기 바라오. 여기서는 모든 것을 새로 지어야 하며 한마디로 소실되지 않는 것이 아무것도 없소.[15] [이곳의] 동료[16]는 사람들을 위해 최선을 다한다오. 주님이 은혜를 더하시기를.

---

10) 이렇게 해서 자끄 베르나르, 앙리 드 라 마르, 앙투안 마르쿠르에 이어 장 모랑이 마지막으로 제네바 목회자로 세워졌다.

11) 서신 76 참고.

12) 콜롱비에Colombier는 뇌샤텔에서 동남쪽으로 6킬로미터 떨어진 곳에 있는 소읍이다. 파렐은 이 소식을 콜롱비에의 장 자끄 드 바트빌° 경으로부터 들은 듯하다. 이 사람은 파렐과 장 르콩트를 도와 그랑송에 있는 프란체스코 수사들을 대적했으며 1536년에는 로잔에 카롤리를 소개하기도 했다(COR).

13) 1538년 6월 17일 자로 뇌샤텔 시 의회가 제네바 시 의회에 보낸 편지 참고(Herminjard, V, 32).

14) Herminjard는 1527년 바젤에서 출판된 세바스티아누스 뮌스터의 *Kalendarium Hebraicum*을 제안한다. 이것은 히브리어로 된 천문학과 연대학chronology 논문들 모음집이다.

15) 1552년까지 살았던 파렐의 집은 너무도 낡아서 늘 수리를 필요로 했다.

16) 장 샤포노°를 의미한다. 부르주의 성 암브로시우스 수도원 수사 출신으로 신학 박사 학위를 갖고 있었고, 1531년경 "이미 진리로 교육받아 그 시대에 충분히 자유롭게 설교했다"(*Hist. Eccl.*, I, 10). 당시 그를 알았던 칼뱅이 뇌샤텔에 자리를 마련해 주고자 애썼고, 샤포노는 1536년 봄부터 뇌샤텔에서 활동한 듯하다(Herminjard).

79
칼뱅이 파렐에게

[1538년] 8월 20일, 바젤에서 뇌샤텔로
CO, Xb, 235; Herminjard, V, 86; COR, VI/I, 439; CSW, IV, 77

매우 탁월하고 매우 친절한 나의 형제요, 뇌샤텔 교회의 신실한 목회자인 기욤 파렐에게.

주님의 은혜가 당신과 함께하시기를 바랍니다. 당신의 편지[1]를 여러 번 잘 읽고 난 뒤, 나는 결국 장 르콩트에 대해서[2] 너무도 갈피를 잡을 수 없을 정도로 내 자신이 둔감했음을 알았습니다. 마치 당신의 이웃[3]보다 더 능력 있게 문제를 다룰 수 있는 이가 실로 있기나 한 것처럼 [생각했던 것입니다]. 이제 나의 놀라움은 끝났습니다. 사실 경쟁 속에 헬레나가 있었으나, 주님께서 교회의 유익을 돌보시어 그가 그녀의 유혹에 희생되지 않게 하셨습니다.[4] 간청하기는, 내가 어쩔 줄 모르고 있는 다른 문제들에 대해서 설명을 해 주십시오. 특별히 부자간이 모두 목사인 두 목회자[5]에 관해서 프랑스어로 별도로 언급된 것 말입니다. 나는 피에르에 대해서[6] 어떻게 생각해야 할지 모르겠지만, 언급된 것의 모든 무게와 중요성은 말하는 사람이 누구냐에 달려 있습니다.

---

1) 서신 76 참고.
2) 장 르콩트 드 라 크루아에 대해서는 서신 75, 각주 13을 참고할 것.
3) 그랑송 목사 장 르콩트.
4) 헬레나는 호메로스의 〈일리아스〉 3권에 나오는 스파르타의 메넬라우스Menelaus의 부인으로서, 트로이의 파리스Paris에 의해 납치됨으로써 트로이 전쟁의 발발 원인이 되었다. 장 르콩트는 제네바 교회로 간 앙투안 마르쿠르 대신 뇌샤텔 교회에 부름받기를 원했으나, 그가 뇌샤텔로 가지 않은 것이 주님의 은혜라는 뜻이다.
5) 누군지 알 수 없다.
6) 피에르 비레(Herminjard).

스트라스부르 사람들은 내가 그들에게 가는 데 동의하도록 나에 대해 열렬한 대책을 세우고 있습니다.[7] 그들은 그리나이우스에게 매우 열심히 간청하고 있으며, 내가 묵묵히 따르기를 바라는 자신들의 뜻을 숨기지 않고 있습니다. 여기 부처의 최근 편지[8]를 당신에게 보내는데, 그도 언제나처럼 내게 그렇게 하라고 집요하게 조언하고 있습니다. 피르미우스[9]는 아주 많은 논거들을 들어 그것이 바람직하다고 주장합니다. 그 논거들 중의 몇 가지는 어딘지 그의 습관적인 어투 냄새가 나서 내버려 두지만, 어떤 것은 그럴듯합니다. 예를 들어 만일 우리의 대적들이 자의든 타의든 존경할 수밖에 없는 그 교회에서 내가 교사가 되는 기회를 갖는다면, 상당한 유익이 있으리라는 것입니다. 더욱이 회합이 이루어진다면[10] 내 견해는 더 많은 비중을 갖게 되고, 그런 교회가 내게 직분을 위임했음이 알려졌을 때에는 일종의 위신을 가져다주리라는 것입니다. 그럼에도 불구하고 나는, 당신을 끌어들일 수 없었기 때문에 대답을 회피했습니다. 그리나이우스의 의견은 전체적으로 스트라스부르 사람들 쪽으로 기울고 있습니다.[11] 그러나 그는 자신이 나를 접대하는 책임에서 벗어나려는 마음에서 이 문제에 뭔가를 제안하는 것처럼 보이지 않도록 신중을 기하고 있습니다. 만일 그들이 나를 오랫동안 붙들어 두기를 원했다면, 그 결정은 그렇게 어렵지 않았을 것입니다.[12] 하지만 당신은 그들이 요구하는 것이 무엇인지 압니다. 나는 당신의 의견을 기다릴 것입니다. 그들이 당신에게 직접 부탁하는 것을 막기 위하여,[13] 나는 그들이 내가 중요한 이유 때문에 이곳에 붙들려 있는 것으로 생각하게 하고 있습니다. 그래서 그들은 계속해서 당신이 주님의 사역에 조용히 임할 수 있도록 내버려 두고자 하고 있으나, 우리 두 사람이 함께 일하는 것은 허락하지 않을 것입니다.[14]

---

7) 서신 80 참고.
8) 이 편지는 알려져 있지 않다.
9) 부처를 의미한다(서신 71, 각주 15 참고).
10) 스위스 교회들과 스트라스부르 교회들의 계획된 모임에 대해서는 서신 71을 참고할 것.
11) 칼뱅은 정기적으로 그리나이우스와 식사를 같이 했다(서신 75 참고).
12) 부처와 그의 동료들은 칼뱅이 가능한 한 제네바로 돌아가야 한다는 견해를 갖고 있었다. 그들은 칼뱅이 스트라스부르에서 잠시 머리 식힐 시간을 갖도록 주선했다.
13) 파렐은 칼뱅이 뇌샤텔로 와서 같이 일하기를 원했다.
14) 베른 당국의 의도를 의미한다.

당신에게 나쁜 소식이 될 것을 나를 통해 알게 되지 않도록 여기서 편지를 그만 끝내고자 했습니다. 그러나 하나님의 섭리에 기꺼이 복종하는 것을 스스로 배우고 또한 다른 이들에게 그것을 가르치고 있는 당신에게, 주님께서 행하신 일을 알리기를 주저하지 않기로 했습니다. 당신의 조카가 지난 토요일[15] 흑사병에 걸렸습니다. 전에 리옹에서 그리스도의 복음을 증거했던 그의 동료와 금 세공사[16]가 그 사실을 내게 즉시 알려 왔습니다. 두통 완화를 위해 환약을 복용했기 때문에, 나는 그에게로 갈 수가 없었습니다. 그러나 그의 생명을 지키기 위해 필요했던 모든 것이 믿을 만하고 세심한 배려로 이뤄졌습니다. 두 가지 언어에 정통하고, 또 이런 종류의 병에 고통당하는 사람들을 보살피는 데 어느 정도 익숙한 한 부인이 그를 열심히 간호했습니다. 혼자서 그 일을 하기엔 충분하지 않았기 때문에, 자신의 사위도 데려왔습니다. 그리나이우스가 그를 자주 방문했습니다. 나 역시 건강이 회복되자마자 그렇게 했습니다. 우리의 친구 뒤 타이[17]는 내가 위험을 두려워하지 않음을 보고, 그 일을 나와 함께 나누기를 원했습니다. 어제 우리는 오랫동안 그와 같이 있었습니다. 죽음이 가까워졌다는 징후가 확실해졌을 때, 나는 육신의 위로보다 영적인 위로를 주었습니다. 그는 정신이 약간 희미해졌으나, 그럼에도 나를 다시 자기 방으로 불러 자신을 위해 기도해 줄 것을 요청할 정도의 의식은 있었습니다. 사실 그는 기도의 성과에 대해 내가 이야기하는 것을 들었습니다. 그는 오늘 오전 4시경에 주님의 품으로 갔습니다. 같은 병으로 누워 있는 그의 동료에 대해서는 아직 확실한 것을 이야기할 수가 없습니다. 어제는 그의 회복을 희망케 하는 징후가 있는 듯이 보였습니다. 그러나 지난밤이 그 [희망]을 해치지 않았는지 염려하고 있습니다. 비록 그가 별도의 침실에 있었고 그 사람을 간호하는 사람이 있긴 했지만, 자기 친구에게 일어난 모든 일에 대해 들을 수 있었기 때문입니다. 나는 오늘 그를 다시 보기를 원합니다. 그 훌륭한 금 세공사는 흑사병에 걸린 자와 교제했기 때문에 그의 스승에 의해 면직되었습니다. 나는 그가 스트라스부르에서 자리를 얻도록 하기 위해서 추천장과 함께 그를 그곳으로 보냈습니다.

---

15) 8월 17일 토요일을 말한다. 파렐의 조카 이름은 알려져 있지 않다. 그에게는 결혼한 네 명의 형제가 있었다(프랑수아, 장 가브리엘, 고쉬에, 장-자끄).
16) 누군지 알 수 없다.
17) 서신 75, 각주 16 참고.

당신 조카의 의복과 기타 동산에 대해서 들어보십시오. 그를 간호했던 노부인의 사위는 그가 자기에게-얼마 되지도 않는-그의 옷을 모두 양도했다고 주장하고 있으나, 그것은 그대로 인정하기가 힘들 것 같습니다. 왜냐하면 그는 지난 밤 내내 고열로 인한 환각 상태에 있었기 때문입니다. 검 한 자루와 짧은 저고리 한 벌이 아직 볼프Wolf[18]의 집에 있습니다. 나는 그가 병에 걸렸을 때 한 푼의 돈도 없었다는 것을 확실히 알고 있습니다. 따라서 병치레에 쓴 비용과 장례식에 쓸 비용이 얼마간 필요했습니다. 어쨌든 나는 아직 남아 있는 것으로 추측되는 약간의 돈이 탕진되지나 않을까 걱정입니다. 나는 당신에게 모든 것을 알려 주는 것이 옳다고 여기기 때문에, 이 사실에 대해 다소 상세히 씁니다. 오늘 아침 일찍 저에게 모든 것을 알려 준 그의 집 주인인 볼프는 옷의 유산에 대한 이야기는 순전히 꾸며 낸 것이라고 생각합니다. 그는 정직한 사람이며 올바르게 처신하는 사람입니다.

안녕히 계십시오, 훌륭하고 매우 존경받는 형제여.

1538년 8월 20일, 바젤에서, 서둘러 씁니다.

칼뱅 올림.

우리의 친구들이 당신과 우리에게 조언을 얻기 위해 학교 방학 중 3일 동안 몰래 이곳에 왔던 뮬로티우스[19]에게 안부 전합니다. 그가 돌아올 때, 약속된 시간 이상으로 그곳에 남아 있지 않는다고 공표할 것입니다. 당신의 지난 편지의 내용을 듣고 그리나이우스는 전령이 생기게 되는 즉시 자신에게 알려 달라고 부탁했으나, 나는 요즈음의 그를 방해할 생각이 없습니다.

---

18) Lupus(L). 바젤에 있는 출판업자를 말한다(Herminjard).
19) 미셸 뮐로. 서신 77 참고.

80

엘리 코로가 칼뱅에게

[1538년] 8월 26일, 오르브에서 바젤로
CO, Xb, 239; Herminjard, V, 92; COR, VI/I, 443

매우 박식한 인물이요 그리스도의 신실한 목회자인 장 칼뱅에게, 바젤로.

예수 그리스도로 말미암아 은혜와 평강이 있기를 기원합니다. 당신이 편지에서 쓴 대로[1] 우리는 스트라스부르 사람들이 회의가 개최되도록 애쓰는 것에 대해 대단히 기뻐하고 있습니다. 우리는 그 회의가 교회 문제와 복음 증진에 많은 효과를 가져다줄 것으로 생각합니다. 당신으로부터 그 내용에 대해 듣는 것이 우리에게 즐거움이듯이, 그것을 직접 경험하는 것은 더 큰 즐거움일 것입니다. 그러므로 우리는 그들이 그 일을 계속 진행하기를 원하고 갈망하며 간청합니다. 또한 주님께서 이 시도뿐 아니라 모든 일의 복된 성공이 순조롭게 이뤄지게 하시기를 기도합니다. 그것은 분명 우리 모두가 공동의 서약으로 간절히 바라야 할 일입니다. 확실하고 더 나은 교회의 규율이 세워지도록 말입니다.

[목회 사역을 잠시 중단하겠다는] 당신의 계획과, 당신이 당분간 말씀 사역에 관여하지 않도록 권고하는 당신 친구들의 생각을 나는 열렬히 지지합니다. 나도 할 수만 있었다면 눈병에 걸렸을 때 당신과 동일하게 행했을 것입니다. 아마도 하나님의 새 소명을 인식할 때까지 잠시 어떤 동굴로 도피했을 것입니다. 하지만 시각 장애인인 내가 도피하거나 숨을 수 없었던 것은 포르투나투스가 없는 오르브 교회[2]를 섬기도록 강요받았기 때문입니다. 이렇게 나는 이곳에서 주

---

1) 칼뱅이 코로에게 쓴 이 편지는 알려져 있지 않으나, 그 내용은 앞 편지(서신 79)를 통해 유추할 수 있다.

2) 8월 8일에 포르투나투스는 여전히 바젤에 있었으며 며칠 안으로 떠날 생각이었다(서신 77 참고). 따라서 그는 결국 오르브로 돌아가지 않은 것이 명백하다.

님을 바라보았다고 생각하지만 인간적으로 말해서, 내가 도망친 노예였음과 주
님이 내 의지에 따라서가 아니라 그 자신을 위해 나를 붙들어 두신다는 점에서,
내가 이 시각 장애에 의해 쇠사슬처럼 결박되었음을 주시하게 되었습니다. 오,
가련한 내 신세여! 나는 이 지방이 얼마나 마음에 들지 않는지는 말할 수 없습니
다. 다만 이곳만 아니라면 다른 어떤 곳에서 복음을 전해도 좋을 것 같습니다.[3]
내가 충분히 설명할 수 없는 어떤 은밀한 힘이 나로 하여금 이것을 말하게 합니
다.

우리 교회의 상태에 대해서는 많은 말이 필요 없겠지요. 제네바에는 4명의
목회자가 세워졌습니다. [장] 모랑과 [앙투안] 마르쿠르는 보다 많은 사람들이
빈번하게 모이는 교회[4]에서 설교하도록, 그리고 [자끄] 베르나르와 앙리 [드 라
마르]는 그들이 [생] 제르베 교구에서 일어나는 일들을 관리하도록 세워졌습니
다.

그 밖에도 시 의회가 [앙투안] 소니에에게 강제로 설교를 시키려고 합니다.
이런 식으로 그가 우리의 추방에 동의하고 재판관들의 불경함과 비방을 인정하
며, 우리 죽은 자들 가운데서 그들 중 어떤 이들이 공개적으로 지껄이는 근거 없
는 경멸을 인정하는 듯 보이도록 말입니다.[5] 만일 그가 시 의회에 순종하기를 거
절한다면, 그는 우리의 사례와 마찬가지로 축출될 것입니다. 그리고 그토록 많
은 비용을 들여서 세운 학교는 붕괴되고 말 것입니다. 그들은 학교 자체를 파괴
하기 위해 압박하는 듯 보입니다. 나는 매우 부패한 품행과 범죄적인 방종에 대
한 다른 것들에 대해서는 당신에게 쓰지 않겠습니다. 누군가가 내가 비방할 목

---

3) 1533년에서 1538년까지 오르브에서 목회하던 포르투나투스가 그 직무를 그만둔 이유는 그곳에 로마
가톨릭 사람들이 많았기 때문인 듯하다(Herminjard, III, 43). 코로 역시 동일한 어려움을 갖고 있었
을 것이나, 그 외에 포르투나투스의 부인에게 괴롭힘을 받았을 가능성도 있다. 사실 1531년에 스트라
스부르에서 공부하던 포르투나투스는 파렐의 권면에 따라 그 도시의 여성과 결혼하여 스위스에서의
목회를 선택했다(Herminjard, II, 302, 207, 323). 코로가 죽고 나서 파렐은 칼뱅에게 편지로, 포르
투나투스의 부인이 코로를 성가시게 했다는 것과 부인은 자기 남편이 코로를 독살했다고 확신한다는
내용을 써 보냈다(Herminjard, V, 149).

4) 제네바에서 가장 큰 교회인 생 피에르 교회를 의미한다.

5) 1536년 앙투안 소니에는 리브 콜레주의 교장으로 임명되었다. 파렐과 칼뱅이 추방되자 이 학교는 시
의회를 반대하는 중심지가 되었다. 시 의회는 소니에와 다른 교사들을 교회 사역에 연루시킴으로써
반대 운동에 제동을 걸려 했다. 그해 말, 그들은 성찬 거행 시 목회자들을 돕는 것을 거부함으로써 도
시에서 추방되었다(COR).

적으로 말한다고 생각하지 않도록 말입니다. 우리가 제네바 시민 가운데 어떤 이들[6]의 도움으로 자리 잡은 것은 사실이지만, 이 사람들은 자신들의 행실에 비해 탁월한 아첨꾼들을 만난 것입니다. 주님께서 그의 진노를 이들에게서 다른 데로 돌리시고 이들의 정신을 밝게 해 주시기를.

내 이름으로 그리나이우스에게, 그리고 미코니우스와 카를슈타트에게, 또한 당신과 함께 지내는 프랑스 귀족들과 학생들에게 문안 주십시오. 안녕히 계십시오.

[1538년] 8월 26일, 오르브에서.

코로 드림.

---

6) 이 가운데 아미 페랭이 있었을 것이다(서신 76 참고).

81
루이 뒤 티에가 칼뱅에게

[1538년] 9월 7일, 파리에서 [바젤로]
CO, Xb, 241; Herminjard, V, 103; COR, VI/I, 446

드 오몽이 에스프빌에게.

나는 그대의 7월 10일 자 편지를[1] 8월 19일까지 받아 보지 못했습니다. 왜냐하면 편지 전달자가 아파서 치료하기 위해 4주간을 길에 머물렀기 때문입니다. 나는 장[2]이 오기 전에 그대에게 닥친 일들에 대해 미리 알았고, 그에게서 보다 자세한 설명을 들었습니다. 장이 그대의 편지를 가져온 것은 아니지만, 바젤을 지나면서 그대와 만남으로써 그대의 선한 의도를 내게 증언해 준 것만으로 충분합니다.

나는 그대에게 일어난 일들이, 하나님을 경외하기보다는 이 세상의 목적을 지향하는 사람들의 악한 마음으로 인해 다뤄지고 추구되었다고 생각합니다. 하지만 (그대가 이것을 좋은 의미로만 받아들이기를 바라거니와) 나는 그대 편에서도 생각해야 할 것이 많다고 여겨집니다. 그대의 사역에 비난받을 만한 무언가가 있다면, 이걸 계기로 우리 주님이 그대에게 생각하라고, 그리고 그대에게 겸손해져서 신실한 마음을 가지고 두려움과 떨림으로[빌 2:12] 그를 구하라고 경고하길 원하시지나 않는지 말입니다. 또한 나는 그대가 그것을 깨닫는 것이 주님을 기쁘시게 하는 것이라고 여깁니다. 왜냐하면 우리가 잘못을 저질렀음에도-심지어 매우 크고 심각한-그것을 깨닫지 못하는 일들이 종종 일어날 수 있으며, 우리의 견해와 판단에 따라 최상이자 그 이상의 것이 없다고 여길 만큼 확실한 것들이 명백하게 하나님의 진리와 그의 영의 판단에 반대되는 일이 흔하기

---

1) 서신 71 참고.
2) 루이의 동생인 장 뒤 티에(서신 52, 각주 5 참고).

때문입니다. 우리가 이 말씀을 깨달으려 하지 않기 때문만이 아니라 그러한 결론-그런 결과가 뒤따르지 않을-을 내리기 위해, 제아무리 하나님의 말씀과 진리에서 변명과 겉치레를 취해 내어, 그것들을 통해 반대되는 자신을 드러낸다 하더라도 말입니다. 우리가 우리 자신을 사랑한다고 느끼고 뭐라도 된 듯이 만족스럽게 느낄수록 그만큼 이런 일이 우리에게 일어나지 않을까 의심해야 합니다. 즉 우리의 패역하고 부패한 본성은 하나님의 영이 그것을 죽이지 않는 한 욕망하지 않을 수 없는 것입니다.

만일 그대가 내가 무슨 근거로 그대의 사역에 잘못이 있다고 판단하는지를 묻는다면, 나는 당장에는 그대가 바른 하나님의 소명을 가졌음을 의심한다는 것 외에는 달리 말할 수가 없습니다. 즉 그 소명은 오직 사람들이 불러일으킨 것이며, 하나님이 책임을 주지 않은 사람들이 이처럼 그대를 부추겼는 바, 이는 마치 그들이 자신들의 권위만으로 그대를 그 소명에 받아들인 것과 같습니다.

한편 나는 그대가 하나님의 교회를 존중하지 않는 데 극단의 태도를 고수했다고 확신합니다. 사실 그대는 이 교회에서 그대의 기독교를 시작했고, 15년이 넘는 기간을 통해[3] 진보를 이뤄 냈습니다. 하지만 그대는 그 자체로 정죄될 수 없는 것들과 무수한 사람들이 하나님에 대한 열성과 지식을 가지고-그들 양심에 있는 영이 바르게 증거하거니와-하나님의 원하심에 따라 선을 위해 사용하는 것들을 정죄했습니다. 내가 이것을 말하는 것은 많은 사람들이 그 자체로는 거룩하고 선한 것을 자신들에게 유리하게 왜곡시키면서, 미신이나 나쁜 용도 때문에 저지르는 악과 폐습을 인정하기 위함이 아닙니다. 그럼에도 불구하고 타인이 자신과 같은 기독교 신앙고백에 속할 경우, 그가 명백히 악인임을 보지 못한다면 그를 언제나 좋게 평가하는 것과, 선하거나 악한 마음에 따라 그 자체로 선하거나 악하게 만들어질 수 있는 것들에서 그가 행하는 모든 것을 좋은 쪽으로 해석하는 것이 그리스도인에게 합당할 것입니다. 명백하게 악한 일로 인해 그의 마음이 사악하고, 또 그 마음에 하나님이 없다는 것을 알게 되는 경우를 제외하고 말입니다.

내가 이렇게 말하는 것은 그대와 논쟁을 하기 위함이 아니라 다만 그대 자신

<hr>

3) 뒤 티에가 생각하는 15년은 1519-1534년으로, 아마도 칼뱅이 견신례를 행하던 10세에서 소위 '급작스러운 회심'으로 알려진 1534년까지이다. 칼뱅은 〈기독교 강요/1536〉(434)에서 견신례를 신앙고백으로 대체하기를 원한다고 말했다.

을 점검하고, 혹 그대가 아직 행하지 않은 것이 무엇인지를 보다 앞서 생각할 기회를 갖게 하기 위함입니다. 따라서 나는 내 것[복과 구원]과 마찬가지로 그대의 복과 구원을 바라며, 또한 이렇게 해서 우리 주님이 그대에게 베푸신 큰 은사와 은총이 그의 영광과 택함받은 자들의 구원을 위해 바르게 사용될 뿐 아니라 이 일로 인해 그대에게 더욱 배가되기를 바랍니다. 사람들이 자신의 판단을 너무 신뢰하여 급히 서두르거나 우월하게 하는 것, 의례적이지 않은 것을 주장하거나 의례적인 것을 정죄하고 거절하는 것은 매우 경계해야 할 일입니다. 종교와 경건과 관련된 것에서 더욱 그런 바, 이는 다른 어떤 경우에서보다 이 경우에서 실패하는 것이 더욱 위해하기 때문입니다. 신령한 자는 모든 것을 판단하고[고전 2:15] 식별한다는 말이 확실하듯이, 마찬가지로 우리는 영적인 부분에 있어 완전할 수 없으며, 만일 그렇게 주장하는 자가 있다면 이는 의심되어야 합니다. 우리는 각자에게 육적인 부분이 매우 많다는 사실을 인정해야 합니다. 이것은 때로 어떤 부분에서는 그 자신도 이해하지 못하는 것으로서, 여기에서 내가 [위에서] 한 말이 유래합니다. 즉 이따금 사람은 [자신이] 가장 영적으로 판단한다고 생각하지만, 그럼에도 불구하고 자신을 광명의 천사로 가장할 줄 아는[고후 11:14] 자의 제안을 따르면서 매우 심하게 빗나간다는 것입니다. 왜냐하면 탐욕이 우리를 부추겨서 우리가 하나님께 받은 소명과 우리 고유의 신분에 속한 것을 경멸하게 하거나 심지어 포기하게 하고, 우리에게 주어진 능력 이상의 것을 이해하길 원하게 하며, 우리의 참된 신분이나 소명과 아무런 관계가 없는 것에 간섭하게 하기 때문입니다. 일반적으로 우리 주님은 이런 일에 애쓰는 자들의 오만함을 이렇게 분리를 통해 처벌하시며 그들을 천여 가지의 난처함에 빠지게 하십니다.

나아가 우리 안에서 하나님의 영이 활동하기 시작한다면, 우리는 그것이 우리에게만 있다거나 다른 모든 사람들보다 우리에게 더 많다고 여겨서는 안 됩니다. 왜냐하면 우리 주님은 그의 모든 은사들을 다른 사람들에게는 나누어 주지 않은 채 어떤 한 인물에게 모두 주시지는 않으며, 그것들을 한량없이 가지고 우리에게 각자의 몫을 주시는 이는 그리스도뿐이기 때문입니다. 심지어 종종 일어나거니와 가장 많은 은총을 받은 이들은 가장 연약하고 가장 작은 자들로 어떤 점에서는 하나님의 영을 제일 많이 가지고 있으며[고전 12:15-25] 그들을 가장 잘, 그리고 가장 참되게 판단하고 결정한다는 사실을 인정하게 됩니다. 그러므로 우리는 자기 자신에 대해 항상 의심을 품어야 하며, 하나님을 향한 큰 경외

와 겸손함 가운데서 자신의 판단을 억제하여 너무 성급하게 하나님의 일들을-
이것들이 자신의 소명과 관련되지 않는 경우에도-선포하고 판단해서는 안 됩니
다. 마찬가지로 다른 사람들의 판단을, 일견 그것이 우리의 생각과 매우 다르다
는 이유만으로 무분별하고 경솔하게 거부하지 않도록 조심해야 합니다. 오히려
다른 이의 말을 생각하고 검토하는 것은 우리의 학습에 필요한 일입니다. 따라
서 될 수 있는 한 그 말을 듣고 이해하려는 배려를 해야 하며, 또한 하나님께 반
대되는 일이라고 확실히 여겨질 수 없는 것에 대해서는 이런 경외와 온건함을
가지고, 아무것도 정죄하지 않는 배려를 해야 합니다. 이따금 그렇게 행동하지
못할 경우, 그리고 주님이 우리를 겸손하게 하사 우리에게 오셔서 우리의 과오
를 깨닫게 하실 경우, 우리는 다니엘과 마찬가지로 지체 없이 자신의 착오를 인
정하고 고백하며, 주님께 긍휼과 속죄를 호소해야 합니다[단 9:8-9].[4] 물론 우
리는 그런 과오에 빠지는 것을 슬퍼해야 하지만, 필요할 경우 그것을 고백하고
고치는 것을 슬퍼해서는 안 됩니다. 감사하게도 나는 이 나라로 되돌아온 이래,
앞으로 나아가면 갈수록 더욱더 나 자신이 얼마나 아무것도 아닌지를 깨닫게 됩
니다. 그리고 거의 3년 반 동안[5] 얼마나 [소명에서] 멀어지고 안식이 없었는지를
인정하게 됩니다. 이는 내가 하나님으로부터 받은 소명에 적합하지 않은 것으로
내 정신을 이동시켰기 때문이요, 내가 그분 없이 계획을 짰기 때문입니다. 내가
겪은 정신적인 혼란과 불안에서 아직 완전히 벗어나지 않은 것이 사실이지만,
나는 우리 주님의 은총과 긍휼을 확신합니다. 그가 일 년 전부터[6] 그런 불안에서
나를 건져 내시고 보호하셨듯이, 마찬가지로 내게 적당한 구원의 시기에 나는
완전히 해방된 상태로 있을 것입니다.

　나는 그대 편에서도 그대가 거기서 물러 나올 수 있기를 바라며, 우리 주님
께서 우리에게와 또한 그대에게 그런 수단을 열어 주시기를 간절히 바랍니다.
그러나 만일 이 일이 아직 일어날 수 없다면, 나는 우리 주님이 그대가 어디로
향해야 할지를 보여 주시기까지 다른 일에 간섭하지 않고 당분간 바젤에 머무르
겠다는 그대의 결정을 매우 존중하며 만족해합니다. 내가 바라는 것은, 그대가
오늘날 책이나 다른 방식으로 이뤄지는 논쟁을 더욱 격화시킬 수 있기 때문에,

---

4) 칼뱅도 1538년 10월 1일 자 편지에서 제네바 사람들에게 동일한 성구를 인용하였다(서신 84, 각주 4
　참고).
5) 뒤 티에는 1534년 여름에 칼뱅을 만나 1537년 말까지 복음적인 열정을 불태웠다.
6) 뒤 티에는 1537년 8월 제네바를 떠났다.

그렇게 하면서[간섭하지 않으면서] 자제하는 것입니다. 왜냐하면 나는 그대가 시간이 흐르면서 생각할 필요가 있는 많은 것들을, 어쩌면 아직 행하지 않은 것 이상으로 중요하게 생각하기를 바라며, 우리 주님께 호소함으로써 진정 그대와 다른 사람들을 위해 유익한 것이 무엇인지 깨닫게 되기를 바라기 때문입니다. 하지만 때로 어떤 일이 한편에서 지체 없이 결정되고 공표되었을 때 진리가 그와 반대될 경우에는 그 진리를 이해하는 일이, 그렇게 이뤄진 편견 때문에, 이후 더욱 유감스럽고 어려워집니다. 또한 우리 중에 누구도 자신의 과오를 숨기고 덮는 일에 만족하지 않는 자는 없을 것입니다. 이것은 종종 커다란 논쟁을 낳고 배양하며, 먼저 과오를 범한 사람들뿐 아니라 그들 뒤를 따르는 다른 많은 사람들을 궁극적인 파멸로 이끌어 갑니다.

그대에게 그곳에서 사는 데 필요한 돈이 없다는 것은 있을 수 없는 일입니다. 하지만 그것 때문에 포기해서는 안 됩니다. 그대가 나 외에 다른 곳에서 공급받을 수 없을 때, 그대가 원한다면, 나는 하나님의 도움으로 그대의 필요에 충분히 공급할 것입니다. 비록 내가 내 형의 집─내가 해야 할 것과 요구하는 것이 내게 주어질 뿐인─에서 살면서 당장에는 어떤 돈 관리도 하고 있지 않지만, 그럼에도 불구하고 나는 그대에게 공급할 방법을 찾을 것입니다. 내가 당장 그대에게 보내지 않는 것은 이 배달부를 신뢰하지 않기 때문입니다. 그렇지만 만일 그곳에 있는 누군가에게 빌리고 싶다면, 누군가가 그대에게 쉽게 빌려 주고 서적상인 레슈[7]를 통해 내게 통지할 수 있기 때문에, 나는 즉시 그대가 원하는 것을 모두 그의 손에 맡길 것입니다. 그대가 우리 주님의 말씀을 기다리면서 그곳에서 조용히 지내는 동안에는 내게 부담 지우는 것을 두려워하지 않기를 바랍니다.

지금 일어나고 있는 사건[8]에 대해서 그대가 황제와 왕이 참석했다고 내게 써 보낸 것 외에도 페름 씨[9]에게 통보받았을 때, 명철하게 진행할 사람들 모두가 마땅히 바라는 것이 계획되고 다뤄지며 좋은 결말로 이끌어질 수 있을 것으로 여겨 나는 매우 만족했습니다. 그러므로 방법을 갖고 있는 각 사람들은, 왕과 황제

---

7) 콘라트 레슈°는 바젤의 서적 상인이자 인쇄업자로서 파리의 출판업자이자 서적 상인인 크레티앙 베셀°과 상업적 관계를 맺고 있었다. 뒤 티에와 칼뱅은 1534년 말 프랑스에서 바젤에 왔을 때 레쉬의 집에 머물렀고, 여기서 칼뱅은 〈기독교 강요〉를 완성했다(COR).

8) 서신 71 마지막 부분 참고.

9) monsieur du Ferme. 부처를 의미한다(서신 71, 각주 15 참고).

의 마음을 손에 붙들고 임의로 인도하시는[잠 21:1] 우리 주님께서 그가 기뻐하실 때 황제와 왕과 다른 어떤 인물들의 마음을 여신다는 사실과 그런 계획들이 무néant로 끝나기를 원하지 않으신다는 사실을 기억하고, 자신이 할 수 있는 가장 건전한 양심으로 노력해야 할 것입니다.

나는 레슈를 통해서 그대의 소식을 듣게 되기를 바랍니다. 내가 위의 내용을 감히 쓴 것이라면 용서하십시오. 그대의 편지가 내게 기회를 준 것과 마찬가지로, 그대 역시 내가 오직 우리 주님 안에서 간직하고 또 항상 간직할 우정과 선한 의지로만 그렇게 했음을 확신할 수 있을 것입니다. 그대에게 나의 보잘것없고 애정 어린 충고를 한 뒤, 나는 주님께서 그대를 거룩하게 지키시고 모든 위로를 베푸시며, 또한 그대에게 필요한 그의 은총을 증대시켜 주실 것을 간구합니다.

9월 7일, 파리에서.

그리스도 안에서 그대와 지속적으로 형제와 친구가 되기를 바라는 이,

드 오몽.

82
칼뱅이 파렐에게

[1538년 9월 11일경], 스트라스부르에서 뇌샤텔로
CO, Xb, 246; Herminjard, V, 109; CSW, IV, 80

주님의 은혜와 평강이 진심으로 사랑하는 형제인 당신과 함께하기를!

바젤에서 떠나는 일이 너무도 황급하고 무질서해서 수많은 여행 보따리들 때문에 정신이 없었던 나는, 당신을 위해 남겨 놓겠다고 약속했던 편지를 가져오고 말았습니다.[1] 사실 그때 나에게는 편지를 더 빨리 쓰도록 재촉하는 존재가 없었습니다. 내가 [스트라스부르에] 도착한 지 3일 만에 전령이 나타났고, 다소 전달할 가치가 있는 일도 생겼습니다. 그러나 나는 내 편지를 그 편에 보내는 위험을 무릅쓰기가 두려웠기 때문에, 차라리 오늘까지 연기하는 편을 택했습니다.

부처는 쿤츠[2]가 우리가 예상했던 대로 답을 해 왔다는 사실을 숨기지 않았습니다.[3] 그가 그 편지를 내게 읽어 주지 않겠다고 말하는 유일한 이유는 쓸데없이 나를 화나게 할 생각이 없었기 때문입니다. 이 사실로 미루어 당신은 그 편지 안에 얼마나 가혹한 악의가 들어 있는지를 추측할 수 있을 것입니다. 부처는 늘 그랬듯 신중함으로, 내가 더 나쁜 스캔들을 야기하지 않고는 그냥 지나치지 못할 것임을 암시한 것입니다. 그러는 동안 술처[4]는 쿤츠의 예의가 마음에 든다며 칭찬을 했습니다. 왜냐하면 그는, 우리가 먼저 편지로 우리의 선한 의지를 설명한다면 우리와, 지금까지 우리에게 적의를 품은 그[=쿤츠] 및 시 의회 의원들 사이

---

1) 칼뱅이 스트라스부르에 온 것은 1538년 9월 초쯤이다.
2) Herminjard에 따르면, 원문에 쓰여 있던 이름은 베른의 목사 쿤츠였으나 베즈가 베른의 목사들의 비위를 거스르지 않기 위해 N으로 대체한 것이다.
3) CSW와 CO는 부처가 제네바 당국과 서신 교환을 해 온 것으로 보았으나, Herminjard는 그 대상을 베른의 목회자들로 보았다.
4) 이것도 원 편지에는 시몬 술처로 되어 있는 것을 베즈가 S로 바꿨다.

에 분명한 화해가 이루어질 것이라는 희망을 갖고 있기 때문[이라는 것]입니다. 그것은 아주 가소로운 일로, 부처는 말도 안 되는 것으로 여깁니다. 만약 그런 희망을 갖는다고 해도, 우리가 과연 어디에서부터 시작할 수 있을까요? 그들과 화해하려는 노력을 마치 우리가 그 분쟁의 장본인인 것처럼 해야 하나요? 그리고 [우리가 당한] 모욕을 어떻게 회복시킬지, 그 방법을 고려할 수는 있겠습니까?

나는 지나간 과실을 고치는 일이 너무 늦었다고 생각하지도 않지만, 그렇다고 미래를 위해 위해 무엇을 준비해야 할지도 감지하지 못합니다. 실로 우리가 하나님과 그의 백성 앞에서 인정할 수 있는 것은, 우리의 보살핌에 맡겨진 교회가 그렇게 슬픈 와해의 상태로 떨어진 것이 어느 정도는 우리의 경험 부족과 나태, 그리고 우리의 과실과 오류 때문이라는 점입니다. 그러나 속임수와 악, 부정직함과 비열함으로 이러한 파멸을 명백히 자초한 자들에 대해 우리의 결백과 무죄를 주장하는 것 또한 우리의 의무입니다.

우리는 우리의 미숙함과 부주의가 이런 종류의 예로 처벌됨이 합당함을 하나님과 모든 경건한 이들 앞에서 인정합니다. 하지만 나는 우리의 잘못으로 그 가련한 교회가 극도의 무질서에 빠졌다는 사실은 결코 인정하지 않을 것입니다. 왜냐하면 하나님 목전에서는 전혀 다른 것임을 우리 스스로 자각하기 때문입니다. 또한 아주 조그만 부분이라도 우리를 비난할 수 있는 사람은 아무도 없을 것입니다. 이제 제안된 방법대로 하면 우리가 조롱에 내맡겨진다는 것을 모를 사람이 누가 있겠습니까? 왜냐하면 우리가 다시 임명될 수만 있다면, 아무리 큰 불명예라도 그것을 피하지 않으리라고 외치지 않을 자가 아무도 없기 때문입니다. 하지만 내가 바라는 대로, 주님은 더 나은 길을 열어 주실 것입니다. 사실 부처가 편지 쓰기에만 전념한 것은 아니지만, 그들이 업신여기지 못할 정도의 권위를 가지고 있기에, 만약 그들이 조금이라도 부처에게 양보하지 않는다면 그는 무시당한 꼴이 될 것입니다.[5] 게다가 부처가 가진 최상의 희망은, 설사 그가 내년 봄 이전에 회의나 모임을 주선하지 못한다 하더라도, 그때까지 최소한 한 가지의 치료책은 찾아내리라는 것입니다.[6] 그러는 사이에 모든 것이 완전히 무르익도록 주님께서 섭리로 결정하실 것입니다.

---

5) 부처는 제네바에 방문한 적이 없으나, 베른의 위정자들과 목회자들에게는 큰 영향력을 행사했다.
6) 부처의 방안은 대회를 소집하는 일이었다. 이것이 N과 S가 베른 사람임을 입증해 준다.

주일날 이곳에서 설교를 했습니다.[7] 시민들이 있는 데서 모든 형제들의 동의로 부탁받았기 때문에 많은 청중들, 아니면 최소한 구경꾼들이 그곳에 있었습니다. 형제들은 이들 사이에 교회의 모습이 생기는 것을 보는 대로, 성찬식을 허락하고자 마음먹고 있습니다. 메스Metz에서는[8] 이미 모든 것이 참된 종교에 어긋나 있고 시 의회가 그것의 파괴를 맹세했습니다. 또한 목사들이 시 의회와 맹렬하게 결탁하자 재세례파 전염병이 발생하여, 말하자면, 새로운 유혹을 일으키고 있습니다. 그중 두 사람이 모젤Mosel[9]강으로 던져졌으며, 한 사람은 치욕적인 소인이 찍혀 추방되었습니다.[10] 여러 가지 근거를 통해 내가 추측할 수 있었던 바에 의하면 헤르만[11]의 친구였던 이발사가 그들 중 한 명입니다. 나는 이 교리가 그 도시에 있는 서민들 사이에 널리 퍼질까 염려하고 있습니다. 주님께서 당신과 그의 다른 종들을 보호하시고, 당신들을 통해 그의 사역을 이루어 나가시기를 바랍니다. 모든 사람들, 특히 당신뿐만 아니라 내 손님이기도 했던 토마[12]와 다른 이들[13]에게 안부 전해 주십시오.

칼뱅 올림.

---

7) 칼뱅은 9월 8일 주일에 스트라스부르에서 첫 설교를 했다. 당시 프랑스어 예배는 생-니콜라-오-종드 Saint-Nicolas-aux-Ondes 교회에서 드려졌다.

8) 칼뱅이 1534년 루이 뒤 티에와 함께 프랑스를 떠나 스트라스부르로 갈 때 거쳐 간 바 있는 메스 시는 이미 1523년에 새로운 복음 사상을 받아들였다.

9) 라인 강의 지류이다.

10) 이 사건은 8월 27일 화요일에 있었고, 칼뱅이 이 소식을 들은 것은 이 편지가 쓰인 날짜인 9월 11일경이다.

11) 헤르만Hermann은 1537년에 제네바에 재세례파 사상을 퍼뜨린 바 있다.

12) 토마 바르바랭Thomas Barbarin, 또는 토마 들 라 플랑슈Thomas de la Planche, 또는 토마 퀴니에Thomas Cunier. 이들은 모두 뇌샤텔의 목사들이었다.

13) 바젤에서 칼뱅과 파렐이 친절을 베풀었던 뇌샤텔 사람들을 말한다.

83
파렐이 칼뱅에게

[1538년] 9월 18일, 뇌샤텔에서 스트라스부르로
CO, Xb, 249; Herminjard, V, 115

매우 친애하는 형제 장 칼뱅에게, 스트라스부르로.

문안드리오. 그 형제가 부탁하는 것은 내가 많은 사람들에게 [그를] 설명하고 천거하지 않기 위함이오. 그대가 형제들 옆에서 충분히 활동하고 있지만 상황이 그렇기 때문에 간청도, 아무런 권면도 못하고 있소.[1] 우리 모두는 그대가 이곳에서의 목회 사역-우리에게 그토록 지극히 필요한-을 빼앗긴 채 멀리 떨어져 있는 것을 어렵게 견디고 있다오. 이스나르두스와 가스파르[2]는 현재의 설교자들[3]에 의해 제네바에서 추방되었소. 전자는 설교를 기록하는 동안 [추방] 문서에 의해 강제로 쫓겨났으며, 후자는 설교 후에 설교자들을 친절하게 만나러 가는 동안 그리되었소.

르콩트[4]를 우리와 떼어 놓은 모랑은 미쳐 날뛰며, 내가 이미 알고 있듯이 쿤츠에게 붙어서 도처에 [비방의] 불을 지르고 있다오. 그런데 나는 소르본 출신들[5]이 우리와 하나님의 교회에 얼마나 치명적인지를 들었소. 말씀 때문에 프랑스

---

1) Herminjard는 파렐이 스트라스부르로 갔던 그의 동생 고쉬에 파렐(서신 87 참고)을 천거했을 가능성에 대해 말한다.
2) 가스파르 카르멜[e]은 1535년 바젤에서 공부했고 제네바의 콜레주 드 리브에서 소니에의 보조 교사였다. 이스나르두스Isnardus는 프랑스 도피네 출신 에나르 피숑Eynard Pichon을 지칭하는 바, 그 역시 콜레주 드 리브의 또 다른 보조 교사였다. 두 사람은 설교자들을 공공연히 비난하고 부활절과 성령 강림절에 성찬식의 협조를 거부했다는 이유로 추방되었다(Herminjard).
3) 제네바에 세워진 4명의 설교자에 대해서, 서신 80 참고.
4) 그랑송에서 목회하던 장 르콩트 드 라 크루아를 말한다.
5) 이 말로 파렐은 소르본 박사 출신인 피에르 카롤리와 장 모랑을 지칭하고 있다.

에서 이곳으로 온 경건한 사람이 있었소. 그는 부인과 함께 르콩트의 곁에서 지 냈다오. 그가 죽은 후, 르콩트의 부인과 뜻이 잘 맞지 않았던 그의 부인은 모랑 과 더불어 또다시 제네바로 갔소. 최근 모랑은 그녀의 품에서 지내면서 전대에 손을 댔다가 붙들렸는데, 매우 수치스럽게도 상을 당한 다른 부인과 함께 있는 채로 그리됐다오. 그는 이것이 더 나쁜 쪽으로, 즉 프랑스의 관례대로 처리되지 않도록 청했소. 이 추잡한 설교자는 목회 사역을 더럽힐 뿐 아니라 자신의 수치 인 프랑스를 언급하고 있소. 다른 설교자들[6] 역시 자신들에 대해 말[문제 제기] 하는 사람들에게 터무니없는 요구를 한다오.

훌륭한 인물인 레포라리우스[7]는 역시 경건한 부인과 함께 가난한 자들을 돌 보는 일에서 격려되고, 대신 낭비자인 마그니누스가 그를 대체했소. 이 사람은 그대도 그가[제분 업자에게 진 외상]-우리가 증명하지는 못했지만-에 대해 알 고 있듯이, 그의 외상을 대신하는 위탁물들을 [이런] 불행한 사람들에게 임대해 맡길 정도가 될 때까지, 아버지와 부인과 처제의 적지 않은 재산을 탕진했소. 누 구도 그가 가난한 자들에게 보인 태도보다 더 고약한 태도를 가질 수는 없을 것 이오. 이미 모든 집이 망했소.

학교[8]는 반쪽이 되었고, 그 사제[9]가 좀 더 많은 수를 갖게 되었소. 붕괴 행위 가 일어났고 또 여전히 날마다 일어나고 있는 학교에는 때로는 도시의 수장들 이, 때로는 양 떼[학생]가 아닌 양육하는 자[교사]들이 [학교를] 철저히 파괴하지 못하도록 다른 일부 교사들[10]이 그만두지 않고 남아 있소. 그 사람[11]은 제네바 사 람들에게 매우 훌륭한 결의 사항을 써 보냈소. 윤곽이 세워졌다오. 재세례파는

---

6) 모랑보다 먼저 임명된 제네바 목회자들은 자끄 베르나르, 앙리 드 라 마르, 앙투안 마르쿠르이다.

7) Leporarius(L). Herminjard는 불어명으로 Leverier 또는 Levet를 제안하지만 정확히 누군지는 모 른다.

8) 콜레주 드 리브를 뜻한다. 시 정부는 이 학교를 둘로 나누었는데 남아 있는 쪽은 교장 소니에가 주도 했다(Herminjard).

9) rassus는 사제를 의미하며 여기서는 이전 교장이었던 장 크리스탱Jean Christin을 지칭하는 바, 이 사람 이 되돌아와서 분리된 다른 학교를 맡았다(Herminjard).

10) 추방된 두 명의 보조 교사 외에 다른 교육자들은 앙투안 소니에, 마튀랭 코르디에, 애베르 페콜레이 다. 파렐과 칼뱅을 대신한 사람들은 어쩌면 앙드레 제베데와 장 콜라쉬Jean Collassus일 것이다 (Herminjard).

11) Herminjard는 이어지는 문장을 통해 이 사람을 피터 쿤츠나 시몬 술처로 추정한다.

날마다 그들의 설교를 들으며[12], 도처에서 미사가 읊어지고 있소.[13] 모든 것이 뒤집어졌고 더 나빠질 수도 있소. 설교자들은 자신들의 유죄를 증명하는 자들을 그만큼 많이 옹호한다오.[14]

나는 이 부분에서는 그대가 이곳에 없는 것을 다행이라고 여긴다오. 왜냐하면 그 많은 불결함이 전해지지 않는 다른 장소가 있는 한, 그대는 그들에 대해 아무 말도 듣지 않을 수 있기 때문이오. 그리고 다른 교회들[15]이 무너지고 있소. 할 수 있는 한 모든 형제들을 권고해 주시오. 모두에게, 특히 카피토와 부처, 그리고 페드로투스[16], 피르미우스[17], 슈투름[18]에게 안부 전해 주시오. 형제들이 그대에게 문안한다오.

[1538년] 9월 18일.

파렐 드림.

---

12) 일부 제네바 사람들이 재세례파의 입장을 채택했지만 당시 제네바에서 행해지던 그들의 비밀 집회에 대한 내용은 알려져 있지 않다.

13) 파렐은 아마 도시 밖에서 은밀하게 거행된 가톨릭 미사 행위를 언급하고 있는 듯하다.

14) 위에 언급된 모랑의 사례를 참고할 것.

15) 제네바 인근의 시골 교회들을 말한다.

16) 스트라스부르 아카데미의 그리스어 교수 자끄 브드로²를 말한다.

17) 서신 71, 각주 15 참고. 여기에서는 이 이름이 부처와 동시에 언급되고 있기 때문에 스트라스부르의 목사였던 앙투안 피런일 가능성이 크다.

18) 스트라스부르 아카데미 학장인 요한 슈투름을 의미한다.

84

칼뱅이 제네바 교회에[1]

1538년 10월 1일, 스트라스부르에서
CO, Xb, 250; Herminjard, V, 121; CSW, IV, 82

제네바 교회가 분산되어 남은 자들인 우리 주 안에서 사랑하는 형제들에게.[2]

우리 하나님 아버지의 사랑과 우리 주 예수 그리스도의 은혜가 성령의 교통하심으로 그대들에게 항상 넘치기를!

내 형제들이여, 지금까지 나는 우리 양쪽을 위해 일을 떠맡았던 우리의 형제 파렐의 편지들[3]이 그대들을 만족시킬 수 있으리라는 희망 속에서 그대들에게 편지하는 일을 삼가려 했습니다. 또한 나는, 우리가 그대들을 끌어들여 편파적으로 만들려 한다고 중상모략하기 위해 어떻게든 기회를 찾는 자들에게, 가능한 한 나쁘게 말할 기회를 주지 않으려 했습니다. 하지만 나는 결국 내가 그대들을 향해 항상 간직하고 있는 사랑과 우리 주님 안에서 내가 갖는 그대들에 대한 기억을 보이기 위해서, 그것이 내 의무이기도 하지만, 그대들에게 편지를 쓰지 않을 수 없었습니다. 또한 지금까지 나를 어느 정도 제지시켰던 염려도 이제 더 이상은 나를 방해하지 못할 것입니다. 왜냐하면 나는 우리를 비방하기 위해서 악한 이들이 갖다 붙이는 구실이 너무도 하찮고 공허한 것임을 잘 알고 있기 때문입니다. 우리가 그대들 가운데 머물렀던 그 시간 동안, 그대들 모두가 선한 연합

---

1) 본래의 프랑스어 편지 묶음에는 없으며, 베즈의 라틴어 번역에 첨가되었다.
2) 칼뱅은 스트라스부르에서 망명자들의 교회의 목사가 되었고, 가장 중요한 신학 작품에 몰두하고 있었지만, 그의 활동은 이 편지에서 이야기되고 있는 주제들에 대해서 전혀 제한을 받지 않았다. 그러나 자신의 시간과 의무를 주장하는 가운데서도 그의 관심은 이전에 목회자로 있었던 제네바 교회, 곧 힘겨운 망명 생활 속에서 편지로 간곡히 권고하고 위로했던 '분산되어 남은 자들'에게 향해 있었다.
3) 1538년 6월 19일(Herminjard, V, 33)과 8월 7일(Herminjard, V, 73)의 편지들을 말한다.

과 합의 속에 함께 있음을 잊지 않도록 하기 위해 우리의 모든 노력을 기울인 것에 대해 하나님이 그의 심판 앞에서 우리와 그대들의 양심의 증인이 되어 주실 것입니다. 자신들의 분파를 만들고 이끌어 가기 위해서 우리에게서 분리를 했던 이들이, 그대들의 도시에서와 마찬가지로 그대들의 교회에도 분리를 가져왔습니다. 우리는 그 흑사병의 시작을 보면서, 우리가 섬기는 하나님 앞에 있는 것처럼 그 치료법을 찾으려고 충실하게 있는 힘을 다했습니다. 따라서 지난 과거는 그들의 비방에서 우리를 면제시켜 줍니다. 이제 그대들과의 교통 속에서 그대들이 우리를 기억할 수 있는 어떤 동기를 준다고 해서, 그것이 우리를 비난케 할 수는 없을 것입니다. 왜냐하면 오직 하나님의 소명을 통해서 일찍이 그대들과 연결된 것이라는 우리의 확신이 하나님 앞에서 보장되기 때문입니다. 따라서 그런 관계를 끊는 것은 인간의 힘에 속하지 않음에 틀림없으며, 우리가 이전에 처신했던 것처럼 우리는 주님의 인도하심을 따라 우리가 소요와 분열의 원인이 되지 않도록 처신하기를 바랍니다. 다만 예수 그리스도와 그의 모든 백성들을 대적하여 공모하여 주의 종들과 어떤 화합도 허락할 수 없는 자들과는 예외지만 말입니다. 사실 우리의 선한 구주께서 그런 류의 사람들에게 수치와 모욕이 될진대, 하물며 우리의 영혼과 육체에 새겨진 그의 자국을 지녀야 할 우리는 무엇이 될 수 있겠습니까? 그러나 우리의 선하신 스승께서 인간들을 억제하기 위해서 오신 것이 아니라 오히려 모든 이들이 막힘없이 다닐 길이 되시기 위해 오신 것처럼, 우리의 위로란 우리가 그들에게 어떤 원인도 만들어 주지 않는 것입니다.

사랑하는 형제들이여, 내가 듣기로, 주님의 손길이 언제나 항상 그대들에게 임하고 계시고, 주님의 정당한 허락을 통해 악마가 그대들 사이에서 시작된 교회를 파괴하려고 끊임없이 애쓰고 있기 때문에, 그대들에게는 직무에 대한 권면함이 필요합니다. 그것은 그대들을 괴롭히고 신음케 하는 사람들에게 있는 사악함이 어떤 것이든 간에, 이 공격이 그들에게서 오는 것이 아니라, 그대들을 공격하는 도구로써 그들의 악의를 이용하는 사탄에게서 오는 것임을 인식하고 숙고하라는 것입니다. 사도가 우리에게 권면하는 것이 바로 이것인 바, 그는 우리의 전투가 혈과 육, 다시 말해 사람들에 대한 것이 아니요, 하늘의 권세들과 어두움의 세상 주관자에 대한 것이라고 말합니다[엡 6:12]. 어떠한 방법으로 적에게 저항해야 할지를 알기 위해서 적을 아는 것이 얼마나 중요한 것인지 그대들은 알고 있습니다. 만약 우리가 사람들과 싸우는 데만 머물러서 그들이 우리에게 행하는 부당함에 대한 복수와 보상만을 생각한다면, 우리가 승리할 수 있을지 의심해 봐야 합니다. 아니, 오히려 우리가 악마에 의해 정복될 것이 확실합니다. 반대로 만약 우리가 예수 그리스도의 적이라는 이유로 그들을 반대자들로 삼을 수밖에 없는 경우 외에, 사람들과 어떤 싸움도 하지 않으면서 주님께서 그의 백성을 무장시키시고자 하는 무기로 확실하게 무장하여, 영적인 적의 음모에 저항한다면 우리는 우리가 유리하게 되지 못할까 염려해서는 안 됩니다. 내 형제들이여, 그렇기 때문에 만약 그대들이 진정한 승리를 추구한다면, 악에 대해 유사한 악으로 싸우지 말고 모든 악한 감정을 벗어 버린 채, 오직 하나님의 말씀의 규칙에 따라 그의 영으로 절제된 하나님의 열심으로 인도함을 받으십시오.

게다가 그대들은 이 일이 주님의 허락 없이 그대들에게 생긴 것이 아님을 생각해야 합니다. 주님은 그분의 선하신 뜻의 계획에 따라 불의한 자들을 통해서도 일하시는 것입니다. 이제 이러한 생각이 적으로부터 돌이켜 그대들이 자신들을 성찰하고 살피게 하되, 그대들의 태만과, 그대들 가운데 존재하는 하나님의 말씀에 대한 경멸 또는 무관심, 그리고 그의 말씀을 따르고 또 그에게 올바르게 순종하는 데 있어서의 게으름을 책벌하기 위한 그런 시찰을 받기에 얼마나 합당했는지를 알게 해 줍니다. 왜냐하면 그대들은 어쨌든 많은 잘못을 저지르지는 않았다고 변명을 할 수 없으며, 비록 사람들 앞에서 다소간 그대들의 정당함을 밝힐 수도 있겠지만, 그러나 하나님 앞에서 그대들의 양심은 책임을 느낄 것이기 때문입니다. 하나님의 종들은 자신들의 고난 속에서 이런 식으로 행했습니다. 다시 말해서, 고난들이 어디서 그들에게 찾아오든지 간에, 그들은 주님이 그들에게 이처럼 고통을 주는 원인이 자신들 속에 있음을 충분히 인정하면서, 항상 돌이켜 하나님의 손길과 자신들의 죄를 생각했습니다. 다니엘은 오로지 자신의 탐욕과 오만, 그리고 잔혹함을 만족시키기 위해서 하나님의 백성들을 말살하고 분산시킨 바빌론 왕의 악함이 어떠했는지, 그리고 그들을 부당하게 억압하는 그의 불의가 어떠했는지를 잘 알고 있었습니다. 그럼에도 불구하고 그는 바빌론 사람들이 주님의 허락 없이는 그들을 거슬러서 아무것도 할 수 없었기 때문에, 그 일차적 원인이 그들 자신 안에 있음을 보면서 올바른 순서를 따르고 지키기 위해, 먼저 자신의 잘못과 이스라엘 왕들 및 그 백성의 잘못을 고백하는 것으로 시작했습니다[단 9:8-9].[4] 선지자가 이처럼 자신을 낮출진대, 그대들은 얼마나 더 자신들을 낮출 필요가 있는지를 생각하십시오. 또한 하나님의 긍휼을 얻기 위해 이렇게 하는 것이 그에게 필요했을진대 그대들의 경우, 선지자의 잘못보다 더 큰 그대들의 잘못을 전혀 인식함이 없이, 그대들의 적들을 비난하는 데 집착하는 것이 얼마나 눈먼 짓인지를 생각하십시오.

우리들에 대해 말해봅시다. 우리를 짓누르려 하는 모든 불의한 자들과 중상모략자들에 맞서 우리의 명분을 토의하는 것이라면, 나는 우리의 양심이 하나님 앞에서 대답하기에 순수할 뿐만 아니라 모든 사람 앞에서도 무죄를 증명할 것을 충분히 갖고 있다고 여깁니다. 우리는 우리에게 강요하려 했던 모든 것들에 대해 우리의 적대자들 앞에서 대답할 기회를 줄 것을 요구했을 때, 충분히 이런 확신을 입증했습니다. 누구든지 선한 명분 외에 다른 모든 점들에서 열등한 상태에 처할 때를 대비해 자신을 정당화하기 위한 모든 준비를 잘해야 할 것입니다. 하지만 하나님 앞에 출두하는 문제라면, 나는 그가 우리를 이런 식으로 겸비하게 하사, 우리로 하여금 우리의 무지와 경솔, 그리고 나 자신의 여러 가지 약점들을 인정하게 하심을 의심하지 않으며, 나는 그것들을 난관 없이 주님의 교회 앞에서 고백합니다. 이렇게 함으로써 우리가 우리의 적들을 이롭게 하지나 않을까 두려워해서는 안 됩니다. 사실 다니엘은 이스라엘 백성들이 느부갓네살의 폭정하에서 당하는 압박을 그 백성의 죄로 돌림으로써 그 왕의 죄를 정당화하지 않았고, 오히려 그 왕이 마귀나 그 졸개들의 경우처럼, 하나님의 진노의 재앙과도 같음을 지적함으로써 그를 황당하게 만들었습니다[단 9:8-9]. 우리가 우리의 명분을 비난과 치욕에 굴복시키는 것보다 더 큰 위험은 없습니다. 왜냐하면 우리가 우리를 드러내어 모든 교회 앞에 만족을 주고, 또 올바르고 신실하게 맡은 바 직무를 이행했음과 날마다 그렇게 행함을 보이는 것이, 그들로 하여금 우리를 물어뜯고 비방하라는 신호는 아닌 것입니다. 그리고 설사 우리가 그들로 하여금 (그들 중 어떤 이들은 그들의 무절제한 성격뿐만 아니라 진짜 광기에 도취되어 있기 때문에) 우리를 비방하지 못하게 할 수 없다 해도, 우리는 주님께서 우리의 결백함을 새벽별같이 드러나게 하시며 우리의 정당함을 해와 같이 비치게 하실 것이라는 약속이 우리에게 주어졌음을 알고 있습니다. 비록 주님의 의에 대해선 많은 책임이 우리에게 있지만, 불의에 대항해 싸우는 경우에는 언제

---

4) 동일한 성구가 서신 81(각주 4)에도 인용되고 있다.

라도 이 확신을 담대하게 지닐 수 있습니다.

주님은 우리가 당하는 굴욕과 배척 속에서도 우리를 버리지 않으실 것이며, 넘치는 위안을 주사 우리를 붙드시고 강건케 하실 것입니다. 심지어 주님이 자신의 종들에게 보내는 징계는 그들이 그것을 잘 받을 수 있는 경우, 그들의 행복과 구원을 위한 것이라고 성경에 말씀하셨을 때, 우리는 이미 그것을 지금 갖고 있는 것입니다. 사랑하는 형제들이여! 비록 불의한 자들이 온 힘을 다해 그대들의 교회를 분쇄시키려 한다 하더라도, 비록 그대들의 과실과 죄가 더 이상 그대들을 견딜 수 없게 한다 하더라도, 우리 주님께서 그가 보낸 징계를 그치고 그대들에게 구원을 가져다주리라는 이 위안으로 다시 돌아오십시오. 교회를 향한 주님의 진노의 목적은 오직 교회를 올바르게 하기 위한 것이기 때문에, 잠깐일 뿐이라고 선지자는 말합니다. 반면에 그의 긍휼은 미래의 후손들에게 이르기까지 영원합니다. 왜냐하면 이 긍휼은 아버지들에게서부터 자손들에게까지, 자손의 자손에게까지 이르기 때문입니다[출 20:5-6; 신 5:8-9]. 그대들의 적들을 보십시오! 그들의 모든 길이 혼란으로 향하고 있음을 그대들은 분명히 발견할 것입니다. 그들의 계획은 한계에 달한 듯 보입니다. 그러므로 잠시 동안 그대들을 낮추는 것이 주님을 기쁘게 하는 것이기 때문에 낙담하지 마십시오. 또한 이것은 성경이 증거하고 있는 내용과 다르지 않습니다. 즉, 주님은 비천하고 멸시받는 자를 먼지 속에서 일으키시고 가난한 자를 쓰레기 더미 속에서 일으켜 세우시며, 비애와 눈물 가운데 있는 자들에게 기쁨의 관을 건네주십니다. 또한 암흑 속에 있는 자들에게 빛을 주시며, 죽음의 그늘에 있는 자들에게 생명을 불어넣으십니다. 그러므로 이 선한 하나님께서 출구를 주사 그대들에게 그를 찬양하고 그의 관대하심을 찬미할 기회가 주어지기를 바라십시오. 이 소망 가운데서 위로를 받고 강건하여 그의 손이 치유하실 때까지 참을성 있게 인내하되, 그가 그대들에게 자신의 은혜를 보여 주는 것을 기뻐하실 때까지 하십시오. 아마도 이 은혜는 우리가 그의 섭리에 모든 것을 맡길 수 있게 될 때, 충분히 빠르게 임할 것입니다. 하나님의 섭리는 시기의 적절함을 알고, 우리가 인지하는 것보다 더 우리에게 적합한 것이 무엇인지 잘 알고 있습니다.

무엇보다도 간구와 기도로 깨어 있도록 주의하십시오. 사실 그대들의 모든 기대가 마땅히 그래야 하듯이 하나님께 있다면, 그대들의 마음이 부지런히 하늘을 향하여 그에게서 바라는 그의 긍휼을 간구하고 탄원해야 함은 당연한 것입니다. 만약 그가 그의 자녀들이 원하는 것을 미루고 그들의 필요에 즉시 도움을 보여 주지 않는다 해도, 그것은 그가 그들을 각성시키고 그들로 하여금 은총을 간구하도록 하기 위해서라는 것을 이해하십시오. 어쨌든 우리가 기도를 통해 우리의 피난처를 찾으면서 그에 대한 신뢰를 입증하지 않는 한, 우리는 그를 신뢰하는 것을 헛되이 자랑하는 것입니다. 게다가 우리가 기도하는 일을 끊임없이 지속하지 않는다면, 우리의 기도 속에 그에 합당한 열심과 뜨거움이 없는 것이 확실합니다.

　나는 주님께서 그대들을 이런 고난에서 연단하시는 동안 모든 위로로 튼튼케 하시고, 충분한 인내로 붙드시며, 그의 종들에게 하셨던 약속—곧 견딜 수 없을 만한 시험은 하지 않으시고, 고통과 더불어 구원의 힘과 결과를 주시리라는 것—에 대한 소망 가운데서 굳게 하시기를 기도드립니다.

1538년 10월 1일, 스트라스부르에서.

그대들의 형제요 주님의 종, 장 칼뱅.

85
칼뱅이 앙투안 뒤 피네[1]에게

1538년 10월 1일, 스트라스부르에서 [빌-라-그랑으로]
CO, Xb, 255; Herminjard, V, 126

하나님 아버지와 주 예수 그리스도의 은혜와 평강이 그대와 함께하시기를 기원합니다.

그대의 편지[2]의 내용이 길기 때문에 더 긴 답장이 요구됩니다. 나는 이미 이러한 답장을 쓰기 시작했고, 뜻밖에 이 배달부를 만나지 않았더라면 그렇게 했을 것입니다. 왜냐하면 내 편지는 프랑크푸르트에 이어 곧 리옹에서 장을 열게될 상인들을 통하는 것보다 그[배달부]를 통하는 것이 더 빨리 도착할 것이기 때문입니다.[3] 아무튼 분주함에서 벗어나 시간이 나는 대로 각각의 주제에 답을 할 것입니다. 내가 대부분의 시간을 우리 형제에게 쏟지 않아도 된다면 충분한 시간이 있을 것입니다. 그는 자신에 관한 일을 처리하기 위해 우리 쪽으로의 여행을 받아들였습니다.[4]

[1] 마술사들에 관해[5] 나는 어떤 것도 그들의 몸을 실제의 변화된 상태로 지속하게 해 주지 않는다는 사실에 대해 의심의 여지없이 그대에게 동의합니다.

---

1) 앙투안 뒤 피네²는 칼뱅이 오를레앙에서 공부하던 시절부터 알고 지낸 사람이다. 1533년경 그는 파리에서 요한 슈투름의 강의를 들었고, 1537년에 스위스로 숨어 들어온 것으로 추정된다. 이 편지는 그가 제네바에서 얼마 떨어지지 않은 빌-라-그랑Ville-la-Grand에서 목사로 있었음을 알려 준다.

2) 이 편지는 분실되었다.

3) 프랑크푸르트의 가을 장은 9월 22일에 끝났고, 리옹의 가을 장은 11월 3일에 시작되었다.

4) 이 인물은 기욤 파렐의 동생인 고쉬에 파렐로 보인다. 1538년 9월 19일 자 베른 공문서에는 "빌헬름[폰 퓌르스텐베르크] 백작과 스트라스부르 사람들에게로 가는 추천서를 파렐에게 맡기다."라고 기록되었다. 여기서의 파렐은 9월 18일에도 여전히 뇌샤텔에 있었던 기욤 파렐이 아니다. 게다가 이 시기에 그에게는 스트라스부르 여행 계획이 전혀 없었다(Herminjard).

5) praetigiatores와 조금 밑에 나오는 incantatores라는 말은 당시 사부아와 불어권 스위스 지역에 무수히 많았던 마술사들을 지칭한다. 이들은 이단으로 여겨진 종교적 분리주의자들과는 관계가 없다.

나는 뱀의 모습을 드러냈지만 모세에게 지팡이라고 불렸던 [이집트의] 마술사들의 지팡이[출 7:10-13]와는 다른 변형이 그들[마술사들]에게 있다고 생각하지 않습니다. 이로써 우리는 이 사람들이 실제로 어떤 것을 보여 주었다기보다 구경하는 사람들의 눈을 현혹시킨 사기꾼임을 알게 되었습니다. 모세가 그때 실제로 만들어 낸 뱀이 그 이름[지팡이]으로 불리는 것도 장애가 되지 않습니다. 왜냐하면 만약 뱀 한 마리가 이 지팡이들을 삼켜 버렸다고 한다면 이 표현은 썩 적절한 표현이 못될 것이기 때문입니다. 모세는 사탄의 속임수를 분쇄시키려는 하나님의 능력을 보여 주려 했기 때문에 하나님의 팔을 통해서보다 어떤 도구를 통해 자신이 승리를 획득한 것처럼 보이게 하지 않으려고 사물 가운데 본래의 유사성을 강조하려 했을 것입니다. 양쪽에서 실제 변화가 일어났다면 그는 오히려 뱀에 대해 말할 수도 있었을 것입니다.

그러나 실제로, 사람들이 비난하고 또 그들도 인정하는 그런 악한 마법이 그들에 의해 행해지는 것 자체가 진리에 모순되지는 않습니다. 사탄의 왕국은 곳곳이 심연과 같이 깊고 짙은 암흑으로 덮여 있기 때문에 그의 속임수가 그의 점쟁이들에게까지 미친다는 것은 놀라운 일이 아닙니다. 이것은 다음과 같이 이해될 수 있습니다. 즉 마귀는, 자신에 대한 불행한 섬김에서 가난하고 미천한 백성들을 유혹하기 위해 악용하는 그 사람들에게 갖가지 요술을 부려서, 그가 그들에게 하도록 명령한 모든 것에 그들이 맹목적으로 덤벼들게 합니다. 이처럼, 그들의 마음속에 욕망을 불러일으키는 마귀가 또한 그들에게 그 권능을 줌으로서, 이들은 맹렬한 열의에 자극받아 아이들뿐만 아니라 다른 사람들의 가축들에게까지도 마법을 걸도록 하는 일이 일어날 수도 있습니다. 이러한 악한 마법을 확인하기 위하여[6] 그들이 이상한 형상을 취했는지, 아니면 그들이 갖가지 속임수 밑에 감춰진 채 외형상으로 변화했는지는 문제가 되지 않으며, 이들이 자신의 범죄 시행을 위해 마귀에게 자발적으로 헌신했다면 그것으로 충분합니다. 그렇지만 [이 경우] 사탄이 모든 만물의 창조자로서 정말 무언가를 창조할 수 있다고 믿는 것이 인정되어야만 할 것입니다. 마귀가 행하는 기적들은 단지 실체가 없는 유령처럼 간주해야 될 수도 있습니다. 이 기적들이 때로는 모든 개연성을 능가할 만큼 놀라운 것이라 할지라도, 이런 식으로 어리석은 눈들을 멀게 하거나,

---

6) 어쩌면 앙투안 뒤 피네는 마술인지 아닌지 확인하기 위한 목사의 판단에 대해 칼뱅에게 물었을 것이다.

더 나아가 맹목적으로 희롱하는 것이 암흑의 지배자에게 어렵지 않다는 것을 우리는 염두에 두어야 합니다. 왜냐하면 불신자들만이 그들을 속이는 자들에게 틈을 주기 때문입니다.

마법사가 중얼거리는 주문과 낯선 말들이 믿는 사람에 대항하여 무엇을 할 수 있는지는 다음에 열거하는 것으로부터 추론할 수 있습니다. 그대가 스스로 악마의 허영심에 복종하도록 자신을 더럽히지 않는다면, 그것들[주문]은 공허한 하나의 환영일 것입니다. 우리는 이 주문들이 순전히 거짓말이며 확실히 진리보다 더 큰 능력을 발휘하지 못한다는 것을 알고 있습니다. 우리는 임의의 진리들에 대하여 말하는 것이 아니라, 주 하나님께서 우리의 죄를 사해 주심과 중생, 그리고 영생을 얻게 해 주심, 즉 그리스도 자신을 주시겠다고 하신 언약을 말하는 것입니다. 만일 사람들이 그 약속들을 아무런 의미 없이 말하거나 듣는다면 그것이 무슨 가치가 있겠습니까? 냄비들과 접시들이 서로 부딪쳐 소리가 나는 것에 지나지 않습니다. 성례에서 말씀의 효력은 말해졌기 때문에 나타나거나 존재하는 것이 아니라, 그것이 믿어짐에 있다는 아우구스티누스의 말은 참입니다. 우리가 어리석은 희롱과 광기보다 더 하찮은 능력을 하나님의 말씀에 전가시킨다면, 우리는 하나님의 말씀에 심한 모욕을 가하는 것입니다. 때문에 우리는 우리의 사람들[성도들]이 스스로 마귀의 천박함에 매혹되는 데에 자발적으로 가담하지 않도록 경고해야 합니다. 왜냐하면 우리는 주님께서 자신의 종들에게 사탄의 모든 책략과 또한 이러한 어리석은 희롱으로부터 해방시켜 주시겠다고 설명하신 수많은 언약들을 지니고 있기 때문입니다. 우리가 시편 99편을 제대로 마음에 담고 있다면, 이것은 모든 무서운 일로부터 우리를 확실히 안전하게 지켜 줄 것입니다. 만약 누군가가 욥이 사탄에게 무자비하게 괴롭힘을 당했다고 우리에게 이의를 제기한다면, 사탄도 자신의 거룩함에 대한 징계나 시험하기 위한 그분의 채찍이라는 것을 부인하지 않을 것입니다. 그러나 경건한 마음을 가진 자들은 이것이 사탄과 아무 관계가 없다는 것을 압니다. 왜냐하면 그들을 복종하는 도구로서 이용할 때에도 오로지 하나님의 예지가 역사한다는 것을 인식하고 있기 때문입니다.

[2] 일부다처제는 수다쟁이 형제들이 반대자도 없이 토론을 하면서 매우 매력적인 것으로 제시하는 것입니다. 그들의 오류를 거부하기 위해서는 다음과 같이 행동해야 합니다. 먼저 사람들이 결혼의 성립에 관해서 생각하고, 그 성립으

로부터 현재의 결혼 형태를 이끌어 내어야 합니다.[7] 만일 그 혼인의 처음 성립의 상태에 머무를 필요가 없다고 그들이[재세례파] 항의한다면, 나는 여기서 성경의 규례를 따른다고 말할 것입니다. 바울은 고린도 교인들의 매우 타락한 성찬을 다시 정결하게 세우기 위한 노력에서, 처음으로 성찬의 성립을 정당하게 주장하고 있습니다. 바울은 그것을 통해 자신의 진정한 근원에서 벗어난 것은 잘못된 것이라 인정된다고 가정하지 않았습니까? 이처럼 그리스도가 부인에게 이혼장을 주라는 모세의 허용이 남성들의 정욕에 봉사하는 것이 되어서는 안 되며, 또한 이것을 근거로 훌륭한 부인들을 내보내서는 안 됨을 알리기를 원하셨을 때, 그리스도는 그것[모세의 허용]이 원래는 그렇지 않았다는 것 외에 다른 근거를 들지 않았습니다. 왜 결혼의 성립이 부인의 수[일부다처]에 대한 질문보다 이혼의 문제에 있어서 더 율법적인 가치를 지녀야 합니까? 따라서 그들은[재세례파] 주님의 입증을 경솔하다고 하거나(이 무슨 참을 수 없는 신성모독이란 말인가!) 혹은 우리로 하여금 같은 것을 행하도록 허용해야 합니다.

주 예수를 모범으로 삼아 나는 다음과 같이 논증합니다. 만일 사람이 근원적으로 법에 따라 자신의 부인과 결합되어 있기 때문에, 이혼하는 것이 사람들에게 허용되지 않는다면, 그는 그녀와 불가분의 공동생활을 가져야 합니다. 처음부터 그에게 다수가 아닌 하나의 배우자만 주어졌기 때문에 그에게는 다수의 부인을 동시에 취하는 것이 허용되지 않습니다. 주님께서는 수년 동안 예언하셨다는 것을 명백하게 드러내셨습니다. 모세의 글에는 이렇게 기록되어 있습니다. "사람이 독처하는 것이 좋지 못하니 내가 그를 위하여 그를 닮은 돕는 배필을 지어 둘이 한 몸이 되게 하리라[창 2:18]". 그[여호와]는 한 번에 둘이나 셋이 아니라 오직 둘을 하나로 만드셨습니다. 만일 주가 그것을 했다면, 그것은 아담에게서만 그리한 것이 아니고, 인류 전체에 관련된 것입니다. 주님께서는 두 배우자가 한 몸이 되는 것을 불가침의 율법으로 제정하신 것입니다.

우리는 결혼에서 법에 맞는 관행으로, 즉 그것이 우리에게 하나님의 말씀으로 확정되는 것처럼, 나아가야 한다고 나는 믿습니다. 바울은 말하기를, 간음 때문에 모든 남자들은 자신의 부인을 가지며 모든 여자들은 자신의 남편을 가져야 한다고 했습니다[고전 7:2]. 우리는 주님께서 모든 여성들에게 그 남편을 정하

---

7) 칼뱅이 여기서 목표로 하는 것은 일부 지역의 품행에 대해서 응답을 주기보다는 아마도 재세례파가 갖고 있는 일부다처 이론을 비판하는 일일 것이다.

심으로, 연약한 여자가 도움 없이 간음에 빠지지 않도록 하심을 봅니다. 그러나 주님은 간음을 피하기 위해, 남성들에 못지않게 여성들을 배려하고 있습니다. 우리는 또한 남자보다 여자가 더 적은 위험 속에 있는가 하는 것도 살펴야 합니다. 만약 부인에게 더 많은 위험이 닥친다는 것이 확실하다면, 주님께서 도움으로 남자에게 주었던 것을, 남자가 부인으로부터 빼앗는다면 그것이 어떻게 경건하겠습니까? 그러므로, 남자가 자신의 몸을 마음대로 주장하지 못하고, 여성이 주장합니다[고전 7:4]. 남편은 부인과 결혼한 그날부터 그녀에 대하여 자신의 몸에서 책임을 지며, 따라서 그는 후에 자신의 몸으로 다른 사람들과 함께해서는 안 됩니다. 하지만 만일 그가 그렇게 한다면, 그것은 정절을 깨뜨린 것입니다. 세 번째로 우리는 기록된 법으로 존재하는 일반적인 혼인에 관한 법에 대해 고찰해야 합니다. 이 혼인법 가운데 일부다처제를 변호하는 것은 없습니다. 모든 법은 오히려 한 명의 부인이 한 명의 남편을 가진다는 동일한 결론으로 귀결됩니다. 이 혼인법이 그 규정에 따라 결혼이 지속되도록 하는 데 기여하는 것이 명백하기 때문에 우리는 이 법을 열심히 지지해야 합니다. 이로부터 인간은 이 위험이 없이는 이 법에서 벗어나는 것이 불가하다는 결론이 납니다. 이제 적대자들의 이의에 대한 논박으로 넘어가는 것이 적합할 것 같습니다.

무엇보다도 이들은 우리에게 단 한 명의 부인과 결합하지 않았던 족장들의 예를 제시합니다. 성경이 이런 행위를 정죄함이 없이 보고하고 있기 때문에, 나는 저들이 죄를 지었을 것이라고 말하지는 않겠습니다. 그러나 우리는 그들에게도 어떤 이유가 있었다고 생각하고 그들의 입장을 어느 정도는 고려하고자 합니다. 족장들의 우두머리로서 아브라함은 일부다처를 하였습니다. 무엇 때문일까요? 아브라함이 영원한 축복에 대한 그의 믿음이 깃들었던 약속에 관여하는 것은 사실이며 또한 혼인의 법에 따라 의무가 있는 부인의 권고에 따른 것도 사실입니다. 또한 아브라함에게는 우리 세대에서는 자랑스러워할 수 없는 특별한 사유가 있었습니다. 아브라함은 자신의 후손을 일으키기 위한 방법을 찾으려 했고, 이 자손으로부터 구세주가 출현해야만 했습니다. 이삭은 첫 부인에게서 후손을 얻었고, 두 번째 부인을 얻지 않았습니다. 야곱에게는 특히 라헬과의 결혼 때문에 더 어렵습니다. 여인들이 부인의 위치를 취한다는 것은 언약의 성취 외에 다른 목적은 없었기 때문입니다. 그러나 라헬에게 있어서 원인은 다른 것입니다. 즉 야곱이 자신의 정욕에 굴복했습니다. 그러나 나는 감히 야곱의 이런 종류의 방종을 변명하려고 하지 않습니다. 우리는 그가 얼마나 벌을 받았는지를 압니다. 야곱은 두 부인 사이에서 그들의 계속되는 다툼과 불화로 인해 괴로움을 당해야만 했습니다. 그는 한 명의 부인과 조용하고 고요한 삶을 사는 것이 가능할 수도 있었을 것입니다. 이에 더하여 이 관행이 이 열조들에서부터 그 후손들에게까지 이르렀습니다. 나는 이러한 권리[일부다처]를 주장하는 것에 대하여 주저 없이 무절제하다고 이를 수 있습니다. 왜냐하면 솔로몬이 여러 명의 부인을 취했기 때문에 비난받는 것이 아니라 단지 그가 이방인을 멀리하지 않았기 때문이라고 말하는 것은 설득력이 없습니다. 왜냐하면 사람들은 법을 통하여 금지되는 것을 솔로몬이 정당하게 행하였다고 말하기를 원하지 않을 것이기 때문입니다. 주님께서는 왕들에게도 부인의 수를 늘리는 것을 금지시키셨습니다. 만일 솔로몬도 이 율법에 매어 있었다면, 사람들이 단지 비난의 소리가 누락되어 있다는 그 이유로, 그가 비난받을 행동을 하지 않았다고 주장할 근거는 없습니다. 이것이 우리의 결론입니다. 즉 거룩한 조상들은 그들의 후손에서 구세주가 나오리라는 것을 알고 있었기 때문에 공연히 언약의 완전한 성취를 볼 수 있는 자손을 얻으려고 하였기에, 그들에게 전혀 이유가 없는 것은 아니었습니다. 이러한 그들의 열망에 대하여, 주님께서는 특히 예외적인 상황들이 개입되는 곳에서 그들이 여러 명의 부인을 취하는 것에서 어떤 분명한 원인이 없이는 관대하게 허용하지 않았습니다. 그러나 이것이 특별한 특권이었으나 본보기로 받아들여져서는 안 된다는 것은 그들에 관련하여 성경은 거의 이름으로써 특별한 이유를 나타내는 데서 드러납니다. 후손들이 단지 아버지들을 닮았다는 것을 우리가 안다고 해서, 후자들의 사례가 우리를 강요해서는 안 됩니다.

마지막으로 만일 그리스도가 나오도록 처음 한때 허용되었던 것을 그리스도가 출현하신 후에도 행하도록 그들이 유혹하려고 해도, 그들은 증명할 수가 없습니다. 그들이 제시하는 사도의 발언[딤전 3:2; 딛 1:6]은 간단히 그들의 손을 뿌리칠 것입니다. 우리가 이 발언을 일부다처가 만연했던 바울의 시대와 관련시키면 어떻겠습니까? 만일 사람들은 유대 기독교인들 중에 다수의 남편들이 복수의 부인들이 있었고, 평소에는 거의 신경 쓰지 않았거나, 또한 그들이 주교로 선임되었을지라도 커다란 걸림이 되지 않았을 것이라고 말하려 하면, 반대해서 아무것도 말하지 않았을지라도, 사도는 적절하게 이를 막았을 것이다. 비록 다른 사람들이 한 부인의 남편이라는 말을 매우 강조하지 않고 단순하게 받아들였다고 하더라도, 바울은 주교에게 순결한 결혼을 요구했을 것입니다. 나는 나의 오랜 견해를 굽히지는 않을 것입니다. 나는 항상 이 말씀이 주교들에게 특별하고 비범한 순결함이 요구된다는 견해를 갖고 있습니다. 즉 이 말씀은 단 한 번 결혼한 자들을, 가능한 한 그러한 자들을 뽑으라고 규정하고 있습니다. 왜냐하면 대중들 중 다른 사람들이 실행할 필요가 없는 무엇이 주교에게 요구된다는 것이 불합리하지는 않기 때문입니다. 바울은 젊은 과부들이 재혼하도록 촉구하고 있습니다. 그러나 동시에 바울은 그들에게 정욕의 오점에 사로잡히지 않도록 재혼한 이들이 교회에 봉사하는 것을 허락하기는 원하지 않았습니다. 그가 주교에게서도 이러한 정욕의 오점들을 두려워한다는 것은 얼마나 놀라운 일입니까. 첫 부인이 사망한 후에 둘째 부인을 취한 자가 공직에 가까이 해서는 안 된다는 것은 더욱 아닙니다. 바울의 의도는 어떤 율법을 제정하려 한 것이 아니라, 단지 주교에게는 모든 미덕의 최고 형태가 요구된다는 것을 보여 주고 싶었던 것입니다.

이 사실이 보여 주듯이 어떤 것도 일부다처의 옹호자들을 지지해 주지는 않습니다. 그들이 논거를 빼앗겼다면 결혼의 순결을 가르치는 성경의 증거로 새롭게 그들에게 강요해야 하며, 일부다처설의 최초의 발기인이 누구였는지, 즉 라멕이라는 것[창 4:19]을 기억하며, 인류의 더 빠른 보급을 구실로 삼는 것조차 허용되지 않았기 때문에, 하나님의 종 가운데는 부인을 여럿으로 늘렸다고 언급되는 자는 어느 누구도 없었다는 것을 기억하는 것이 옳은 일일 것입니다. 그들은 이미 자연으로부터 두려워하는 방법으로 무엇인가를 배웠다는 것조차 결코 생각하지 못했습니다. 그리스도만이 유일하게 그에 대한 갈망에서 이 자연법의 한계를 넘어설 만한 가치가 있었습니다.

[3] 영혼 수면론에 대해 나는 당장은 아무것도 들려주지 못하겠습니다.[8] 왜냐하면 그 논박이 한 장의 편지로 요약되기에는 너무 길기 때문이며, 또 한편으로는 내가 그에 대해 삼 년 전에 쓴 책이 최근에 새로 출판되기를 바라고 있기 때문입니다.[9] 전에 그 책을 출판하지 말라고 충고한 부처가 이제는 내게 그것을 출판하라고 재촉하고 있습니다.

아무튼 나는 그대의 첫 요청에 부응하기 위해서 종종 그대에게 사적으로 편지를 쓰고자 했습니다. 나는 어떻게 해서 선한 내 의지에 맞는 기회가 주어지지

---

8) 여기에서도 칼뱅은 재세례파의 교리와 관계한다. 앙투안 드 피네는 이 특별한 오류에 대해서도 프랑스 개혁자에게 질문을 했을 것이다.

9) 칼뱅의 첫 신학 작품인 〈영혼 수면 논박〉은 1534년 오를레앙에서 쓰였다.

않았는지 모르겠습니다. 내가 형제들에게 공식적으로 아무것도 쓰지 않은 것은 고의에서였습니다. 즉 나는 갖가지 비방으로 과장되지 않고서는 내게서 어떤 말도 나올 수 없다는 것을 추측했을 뿐만 아니라 거의 눈으로 보았기 때문에, 침묵을 통해 적대자들의 악한 혀를 무기력하게 하려고 결심했습니다. 이로써 형제들의 동의를 얻어 낼 수 있으리라는 것을 결코 의심하지 않았습니다. 그러나 그들은 이제 만족하지 못할 것이기 때문에 나는 그들에게 하나님을 믿는 이유에 대해 씁니다. 그대의 동료들에게[10] 불평의 편지를 쓰도록 나는 나 자신에게 강요하지 않습니다. 내게는 교회의 평화가, 교회가 나로 인해 방해 받는 걸 보고 싶은 것보다 더 가치가 있습니다. 만약 고소들이, 내 고발인의 인격적 가치가 어떠한 의미를 지닐 정도였다면 나는 아마 행동했을 것입니다. 그러나 나의 침묵과 인내로 인해 내 공직에 치욕이 가해지는 것에 충분치 않다면 행동하지는 않을 것입니다. 하지만 내가 이런 수다쟁이들을 억제시키기 위해 노력한다고 해도, 이 논쟁의 결말을 보지는 못할 것입니다. 가스티우스[11]와 같은 사람들이 극도로 확실한 조롱을 하지 않도록 내게는 그들을 지지하거나 옹호할 충분한 근거나 자격도 부족하지 않으며, 또한 중요한 권위를 갖는 명백한 동의에서는 아니지만, 우리의 논쟁을 보는 관객들의 호의가 내게는 부족하지 않다는 것을 그들은 알아야 합니다. 내가 나 자신에게 제 권리에 따라 행동하도록 허락했다면, 그리고 그리스도와 그의 교회 앞에서 경외심을 억제하지 못했다면 그들은 자신들의 어리석은 뻔뻔스러움이 어떤 결과를 가져올 것인지 느껴야 합니다. 다른 면에서 보면 나는, 내가 주 하나님 앞에서의 내 양심의 증거와 교회의 판결에 불만족해서 우둔한 동무들의 목쉰 비명처럼 소음을 발한다면, 당연히 좋은 사람들에게는 언쟁을 좋아하는 것으로 보일 거라고 생각합니다. 우리는 교회의 심판 앞에 우리의 문제를 가지고 가는 것에 주저하지 않음으로, 경솔한 동무들과의 논쟁이 결말을 맺기를 기대하는 믿음과 동일한 믿음을 증명했습니다. 교회의 판결, 나는 그 판결이 우리에게 얼마나 존경스러운 것인가를 강조하지 않을 것입니다. 그 판결이 나의 공직 수행을 시인하는 것으로 내게는 충분합니다. 나는 가장 유명한 교회들에서 첫 번째 위치를 차지하고 있는 사람들이 얼마나 공적으로, 사적으로 우리를 위해 증언을 하는지는 열거하지 않을 것입니다. 단지 내가 말씀드리고자

---

10) 빌-라-그랑이 위치한 토농의 목사회classe를 지칭한다.
11) 젝스 목사회나 토농 목사회 소속 목사.

하는 것은, 내 믿음 속에서 나의 순수한 양심과 교회의 판결 위에서 빛을 두려워
하지 않아도 되는 한은, 내가 오랫동안 그들이 그렇게 하지 않으리라는 것을 믿
는다 할지라도 개들이 구석에서 짖는 것이 내게는 중요하지 않다는 것입니다.
내가 바라는 대로 언젠가는 사람들의 진리의 수호를 듣게 되는 그날이 올 것이
며 이미 임박해 오고 있습니다. 스트라스부르 교회가 목사로 임명한 사람이 가
스티우스에게 혹평을 받아야 하는 것이 옳은지가 말다툼의 구실을 주지 않는 것
은 그대들에게 달려 있습니다.

우리의 교리 문답서[12]의 출판이 임박해 있기 때문에[13] 그것이 내게 두려움을
주고 있습니다. 내게 새롭게 보내졌던 것이 완전히 틀리게 인쇄되었습니다. 친
애하는 형제여! 나는 그대가 나를 위해서뿐만 아니라 모든 믿음이 경건한 자들
을 위하여 진실로 노력하도록 성실함을 부탁합니다.[14]

지금 나는 이 모든 것을 너무 급하게 쓰느라 대충 읽어 볼 시간도 없습니다.
그러나 나의 교정과 실수에도 충분히 익숙해진 그대에게서 나는 정말 관대함을
찾습니다. 지난번 편지에서 나는 그대의 도움이 내게는 얼마나 값지고 즐거운
것인가를 증명했습니다. 친애하는 형제여! 잘 지내시기를 바라며 사랑하는 이들
에게, 특히 그대가 편지에서 언급한 그대의 동료들에게 안부 전해 주십시오. 다
른 편지에도 빨리 답장해야겠군요.

1538년 10월 1일, 스트라스부르에서.
칼뱅 올림.

---

12) 여기 카테키스무스이란 말로 칼뱅이 의미하는 바는 〈기독교 강요〉이다. 그는 1539년에 제2판을 출판
하였다.
13) 프랑크푸르트의 3월 장을 목표로 해서 바젤의 인쇄소에 넘겼기 때문에 급한 느낌을 준다.
14) 여기에 피네가 칼뱅의 글을 교정보았다는 암시가 있다.

86

칼뱅이 파렐에게

[1538년 10월 초순],[1] 스트라스부르에서 뇌샤텔로
CO, Xb, 276; Herminjard, V, 140; CSW, IV, 89

매우 친애하는 형제요, 뇌샤텔 교회의 신실한 목회자인 파렐에게.

주님 안에서 당신에게 은혜와 평강이 있기를 바랍니다.

나는 진실로 그렇게 많고 매우 중요한 일들로 인해 당신이 반드시 집에 있어야 했던 그때에, 그리나이우스의 결혼식[2]이 있었던 것을 매우 기뻐합니다. 왜냐하면 예정되었던 회합은 결국 열리지 않았고,[3] 이틀 후에 우리의 친구들이 돌아왔기 때문입니다. 게다가 과연 취리히 사람들은 그리나이우스가 무엇을 목적으로 하려는지 알아챘습니다. 그러므로 그들은 그 약정된 날에 참석하기로 약속했음에도 불구하고, 어떻게 해서든지 요령껏 자신들을 변명했습니다. 그 후 그 회의와 관련하여 더욱 재촉받게 되자, 그들은 그것에 대한 모든 희망을 끊어 버렸습니다. 선량하고 바른 마음을 가진 사람들이 공공 평화를 증진하려는 염원으로 더욱 진지하게 영향을 받지 않는 것에 대해 우리가 슬퍼하는 것은 당연합니다. 이는 설사 그들이 자신들 가운데서 경건한 연합이 확립되기를 갈망할 필요성을

---

1) CO 편집자는 10월 24일 이후에 쓴 것으로 본다. 하지만 파렐은 이 편지를 1538년 10월에 받았다고 기록하고 있으며, **Herminjard**는 그것을 10월 초로 여긴다.

2) 시몬 그리나이우스는 1523년에 슈파이어Madeleine de Speyr와 결혼했고, 부인이 죽자 1538년 롬바르트 Katherine Lombard와 재혼했다. 이 결혼은 9월 하순에 있었던 것으로 보인다.

3) 독일 개혁 교회와 스위스 개혁 교회의 연합에 관련된 협상은 언제나 부처에 의해 진척되었다. 그러나 루터의 성찬에 대한 절대적인 견해로 인하여, 취리히 신학자들은 양측에서 만족할 만한 합의점에 이르게 되리라고는 거의 기대하지 않았다. 그들은 비록 바젤의 시몬 그리나이우스의 집에서 개최된 회합에 초대받았지만 참석하지는 않았다. 그곳에는 부처와 카피토가 둘 다 참석하였으며, 회의는 개최되었으나 그들이 만났던 소기의 목적은 달성하지 못했다(Herminjard).

더 이상 느끼지 않는다 하더라도, 그들은 적어도 교회들이 상호간에 잘 이해하도록 노력하는 것을 자신들의 의무로 생각해야 하기 때문입니다. 루터는 비난을 받아야 했습니다. 나는 그에 대해 불만이 있음을 거리낌 없이 인정합니다. 만일 우리가 고집부리며 서로 다투어 상대방에게 죄를 짓게 된다면, 결국 어떻게 되겠습니까? 게다가 그들은 부처에게 결코 사소한 정도로 해를 입힌 것이 아니며, 그에 관해서 어떤 선한 것을 상상하는 것도 견딜 수 없어 합니다. 궁극적으로 그들은 모든 면에서 우월하기를 원하는 반면에, 그들의 절차는 바로 그 형식과 내용에서 그릇되어 있습니다. 왜 그들은 그렇게도 모이는 것을 두려워할까요? 만일 그들이 부처에게서 개선해야 할 여지가 있는 어떤 것을 보았다면, 그를 훈계할 장소로 그보다 더욱 적당한 장소를 어디서 찾을 수 있을까요? 그러나 내가 이 모든 것에 관해서 당신에게 쓰는 것은 부질없습니다. 당신은 나만큼이나 그들에 대해 개탄하고 있으며, 또 당신이 그들을 바르게 만들 수 없기 때문입니다.

베른 사람들은 우리가 곧 회담을 가질 것을 기대하면서, 어떤 이들과 별도로 또는 분리적으로 평가하는 것처럼 보이지 않도록, 그 결혼식에 참석하지 않는 것이 상책이라고 생각해 왔습니다. 그리하여 그들도 변명하며 빠졌습니다. 나로 말하자면, 그때 당시에 만일 내가 죽음으로 뛰어 들어가기를 원하지 않는 한, 여행하는 것은 불가능했습니다. 출발하기 바로 전날 나는 매우 극심한 이질에 걸려서, 단 하룻길의 거리에도 완전히 지칠 정도였습니다. 따라서 나는 힘들게 한 장소에만 가만히 머물렀습니다. 그러므로 당신이 아무런 의미 없는 일에 과로하지 않은 것은 잘된 일이었습니다.

시장과 함께 해 왔던 것으로 당신이 관계하고 있는 그 회의는 결코 피할 수 없었습니다.[4] 물론 그것이 내게는 별로 기쁨을 주지 못했다고 고백하지만 말입니다. 사실 나는 우리가 그 방면에서 두려워해야 할 많은 것을 봅니다. 나는 우리가 [거기에서] 무슨 유익을 기대할 수 있을지 알지 못합니다. 그[=시장]는 그의 발언 가운데서 우리가 지금까지 경험으로 알고 있는 동일한 성향을 드러냅니다. 그는 우리를 나무라고 꾸짖거나, 아니면 중요한 비난의 근거도 없는 곳에서 자신의 특유한 방식으로, 어떤 비유적인 표현을 빌어 트집을 잡고 물어뜯으면서

---

4) Herminjard는 이 회담이 뇌샤텔 근처 콜롱비에서 바트빌 시장과 이루어진 것으로 여긴다. 한편 CO 편집자들은 파렐이 베른의 위정자들과 화해의 목적으로 베른에서 회담을 한 것으로 추측한다.

당신을 희롱합니다. 당시 당신이 쿤츠[5]에게 말하기 위해 왔을 때, 그에게 그토록 엄청난 너그러움으로 당신의 분노를 퍼부음에 있어서 당신은 거의 충분한 주의를 기울이지 못했습니다. 당신의 불평이 비록 매우 정당하기는 하지만, 혹시 우리에게 많은 두통거리를 안겨다 주지나 않을까 내가 얼마나 염려하는지요! 내가 감히 믿거니와, 그 사람을 더욱 초조하게 만들었던 다른 일들이 잘 용서되었기 때문에, 당신이 쿤츠에 대해 말했던 것도 조용히 지나갔을 것입니다. 나머지 것들에 대해서도 만일 당신이 우리 친구들의 말을 경청한다면 미래에 당신이 그를 만날 때, 그리고 그가 당신에게 그런 기회를 주는 한, 그와의 친교를 얻기 위해 노력하십시오. 그는 일을 교활하게 처리할 수 없을 것이고, 따라서 당신은 우리가 알아 두기에 유용한 많은 것들을 그에게서 들을 수 있을 것입니다. 그 편에서도 또한 당신에게서 많은 것을 듣지 않을 수 없을 것이고, 그것으로써 그의 성질이 어느 정도 작게나마 완화되거나 누그러질 것입니다. 각각의 급한 상태에서 무엇을 말해야 하고, 무엇을 말하지 않아야 하며, 대하는 방법이 어떻게 적용돼야 할지에 대해서 내가 당신에게 훈계한다면, 우스꽝스러운 일이 될 것입니다. 길고 짧은 경험에 의해 당신 자신이 그 사람의 성향과 성벽에 대해 알 것입니다. 우리의 명분에 대한 최선의 방어는 진리 안에 심겨져 있으며, 만일 내가 당신을 그 진리로부터 떠나도록 만들려 한다면 나는 아무것도 이룰 수 없을 것입니다. 만일 우리가 주님을 결백한 자의 변호자로 믿는다면 우리가 그의 면전에서처럼 선한 양심의 증거를 빼앗길 수 없으므로, 이 유일한 방어[진리에 대한]에 만족합시다. 나는 우리가 악한 명분의 잘못된 피난처인 저 음흉하고 약삭빠른 방법들을 택하자고 당신에게 충고하지는 않을 것입니다. 그럼에도 불구하고 우리는, 우리가 양심을 진지하게 다루는 과정으로 들어감에 있어 우리 자신의 근거를 제쳐 두도록 요구하지 않는 그 기회들을 그냥 살짝 지나쳐서는 안 됩니다. 그리고 우리는 그런 사람을 많은 그리스도의 종들에게로 회복시켜 주는 것을 큰 이익으로 계산해야 하는 바, 이는 그가 사악한 자들의 잘못된 주장으로 말미암아 교회에 큰 손실이 되고 또 교회에 불편이 되기까지, 그리스도의 종들로부터 멀어졌었기 때문입니다. 결국 당신이 그리스도의 종들과 더불어 그와 완전히 화해할 수 있든 없든 간에, 어떤 경우에라도 당신이 그에게 다정하게 대해 주는 것은 유

---

5) 피터 쿤츠는 베른의 목사로 칼뱅과 파렐의 반대자였으며, 그들이 제네바에서 행하였던 것에 찬성하지 않았다(서신, 47, 51, 58 참고).

익할 것입니다. 슐처가 아직까지도 쿤츠를 그렇게 확신 있게 보증하는 것은 희한합니다. 그는 [이 점에] 의심이 없고 자신이 국회에 기꺼이 동의하며, 또 우리가 완전한 일치로 돌아서게 하기 위해서 그 문제를 중재에 부칠 것이라고 쓰고 있습니다. 부처가 이 문제를 다루는 방식에 대해 내가 못마땅하게 여기는 것은, 그가 주장하기를 우리가 너무 가혹함으로 인해 죄를 지었다고 하는 것입니다. 그리고 실로 덧붙이기를, "그보다 더 좋은 장소를 어디서 찾으며, 더 학식 있는 곳을 어디서 찾겠소?"라고 말합니다. 나는 그가 그런 칭찬을 더욱 아끼고, 동시에 우리에 대한 비난을 삼갔기를 바라는 바, 이는 그가 이 우월한 위치만을 차지하여 그것 위에서 승리했다고 자찬하지 않게 하기 위함입니다.

당신의 다음 편지에서는 그쪽 회의[6]에서 처리된 것뿐만 아니라 토의됐던 문제들을 매우 상세하게 보게 되겠지요. 교회를 든든히 세워 가는 방향으로 그 무엇이 착수되었다는 소식을 매우 기쁘게 듣게 되기를 바랍니다. 그들은 우리의 교회 치리의 확립을 촉진하는 데 매우 열심이나, 그들이 그렇게 하는 것처럼 보이지 않는 것은 악한 기질을 가진 사람들로 하여금 그들이 무엇을 하고 있는지 이해하지 못하게 하기 위함이며, 바로 애당초 그들의 길에 방해물을 던지지 못하게 하기 위함입니다.[7] 여기서 질서가 어느 정도 확립된다면, 그리고 그것이 첫 회의에서 형제들의 공동의 신청으로 추구된다면, 나는 당신들에게 그것을 소개하리라는 선한 기대마저 갖습니다. 그런데 이것은 진정 연말 이전에 고려되어야 합니다. 실제로, 나는 그것을 더 빨리 성취하도록 노력함에 있어서 일말의 희망도 가질 수 없습니다. 슐처의 편지에서 우리가 예상할 수 있듯이 그 총회가 겨울 이후에 열리게 될 경우, 혹 교회 일치 문제에서 질서 문제로 옮아가지 않는 한 그 회의는 다른 문제들로 바쁠 것입니다.

나는 모랑과 마르쿠르[8]가 베른으로 간 이유를 거의 알아내었습니다. 그것은 그들이 예견하지 못했던 것을 배우고 있는 중이라는 것인데, 곧 자만이나 허영의 누명에서 벗어나기 위해, 우리 견해에 호의적인 자들[9]의 엄청난 악의에 비난을 퍼부어야 한다는 것입니다. 만일 내 견해가 잘못되지 않았다면, 그들은 제네

---

6) 10월 초에 열렸던 뇌샤텔 목사 회의를 암시하는 듯하다. 이 회의에서 파렐과 그의 동료들은 교회 치리 계획안을 다루었다.

7) 스트라스부르 교회 목사들을 의미한다.

8) 제네바 교회의 목사들이다.

9) 제네바의 파렐과 칼뱅파를 말한다.

330 · 칼뱅 서간집 1

바의 거의 전 공동체를 향해 비난의 말을 남용할 것입니다. 그들은 이런 식으로 필요하다면 자신들을 위해 새로운 정착지를 모색할 것입니다. 주님께서 그것을 잘 정리해 주사 그들로 하여금 당신의 이웃이 아닌 다른 곳에 정착하도록 해 주시기를 기원합니다. 만일 내 곁에 해를 끼치는 사람들의 접근을 즉시 내쫓을 수 있는 사람들이 있었다면 나는 그들이 침범할 경우, 뻔히 보이는 위험에 당신을 노출시키기보다는 차라리 내가 그쪽으로 갔을 것입니다.

우리는 처음으로 우리의 작은 교회[10]에서 이곳의 관습에 따라 성찬 예식을 거행했습니다. 우리는 예식을 매달 시행하려고 생각하고 있습니다. 카피토와 부처, 그리고 우리의 모든 형제들이 우리 친구들에게 안부를 전해 달라고 부탁했습니다. 부처는 이 계절에 길고도 지루한 여행을 떠났습니다. 그는 영주[11]에게 갔으며, 거기서 작센 지방으로 갈 것입니다. 그는 교회의 재산에 관해서 영주 및 몇몇 자유 도시들, 그리고 루터와 작센 사람들과 함께 처리해야 할 일이 있습니다. 그들은 교회 재산이 합법적인 용도로 원상회복되기를 원합니다.[12] 나는 필리프 [멜란히톤]에게 쓴 편지를 그의 편에 보냈는데, 거기서 나는 이 문제에 대해 어떻게 생각하는지 그의 견해를 알려 달라고 요구했습니다. 나는 12신조를 동봉했는데, 만일 내 생각에 동의한다면 이 일에 있어서 그에게서나 루터에게서 더 이상 아무것도 바랄 것이 없습니다.[13] 만일 내가 어떤 회답을 받게 되면 그 즉시 당신에게 전해 드리겠습니다. 나는 매우 급히 썼기 때문에 그 복사본을 보유할 여유가 없었습니다. 독일은 새로운 불안의 가능성으로 놀라고 있습니다. 만일 구엘드레스 공작령 사건이 클레베스 공작의 무력으로 해결된다면 우리 친구들이 간접적으로 싸움에 빠질 위험이 다분히 있습니다.[14]

우리가 오포리누스와 계산할 금액에 대해서는 당신이 그의 편지를 통해 알

---

10) 칼뱅이 목회하는 스트라스부르의 프랑스 망명인 교회를 말한다(서신 82, 각주 7 참고).
11) 필리프 폰 헤세.
12) 부처와 필리프 폰 헤세와의 중재는 10월에 카셀Cassel에서 있었다. 부처가 비텐베르크로 간 것은 1538년 11월 6일이었고, 루터와 멜란히톤은 20일 자로 스트라스부르의 위정자들에게 교회 재산의 합법적 사용에 대해 자신들의 입장을 밝혔다.
13) 칼뱅이 멜란히톤에게 쓴 편지와 동봉한 12신조는 보존되어 있지 않다.
14) 당시 클레베스Cleves 일대를 지배하던 요한 III세의 아들인 빌헬름 공작이 1538년 6월에 구엘드레스 Gueldres를 장악했다. 그는 이웃 화란에 위험한 존재가 될 수 있었다. 또한 개신교도들은 황제가 그와 그의 처남인 작센의 선거후에게 전쟁을 선포하지나 않을까 걱정했다. 그럴 경우 스트라스부르와 선거후의 동맹자들은 그를 도울 수 없을 것이었다.

게 될 것입니다.[15] 그리나이우스의 견해는 포도주의 경우 그[=오포리누스]가 그 것을 자신에게도 주었기 때문에 고려해선 안 된다는 것입니다. 그러나 나는 오 포리누스가 거기에 동의하지 않으려는 것을 보고, 값을 깎는 것을 내켜 하지 않 았습니다. 당신은 그의 집에서 칠 주 이틀을 하숙했고, 나는 두 달하고 십이일가 량 있었습니다. 나는 그 비용이 당신이 비싸게 예상했던 것보다는 덜 나갈 것이 라 생각합니다. 그래서 나는 이렇게 나누었습니다. 내가 금화 5개, 당신은 금화 4개를 지불하는 것입니다. 발타자르가 우리에게 금화 8개를 주었고, 공동 기금 으로 남아 있는 것이 1개입니다. 전에 당신이 금화 6개를, 내가 1개를 냈었지요. 그러므로 당신이 10과 1/2 개의 금화를 낸 셈입니다. 당신은 나의 동생[16]을 통해 서 금화 5개를 받았을 것입니다. 4개의 금화는 식료품 구입에 썼습니다. 나는 아직도 당신에게 1과 1/2개의 금화를 빚지고 있는데, 가능한 한 빨리 갚겠습니 다. 여기서는 내가 형제들에게 짐이 되지 않으려면, 나 스스로 비용을 부담하면 서 살아야 합니다. 나는 말을 빌렸던 주인에게 대금을 치렀으며, 우리가 잤던 집 의 여주인에게 갚아야 할 빚의 반을 갚았습니다. 나는 얼마 안 되지만 바젤 돈으 로 약 20실링 정도를 가지고 있습니다. 말을 빌리는 데 16과 1/2실링이 소요됩 니다. 내가 당신의 조카로 인해 지출했던 경비는 약 10실링을 제외하고는 다 받 았습니다. 클로드[17]가 그 돈을 바로 보내 주었습니다. 그에게는 비록 적은 양이 지만, 그 돈을 메꿀 수단이 있었지요. 내가 아무것도 받지 못했다고 당신이 생각 하지 않도록 하기 위해서 이것을 말합니다. 나의 가장 친애하는 친구여, 우리 모 든 형제들과 더불어 안녕히 계십시오. 주께서 당신과 더불어 모든 형제들을 안 전하게 지키시기를 빕니다.

칼뱅 올림.

---

15) 오포리누스가 파렐에게 보낸 편지는 보존되어 있지 않다. 칼뱅과 파렐은 바젤에 있는 그의 집에서 머 문 적이 있다.

16) 제네바에 있었던 앙투안 칼뱅을 말한다.

17) 클로드 파렐Claude Farel, 또는 두 개혁자들이 바젤에서 알았던 어떤 프랑스인을 말한다.

사격수들의 어이없는 개입에 대해 들었는데, 그것은 무엇인가요? 아니, 그들은 그것이 모든 이웃에게 조롱거리가 되었다고 말합니다![18] 얼마나 **뻔뻔스럽고 몰염치**한지! 마치 그들은 자신들이 어리석은 행동을 하지 않는 한[19], 이제 더 이상 악취가 나지 않는 것처럼 행동합니다. 경솔한 행동이나 아무것도 아닌 일이거나 간에, 하나님은 적들의 총명을 어둡게 하십니다.

이틀 이내로 부처의 집으로 거처를 옮길 것입니다.

나는 전령을 기다리면서 이 편지를 10일 동안 갖고 있었습니다.

---

18) 9월 8일, 제네바의 화승총 사수들이 뇌샤텔과 비엔 등지의 사수들을 불러 대대적인 사격 [대회]를 개최했나. 가장 잘 쏜 사수에게 천 플로린의 상금이 걸렸다. 뇌샤텔 사람들에게 온 초청장은 1538년 8월 27일 자로 되어 있다. 베른과 제네바 사이가 매우 긴장되어 있었기 때문에, 이웃 베른에 고용된 자들은 제네바의 소동을 단지 허세이자 '조롱거리'였다고 말하고 싶어 했으리라(Herminjard, V, 148, n. 35 참고).

19) 제네바 사람들을 가리킨다.

87
파렐이 칼뱅에게

1538년 10월 14일, 뇌샤텔에서 스트라스부르로
CO, Xb, 262; Herminjard, V, 149

그리스도를 전하는 매우 친애하는 형제인 장 칼뱅에게, 스트라스부르로.

문안드리오. 하나님 안에서 은혜와 평강이 있기를. 내가 틀리지 않았다면, 소니에가 이미 그대에게 모든 것을 알려 주었을 것이오.[1] 제발 순조롭기를 바랐던 것, 그리고 비레의 혼인 잔치[2]가 있었기에 더욱 즐거웠던 모든 일들에 대해서 말이오. 포르투나투스가 그토록 경건한 형제인 코로에게 얼마나 잔인하게 행동했는지를 그대가 아는지 모르겠소. 모든 사람들이 이를 슬퍼하기 때문에 이런 [잔치] 시간이 필요할 수 있소.[3] 코로는 포르투나투스가 돌아오기 전에 그의 부인에게 심하게 시달렸소.[4] 그가 돌아왔을 때 코로는 훨씬 더 심했소. 비록 그가 끊임없이 나타나 음식을 차려 놓고자 했어도 이 경건한 형제는 그 앞에 나설 수 없을 정도였다오. 왜냐하면 이 형제가 죽기 전에 포르투나투스가 그에게 독이 든 무엇이 건네질 것이라는 말로 자극을 주었기 때문이오. 이 불행한 간부姦夫

---

1) 앙투안 소니에는 스위스 로망드 지역의 모든 소식(특히 뇌샤텔 대회)을 가지고 스트라스부르로 갔다. Herminjard는 이 여행 계획에서 두 가지 동기를 추정하였다. 먼저 제네바 시 의회가 피에몽의 왈도파로부터 편지를 받았는데(10월 1일), 그 내용은 소니에를 베른으로 보내서 베른의 통치자들이 프랑스 왕에게 왈도파에 대해 좋게 말해 달라는 것이었다. 다음으로, 소니에는 스트라스부르로 가서 칼뱅에게 새로 임명된 목회자들에게서 성찬을 받는 것이 정당한지를 묻고자 했다(서신 89 참고).
2) 피에르 비레와 엘리자베트 튀르타스Elizabeth Turtaz의 결혼식은 1538년 10월 6일 일요일 오르브에서 파렐의 주례로 열렸다(Herminjard).
3) 포르투나투스가 무슨 이유로 오르브의 목사직을 그만두었는지는 알려져 있지 않다. 엘리 코로는 1538년 6월 또는 7월에 그 자리를 대신했고 10월 4일에 그곳에서 사망했다(서신 80 참고).
4) 포르투나투스는 7월에 바젤에 있었고, 어쩌면 그의 장인이 살고 있는 스트라스부르에도 있었을 것이다. 그는 8월 8일에 바젤에 있었으며 12일에 출발할 예정이었다(서신 80 참고).

가 자기 자리에서 부당하게 쫓겨났다고 말했기 때문에, 경솔하지 않은 추측이 가능하오. 주님은 머지않아 그것을 드러내실 것이오. 나는 그가 코로를 어떻게 협박했는지 알지 못하오. 토농에서 돌아와서 형제에게 초래된 불의에 대해 분노한 내가 한탄했을 때, [이미] 그는 어떤 독으로 공격당했소.[5] 실로 독살자 주님이 공공연히 만들어질 것이오. 비록 그는 자신을 형제라고 말했지만, 이 사람은 두려움에 떨었소. 비레가 살해된 어린아이에 대해, 그리고 다른 이들에 의해 약탈된 수도원−그 상당 부분을 포르투나투스가 가졌던[6]−에 대해 회자되는 말을 들었을 때도 마찬가지였소. 그대는 우리가 어떤 형제를 갖고 있는지, 그런 목회자들에 의해 교회에서 얼마나 당당하게 보복이 자행되고 있는지를 보고 있소. 그밖에도 막실리[7]에서 목회하던 장 르기[8] 역시 독으로 제거되었소. 두 번 죽을 뻔했던 크리스토프[9]는 가까스로 살아났다오. 주님이 우리의 직책을 박탈하신 이상, 토농 교회는 끝났소. 그 교회에서는 형제의 조언을 무시하고 쿤츠의 중재로 들어온 파리아투스[10]가 활동하고 있소. 이 사람은 뽑혀서는 안 될 가라지들에 대해 설교하면서, [가라지가] 처벌되어서는 안 되고 추수 때까지 알곡과 더불어 용납되어야 한다는 이유로 처벌되어야 할 탕자들과 간음자들을 배려하는 자들을 비난했소. 덜 신중하고 교회에 관심이 덜한 프로망[11]이 문제가 되지 않는 한, 그의 부인과 함께 활동한다는 것을 그대도 알 것이오.

---

5) 문맥을 통해 볼 때, 파렐의 토농 여행은 코로의 죽음(10월 4일)과 비레의 결혼(10월 6일) 이후에 이뤄진 것으로 보인다.

6) 이것은 포르투나투스가 이전에 수사였음을 암시한다.

7) Massiliacus(Herminjard). 막실리Maxilly(불어명)는 제네바 호수 남쪽에 위치한 소읍으로 1536년에 종교 개혁을 받아들였으나 후에 가톨릭으로 돌아갔다. 마르세유를 의미하는 Massiliam(CO)은 오류이다.

8) Johannes Regalis(L); Jean Regis(F). 장 르기는 그의 동생인 클로드와 함께 제네바 호수 남쪽 교구들을 맡아 목회했다.

9) 크리스토프 파브리를 가리킨다.

10) Pariatus. 제라르 파리아Gérard Pariat는 아우구스티누스 수사였으나 1536년 임시 개혁파 목회자로 수용되었다가 쿤츠의 중재로 정식 임명을 받았다. 한편 이것을 privatus(CO)로 읽을 경우 의미는 현저하게 달라진다.

11) 앙투안 프로망은 1529년경 수녀원장 출신인 마리 당티에르Marie Dentière와 결혼했다. 이 여인은 많은 교육을 받아 지도력을 갖췄다. 그녀가 1535년 8월 26일 제네바의 성 클라라 수녀원을 방문했을 때 그녀에 대한 기록이 다음과 같이 남아 있다. "이 무리 가운데 남편과 자녀를 갖고 악마의 말을 하며 주름살 깊은, 마리 당티에르라 불리는 피카르디 출신 사이비 수녀원장이 있었는데, 그녀는 설교하면서 신심 있는 자들을 부패시켰다. 그녀는 "아아! 불쌍한 피조물들이여, 나는 오랫동안 너희가 있는 이 암흑

내가 예전에 본 적이 없는 형수와 제수[12]를 화해시키기 위해 토농에 가 있는 동안, 크리스토프의 방문과 설교 덕분에 가까스로 그녀들과 담판하고 의견을 교환할 수 있었소. 그들은 경건한 설교자들을 고소할 목적으로 우리의 제자들이 어떤 존재인지를 설명하고, 자신들은 제자들이 없으며 다만 [제자들을] 그리스도에게로 데려간다고 이야기했소. 우리 각자는 박해를 면한 설교자들의 직무를 계속하도록 우리 사람들을 은밀히 격려했으나, 그들은 우리를 물어뜯는 것 외에는 아무것도 하지 않았소. 곰집 주인[13]은 클로드 사부아 사건[14]에 대해 이렇게 말했소. "한때 나는 사부아에게 보복을 당했지만 이제 내 차례다." 그들이 이야기하는 다른 것들에 관해서는 알릴 것이 없소. 여기에는 불경한 자들과 빵을 나누지 않는 어떤 이들이 있소.[15] 나는 이렇게 혹은 저렇게 해야 된다고 권고하지 않았고, 다만 [하나님] 아버지께서 이토록 비참한 상태를 도와주시도록 간청해야 된다고 권고했소.

나는 로잔에 있었고 비레, 코메즈[16], 갈루스[17]와 환담을 나눴소. 코메즈는 모든 형제들이 다 같이 만나 목회자들이 제네바 사람들인지 아닌지를 명백하게 파악해야 한다고 생각했소. 그는 장 모랑[18]을 그의 박식함을 보고 중히 여겼기 때문에, [자신에게] 동의하지 않는 자들을 비난했다오. 나는 몇 마디 말로, 사태가 위험한 상태에 빠지지 않고서는 쉽게 가능한 일이 아닐 거라고 말했소. 만일 이것이 코로의 눈에 띄었다면, 우리는 형제들을 돌보기 위해서 그것을 인정하지

과 위선에 빠져 있었으나, 오직 하나님께서 내 초라한 삶의 잘못을 알게 하셨다. 그간 후회 가운데 살았던 것을 생각하면서 나는 지체 없이 수녀원의 보고에서 500뒤카ducat 금화를 취해 이 불행에서 벗어났다. 오직 하나님의 은혜로 나는 이미 5명의 아이들을 갖고 있으며 건강하게 살고 있다."고 말했다 (Herminjard)."

12) 파렐이 고향 가프Gap을 떠날 때(1523년) 형 고쉬에와 동생 클로드는 미혼이었다. 이 두 사람은 훗날 토농 근처의 리파이Ripaille에 살았는데 같은 고향 출신의 여자들과 결혼했다.

13) hospitem ursi. 이 말은 1538년 2월 3일 제네바에서 선출된 시민 대표syndic 중 하나인 장 뤼랭Jean Lullin을 지칭한다. 뤼랭은 실제로 생-제르베 거리에 '곰집'이라는 간판을 단 숙박 업소를 갖고 있었다.

14) 클로드 사부아(라틴어명 Claudius Sabaudus)는 시민 대표를 지낸 자로서 1538년 3월 프랑스 편에서 활동했다는 의심을 받아, 동년 9월 6일 투옥되고 소송이 시작되었다. 이어지는 뤼랭의 말은 이때 한 말이다.

15) 각주 1 참고.

16) Comes. 베아 콩트를 의미한다(서신 91, 각주 13 참고).

17) Gallus. 모르주Morges의 목사인 자끄 르 코크Jacques le Coq를 의미한다(서신 89, 각주 19 참고).

18) 장 모랑은 소르본의 박사였다.

않았을 것이오. 하지만 사태는 명백하오. [그것이] 정직하지도 않고, 목사들은 적법하지도 않으며, 선한 양심이라면 우리에게 가해진 치욕을 숨길 수 없는 바, 이는 모든 교회가 우리를 인정하고 민중의 행위를 비난하기 때문이오. 이런 이유에서 교회는 계속해서 이 일에 매진하여 이렇게 큰 불의를 제거했어야 하오. 나는 그대가 앙리에게[19] 필요한 이유를 부언했고, 토마[20]가 반대하는 대상이 모랑과 마르쿠르임을 일러 주었소. 코메즈는 어떤 이들이 이것을, 다른 이들이 저것을 주시하는 동안 형제들 사이에 증오가 점점 커졌기 때문에 [이 문제에서] 거리를 두고 싶다고 덧붙여 말했소. 나는 소란 때문에 주님의 일이 포기되어서는 안 되고, 오히려 근면과 성실이 훨씬 더 요구된다고 권면했으며, 또한 만사가 바르게 되지 않는 것이 우리에게 달려 있지 않으며, 우리가 평화와 평화에 속한 것 외에 다른 것을 계획하지 않는다고 말했소. 거기에는 참으로 경건한 형제인 힘베르투스[21]가 있었고 그는 진리 편을 거들었소. 그는 우리가 고발당한 무고죄에 대해 간단한 말로 언급했으나, 특히 카스파르와 이스나르두스[22]에 대해서는 그들의 추방을 저주하며 기원했다오. 사실 [그가 보기에] 형제들 가운데서 매우 가증하게 행동하는 모랑보다, 그리고 손을 대는 베르나르두스보다 더 부당한 자는 아무도 없었으며, 그는 이스나르두스를 창밖으로 추락시키고 싶어 했다오. 나는 마르쿠르에게서는 온화한 성품을 보았소.

　여행에 지치고 형제의 이른 죽음에 상심했을 뿐 아니라 엄청난 분열과 복음의 강도들[23]의 지속 행위에 시달린 나는 마침내 집으로 돌아왔소. 나는 성경을 거의 유린하다시피 하는 동료를 공격했고, 이해력이 고대 작가들에게로만 돌려지는 것을 공격했소.[24] 그대가 비레 때문에 불안해하는 것처럼[25] 다른 사람들에

---

19) 앙리 드 라 마르.
20) 부드리의 목사 토마 바르바랭을 의미하는 바, 이 사람은 모랑과 마르쿠르가 추방된 제네바 목회자들을 대신하는 것을 반대했다(Herminjard).
21) Himbertus(L). 앵바르 페콜레. 로잔 아카데미의 히브리어 교수였다.
22) 서신 83, 각주 2 참고.
23) liston ton evangelii(graece reddas). liston ton을 괄호 속 내용에 따라 그리스어로 옮기면 ληστῶν τῶν (Herminjard에는 ληςῶν τῶν으로 되어 있다.)이 된다. 복음의 강도들은 새로 임명된 제네바 목회자들을 의미한다. Herminjard는 파렐이 콘스탄티노플의 그리스어를 따라, η를 ι와 같은 모음인 υ로 썼을 것으로 본다. CO 편집자는 해독의 어려움을 느끼고 …처리했다.
24) 뇌샤텔에 있는 파렐의 동료는 장 샤포노 단 한 명이었다(서신 78, 각주 16 참고).
25) 당사자들만 아는 내용이다.

대해서도 불안해해야 하오. 이미 모든 것이 조절됐소. 먼저 [성찬의] 빵에 대해 결정했고, 목회자들이 자신들 곁에 돌[세례반]을 두는 것이 옳은지의 문제 외에는 다른 것이 남아 있지 않았소. 비록 목회자들 가운데 어떤 이들이, 아아 불경함이여! [거기서] 경건하게 그리스도를 바라본다 하더라도, 이 거룩한 돌을 너무나 과소평가해서 적대자들이 [거기서] 세례를 줄 정도라오! 이제 적대적인 누군가가 [거기서] 세례를 주지 않도록 매우 엄중하게 주의하고 있소.

갈루스[26]는 총독에게 이렇게 말했다오. "당신에게는 거룩한 설교를 한 번도 듣지 못한 사람들이 있습니다. 그들에게는 미사도 설교자도 없으며, 다만 그들은 마치 짐승처럼 하나님 없이 살고 있습니다. 하나님 안에는, 그리고 통치자들이 제정한 것에는 도처에 파렴치한 행위들이 있습니다. 이것들이 먼저 조치되어야 합니다. 내게는 돌[세례반]이 없습니다. 결국 돌이 세워지고 나는 돌 가까이에 위치하여 그쪽으로 서 있어야 할 것입니다. 나는 쉽게 굴복할 것이며, [따라서] 적당할 정도로 크게 나를 제지시키고, 통치자들이 원하는 것을 곁에 두십시오."

나는 이런 사소한 것들 때문에 분노가 형제들에게로 이동할 수 있는 구실이 만들어지고, 그로 인해 보복이 뒤따를 것으로 생각하오. 실제로 나는 다음과 같이 회자되는 말을 들었소. "이미 기둥들이 쓰러졌고, 두세 명이 동시에 타격을 받은 곳에서 사태는 잘 해결될 것이다." 그대는 위험에서 멀리 떨어져 있고 우리는 파도에 부서지고 있소.

이런 소란은 소니에가 애쓰고 있는 일[27]에 별로 도움이 되지 않을 것이오. 나는 그에게 진실들을 너무 미리 말하지나 않았는지 두렵소. 내가 쓸데없이 [그의] 여행을 용인했다는 것 말이오. 가난한 자들의 돈의 희생 때문에 적지 않은 사람들이 소니에에 대해 나쁘게 말하고 있다오. 하지만 나는 그들이 형제에 대해 남들에게 숨어서 말하지 않고 공적으로 권면하길 바란다오. 내가 속은 게 아니라면, 나는 장 르콩트[28]가 자신을 충분히 친절하게 환대하지 않았다는 이유에서 그와 갈라선 샤포노[29]를 동료로 지명했소. 실로 나는 샤포노가 내 곁에서 장 르콩

---

26) Gallus, 즉 자끄 르 코크는 무동Moudon의 총독이었던 장 프리생Jean Frisching 관할이었다.
27) 각주 1 참고.
28) 그랑송의 목사 장 르콩트 드 라 크루아.
29) 뇌샤텔의 목사 샤포노(각주 24)이다.

트를 마치 악한 불화의 장본인인 양 비난하면서 공모자들의 지각없는 충고로 나를 속이지나 않았는지 두렵소. 나는 그가 우리를 비난하기 위하여 온갖 방식으로 애쓰고 있음을 알고 있소. 쿤츠에 대해서 나는 내가 지방 총독[30]에게 말한 것과 다른 것을 썼다고 여기지 않소.[31] 나는 내 동생이 오포리누스와 무엇을 계산했는지[32] 몰랐고, 그대가 내 문제로 괴로워한다는 것도 마찬가지로 몰랐소. 건강하게 잘 지내도록 하시오. 영국에 대해선 도무지 들은 바가 없소. 그대가 쓴 것이 사실이라면, 우리는 주님께 감사해야 할 것이오.[33]

추기경들[34]이 비켄티아에서 회의를 계획했고 나아가 완벽히 실행했다는 말이 있소. 그러나 그것은 마치 우리를 비난하고 백성을 선동한[35] 목회자들이 어떤 명령을 부당하게 선포한 뒤, 위정자에 의해 그 명령에 따라 형편을 감수하듯이 그렇게 진행되지는 않소. 형제들은 [그들을] 새 교부라고 부르고, 이런 종류의 다른 부당한 짓을 행하고 있소. 그들은 글란디나이우스[36]와 알렉산데르[37]라오. 일찍이 오래 지속되어 온 앙숙으로 상호 검으로 싸웠던 이들은, 이제는 교회를 소란스럽게 만들기 위해 마음을 합하고 있소. 교회의 권징을 회복하는 일이 얼마나 필요한지! 자극 외에 다른 방법으로는 누구도 좋은 상태가 되지 않을 것이오. 그대와 함께 소리 없는 괴로움을 경험한 나는 우리가 주기적으로 돌아오는 도움에 관해 우리 자신을 소원 성취한 자들로 만드는 것을 왜 두려워하는지 모른다오. 오 야망이여, 너는 도대체 얼마나 많은 괴물들을 만들어 낼 것인가!

---

30) 뇌샤텔이 자치 정부를 갖기 전 베른에서 파송한 지역 책임자를 의미한다.

31) 파렐은 칼뱅이 보낸 앞 편지(서신 86)를 아직 받지 않은 것으로 보이기 때문에, 다른 내용일 수 있다.

32) 고쉬에 파렐은 스트라스부르로 가는 길에 바젤에 들러 오포리누스와 만나 모종의 계산을 치렀다(서신 86, 각주 17 참고).

33) 칼뱅은 지금은 분실된 한 편지에서 영국 상황을 적어 보냈고, 아마도 그 내용 중에는 이 시기 종교 개혁에 대한 앙리 Ⅷ세의 호의적인 태도에 대한 내용이 포함됐을 것으로 추정된다.

34) Herminjard는 carpionulos라는 말을, 불어로 추기경을 의미하는 cardinaux의 우스꽝스러운 표현인 carpineaux로 보고 당대의 유사 사례를 들었다. 이렇게 볼 때 이 단어는 당시 교황이 1538년 5월 1일 Vicence에서 소집한 회의를 주재하도록 책임을 부여한 세 사람의 추기경(Laurent Campège, Jacques Simonète, Jérôme Aléandre)을 지칭한다고 볼 수 있다. 다만 파렐이 이 회의가 이미 열렸다고 말한 것은 사실이 아니다. 이 회의는 1539년 4월 6일로 연기되었다. CO 편집자는 이 말을 샤포노⁹를 가리키는 Capunculus(서신 91, 각주 11 참고)로 읽었으나 정황상 맞지 않다.

35) 목회자들은 실제로 백성을 선동한 바 있다(Herminjard).

36) Glandinaeus(L). 클로드 드 글랑티니Claude de Glantinis는 타반Tavannes의 목사이다.

37) Alexander(L). 알렉산드르 르 벨Alexandre le Bel은 생토뱅Saint Aubin의 목사이다.

카스파르는 여기서 체류하려 하지 않고 더 많은 언어 훈련을 받기 위하여 그 곳으로 내려가길 원했다오.[38] 그는 마치 학교가 파괴되고 지워져 버린 것 같다고 말했소. 학교는 얼마 전에 제정된 것을 어기고 기숙사 밖의 젊은이들을 내버려 둔 채 가르치지 않고 있소. 정문으로 들어오지 않은 사람들[39]이 [이것을] 부추기 고 있다오. 그대는 그대가 원하는 것 이상으로 더 많은 말들을 그에게서 들을 것 이오. 그대에게 그를 천거하는 것은 내가 아니라오. 형제들이 그를 나에게 떠맡 겼소. 내가 이 훔베르투스[40]를 그대에게 천거하는 동안 말이오. [이] 젊은이에게 는 매우 큰 소망이 있으나-설령 그에게 도움을 주는 이가 있어서 그의 열정을 되찾고 또한 정신을 차려서 학문을 계속할 수 있다 하더라도-재능은 보잘것없 소. 이 젊은이의 도움으로 내가 카피토와 부처에게 편지하는 것이 결정되었소. 하지만 그대가 있는데 편지가 무슨 필요가 있겠소? 제발 어떤 방법을 써야 교회 규율이 견고해질 수 있고 허다한 실패가 교정될 수 있는지를 [찾아내도록] 재촉 하시오. 우리는 우리 친구들[41]이 무엇을 우리에게 돌리고자 애쓰는지를 예감하 고 있소. 왜냐하면 우리는 그들의 행동과는 너무나 거리가 멀 뿐 아니라, 생각조 차 하지 않기 때문이오. 그들은 우리 안에 있는 흉학하고 부당한 자들을 목회 사 역에 출범할 준비를 시키고 크게 천거하고 있소. 우리는 알렉산더에서 어떤 이 의 말과 주장을 찾아냈소. 그들은 프린기누스[42]가 떠도는 소문에 빠져 있다고 말 하고 있소.

그런데 내가 끝도 없는 이런 말들로 그대를 지치게 할 이유가 무엇이겠소? 아무튼 매우 잘 있으시고, 더 부지런히 건강을 돌보시오. 그대에게 무슨 손해가 되는 어떤 것도 불시에 행하지 않도록 조심하시오. 나는 바젤이 그대[의 방문을] 허가해 줄 것을 기대했소.[43] 내가 그대에게 썼듯이 나는 드러난 일들이 형제들에 게 잘되기를 바랐소.[44] 모든 것이 성숙한 사리 분별을 요구하기 때문에 이 일들에

---

38) 스트라스부르에서 1년 이상 머물며 공부하게 된 가스파르 카르멜을 의미한다.
39) 새로 임명된 제네바 목사들을 의미한다. 제네바의 학교 상황을 보여 주는 듯하다.
40) 필경 Humbertus(L)/Humbert(F) 성을 가진 뇌샤텔 젊은이로, 이 편지의 전달자이다.
41) 제네바 목회자들인지, 아니면 베른의 목회자들인지 확실하지 않다. 아무튼 칼뱅 및 파렐과 적대 관계 에 있는 자들이다.
42) Pringinus(L); Frangins(F). 뇌샤텔 백작령의 통치자이자 프랑쟁Prangins의 영주인 조르주 드 리브 Georges de Rive를 의미한다(Herminjard).
43) 칼뱅은 그리나이우스의 결혼식에 초대된 바 있다(서신 86, 각주 2 참고).
44) Herminjard는 파렐이 서신 83에서 쓴 내용으로 본다.

대해 의논되어야 한다오. 하지만 나는 그대가 없는 동안 아무런 행동도 취해지지 않았다고 여기고 있소. 따라서 그대는 편지들을 자세히 읽지 않고 있소[45]. 서면으로 지시받는 것이 목회하는 모든 형제들에게 유익한지 나는 모르겠소. 그들이 주님의 일에 마음은 있어도 열성적으로 행하지 않을까 봐 [하는 말이오]. 분명 어떤 이들은 뜻을 포기하고 다른 데로 향한다오.[46] 과연 누구를 통해서 이것이 적합하게 될지 나는 모르오. 누구를 통해서 이뤄지든, 이것은 중상모략 없이는 환영받지 못할 것이오. 특히 그대가 다뤘다면 [더욱 그랬을 것이오]. 나는 여기서 어찌할 바를 모르고 있소. 주께서 가장 좋은 것으로 불어넣어 주시기를! 그대는 경건한 자들과 더불어 똑똑히 보고, 오르브 교회에 적합한 누군가를 안다면 슬며시 알려 주시오.[47] 모든 경건한 이들에게, 특히 카피토, 부처, 슈투름, 피르미우스 그리고 페드로투스에게 안부 부탁하오.[48] 다시 한 번 잘 지내시오. 모두가 그대에게 문안하오.

1538년 10월 14일, 뇌샤텔에서.
파렐 드림.

---

45) 칼뱅은 서신 86에서 이에 대한 답을 주었다. 따라서 이 편지를 쓸 때 파렐은 칼뱅의 편지를 받지 못했음이 분명하다.

46) 파렐은 시몬 그리나이우스에게 동일한 내용을 썼다. "목회 사역에 유익했던 몇몇 사람들이 사직하고 있습니다"(Herminjard, V, 161).

47) 서신 89, 각주 2 참고.

48) 서신 83, 마지막 안부 인사 참고.

88
칼뱅이 루이 뒤 티에에게

[1538년] 10월 20일, 스트라스부르에서 파리로
CO, Xb, 269; Herminjard, V, 161

　오래전에 우리 주님께서 그대의 편지[1] 속에 있는 권고와 훈계들을 너무도 많이 느끼게 하셨기 때문에, 내가 양심에 거스르지 않고 말하거니와, 나는 그것들을 오직 선으로만 받을 수 있었습니다. 나는 그대가 나를 권면하는 글 속에서 우리 주님이 나를 통해 역사하시는 동안 내가 한 잘못을 인정할 이유와 기회를 가질 것을 배우고 있습니다. 그리고 나는 그 잘못들이 나 자신 안에 있다고 여기는 것으로 만족치 않습니다. 사실 나의 의무가 그렇듯이, 나는 자신을 비난하는 것보다 정당화시키는 것에 더 만족하는 자들 앞에서 내 잘못들을 어려움 없이 고백했습니다. 하나님 앞에서 증명할 수 있듯이 대적들과 관계할 때는 언제나 나의 결백을 주장한 것이 사실입니다. 마찬가지로 나는 뿌리를 모른 채 병의 종류를 서둘러 결정하는 대부분의 사람들처럼, 성급히 판단을 내리는 자들에게 결코 동의하지 않았습니다. 하지만 나는 이 재앙과 또 그것을 불러내는 다른 악들을, 우리의 무지에 대한 분명한 벌로 받아야 할 것을 공적으로나 사적으로 말하기를 그만둔 적이 없습니다. 개인적인 나의 잘못이 무엇이든 간에 내가 나의 많은 잘못을 인식하고 있지만, 그렇다고 해서 그것들이 잘못들 중에 가장 중하고 가장 많은 수에 해당된다고 보지는 않습니다. 따라서 나는 주님께서 나의 잘못들을 나날이 보다 명백하게 드러내 주시길 바랍니다. 그대가 적어 놓은 잘못들은 결코 나에게 통용되질 않습니다.

　나의 소명에 대해 논하는 것이 문제라면 그대에겐 그 소명을 비난할 만한 이유가 없고, 오히려 주님께서 그 소명 가운데서 나를 확고히 하기 위해서 보다 흔들리지 않는 이유들을 주신다고 믿습니다. 설사 그 소명이 그대에게 의심스럽다

---

1) 1538년 9월 7일 자 편지(서신 81)를 말한다.

하더라도 그것은 내게 확실할 뿐 아니라, 진리에 따라 검열하기를 원하는 자들에게 그것을 입증할 수 있는 것으로도 충분합니다. 그대가 나를 권면하면서 자신의 지각을 너무 신뢰하는 것이 잘못이라고 한 것은 이유가 없질 않습니다. 왜냐하면 나는 내 역량이라는 것이 조금만 과신하면 이내 지나치고 마는 정도의 것이라는 것을 알고 있기 때문입니다. 내가 바라는 것은 이전에 나로부터 들은 한탄이 꾸며서 나온 말이 아니라, 내가 맡은 임무를 지탱하려면 많은 것이 필요하다는 것을 입증하는 것으로 생각해 달라는 것입니다.

그대는 우리가 판단을 서둘렀을 때 우리가 어떤 경박한 수치심으로 움츠러든 것에 가슴 아파하고 있고, 그런 점에서 위험하다는 생각에 지나치게 머물러 있습니다. 한편으로 이런 어리석은 야심이 내게 올바로 보지 못하게 하는 눈가리개가 될 것을 마땅히 두려워해야 함을 잘 알고 있듯이, 다른 한편으로는 우리 주님께서 내가 온전한 영예를 얻기 위해 그의 진리에 맞서 의도적으로 고집을 피우는 이런 교만에 빠지지 않게 해 주시길 바랍니다. 나는 그대가 알고 있는 몇몇 인물들과 이 문제에 대해 담론을 했습니다. 나는 여전히 내가 이미 선포한 것 외에 다른 것을 볼 수가 없습니다.[2] 거기 있던 증인에게는 본래 생각을 흐리게 하고 혼란케 하는 잘난 버릇이 있기 때문에, 그가 그대에게 경솔하게 어떤 보고를 했는지도 모르겠습니다.[3]

남을 정죄하는 문제에 있어서 나는 어쩌면 그대가 기뻐하지 않을 한마디 말을 하지 않을 수 없습니다. 나는 그대가 그대를 위해 이 권면들 중 일부를 받아들이기를 원합니다. 왜냐하면 그대는 모든 글 속에서 어둠을 빛이라고 부르면서 이곳에서 그대 쪽 사람들보다 더 정직하게 살아가는 자들을 정죄하고 있기 때문입니다. 나는 이것이 그대의 의도가 아니라고 믿기 때문에 이 문제로 논쟁에 빠지지는 않을 것입니다. 그러나 어떤 사람이 방에서 판결을 내리기를, 모든 사람 앞에서 날마다 자기들의 교리를 지키는 자들을 모두 정죄하고 하나님과 그의 위엄의 명백한 원수들을 담대하게 정죄하는 것을 교만이라고 여긴다면, 여기에 무슨 형평이 있겠는지 알아보고 싶습니다. 나는 그대가 이 문제에 대해 쓴 것을 선한 마음에서 나온 것으로 받지만, 그것이 하나님의 영이 아닌 다른 정신에서 기인한 것이라고 여깁니다.

---

2) 칼뱅은 그가 이탈리아에서 작성하고(1536년), 1537년 3월에 바젤에서 출판한 〈두 서신〉을 암시하고 있다. 뒤 티에는 이 글을 이미 알고 있었을 것이다.
3) 누군지는 모르나, 뒤 티에의 친척은 아니다.

내가 돌아가는 것에 관해서[4] 그대가 내게 한 첫마디인, "내가 있었던 마치 지옥과 같은 곳[5]으로 돌아갈 방법을 찾으라"는 말이 내게는 낯설다는 사실을 고백합니다. 그대의 말대로 땅은 주님의 것입니다. 옳습니다. 하지만 나로 하여금 그대의 양심 이상으로 확실한 내 양심의 척도에 따르도록 허락해 주기 바랍니다. 책임을 다시 맡은 문제에 대해 말하자면, 나는 사람들이 그것을 믿기를 진정 갈망할 수 있었을 것입니다. 그리고 만일 내가, 사람들에게 일을 시키는 데 있어서 너무 가혹하고 경솔하다고 그대가 생각할 수 있었던 자들[6]만 관계했더라면, 나는 그렇게 서두르지 않았을 것입니다. 하지만 가장 온건한 사람들[7]이, 주님께서 나로부터 요나와 같은 모습을 발견하실 것이라고 나를 위협했을 때, 그리고 심지어 다음과 같은 말, 곧 "순전히 그대 잘못으로 교회를 잃는다고 생각해 보시오. 주님께 전적으로 그대 자신을 헌신하는 것보다 회개의 길로 더 좋은 것이 무엇이겠습니까? 그와 같은 은사를 부여받은 그대가 무슨 양심으로 그대에게 제공된 사역을 거절할 수 있겠습니까?…"[8]라고까지 했을 때, 그들의 승낙하에 내 계획을 좇기 위해서[9] 나로 사역을 그만두게 했던 이유들을 말하는 것 외에 내가 할 수 있는 것이라곤 없었습니다. 그러나 그것이 가치를 상실한 뒤, 나는 어쩔 줄 모르는 가운데서 하나님의 종들이 내게 보여 준 것으로 여긴 것을 좇는 것이 필요하다고 생각했습니다.[10] 나는 그대에게 육신의 염려가 나를 여기까지 이끌어 온 것이 아님을 분명히 합니다. 왜냐하면 나는 정말 사적으로 생계를 꾸려 갈 생각을 했고, 또 이것이 전혀 불가능하게 여겨지지 않았기 때문입니다. 그러나 하나님의 뜻이 나를 다른 길로 인도하셨다고 판단했습니다. 만일 내가 잘못했다면, 책망해 주십시오. 하지만 그것이 단순히 명백한 정죄로 되어서는 안 되며, 그런 정죄에는 내가, 내게 경멸적이지 않고 또 그대에게도 분명 그러한 여러 인물들의 숱한 이유와 증거를 거스르면서까지, 어떤 권위도 부여할 수 없을 것입

---

4) 프랑스로 돌아가는 문제를 말한다.
5) 프랑스를 의미한다.
6) 특별히 파렐을 암시한다.
7) 특별히 부처를 염두에 두고 있다.
8) 이 말은 Herminjard에 따르면(V, 62, n. 1 참고), 그리나이우스의 이름으로 부처가 칼뱅에게 쓴 글로서, 칼뱅은 이것을 기억 속에서 인용하고 있다. "Finge tua unius culpa perditam ecclesiam. Quae tum melior poenitentiae ratio, quam ul te Domino totum exhibeas? Tu istis dotibus praeditus, qua conscientia oblatum ministerium repudies, etc."
9) 바젤에 머무는 것을 말한다.
10) 칼뱅은 시편 주석 서문에서 당시의 상황을 잘 설명하고 있다.

니다.

그대는 내가 충분히 감사할 수 없을 정도로 공급해 주었습니다.[11] 나는 그토록 큰 무상의 도움을 느끼지 못할 만큼 그렇게 비인간적이지 않습니다. 그것을 받지 않는다 하더라도, 나는 그대에게 진 빚을 결코 갚을 수 없을 것입니다. 그러므로 할 수 있는 한, 특별히 지난 시절에 너무도 많은 비용을 댄 그대에게 부담을 주는 일을 삼갈 것입니다. 현재 내 식비는 거의 들지 않습니다. 먹는 것 이외의 필수품들은 책[을 판] 돈으로 충당할 것인데, 이는 우리 주님이 필요할 때 다른 책들을 주실 것을 기대하기 때문입니다. 만일 그대가 그대의 목적을 내게 알리되, 나 자신에 대해서만 언급했더라면 나는 쉽게 견뎌 냈을 것입니다. 하지만 그대가 하나님의 진리와 그의 종들을 용서하지 않기 때문에, 내가 몇 마디 말로 그대에게 답하는 것이 필요했던 바, 이는 그대로 하여금 혹 내가 그대에게 동의하기를 원한다고 생각하지 않게 하기 위함입니다. 나는 그대가 우리의 고통이, 모든 이전 신분을 경멸할 정도까지 나를 극도로 당황케 하기에 충분하다고 판단했음을 압니다. 내가 크게 고통 받은 것은 사실입니다. 그러나 **주님의 길이 어디에 있는지 모른다**고 말할 정도는 아닙니다. 그러므로 이 시험은 내게 헛되이 부딪혔습니다.

우리 동료 가운데 하나가 이제 하나님 앞에 있어, 우리와 함께 나누었던 대의명분을 보고하고 있습니다.[12] 우리가 그곳에 가게 될 때 어느 편에서 경솔했고 배격했는지 알게 될 것입니다. 그곳에서 나는 자신들의 단순한 말이 우리의 정죄에 충분한 무게를 갖는다고 생각하는 모든 현자들의 판결에 대해 상소할 것입니다. 거기에서 하나님의 천사들은 누가 분리주의자들인지 증거할 것입니다.

그대의 선한 은총에 나를 겸손히 부탁한 뒤, 우리 주님께서 그의 거룩한 보호하심으로 그대를 붙드시고 보존하시며 이끄셔서 그의 길에서 벗어나지 않게 하시기를 기도합니다.

스트라스부르에서, [1538년] 10월 20일.
그대의 보잘것없는 종이자 온전한 친구,
샤를 데스프빌.

---

11) 뒤 티에는 9월 7일 자 편지(서신 81)에서 칼뱅에게 돈을 보내겠다고 말했다.
12) 옛 동료 엘리 코로의 죽음을 암시한 부분이다.

89
칼뱅이 파렐에게

1538년 10월 24일, 스트라스부르에서 뇌샤텔로
CO, Xb, 273; Herminjard, V, 166; CSW, IV, 99

하나님의 은총과 평강이 당신과 함께하기를 기원합니다.

코로의 죽음에 나는 너무나 어리둥절해서 고통의 정도를 표현할 수 없을 정도입니다.[1] 어떠한 일상적인 일도 내 마음을 잡는 데 소용이 없기 때문에 한 가지 생각에 전념할 수가 없습니다. 낮의 고뇌와 비참함 뒤에는 더욱 고통스럽고 고문하는 밤의 생각들이 기숙할 준비를 합니다. 그것은 단순히 나를 괴롭히는 수면 부족—나는 이것에 익숙해져 있습니다—뿐만이 아니라, 밤새도록 이 우울한 생각이 나를 완전히 무기력하게 합니다. 이것보다 내 건강에 더 유해한 것은 아무것도 없습니다. 무엇보다도 그 극악한 행동이 내 마음을 고통스럽게 합니다. 물론 의혹에 근거가 있다면 말인데, 나는 그 의혹에 다소 무게를 두지 않을 수 없습니다. 처음부터 이런 끔찍한 일들이 일어날진대, 우리의 후손들은 얼마나 악한 지경에 도달하게 되겠습니까? 나는 이렇게 큰 사악함이 교회의 어떤 큰 불행한 처벌로 신속히 처리되어 버리지나 않을까 무척 두렵습니다. 더욱이 선한 목회자들이 그토록 드문 상태에서, 교회가 선인의 맨 앞의 항렬에 있던 한 사람을 상실해야 한다는 사실은 결코 경미하지 않은 하나님의 진노의 증거라고 볼 수 있을 것입니다. 그러므로 친애하는 형제여, 우리가 이 재난을 슬퍼하는 것 외에 무엇을 할 수 있겠습니까? 물론, 그럼에도 불구하고 우리에게 어떤 확고한 위로가 없지는 않습니다. 모든 사람이, 그들 자신의 상실에 대한 애정 깊은 슬픔

---

1) **Herminjard**가 말하는 오귀스탱 코로Augustin Courault는 엘리 코로°로서, 오귀스탱은 그가 아우구스티누스회 수사였음을 의미한다.

을 통해, 그의 용기와 정직을 높이 평가한다는 사실을 증명한다는 것은 그 자체로서 큰 위로가 됩니다. 주님은 우리 적들의 사악함이 땅 위에서 감춰지도록 방치해 두지 않으십니다. 그들은 그의 죽음으로 인해 털끝만큼도 얻은 것이 없습니다. 왜냐하면 하나님의 심판대 앞에는 그들의 비열함에 대한 증인과 보복자가 서 있어서, 그의 목소리가 세상에 있을 때보다 더 큰 소리로 그들의 멸망을 선포할 것이기 때문입니다. 그러나 주님이 잠시 동안 남겨 두신 우리 생존자들은 먼저 간 우리의 형제가 걸었던 동일한 길에서, 우리 인생 경로를 끝마칠 때까지 인내로 걸어가야 할 것입니다. 그 어떤 난관도 이미 그를 받아들인 저 안식에 우리가 도달하는 것을 방해하지는 못할 것입니다. 이 확실한 희망이 우리를 확고하고 견고하게 붙들지 않는다면, 이 얼마나 큰 절망의 근거가 우리를 휘감고 있는지요! 그러나 주의 진리가 확고하며 동요되지 않는 까닭에, 끝까지 우리의 파수대 위에 결연히 서 있되, 지금은 가려져 있고 희미한 그리스도의 왕국이 밝게 나타날 때까지 하십시오.

그 착한 사람이 임종 앞에서 우리에게 명백하지 않은 사실을 이야기했다는 것이 나를 놀라게 합니다. 당신은 후임 한 명을 마음에 두어야 합니다. 미셸[2]은 아직 우리 곁에 있으며 나는 감히 그의 정직함을 보증할 수 있습니다. 이제 일하는 데는 휴식을 취할 필요가 있기 때문에 나는 모든 방법을 동원해 그가 그것을 못하도록 말리려고 시도했습니다. 그러나 그가 고집이 세고 그럴 만한 이유가 있다는 것을 알기 때문에, 마지막까지 반대할 수가 없었습니다. 그는 내가 보기에 아주 좋은 사람인 것 같습니다. 또한 너무 솔직해서 그에게 속임수가 있을 것이라고 염려하지는 않습니다. 예리한 판단력이 바로 그의 장점은 아닙니다. 그러나 나는 이 실수가 지극히 큰 호의에서 나왔다는 것을 알고 있습니다. 그는 모든 사람들을 사랑 속에 포용하려는 성향을 가지고 있어서 때때로 품위 없는 사람들에게까지 필요 이상으로 마음을 터놓았습니다. 그러나 반면에 그는 죄에 대해서는 항상 커다란 두려움을 가지고 있어서 자신이 악하다고 생각하는 사람들에게는 전혀 호의를 보이지 않았습니다. 그의 두려움 속에는 확실한 잘못이 있습니다. 그는 아주 작은 모욕까지 두려워해서 종종 아무것도 아닌 것에도 당황합니다. 그러나 이 실수는 커다란 덕과 함께 이용되어서 쉽게 용서될 수 있는 것입니다. 경솔한 견해인지 모르지만 내가 보기에 그는 의심스럽지 않습니다. 왜

---

2) 미셸 뮐로(서신 55, 각주 2 참고).

냐하면 그가 신념과 견해에 있어서 아직 어느 정도 동요하고 있긴 하지만 그는 즉시 평화 가운데 있는 경건한 자들의 신앙을 확신시키는 데 전념할 것이기 때문입니다. 그는 인간적 자선과 교훈으로 경외심을 불러일으키는 이들에게 온전히 의존하고 있기 때문입니다. 그가 여기 머무르는 한은 더 신중하게 그를 살펴볼 것입니다. 그는 가스파르와 앙리, 그리고 훔베르투스[3]와 함께 살고 있습니다. 집세는 우리 교구가 헌금에서 지불할 것입니다. 그 돈은 일주일에 5바첸Batzen[4]에 달할 것입니다. 그 외에도 우리는 훔베르투스가 살아갈 수 있도록 그에게 돈을 좀 더 보낼 것입니다. 시에서는 외국 학생들을 위해 아무것도 지불해 주지 않을 것이며 현재 격동된 상황하에서는 이에 대한 결론에 도달할 수 있으리라는 희망이 없습니다.

이미 적대자들은 민덴Minden시[5]에 대해 선포된 판결로 인해 나팔을 불었습니다. 종교의 이해가 이 문제에 관련되었기 때문에, 우리의 친구들[6]은 필연적으로 연루되었습니다. 만군의 주 하나님께서 그의 능력으로 우리를 무장시키신다면 그것이 우리에게 가장 견고하며 누구도 이겨 낼 수 없는 보호가 될 것입니다. 그렇지 않으면 우리는 적대자들의 공격을 물리치기에 충분히 강하지 못합니다. 따라서 온 땅이 흔들리더라도 요동치 않을 저 유일한 피난처로 피신해야 합니다.

우리는 열심을 늦추지 않고 계속해서 끊임없이 회의를 요구하되 그것을 얻을 때까지 할 것입니다. 모랑과 마르쿠르는 내 기대에 어긋나 있습니다. 대충 훑어보기에도 너무 교활한 계획들이 이런 건축가들에 의해 세워졌습니다. 소니에는 우리가 또 다른 문제를 다루기를 바라고 있습니다.[7] 그것은 새로운 목사들의 손으로부터 성만찬을 받는 것과 또 그것을 부당한 참여자들의 난잡한 회중과 함께 나누는 것이, 자신과 또 그와 비슷한 상황에 있는 사람들에게 합법적인가 하는 것입니다. 이 문제에 있어 나는 카피토와 의견을 같이합니다. 우리가 토론한

---

3) 서신 87, 각주, 19, 38, 40 참고. 가스파르 카르멜, 앙리Henricus, 훔베르투스, 이 세 사람 가운데서 앙리는 천거를 받지 못했다(서신 93, 각주 25 참고).

4) 옛날 스위스 및 남부 독일의 은화 이름이다.

5) 슈파이어에 소재했던 제국 의회는 누렘베르크 평화에도 불구하고 여러 차례 불법적으로 재판을 열어 종교 문제로 야기된 소송 건들을 판결했다. 복음의 수호를 위해 슈말칼덴 동맹을 한 도시 중의 하나인 민덴시는 가톨릭 교회의 재산을 개혁 교회의 것으로 돌린 죄로, 1538년 10월 8일 제국에서 추방되었다. 이 판결의 시행으로 전쟁이 벌어졌고 민덴시의 개혁파가 완전히 붕괴되었다.

6) 작센의 선거후와 헤세의 영주를 말한다.

7) 첫 번째 문제는 아마도 보 지방 사람들과 관련된 듯하다.

요점을 간단히 말하면 이렇습니다. 기독교인들에게는 교회의 분열을 크게 싫어하는 마음이 있어서 그들의 능력이 미치는 한 그 분열을 피해야 한다는 것, 그들에게 말씀과 성찬의 직분에 대한 존경이 있어야 한다는 것, 그리고 그들이 이 두 가지가 있다고 감지하는 곳이라면 어디든지 교회가 존재한다고 여겨야 한다는 것입니다. 따라서 하나님의 허락하심으로 목사들에 의해-이들이 어떤 종류의 사람이든 간에-교회가 통솔되는 일이 일어나는 때면 언제나, 우리가 거기서 교회의 표식을 보는 한, 성만찬을 멀리하지 않는 것이 좋은 것입니다. 몇 가지 교리가 매우 순전하지 못하다는 것이 방해거리가 되어서는 안 되는바, 이는 이전의 무지의 잔재들을 간직하지 않은 교회란 거의 없기 때문입니다. 하나님의 교회의 기초가 되는 교리가 인정되고 또 그 위치를 유지한다면 우리에겐 그것으로 충분합니다. 참된 목회자의 직분에 거짓으로 끼어들고, 뿐만 아니라 그 직분을 파렴치하게 찬탈한 사람이 합법적인 목사로 여겨져서는 안 된다는 사실은 어떤 장애도 되지 않습니다. 모든 사적 개인은 이런 양심의 가책으로 괴로워할 필요가 없습니다. 성례는 교회와의 연합의 방편입니다. 그러므로 성례는 어떻게 해서든지 목사의 손에 의해 베풀어져야 합니다. 이미 합법적이건 아니건 간에 이 직위를 갖고 있는 자들에 대해서 말하면, 비록 그것에 대한 판단권이 부인되지는 않지만, 문제가 합법적으로 판결될 때까지 잠시 판단을 미루는 것이 좋을 것입니다. 그러므로 사람들이 그들[=직분 맡은 자들]의 직분을 섬긴다면, 그들은 이로 인해 자신들의 위임권을 인정 내지 승인하거나 또는 어떤 식으로든 비준하는 듯 보일 위험을 무릅쓰지 못할 것입니다. 오히려 사람들은 그들이 알기에, 엄숙한 재판의 판결을 통해 정죄될 사람들을 관대히 대함으로써 그들의 인내에 대한 증거를 보여 줄 것입니다. 훌륭한 형제들이 처음에 이를 거부했다는 것은 놀라운 일도 아니고 우리를 언짢게 하지도 않습니다. 사실 사람들의 마음에 뜨거운 격정이 야기될 수밖에 없었던 그 큰 흥분의 시기에, 그리스도의 몸의 분리는 절대적으로 확실한 결과였습니다. 게다가 사람들은 그 당시 모든 것을 혼돈과 무질서로 만드는 이 폭풍이 그들을 결국 어디로 몰고 갈지 여전히 불확실했습니다.

소니에는 계속 자신에 대해 말하면서 너무도 많은 논쟁을 했는데, 마치 자신의 의견을 강요하는 듯했으며, 그 의견이 받아들여질 때까지 결코 끝내지 않을 것 같았습니다. 우리가 거부해야 할 명백한 이유가 있었습니다. 이 거룩한 신비의 분배를 위탁받은 목회자를 합당하게 식별하는 사리 분별이 요구되기 때문입니다. 더군다나 처음부터 그들과의 교제를 명백히 거부하지 않았던 그가 그들의 직분을 인정하고 있습니다. 끝으로, 문제가 양보하는 것과 거부하는 것 중 어느 것이 더 나은가로 귀결되었기 때문에, 나는 그를 다음의 양도논법兩刀論法으로 끌어갔습니다. 곧 목회자가 자신의 직무를 수행하면 일단 모든 것이 잘될 것이고, 만약 그렇지 않다면 그것으로부터 생겨나리라 짐작되는 이점이 무엇이든지 간에 견뎌 내지 못하게 뻔한 실족하는 일이 생길 것입니다. 그러나 그는 내가 이루고자 생각한 것을 확고히 결심했다고 생각하고는 이내 딱 잘라 거절했습니다. 우리는 자신의 지혜에서 오는 어리석은 견해에 부풀어 있는 자들을 억제하는 것이 얼마나 어려운지를 경험을 통해 압니다.

우리 모두가 이 상황이 형제들 가운데 있는[8] 쟁점을 토론하기에 적절치 못하다고 여겼던 반면, 주님은 우리 기대의 최대치를 능가했습니다. 우리가 추구했던 것이 무엇이든 다 이루어졌습니다. 소니에는 먼저 신앙고백서를 작성하라는 요구가 싫은 것 같았습니다.[9] 그는 우리의 친구들이 단 한 가지, 곧 그들[10]이 그에게서 배워 왔다는 것으로 만족할 것을 제안했습니다. 그러나 후에 그는 더 이상 그렇게 심하게 반대하지 않았고, 내가 그들의 이름으로 쓴 고백서를 불만 없이 인정했습니다.[11] 당신을 돕는 것을 자신의 일로 여겨야 할 사람이 [오히려] 당신에게 많은 수고를 끼칠까 두렵습니다.[12] 그러나 참을성 있는 고통으로 헤쳐 나가십시오. 사랑하는 형제여, 나는 우리가 사는 이 너무도 악한 시기에, 당신이 어떻게든 참을 수 있는 모든 것을 간직하도록 최대의 열심을 다할 것을 부탁드립니다. 하찮은 의식儀式들에 대해서, 형제들[13]로 하여금 베른 사람들과 그렇게 완고한 고집으로 논쟁하지 않도록 힘쓰십시오. 그때 모든 이들에게서 자유로운 우리는 우리의 관점을 관철시킬 수 있으며, 평화와 기독교적 일치의 이익에 봉사할 수 있게 될 것입니다.

---

8) Herminjard에 따르면 제네바의 형제들이 아니라 피에몽Piémont의 형제들이다.

9) 여기서 신앙고백서는 피에몽의 보Vaud 사람들을 위한 것이다.

10) 보 사람들을 말한다.

11) 이 신앙고백서는 보존되지 않았다. 보 사람들이 엑스Aix 법원에 제출한 1541년 4월 6일 자의 신앙고백서가 이 신앙고백서를 번역한 것이라고 믿을 만한 근거는 없다.

12) 뇌샤텔에 있는 파렐의 동료인 장 샤포노를 암시한다.

13) 보Vaud, 젝스Gex, 샤블레Chablais 지방의 목사들을 지칭한다.

몇 가지 중요한 문제들을 생략한 것은 내가 카피토에게 읽어 보라고 준 당신의 편지를 아직 그에게서 돌려받지 못했기 때문입니다. 주 안에서 나의 가장 사랑하는 형제여, 주님께서 그의 영으로 당신을 지키시고 힘을 주시며, 당신을 붙드시어 만사를 견디게 하시기를 빕니다. 나에 대한 당신의 염려는 나로 하여금 당신에게 건강에 유의하라고 말하게 합니다. 왜냐하면 모든 이야기들이 당신이 무척 쇠약해 보인다고 보고하기 때문입니다. 친애하는 형제여, 바라고 부탁하기는, 그리스도의 교회가 당신을 여전히 아낄 수 없음을 명심함과 동시에 그만큼 다른 사람들도 고려하십시오. 당신과 함께 있는 모든 형제들에게 안부를 전해 주십시오. 당신이 비레와 프랑수아[14], 그리고 자끄[15]에게 편지를 쓸 때, 내 안부를 부탁합니다. 카피토와 슈투름, 그리고 피르미우스도 당신에게 매우 다정한 안부를 전합니다.

[1538년] 10월 24일, 스트라스부르에서. 칼뱅 올림

소니에가 나의 본뜻과는 전혀 다르게 마지못해서 제네바 사람들에게 쓰도록 강요했던 것을 훑어보십시오.[16] 이 편지에서 비밀로 되어 있는 것을 당신은 친히 이해할 것입니다.

---

14) 무동Moudon의 목사인 프랑수아 마르토레 뒤 리비에François Martoret du Rivier를 말한다.

15) 모르주의 목사인 자끄 르 코크Jacques le Coq를 말한다.

16) 이것은 칼뱅이 10월 1일 자로 제네바 교회에 보낸 편지(서신 84)가 아니다. 소니에는 2주 후에 스트라스부르에 도착한다. 이것은 뒤에 쓰게 될 편지(지금은 보존되어 있지 않음)로, 거기서 칼뱅은 옛 제자들에게 제네바의 개혁 교회와 분리하지 말라고 권면함으로써 소니에의 가슴을 찢어 놓았다(서신 91 참고).

90
루이 뒤 티에가 칼뱅에게

1538년 12월 1일, 파리에서 스트라스부르로
CO, Xb, 290; Herminjard, V, 186

비록 그대는 절제하려 했지만, 그대의 편지는[1] 내 편지[2]가 그대를 거슬리게 했으며, 또한 내 편지에 담긴 모든 내용이 마치 내가 그대를 비난하려고 쓴 것으로 믿게 했음을 충분히 알게 해 주었습니다. 하지만 그것은 내 목적이 아니었습니다. 다만 나는 하나님 안에서 그대의 복과 구원에 대해 내가 가진 바람에 따라, 그리고 하나님이 그대에게 베푸신 은사가 바르게 사용되어야 한다는 바람에 따라, 한편으로는 그대가 담당했던 목회의 소명에 의문을 제기하고, 다른 한편으로는 그대에게 책망받을 만한 것이 확실히 없다고 말할 수도 없음을 제시함으로써(사실 그대는 이 나라의 교회들이 하나님의 교회가 아니라고 공개적으로 정죄하고, 그 자체로는 비난받을 수 없는 많은 것들을 정죄했습니다.) 그대가 전혀 아무런 실수도 저지르지 않았는지에 대해 생각할 기회를 주고, 그대에게 이것을 알려 주어 혹 우리 주님께서 그대가 그대에게 닥친 불행한 일로 인해 난관에 빠지지 않도록 해 주신 것이 아닌지를 생각할 기회를 주기 위함일 뿐입니다. 잘못된 일을 바로잡기 위해서는 그대가 실수한 것이 무엇인지를 알고 고칠 필요가 있기 때문입니다. 가볍게 언급한 이유 외에도, 나로 하여금 그대가 이 사역에서 갖고 있는 소명을 의심하게 하고, 내가 설명한 내용에 있어서 그대가 책망 받을 수 있다고 확신하게 하는 이유에 대해서, 나는 몇 가지 일반적인 견해와 더불어 우리의 본성을 흔들어 놓곤 하는 많은 결함과 악덕을 강조하며, 매우 자주 가장 위대한 정신을 가진 자들이 그것으로 공격당하고 더럽혀진다는 사실을 강조하

---

1) 10월 20일 자 편지를 말한다(서신 88).
2) 9월 7일 자 편지를 말한다(서신 81).

는 바입니다. 이는 내가 그대에게 모든 것을 세세히 전가하기 위함이 아니라, 그대가 하나님 앞에서 두려움과 겸손으로 그대의 양심을 점검하여, 혹 그 무엇이 그대로 하여금 어떤 일에서 잘못하게 하지나 않았는지를 깨닫게 하기 위함입니다. 내가 그대에 대해 갖는 생각은, 그대는 그대 자신이 어떤 오류를 깨달았을 때 결코 그 오류를 지속하거나 유지하기를 원하지 않는다는 것입니다. 하지만 설령 내가 주장한 목적을 얻지 못한다 하더라도, 나는 내가 할 수 있는 일을 충분히 했기에 주님의 뜻에 맡기며 그것으로 만족해야 할 것입니다.

비록 내가 그대를 향해 너무나 큰 자유를 행사했지만, 그럼에도 불구하고 나는 오직 진정한 우정의 의무와 소임이 그것을 요구한다고 여겼기에 그렇게 했으며, 따라서 설령 누군가 나에게 그런 자유를 행사했다 해서 결코 불쾌해하지 않을 것입니다. 물론 내가 그대를 짜증나게 하거나 화나게 하기 위해 쓴 것은 아무것도 없습니다. 그대를 공격하기 위해 쓴 것은 더더욱 없습니다. 비록 그대에 대한 내 공격이 헛수고였다고 그대가 날 비난했지만 말입니다.

그대가 나를 비난한 것이 또 있습니다. 내 편지에서 내가 어둠을 빛이라 부르고, 그대가 증거 없이 하는 어떤 주장을 하나님의 진리나 그의 종들과 일치시키지 않는다는 것입니다. (비록 내게 무지의 많은 어둠이 있다는 것과, 어둠에 불과한 것을 잠시 빛이라고 여기는 일이 다른 사람들에게서와 마찬가지로 내게도 있을 수 있음을 알고 있지만 말입니다.) 그런데 내 편지를 읽고 왜곡된 생각이나 편견을 갖지 않는 사람이라면 아무도 이것을 인정하지 않을 것입니다. 나는 그대를 반대하기 위해 공고히 한 것이 아무것도 없습니다. 이 점에서 그대 쪽의 주요 인물들[3]조차 그들이 논쟁 밖의 문제[4]를 말할 때, 진리가 내 편이라는 것을 인정하지 않습니다. 바라기는 흔들리지 않는 정신으로 다음 내용들을 관찰해 보십시오. 과연 어떤 사람들이 편견에 사로잡히지 않은 채, 그대가 그런 이유에서 내게 비난을 하는 것을 보고 듣고 있는지, 그들이 그대의 판단에 따라 말하고 행하는 모든 것이 하나님의 말이나 행위로 여겨지기를 바라는 것—그대가 마치 자신의 판단은 틀릴 수 없고 하나님의 판단과도 전혀 다르지 않을 거라 생각하

---

3) 스트라스부르 개혁자들인 부처와 카피토를 의미한다.
4) 논쟁 중인 문제들은 교회의 특성, 성례, 목사의 소명 등이다. Herminjard는 부처가 루이 뒤 티에에게 보낸 편지(1538년 9월 27일 자)를 인용하면서, 여기서 루이 뒤 티에가 이 문제들에 대해 자신이 스트라스부르 신학자들과 일치하고 칼뱅과는 반대된다고 말하는 것은 아니라고 본다(Herminjard, V, 187, n. 5).

는 이 감정으로[5] 인해-으로 생각하거나 아니면 적어도 의심하지나 않을는지,또한 그대가 내게 해 준 답장에서 말하는 모든 것이 그대가 잘못하고 있다는 것과 자신이 오만함을 갖고 있다는 것에 대해 더 잘 자신을 가리고 유지할 목적으로 썼다고-그대에게 결함과 과오가 있음을 인정하고 자신의 모든 오만함을 멀리하려 한다고 믿게 할 요량에서-생각하거나 혹은 의심하지나 않을는지를 말입니다.

이것은 그들이 그대가 전적으로 완전하고 만사에 비난받을 수 없는 것으로 느낀다고 확신하기 때문이 아니라-사실 그대의 양심은 경험을 통해서뿐만 아니라 하나님의 말씀에도 너무도 명백히 정반대이기에 그렇게 할 수 없습니다-그대가 그대의 과오와 결함을 인정하고 고백하는 가운데 이런 신랄함을 사용함으로써 그들로 하여금 그대가 그대 안에 있는 가벼운 과오들을 흔쾌히 고백-이것이 그대에게 다른 과오가 없다고 여기는 데 도움이 되도록-한다고 생각할 기회를 주며, 심지어 그대가 이 고백의 붕대를 착용하여 그대에게 더 심각한 다른 과오들-몸에서 비롯되지 않고, 모종의 힘을 갖는 정신에서 비롯되기에 더욱 위험한-이 있음을 보지 않는다고 생각할 기회를 주며, 그대가 이 과오들이 그대에게 있을 수 없기에 이것들을 인지하지도 않았을 뿐 아니라 인지하기를 원하지도 않았다고 생각할 기회를 주기 때문입니다.

그대는 이 편지를 보고 매우 화를 내겠지만, 그대에게 이런 내용의 편지를 쓰는 나의 대담함과 자유를 생각하기보다는 차라리 이것이 진실이 아닐지, 그대의 편지가 그대의 행위와 더불어 내가 이것을 감추는 것이 마땅한지를 살피는 쪽으로 생각하십시오. 나는 그대가 행하지 않는 다른 방식으로 내게 답하기를 바랐습니다. 그대는 그대가 나에게 동의하기를 원하는 듯 보이지 않을까 조심하면서 내게 답해서는 안 되었습니다. 왜냐하면 만일 그대가 나에게 동의할 수 없고 또 원하지도 않는다면, 다른 방식으로 답하면서 나와 다르다는 것을 밝힐 수 있었기 때문입니다. 이 사실은 나로 하여금, 그대가 그대 안에 악덕이 있음을 인정하려 하지 않는다는 사실 때문에 비난받고 있다는 조바심과 그대가 확실하다고 여기길 원하는 것을 의심하고자 하지 않으려는[6] 조바심이 그대를 붙들고 있다고 생각할 수밖에 없도록 한답니다. 나는 그대가 그대의 편지에서 우리의 우

---

5) seulement(Herminjard) 대신 sentiment(CO)으로 읽었다.

6) de me voir mettre en doubte(Herminjard) 대신 de ne vouloir(CO)로 읽었다.

정을 존중하고 할 수 있는 한 자제하고자 했음을 본답니다. 그럼에도 불구하고 조바심이라는 이 악이 (내가 다른 것을 의심할 이유가 없기에) 친구의 의무를 온전히 살필 수 있는 힘을 그대에게서 빼앗았고, 어떤 점에서 그대의 편견을 드러내게 강요했던 것입니다. 나는 그대의 편지에 있는 모욕적인 말들이 내게 주는 고통 때문에 이렇게 말하는 것이 아닙니다. 나는 나 자신에 대해서는 전혀 마음을 쓰지 않으며 다만 그대와 우리의 우정 때문에 아플 뿐입니다. 그럼에도 불구하고 나는, 내 편에서 하나님을 따라 내가 할 수 있는 한 우정을 지속하고 유지할 수밖에 없었습니다. 하지만 유감스럽게도 그대의 답장에서는 그 어떤 열매도 얻을 수 없었습니다. 사실 나는 그대가 자신의 과오를 인정하기를 바란 것 외에도, 그대가 스스로 선하게 여긴 그대의 소명을 유지하고 있기 때문에, 정반대로 나를 의심하게 만드는 [그 소명 유지에 대한] 근거-내 편지에서 지나가는 식으로 언급한-에 답해 주기를 바랐고, 또 동시에 그대가 이 소명을 견지하기 위해 보다 확고히 주장하는 근거를 말해 주기를 바랐습니다. 적은 말로 매우 간략하게-그대가 그렇게 할 수 있다는 것을 내가 알고 있듯이-그리고 우리의 우정이 필요로 하며 또 하나님을 경외하고 그를 따르려는 의지를 가진 자들이 간직해야 할 겸손함으로 말입니다. 또한 나는 그대가 자신이 수행하는 사역에 소명을 갖고 있다는 사실에 대한 서로의 근거들을 언급해 주기를 바랐습니다. 이는 내가 그대와 논쟁을 하고 싶어서가 아니라(논쟁으로 각자는 우월하게 되는 영광을 갖고자 하며, 그것은 쌍방 간에 다툼과 화를 낳을 뿐이기에 나는 언제나 그대에게 밝혔듯이 어떤 식으로든지 할 수 있는 한 다른 사람과, 특히 그대와는 논쟁을 피하고 싶고 아예 논쟁으로 들어가기를 원하지 않습니다.),[7] 다만 그대가 말하는 것을 형제 우애적인 대조의 방식으로-이 방식으로 각자는 하나님께 속한 것이 무엇인지를 깨달아 알며, 타인의 말이나 가르침에 의해 그것을 깨닫는 자가 하나님께 의무가 있음을 느끼고 그것에 대해 하나님께 영광을 돌리는 것입니다-고려함으로써, 진리를 깨닫고 그에 따라 내가 가진 의문을 풀 수 있을지를 알고자 했답니다. 바로 이것이 나로 하여금 확증된 진리에 속한 것이 무엇인지를 매우 잘 보도록 갈망하게 하는 것들 가운데 하나입니다. 내가 어느 날, 내가 필요로 하고 또 우리 주님이 기뻐하실 때면 언제나 그것을 보기를 소망하듯이 말입니다.

---

7) 괄호는 읽기 편하게 처리된 것이다(Herminjard).

그대는 그대가 가진 소명의 확실성에 대한 정당한 근거를 갖고 있다는 이유로, 그 소명이 그대에게 충분히 확실하다고 여기고 있음에 틀림없습니다. 하지만 만일 그대가 진리로 굴복시키고자 하는 자들에게 그 소명을 입증시킬 수 있다면, 그대는 나를 이들 속에 포함시켜야 하며 확고한 논증으로 나에게 입증하는 것을 소홀히 해서는 안 될 것입니다. 만일 그대가 그대의 소명을 다시 맡은 책임-그대가 전에 맡았고, 또 늘 그것을 정당화하기 위해 내게 써서 충분히 인정받았던 것과 유사한, 그리고 전에 맡았던 책임으로의 소명이 같은 이유에서 결과적으로 선하고 확실하다고 추론하길 원하는-으로 여긴다면, 내 편에서 볼 때 나는 그대가 다시 맡은 책임으로서의 소명에 관해 내게 쓰고 있는 모든 것이 나로 하여금 결정적으로 그것을 선하게 여기게 하기에는 충분하지 않아 보인다는 것과, 전에 맡은 책임에 대해 유사한 의문을 가질 뿐이라는 것을 알리는 바입니다.[8] 나는 그대가 우리 주님의 많은 은사를 받은 줄 알고 있습니다. 교회의 직분을 위해 사용되고 세워져야 할 인물에 적합한 은사 말입니다. 하지만 그렇다고 그대가 하나님에 의해 부름 받거나 세워졌다고 생각하는 것은 아닙니다. 하나님은 그가 교회 직분에 적합한 은사를 준 모든 사람들을 그리로 부르시거나 사용하시는 것은 아닙니다. 왜냐하면 그는 다른 목적이나 다른 소명에 사용하기 위해서도 은사를 베푸시기 때문입니다. 한편 이런 은사를 받은 여러 사람들이 그 사역을 너무도 방해하는 많은 결함을 갖고 있어서, 그들은 하나님에 의해 부름 받거나 세워질 수 없고 그래서도 안 되며, 이 결함을 통해, 그들은 자신들이 갖는 하나님의 소명이 다르다는 사실을 알아차려야만 합니다.

나아가 교회 직분[9]에 부름 받고 세워지기에 적합한 것과 그 직분에 부름 받고 세워지는 것은 같은 것이 아닙니다. 따라서 설령 그대가 그 직분을 맡는 데 결함이 없어서 부름 받고 세워지기에 적합하다 하더라도, 그대가 하나님에 의해, 다시 말해 하나님이 인정하는 방식으로 부름 받고 세워지기 전에 그 직분에 먼저 끼어든다면 혹 그대가 다른 방식으로 그 직분에 적합하다 할지라도, 그대가 하나님의 소명 없이 스스로 부름 받고 있다는 생각을 한다고 밖에는 말할 수 없을 것입니다. 하나님은 그가 사람들에 의해서가 아니라 그의 아들 안에서 친히 기독교 교회를 창설하실 초기에, 12 사도와 성 바울 같은 이들을 교회 직분으

---

8) 뒤 티에는 칼뱅의 제네바에서의 소명과 스트라스부르에서의 소명을 동시에 문제 삼고 있다.
9) "복음의 직분(CO)." 이하 마찬가지.

로 부르셨는데, 그들에게 그는 이 직분에서 교회에 필요하거나 유익한 여러 종류의 직분–다른 말로 흔히 성직위계라고 불리는–에 따라, 그들을 부르고 세울 필요가 있는 여러 장소에 따라, 각자 다른 이들을 섬기고 부르며 세울 능력을 주셨습니다. 교회에는 필요하거나 유익한 여러 종류의 직분이 있고 이 직분이 요구되는 여러 장소가 있듯이, 마찬가지로 여러 종류의 직분과 요구되는 여러 장소를 위해 여러 가지 소명이 있는 것입니다. 따라서 하나님이 어떤 장소에 어떤 직분으로 부르고 세우시는 자는 다른 장소에서 다른 직분으로 부름 받고 세워지는 것이 아닙니다. 우리 주님께서 원하시는 것으로 내게 의심의 여지가 없어 보이는 것은, 그의 사도들이 그들이 교회 직분의 어떤 성직으로 부르고 세우는 자들을 보이는 외적 표징으로 부르고 세우는 일인 바, 이 표징을 통해서 직분에 부름받고 세워지는 성직의 직무를 잘 수행할 수 있는 은사가 그들에게 부여되고 제시될 뿐 아니라, 그들의 과오로 장애물이 놓일 경우에도 성 바울이 디모데에게 쓴 것에 따라 효과적으로 베풀어진다는 사실입니다. **"장로회의 안수와 더불어 예언을 통해 네게 주어진 은사를 가볍게 여기지 말라**(딤전 [4:14])." **"내가 나의 안수함으로 네게 있는 하나님의 은사를 되살아나게 하기 위하여 너를 권면한다**[딤후 2:16]." 내가 할 수 있는 판단에 따르면, 마찬가지로 우리 주님은 사도들에 의해 은사를 받은 자들과, 그 은사가 교회에서 직분과 일자리를 맡은 자들에 대한 합법적인 전통에 의해 지속된 자들에게, 이처럼 교회 직분으로 부름 받고 세울 권세와 권위가 있기를 원하신답니다.

또한 내가 할 수 있는 판단에 따르면 교회 직분으로 부르고 세우는 이 형식은 하나님의 통상적인 방식으로, 이를 통해 그는 사도들 이래 그가 부르고 세우기를 원한 모든 이들을 사람들을 통해서 부르고 세우셨다는 것입니다. 그는 사람들에 의해서가 아니라 자기 자신에 의해 부름 받고 세워지는 것 외에 다른 형식을 사용하지 않았습니다. 이는 그가 그것을 원하지 않았기 때문입니다. 오히려 하나님은 사람들을 통해서 부르고 세우는 적법한 형식과 통상적인 방식을 원하셨습니다. 그래서 설령 그가 어떤 기적이나 비상한 계시를 통해 누군가를 특별히 부르는 것이 자신의 기쁨이라고 선포하신다 하더라도, 그래도 그는 이 사람이 적법하고 통상적인 방식으로 세워지기를 원하셨다는 사실이 관찰될 정도입니다. 성 암브로시우스와 성 니콜라우스가 주교로 세워졌을 때처럼 말입니다. 물론 종종 하나님을 따라 거절되고 제거되며, 배척되어 마땅한 여러 사람들이 이 방식으로 이 직분에 부름 받고 세워지고 있습니다. 사실 교회에서 이 직분으로 부르고 세우는 권세와 권위를 가진 자들이 부당한 자들을 부르고 세움으로써 종종 권세를 남용하며, 또한 많은 이들을 추천하고 세움 받게 하는데, 이는 그들이 하나님 안에서 자신을 그 직분에 적합하다고 여기고 주님과 교회를 신실하게 섬기고자 하기 때문이 아니라, 거기서 이득과 땅의 영예를 얻고자 하기 때문입니다. 그러므로 많은 사람들이 이 직분으로 부름 받고 세워지고 있으나, 이런 사람들이나 또 그들을 부르고 세운 사람들로 말하자면, 그들은 하나님에 의해 부름 받고 세워진다고 말할 수 없을 것입니다. 이 사람들은 실로 하나님을 따르자면 모두 용납되거나 수용되어서는 안 되며, 수용되었다면 제거되고 배척되어야 마땅합니다. 그럼에도 불구하고 주님이 세우시고 그의 교회에 존재하기를 원하시는 신품의 준수를 위해, 교회가 그들을 인내하고 그들이 적법한 방식으로 제거되지 않는 한, 내 생각에, 그들은 하나님에 의해 교회에 부름 받고 세워진 것이며 하나님을 따라 그들을 그렇게 인정해야 할 것입니다.

나는 그대가 지금 그대 자신이 수행하고 있는 직분의 품급에서 이런 방식으로 소명과 임명을 받았는지는 알지 못합니다. 따라서 나는 그대가 이전에 수행했던 곳에서나 지금 하고 있는 곳에서도, 그대 자신이 개입하고 있는 직분에 하나님의 소명을 갖고 있지 않다고 확고히 결론짓는 바입니다. 한편으로는 그대를 경솔하게 비난하는 것이 아닌가 하는, 또한 어쩌면 그대가 반대로 내세우는 이론을 충분히 알지 못한 채 내 이론에 무슨 오류나 있지 않을까 하는 두려움이 없지 않습니다. 우리 주님이 기꺼이 그의 은혜를 통해 나로 하여금 이 점에 있어서 의심의 여지없는 진리를 보게 하여 문제를 해결할 수 있도록 하실 때까지 이 두려움은 여전히 나를 의문 가운데 붙들어 둘 것입니다. 물론 그대가 알고 있는 어떤 근거와 증거로 그대가 알고 있는 사람들 중 경멸할 수 없는 인물들[10]이 있다고 말할지라도, 그래서 그들이 그대를 이끌어 현재 수행하는 직분을 갖도록 시도했다고 할지라도, 그래도 나는 내가 말한 모든 것이 교회 직분에로의 하나님의 소명과 임명에 대해 내가 당분간 생각할 수 있는 모든 것이 진정한 것일진대, 하나님이 진정 그대를 그 직분에 부르고 세우셨는지를 보지 못합니다. 왜냐하면 그대가 그들이나 다른 이들에 의해, 우리 주님의 영이 그의 교회에 있기를 원했던—이것이 내가 이해하는 방식입니다—성례와 형식에 따라서, 이 직분에 부름받거나 임명되지 않았기 때문입니다. 설령 그대가 하나님의 권세와 권위를 가진

---

10) 부처와 카피토를 의미한다.

사람들에 의해 그리 된[소명과 임명을 받는]다 하더라도, 나는 그대가 알고 있는 인물들이 그대로 하여금 그 직분을 행하도록 이끈 장소에서 이 성직의 임무를 수행하도록 그대를 부르고 임명할 하나님의 권능을 가졌는지 알지 못합니다. 마찬가지로 그들이 그대를 이 직분에 부르고 임명할 때 그들이 하나님의 권능을 가질 것인지도 알 수 없습니다. 왜냐하면 그들 자신 역시 성직에 관해서, 아니면 적어도 그 장소에 관해서, 내가 하나님의 적법하고 통상적으로 본다고 말한 그 방식에 의해 교회 직분의 책임에 대한 소명과 임명을 받지 않았기 때문입니다.

　나는 인간적 불안이 그대를, 그대가 수행하는 이 직분을 어디서든 담당하도록 이끌어 갔다고 여기지 않으며, 그대가 달리 생활비를 벌 수 있었다고 생각합니다. 나는 또한 그대가 알고 있는 사람들이 멸시받을 인물들이 아님을 인정하며, 그들을 크게 존중하고 있습니다. 비록 내가 그대에게서와 마찬가지로 그들에게서도 무언가-하지만 그렇게 큰 것은 아닌-를 바라고 있지만 말입니다. 그대 자신은 이 모든 것이 내 말에 대한 충분한 답이 아니며, 그대가 끼어드는 이 직분에 대한 그대의 소명을 내게 설명하고 내가 가진 의문을 제거하기에 충분하지 않다는 것을 잘 알고 있습니다. 이 의문은 그대가 이 직분을 맡았다는 것을 내가 인정할 수 없는 이유이기도 하지만, 또한 나로 하여금 단순하고 구체적으로 그대를 비난하지 못하게 한답니다. 왜냐하면 의문은 판단을 유보하게 하며, 의심되는 것에 대해 이 편이나 다른 편에서 감히 확실하게 결정하지 못하게 하기 때문입니다. 그대가 비난받아야 할지 아닌지는 그대의 양심이 재판관이신 하나님 앞에서 진실에 따라 스스로를 점검해야 할 것입니다. 나는 다만 교회 직분의 소명에 관한 진리가 무엇인지를 평가할 수 있다고 그대에게 밝히고자 했을 뿐입니다. 나로 하여금 그렇게 평가하게 만드는 이유를 그대는 충분히 파악할 수 있을 것입니다. 그것은 어느 누구도 자기 스스로나 자기 자신의 판단과 권위로 직분에 부름 받거나 임명되지 못하고, 자신에 관해 그리고 교회에 관해 선한 양심으로 목회하기 위해서, 아니면 적어도 교회에 관해 그의 직분이 헛되지 않고 수용되거나 용인되기 위해서 하나님의 소명이 있어야 하듯이, 마찬가지로 어느 누구도 자신에게 있어서뿐만 아니라 교회에서도 적법하게 목회하거나 그렇게 수용되기 위해서는, 하나님의 권위와 교회의 책임을 가진 사람이나 그런 사람들에 의해 부름 받고 임명되지 않는 한 하나님의 소명을 가질 수는 없다는 것입니다. 또한 내가 보기에 하나님의 영이, 끊임없이 일어날 혼란과 분리와 소란 때문에 각개 교회가 스스로 목회자들을 임명하거나 또는 마음대로 바꾸고 거부하는 것을 허락하길 원하지 않는다는 것입니다. 나아가, 사도들과 복음서 기자들의 성서뿐 아니라 역사, 곧 모든 법령들과 공의회 교서들 내지 교회의 박사와 목사의 다른 글들을 통해서 내가 보고 평가할 수 있는 생각에 따르면, 초기부터 지금까지의 기독교 교회의 관례는 직분에 대한 소명과 임명이 내가 위에서 설명한 것에 따라 이뤄져야 한다는 것을 보여 주고 입증합니다.

그대가 앞서 있었던 곳[11]에서 수행했던 행정에 관해 내게 쓴 것-즉 **이전에 그대로부터 들은 한탄이 꾸며서 나온 말이 아니라**(나는 이것을 믿습니다.) **그대가 맡은 임무를 지탱하기 위해서는 많은 것이 필요하다는 사실을 입증한다는 것**-과, 그대가 지금 있는 곳[12]에서 동일한 책임을 맡은 것에 관해 내게 통지한 것-즉 **그대가 책임을 다시 맡기를 원했다는 것에 대해 사람들이 믿어 주기를 바랐다는 것**[13]-은 나로 하여금 그대가 [전에] 맡았던 책임을 [수행]할 수 있었다는 이 판단과 지금 하려는 책임을 다시 맡으려는 이 바람이 과연 그대 양심에 있는 하나님의 증언에서 비롯된 것인지를 생각하도록 부탁하게 합니다. 그대가 이 책임에 대해 하나님께로부터 소명을 받지 않았고 오히려 그대 자신을 육신에 기인하는 다른 욕망에 의해 이끌리도록 내버려 둠으로써 이 증언을 거절하고 덮었다고 그대 스스로 생각하기를 바라면서 말입니다. 그리고 [그대가 쓰고 통지한 것은] 나로 하여금 어쩌면 그대가 자신의 판단에 따라 우리 주님께로부터 받은 은사와 은혜를 그대 안에서 보게 하도록 합니다. 또한 [그대가 쓰고 통지한 것은] 그대가 교회 안에 있는 스캔들을 향한 어떤 열정에 이끌려 그대 자신이 갖고 있거나, 아니면 다른 사람들을 좇아 좋게 여겨 많은 사람들을 거기에 가담시키려고 애썼던 것을, 복음이라는 이름과 구실하에, 심고 굳히는 수단을 갖게 합니다. 이런 야심 찬 육적인 욕망이 그대로 하여금 다른 사람들이 그대를 이런 직무를 시도하게 한 결과에, 그리고 하나님이 그의 종들을 통해서 그대를 이 편으로 부르셨다고 판단-확신을 가지고 쉽게-하게 한 결과에 기꺼이 동의하도록 했던 것입니다. 내가 이것을 말하는 것은 단지 이 직무에 대한 그대의 소명을 비난하는 일을 공고히 하기 위함-나는 이렇게 하기를 원하지 않는다고 이미 말했습니다-이 아

---

11) 제네바를 의미한다.
12) 스트라스부르를 의미한다.
13) 서신 88 참고. 뒤 티에는 Quant est de reprendre charge, j'euusse bien desiré en estre creu이라는 칼뱅의 말을 qu'eussiez bien desiré estre creu en ce que ne la vouliez reprendre라고 인용한다.

니라, 다만 다른 모든 것에 대해서처럼 내가 이 직무에 있는 그대의 소명에 대해 갖고 있는 의문과 관련해서 추론한 것을 가지고, 하나님 앞에서 그대 스스로를 점검할 기회를 갖게 하기 위함입니다.

그대는 내가 있는 나라의 교회를 하나님의 교회로 여기지 않고, 또 그 자체로 정죄될 수 없는 많은 것들-거기에 보존되어 있는 여러 가지 것들이 바르게 사용되고 있는-을 정죄하고 있습니다. 나는 그대가 저지르고 있는 이 잘못에 대해서 썼거니와, 그대는 타인을 경솔하게 정죄해서는 안 된다는 사실에 대해 내가 그대에게 한 권면을 나 자신이 받기를 원한다고 답했습니다. 이것은 그대가 걱정한 정도까지 나를 불쾌하게 하지는 않았습니다. 왜냐하면 나는 그대처럼, 이 권면이 담고 있는 것에 굴복할 줄 알며, 하나님이 도우신다면 언제나 그것을 지키고 반대로 행하지 않도록 조심하려는 마음을 가질 것이기 때문입니다. 하지만 내가 단언하거니와 이 점에서 나는 권면을 받을 필요가 없으며, 전혀 반대로 행하지 않았습니다. 만일 내가 확실하고 명백한 진리 안에서 그것이 과오임을 보지 못했다면, 나는 내가 그것이 과오라고 그대에게 쓴 것을 결코 과오라고 여기지 않는 것으로 만족했을 것입니다. 이는 내가 나 자신과 마찬가지로 그대에게서 뭔가 비난받을 만한 것으로 여겨지기를 바라지 않고, 내게서처럼 그대에게서 하나님의 영광과 완전함-내가 크게 모자라고 불완전함을 알기에 이것들이 많은 점에서 나보다 그대에게 더 많다고 평가하지 않는다는 말이 아니라, 나 못지않게 그대에게 애착을 갖는다는 말입니다-을 바라기 때문입니다.

그럼에도 불구하고 그대가 이 과오를 인정하고 고백하고자 하지 않는다면, 나는 우리 주님께서 어느 날 그대가 그것을 깨닫게 되는 은혜를 베푸시기를 기도하는 것 외에는 무엇을 해야 할지 모릅니다. 그러나 그대가 이 세상에서 결코 깨닫지 못한다 하더라도, 그래도 그 과오는 그대에게 있을 것입니다. 설령 그대가 내가 아는 인물과 더불어 이 사실과 관련된 것에 대해 논의했다-그대가 있다고 말하는 증인이 그것에 대해 그대의 추측대로 내게 알리지 않았음-하더라도, 그대가 자신이 말한 것 외에 다른 것을 볼 수 없었다면(나는 그대가 〈두 서신〉[14]에서 자신이 알고 있는 것을 채택하고 있다고 생각합니다), 내 생각에는 이 인물[15]과 그대 사이의 논의 가운데서 전적으로 서로 일치하지 않았음에 틀림없습니

---

14) 서신 88 각주 2 참고.
15) 이 인물이 누군지는 알 수 없다(서신 88 각주 4 참고).

다. 왜냐하면 나는 그가, 그대가 하듯이, 여기에 있는 교회가 하나님의 교회임을 부정하고자 하지도 않았고, 여기에 있는 많은 것들이 그 자체로 정죄될 만한 것으로 여기지도 않았다고 믿기 때문입니다. 나아가, 내가 그대가 이 점에서 잘못했음을 확신한다고 말했을 때, 그대가 이 문제에 대해 내게 쓴 것에 대해 답하기 위해서, 위에서 이미 언급했듯이, 결코 **어둠을 빛이라** 부르지도 않았고, 정직하게 행하는 어느 누군가를 이것 때문에 정죄하지도 않았습니다. 그리고 모든 사람들 앞에서 그들의 교리를 날마다 지지하는 모든 이들이 감히 하나님과 그의 존엄하심의 명백한 원수들[16]을 비난하는 것을 주제넘은 것으로 여기면서 그들을 정죄하기 위해 부당하다는 이유로 음침한 곳에 가두지도 않았습니다. 심지어 그대 쪽 사람들 가운데 있는 주요 인물들과, 보다 명백한 선견자들의 판단에 따르더라도 내가 빛이 아니고 그대들[17]이 어둠이 아니라고 진정으로 말할 수 없을 것입니다. 그리고 설령 그대와, 그대처럼 이 점에서 잘못된 사람들이 바르게 행한다고 믿는다 하더라도 그대들의 믿음이 실제로 그렇게 만들지는 못합니다.

비록 하나님이 나를 공적으로 가르쳐야 할 장소에 두지 않으시고 그대와 같이 적합한 은사를 주시지는 않으셨지만, 그래도 내가 매일 공적으로 가르치는 그대와 다른 이들에 관해 진리의 어떤 것을 개인적으로 보고 판단할 수 없는 것도 아니며, 또한 기회가 주어지거나 필요할 때 말하거나 글을 쓸 수 없는 것도 아닙니다. 나는 이렇게 함으로써 나 스스로 멈추지 않고 단지 진리가 행한 것을 진술할 뿐입니다. 진리는 세상의 모든 공공장소에서 찬양되고 선포되는 경우 못지않게, 은밀한 곳에서 나에 의해 진술되거나 쓰이기 위해 있는 것입니다. 내가 원하면 나는 그대가 그대의 교리를 주장하는 곳이 다른 곳이 아니라, 주로 그 이론을 좋게 보는 대부분의 사람들이나 그대가 아는 주요 인물들 앞에서 하고 있다고 말할 것입니다. 사실 그대가 그대의 나라를 포기한 것은 거기서는 감히 그 교리를 공공연히 공표하거나 주장할 수 없었기 때문입니다. 하지만 나는 내가 이 교리에 있는 많은 것을 인정하기 때문에, 그대가 그곳에서 그것을 주장하는 것을 높이 평가합니다. 비록 내가 인정할 수 없는 것이 많이 있지만, 내게는 설령 그대가 모든 산 자들 앞에서 죽을 때까지 그것을 주장했고 또 주장한다 하더라도, 그것이 그 교리를 온전히 참되고 확실한 것으로 만들 수 없는 것처럼, 마

---

16) 여기에서의 '원수들'은 가톨릭교회의 부당한 지도자들을 의미한다.
17) 각주 4 참고.

찬가지로 그대는 내가 비난의 여지가 있다고 본 것을 내가 했던 방식으로 그대에게 밝혔다고 해서 그것을 부당하게 여겨서는 안 된다고 말하는 것으로 충분합니다. 자신의 교리를 공적으로 설교하는 사람이 실수할 수 없다는 것은 숙명이 아니며, 이 사실을 깨닫는 사람이 그것을 선한 공평에 따라 그[설교하는 사람]에게 사적으로 말할 수 없다는 것도 숙명이 아닙니다.

내가 하나님과 그의 존엄에 대한 명백한 원수들을 감히 비난한 그대에 대해 주제넘다고 여겼거나 여기고 있음에 대해, 내 편지는 그렇게 말하는 정당한 근거를 그대에게 주지 않았습니다. 나는 내가 말한 것이 내가 언급하고 있는 교회에서[18] 행해지는 어떤 악이나 악습을 인정하기 위함이 아님을 그대에게 밝힙니다. 나는 그대가 이 교회에서 악습이나 불경을 저지르는 자들을 타당하게 비난하고 정죄하는 것에 대해서 그대를 얕보지 않고 오히려 크게 칭송하고 좋아합니다. 나는 이 사람들이 명백한 악습이나 불경을 행한다는 점에서 그들을 하나님과 그의 존엄의 명백한 원수들로 평가해야 함을 인정합니다. 하지만 그들이 하나님의 교회와 관련을 맺고 있는 것에 있어서는 그렇지 않습니다. 왜냐하면 교회가 그들을 인내하거나 견뎌야 하기 때문입니다. 이 점에서 내 생각에 따르면, [우리는] 그들을 교회와 더불어 인내하고 견뎌야 하며, 하나님께 속할 수 있는 모든 것으로 교회가 그들에게 주는 지위의 일부로 여겨야 합니다.

그대가 이 나라의 교회들을 하나님의 교회로 생각하지 않으며 또 그 자체로는 정죄되어서는 안 될 많은 것들을 정죄한다고 써 보낸 모든 것이 선한 마음에서 비롯된 것으로 여기는 것은 옳은 일입니다. 왜냐하면 나도 확실히 다른 마음으로 그렇게 쓰지 않았기 때문입니다. 하지만 그대 쪽 사람들의 주요 인사들조차(내가 이미 말한)[19] 그렇게 판단할 것처럼, 그것이 선한 마음에서 비롯되고 하나님의 진리에 부합한다 하더라도, 그것이 하나님의 영이 아닌 다른 영에게로 돌려지지나 않는지를 보십시오.

그대가 이곳을 떠난 것에 대해, 비록 그대가 내가 쓴 것을 이상하게 여겼지만, 그럼에도 불구하고 나는 오직 그대를 향한 선한 마음으로 그렇게 썼습니다. 그러나 그대가 이곳에 있는 것을 마치 지옥처럼 여기기 때문에, 나는 그대가 그런 견해를 갖고 있는 한 이곳으로 오라고 권하지 않을 것입니다. 하지만 그래도

---

18) 각주 16 참고.
19) 각주 4 참고.

나는 잘 형성된 그대의 양심의 법칙-나 역시 그렇게 되기를 바라는-에 따라 그대가 이곳으로 오는 일이 일어나기를 바랍니다. 나는 **그대의 양심이 내 양심보다 더 확실하다**고 그대가 말한 것에 대해서-나로서는 내가 매우 무지하고 불완전함을 알지만-내 양심이나 그대의 양심이 하나님의 진리 안에 없는 법칙에서 확실성을 취하지 않기를 바란다는 것 말고는, 아무런 답을 하지 않는 것으로 만족합니다.

그대는 내가 공급한 돈[20]을 사용할 수 있었을 것입니다. 그것은 기쁜 마음으로 된 것이지 의무로 된 것이 아닙니다. 나는 이전에도 결코 그대에게 책임을 느낀 적이 없으며, 하나님의 도움으로, 설령 이따금 그대가 내가 공급한 돈을 사용하고자 하는 일이 생긴다 하더라도 그런 책임감을 느끼지 않을 것입니다.

내게는, 마치 내가 육신에서 비롯되는 그대의 어떤 악덕을 책망하기 위해서인 것처럼, 그대 자신만을 비난하는 말을 건넬 어떤 의지나 이유도 없습니다. 그러나 설령 내가 어떤 점에서 그대의 견해와 그대 정신의 악덕-그것이 다른 이들에게 있는 공통적인 것이긴 하지만-을 비난했다 하더라도, 그래도 내가 공격한 것은 (내가 이미 위에서 말했듯이) 하나님의 진리가 아니라 그의 종들에게 한 것입니다.

나는 그대의 고통이, 이전의 모든 신분을 경멸할 정도로, 그대를 극도로 당황케 하기에 충분하다고 판단했습니다.[21] 확실히 나는 그대의 큰 고통을 존중하며, 그것이 그대로 하여금 잘못을 깨닫게 하고 아직 깨닫지 못한 잘못들이 있는지를 생각하게 했다고 여깁니다. 하지만 그대가 그 신분이 하나님께 속한 것으로 인정하는 한, 여전히 나는 그 고통이 그대의 이전 신분을 조금이나마 경멸하게 했다고 여기지는 않습니다. 만일 그대가 **주님의 길이 어디에 있는지 모른다**고 말할 정도로까지 고통당하지 않았다면, 나 역시 그대의 고통이 그대로 하여금 우리 주님의 길을 인식함에 있어서 아무것도 얻지 못하게 했다고 생각하지 않았을 것입니다. 왜냐하면 정반대로 나는 그 고통이 그대로 하여금 주님의 길을 더 잘 알고 깨닫게 도와주었다고 생각하기 때문입니다. 하지만 설령 그 고통이 그대가 어떤 존재인지를 깨닫도록 유익을 주지 못하거나 혹은 주님의 길을 벗어나 행동했다 하더라도, 어떤 장소에서 주님의 길을 알지도 따르지도 못했음을 스스로

---

20) 루이 뒤 티에의 9월 7일 자 편지(서신 81)와 서신 88 각주 12 참고.
21) 서신 88 참고. 여기서도 주어가 바뀌어 인용되었다.

인정한다는 것은 선한 그리스도인에게는 부당한 일이 아니며, 또 그가 받고 있는 고통과 벌 때문에 이런 일이 이따금 발생하는 것은 불가능하거나 이상하지 않습니다. 내 양심이 내게 충분히 입증하는 바는, 내가 그대에게 뭐라고 썼든 간에 그리고 내가 무엇을 공급했든 간에, 그 어떤 것도 그대에게 유혹거리를 제시하기 위함이 아니었고,[22] 다만 모든 것이 그대에게 하나님을 따라 스스로 검증할 기회를 주기 위함이며, 또한 어떤 유혹도 그대가 바르게 판단하는 것을 막거나, 혹 그대가 그대의 고통으로 인해 하나님에 속한 것으로 깨달을 수 있는 것을 따르지 못하게 하는 것을 예방하기 위함이라는 것입니다.

나는 하나님 앞에 간 그대의 동료[23]에 대해서는 말하지 않겠습니다. 나는 그의 용서나 정죄를 하나님께 맡기며, 다만 내가 그에게서 경건함을 보았기에 주님께서 자비함으로 그를 받으셨기를 바랄 뿐입니다. 그러나 마지막 날에 있을 하나님의 심판에 대하여 우리가 갖는 차이를 부인하지는 않겠습니다. 이는 오늘날 하나님의 모든 신비를 꿰뚫어 보는 주의 영이 그가 기뻐하는 사람들을 통해 그 심판을 확실하게 판단할 수 없기 때문이 아니라, 그대가 하나님이 이 사람들을 통해 하시는 심판을 인정하고자 하지 않으며, 또 그들이 하나님의 영을 갖고 하나님에 의해 판단한다는 것을 의심하거나 부인하면서 하나님과 싸우고자 한다 하더라도, 그대는 하나님의 다른 명백하고 보편적인 마지막 심판을 부인할 수도 없고, 저항하거나 피할 수도 없을 것입니다. 실로 바로 여기에서 [누구에게] 무모함이나 분리가 있게 될지가 알려질 것입니다. 바로 여기서, 마치 자신들의 말이 하나님을 조금이나마 정죄하기에 충분한 무게가 있다고 생각하는 이 세상의 현자들의 모든 견해가 뒤집히듯이, 자신들의 지각이나 깨달음이나 지식을 조금도 과신하지 않고 하나님을 두려워하면서 그의 말씀으로 판단하는 사람들- 이들이 이 세상에서는 무지하고 천하며 멸시받는다 하더라도-의 모든 견해는 확증되고 인증될 것입니다. 바로 여기서, 실로 천사들은 각자 합당한 대로 증언할 것입니다.

만일 그대에게 (내가 믿고 있듯이) 하나님에 대한 얼마간의 경외가 남아 있다면, 또 나에게도 그런 경외가 있다고 여길 수 있다면, 바라기는 그대가 아직 행하지 않은 정신으로 무엇이 우리의 차이를 입증하는지를 주의 깊게 고려하시

---

22) 이에 대한 칼뱅의 생각은 그가 파렐에게 쓴 편지(1539년 4월)에서 드러난다(CO, Xb, 340).
23) 10월 4일에 사망한 엘리 코로를 말한다.

고, 그대에 관해서는 그대가 무엇을 원하는지와 다른 사람들이 그들 자신에 대해 생각하는 것이 옳은지를 생각하십시오. 만일 그대에게 나에 대한 우정이 조금이나마 남아 있어 내게 글을 쓰고 싶다면, 바라기는 그대가 하나님을 따라서 내게 써야 한다고 여기는 것을 조금도 감추지 말고 그렇게 하십시오. 이것이 다툼에 의해서 이뤄지지 않도록, 또한 분노와 자만, 그리고 사람들 앞에서 그대를 정당화하고자 하는 욕망이 그대로 하여금 그렇게 하게 한다고 생각할 근거를 주지 않도록 말입니다. 만일 그대가 이런 절제와 온화함을 사용할 수 없다면, [차라리] 적어도 이 주제에 대해서, 내게 쓰지 않는 많은 즐거움을 행하십시오. 나 역시 내 쪽에서 그대에게 쓰지 않을 것입니다.[24] 왜냐하면 우리가 서로 유익이나 위안을 얻기는커녕 불만과 후회를 실어 나를 뿐이기 때문입니다. 그래도 나는 하나님의 도우심으로 그대의 복과 안녕을 내 것과 마찬가지로 바라고 언제나 바랄 것이며, 나를 위해 이뤄지길 원하듯이, 평생 이 목적으로 그대를 위할 것입니다.

겸손하고도 열렬하게 나를 그대에게 부탁하면서, 우리 주님께서 우리를 언제나 그의 길로 이끌고 인도하시어서 마지막에 그의 택함 받은 자들로서 그의 영광에 받아들여지게 하시기를 간구합니다. 아멘.

1538년 12월 1일, 파리에서.

언제나 그리스도 안에서 그대의 친구이자 형제가 되기를 갈망하는 자, 드 오몽.

---

24) 1539년 4월에도 칼뱅은 이 편지를 받지 못했고 그것이 분실된 줄 알았다. 아무튼 이후로 둘 사이에 서신 왕래는 더 이상 없었던 것 같다.

91

파렐이 칼뱅에게

1538년 12월 27일, 뇌샤텔에서 스트라스부르로
CO, Xb, 302; Herminjard, V, 204

문안하오. 나는 많은 것들에 대해 편지를 썼소. 내가 전령의 출발 이후에 쿤츠의 편지-이 편지를 통해 그는 내 편지가 매우 유쾌하다고 증언하며 매우 친절하게 답하고 있소-를 받은 것이 아니기에, [쓸 것이] 다소나마 남아 있다고 여기지 않는다오.[1] 제베데[2]는 얼굴과 음성과 몸짓을 거룩하게 하며, 내가 보기에 그는 인간에게 있는 것 중 이상하게도 우리 자존심과 관련된 일이라면 무엇이든 과시하고 있소. 그러나 행운의 편지들이 쿤츠에게로 가는 일이 생길수록, 그만큼 더 불행의 편지들은 파데리우스[3]에게로 가게 되었소. 나는 일을 독려하기[4] 위해 비레에게 갔으며, 지금은 그리나이우스에게로 간다오. 이 문제가 최대한으로 마음 쓰이는 일임을 내가 알진대, 내가 애써야 하지 않겠소? 또 거듭 말하지만 그대가 있는데 누가 다른 독려자를 원하겠소? 이 일은 생각할 수 있는 것 이상으로 성숙한 행동을 요구하고 있소. 지체되면 될수록 더 많은 재앙이 초래된다오. 소니에의 마음이 가장 비참하게 찢겨졌소. 그대의 편지가 가장 많이 해로웠소. 그것은 다양한 사람들에 의해 다양하게 받아들여졌소.[5] 그대에게는 결국 모든 것을 분명하게 알려 줄 동생[6]이 있소. 그가 학교에서 출발할 것이 명백하며 어쩌면 이미 도시 밖에 있는지도 모르오.[7] 이렇게 그대는 모든 것이 얼마나 분쇄

---

1) 파렐의 편지와 쿤츠의 답신은 현존하지 않는다.
2) 앙드레 제베데는 베른 시 의회에서 오르브 시의 목회자로 임명받고 막 돌아왔다.
3) Paderius. Herminjard는 리뉴롤Lignerolles의 목사였던 요하네스 파테리우스Johannes Paterius로 추정한다.
4) 피에몽의 개혁과 사람들의 문제에 개입하는 것을 의미하는 것으로 보인다(Herminjard).
5) 서신 89 각주 16 참고.
6) fratrem. CO 편집자는 앞에 나오는 소니에로 보았지만, 여기에서는 칼뱅의 친동생인 앙투안을 의미한다(Herminjard). 그는 제네바를 떠나 바젤을 거쳐 스트라스부르로 갔다.
7) 제네바 시 의회 기록에는 당시의 상황이 다음과 같이 적혀 있다. "1538년 12월 20일 금요일. 앙투안

될 것인지, 아니 분쇄되어 버렸는지를 알 수 있을 것이오. 주님은 길이 고쳐질 수 있는 방법을 알고 계신다오. 그렇지만 온갖 방법으로, 때로는 청원으로 때로는 다른 방법으로 노력하는 것은 경건한 자들의 몫이오. 나는 이 문제에 있어서 그대가 그대의 소임을 이행하리라는 것을 의심하지 않소. 그러나 나는 그대가 당장 해 주었으면 하오.

나는 우리가 시 의회에서 모든 것을 얻어 냈음을 그대가 알 것이라고 생각하오.[8] 하지만 아직 더 이뤄질 일이 남아 있소. 우리는 둘째 주일[9]과 성탄일에 두 번의 성찬을 거행했소. 그러나 두 번의 성찬 중 어떤 것도 존경이나 정직에 합당하지 않았소. 주일에 하나님의 종들이 분잔을 도운 첫 번째 성찬이 두 번째 성찬보다는 조금 더 적합했소. 이렇게 불쌍한 백성은 회복될 수 없을 정도로 교육받았던 것이오. [이제] 우리를 저주로 괴롭히고 뒤흔드는 해악들[10]이 이제야 타격을 받고 있소. 샤포노[11]는 자신이 무슨 이유로 말하는지를 몰랐소. 적지 않은 사람들이 이 문[12]을 통해 들어갔소. 우리는 이 문제를 주님께 맡기오. 교리와 권징이 적합할 정도로 교회가 회복되는 일이 얼마나 필요한지! 제베데는 오르브의 목사로 채용되었소. 베른의 코메즈[13]는 이미 한 달을 흘려보냈소. 로잔의 비레만이 모든 책임을 짊어지고 있소. 그는 날마다 강의하고 설교한다오.[14] 이렇게 그

소니에 선생은 독일로 가서 가난한 신도들의 상황을 지켜보기 위해 사직서를 내려 왔다. 결정 사항 : 그가 도시의 섬김이로 있기를 원할 경우 성찬식을 도와야 하고, 떠나고자 한다면 떠나게 하며, 머물기를 원한다면 원하는 대로 하게 함으로써 문이 열려 있게 한다." 1538년 12월 23일 월요일. 시 책임자들은 리브 콜레주에서 가르치는 앙투안 소니에 선생, 마튀랭 코르디에 선생, 이에로니미우스 뱅당시 선생, 클로드 보티에 선생을 소환하여 돌아오는 성탄일에 성찬 분잔을 돕고 수난 성구를 읽는 일을 돕길 원하는지를 알고자 했다. 그들은 양심에 어긋나지 않으면 성찬 시행을 돕겠다고 답했다. 하지만 그들은 이 도움에 대해 긍정적인 답을 주지 않았다(Herminjard).

8) 10월 초에 열린 회의에서 뇌샤텔 목사들은 시 당국에 권징 조례를 비준해 줄 것을 요청했다(Herminjard, V, 205, n. 10 참고).

9) die dominica(CO); die dominico(Herminjard). 12월 22일 주일을 말한다.

10) 서신 87, 각주 36, 37 참고.

11) Capunculus(L). 서신 87, 각주 34 참고.

12) per osdium. 샤포노를 의미하는 듯하다.

13) 서신 87, 각주 16 참고. 의사로서의 재능이 있었던 이 사람은 목회 활동보다 환자 방문에 더 많은 시간을 보냈다(Herminjard).

14) 피에르 비레는 로잔 아카데미에서 신약을 가르쳤는데, 그가 모든 설교까지 다 맡았다는 것은 동료였던 자끄 폴이 죽었거나 로잔을 떠났기 때문일 것이다. 로잔의 재정 부서가 그의 이름을 기록한 것은 1538년 7월 10일이고, 마지막 급여는 10월 10일로 끝난다(Herminjard).

는 결혼 첫 해에 희생 제물로 바쳐지고 있소.[15]

최근 단지 빵과 지탱할 수 있는 소량의 물 때문에, 가혹한 삶을 살게 했던 속박이 풀리고 있소. 그것[속박]은 그들이 오후가 지나지 않고서는 금식을 풀지 않을 정도로 냉혹하다는 것을 보여 준다오. 물은 매우 인색하게, 나아가 빵은 더 인색하게 주어지고 있다오.[16] 모두가 죽지 않는다는 것이 신기하다오.[17] 주님은 자기 백성을 지키실 것이오. 누군가가 그르노블에서 루아[18]에게 일어난 일을 겨우 이야기해 줄 수 있었소. 그대는 그가 경솔하게 전달된 편지들 때문에 얼마 동안 감옥에서 지내야만 했는지를 알 것이오. 그 외에 다른 이들도 적지 않소. 어떤 돌 같은 마음들이 이 많은 불행한 자들의 재앙에도 깨뜨려지지 않는 거요? 약해질 대로 약해져서 아버지께 청하지 않는 그리스도인, 모든 인간적 도움을 결여한 사람들을 힘껏 돕지 않는 자들이 그리스도인들로 여겨질 수 있는 것이오? 그대는 그들 자신들을 돕도록 힘껏 애써야 할 것이오. 소니에는 스스로 성취한 많은 것과 다른 기회에 말했던 것을 전해 주고 있는 바, 실로 우리가 전혀 경험하지 못한 것들이라오.[19] 주님께서 그를 도와주시길! 잘 있으시고, 카피토, 부처, 슈투름, 피르미우스, 미셸[20], 스타그네우스[21], 가스파르[22]에게, 그리고 내가 주님의 일을 부지런히 하기를 바라는 다른 이들에게 충심으로 문안해 주시오.

1538년[23] 12월 27일, 뇌샤텔에서.
파렐 드림.

---

15) 비레는 10월 6일에 결혼했다.

16) 1538-1540년 사이에 복음의 가담자라는 이유로 그르노블에 수감된 샤를 드 라 마르트°는 엄청 비정하게 취급당했다. 그는 "고등 법원 관계자의 동정이 없었더라면 굶어 죽었을 것"이라고 말했다 (Herminjard).

17) 파렐은 특히 프랑스 남부 지역의 복음주의자들을 암시하고 있다(Herminjard).

18) Ludovicus(L); Loys(F). 1536년 12월 초 그르노블 근처의 쉬랑Chirens에서 루아라 불리는 사람이 제네바 목회자들의 편지를 간직한 채 체포된 바 있다(Herminjard).

19) 소니에는 도피네 출신으로 이 지역, 특히 그르노블에 많은 지인들을 갖고 있었다. 그는 이미 스위스와 독일을 여러 차례 여행하면서 박해받는 복음주의자들의 보호를 권면했다(Herminjard).

20) 미셸 뮐로는 3개월 후 뇌샤텔 백작 영지로 온다. Machartum(CO)는 낯선 이름이다.

21) 서신 75, 각주 16 참고. Staynerum(CO)는 낯선 이름이다.

22) 가스파르 카르멜은 여전히 스트라스부르에서 공부하고 있었다.

23) 본래 1539년으로 되어 있지만, Herminjard는 이것을 1538년으로 보았다. 소니에의 추방을 담은 내용이 이 편지를 1539년 12월로 볼 수 없게 하기 때문이다. 게다가 스위스 대부분의 지역에서는 새해를 성탄일로부터 시작했다. 물론 예외도 있었는 바, 제네바 목회자가 제네바 시 의회에 쓴 서한(부록 6)이 그것이다.

92

칼뱅이 파렐에게

1538년 12월 29일[1], 스트라스부르에서 뇌샤텔로
CO, Xb, 435; Herminjard, V, 446

매우 상냥한 형제여, 아버지 하나님의 은혜와 평화가 주 그리스도를 통해 당신에게 임하기를!

내가 권면하기를 그치지 않는 것은 당신이 자발적으로 행하기를 바라는 그것을 당신이 해 주는 것입니다. 이는 부분적으로는 나를 없애면서 당신에게 용기를 주기 위함이요, 또 부분적으로는 내가 내 권면을 통해 당신과 더불어 더욱 분발하기 위함입니다. 내가 모든 것을 부지런히 살피고 오랫동안 심사숙고할수록, 다음 사실이 더욱 확실해지기 시작합니다. 즉 높은 지위―일반적으로 열렬히 추구하는―의 많은 사람들을 참아내는 일이 우리에게 필요하다는 것입니다. 사실 교회만이 언제나 이런 악에 노출되어 있는 것이 아니며, 가장 순수하고 청결해야했던 교회 쪽 사람들도 사악한 인간들로 가득할 정도입니다. 정녕 인내해야 한다면, 친절과 온유는 지켜져야 합니다. 하지만 나는 경박한 관용으로 향하는 것을 원하지 않고, 도리어 악습을 교정하는 일에 관여되어야 한다고 여깁니다. 우리가 건강한 교회를 원한다면, 글란디나이우스 및 알렉산더[2]와 같은 암적 존

---

1) 이 편지의 원본은 남아 있지 않다. 일반적으로 베즈가 정한 연대인 1539년 12월 19일을 수용해 왔으나 Herminjard는 이 날짜가 잘못된 것으로 보았다. 그에 따르면, 베즈는 편지 원본의 날짜인 12월 29일을 12월 19일로 잘못 읽었으며, 1539년이라는 연대도 현대의 계산법에 따르면 1538년으로 수정된다. 이 편지는 1539년 11월 20일 자 및 1539년 12월 31일 자 칼뱅의 편지들과 내용을 비교해 보면 전혀 어울리지 않고 오히려 1538년 12월 29일 자로 판단할 때 매우 자연스러워진다. 따라서 베즈의 실수임이 분명해진다(Herminjard, V, 446, n. 1).
2) 클로드 드 글랑티니는 타반의 목사이고 알렉산드르 르 벨은 생토뱅의 목사이다(서신 87, 각주 36, 37 참고).

재들을 직분에서 쫓아내는 일뿐 아니라 심지어 신도의 공동체에서 추방하는 일은 수고할 가치가 있습니다.[3] 아무쪼록 내가 상세히 설명한다고 여기는 것을 당신에게 입증하고 설득할 수 있기를 바랍니다. 그들이 아직까지 뇌샤텔 영지에 머물러 있다면[4] 교회의 정기적인 심리cognitio에 소환되어 그들의 악의가 엄중히 문책되어야 하며, 만일 그들이 생각을 굽히지 않는다면 출교로 억제되어야 합니다.[5] 당신은 권세가 당신에게 있음을 부인할 것입니다. 시 의회가 두세 명의 의원을 변칙적으로 선출하여 그들을 공권력으로 형제회fratrum coetum에 소환하는 일을 실행하지 않음으로써, 결국 판결해 주는 사람들을 갖추지 못하는 이유가 무엇인지요? 물론 그것은 위정자의 문제로서, 위정자가 때로 권세를 위해 행하며 때로 교회법에 의해 수용하고 확정짓는 것들이 무례하게 수행되는 것이 아닙니다. 그들은 우리 지체를 치유함으로써 우리를 돕기 때문에 유익합니다. 뿐만 아니라 그들은, 우리가 힘들어하는 때면 언제나, 극심하게 우리를 훼방한 자들의 죄악이 커져 가고 그래서 상처가 밖으로 드러나기 전에 저들을 소환해야 합니다. 나는 그 사람이 당신에게 얼마나 성가신 인물인지 알지만, 그래도 당신이 그와 더불어 우의와 화목을 유지하기를 바랍니다.[6] 나는 그가 미련한데다 쓸데없이 오만하며 잘못된 신앙을 갖고 있다는 의심까지 하고 있습니다. 하지만 주님이 당신의 짐을 덜어주실 때까지 견뎌내는 것 말고 무엇을 하겠습니까? 당신은 이런 모든 치료책을 사용하는 것 외에 달리 할 수 있는 일이 없습니다.

나는 이제 잠시 비레가 "우리를 지나치게 칭찬함으로써 질투나 적의를 품은 분노를 불러일으키는 사람들보다 우리에게 더 유해한 것은 없다."라고 한 말에 주목합니다. 비록 내가 나의 보잘것없는 칭찬 소재를 제공했다 하더라도, 그 이유 때문에 당신과 나를 연결시키는 사람들을 제외하면, 내게 너무도 과도하지 않은 것이 전혀 없다고는 생각하지 않습니다. 아무튼 나는 그런 부적절한 찬사—

---

3) Herminjard는 칼뱅의 이 표현에서도 이 편지의 연대의 수정 이유를 발견한다. 왜냐하면 파렐이 1539년 10월 21일 자 편지에서 "글라디나이우스는 형제들과 화해했으나, 알렉산더는 전혀 호의를 구하지 않았고 화해하지도 않았다오."라고 썼기 때문이다. 한편 1538년 12월에 이 두 사람은 뇌샤텔 목사들과 공개적으로 싸웠다.

4) 1539년 2월 5일 자 파렐의 편지(Herminjard, V, 232)에 따르면 알렉산더는 1539년 초에 뇌샤텔을 떠나라는 명령을 받았다. 그리고 1539년 10월 8일 자 편지에서 칼뱅은 알렉산더가 그곳을 떠났음을 확인하고 있다. 따라서 이 편지는 1539년 12월의 상황일 수가 없다(Herminjard).

5) 그들이 출교된 것은 1538년 12월 27일이나, 칼뱅은 이 사실을 아직 통보받지 못했다.

6) 뇌샤텔의 목사 장 샤포노를 암시한다(서신 78, 각주 16 참고).

이 이유로 그만큼 우리가 방해받는-가 자제되기를 바랍니다. 나는 당신이 할 수 있는 한 이 점에 노력하기를 요청합니다. 바젤의 누군가가 자신이 바울 못지않게 당신을 존중한다고 공공연히 자랑스럽게 내게 써 보내왔을 때, 나는 이 비교가 얼마나 마음에 들지 않았는지를 숨기지 않았습니다. 사도들 사이에서도 찾아보기 어려울 만큼 모든 사람의 이름으로 응대하는 그[바울]와 당신을 한 쌍으로 만드는 것이 무슨 소용이 있습니까? 아무튼 우리가 타인의 고통이나 아둔함이나 무절제를 강제로 용서해 주는 부당한 상황이 우리에게 부과됩니다. 하지만 이런 종류의 불화가 종식될 때 이 질병도 치유될 것입니다.

나는 부처에게 대회[소집]를 강하게 재촉했고[7] 그와 동시에 그는 돌아갔습니다.[8] 타인들이 잘되도록 하기 위해서라면, 그리스도의 영광과 우리 사역에 대한 온전한 믿음이 지속되는 한, 우리는 우리의 것이 무엇이든 제출하기를 주저하지 않을 것입니다. 나는 아마 천 배나 빨리 죽을 것입니다. 부처가 먼저 성례에 관해 이런 말로 강요하지 않는다면, 나는 그쪽 편으로 끌려가도록 내버려두지 않을 것입니다. 어찌됐건 그는 자진해서 자기 자신에게 묻지 않음으로써 언제나 정치적이고 수용적입니다.

내가 형제들 모두에게 쓴 편지[9]가 그토록 불쾌하게 받아들여졌다는 것이 나를 아프게 합니다. 그렇지만 다음 한 가지 이유 때문에 그렇게 쓴 것을 후회하지 않습니다. 즉 현재 상태에 이르게 된 이상, 형제들에 의한 책망이 가능하기에, 적대자들이 우리를 비난하지 않고 우리의 충고로 무언가를 받아들였을 수 있다는 이유 말입니다. 소니에가 우리와 더불어 더욱 신뢰 있게 행동하지 않았기에 그만큼 나는 괴롭습니다. 내가 이런 마음과 이런 원칙을 가지고 쓴 것은 그들이 당신의 판단에 의해 억제되거나 단념되도록 하기 위함입니다. 그의 부주의가 뒤따랐기 때문에, 내가 왜 당신이 보상하리라고 믿는지를 이해하십시오. 지난 삼일 동안 그는 우리가 사역을 통해 감당할 수 있을 만큼의 용기를 나와 카피토에

---

7) 1538년 칼뱅은 파렐과 그의 동료들이 제네바에서 "그들의 책무를 신실하게 수행했음"을 선포할 대회 소집에 대해 여러 차례 말했다. 그러나 이런 주장은 1539년 3월 12일에 열린 모르주 회의 이후 무의미해진다.

8) 서신 86, 각주 12 참고.

9) 이 편지는 칼뱅이 이미 써 보낸 편지(서신 84)도 아니고 1539년 6월 25일 자로 보내게 될 편지(Herminjard, V, 336)도 아니다(서신 89, 각주 16 참고). 이 분실된 편지에서 칼뱅은 제네바 교인들에게 큰 적대감을 불러일으켰고 여기에서는 그것에 대한 자신의 입장을 밝히고 있다.

게 주지 못했습니다.[10] 우리가 그에게 응답할 날이 정해졌습니다. 그리고 나는 질병이나 다른 갑작스러운 일로 방해받지 않을 수 있었기 때문에 내 입장을 변명했습니다. 부처[11]가 줄기차게 자신의 역할을 수행하는 가운데 카피토는 그[소니에]가 목회직분[의 진실성]에 대해 강하게 요구했던 것을 완강히 거절했습니다. 상황이 서약으로 행해진 것이 아니기 때문에, 그는 미심리 사건으로 상소했습니다. 그 다음날 카피토와 부처는 나와 합의했습니다. 그[소니에]는 그가 전날 행한 것을 전적으로 새로이 수정하고 변론을 요구했으며, 그 결과 매우 적합하지 않은 야망이 드러났습니다. 카피토는 응답을 명했고 나는 거의 모든 시간을 논증으로 소비했습니다. 나는 그[소니에]가 말씀을 설교하는 자격을 탈취할 수 없다고 나무랐습니다. 마침내 그는 멈췄습니다. 다만 우리가 형제들의 일치 communio에 대해 말한 것을 문서로 입증한다는 조건을 달았습니다. 왜냐하면 내가 두세 번 거절하다가 마지막으로 양보했기 때문입니다. 아무튼 그것이 당신에게 미심리 사건이지만, 이 조건으로 문서를 공표하거나 그 내용을 담아야 합니다. 이제 요점이 무엇이었는지 들으십시오.

[1]나는 목회자와 평민[신도]의 구별로 시작합니다. 나는 성찬의 분배가 목회자에게 위임되었다고 말합니다. 그로 인해 신앙과 신중함이 요구됩니다. 나는 성찬이 그들[12]의 사역으로 말미암아 흉악하게 더럽혀졌음을 숨기지 않습니다. 나는 교회의 사적인 구성원들에게 이런 큰 직무를 맡기지 않을 것을 약속합니다. 왜냐하면 그들은 각자 자기 자신을 점검하고 나서 주님의 빵에 참여하도록 권면되기 때문입니다. 이어서 나는 모든 성체를rem 정해진 구성원에게 나누어 줍니다. 나는 당장에는 이 분배가 충분하지 않음을 언급합니다. 다만 나는 와해되고 분산된 교회가 그래도 그들 가운데서 존속되도록 노력합니다. 이로부터 나는 그곳에 경건한 성례들의 적법한 수용이 있다고 짐작합니다. 그들이 연루된 것으로 비난받는다면,[13] 나는 그들의 선취권은 그들이 수용하는 그들의 소명 때문이라고 반박합니다.

---

10) 서신 89에서 칼뱅이 소니에의 태도에 대해 쓴 부분을 참고하라.

11) Firmius. Herminjard는 이 이름을 일반적으로 프랑스 망명자로 여기지만 여기에서는 스트라스부르의 목회자 중 하나로 여기면서 어쩌면 Antoine Firn(Herminjard, V, 45)으로 생각하는 듯하다. 하지만 COR 편자에 따르면 이 이름은 마르틴 부처일 가능성이 크다(서신 71, 각주 14 참고).

12) 새로 임명된 제네바 목회자들을 의미한다.

13) Tum objecta quibus implicari poterant dissolvo.

[2]내 형제여, 교회에 관해 말하자면 내가 당신을 증인으로 삼거니와, 우리는 성경의 허다한 찬사에 자리를 내어주며 그에 대한 일치가 우리에게 맡겨집니다. 이어서 우리는 그들이 그곳에 일부 다른 교회를 세웠고 따라서 교회의 많은 특징dotes이 떨어져 나간다는 증거까지 주시하고 있습니다. 만일 누군가가 교회를 위한답시고, 경건한 자들의 합의가 악덕한 자들의 집단에 의해 압박당하는 모임을 내게 강요-내가 그 모임의 결정을 마치 하나님의 말씀처럼 두려워하지 않는다면 나를 이교도와 세리에게로 격리된 자로 여길 정도로-한다면, 나는 그다지 움직일 생각이 없습니다.

[3]성례를 받는 문제에 관해서는 원칙이 다릅니다. 당신은 다윗이 사울의 악과 모든 왕궁의 악을 얼마나 신랄하게 증오했는지를 압니다. 그렇지만 다윗은 그토록 파렴치한 무리의 제휴를 방해하지 않았습니다. 이는 그가, 특히 메세키타스Mesechitas에 있는 동안, 거룩한 모임과 엄숙한 제사에 참여하는 것이 자신에게 허락되지 않는 것을 슬퍼하지 않기 위함입니다. 모든 페이지를 긴 사례들로 채우지 않도록, 유대 백성 안에 후손들이 통탄해 한 몇 가지 악이 얼마나 기승을 부렸는지를 상기해 보십시오. 그렇지만 그것들은 효력을 발하지 못했습니다. 왜냐하면 주님의 제정과 명령에 따라 시행된 거룩하고 순전한 제사가 신자들에게 있었기 때문입니다. 과연 매우 짙은 어두움 가운데서도 그들에게 반짝였던 주님의 등불이 불붙어 있었습니다.

제베데는 이 주제에 관해 나에게 교황을 비난했는데, 공연한 일이었습니다. 왜냐하면 교황파에게는 내가 바라는, 교회의 이름을 지탱할 그런 토대가 없기 때문입니다. 그에게 있어서 잘못은 내가 목회직분이라 명명했을 때 그는 내가 어찌됐건 설교에 대해 말한다고 여겼다는 것입니다. 왜냐하면 나는 교리, 즉 궁극적으로 어떤 교회가 설립되어야 적합한지를 설명했기 때문입니다. 그러므로 나는 왜 우리가 지금까지 그곳에서 교회의 다른 외양이 존재하는 것을 거절하는지를 모르겠습니다. [그러면] 주님의 성례가 그곳에서 올바르게 시행될 수 있을 텐데 말입니다. 그러는 동안 불경한 신도들에 의해 뒤죽박죽된 교회가 심히 병을 앓고 있음을 나는 부인하지 않습니다. 물론 그것 때문에 경건한 자들이 주님의 명령으로 준행하는 그의 순전한 성찬이 그들에게 없게 되었다는 말은 아닙니다. 또한 그들에게 [성찬을] 손수 분배할 적법한 목회자들이 없는 것도 아닙니다. 그들은 소송periculum이 있지 않는 한, [성찬] 분배를 거절당하지 않는 목회자들이 그들에게[14] 있음을 인정하지 않습니다. 여기서 나는 내가 그들의 직분을 인정할 어떤 증거도 내놓지 않았음을 명백하게 말합니다.[15] 그리고 그들이, 결코 필요하지 않은데도, 공연히 그런 심의에 말려들지 말라고 충고합니다. 왜냐하면 그리스도나 사도들이 가야바와 심히 부패한 백성들과 더불어 의식에 참여했을 때, 그[가야바]의 직분을 인정하지 않았기 때문입니다[요 11:48-52; 18:19-24]. 하지만 이것은 공적 명령에 의해 주어진 것으로서, 누구든 교회에서 목회자의 직분을 얻은 자라면 그가 사제의 직무를 정상적으로 수행하는 일이 허용됩니다. 게다가 당신은 그가 어떤 재능으로 명예를 향해 돌진했는지를 압니다. 무슨 더 많은 말이 필요하겠습니까? 우리에게 이런 절제가 없다면, 무한한 분열에 의해 서로 쪼개질 것입니다. 왜냐하면 특별한 분열 이유가 어디에도 없기 때문입니다.

참된 용도로 회수되어야 할 교회 재산을 여러분이 얻어냈다는 사실[16]로 인해 내가 얼마나 크게 기뻐했는지 말로 다할 수 없습니다. 그러므로 내 형제여, 계속 전진하시고 그런 원칙을 고수하십시오. 어찌 됐건 모든 것이 다 잘되지는 않겠지만, 그래도 어느 정도까지는 성과를 거둔 것이 있습니다. 카롤리가 공의회를 향해 출발했다는 것이 나를 웃겼습니다.[17] 교황은 회의를 소집하는 것에 대해 진지하게건 꿈속에서건 한 번도 생각하지 않았습니다. 그러므로 우리는 그리스도의 통치를 확장시키는 다른 길을 기대하고 깊이 생각해야 합니다. 우리는 당신이 아는 그곳에서 시작하기에 앞서 여러분 가운데서 시편 찬송이 불리도록 시편에 관심을 가져야 합니다.[18] 물론 우리는 그것을 곧 출판하기로 결정했습니다.[19] 독일 곡조가 크게 마음에 들었기 때문에 나는 그것이 노래로서 무슨 가치가 있는지를 시험해 보지 않을 수 없었습니다. 이렇게 해서 두 개의 시편, 즉 46편과

---

14) Herminjard는 his를 hos로 읽도록 권장한다.

15) 칼뱅은 1539년 6월 25일 자 편지에서 이들을 인정하는 발언을 한다(Herminjard).

16) 1539년 2월 5일 자 파렐이 칼뱅에게 보낸 편지 참고(Herminjard, V, 232).

17) 회의concilium는 무기한 연기되었다. 카롤리는 1539년 7월 파렐과 화해했으며, 10월에는 스트라스부르 사람들의 용서를 받고 곧바로 프랑스로 갔다.

18) 스트라스부르 프랑스 교회에서는 1538년 10월에 시편 찬송이 불렸고, 이내 뇌샤텔 교회로 확장되었다. 스트라스부르 근처에 있던 메스의 개혁 교회 역시 이 영향을 받고 있었다.

19) 이 말로 미루어 칼뱅이 출판한 시편 찬송가 초판이 1539년에 나온 것으로 추정된다. 게다가 피에르 투생의 말은 이를 입증한다. 그는 1539년 6월 28일 자 편지(Herminjard, V, 342)에서 "불어 시편 찬송가를 보내 달라."고 칼뱅에게 썼다.

25편이 나의 초보 작품이며, 후에 다른 것들을 엮어 넣었습니다.[20]

미셸에 대해 말하자면, 그는 부활절 이전에 면직되기로 합의되었습니다.[21] 우리는 기회가 주어지는 대로 다른 것들에 대한 계획을 세울 것입니다. 우리는 초보와 준비되지 않은 자들을 공급하지 않도록, 여기서 감히 아무것도 경솔하게 시도하지 않을 것입니다.[22] 바젤에서 활동한 클로드[23]는, 비록 그에게 교리가 완전히 없는 것은 아니지만, 그래도 내게는 아직 충분히 교육받은 것으로 보이지 않습니다. 가스파르[24] 역시 확고한 교리와 많은 경험을 갖출 필요가 있습니다. 다른 이들에 관해서는 나는 일 년 안에 적합해질 사람이 있다고 여기지 않습니다. 앙리[25]가 이렇게 당국에 의해a patre 세워지지 않는 것은 안 된 일입니다. 만일 당신이 무슨 방법을 강구할 수 있다면, 바라건대 그가 자신의 학문을 돌보도록 하십시오. 자신의 계획이 있는 것이 마땅합니다. 그가 갖고 있는 학문의 기본 원리 외에도 그는 자주 그의 평범함을 예상케 합니다. 교회 재산에 관해서는, 당신이 내 충고가 어떤 것이었는지 기억했다고 여겼기 때문에, 나는 쓰기를 중단했습니다. 정녕 적은 말로 설명할 수 있기 위해서, 나는 당신의 요구에 따르기보다는 차라리 불필요한 말을 덧붙이는 편을 택합니다. 그러므로 집들 가운데 4채가 보호받아야 할 계층의 사람들에게로 돌려지게 되는 이런 배당은 내게 적법해 보입니다. 즉 일부는 육성되어야 할 목회자들에게, 일부는 양육 내지는 도움을 받아야 할 가난한 자들에게, 일부는 보살핌을 받아야 할 학생들에게 돌려지는 것 말입니다. 남는 것은 비상금으로 보관되어야 합니다. 정말 많은 일이 발생하며 거기에 필요한 돈은 지출되어야 합니다.

매우 좋고 매우 순수한 형제여, 안녕히 계십시오. 우리 모두, 특히 미셸과 가스파르가 매우 친절하게 당신께 안부 전합니다. 나는 로랑[26]이 어떻게 나에게서

---

20) 칼뱅이 번역한 찬송용 시편으로는 25편, 46편 외에도 36편, 91편, 138편이 있다. 칼뱅은 이 방면에 큰 재능이 있지 않음을 알고 이 일을 클레망 마로와 테오도르 드 베즈에게 맡긴다. 1542년 제네바 시편 찬송가에는 칼뱅의 5개 시편이 들어 있으며 오직 이것들에만 독일 멜로디가 사용되었다.

21) 미셸 뮐로°는 1539년 3월 25일경 스트라스부르를 떠나 목회 사역을 위해 뇌샤텔로 왔다.

22) 파렐은 서신 87에서 젊은이들을 천거한 바 있다.

23) Claudius(L); Claude de Fer(F)(Herminjard).

24) 가스파르 카르멜은 1538년 10월 하순에 스트라스부르로 왔다. 11개월 후에야 칼뱅은 그를 목회 사역에 충분히 준비된 것으로 보았다.

25) Henricus(L)(서신 89, 각주 3 참고).

26) Laurentius(L)(서신 77, 각주 4 참고).

얼마간 멀어졌는지 모릅니다. 이어서 클로드와 앙리도 마찬가지입니다. 나는 다른 프랑스인들을 알지 못합니다. 설령 그들이 얼굴도 모르는 당신을 마음으로 좋아한다 하더라도 말입니다. 카피토는 내가 양해하도록 요청했습니다. 만일 내가 내 양해로 당신을 만족시키지 못했다면 그는 스스로 괴로워하기를 멈추지 않았을 것입니다. 슈투름과 베드로투스도 매우 친절하게 당신께 문안합니다. 이 사람, 저 사람이 내 머리에 떠오르는 것을 당신은 아십니다.

스트라스부르에서, 1538년 12월 29일.

칼뱅이 프랑스 왕 프랑수아 I세에게[1]

〈기독교 강요〉 헌정 서한
[1535년] 8월 23일, 바젤에서
CO, I, 9; Herminjard, IV, 3-24; OS, I, 21-36

매우 고귀하고 매우 권세 있고 매우 저명한 군주이시며, 매우 기독교적인 프랑스의 왕이요 군주이자 최고 통치자이신 프랑수아 [폐하]께 장 칼뱅이 하나님 안에서 평화와 안녕을 기원합니다.

[1536] 매우 고결하신 왕이시여, 내가 이 책[2]을 쓰는 일에 전념하던 초기에는 폐하께 바칠 무언가를 쓰겠다는 생각은 조금도 하지 않았습니다. 다만 내 의도는 조금이라도 하나님에 대해 선한 마음을 품는 사람들에게 몇 가지 기본 골격을 가르쳐서 그들을 참된 경건으로 교육받게 하는 일이었습니다. 특별히 나는 나의 이 수고를 통해서 우리 프랑스인들을 돕고자 했는 바, 그들 중 많은 수가 예수 그리스도에 대해 굶주리고 목말라 하는 것과, 그에 대해 바른 지식을 받아 본 자들이 거의 없음을 보고 있습니다.[3] 이러한 내 생각은 이 책에서 쉽게 발견될 수 있습니다. 왜냐하면 내가 할 수 있는 한 가장 단순한 교육 형식에 알맞게

---

1) 이 헌정 서한은 〈기독교 강요〉의 모든 판에 붙어 있기 때문에 서간집에 삽입하는 것이 불필요해 보이지만, 라틴어를 원본으로 한 번역과 차별화시키기 위해 프랑스어 원본에 따라 번역하여 부록으로 별첨한다.

2) 〈기독교 강요〉를 의미한다. 〈왕께 드리는 서한〉*Epistre au Roy*은 1541년판 〈기독교 강요〉의 서문으로 수록되었을 뿐 아니라 별도의 책으로도 출판되었는데 거기에는 "기독교 강요라는 제목의 내 책"으로 되어 있다. 칼뱅은 이 글을 〈기독교 강요〉의 서문으로 채택하면서 "이 책"이라고 바꿨다[Benoît].

3) "프랑스는 거의 전역에서 심하게 동요하고 있습니다. 많은 사람들이 선생을 갖지 못한 채 부지런히 진리를 추구하고 있습니다(1525년 1월 20일 자로 Lambert d'Avignon이 작센의 선거후에게 보낸 편지, Cf. Herminjard, I, 113)." 1534년에는 파렐이 이미 10여 년 전에 출판한 *Summaire et briefve declaration*의 재판을 찍어 "우리 주님을 사랑하고 진리를 알고자 갈망하는 모든 이들에게" 헌정했다[Pannier].

만들었기 때문입니다. 그런데 폐하의 왕국에서 부당한 자들의 포학함이 너무도 커서 모든 건전한 교리가 발붙일 여지를 남겨 두지 않을 정도임을 보면서 나는 이 책을, 먼저는 내가 가르치고자 의도했던 사람들에 대한 교육용으로, 또한 폐하에 대한 [우리의] 신앙고백용으로 사용하는 것이 적합하다고 여겼습니다. 오늘날 폐하의 왕국을 불과 검으로 어지럽히는 자들이 맹렬하게 분노에 치를 떠는 이 교리가 어떤 것인지, 폐하는 아셔야 합니다.

[박해자들을 위한 변호]

나는 이 교리의 요점을 이 책에 거의 포함시켰다고 고백하는 것을 조금도 부끄러워하지 않을 것입니다. 그들이 투옥, 추방, 재산 몰수, 화형의 처벌을 받아 마땅하다고 여기는 이 교리, 그들이 육지와 바다 밖으로 쫓아내야 마땅하다고 외치는 이 교리 말입니다. 물론 나는 그들이 어떤 무서운 이야기[4]로 폐하의 귀와 심장을 채워서 우리의 입장을 매우 가증스럽게 만들었는지를 잘 압니다. 하지만 폐하께서 관용[5]과 아량으로 생각하셔야 할 것은 만일 누구든 고발되기에 충분하다면 말이나 행동에서 무죄로 남을 자가 아무도 없으리라는 것입니다. 설령 누군가가 내가 폐하께 설명 드리고자 애쓰는 이 교리에 대해 증오심을 불러일으키기 위해서 이미 그것이 모든 신분의 공통의 합의에 의해 정죄되었고 재판에서 여러 번의 패소 판결을 받았다고 주장한다 해도, 분명 그는 이 교리가 부분적으로는 적대자의 권세와 음모로 난폭하게 꺾였으며, 부분적으로는 그들의 거짓과 속임수와 중상과 배신에 의해 악랄하게 제압되었다는 것 외에는 다른 것을 말하지 않을 것입니다. 이 교리가 변호되기도 전에 잔인한 판결이 내려지는 것은 억압이요, 폭력입니다. 이 교리가 이유 없이 반란과 해독으로 평가되는 것은 기만이요, 배신입니다. 매우 탁월한 왕이시여, 누구도 우리가 이것들에 대해 부당하게 하소연한다고 생각하지 않도록, 이 교리가 얼마나 그릇된 중상으로 매일 비방되는지 폐하께서 친히 증인이 되어 주십시오. 즉 그들은 이 교리가 모든 통치와 정부가 파괴되고 평화가 흔들리며 법이 폐기되고 영지와 재산이 분산되는 것, 즉 간단히 말해서 모든 것이 혼돈으로 뒤죽박죽되는 것을 지향한다고 비방하고 있습니다. 그럼에도 불구하고 폐하는 극히 적은 부분만 듣고 계십니다. 사

---

4) raportz. delationibus(1536/L). 쿠시Coucy 칙령은 밀고자들에게 보상을 약속했다(Cf. Isambert, *Recueil général des anciennes lois*, t. XII, p. 409)[Pannier].

5) tua Clementia(1536/L). 초판의 대문자들은 점차 소문자로 바뀐다.

실 민중 가운데는 이 교리에 대한 가공할 이야기들이 퍼져 있습니다. 만일 이 이야기들이 사실이라면, 마땅히 온 세상은 그 교리와 주창자들이 천 번 화형을 당하고 천 번 교수형을 당하는 것이 합당하다고 판단할 수 있을 것입니다.

사람들이 그런 부당한 중상을 믿을진대, 그 교리가 그토록 온 세상의 미움을 받는다 해서 놀랄 게 뭐가 있겠습니까? 바로 이런 이유에서 모든 신분이 일치하여 우리와 우리 교리에 대해 정죄하기로 담합하고 있는 것입니다. 그 교리를 재판하기 위해 구성된 사람들은 이런 열광적이고 빗나간 감정으로, 그들이 집에서 가져온 견해[6]를 판결문으로 선고하고 있습니다. 그들이 자백이나 확실한 증거로 입증된 자들 외에 아무도 사형 판결을 내리지 않는 한, 그들은 자신들의 직무를 매우 잘 수행하고 있다고 여깁니다. 하지만 무슨 범죄인가요? 그들은 정죄된 이 교리 때문이라고 말합니다. 그렇다면 이 교리는 어떤 법에 의해 정죄되나요? 나에게는 이 교리를 부인하지 않고 참된 것으로 주장하는 것이 변호의 요점이었습니다. 그런데 그 순간에는 입을 여는 것이 허락되지 않았습니다. 따라서 매우 저명하신 왕이시여, 내가 폐하께서 이 소송의 전모를 알고자 하시는지 묻는 것은 이유가 없지 않습니다. 지금껏 절도와 법적 진중함보다는 아무런 법질서 없이 맹렬한 열정으로 황당하게 이끌려 온 이 소송 말입니다.

폐하께서는 내가 태어난 나라로의 귀환을 청원하기 위해 여기서 애써 내 사적인 변호를 하고 있다고 생각하지는 마십시오.[7] 비록 내가 그 나라에 대해서 인간이라면 당연히 갖는 그런 마음을 품고 있긴 하지만, 그럼에도 불구하고 사정이 이렇게 된 이상 나는 그 나라를 빼앗긴 것을 크게 슬퍼하지 않습니다. 오히려 나는 모든 신자들의 공통된 소송이자 바로 그리스도의 소송을 맡고 있습니다. 오늘날 폐하의 왕국에서 너무도 온통 찢기고 짓밟혀서 절망적으로 보이는 이 소송 말입니다. 그것은 폐하의 의지에 의해서라기보다는 분명 몇몇 바리새인들의 폭정에 의해 일어나고 있습니다. 하지만 어떻게 이런 일이 일어나는지 여기서 말씀드릴 필요는 없습니다. 어찌 됐건 이 소송은 매우 어려운 상태에 있습니다. 왜냐하면 비록 그리스도의 진리가 사라져 없어지지는 않았지만 그럼에도 불구하고 하나님의 적대자들의 권세가 그것이 수치스럽게 감춰지고 매장되도록 만들었으며, 게다가 가련한 교회는 잔인한 죽음으로 쇠약해지거나 추방으로 내쫓

---

6) 편견praeiudicia(L)을 의미한다.

7) 칼뱅이 결정적으로 고향 누아용을 떠난 것은 1536년 초이다.

기거나 또는 위협과 공포로 놀라서 감히 말 한 마디 하지 못하기 때문입니다. 게다가 그들은 이미 그들이 흔들어 놓은 벽을 허물고 그들이 시작한 파괴를 완성하기 위해 그들에게 익숙해진 분노를 지속하고 있습니다. 그러나 누구도 나서서 그런 광포에 맞서 변호하지 않습니다. 설령 진리에 매우 호의적으로 보이기를 원하는 몇몇 사람들이 있다 하더라도, 그들은 미숙한[8] 사람들의 경솔함과 무지를 다소간 용서해야 한다고 말합니다. 사실 그들은 하나님의 매우 확실한 진리를 경솔함과 무지라고 부르고, 우리 주님이 그의 하늘 지혜를 전달해 주실 정도로 귀히 여기신 자들을 미숙한 사람들이라고 부르면서 이런 식으로 말합니다. 그래서 모두가 복음을 부끄러워할 정도입니다.

매우 자애로우신 왕이시여, 이토록 정당한 변호에서 폐하의 귀와 마음을 돌리지 마옵소서. 특별히 하나님의 영광이 땅에서 어떻게 유지될지, 그의 진리가 어떻게 영예와 존엄을 얻을지, 그리스도의 나라가 어떻게 온전히 머무를지와 같은 너무도 중대한 문제에 있어서 말입니다. 오, [이 얼마나] 폐하가 듣기에 합당하고, 폐하가 결정하기에 합당하며, 폐하의 왕좌에 합당한 문제인가요! 왜냐하면 자신의 왕국을 통치하는 것에 있어서 하나님의 참된 사역자임을 인식한다면, 바로 이 인식이 진정한 왕을 만들 것이기 때문입니다. 반대로 하나님의 영광을 위해 섬긴다는 목적으로 다스리지 않는 자는 통치가 아닌 강도짓을 행사하는 것입니다. 하나님의 홀, 즉 그의 거룩한 말씀으로 다스려지지 않는 나라에서 오랜 번영을 기대하는 자는 스스로 속고 있는 것입니다. 왜냐하면 "예언이 없으면 백성이 흩어진다(잠 29[:18])."고 기록된 하늘의 칙령은 거짓을 말할 수 없기 때문입니다. 폐하께서는 우리를 업신여기는 이 경멸을 외면해서는 안 됩니다. 물론 우리는 우리가 얼마나 관심 밖의 보잘것없는 사람들인지를 충분히 알고 있습니다. 다시 말해서 우리는 하나님 앞에서 비참한 죄인이요, 사람들에 대해서는 멸시받고 버림받은 자들이며, 심지어 세상의 오물과 쓰레기이며, 아니면 보다 비열한 어떤 말로 명명될 수도 있습니다. 그래서 우리에게는 자랑할 것이라곤 아무것도 남아 있지 않은 바, 하나님 앞에서는 오직 그의 긍휼-이것으로 우리는 아무런 공로 없이 구원을 받았습니다.-외에는 없으며(고후 10[:17-18]), 사람들에 대해서도 우리의 약함-즉 모두가 큰 수치로 여기는 것-외에는 없습니다(딛 3[:5]; 고후 11[:30]; 12[:5, 9]).

---

8) simple. imperitos(L).

하지만 그럼에도 불구하고 우리의 교리는 세상의 모든 영광과 권세 너머 높이 무적의 상태로 존재합니다. 왜냐하면 그 교리는 우리의 것이 아니라 살아 계신 하나님과 그의 그리스도의 것이기 때문입니다. 성부께서는 이 그리스도를 왕으로 세우셔서 이 바다에서 저 바다까지, 강물들에서 땅끝까지 지배하게 하셨으며(시 72[:8]), 그의 입의 막대기로 땅을 내리침으로써(사 11[:4]) 그의 힘과 영광으로 그것을 질그릇처럼 산산이 깨뜨릴 정도로 지배하게 하셨습니다. 이와 같이 예언자들은 그의 통치의 위대함에 대해 예언하면서 그가 철과 청동처럼 단단하고, 금과 은처럼 빛나는 나라들을 꺾으시리라고 말했던 것입니다(시 2[:9]; 단 2:[32]). 물론 우리의 적대자들은 우리가 거짓으로 하나님의 말씀을 내세운다고 비난하면서 반박합니다. 그들은 우리가 말씀을 사악하게 부패시킨다고 말합니다. 하지만 폐하께서 친히 우리의 고백을 읽으심으로써 이 비난이 얼마나 사악한 중상일 뿐만 아니라 얼마나 뻔뻔스러운 파렴치인지 폐하의 분별력에 따라 판단하실 수 있을 것입니다.

그럼에도 불구하고 폐하께 이 고백을 읽는 방법을 제공하기 위해서 무언가를 말씀드리려 합니다. 성 바울이 모든 예언이 믿음의 유추와 유비[9]에 부합되기를 원했을 때(롬 12[:6]), 그는 성경의 모든 해석을 검증하는 매우 확실한 규칙을 말한 것입니다. 만일 우리의 교리가 이 신앙의 규칙에 따라 검증받는다면, 승리는 우리 손에 있을 것입니다. 사실 우리가 하나님으로 옷 입기 위해 모든 능력을 벗어 버린 자들이라는 것, 그로부터 채움을 받기 위해 모든 재화를 비운 자들이라는 것, 그에 의해 해방되기 위한 죄의 노예라는 것, 그에 의해 눈이 떠지기 위한 소경이라는 것, 그에 의해 다시 일어서기 위한 절름발이라는 것, 그의 지탱을 받기 위한 나약한 자라는 것을 인식하는 것 외에, 그리고 그만이 영화롭게 되고 또한 그 안에서 우리가 영화롭게 되도록 우리의 모든 영광의 소재를 제거하는 것 외에 신앙에 더 잘 부합되는 것이 무엇이겠습니까? 만일 우리가 이런 유사한 것들을 말한다면, 우리의 적대자들은 자연의 맹목적인 빛, 가장된 준비, 자유의지, 의무 이상의 선행을 동반하는 영원한 구원의 공로적인 행위가 이런 방식으로 와해될 것이라고 목청을 높입니다. 왜냐하면 그들은 모든 선, 모든 능력과 의와 지혜에 대한 칭송과 영광을 하나님께 두는 것을 용납할 수 없기 때문입니다. 하지만 우리는 물의 근원에서 생수를 너무 많이 길어 낸 사람들이 책망 받았다

---

9) analogie et similitude de la foi. fidei analogiam(L).

는 글은 읽어 볼 수가 없습니다. 반대로 마른 우물을 파서 물을 얻지 못하는 사람들이 신랄하게 꾸지람을 듣습니다(렘 9[렘 2:13]). 나아가 그리스도께서 형제요 중재자로 인정된다면, 하나님이 자신을 온유하고 너그러운 아버지로 약속하시는 것보다, 또한 자신의 아들을 아끼지 않으시고 우리를 위해 내어 주실(롬 8[:32]) 정도로 우리를 향해 사랑을 베푸신 하나님께 모든 복과 모든 번영을 기대하는 것보다 신앙에 더 적절한 것이 무엇이겠습니까? 그리고 성부께서 우리에게 그리스도를 주셨고 그 안에 구원과 영생이라는 보화를 감춰 두셨다는 것을 생각한다면, 이 구원과 영생의 확실한 대망에 근거하는 것보다 신앙에 더 적절한 것이 무엇이겠습니까? 그들은 이런 것들에 반대하고 이런 신앙의 확신에는 교만과 자만이 없지 않다고 말합니다. 하지만 우리에게서 조금도 기대해서는 안 되듯이, 또한 하나님에게서 모든 것을 기대해서도 안 됩니다. 우리가 모든 헛된 영광을 버리는 것은 하나님 안에서 자랑하려는 목적 외에 다른 이유가 없습니다 (고후 10[:17]; 렘 9[:23-24]).

더 이상 무슨 말을 하겠습니까? 오 매우 능력 있는 왕이시여, 우리의 소송 전모를 살피십시오. 만일 폐하께서 우리가 살아 계신 하나님께 소망을 둔다는 (딤전 4[:10]) 이유로, 유일하신 참된 하나님과 그가 보내신 예수 그리스도를 믿는 것이 영생임을 믿는다는(요 17[:3]) 이유로 억압당하고 모욕과 수치를 당하는 것을 명백히 보지 못하신다면 우리를 사악한 자들 중 가장 사악한 자들로 판결하십시오. 저 소망 때문에 우리 중 어떤 이들은 옥에 갇히고, 어떤 이들은 매를 맞으며, 어떤 이들은 잘못했다고 용서를 빌고, 어떤 이들은 추방당하고, 어떤 이들은 잔인하게 고문당하며, 또 어떤 이들은 도피하여 달아납니다. 우리 모두는 저주받은 자와 혐오스러운 자들로 여겨져서 모욕당하고 비인간적으로 취급당하는 시련 가운데 있습니다.[10] 한편 우리의 적대자들을 보십시오(나는 사제 신분에 대해 말하는데, 저들의 인정과 욕구에 따라 다른 모든 사람들이 우리를 반대합니다.). 그리고 저들이 어떤 마음으로 움직이는지 나와 더불어 잠시 살펴보시지요.

[성경과 전통]
그들은 성경이 우리에게 가르치고 있고 또 모든 사람들 가운데서 확고부동해야 할 참된 종교를 무시하고 경시하며 멸시하는 일을 그들과 다른 사람들에게

---

10) 1535년 1월 29일 칙령은 이단자들의 처형을 규정했다[Pannier].

쉽게 허용하고 있습니다. 또한 그들은 각자가 하나님과 그리스도에게서 무슨 신앙을 받는지 또는 받지 못하는지는 크게 중요하지 않고, 절대적인 신앙-그들이 말하는 대로-으로 자신의 견해를 교회의 견해에 굴복시키는 것이 중요하다고 생각합니다. 그들은 우리의 어머니인 거룩한 교회의 권위에 반대하는 말을 발설하지 않는 한, 하나님의 영광이 명백한 모독으로 더럽혀지는 일이 생겨도 크게 염려하지 않습니다. 그들이 미사, 연옥, 성지 순례 등 그런 하찮은 것들을 위해 그토록 가혹하고 거칠게 싸우는 이유가 무엇일까요? 물론 그들은 이 모든 것들을 하나님의 말씀으로 조금도 입증하지 못합니다. 그렇지만 설령 그것들이 매우 명백한 신앙으로 믿어지고 얻어지지 않는다 해서 그들이 참된 경건이 존재할 수 있음을 부인하는 건가요? [아닙니다.] 그 이유란 그들의 배가 그들의 신이요(빌 3[:9]), 부엌이 종교이기 때문이 아니라면 무슨 이유이겠습니까? 이것들을 빼앗길 경우, 그들은 기독교인일 수 없다고 생각할 뿐만 아니라 더 이상 사람이라고 생각하지 않을 것입니다. 왜냐하면 어떤 이들은 풍부함 가운데서 자신을 부드럽게 대접하며[11] 또 어떤 이들은 빵 부스러기를 먹으면서 근근이 살아가고 있지만, 아무튼 그들 모두는 한솥밥으로 살아가는 바, 저런 도움이 없이는 밥솥이 식을 뿐만 아니라 완전히 얼어 버릴 것이기 때문입니다. 따라서 자신의 배를 가장 염려하는 자야말로 그들의 신앙에 가장 열정이 있는 자입니다. 간단히 말해서 그들 모두는 동일한 의도를 갖고 있습니다. 그것은 그들의 통치를 보전하거나, 아니면 가득 찬 배를 보전하는 것입니다. 그들 중에는 세상에서 올바른 열정의 최소한의 모습도 보이는 자가 없습니다.

그럼에도 불구하고 그들은 끊임없이 우리의 교리를 중상하고 가능한 모든 방법으로 헐뜯고 훼손하여 그것을 가증스럽게, 또는 의심스럽게 만듭니다. 그들은 우리 교리를 새것이라고 부르고, 이어서 최근에 고안된 것이라고 부릅니다. 그들은 그것이 의심스럽고 불확실하다고 비난합니다. 그들은 그것이 어떤 기적으로 확증되었는지 묻습니다. 그들은 그것이 수많은 고대 교부들의 동의와 그토록 오랜 관례보다 위에 서는 것이 타당한지 따져 묻습니다. 그들은 이 교리가 교회와 전쟁을 하는 이상 그것이 분리주의적임을 인정하든지, 아니면 그것에 대해 아무런 언급도 없었던 오랜 기간 동안 교회가 죽었다고 답을 하든지 하라고 강요합니다. 결국 그들은 그 교리가 무엇인지 열매로 판단할 수 있기 때문에, 다시

---

11) 화려하게 먹으며(L).

말해서 그것이 그토록 무수한 종파와 그 많은 소요와 반란, 그리고 악을 저지르는 그런 대담함을 만들어 내기 때문에, 많은 논증이 필요 없다고 말합니다. 분명 외롭고 버림받은 소송을 이용하는 것은 그들에게 매우 용이합니다. 특히 무지하고 잘 믿는 민중을 설득해야 할 때 말입니다. 하지만 우리에게도 말할 여지가 있다면, 그들이 우리에 대해 그토록 가혹하게 화를 내는 그들의 열심은 다소 냉랭해질 것입니다.

새것Nouvelle

먼저 그들이 이 교리를 새것이라고 부른다는 점에서 그들은 하나님을 매우 크게 모욕하는 것입니다. 왜냐하면 그의 거룩한 말씀은 결코 새로운 것이라고 평가되기에 합당하지 않기 때문입니다. 물론 그들로 말하면 나는 그 교리가 그들에게 새롭다는 것을 의심하지 않습니다. 그리스도와 그의 복음이 그들에게는 새롭기 때문입니다. 그러나 예수 그리스도께서 우리 죄 때문에 죽으시고 우리의 의롭다 하심을 위해 살아나셨다(롬 4[:25])는 성 바울의 설교가 옛것임을 아는 자는 우리 가운데서 새것이라곤 아무것도 발견하지 못할 것입니다.

미지의 것Incongneuë

그 교리가 오랫동안 감춰지고 알려지지 않은 것에 대한 죄는 인간들의 불경함으로 돌려야 합니다. 이제 그것이 하나님의 호의에 의해 우리에게로 되돌아왔다면 최소한 옛 권위의 상태로 영접되어야 마땅합니다.

불확실한 것Incertaine

그들이 우리의 교리를 의심스럽고 불확실하다고 여기는 것도 동일한 무지의 근원에서 유래합니다. 실로 이것이야말로 우리 주님께서 그의 선지자를 통해 한탄하시는 것입니다. 소는 그 임자를 알고 나귀도 주인의 구유를 알지만 그의 백성은 그를 알아보지 못한다(사 1[:3])고 말입니다. 하지만 비록 그들이 이 교리의 불확실성을 조롱한다 해도, 그들 자신의 피와 그들의 생명을 대가로 그들의 교리에 서명을 해야 했다면, 그들이 그것을 얼마나 소중하게 여기는지를 엿볼 수 있을 것입니다. 우리의 확신은 매우 다릅니다. 그것은 죽음의 공포도, 하나님의 심판도 두려워하지 않는 것입니다.

기적Miracles

그들은 우리에게 기적을 요구한다는 점에서 비상식적입니다. 왜냐하면 우리는 무슨 새로운 복음을 만들어 내는 것이 아니라, 예수 그리스도와 그의 사도들이 이전에 행한 모든 기적들이 확증해 주고 있는 진리의 복음을 붙들고 있기 때문입니다. 우리보다는 특별히 그들에게 이런 면이 있다고 말할 수 있는 바, 즉 그들은 오늘날까지 일어나고 있는 지속적인 기적으로 그들의 교리를 확증할 수 있다는 것입니다. 그런데 그들이 주장하는 기적이란 본래 매우 평온했을 정신을 흔들고 의심하게 만들 수 있는 것으로, 하찮거나 거짓된 것입니다. 그러므로 그 기적들이 생각될 수 있는 가장 경이롭고 놀라운 것이라 하더라도 하나님의 진리를 대적하는 데 조금이라도 적용되어서는 안 될 것입니다. 왜냐하면 기적에 의해서든, 만물의 자연 질서에 의해서든 하나님의 이름은 언제나 어디서나 거룩하게 여겨져야 하기 때문입니다. [1539] 만일 성경이 기적의 적법한 사용이 무엇인지 우리에게 알려 주지 않았더라면, 그들은 더 그럴듯한 논증을 가질 수 있었을 것입니다. 왜냐하면 성 마가는 사도들이 행한 것은 그들의 설교를 확증하기 위해서 이뤄진 것이라고 말하고 있기 때문입니다(16장 마지막 절[막 16:20]). 마찬가지로 성 누가도 우리 주님이 기적을 행하시면서 그의 은혜의 말씀을 증거하고자 하셨다고 말합니다(행 14[:3]). 사도가 말한 것도 이에 부응합니다. 즉 복음이 선포한 구원은 하나님이 표적과 기적적인 능력을 통해 증거하심으로써 확증되었다고 말입니다. 이 표적과 능력이 복음을 인치는 도장이라는 말을 들으면서, 우리가 그것들을 복음의 권위를 파괴하는 데 사용할까요? 그것들이 진리를 세우기 위한 목적이라는 말을 들으면서 우리가 그것들을 거짓을 강화하는 데 적용할까요? 따라서 복음서 기자가 말하듯이, 기적에 선행하는 교리가 먼저 검증되어야 하는 것입니다. 교리가 인정되면, 그때 기적에 의해 확증받을 수 있을 것입니다. 그런데 그리스도께서 말씀하시듯이, 교리가 사람들의 영광이 아닌 하나님의 영광을 지향한다면 그것이야말로 참된 교리의 바른 표지입니다(요 7[:18]; 8[:50]). 그리스도께서 이것이 시금석이 되어야 한다고 단언하시는 이상, 하나님의 이름을 빛내는 것 외에 다른 목적으로 기적들을 끌어내는 것은 그것들을 잘못 사용하는 것입니다. [1536] 또한 우리는 사탄에게도 그의 기적이 있음을 기억해야 합니다(신 13[:2]; 살후 2). 비록 그것들은 참된 능력이라기보다는 환상에 불과하지만, 그럼에도 불구하고 그 환상은 무지하고 무식한 자들을 속일 수 있을 정도입니다. 마법사들과 마술사들은 언제나 기적으로 유명해졌습니다. 이방인들의 우상 숭배는 놀라운 기적들에 의해 유지되었습니다. 그럼에도 불구하고 이것들은 우리로 하여금 마법사들이나 우상숭배자들의 미신을 인정하게 하기에 충분하지 못합니다.

옛적에 도나투스주의자들도 그들이 많은 기적을 행했을 때 동일한 술책[12]으로 단순한 민중을 놀라게 했습니다. 그러므로 이제 우리는 성 아우구스티누스가 당시 도나투스주의자들에게 했던 동일한 답을 우리의 적대자들에게 합니다. 그것은 우리 주님께서 거짓 선지자들이 일어나 큰 이적과 기사로서 할 수 있는 한 택함을 받은 자들까지 미혹할 것이라고 예언하시면서(마 23[마 24:24]) 우리에게 이런 기적을 행하는 자들을 충분히 경계시키셨다는 것입니다.[13] 그리고 성 바울도 적그리스도의 나라가 권세와 기적과 거짓된 기사로 임하리라고 경고했습니다(살후 2[:9]). 우리의 적대자들은 "하지만 우리의 기적은 우상이나 마술사나 거짓 선지자들에 의해서가 아니라 성자들에 의해 행해진다."고 말합니다. 마치 광명의 천사로 가장하는 것이 사탄의 계략임을(고후 11[:14]) 우리가 모르는 듯이 말입니다. 옛날 이집트 사람들은 그들 땅에 장사되었던 예레미야를 신으로 삼고 그에게 제사를 드리며, 그들의 신들에게 관습적으로 행했던 숭배를 그에게 했습니다. 그들이 하나님의 거룩한 선지자를 그들의 우상 숭배에 이용한 것이 아닙니까? 그럼에도 불구하고 그들은 이렇게 그의 무덤을 숭배함으로써 뱀에게 물린 곳이 치료된다는 목적을 이뤄 냈던 것입니다. 진리의 사랑을 받지 않은 자들로 거짓을 믿게 하기 위해 미혹의 효력을 보내는 것이 언제나 하나님의 매우 정당한 보복이었으며 또한 보복이리라는 것(살후 2[:10-11]) 외에 우리가 무슨 말을 하겠습니까? 그러므로 매우 확실하고 조롱거리가 되지 않는 기적이 우리에게 없지 않습니다. 반대로 우리의 적대자들이 백성을 하나님의 영광에서 헛된 것으로 끌어갈 때 그들이 자신들을 위해(신 13[:2]) 주장하는 기적은 순전히 사탄의 미혹인 것입니다.

교부들의 권위Autorité Pères

나아가 그들은 부당하게도 우리를 고대 교부들-나는 교회의 초기 작가들을 말합니다.-과 대립시킵니다. 마치 교부들이 그들의 불경함을 도와주기나 한 것처럼 말입니다. 만일 교부들의 권위에 의해서 우리 사이의 싸움을 해결해야 한다면 최종 승리는 우리의 몫이 될 것입니다. 그런데 많은 것들이 이 고대 교부들에 의해 지혜롭고 탁월하게 쓰여졌으나, 한편으로 모든 사람들에게 일어나는 일, 즉 실수하고 잘못을 저지르는 일이 어떤 부분에서 그들에게도 발생함에도

---

12) machine. ariete(L).

13) Sur S. Jean[Calvin][Augustinus, *In Johan. tractatus* XIII, 17(MSL, 35, 1501)].

불구하고, 이 훌륭하고 순종적인 후손들은 그들이 갖고 있는 정직과 정신력과 판단력과 의지로 오직 교부들의 오류와 잘못만을 존경합니다. 반대로 그들은 교부들이 잘 써 놓은 것은 알아보지 못하거나, 감추거나, 아니면 왜곡시켜서 황금 가운데서 똥을 수집하는 것 외에 다른 관심이 없는 듯 보일 정도입니다. 이어서 그들은 대대적인 소송 행위[14]를 통해 우리를 교부들의 원수요 경멸자로 고소하였습니다! 하지만 우리는 교부들을 경멸하기는커녕 오히려 그 반대입니다. 만일 이것이 지금 우리의 목적이라면, 오늘날 우리가 말하는 대부분의 것을 교부들의 증언을 통해 입증하기란 내게는 쉬운 일일 것입니다. 그러나 우리는 성 바울이 하는 말을 항상 눈앞에 두고 그와 같은 생각으로 교부들의 글을 읽습니다. 즉 만물은 우리의 것인 바, 우리를 섬기고 우리를 지배하지 않으며 우리가 모두 예외 없이 전적으로 복종해야 할 한 분 그리스도에게 속한다는 것입니다(고전 3[:21-23; 골 3:20]). 이 질서를 준수하지 않는 자들은 신앙의 확실성을 조금도 가질 수 없습니다. 왜냐하면 문제가 되고 있는 이 거룩한 인물들이 많은 것들을 몰랐고, 종종 그들 사이에 의견이 달랐으며 심지어 때로는 자가당착에 빠지기도 했기 때문입니다.

그들은 솔로몬이 우리 조상이 세운 경계를 넘어서지 말라고 우리에게 명한 것이(잠 22[:28]) 이유가 없지 않다고 말합니다. 하지만 전답의 경계와 신앙의 순종에서 동일한 규칙이 지켜져야 하는 것은 아닙니다. 신앙의 순종은 자기 백성과 아비의 집을 잊어야 할 정도까지 규정되었습니다. 게다가 그들이 풍유적 해석을 그렇게 좋아할진대, 경계석을 뽑는 것이 적법하지 않은 다른 어떤 이들보다 차라리 사도들을 그들의 조상으로 여기지 않는 이유는 무엇일까요? 그것은 성 히에로니무스가 그렇게 해석했기 때문인 바, 그들은 그의 말을 그들의 교회 법전에 인용했던 것입니다.[15] 또한 만일 그들이 교부들의 경계-그들이 이해하는-가 지켜지기를 원한다면, 어째서 그들이 마음먹을 때면 그토록 대담하게 그 경계를 넘어서는지요? 교부들의 수에 포함된 사람들 가운데 하나는 하나님은 먹지도 마시지도 않으며, 따라서 접시나 잔이 필요 없다고 말했습니다.[16] 다른 이

---

14) clameur는 칼뱅이 도처에서 자주 사용하는 법률 용어 가운데 하나였다.

15) S. Hieronimus, *Comment. in Os* II, in *Gratianus, Decretum* II, C. 24, Q. 3. c. 33(Friedberg I, 999).

16) *Achatius en l' Hyst. tripar.*[Calvin][Cassiodore, *Historia tripartita*, XI, 16(MPL, 69, 1198)].

는 기독교인의 성례는 금이나 은을 요구하지 않으며 금으로 하나님을 기쁘시게 하지 못한다고[17] 말했습니다.[18] 그러므로 그들이 그들의 의식에서 숱한 금, 은, 대리석, 상아, 보석, 비단을 대단히 즐길 때, 그리고 이런 것들로 풍부하고 넘치지 않으면 하나님이 바르게 경배된다고 생각하지 않을 때, 그들은 이 경계를 넘어섭니다. 사순절에 다른 이들이 고기를 삼갈 때 기독교인이라는 이유로 감히 자유롭게 고기를 먹는다고 말한 사람은 교부였습니다.[19] 그러므로 그들이[=적대자들]이 사순절에 고기를 맛본 사람을 거부한다면 그들은 경계를 허무는 것입니다. [다음 두] 사람들이 다 교부들인 바, 한 명은 자기 손으로 일하지 않는 수도사는 강도로 여겨져야 한다고 말했습니다.[20] 다른 한 명은 수도사들이 통상적으로 명상과 기도와 연구에 있을지라도 타인의 재산으로 사는 것은 적법하지 않다고 말했습니다.[21] 그러므로 그들이 수도사들의 게으른 배를 사창가(이것이 그들의 수도원임)에 두어 타인의 재산으로 포식시킬 때 그들은 경계를 넘어서는 것입니다. 기독교인들의 성전에 그리스도나 성인의 형상이 있는 것을 보는 것은 무서운 가증함이라고 말한 사람도 교부[22]입니다. 그들이 그들의 모든 성전에 우상으로 빈 구석을 남기지 않을 때 그들은 이 경계를 지키기는커녕 그 반대입니다. 또 다른 교부는 장례식을 통해 죽은 자에 대한 인간적인 도리를 행한 뒤 그들을 안식하게 놓아두어야 한다고 권면했습니다.[23] 그들이 죽은 자들에 대해 지속적인 관심을 갖도록 요구할 때, 그들은 이 경계를 깨뜨립니다. 성찬에서 그리스도의 실제 몸이 빵 속에 포함되어 있음을 부인하고 그것이 다만 그의 몸의 신비라고 조목조목 말한 사람도 교부 가운데 있습니다.[24] 그러므로 그들이 그리스

---

17) 거룩한 것은 금을 필요로 하지 않으며 금으로 살 수 없는 것은 금으로 기뻐하지 않는다(L).

18) S. Ambro., *liv. I des offices*[Calvin][Ambrosius, *De officiis ministorum*, II, ch. 28, 158(MPL, 16, 140)].

19) *Spiride au livr. de l' hist. tripar*. c. 10[Calvin][Spiridion. Cassidiore, *Historia tripartita*, I, 10(MPL, 69, 894)].

20) *Voyés ch. 1 du l. V. de Hist. tripar*[Calvin][Cassidore, *Historia tripartita*, VIII, 1(MPL, 69, 1103)].

21) *Sainct August., de l' oeuvre des Moynes*[Calvin][Augustinus, *De opere monachorum*, XVII 20(MPL, 40, 564)].

22) 성 히에로니무스가 번역한 Ephipanius의 편지[Calvin][Hieronimus, *Ep*. 51, 9(MPL, 22, 526)].

23) *Ambro., au livre de Abraham*[Calvin][Ambrosius, *De Abraham*, I, 9, 80(MPL, 14, 450)].

24) 마태복음에 대한 미완성 작품의 저자. 설교집 I, II는 크리소스토무스의 작품들 가운데 있다 [Calvin][Chrysostomus, *Opus imperfectum in Matth*, Hom. 11(MPL, 56, 691)].

도의 몸이 성찬에 장소적으로 갇혀 있다고 말할 때, 그들은 정도를 넘어섭니다. 교부들 가운데 한 명은 한 종류의 형색은 취하면서 다른 형색을 삼가는 자들은 성찬의 사용에서 내쳐야 한다고 명했습니다.[25] 또 어떤 사람은 기독교 백성에게 그들의 주님의 피를 [주기를] 거절해서는 안 된다고 주장합니다. 왜냐하면 이 백성은 주님을 고백하기 위해 자신의 피를 흘려야 하기 때문입니다.[26] 교부들 중 하나가 수찬정지로 처벌했고 다른 하나가 매우 타당하게 비난한 바로 그것을 그들이 준엄하게 명했을 때 그들은 이 경계를 제거한 것입니다. 어떤 모호한 것에 대해 성경의 확실하고 명백한 증거 없이 이편이나 저편에 서는 것은 경솔한 일이라고 주장한 사람도 교부였습니다.[27] 그들이 그 어떤 하나님의 말씀도 없이 그 많은 제도, 교회 법전, 위엄 있는 결정들을 확정 지었을 때, 그들은 이 경계를 망각했습니다. 다른 이단들 가운데서 맨 먼저 금식 법을 강요한 몬타누스를 책망한 것도 교부였습니다.[28] 그들이 엄격한 법으로 금식을 규정했을 때 그들은 또한 이 경계를 넘었습니다. 결혼이 교회의 직분에서 금지되어서는 안 된다고 주장하고, 적법한 아내의 동반이 정절이라고 주장한 사람도 교부였으며,[29] 그의 권위에 동의한 사람들도 교부들이었습니다. 그들이 사제들에 대한 혼인 금지를 규정했을 때, 그들은 이 경계를 벗어났습니다. 천부께서 "그의 말을 들어라."라고 하신 한 분 그리스도의 말씀만을 들어야 한다고 말하고, 우리 앞에서 다른 이들이 행하고 말한 것이 아닌 오직 모든 이들 중 으뜸이신 그리스도께서 명하시는 것만을 유념해야 한다고 기록한 사람도 교부였습니다.[30] 그들이 그리스도와 다른 스승을 그들의 위와 다른 이들의 위에 세웠을 때, 그들은 이 경계 안에 바로 서 있지 못했고 다른 사람들이 바로 서 있는 것도 용납하지 않았습니다.

---

25) *Gelasius, au c. Comperimus de consecratione, Distin, 2* [Calvin][Gratianus, *Decretum.* III, dist. 2, c. 12(MPL, 187, 1736)].

26) *S. Cipr. en l'epist. 2 au livre I, pécheur*[Calvin][Cyprianus, *Ep.* 57, 2(MPL III, 883); *De lapsis* 22 25(MPL, IV, 498, 500)].

27) *S. Augustin, liv. I de la grace du Nouveau Test. c. dernier*[Calvin][*De peccatorum metis et remissione*, II, XXXVI, 58].

28) *Apollonius en l'histoire Eccle. li. 5 c. 18*[Calvin][Eusebius, *Historia ecclesiastica*, V, 18].

29) Paphnutius, en hist. tripar. lib. 2. c. 14[Calvin][Cassiodore, *Historia tripartita*, II, 14(MPL 69, 933)].

30) *S. Cyprian en l'epist. 2 du 2e liv. des Epi.*[Calvin][Cyprianus, *Ep.* 63, 14(MPL, IV, 396-397)].

모든 교부들은 하나님의 거룩한 말씀이 궤변론자들의 교묘함에 의해 더럽혀지고 철학적인 논쟁과 말다툼으로 혼란스럽게 된 것을 한마음으로 혐오했고, 한 입으로 증오했습니다. 그들이 궤변론자들 이상으로 질문과 무한한 언쟁을 통해 성경의 단순성을 매장하고 모호하게 하는 것 외에 평생 다른 것을 하지 않을 때, 이 경계 안에서 자신들을 지키고 있는 것인가요? 만일 교부들이 이제 되살아나서 그들이 사변 신학이라고 부르는 그런 논쟁술을 듣는다면, 교부들은 그런 토론이 하나님에 대한 것이라고는 조금도 생각하지 않을 것입니다. 하지만 그들이 얼마나 대담하게 교부들―이들의 순종적인 자손으로 보이기를 그들이 원하는―의 멍에를 저버리는지 열거하자면 우리의 글이 얼마나 길게 늘어날까요? 분명 이 이야기를 하자면 몇 달, 아니 몇 년이 걸릴 것입니다! 그럼에도 불구하고 그들은 너무도 뻔뻔하고 파렴치해서 우리가 옛 경계를 넘어갔다고 감히 우리를 비난합니다.

[관습의 가치]

그들이 우리로 하여금 관습을 참조하게 하지만 그것은 아무 소용없는 일입니다. 왜냐하면 만일 우리가 관습에 억지로 굴복한다면 그것은 엄청난 부당함이 될 것이기 때문입니다. 물론 인간들의 판결이 정직했다면 선한 사람들이 관습을 따랐을 것은 분명합니다. 그러나 사정은 종종 달리 벌어집니다. 사실 많은 사람들이 행하는 것으로 여겨지는 것이 관습법이라는 것을 만들어 냈던 것입니다. 그런데 인간들의 삶이란 최상의 것이 대다수를 기쁘게 할 정도로 그렇게 잘 정돈된 적이 없습니다. 그러므로 많은 이들의 개인적인 악덕들은 공적인 오류가, 아니 그보다 악덕에 대한 공공의 동의가 되는 바, 바로 이것을 이제 이 지혜로운 선인들이 법으로 삼기를 원하는 것입니다. 눈이 아주 멀지 않은 사람들이라면 수많은 악의 바다들이 땅에 범람하고 온 세상이 수많은 치명적인 역병으로 부패했음을 봅니다. 간단히 말해서 모두가 멸망에 빠져서 인간사에 대해 전적으로 절망하든지, 아니면 강압적인 처방으로라도 그런 악을 고치든지 해야 할 정도입니다.[31] 그럼에도 불구하고 우리가 이미 오랫동안 재난에 익숙해져 있다는 이유―다른 이유가 아님―만으로 치유책이 거부됩니다. 비록 인간들의 정치 질서에서는 공적 오류가 발생한다 하더라도, 하나님의 나라에서는 그의 영원한 진리만

---

31) *Voyez au Dec., dist, 8, c. fiu., extra de consuetudinem*[Calvin][Gratianus, *Decretum*, dist. 8, c. 3, c. 9(MPL, 187, 46; 48)].

이 경청되고 준수되어야 합니다. 어떤 규정도 그것이 오래되었다고 해서, 혹은 고대의 관습이라고 해서, 혹은 무슨 서약이 이뤄졌다고 해서 이 진리에 적용되지는 않습니다. 이런 식으로 옛적에 이사야는 하나님의 택함을 받은 자들에게 어디든 이 백성이 공모를 말하는 곳에서 공모를 말하지 말라고 가르쳤던 것입니다(사 8[:12]). 즉 백성의 공모[32]에 함께 가담해서는 안 되며 백성이 두려워하는 것을 두려워하거나 놀라지 말고 오히려 만군의 여호와를 거룩하게 하고 그만을 두려워하라고 말입니다. 그러므로 이제 우리의 적대자들이 그들이 원하는 만큼 과거와 현재의 숱한 사례들로 우리를 반대하게 하십시오! 우리가 만군의 여호와를 거룩하게 한다면, 그들은 우리를 결코 심히 놀라게 하지 못할 것입니다. 왜냐하면 비록 많은 시대가 동일한 불경에 동의했지만, 주님은 3, 4대까지 보복하실 정도로 강하시기 때문입니다. 설령 온 세상이 동일한 사악함에 가담한다 해도, 주님은 홍수로 모든 이들을 휩으시고 혼자서 신앙으로 이들을 책망한 노아와 그 적은 식구를 남겨 두심으로써, 다수와 더불어 죄짓는 자들의 종말이 무엇인지 경험으로 우리에게 가르쳤던 것입니다(창 7[:1]; 히 11[:7]). 요컨대, 악한 관습은 공공의 역병 외에 다른 것이 아니어서, 이 역병이 돌면 다수 가운데서 죽는 자들은, 설령 그들만 죽는다 해도 죽을 뿐입니다.

[진정한 교회]

그들은 논증을 통해, 우리로 하여금 교회가 수년에 걸쳐 죽었다거나 아니면 이제 우리가 교회를 대적하여 싸운다고 고백하게 할 정도로 그렇게 심하게 우리를 압박하지는 못합니다. 분명 그리스도의 교회는 살아남아 있고, 또 그리스도께서 그의 아버지 우편에서 통치하시는 한 살아남을 것입니다. 교회는 그의 손으로 유지되고 그의 보호로 무장되며 그의 능력으로 강해집니다. 왜냐하면 그는 세상 끝 날까지 자기 백성을 돕겠다고(마 28[:20]) 약속한 것을 반드시 이루실 것이기 때문입니다. 이 교회에 대해서 우리는 어떤 전쟁도 기도하지 않습니다. 왜냐하면 우리는 모든 신자들과 더불어 일치된 마음으로 한 분 하나님과 한 분 주 그리스도를 경배하고 공경하기 때문입니다. 그리스도께서 그의 종들에게 항상 경배를 받으셨던 것처럼 말입니다(고전 8[:6]). 하지만 그들은 이 교회가 눈에 보이지 않기 때문에 교회로 인정하지 않으며, 결코 갇혀 있을 수 없는 교회를 어떤 한계 속에 가두어 두고자 한다는 점에서 진리에서 매우 멀리 있습니다.

---

32) conspiration. consensum(+ sceleratum-L).

우리의 논쟁의 쟁점은 다음과 같습니다. 첫째, 그들은 언제나 분명하고 가시적인 교회의 형태를 요구한다는 것입니다. 둘째, 그들은 이 형태를 로마 교회의 소재지와 성직자 신분에 세우고 있다는 것입니다. 반대로 우리는 교회가 보이는 외양 없이 존재할 수 있으며 그 외양도 그들이 어리석게도 감탄하는 저 외적 화려함으로 평가해서는 안 된다고 주장합니다. 오히려 교회는 다른 표지를 갖습니다. 즉 하나님 말씀의 순수한 설교와 잘 제정된 성례의 시행입니다. 그들은 교회가 손가락으로 가리켜지지 않는 한 만족하지 않습니다. 하지만 유대 백성에게서 교회가 아무런 외양도 남지 않을 정도로 얼마나 많이 손상되었던가요? 엘리야가 혼자 남았다고 하소연했을 때(왕상 19[:10]) 교회는 어떤 형태를 띠고 있었던가요? 그리스도께서 오신 후로 교회는 얼마나 형태 없이 감춰져 있었던가요? 얼마나 자주 교회는 아무런 모습도 드러내지 못할 정도로 전쟁과 폭동과 이단에 의해 압박당했던가요? 여기 이 사람들이 그때에 살았더라면 그들은 과연 무슨 교회가 있었다고 믿었을까요? 하지만 엘리야는 아직도 바알에게 무릎을 꿇지 않은 칠천 명이 남아 있다는 말을 들었습니다. 그리고 예수 그리스도께서 승천하신 후로도 여전히 땅을 다스려 오셨다는 사실은 우리에게 조금도 불확실해서는 안 됩니다. 그러나 만일 당시의 신자들이 그런 황폐함 가운데서 [교회의] 무슨 확실한 외양을 갖고자 했다면 그들은 용기를 잃지 않았을까요?

[1539] 실제로 성 힐라리우스는 그들이 주교의 위엄에 대해 품었던 어리석은 존경심에 눈이 멀어, 그런 가면 뒤에 무슨 역병이 감춰져 있는지 생각하지 못하는 것을 당대의 커다란 악으로 여겼습니다. 사실 그는 이렇게 말하고 있습니다. "내가 여러분에게 권면하거니와, 적그리스도를 조심하십시오. 여러분은 아름다운 건물에서 하나님의 교회를 찾고, 그 안에 신자들의 연합이 있다고 생각함으로써 지나치게 벽[=외관]을 강조합니다. 바로 그곳에 적그리스도가 그의 보좌를 갖고 있다는 의심이 들지 않나요? 산, 나무, 호수, 감옥, 그리고 사막이 내게는 더 안전하고 더 나은 신뢰를 줍니다. 왜냐하면 그런 곳에 숨었던 선지자들이 예언했기 때문입니다."[33] 그런데 오늘날 세상이 이 뿔 달린 주교들을 공경하는 이유는 무엇입니까? 그들이 가장 큰 도시들을 주관하는 가장 탁월한 자들이라고 생각하기 때문이 아닙니까? 그러므로 우리는 그런 어리석은 평가를 제거하

---

33) *Contre Auxentius*[Calvin][Hilarius, *Contra Arianos vel Auxentium Mediolanensem*, XII(MPL, X, 616)].

는 것입니다.

[1536] 반대로 우리는 주님만이 자기 백성이 누구인지 알기 때문에[딤후 2:19] 그가 종종 교회의 외적 모습을 인간들의 시각에서 제거할 수 있음을 인정합니다. 나는 이것이 하나님께서 땅에 내리는 무서운 보복임을 고백합니다. 그런데 인간들의 불경함이 이런 보복을 받아 마땅하다면, 어째서 우리는 하나님의 의를 반대하려고 그렇게 애를 쓸까요? 이런 식으로 주님은 지난 수 세기 동안 인간들의 배은망덕을 벌하셨던 것입니다. 사실 그들이 그의 진리에 순종하기를 원하지 않았고 그의 빛을 꺼뜨렸기 때문에, 하나님은 그들로 눈이 멀게 하여 어리석은 거짓에 속게 하고 짙은 어둠에 장사되게 하되 참교회의 어떤 형태도 나타나지 못할 정도로 하셨습니다. 하지만 그럼에도 불구하고 그는 자기 사람들을 이 오류와 어둠 가운데서 보전하셨습니다. 비록 그들이 흩어져 숨어 있었지만 말입니다. 이것은 놀라운 일이 아닙니다. 왜냐하면 그는 바빌론의 혼란에서와 불타는 풀무 불에서[단 3장] 그들을 보호하는 방법을 아셨기 때문입니다. 그들이 교회의 형태를 헛된 화려함으로 평가하고자 하기 때문에, 나는 길게 논하지 않고 다만 지나가는 식으로 이것이 얼마나 위험한 일인지 언급할 것입니다. 그들은 사도적인 지위를 가진 로마의 교황과 기타 주교들이 교회를 대표하고 교회로 여겨져야 하며, 따라서 그들은 잘못을 저지를 수 없다고 말합니다. 무슨 근거로 그렇습니까? 그들은 그들이 교회의 목자요, 하나님께 성별되었기 때문이라고 답합니다. 아론과 기타 이스라엘 백성의 지도자들 역시 목자들이었습니다. 아론과 그의 후손은 이미 하나님의 제사장으로 선택되었습니다. 그럼에도 불구하고 그들은 송아지를 만들었을 때 잘못을 범했습니다(출 32[:4]). 이런 근거를 따른다면 아합을 속인 사백 명의 선지자들은 어째서 교회를 대표하지 못했을까요(왕상 22[:12])? 오히려 교회는 분명 홀로 멸시받았으나 입으로 진리를 말했던 미가의 편에 속했습니다. 예레미야를 반대했던 선지자들은 율법이 제사장에게서 끊어지지 않고 모략이 현자에게서, 말씀이 선지자에게서 끊어지지 않는다고 자랑하면서(렘 18[:18]) 교회의 이름[34]을 간직하지 않았던가요? 예레미야는 이 다수의 무리에 대항해서 파송을 받아 율법이 제사장에게서 사라지고 모략이 현자에게서, 교리가 선지자에게서 제거될 것을 하나님 편에서 선포했던 것입니다[렘 4:9].[35] 제사장, 박사, 종교인들이 예수 그리스도의 죽음을 모의하기 위해 모였

---

34) 이름과 형태(L).

35) 기입 실수로 이 문장은 Pannier판에서 빠져 있다.

던 공의회에서도 동일한 모습이 나타나지 않았던가요(요 11[:47])? [36]

이제 우리의 적대자들로 하여금 가서 이런 외적 가면 속에 머물면서, 그리스도와 살아 계신 하나님의 선지자들을 분리주의자들로 삼고, 반대로 사탄의 사역자들을 성령의 기관으로 삼게 내버려 두십시오. 만일 그들이 분별 있게 말하고자 한다면 그들은 바른 믿음으로 내게 답해야 합니다. 바젤 공의회의 결정적인 판결에 의해 로마 교황 유게니우스Eugenius가 면직되고 아메데우스가 그 자리를 대신한 이래[37] 과연 그들은 교회가 어떤 지역과 어떤 백성에게 머물러 있다고 생각하는지 말입니다. 설령 그들이 죽을 지경이 된다 해도, 그들은 그 공의회가 외적 격식에 있어서는 훌륭하고 적법하나 한 명의 교황이 아닌 두 명의 교황에 의해 진행되었음을 부인할 수 없을 것입니다. 거기서 유게니우스는 그와 함께 공의회의 해산을 모의했던 모든 추기경회 및 주교회와 더불어 분리주의자, 반역자, 고집 센 자[38]로 정죄되었습니다. 그럼에도 불구하고 그는 군주들의 호의에 의해 지원을 받아 그의 교황직의 영토에 머물렀고, 거룩한 공의회의 권위로 장엄하게 치러진 아메데우스의 선출은 연기로 사라지고 말았습니다. 다만 아메데우스는 마치 개가 빵 조각 하나를 물듯이 추기경의 모자를 쓰는 것으로 달램을 받았습니다. 그 후 존재했던 모든 교황, 추기경, 주교, 수도원장, 사제들은 바로 이 반역적이고 고집 센 이단들에서 나왔습니다. 이 과정에서 그들의 잘못은 필연적으로 입증됩니다. 과연 그들은 교회의 이름을 어느 편에 붙일까요? 공의회가 두 개의 교서에 의해 장엄하게 선포되었고 회의를 주재한 교황청 특사에 의해 성별되었으며 모든 의식이 잘 거행되었고 동일한 위엄을 끝까지 유지했기 때문에, 그들은 외적 존엄에 관하여 부족한 것이 아무것도 없었던 그 공의회가 보편적이었음을 부인할까요? 그들은 자신들을 서품해 준 유게니우스와 그 패거리들을 분리주의자로 인정할까요? 그러므로 그들은 교회의 형태를 달리 정의해야 합니다. 아니면 그들은, 그들의 수가 얼마이든 간에, 바로 그들의 교리에 따라 우리에 의해 분리주의자로 간주될 것입니다. [왜냐하면] 그들은 명백히 그들의 의지로 이단에 의해 서품되었기 때문입니다. 비록 교회가 외적 화려함과 결코 관계 없음이 이전에 전혀 실험된 바 없긴 하지만, 그들은 자신들이 교회의 치명

---

36) 서기관과 바리새인(L). 불어 Docteurs와 religieux(수도사)는 가톨릭교회의 모습을 보여 준다.

37) 1439년 6월 25일 유게니우스 4세는 제10차 공의회를 소집했고, 동년 11월 5일 아메데우스 8세가 펠릭스Felix 4세의 이름으로 교황이 되었다[Pannier].

38) contumax(F) = obstiné, pertinaciae(L).

적인 역병임에도 불구하고 교회라는 칭호와 구실 아래 오만하게도 세상이 자신들을 존경하게 함으로써, 이런 사실에 대한 충분히 확실한 경험을 우리에게 줍니다. 나는 그들의 삶에 온통 덮여 있는 그들의 혐오스러운 품행과 행위들에 대해 말하고 있는 것이 아닙니다. 왜냐하면 그들은 듣기는 하되 따르지는 말아야 할 바리새인들로 자처하기 때문입니다[마 23:3]. 다만 [폐하], 폐하께서 잠시의 틈을 내어 우리의 가르침을 읽고자 하신다면, 교회로 인정받고 싶어 하는 그들의 교리 자체가 영혼의 잔인한 고통이요 도살장이며, 교회의 재앙[39]이요 파멸이자 멸절임을 명백하게 아실 것입니다.

종파와 불화[40]

끝으로 그들은 우리 교리의 설교가 얼마나 많은 동요와 불화와 반목을 야기했는지, 그리고 그것이 얼마나 많은 결과를 초래하고 있는지를 사악하게 비난하고 있습니다. 왜냐하면 사탄의 악으로 돌려져야 할 이 해악의 책임이 부당하게도 우리 교리에 전가되었기 때문입니다. 이것이 말하자면 하나님의 말씀의 속성입니다. 즉 말씀이 전면에 나서는 순간 사탄이 깨어 활동한다는 것입니다.[41] 이것은 그 말씀을 거짓 교리들과 구별하기 위한 매우 확실한 표지인 바, 거짓 교리들은 그것들이 모든 사람들에 의해 자발적으로 받아들여지고 온 세상에 환영받는다는 점에서 쉽게 모습을 드러냅니다. 모든 것이 흑암 속에 묻혀 있던 지난 수 세기 동안 이 세상의 주관자는 이런 식으로, 마치 사르다나팔루스[42] 같은 이가 평화롭게 안식하고 여가를 즐겼듯이, 맘껏 사람들과 즐겼던 것입니다. 사실 이 왕은 자신의 나라 영토에 평온하고 조용하게 있으면서 놀고 장난친 것 외에 한 일이 뭐가 있습니까? 하지만 위에서 비치는 광명이 이 어둠을 다소간 몰아낸 순간부터, 강한 자가 그의 나라를 침공하고 어지럽힌[눅 11:22] 순간부터, 그[세상 주관자]는 즉시 게으름에서 깨어나 무기를 들기 시작했습니다. 그리고 먼저 사람들의 세력을 불러일으켜, 도래하기 시작하는 진리를 맹렬히 탄압했습니다.

힘으로는 아무것도 얻지 못하자 그는 매복으로 전환했습니다. 그리하여 그

---

39) flambeau(F), facem(L). faces generis humani에서처럼 flambeau(햇불)로 번역되는 fax는 fléau(재앙)의 뜻을 갖고 있다.
40) Sectes et troubles[Calvin].
41) 문법적으로는 "사탄이 일어나 활동하지 않는 한 그 말씀은 결코 전면에 나서지 않는다."이지만 문맥적으로 번역했다.
42) 앗수르 왕(BC. 668-626).

는 이 진리를 흐리게 하고 끝내 질식시키기 위해서 재세례파Catabaptistes와 그런 종류의 인물들을 통해 많은 종파들과 다양한 견해들을 야기했습니다. 지금도 그는 이 두 가지 방책을 통해 지속적으로 [진리를] 흔들고 있습니다. 인간들의 폭력과 힘으로는 참된 씨를 뿌리 뽑고자 애쓰며, 또한 가라지로는, 할 수 있는 한 참된 씨를 밀어내어, 그것이 성장하고 열매 맺는 것을 방해하고자 합니다(마 13:25). 하지만 만일 우리가, 오래전에 사탄의 계략을 들춰내어 우리로 놀라지 않게 하시고 그 계책을 충분히 경계하도록 무장시키신 주님의 경고를 듣는다면 이 모든 노력은 수포로 돌아갈 것입니다. 나아가 어리석고 경솔한 자들이 말씀에 반대하여 야기하는 증오나 반란을, 혹은 사기꾼들이 심는 종파들을 하나님의 말씀의 책임으로 떠넘기는 것이 얼마나 큰 사악함입니까? 하지만 이것은 새로운 사례가 아닙니다. 사람들은 엘리야가 이스라엘을 괴롭히는 자가 아닌가라고 물었습니다(왕상 18[:17]). 그리스도는 유대인들의 선동가로 여겨졌습니다(눅 23[:5], 요 19[:7]). 사도들은 마치 그들이 민중을 폭동으로 몰아넣은 것인 양 고소되었습니다(행 24[:5]). 오늘날 우리를 향해 일어나는 불화, 소요, 반목을 우리에게 전가하는 자들이 행하는 것과 무엇이 다릅니까? 그런데 엘리야는 우리가 그들에게 무슨 대답을 해야 할지를 가르쳐 주었습니다. 그것은 오류를 심거나 소란을 일이키는 자들이 우리가 아니라 하나님의 능력에 맞서고자 하는 자들 자신이라는 것입니다[왕상 18:18].

그러나 그들의 무모함을 꺾기 위해서는 이 한 가지 이유로 충분하기에, 또한 다른 한편으로 종종 이런 스캔들에 놀라고 또 놀라서 흔들리는 연약한 자들에 대비하는 것이 필요합니다. 그러므로 이 사람들은 그들이 불안해하여 용기를 잃지 않기 위해서는 우리가 지금 보는 것과 동일한 일들이 사도들의 시대에도 일어났음을 생각해야 합니다. 성 베드로가 이야기하듯이(벧후 3[:16]), 성 바울이 영감으로 쓴 것을 억지로 풀다가 스스로 망한 무식한 자들과 굳세지 못한 자들이 그때에도 있었습니다. [그때에도] 하나님을 멸시하는 자들이 있었는바, 그들은 은혜가 더욱 넘치기 위해서 죄가 넘쳤다는 말을 듣는 즉시 "그러면 은혜가 넘치도록 죄에 거하자(롬 6[:1])."고 반박했습니다. 그들은 신자들이 결코 율법 아래 있지 않다는 말을 듣고는 "우리가 율법 아래 있지 않고 은혜 아래 있은즉 죄를 짓자[롬 6:15]."고 답했습니다. 바울을 악을 조장하는 자로 부른 사람들도 있었습니다(롬 3). 바울이 세운 교회들을 파괴하기 위해 거짓 선지자들이 몰래 들어오기도 했습니다(고전 1[:10]; 고후 11[:3]; 갈 1[:6]). 어떤 이들은 순전하지 못하게, 증오와 다툼으로, 심지어 감옥에 있는 바울을 더 괴롭힐 생각을 하면서 악의로, 복음을 전했습니다(빌 1[:15, 17]).[43] 어떤 장소에서는 복음이 아무런 유익을 가져오지 못했습니다. 각자 자신의 유익을 구했고 결코 예수 그리스도를 섬기려 하지 않았습니다(빌 2:[21]). 또 어떤 이들은 그 토한 것으로 되돌아가는 개와 진흙탕으로 되돌아가는 돼지처럼 반역했습니다(벧후 2[:22]).[44] 많은 사람들이 영의 자유를 육체의 방종으로 전락시켰습니다[벧후 2:18-19]. 많은 거짓 형제들이 은밀히 들어와 신자들에게 커다란 위험을 초래했습니다(고후 11[:3]). 심지어 형제들 사이에서조차 많은 논쟁이 일어났습니다(행 6, 11, 15장).

여기서 사도들이 어떻게 했어야 했겠습니까? 숱한 싸움의 씨요 숱한 위험의 원인이며 숱한 스캔들의 기회로 보이는 이 복음을 잠시 은폐하거나 전적으로 버리고 부인하는 것이 그들에게 타당했을까요? 오히려 이런 불안 가운데서 그들은 그리스도가 많은 사람들의 멸망과 부활 사이에 놓인, 그리고 비방 받는 표적이 되기 위한, 부딪히는 돌이요 거치는 반석이심을 기억했습니다(사 8[:14]; 롬 9[:33]; 눅 2[:34]). 이러한 신뢰로 무장한 그들은 담대하게 행진했고 모든 위험과 소요와 스캔들을 통과했습니다(벧전 2[:8]). 우리도 동일한 생각으로 위안을 받아야 합니다. 왜냐하면 성 바울은 이것이 복음에 영속적이라는 것을 증언하고 있기 때문입니다. 즉 복음이 멸망하는 자들에게는 사망을 위한 사망의 냄새요, 구원받는 자들에게는 생명을 위한 생명의 냄새(고후 2[:15-16])라는 것입니다.

[결론]

오, 매우 자애로우신 왕이시여, 이제 나는 다시 폐하를 향해 말씀드립니다. 폐하께서는 우리의 적대자들이 폐하를 공포와 두려움에 빠뜨리고자 애쓰는 저 거짓된 보고에 동요해서는 안 됩니다. 즉 이 새로운 복음-그들은 이렇게 부릅니다-이 폭동의 기회와 악행의 면책 외에 다른 것을 추구하지 않는다는 보고 말입니다. 왜냐하면 하나님은 분리의 하나님이 아니라 평화의 하나님이시며(고후 14[:33]), 하나님의 아들은 결코 죄를 짓게 하는 자가 아니라 마귀의 일을 깨뜨리고 파괴하기 위해 오셨기 때문입니다(갈 2[:17]; 요일 3[:8]).

우리로 말하면, 우리가 조금의 혐의도 준 적이 없는 그런 욕심을 갖고 있다고 부당하게 비난받고 있습니다. 우리가 왕국들의 전복을 꾀한다고 하는 것 같

---

43) Pannier가 이 문장을 1539년에 삽입된 것으로 편집한 것은 실수이다.
44) 상동.

으나,[45] 우리는 그것에 대해 단 한 마디의 선동적인 말도 하지 않았으며, 우리가 폐하의 치하에서 살 때 우리의 삶이 항상 소박하고 평온한 것으로 알려져 있었습니다! 그리고 집에서 쫓겨난 지금도 여전히 폐하의 번영과 폐하 나라의 번영을 위해 하나님께 기도하고 있습니다. 우리가 처벌 받지 않은 채 악을 저지를 무슨 자격을 추구한다고 생각하는 것 같으나,[46] 비록 많은 점에서 우리의 품행이 책망받을 만하다 하더라도 그토록 큰 비난을 받아 마땅한 것은 아무것도 없습니다. 더욱이 우리는 하나님의 은혜로 이 험담꾼들에게 우리의 삶이 순결, 관용, 긍휼, 절제, 인내, 겸손과 기타 덕목의 모범이 될 수 없을 정도로 복음의 유익을 잘못 받지 않았습니다. 우리가 삶과 죽음을 통해서 하나님의 이름이 거룩해지기를 바랄 때, 분명 진리는 우리를 위해 우리가 순전히 하나님을 경외하고 공경한다는 것을 명백히 증거할 것입니다. 시기하는 자들의 입 자체가 우리 중 어떤 이들-이들에게 특별한 칭송으로 돌려져야 마땅한 것이 사형으로 처벌되었던-의 무죄함과 시민의 의를 증언할 수밖에 없었습니다.

그런데 만일 복음의 미명하에 소란을 일으키는 사람들-지금까지 폐하의 나라에서 결코 보이지 않았던-이나 하나님의 은혜로 말미암아 우리에게 주어진 자유의 이름으로 그들의 육신의 자유를 덮어 버리고자 하는 자들-이런 많은 사람들을 내가 알고 있듯이-이 있다면, 그들의 범죄 행위에 따라 엄하게 바로잡기 위한 법이 있고 또 법에 의한 처벌도 있는 것입니다. 하지만 그 와중에도 사악한 자들의 악행 때문에 하나님의 복음이 결코 모독을 받아서는 안 됩니다!

오, 지극히 높으신 왕이시여, 이제 폐하께서는 우리의 비방자들에게 너무도 귀를 기울여 그들의 보고를 믿지 않도록 충분한 말로 설명된 그들의 비열한 부당함을 갖고 계십니다. 심지어 너무 장황하게 말하지 않았는지 의문입니다. 왜냐하면 이 서문이 거의 온전한 변호의 규모를 갖고 있기 때문입니다. 물론 내가 이것으로 하나의 변호서를 작성했다고 주장하지는 않으며, 다만 폐하의 마음을 누그러뜨려 우리의 입장을 들으시도록 했을 뿐입니다. 비록 폐하의 마음이 지금은 우리에게서 돌아서서 멀어져 있지만, 덧붙여 심지어 불타오르지만, 그럼에도 불구하고 폐하께서 분노와 화를 접고 우리의 이 신앙고백-폐하를 향한 우리의 변호서가 되기를 바라는-을 기꺼이 한 번 읽어 주신다면, 우리는 그 마음의 은

---

45) Il est bien vraysemblable.
46) Il est bien à croyre.

총을 다시 얻을 수 있으리라 희망합니다. 하지만 만일 반대로 악의로 가득한 자들의 중상이 폐하의 귀를 방해하여 피고인들에게 자기변호를 할 아무런 기회가 없다면, 한편 이 맹렬한 분노가 폐하의 명령 없이 투옥, 채찍, 고문, 참수, 화형으로 잔인하게 수행된다면, 분명 우리는 도살장에 넘겨진 양들처럼 막다른 궁지에 몰릴 것입니다. 그럼에도 불구하고 우리는 인내로 우리의 영혼을 얻을 것이며(눅 21[:19]), 필경 제때에 무장하고 나타나 곤핍한 자들을 그 환란에서 건지고 멸시하는 자들을 처벌할 주님의 강한 손을 기다릴 것입니다. 왕 중의 왕 주님께서 폐하의 통치를 정의로, 폐하의 보좌를 공평으로 세우시기를…… 매우 강하고 매우 고명하신 왕이시여.

바젤에서, 1535년 8월 23일.

베른 시 의회가 제네바 시 의회에

1538년 4월 15일, 베른에서 제네바로
CO, Xb, 184; Herminjard, IV, 415

고상하고 탁월한 지도자요, 특별한 친구이며 매우 소중하고 충성스러운 동지 여러분!

여러분이 전례에 관해 우리와 일치하기를 바랐기 때문에, 지난번 로잔에서 열린 대회의 결론을 다음과 같이 고지하려 합니다. 즉, 정복된 우리 지방의 모든 목회자들이 [첫째] 세례 수반 위에서 아이들에게 세례를 베푸는 것, 둘째, 우리 주님의 성찬에서 누룩 없는 빵을 사용하되 그 형태는 작건 크건 자유로울 것, 셋째, 우리가 제정한 4가지 축일을 지킬 것 등 이 세 가지에 동의했다는 사실입니다.

이런 이유에서 여러분의 교회와 우리 교회 사이의 연합을 유지하기 위해 우리는 여러분이, 여러분의 목회자들인 칼뱅 및 파렐 선생-이들에게도 이 일에 대해 썼습니다[1]-과 더불어 이 일치에 대한 동일한 형식을 친절하게 받아들여 주기를 형제애로 바라고 권합니다. 그들에게 약간의 어려움이 있기 때문에 상기 교회들의 일치를 위해 보다 잘 협의하기를 기대합니다. 하나님이 그의 은혜로 이것을[일치] 허락하시기를!

1538년 4월 15일.
베른 시장과 시 의회.

---

1) 서신 63 참고.

베른 시 의회가 제네바 시 의회에

1538년 4월 27일, 베른에서 제네바로
CO, Xb, 187; Herminjard, IV, 427; COR, VI/I, 467

고상하고 탁월한 지도자요, 특별한 친구이며 매우 소중하고 충성스러운 동지 여러분!

기욤 파렐[1]과 칼뱅 선생이 오늘 우리 앞에 소환되었고, 이 안에 동봉된 각서에 청원을 담았습니다. 이 청원은 우리 마음을 크게 떨게 했는바, 만일 사태가 이렇게 흐른다면 큰 스캔들과 모욕에, 다시 말해서 기독교의 불명예에 이용되리라고 여겼기 때문입니다. 이런 이유에서 우리는 매우 확고하게, 그리고 형제의 마음으로 여러분이 즉시 모든 것을 정리해 줄 것을 바라고 권면하며 간청합니다. 첫째로 불쌍한 시각 장애인인 코로를 석방하여 여러분의 교회에 목사가 결핍되지 않게 하며,[2] 둘째로 파렐과 칼뱅이 고수하는 고집을 우리에 대한 사랑을 위해서, 그리고 스캔들을 피하기 위해서 훈계하되, 우리가 교회의 전례의 일치를 위해 여러분과 그들에게 쓴 것이 선한 마음과 요청의 방식에서 비롯된 것이지 이 교회의 아디아포라 문제들-성찬의 빵이나 기타 문제들처럼-을 억지로 강요한 것이 아님을 숙고하라는 것입니다. 분명 여러분은 현재 여러분의 도시에 있는 소란과 상기 여러분의 설교자들을 지지하는 강경파가 우리를 너무도 불쾌하게 하여-왜냐하면 여러분과 우리의 적들이 그 일로 너무 기뻐하고 즐거워하기 때문에-그것을 충분히 표현할 수 없을 정도인 바, 이 점을 고려하길 바랍니다. 여러분은 우리를 매우 유쾌하게 할 것입니다. 여러분의 답은 이 문제로 파송

---

1) 원문은 Faret. Farell(Herminjard). Faret라는 이름은 베른과 제네바에서 파렐의 대적들이 사용했던 이름이며, 민중이 빈정거리기 위해 부른 이름이기도 하다. Farets은 '다 타 버린 양초'를 뜻하는 말이다. 제네바 시 의회 장부는 한동안 문서에 이 이름으로 기록하였다(COR).
2) 코로는 4월 25일에 이미 석방되어 3일 안에 제네바를 떠나도록 압력을 받았다.

된 이 편지의 전달자를 통해 주시고, 하나님이 여러분에게 은혜를 베푸시기를
기도합니다.

1538년 4월 27일.
시장과 베른 시 의회.

제네바 시 의회가 베른 시 의회에

1538년 4월 30일, 제네바에서 베른으로
CO, Xb, 194; Herminjard, IV, 420

너그럽고 권세 있으며 매우 황공스러운 지도자 여러분, 여러분의 선한 은총에 겸손한 마음으로 우리를 맡깁니다.

너그러운 지도자 여러분! 우리는 여러분이 동봉한 조항들과 더불어 보낸 편지를 받았습니다. 우리는 그것을 매우 이상하게 여기며, 어떻게 파렐[1]과 칼뱅 선생이 예하 여러분께 진실과 다른 정보를 주었는지 생각할 수 없습니다. 왜냐하면 상기 파렐과 칼뱅이 우리가 한 번, 두 번, 세 번이 아니라 여러 번 사랑으로 간청했음에도 불구하고, 예하 여러분이 우리에게 써 보냈던 대로의[2] 성찬식 시행이나 전례 준수에 있어 어떤 것이건 전적으로 동의하지 않았기 때문입니다. 디스바흐Diesbach와 오블망Hoblemant 경[3]이 이것을 얼마나 잘 알고 있었는지, 그 중 디스바흐 경은 사태가 어떻든 자신이 기꺼이 파렐과 칼뱅에게 다시 한 번 더 부탁할 마음이 있다고 간청했습니다. 우리의 사절들 역시 예하 여러분 앞에서 진실에 대한 보고를 할 것입니다. 그들은 저 전례에 결코 동의하려 하지 않았습니다.

그들은 우리 도시에 커다란 불화가 있기 때문에 성찬을 주려 하지 않았다고 말할 그 무엇도 보강할 수 없었습니다. 사태는 그렇지 않기 때문입니다. 지난 주일, 성찬은 여러분의 전례에 따라 아무런 과오 없이 행해졌습니다.[4] 거기에 많은 사람들이 모두 한마음으로 참석했습니다. 사실 우리는 시민 총회에서도 통과되

---

1) Faret. 부록 3의 각주 1 참고. 이후 계속 이 이름으로 쓰인다.
2) 부록 2 참고.
3) 토농의 법 집행관인 Nicolas de Diesbach와 이베르동의 법 집행관인 Hublemann이라 불리는 Georg zum Bach. 당시 이들이 무슨 이유로 제네바에 있었는지는 알 수 없다(Herminjard).
4) 4월 28일 주일에 성찬을 거행한 목회자들은 자끄 베르나르와 앙리 드 라 마르였다.

었듯이, 전적으로 여러분의 전례에 따라 살기를 원합니다.

코로에 관해서는 그가 즉시 감옥에서 석방되었음을 알립니다. 이 사건에 대해서는 사절들이 더욱 자세하게 여러분에게 알릴 것입니다.[5] 너그럽고 권세 있으며 매우 황공스러운 지도자 여러분, 하나님께서 여러분에게 선한 번영을 주시기를 기도합니다.

1538년 4월 30일 제네바에서.

---

5) 코로가 석방된 날(25일), 시 의회 장부에는 이렇게 기록되었다. "불복종 때문에 구금된 시각 장애인 설교자 코로를 석방하되, 3일 안에 이 도시를 떠날 것을 결정하였다. 또한 앞으로 이곳에서는 설교를 하지 못하도록 금지하였다(Herminjard)."

파렐이 제네바 교인들에게

1538년 11월 8일, 뇌샤텔에서
CO, Xb, 281; Herminjard, V, 172

우리의 선하신 아버지 하나님의 은혜와 평화와 긍휼이 그의 독생자 우리 주 예수로 말미암아 여러분 모두에게 거하시는 성령의 능력으로, 우리 주 안에 있는 나의 매우 소중한 형제들인 여러분에게 임하시기를, 그리하여 여러분이 온전히 모든 고뇌를 벗어 버리고 순수하게 거룩한 복음의 말씀을 따름으로써 여러분 자신을 이기고 승리하여 하나님께 복종하게 되기를 바랍니다.

여러분은 복음에 따라 살기를 원하는 사람들에게 일어나고 있는 일들에 대해 들었고, 또 다소 경험했습니다. 영원하신 아버지께서는 기꺼이 나를 거기에 참여시키셨습니다. 나는 여러분에게 가기 전에도 느꼈지만, 확실히 여러분에게 가면서[1] 더 엄청나게, 그리고 전례 없이 이상하게 느꼈습니다. 특히 교회 안에 모종의 정치 질서가 세워져서 주님이 마태복음에서 말씀하신 대로[마 18:15-17] 훈련과 권징이 있어야만 했던 때 말입니다. 내 편에서 볼 때 공격이 너무 가혹하고 거칠어서 나는 다음과 같은 결론을 내렸습니다. 내가 내 보잘것없음을 고백하거니와, 나는 비록 내가 하나님의 선한 종이자 복음의 참된 사역인 여러분의 충실하고 신실한 목사 칼뱅과 함께 [스위스] 교회들이 [우리의] 소망과 반대되게 우리를 권면한 것에 따라 일했지만, 이 교회에 대해 뭔가를 말하고 행할 마음을 완전히 상실했다는 것입니다. 이 점에서 우리는 우리가 보여 준 대로, 이 일을 시작하면서 하나님의 교회들을 향해 품은 마음을 밖으로 드러내고자 했습니다. 따라서 형제들이여, 나는 이런 큰 불의를 보면서 모든 것이 우리가 말하고 행하는 것과 반대로 이뤄지는 것을 확신하고, 대의명분을 하나님께 맡기고 하나님이 나에게 보내 주시는 모든 것을 감사함으로 그의 손으로부터 받아 침묵으로

---

1) 1532년과 1534년을 말한다.

간직하는 것 외에 다른 것을 생각하지 않았습니다. 내 소원은 끔찍한 황폐와 낭비 외에는 아무것도 들을 수 없을 정도로 멀어졌는바, 나는 할 수 있는 한 마음속에서 하나님을 향해, 도시를 위해 품은 고통스러운 일과 모든 근면과 의무에 대한 생각을 이끌어 냈으며, 하나님을 따라 어떤 도움을 줄 수 있다고 생각한 모든 이들에게 그 도시를 부탁했습니다. 배은망덕보다 더 마음을 압박하는 것은 없습니다. 즉 선을 악으로, 베푸는 사랑을 증오로, 얻어 준 생명과 명예를 죽음과 황당함으로 갚는 것 말입니다.

이제 나는 여러분을 위로하기 위해 뭔가를 쓰기에 바빠졌습니다. 그것은 나 자신을 괴롭히듯 짓눌렀던 고통 때문에 크게 거부했던 것입니다. 나는 그곳에서 부인될 수 없는 한 가지 오점-이것은 쉽게 일어나는 것인데-을 만들었고, 사람들은 나를 복종시키고자 애를 썼습니다. 그럼에도 불구하고 나는 바젤에 머물 때 여러분에게 아무것도 물어뜯지-그럴 이빨이 있다 하더라도-않는 편지를 썼다고 생각하며, 모든 친구들이 그것을 보고 간직하기를 바랍니다.[2] 그런데 하나님께서는 내 [반대] 의지에도 불구하고 다시 한 번 기꺼이 나를 불러 그의 말씀을 섬기도록-이것은 너무도 명백하여 하나님께 공개적으로 대항하지 않고서는 거부할 수 없었음-하셨습니다.[3] 나는 가능한 한 내가 가진 고뇌를 극복하기 위해서 여러분과 보다 가까이 있다가 이곳에 온 이래로, 제네바 사람 누구에게도 편지나 쪽지를 써 보내서 여러분의 상태에 대해서나, 또는 설교나 청중 등 여러분과 관련된 일에 대해 전혀 언급을 하지 않았습니다. 비록 이런 일에 부추김을 받기는 했지만 말입니다. 내 의도는 하나님이 당장 눈앞에 보이는 것 외에 다른 것을 보게 하시거나 알게 하시거나 소망하게 하실 때까지 인내하는 것이었습니다. 그 후 내가 들은 바에 따르면, 누군가가 우리가 양쪽에 서로 반대로 써 보내고 있다고, 그래서 한쪽은 완강히 버티고 다른 쪽은 이런저런 식으로 사람들을 괴롭힌다고 말하고 다닌다는 것을 알게 되었습니다. 또한 그들은 우리가 하나님의 사역자로서 백성을 예수에게로 이끌어 간 것이 아니라 우리에게로 이끌어 와 우리 제자가 되게 했다고 말합니다. 하나님이 아시고 여러분의 양심도 증거하거니와, 이는 우리에게 잘못을 저지르고 있는 것입니다. 만일 누군가가 우

---

2) 파렐은 1538년 6월 19일 자로 바젤에서 제네바 교회로 편지를 보냈고(CO, Xb, 210; Herminjard, V, 33), 뇌샤텔로 간 후 1538년 8월 7일 자로 또다시 제네바 교인들에게 편지를 썼다(CO, Xb, 230; Herminjard, V, 73).

3) 파렐의 뇌샤텔 사역을 의미한다.

리와 선한 인물들을 반대하여 사악한 편지로, 마치 그들이 선행과 지식을 갖춘 사람들을—이들이 아무것도 아닌 양—참아낼 수 없다는 듯(우리가 겪고 있는 것임)이 쓴다면, 그것을 잘 들여다보는 사람이라면 모두 정반대의 것을 발견하리라고 확신합니다.

내 모든 형제 여러분, 만일 여러분 중에 누구라도 내게서 단 한 가지 표현이라도 감히 진리를 거슬러 말하는 것이 담긴 편지를 받은 적이 있다면 그것을 제시하십시오. 만일 내가 하나님을 따라 밤낮으로 신앙과 충성으로 여러분을 섬기면서 세상을 따라 받은 모든 급료와 더불어 특혜를 가졌다면, 내게 불쾌함과 불명예를 행하기를 두려워 마십시오. 여러분은 진리에 대해 증언해야 하듯이, 이 사건에도 그리해야 합니다. 보잘것없는 말이라 해도 여러분은 여러분이 말하는 것이 무엇인지를 입증해야 합니다. 그렇지 않을 경우 거짓을 말하게 되는 것입니다. 우리 주님이 기꺼이 우리에게 죽음보다 더 심각한 문제를 보게 하셨다면 말입니다. 그리고 그가 우리를 포기하지도, 적의 수중에 온전히 놓아두지도 않고 오히려 우리가 어떻게, 어떤 애착으로 그를 섬기며 무엇을 추구하는지에 대해 우리 마음을 아시고 우리를 불쌍히 여기셨다면 말입니다.

이미 쓴 대로[4] 나는 여전히 여러분 앞에 있고 싶고 여러분은 다음과 같은 기억을 갖고 있습니다. 즉 하나님은 그의 말씀에 대한 여러분의 배은망덕과 멸시 때문에 여러분 안에 합당한 열매를 맺지 않으셨다는 것, 여러분은 말씀에 전적으로 순종하려 하지 않고 한편으로는 종을 치고 다른 한편으로는 여러분이 보기 좋은 대로 행하거나 하나님이 크게 싫어하시는 것을 묵인했다는 것입니다. 하나님은 여러분을 현재 상태로 두셨고, 여러분이 두려워하는 것을 그렇게 만들었으며, 만일 여러분이 돌이켜 자비와 긍휼을 구하지 않는다면 더 많은 두려움을 느낄 것입니다.

따라서 내가 여러분에게 바랐고 또다시 바라는 것은 높은 자와 낮은 자, 남자와 여자 모두 하나님 앞에서 겸손히, 그가 여러분—이처럼 빈곤하게 세워진 그의 가련한 자녀요, 그에 의해 이처럼 혹독하고 불쾌한 것, 즉 이런 혼란과 막중한 죄를 보게 된 자녀인 여러분—을 불쌍히 여기시고 진노를 돌이키시도록, 대단한 열정과 애착으로 금식과 기도와 간구에 몰입하라는 것입니다. 또한 여러분이 어떤 이를 비방하고 "저 악인이 이것의 원인이다."라고 말함으로써 여러분의 분

---

4) 각주 2의 1538년 6월 19일 자 편지를 가리킨다.

노와 화를 만족시키면서 서로 불편해하지 말고, 도리어 모든 죄책을 여러분에게 두고 모든 죄를 여러분에게 돌리며 하나님 앞에 여러분을 고소하라는 것입니다. 왜냐하면 여러분 중 어떤 이는 기초를 놓았고 다른 이들은 폐허와 혼란—만일 여러분이 겸손해지지 않고 은혜와 긍휼을 구하지 않는다면 더 커질—위에서 여러분을 교화했기 때문입니다. 지각과 판단력을 상실한 가련한 자들의 격노와 광기를 보고 욕하거나 증오하지 말며, 여러분의 욕망을 채우기 위해 보복을 요청하거나 수행하지 마십시오. 선하신 하나님이 도시에 악을 획책하고, 권한이란 미명하에 모든 것을 파멸시켜도 놀랍다고 생각하는 사람이 아무도 없을 그런 기회를 포착하기 위해 무죄한 자들을 죽게 한 이 가증스러운 배신자에게 베푸신 그토록 탁월하고 엄청난 은혜를 기억하십시오. 아무튼 하나님은 그에게 지식을 주셨고, 우리가 본 대로 그에게 자신의 거룩한 이름을 부르고 말씀에 영광을 부여하며 하나님의 도움으로 그의 날을 마치는 은총을 베푸셨습니다.[5] 여러분은 마귀가 그를 취해 지옥으로 데려갔기를, 그가 심히 고통당하다가 죽었기를, 격노로 이끌려 마귀를 부르며 절망으로 죽었기를 바랍니까? 하나님이 그에게 베푸신 은혜를 보면서 그에게 연민을 갖지 않았습니까? 물론이지요. 여러분은 그가 불편한 상태에 빠지지 않는 것을 기뻐했을 것입니다. 그리고 그가 만일 하나님의 명령을 어기지 않고 정의에 따라 질서를 바로잡았다면, 여러분 가운데서 거룩하고 깨끗하게 살았을 수도 있을 것입니다.

오 나의 형제들이여, 결함 있는 가련한 자들을 증오하고 악평하지 않도록 조심하며 오히려 그들을 위해 하나님께 기도하십시오. 그들에게 온전히 선과 섬김을 베풀고 그들을 이끌어서 우리 주님 편에 들게 하며, 모두에게 사랑을 간직한 채 모든 온유와 친절로 행하십시오. 선한 사랑과 참된 기쁨으로 여러분이 하나님의 자녀임과 그리스도의 몸의 참된 지체임을 드러내십시오. 여러분의 마음에 어떤 양심도, 신랄한 말이나 분노의 말도 품지 마십시오. 사람들이 행한 것, 날마다 행하는 것에 신경 쓰지 말고, 자신을 죽이고자 하는 자들을 불쌍한 사람들로 여기신 예수만을 바라보십시오. 여러분의 애착을 따르지 말고 예수를 따르십시오. 여러분 자신을 억제하십시오. 여러분의 마음을 길들이고 그 마음을 분노

---

5) Herminjard는 제네바 주교의 세무 담당관이었던 Nycodus(Nicolas) de Prato로 보았다. 이 사람은 제네바와 사부아 공작 사이의 전투 시 Peneysans으로 갔고, 궐석 재판에 의해 1535년 7월 13일에 사형이 언도되었다. 프랑스 사병에게 체포된 그는 1536년 11월 18일 제네바 시에 투옥되었고 12월 8일 처형되었다(RCG, I, 217, 239).

에서 친구와 적 모두를 향한 참된 사랑으로 돌리십시오. 사람들의 부당함이나 그들이 행하는 것과 행한 것에 신경 쓰지 말고 그들을 위해 기도하십시오. 오히려 여러분의 하늘 아버지께 속한 것인 존엄과 탁월함을 고려하십시오. 이것들을 명하시고, 또 여러분이 원수였던 때 아들을 주시면서 그토록 여러분에게 베풀어 주신 하늘 아버지께 속한 것 말입니다. 그러므로 사람이 아닌 하나님을 바라보면서 온전히 그에 대한 사랑으로 행하십시오. 하나님은 여러분에게 규정이며, 여러분이 고려해야 할 것은 그의 거룩한 뜻이지 가련한 인간과 그에 속한 것이 아닙니다.

매우 사랑하고 매우 소중한 형제들이여, 바라기는, 이런 것들로 가득한 여러분의 정욕에 이끌려서 육체의 정욕이 어떠한지를 이야기하려 하지 마십시오. 오히려 성령의 온유함으로 이끌리십시오. 성령으로 충만하여 그의 거룩한 충동에 따라 그에게서 오는 열매를 맺으십시오. 그것은 비방, 미움, 모독, 호색, 도둑질, 보복이 아니라 불타는 사랑으로 행하는 거룩하고 부드러운 권면이며, 거룩한 사도가 말하듯이, 아무에게도 잘못하지 않고 모두의 선과 유익을 추구하면서 흠을 잡기는커녕 오직 선의로 생각하고 말하는 권면입니다. 이것이 내가 여러분에게 크게 바랐고 지금도 바라고 있는 것입니다. 만일 이것이 사람들을 당황하게 하기 위해 자극하고 맞서도록 부추기는 것이라면, 나는 예수님과 더불어 이 일을 끈기 있게 하고자 합니다. 만일 내가 공적으로나 사적으로 다른 것을 썼거나 다른 것을 권면했다면, 누구든 그것을 공개적으로 말해야 할 것입니다.

하나님은 내가 우리 주님 안에서 여러분 중 얼마나 많은 사람들을 사랑했으며, 그들을 개인적인 편지로 심방하고 위로하고자 했는지 아십니다. 그럼에도 불구하고 나는 도시에 있는 누구의 입도 다물게 하지 않았습니다. 또한 나는 명백하지 않은 어떤 것에 대해서는 많은 사람들에게 쓴 적이 없습니다. 그러므로 우리 친구들이 게으르지만 않다면 단번에 그들에게 보복할 무언가를 찾을 수 있을 것입니다. 선한 인물이 있듯이 언제나 [가룟] 유다들도 있는 법입니다. 아무것도 감춰져 있지 않도록, 나는 이전과 마찬가지로 여러분을-내게서 교리를 받고 내가 그 교리의 저자인 양(나는 이런 것을 프란체스코와 도미니크에게로 넘깁니다.)-제자로 갖기 위해서가 아니라 나와 함께 십자가에 달리신 예수의 제자가 되도록 모두에게 편지를 써서, 그를 따라 십자가를 지고 우리의 주인을 인식하게 할 것입니다. 비록 내가 거룩한 사도와 더불어 복음으로 여러분을 낳았다고 말할 수 있고, 또 여러분에 대해 아버지의 마음이 없지는 않지만, 그래도 나는 하나님 외에 다른 아버지를 전하지 않으며, 여러분을 매우 친애하는 형제라고 불렀고 또 부르고 있습니다. 바라기는, 하나님의 은혜로 파송된 우리가 선포한 가르침을 더욱 마음에 품고, 여러분이 말한 대로 부지런히 성경을 살피되 그것이 담고 있는 그대로 하십시오. 나는 그들이 예수 외에 아무도 갖지 않게 하시고, 또 내 거룩한 목회와 예수님의 영-이로 말미암아 내가 생명의 말씀을 전하고 선포한-에 저지른 잘못에 대해 은혜와 긍휼을 베풀어 달라고 하나님께 기도합니다. 땅 위의 사람이나 하늘의 천사도 내가 제자들을 예수님이 아니라 나에게로 끌어왔다고 진심으로 말할 수는 없을 것입니다.

저 사람들은 하나님의 진리-하나님의 은혜로 그들의 마음을 감동시켜서 진리로 말하고 판단하게 하시는-를 거스르는 그런 모독적 언사들을 단념할 수 있었을 것입니다. 그들은 다소간이나마 우리에게 연민을 가지며 우리의 슬픔과 고난을 참작해야 했습니다. 나는 사람들이 그렇게 했다고 믿지 않습니다. 만일 사람들이 하나님께서 우리의 목회와 거룩한 애착-이것으로 진행된-과 마땅히 가져야 할 욕망으로 인해 기뻐하셨던 그곳에서 사태가 어떤 고통으로 이끌렸는지를 안다면, 그들은 연민을 가질 것입니다. 어머니는 아이의 어디가 어떻게 아픈지를 압니다. 우리 주 안에서 친구인 형제들이여, 누군가를 위해서 언쟁하지 말고 사람들을 위해 싸우지 마십시오. 내가 사악할 경우, 여러분의 말은 내게 선하지 않을 것입니다. 길거리와 모임에서 내가 악인이라고 외치기까지 할 것입니다. 비록 내가 목회 사역을 영예롭게 하고 하나님과 온 교회 앞에서 순수하게 관리했다고 밝히려 한다 해도, 이것은 나를 그렇게 만들지 않습니다. 왜냐하면 사는 날 동안, 나는 내가 말한 것을 마지막 피 한 방울에 이르기까지 붙들고 지키려 하기 때문입니다. 나는 이것이 하나님의 일이요, 하나님이 나와 내 형제들을 통해 행하신 일이라는 점에서 여러분이 멈추고 나를 지지하되, 분쟁과 논쟁이 아닌-왜냐하면 이것은 하나님의 종들에게 속한 것이 아니기 때문에-모든 기독교적인 겸손과 관대함으로, 파멸이 아닌 교화로 지지하며, 육체의 정욕에 따라 모욕과 수치를 말하는 자들을 따르거나 그들처럼 행하지 않도록 경계하기를 원합니다. 왜냐하면 사탄은 사탄을 추방하지 않을 것이기 때문입니다. 오히려 반대로, 예수의 온유함에 따라 사탄의 신랄함을 쫓아내십시오. 마찬가지로 하나님의 사랑과 진리와 선하심으로 거짓과 모든 불의를 쫓아내고, 그런 행위와 말에, 음행, 식탐, 방탕, 그리고 자신들의 배와 부패한 마음으로 이끌리는 지각없는 가련한 자들이 하나님을 거슬러 행하는 이런 모든 것들에 오염되지 않도록 조심하십시오.

　여러분이 빈곤에 싸여 있을 때 여러분과 여러분 가족을 부지런히 살피면서 거룩한 신앙 교육으로, 그리고 더 큰 근면으로 각자에게 자신의 할 일을 가르치고, 특별히 주님께서 여러분을 불쌍히 여겨 모두를 도우시도록 기도하십시오. 여러분 모두 하나님 앞에 무릎 꿇고 잘못과 죄를 고백하십시오. 잘못을 인정하고 하나님과 그의 판단에 영광을 돌리며, 그가 그의 은혜로 여러분을 도우시도록 기도하고 간구하십시오. 왜냐하면 하나님이 사탄과 그 수하들의 모든 교활한 계책과 계략을 파괴하시는 일은 여러분에게 크게 필요하기 때문입니다. 사탄의 수하들은 여러분과 또한 예수의 왕국을 보고 거기에 속하려는 소원을 가진 모든 이들—이 왕국에 대한 사랑 때문에 하나님은 여러분의 비탄의 시기를 단축하고 끝을 맺기를 기뻐하십니다.—에 맞서 있습니다. 불의가 하나님과, 예수께서 피로 사서 얻으신 그의 교회에 맞서 자랑하는 것을 용납해서는 안 되며, 우리 구원의 값을 바라봐야 합니다. 이것은 우리를 위해 주어진 그리스도 앞에 있습니다. 물론 극소의 은혜와 긍휼을 받기에 부당한 우리는 그리스도 안에서, 그로 말미암아 선한 아버지의 은혜와 도움을 받을 자격을 누립니다! 스스로 무릎을 꿇으면서 더욱 탄식하고 더욱 자신을 증오하기 위해서, 더 이상 말을 할 수 없을 정도로, 얼마나 우리가 끔찍한 혼란을 보고 당해 마땅한지를 압시다! 이처럼 우리를 낮추고, 니느웨의 왕과 백성들과 더불어 울음과 눈물, 금식과 기도에 몸을 던집시다. 우리의 마음은 이 가련하고 불쌍한 므낫세와 함께, 간단히 말해서 항상 기도하면서 은혜와 긍휼을 얻었던 모든 사람들과 함께, 완전히 꺾여야 합니다. 따라서 우리는 우리 마음으로 모든 피조물들보다 더 아래로 내려가서, 응답을 받기 위해 예수의 이름, 권세, 인자, 거룩함, 무흠함 외에 다른 것을 구하지 맙시다. 울부짖고 애통하며 목청을 높이십시오. 이 끔찍하고 가공할 재난의 외침이 하나님의 귀에 상달되게 하십시오. 울부짖으십시오. 모든 도움, 모든 구원, 모든 이익을 떼어 내십시오. [이것들을] 파멸시키고 망가뜨리고 파괴하십시오. 하나님께 가련한 영혼을 불쌍히 여겨 여러분을 구하고 도우며 빈곤에서 건져 달라고 울부짖으십시오. 그리고 영원하신 하나님이 진실하시다는 것, 그가 여러분을 자신에게로 이끌기 위해 이미 훈계했던 것을 완성하셨다는 것, 여러분이 순종하지 않기 때문에 그가 이렇게 행하셨다는 것, 만일 돌이켜 겸비하지 않고 그 앞에 부복하지 않을 경우 더욱 이렇게 하시리라는 것을 고백하십시오. 왜냐하면 주님의 손은 마음이 교만한 자들을 향해 지속적으로 펼쳐지기 때문입니다. 이 사람들은 그들의 감정을 좇으면서, 그리고 그들의 마음에 품은 것이 이뤄지는 것과 자신들은 높아지고 원수들은 낮아지는 것을 바라면서 보복의 욕망으로 하나님의 진노를 야기하는 바, 그들이 미워하는 자들에게 이득이 생기면 슬프고, 이들이 아플 때 즐거워하는 자들입니다. 이렇게 해서 그들은 불의에 불의를 더함으로써 하나님의 분노를 쌓고 불을 붙입니다. 이런 이유에서 우리는 모두를 위해 기도하면서, 그리고 모두에게 임하는 하나님의 은혜와 긍휼을 구하면서 이런 모든 감정을 거부하고 완전히 파괴해야 하는 것입니다.

이와 같이 하나님의 영의 능력으로 자신을 싫어하고, 하나님 앞에 부복하여 용서와 긍휼을 구함으로써 그의 진노가 그치고 그의 손이 돌아서며, 그가 악을 선으로 바꾸시기를 기도합시다. 그가 그의 저주를 우리에게서 돌이키고 거룩한 축복을 보내시기를 기도합시다. 그가 원수의 손으로 폐허가 되게 한 것을 재건하시기를 기도합시다. 그가 선으로 시작하신 것을 완성하여 그의 영광과 영예가 도처에 드러나게 하시기를 기도합시다. 그의 거룩한 뜻에 어긋나는 모든 것이 파괴됨으로써, 우리가 원하는 것을 행하여 우리가 영예를 얻고 우리 자신의 욕망을 취하는 것이 아니라, 그의 매우 크신 인애에 합당한 것을 행하여 그만이 영광을 받으며 그의 거룩한 의도와 완전한 뜻을 이루시도록 기도합시다. 자신의 아들을 아끼지 않으시고 우리를 위해 죽음에 내주셨던 모든 긍휼의 아버지께서, 그의 아들인 이 좋으신 예수에 대한 사랑 때문에 성령의 능력으로 여러분의 마음에 다가와 거주하사, 여러분 안에서 자신의 거룩한 뜻을 행하심으로써 그 외에 다른 [아버지]가 있게 해서는 안 됩니다. 그의 뜻은 [우리가] 모든 인애와 거룩함과 순전함에 철저히 완전해지는 것과 우리를 위해 우리 하나님께 기도하는 것입니다.

여러분은 우리의 좋은 친구이자 여러분의 목사인 코로의 죽음에 대해 들었을 것입니다. 그는 불의한 자들을 끝까지 인내했지만, 하나님은 모든 것을 밝혀 주실 것입니다. 내가 그의 안식을 즐거워하는 만큼, 아니 그 이상으로 우리가 날마다 보듯이 엄청난 교회 건설에 필요한 그런 형제를 잃은 것이 [아픕니다.] 오! 나는 유다가 예수에게보다 그에게 더한 짓을 하지 않았을까 두렵습니다. 칼뱅은 스트라스부르에서 온전한 목회 행정을 갖춘 교회를 갖고 있습니다. 그는 하나님에 대한 크고 선한 종들과 지속적으로 결합되고 연합되어 있으며, 심장을 도려내고 하나님의 영광을 사랑하는 자들과 함께 있기를 바라는 가련한 자들의 말을 듣지 않을 만큼 멀리 있기에, 이중으로 행복합니다. 나로 말하면, 여러분이 그렇게 나쁘지 않다면, 나는 너무 좋습니다. 따라서 여러분과 나의 위로를 위해서 하나님과 화해하고 그와 화평을 맺으며, 전적으로 그에게로 돌아가서 온전한 헌신으로 기도하며, 이 좋으신 하나님이 여러분의 기도에 응답해 주실 때까지, 그리고 여러분이 그에게서 긍휼과 은혜를 받을 때까지 울부짖고 애통하며 신음하며 탄식하기를 그치지 맙시다. 그때 나는 여러분의 행복에 만족할 것이고 기쁨으로 여러분에 대한 말들을 들을 것입니다.

주 하나님께서 이처럼 성령을 통해 여러분의 마음을 감동시키시어 보복하기보다 긍휼을 베푸시기를 기뻐하시는 것처럼, 그렇게 여러분은 슬프고 부서지고 겸비한 마음으로 그 앞에 엎드려야 합니다. 그의 아들 예수의 이름으로, 여러분이 그의 영예와 영광에 속하고 또 여러분의 구원과 위로-여러분의 위로와 마찬가지로 하나님의 영광을 사랑하는 모든 이들의 위로에 속한, 거룩한 요구와 청원을 갖게 해 달라고 기도하면서 말입니다. 이 편지가 모두에게 전달되어서 아무도 내 뜻이 보복을 바라는 것이라거나, 악을 악으로 갚는다거나, 앙심을 갖고 있어 누군가에 대해 분노를 키우는 것이라고 생각하지 않게 하십시오. 도리어 반대로, 여러분 모두에게 은혜를 부어 주시는 영원하신 아버지를 따라서, 하나님의 자녀와 같이 여러분의 마음에 모든 인애로 악의를 극복하십시오. 아멘.

1538년 11월 8일 뇌샤텔에서.
온전히 여러분의 기욤 파렐 올림.

제네바 목회자들이 제네바 시 의회에

1538년 12월 31일, 뇌샤텔에서
CO, Xb, 304; Herminjard, V, 208

훌륭하신 시 의원 여러분, 우리의 복음 사역에 있어 여러분은 언제나 우리에게 신실했으며, 우리가 하나님의 말씀에 의해 정해졌다고 확신하지 않는 그 어떤 것도 말하거나 설교하고자 하지 않았다고 여겼습니다. 우리가 이렇게 생각하는 이유는 여러분의 선한 친구이자 동국인인 베른의 훌륭하신 통치자들이 우리를, 여러분도 인정했다시피 (우리가 실로 그러하거니와) 그렇게 평가했고 또 지금도 그렇게 평가하고 있기 때문이며, 또한 바로 이러한 목적에서 여러분의 정부가 우리에게 부탁했기 때문입니다.

우리는 여러분과 제네바 시를 섬기기 위한 선한 의지를 가지고 있습니다. 우리는 시 의원 여러분께서 우리가 갖고 있는 선한 의지를 충분히 이해했다고 판단했습니다. 왜냐하면 우리는 우리가 포기한 것은 고려하지도 않고, 심지어 앞으로 많은 수고를 해야 함을 확신하면서도, [그럼에도 불구하고] 우리가 소속되었던[1] 훌륭한 시 의원들의 선한 동의에 의해 여러분에게로 와서, 우리 직책의 의무에 따라 전력하여 여러분의 백성을 선한 평화와 연합으로 이끌었기 때문입니다. 그런데 우리가 이 백성에게서 확실히 발견한 것은, 복음의 진행 과정에서뿐만 아니라 여러분의 도시와 공화국의 보전과 유지 과정에서 드러난 사적이고 유감스러운 감정들이었습니다.

우리는 우리의 사역과 선한 의지에 있어서 여러분과 여러분의 공화국을 향한 충성과 성실이, 대단히 많은 사람들에 의해 합당하게 받아들여지지 않았고

---

1) 1538년 4월 19일 제네바 시 의회는 만일 파렐과 칼뱅이 말을 듣지 않을 경우 "테르니에Ternier의 행정관이 제안한 두 명의 설교자"(Herminjard, IV, 416)를 찾으러 보내기로 결정했다. 이 두 설교자는 자끄 베르나르와 앙리 드 라 마르였다. 이들을 포함하여 장 모랑과 앙투안 마르쿠르 역시 베른의 통치권에서 활동하던 목회자들이었다.

또 지금도 여전히 그러하다는 것을 확신합니다. 이처럼 우리는 날마다 불신자, 교황주의자, 성경을 부패시키는 자, 여러분의 백성을 속이려고 하는 자로 평가되었고 또 평가되고 있는 바, 이것은 우리가 짊어지기에는 너무 힘든 일입니다.

우리가 이 사실을 확실하게 아는 이유는 여러분이 기꺼이 묻고자 하는 것을 해명하기 위해 시 의회 앞에 소환된 많은 사람들이 우리-사적인 우리 자신과 또한 우리의 목회 사역-에 대한 그들의 잘못을 부인했기 때문입니다. 이처럼 그들은 자신들의 막대한 과오와 무례를 우리에게 범했다는 것에 대해서는 부인하면서, 우리 앞에서뿐만 아니라 여러분 앞에서, 그리고 고귀한 시 의회 앞에서 우리를 부당하게 비난하고 있습니다.

다음 사항들이 고려되어야 합니다. 즉, [먼저는] 모욕이 단지 우리에게뿐만 아니라, 여러분과 여러분의 법령, 심지어 독일어권 스위스 교회들과 특히 베른 교회의 모든 개혁-여러분의 교회를 위해 법령을 만든-으로 향해서는 안 된다는 것이며, 또한 [다음으로는] 우리가 순수하게 복음적인 그들의 교리에 따라 우리의 가르침이 매우 진실하다는 것을 하나님의 말씀에 의해 확신하면서 여러분의 백성에게 설교했고 또 설교하고 있는 바, 그럼에도 불구하고 우리의 목회 사역이 무익할 뿐만 아니라 멸시와 조롱으로 변하고 만다는 사실입니다.

나아가, 여러분의 도시와 공화국은 이런 편파성으로 말미암아 너무나 명백한 위험으로 돌아설 것이며, 우리 자신들 역시 숱한 악의에 찬 사람들 속에서 안전하지 않을 것입니다. 물론 우리는, [도시에] 아무런 열매나 건덕이 이뤄지지 않을 것을 생각하기에, 이것을 크게 소중하게 여기지는 않을 것입니다.

그러므로 훌륭하신 시 의원 여러분, 우리는 여러분과 여러분의 공화국에 대한 모든 것을 매우 선한 마음에서 나오는 것으로 여기면서, 우리와 우리의 직분이 의원 여러분 앞에서 비난당한 이유와 원인을 여러분의 서기의 서명이 날인된 서명으로 보내 주실 것과, 그런 [비난의] 말을 한 사람들의 명단을 기록하여 근거로 삼기를 여러분에게 겸손히 간청하는 바입니다.

뿐만 아니라 우리는 여러분이 우리가 여러분에게 혹은 여러분의 백성에게 행할 수 있었던 보잘것없는 섬김에 만족해하시기를 겸손히 간청하는 바, 우리는 여러분에게 그 섬김이 정직하고 성실했으며 또한 선하고 진정한 마음에서 우러나온 것임을 확신시켜 드립니다. 장차 여러분이 보기에 선한 대로, 기꺼이 다른 목회자들을 임명하시되, 그들에게 하나님께서 우리가 큰 수고로 지속해 온 것을 완성할 은혜를 베푸시기 바랍니다. 왜냐하면 우리는 사태가 이렇게 무질서하게 된 이곳에서,[2] 우리가 바라는 식으로 더 이상 열매를 맺을 수 없기 때문입니다.

그럼에도 불구하고 만약 다른 목회자들이 마련될 때까지 우리를 임명하는 것 외에 다른 방법이 없다면, 그때는 [우리의 임명을] 포기하지 마십시오.

어찌됐건 우리는 언제나 또 우리가 있는 어디에서나 여러분의 고귀한 도시와 공화국의 선하고 충성된 종이요 친구로 남을 것을 약속드립니다.

마지막으로 우리는 여러분의 큰 지혜와 분별력과 능력에 따라 도처에서 부지런히 준비함으로써 모든 일들을 기꺼이 살피시기를 바랍니다.

1538년 12월 31일.

장 모랑
앙투안 마르쿠르
자끄 베르나르
앙리 드 라 마르.

---

2) 12월 30일 밤 제네바에서는 몇 사람의 사상자가 발생하는 난투극이 벌어졌다(Herminjard).

주요 사건 일지

(1509-1538)

1509. 7. 10	장 칼뱅 출생(누아용).
1515년경	칼뱅의 모친 잔 르 프랑 사망.
1516	프랑수아 Ⅰ세와 교황 사이의 협정 : 프랑스 왕의 프랑스 교회 수장 인정.
1517. 10. 31	루터의 개혁 운동 시작.
1519	에라스무스 〈신약 주석〉 출간.
1520	루터 3대 논문 발표.
1521	멜란히톤 〈신학 요론〉 출간.
1521. 1. 3	루터 파문.
1521. 4. 14	파리 신학 대학, 루터의 논제를 정죄하다.
1521-1525	기욤 브리소네와 르페브르 데타플 : 모Meaux 교구 개혁 운동 전개.
1523 [1521 ?]	칼뱅, 파리에 상경하여 중등 교육을 받다(콜레주 몽테귀).
1523	프랑스에서 복음의 명분에 의한 첫 순교 발생(장 발리에르).
1524	기욤 파렐 〈주기도문과 사도신경 프랑스어 해설〉 출간.
1525. 2. 24	프랑수아 Ⅰ세의 파비 전투 패배.
1525/1526	칼뱅, 문학 석사 취득과 오를레앙 법대 등록.
1527	재세례파의 슐라이트하임 신앙고백 발표.
1528	올리베탕, 스트라스부르로 도피.
1528	에라스무스 〈키케로 전집〉 출간.
1529	기욤 뷔데 〈그리스어 해설서〉 출간.
1529 초	에라스무스 〈세네카 전집〉 제2판 출간.
1529 봄-	칼뱅, 부르주 대학에서 알키아티 강의 청강.
1529. 10	루터와 츠빙글리의 마르부르크 회담과 신학 일치 실패.
1530	아우구스부르크 신앙고백 발표.

1531. 3. 6	칼뱅, 파리에서 니콜라 뒤슈맹의 안타폴로기아Antapologia 헌정(프랑수아 드 코낭) 서문 작성.
1531. 5	칼뱅 부친 사망.
	칼뱅, 누아용-파리-오를레앙을 거쳐 다시 파리에서 피에르로 가다.
	다네의 강의 청강(콜레주 루아얄).
1531. 10	츠빙글리, 카펠 전투에서 전사.
1532. 2. 14	칼뱅, 법학사 취득.
1532. 4. 4	칼뱅 〈세네카 '관용론' 주석〉 출간.
1533	에라스무스 〈사도신경 해설〉 출간.
1533. 봄	제라르 루셀 마르그리트 드 나바르의 보호 하에 파리에서 복음 설교.
1533. 10	나바르 콜레주 학생 연극 상연.
1533. 만성절	니콜라 코프의 파리 총장 취임 연설.
	칼뱅, 파리 근처 샤이오로 도피.
1533. 초겨울	장 뒤 벨레, 파리 주교가 되다.
1533. 12. 27	프랑수아 다니엘, 칼뱅이 새 주교의 공무 수행자가 되기를 바라다.
1534	칼뱅, 생통주 지방에 머물다.
1534. 5. 4	칼뱅, 누아용에서 성직록을 포기하고 프랑스를 떠나다.
1534. 8. 15	예수회 교단, 몽마르트에서 창설.
1534. 10. 17-18	미사를 반대하는 "벽보" 사건.
1534	칼뱅 첫 신학 작품, 〈영혼 수면론 논박〉 헌정 서문 작성.
1534. 말?	칼뱅 회심.
1535. 1	벽보 사건 재발과 종교 박해 강화.
1535. 2	칼뱅의 친구 에티엔 드 라 포르주, 파리에서 순교.
1535. 3	기욤 뷔데 〈시대의 전환〉 출간.
	멜란히톤 〈신학요론〉 2판 출간.
1535. 5	에라스무스 〈전도서〉 출간.
1535. 6	올리베탕 성서 출간.
1535. 7. 16	프랑수아 Ⅰ세 쿠시 칙령 발표. 미사 반대자들에게 6개월 이

내에 철회할 경우 특별 사면을 약속하다.

1535. 8. 23	칼뱅, 프랑수아 I세에게 〈기독교 강요〉 헌정 서한 작성.
1535. 8. 28-31	멜란히톤이 프랑수아 I세의 청에 의해 종교 화의를 위한 신앙 조항을 보냈으나 파리 신학 대학이 이를 비판하다.
1536. 3	칼뱅 〈기독교 강요〉 출간(프랑크푸르트 봄 도서 전시회 때문에 지연됨).
1536. 봄	칼뱅, 이탈리아 페라라 여행(르네 드 프랑스 방문) 후 바젤을 거쳐 프랑스로 돌아오다.
1536. 5. 21	제네바 시 의회, "복음에 따라 살기"로 공식 결정하다.
1536. 5. 29	비텐베르크 일치(루터와 스트라스부르 신학자들 사이에 성찬 일치).
1536. 3. 31	리옹 칙령(6개월 내 로마와의 화해 조건으로 이단에게 귀국 허용).
1536. 6. 2	칼뱅, 프랑스를 떠나다.
1536. 7	칼뱅, 제네바에 붙들려 성경 강사로 출발하여 1536년 말부터 목회자가 되다.
1536. 10	칼뱅, 로잔 대회 참석.
1536. 12	클레망 마로, 로마 교회로 회귀.
1537. 1	칼뱅 〈두 서신〉 출간.
1537. 초	칼뱅 〈신앙 교육서〉(〈기독교 강요〉 프랑스어 요약본) 출간. 피에르 카롤리에 의해 아리우스주의자로 고발되다.
1537. 2. 13	시 의회에 칼뱅의 생계를 위한 청원되다.
1538. 2	제네바 시 의회 선거에서 프랑스 피난민 반대 세력 득세.
1538. 3	〈신앙 교육서〉 라틴어 역본인 〈카테키스무스〉 출간.
1538. 4. 22-23	파렐과 칼뱅, 제네바에서 추방되고 파렐은 뇌샤텔로 가다.
1538. 6-	칼뱅, 바젤에 머물면서 요한 크리소스토무스 설교집 번역(미완성) 서문을 작성하다.
1538. 9	칼뱅, 스트라스부르로 가서 프랑스 난민을 위한 목회와 신학 강의. 급료는 연봉 52 플로린.

주요 용어 해설

absolutio(L)	사도 예식赦禱 禮式
bailiff(F)	행정 법무관
caeremonium(L)	의식, 전례, 예식
classis(L), classe(F)	독립적인 시 의회가 없는 베른 소속 지방에서 베른 시의회가 인정한 목사들과 통치자들로 구성된 지도 계층
coetus, colloquia(L)	=congregatio : 교역자 연구 모임을 의미함
Collège(F)	콜레주. 오늘날 중등학교에 해당하는 이 학제에서 당시에는 학사학위를 수여했다.
Collège royal(F)	콜레주 루아얄. 오늘날 콜레주 드 프랑스의 전신
collegium(L)	=Chorgericht, consistoire : 치리회, 감독회
concia(L)	모임, 회의
concilium(L)	모임, 회의
confrateritas(L)	(평)신도회, 형제회
congregatio(L)	교역자 연구 모임
Conseil Général(F)	시 의회 총회
Conseil de deux cents(F)	200인 의회
Conseil de soissant(F)	60인 의회
consul(L)	스위스 일부 도시 중 자치 정부를 갖기 전 베른에서 파송한 지역 책임자를 의미함(지방 총독)
conventus(L)	모임
[ecclesiae] conventus	제네바 생피에르 교회
disputatio Lausannensia(L)	로잔 대회
gardianis, gardien(F)	수도원장
Grand conseil(F)	대의회
inquisiteur général(F)	종교 재판소장

maître de la Chambre des Comptes(F)	회계 감사원장
minister(F)	교역자, 목회자
oeconomia(L)	=administratio : 관리
Parlement(F)	최고(고등) 법원
Petit Conseil(F)	소의회
praefectus(L)	(베른에서 그 통치 지역으로 파송한) 감독관
principes(L)	베른 통치자들
rasus(L)	사제를 의미하는 말
Registres(F)	시 의회 기록부
ritus(L)	의식, 전례, 예식
Seigneurs(F)	시 의원
synodus(L)	대회, 회의

약어표

ASD = Erasmus, *Opera omnia*(Amsterdam edition)

Battles/Hugo = *Calvin's Commentary on Seneca's De Clementia*, ed. F. L. Battles/A. M. Hugo, Leiden, 1969.

Battles/1536 = *Institute of the Christian Religion*(1536), ed. F.L. Battles, Baker,

BC = *Bibliotheca Calviniana: Les oeuvres de Jean Calvin publiées au XVIe siècle: Écrit théologiques littéraires et juridiques,* 2 vols: I. 1532-1554, (R. Peter et J.-F. Gilmont, Droz, 1991), II. 1555-1564 (R. Peter et J.-F. Gilmont, Droz, 1994).

Benoît= *Institution de la Religion Chrestienne,* J.-D. Benoît, Paris, 1957.

BOL = *Martini Buceri opera latina.*

Bonnet = *Lettres Françaises,* J. Bonnet, 2 vols. Paris, 1854.

BSHPF = *Bulletin de la Société de l'histoire du protestantisme français.*

CCSL = *Corpus christianorum. Series latina.*

CO = *Ioannis Calvini Opera quae supersunt omnia*, G. Baum, E. Cunitz, E. Reuss, 59 vols. Brunsvick, 1866-1900.

COR = *Ioannis Calvini Opera Omnia denuo recognita et adnotatione critica instructa notisque illustrata*, Series Ⅵ, Epistolae, vol. 1(1530-1538/sep), Genève, Droz, 2005.

Correspondance = *Correspondance de Théodore de Bèze,*

CR = *Corpus reformatorum*

CSW = *Calvin's Selected Works*, H. Beveridge, & J. Bonnet, 7 vols. Baker, 1851.

Herminjard = *Correspondance des Réformateurs dans les pays de la langue française*, éd. A.-L. Herminjard, Genève Paris, 9 vols. 1866-1897.

Hist. Eccl. = Théodore de Bèze, *Histoire ecclesiastique des eglises reformées au royaume de France, en laquelle est descrite au vray la renaissance et accroissement d' icelles (1521-1563)*, 3 vols. 1580.

Huguet = *Dictionnaire de la langue française du seizième siècle*, 7 vols. Paris, 1925.

LB = Erasmus, *Opera omnia*(Leiden edition)

Millet = I*nstitution de la religion chrestienne(1541)*, 2 vols., ed. Olivier Millet, Droz, 2008.

MPL = *Patrologia Latina*, 221 vols. ed J.P. Migne, Paris, 1844-1904.

OS = *Calvini opera selecta*, ed., P. Barth, 5 vols. 1926-1936.

Pannier = *Institution de la religion chrestienne(1541)*, 4 vols., ed. Jacques Pannier, Paris, 1961.

RCG = *Registres du Conseil de Genève à l'époque de Calvin*, Publiés sous la direction des Archives d' Etat de Genève, Hochuli-Dubuis, Paule(ed), I - , Genève, 2003.

Sommaire = Guillaume Farel, *Sommaire et brève déclaration*, 1525.

Vita Calvini = Ioannis Calvini vita, a Theodore Beza, 1575.

〈기독교 강요/1536〉 = 〈기독교 강요〉(1536년/한-라틴어 대역판/문병호 역), 생명의말씀사, 2009.

〈칼뱅 작품 선집〉 = 〈칼뱅 작품 선집〉(박건택 편역), 총 7권, 총신대학교출판부, 1998-2011.

인용 도서 목록

Ambrosius, *De Abraham*,

Ambrosius, *De officiis ministorum*,

Augustinus, Aurelius, *Confession*

Augustinus, Aurelius, *De civitate Dei*,

Augustinus, Aurelius, *De Haeresibus*, CCSL 46.

Augustinus, Aurelius, *De opere monachorum*,

Augustinus, Aurelius, *De peccatorum metis et remissione*,

Augustinus, Aurelius, *In Johan.*

Beveridge & Bonnet(ed), *Calvin's Selected Works*, ed. H. Beveridge & J. Bonnet, 7 vols. Baker, 1851.

Bèze, Théodore de, *Histoire ecclesiastique des eglises reformées au royaume de France, en laquelle est descrite au vray la renaissance et accroissement d'icelles (1521-1563)*, 3 vols. 1580.

Bèze, Théodore de, *Icones*, Genève, 1549.

Bèze, Théodore de(ed), *Joannis Calvini epistolae et responsa. Genevae*, 1575.

Bèze, Théodore de, *Vita Calvini*, 1575.

Bonnet, Jules(ed), *Lettres* Françaises, éd. J. Bonnet, 2 vols. Paris, 1854.

Botte, Bernard & Mohrmann, Christine, *L'ordinaire de la messe. Texte critique*, Paris/Louvain, 1953.

Bucer, Martinus, *Consilium theologicum privatim conscriptum*, [Leiden, 1988].

Bucer, Martinus, *Defensio adversus axioma catholicum, id est criminationem R. P. Roberti episcopi abrincensis*, 1534 [Leiden, 2000]

Bucer, Martinus, *In sacre quatuor evangelia enarrationes*, 1536.

Bucer, Martinus, *Metaphrases et enarrationes*, 1536.

Bucer, Martinus, *S. Psalmorum libri quinque ad ebraicam veritatem versi*, 1529.

Bucer, Martinus, *Retractationes* (1536)

Calvin, Jean, *Catechismus, sive christianae religionis institutio*, 1538, in Co, V, 313-362; COR Ⅲ/Ⅱ, 1-113(짝수)

Calvin, Jean, *Confessio de Trinitate propter calumnias P. Catoli*, in Co, Ⅸ,703-710.

Calvin, Jean, De *Scandalis*, 1550, in CO, Ⅷ, 1-84; OS, I, 287-362; COR, Ⅳ/Ⅳ, 1-119; 〈두 서신〉, 〈칼뱅 작품 선집〉 2권, 197-322.

Calvin, Jean, I*nstitutes of The Christian Religion*(1536 edition, tr. L. Battles), Eerdman, 1975.

Calvin, Jean, *Instruction et confession de foy don't on use en l'Eglise de Genève*, 1537, in CO, Ⅹ , 25-74; OS Ⅱ, 378-417; COR Ⅲ/Ⅱ, 1-113(홀수); 〈칼뱅 작품 선집〉 2권, 337-390.

Calvin, Jean, *Piaidoyers pour le comte Guillaume de Fürstenberg*, 1539-1540. [R. Peter(éd), Paris, 1994].

Calvin, Jean, *Vivere aqud Christum* (1534/1542) *Psychopannychia* (1545), *De animae immortalitate* (1552/1563), in Co, Ⅴ, 165-232; 〈칼뱅 작품 선집〉 2권, 33-146.

Capito, Wolfgang, *Responsio de missa*, Argentorati, 1537.

Caroli, Pierre, *Refutatio blasphemiae farellistarum in sacrosanctam Trinitatem*, 1545.

Cassiodore, *Historia tripartita*,

Cellarius, Martinus, *De operibus Dei*

Chrysostomus, Johannes, *Clavis Patrum Graecorum*,

Chrysostomus, Johannes, *Homiliae 1-67 in Genesim*, in MPG 53-54.

Chrysostomus, Johannes, *Opus imperfectum in Matth*,

Cicero, Marcus Tullius, *Brutus*, [Lipsiae, 1965.]

Cicero, Marcus Tullius, *De officiis, De virtutivus*, [Lipsiae, 1963]

Cicero, Marcus Tullius, *De oratore*, [Leipzig, 1969.]

Cicero, Marcus Tullius, *Epistulae ad familiares*

Confessio Helvetica Prior, 1536.

Connan, François de, *Commentarii Juris Civilis*, Paris, 1553.

Crespin, Jean, *Livres des martyrs*, Genève, 1554.

Cyrillus, Alexandrinus, *Opera*, J. Oecolampadius(ed), 1528

Doniel, "Jean Calvin à Orléans, date précise de son séjour d'après documents indéits" in *BSHPF* 26/1877, 174-185.

Duchemin, Nicholas, *Antapologia adversus Aurelii Albuchii defensionem pro And. Alciato contra d. Petrum Stellam nuper aeditam*, Paris, 1531.

Dufour, Théophile, "Calviniana", in *Mélanges offerts à M. Picot* 2, Paris, 1913, 51-66.

Erasmus, Desiderius, *Adagia*, ASD[Amsterdam, 1993-]

Erasmus, Desiderius, *Adagia*, In LB[Opera omnia, Leiden].

Eusebius, *Historia ecclesiastica*,

[Farel, Guillaume,] *Liturgie usitée dans l'église genevoise, Neuchâtel*, 1533.

Farel, Guillaume, *Maniere et fasson*, 1533.

Farel, Guillaume, *Sommaire*, 1534; *Sommaires et brève déclaration*, éd. par A. Hofer, 1980,

Frigius, Laurentius, *Tractatus singularis de potestate planetarum*, 1528.

Frisius, Gemma, *De principiis astronomiae et cosmographiae*, 1530.

[Nicolas des Gallars], *Defensio pro Farello adversus Catolum*, 1545.

Gellius, Aulus, *Noctes atticae*.

Gerson, Jean, *Oeuvres complètes*, [7 vols., Paris, 1960-1966.]

Gratianus, *Decretum*.

Henry, Paul, *Leben Johann Calvins*, 3 vols., 1835-1844.

Herminjard, A.-L(ed)., *Correspondance des réeformateurs dans les pays de la langue française*, éd. A.-L. Herminjard, Genève et Paris, 9 vols. 1866-1897.

Hieronymus, *Comment. in Os*

Hieronymus, *Contre arianos vel Auxentium Mediolanensem*, in MPL, X, 616.

Hieronymus, *Epistulae*,

Hilarius, *Contra Arianos vel Auxentium Mediolanensem*,

Isambert, *Recueil général des anciennes lois*,

Jud, Leo, *Catechismus*, 1538.

Justinianus, *Digesta*

Juvenalis, D. Junius, *Satyrae sedecim*, [Stutgardiae, 1997.]

Kelly, John D.N., *Jerome, his life, writings, and controversies*, London, 1975,

Lactantius, Lucius Caecilius Firmianus, *Institutiones divinae*, [*Institutions divines*, 5 vols, Paris, 1986-1992.]

Lampridius, Aelius, *Historia augusta. Severus Alexander*

Lefèvre d'Etaples, Jacques, *Le Nouveau Testament*, 1523 2 vols., [London, 1970].

Liebe, Christian S., *Diatribe de pseudonymia Io. Calvini ⋯et epistolae anecdotae* XXVII, 1723.

Luther, Martin, *De captivitate babylonica ecclesiae praeludium*, 1520.

Marguerite d' Angoulême, *Le Miroir de l' ame pécheresse*, Aleçon, 1531.

Rablais, François, *Pantagruel*, Lyon, 1533.

Marguerte d' Angoulême, *Heures de la royne de Marguerite*, Paris, 1533.

Marot, Clément, *Les Pseaumes de David*, 1541.

Melanchthon, Philip, *Consilium ad Gallos* (1534. 8. 1), in CR, Ⅱ , 751.

Münster, Sebastianus, *Kalendarium Hebraicum*, 1527.

Olivétan, Robert, *La Bible qui est toute la saincte escriture* ⋯, Neuchâtel, 1535.

Panegtricus latini

Plato, *Epistula*, [Leipzig, 1985]

Pliny, *Naturalis Historia*

Plutarchos, *Aratus*

Quintiliannus, Marcus Fabius, *De institutione oratoria.*

Rablais, François, *Jesus Maria. Les horribles et espouuentables faictz et prouesse du tres-renomme Pantagruel* ⋯Lyon, Francoys Juste, 1532.

Reulos, Michel, "Les attaches de Calvin dans la région de Noyon" in *BSHPF* 110/1964, 193-201.

Ruchat, *Histire de la Réformation,*

Scheurer, Rémy, *Correspondance du cardinal Jean du Bellay.*

Schwarz, R.(ed), *Johannes Calvins Lebenswerk in seinen Briefen*, ed. R. Schwarz, 3 vols. Neukirchener Verlag, 1961.

Seneca, De *beneficiis*

Seneca, *Epistolae morales*,

Statius, *Chrysion*,

Suetonius, *De vita caesarum*,

Terentius, Publius, *Andria*, [Lipsiae, 1898.]

Vergilius, *Aeneis*.

Viret, Pierre, *Disputations chrestiennes*, Genève, 1544/1552.

Zasius, *Ulric, Udalrici Zasii...defensio covissima contra P. Stellam Aurelianensem*, 1530

주요 인물

가스트, 요하네스(1500-1552) : Johannes Gast(G), Gastius(L). 브라이자흐에서 태어나 바젤에서 오이콜람파디우스의 학생이었고 아담 페리Adam Perri 인쇄소에서 교정 일을 보았으며, 1528년 성 마르틴 교회의 집사로 활동하였다.

갈라르, 니콜라 데(1520-1581) : Nicolas des Gallars(F), Nicolas Gallasius(L). 프랑스 파리에서 태어났다. 1544년 제네바로 가서 칼뱅의 비서와 목회 사역을 담당하였다. 파리를 거쳐(1557) 런던에 머물면서(1560-1563) 푸아시 회담(1561)에 참석했으며, 1563년에는 오를레앙에서 목회 활동을 했다.

게스너, 콘라트(1516-1565) : Conrad Gessner(G). 스위스 취리히에서 태어나 카펠 전투에서 아버지를 잃었다(1531). 1532년 스트라스부르에 있는 카피토의 집에 머물다가 부르주와 파리에서 수학했다. 리에에서 다시 의학을 공부한 뒤 바젤에서 의학 박사 학위를 취득하고(1541. 3) 1546년에는 취리히에서 신학 교수로도 활동했으며, 다음의 책들을 출판했다. *Hitoria plantarum(1541), Bibliotheca universalis(1545), Historia animalium(1551).*

게오르크 폰 뷔르템베르크(1498-1558) : Georg von Württemberg(G). 울리히 공작의 동생으로 몽벨리아르의 총독이 되었다(1535-1542).

고티오 당시에, 시몽(1490-1556) : Simon Gauthiot d'Ancier(F). 돌Dole 법원의 세무 변호사의 아들로 태어나 톨레도에 외교 업무를 맡았으며 종교 개혁 진영에 가담했다. 1537년 그가 이끄는 정당은 선거에서 패했다.

그란펜리트, 요한 루돌프(1505-1559) : Johann Rudolf Graffenried(G). 1534년 베른 상원 의원을 역임했으며, 1536년 사부아와의 전쟁 시에는 고문단으로 활동했다.

그리나이우스, 시몬(1494-1541) : Simon Grynaeus(G). 베링겐도르프에서 태어났다. 포르츠하임에서 멜란히톤과 함께 초등 교육을 받았으며 비엔나와 비텐베르크에서 수학했다. 1526년 하이델베르크에서 그리스어를 가르쳤고 오이콜람파디우스, 츠빙글리와 친분을 쌓았으며 리비우스의 실종된 다섯 권의 책을 찾아냈다. 1529년 바젤에서 교수 활동을 하면서 에라스무스와도 사귀었다. 1531년 영국을 여행하면서 헨리 Ⅷ세의 이혼을 위한 대륙의 지원을 위해 노력했다. 1535년에는 칼뱅과 교분을 나누었다.

그리나이우스, 토마스(1512-1564) : Thomas Grynaeus(G). 시몬 그리나이우스의 조카이다. 하이델베르크(1526), 바젤(1532-33)에서 수학하고 베른에서 라틴어와 그리스어 교수(1536), 바젤에서 교수(1547), 마지막으로 뢰틀린에서 (1556) 목회 사역을 했다.

네글리, 세바스티앙(1549 사망) : Sébastien Naegueli(F). 뇌샤텔의 참사 회원이었다가 베른의 집사(1526)와 로잔의 행정 법무관(1536)을 지냈다.

노르망디, 로랑 드(1510-1569) : Laurent de Normandie(F). 프랑스 누아용의 귀족 가문에서 태어나 오를레앙에서 수학하였다(1533). 베즈의 결혼에 참석했으며(1544), 미래 앙리 Ⅱ세의 비서(1545), 누아용의 시장(1546)을 역임하다가 1548년 스위스 제네바로 가서(1549) 서적 판매상이 되었다. 1550년 안느 콜라동과 재혼하고 1555년 시민권을 얻었다.

다네, 피에르(1497-1577) : Pierre Danès(F). 사제 출신으로 기욤 뷔데의 학생이었다. 그리스어를 가르쳤으며(1530), 훗날(1557) 라보르의 주교가 되었다.

다니엘, 프랑수아(미상) : Fraçois Daniel(F). 프랑스 오를레앙에서 태어나 1530년경 부르주에서 공부하면서 칼뱅의 친구가 되었다. 1533년 5월 25일에 결혼했으며 오를레앙의 행정 법무관으로 활동했다. 칼뱅은 1560년에도 그에게 편지를 보냈다. 세 명의 남동생(자끄, 피에르, 로베르)과 네 명의 여동생(클로딘, 프랑수아즈, 제르멘, 잔)이 있다.

도주랑, 루이(미상) : Louis Daugerant(F). 1522-1549에 스위스에서 프랑스 대사로 활동했다. 잠시 프랑수아 Ⅰ세의 의전관(1528)과 마필 관리관(1531)을 지냈다.

뒤슈맹, 니콜라(미상) : Nicholas Duchemin(F). 프랑수아 다니엘과 마찬가지로 프랑스 오를레앙 사람으로 칼뱅보다 몇 년 연상의 친구이다. 오를레앙에서 법률가로, 르망 감독 교구의 판사로 활동했다.

라멜, 장 루이(1446-1555) : Jean Louis Ramel(F). 제네바 귀족 가문에서 태어나 여러 차례(1518, 1523, 1527, 1532) 시장에 당선되었다.

라블레, 프랑수아(1483-1553) : François Rablais(F). 쉬농Chinon에서 법률가의

아들로 태어나 프란체스코 수도원에 들어가(1511) 1521년 서품 받고 파리와 몽펠리에에서 의학을 공부했으며 1532년 *Pantagruel*을 썼다. 리옹에서 의사 활동을 했고(1532) 1534년 파리 주교 장 뒤 벨레를 섬기면서 *Gargantua*를 썼으며 1540년에는 기욤 뒤 벨레를 섬겼다. 1546년에는 *Tiers livre*를 남겼다.

라시우스, 발타자르(1543 사망) : Balthasar Lasius(G). 1535년 오포리누스와 함께 인쇄소를 세웠다.

랑드레, 크리스토프(미상) : Chritophe Landré(F). 프랑스 오를레앙 출신의 의학 박사로, 문학을 강의했다.

랑블랭, 장(1538 사망) : Jean Lambelin(F). 하층민으로 태어나 브장송 시 의회 서기(1520)를 역임하고 종교개혁 진영에 가담했으며 1527년에는 고티오 당시에 정당에 합류했다. 1537년 당이 패하자 감옥에 갇혔고(1537.10.26.) 8개월 후 고문 끝에 처형되었다.

레슈, 콘라트(1490-1555) : Konrad Resch(G). 키르헨하임에서 태어났다. 리옹과 파리에서(1508-1509) 수학하고 결혼하여 파리에서 서적 상인으로 활동하였다. 1518년에는 파리 시민, 1522년에는 바젤 시민이 되었다. 공식 대학 출판업자(1523)였다가 크레티엥 베셀에게 팔고 바젤에서 여생을 보냈다.

로레, 에티엔(1541 사망) : Etienne Loret(F). 몽테귀와 나바르 콜레주에서 장학생으로 공부하였다. 1512년 프랑스 국가 검찰관이 되어 신학 대학과 연루된 사건들(피에르 카롤리, 르페브르 데타플, 에라스무스, 레라르 루셀 등과 관련된 사건들)에 개입했다(1516-1540).

로레/로리에, 필리프(미상) : Philippe Loré/Philippe du Laurier(F). 오를레앙의 서적 상인이다.

로슈포르, 프랑수아 드(1537 사망) : François de Rochefort(F), Rupefortis(L). 나바르의 왕을 섬겼던 재산가이다. 툴루즈 남쪽에 있는 파미에 주교 출신으로 1537년 바젤에서 수학했다. 그해 11월 바젤에서 납치되어 사망했다. 동생 상시 드 로슈포르도 납치되었다가 풀려났다.

루셀, 제라르(1480-1555) : Gérard Roussel(F). 프랑스 북부 바크리에서 태어나 파리에서 공부하고 모Meaux의 개혁자 중 한 명이 되었다(1521). 1525년 스트라스부르로 갔다가 1526년 파리로 돌아와 마르그리트 당굴렘의 고해 신부가 되었고 1536년에는 올로롱의 주교가 되었다.

루이즈 드 사부아(1476-1533) : Louise de Savoie(F). 1488년에 결혼하여 먼저 딸(훗날의 마르그리트 당굴렘)을 낳았고(1492), 이어서 아들(훗날의 프랑수아 I세)을 낳았다(1494).

루터, 마르틴(1483-1546) : Martin Luther(G). 독일 아이슬레벤에서 태어났다. 에르푸르트(1501)에서 수학하고 비텐베르크에서 신학을 가르치다가(1512), 면죄부에 대한 95개의 신학 논제를 제기했으며(1517) 종교 개혁을 위한 3대 논문을 작성했고(1520) 파문되었다(1521). 신약을 독일어로 번역했고(1522), 자유의지 문제로 에라스무스와 논쟁했으며(1524), 농민 운동을 반대했다(1525). 마르부르크에서 츠빙글리와의 신학적 일치에 실패했고(1529), 부처와 비텐베르크 일치에 성공했다(1536).

루프, 에티엔(미상) : Estienne Rouph(F). 1542년 카스텔리오 시절 제네바 콜레주에서 보조교사로 활동했다.

륄랭, 장(1487-1546) : Jean Lullin(F). 스위스 제네바에서 루르스L'Ours라는 여관을 운영했다(1520). 1525년 프리부르크로 도피했다가 돌아와 제네바 시의회 의원(1529)과 시장(1538)을 지냈다. 1539년 베른에서 제네바 대사 중 하나로서 제네바에 불리한 조약을 체결함으로써 사형을 언도받았으나(1540), 1544년 귀국과 동시에 사면되었다.

르네 드 프랑스(1510-1575) : Renée de France(F). 프랑스의 루이 XII세의 딸로서 마르그리트 당굴렘과는 배다른 자매이다. 1528년 페라라의 공작 에르콜 데스트 II세Ercole II d'Este와 결혼했다. 교황 바오로 III세와 종교 재판관 마티외 오리Mathieu Ory가 각각 페라라를 방문하고(1543, 1555) 복음 신앙을 포기하게 했으나 굽히지 않고 프로테스탄트 사람들을 보호했다. 1560년 프랑스 몽타르지로 은거했다.

르콩트 드 라 크루아, 장(1500-1572) : Johannes Comes(L), Jean Lecomte de la Croix(F). 에타플의 귀족 가문에서 태어나 프랑스 파리에서 공부했다. 1522년 모 운동에 참여하고 1532-1538년에 스위스 그랑송에서 목회하였다. 1554년에 로맹모티에Romainmôtiers의 목회자로, 1558-1559년엔 로잔의 히브리어 교수로, 1567년엔 다시 그랑송의 목회자로 활동했다.

르페브르 데타플, 자끄(1460-1536) : Jacques Lefèvre d'Etaples(F). Faber Stapulensis(L). 1474년 프랑스 파리에서 공부하고(1479년 문학사) 이탈리아를 방문했으며(1491-1492), 기독교 인문주의자답게 아리스토텔레스

(1493-1515)와 시편(1509)의 원전 연구서를 펴냈다. 모 운동에 가담했다가 (1521-1525) 1525년 스트라스부르로 가서 왕립 도서관 수장을 지냈으며 1530년에 성서 역본을 출판했다.

리비, 장(1564 사망) : Jean Ribbit(F). 제네바 인근에서 태어나 파리에서 공부하고 보르도(1536), 취리히(1538), 베베(1539)에서 가르치다 1541년 로잔에서 그리스어 교수가 되었다. 1559년에 사임하고 오를레앙으로 갔다(1562).

리샤르데, 클로드(1540 사망) : Claude Richardet(F). 제네바 상인. 1517년과 1524년에 시장을 역임하고 1531년과 1538년에는 수석 시장을 지냈다. 1540년에 제네바에서 도피한 후 사망했다.

리샤르도, 프랑수아(1507-1574) : François Richardot(F). 모레이Morey에서 태어나 아우구스티누스 은둔 수도원에 들어갔다. 투리네, 루뱅, 파리에서 공부하고 1537년 5월 8일 페라라로 가서 공작 부인의 구호금 관리관으로 활동하다가 1544년에 구금되었다. 그 후 브장송에 머물다가(1545-1552) 1561년 아라스Arras의 주교가 되었다. 프랑수아의 형 피에르(1503-1541)는 브장송 부주교의 행정 관리로 있으면서 에라스무스에게 질 좋은 포도주를 제공했다.

리터, 에라스무스(1546 사망) : Erasmus Ritter(G). 바바리아에서 태어나 1523년부터 샤프하우젠에서 목회 활동을 하다가 사임하였다. 1534년에 베르톨트 할러의 후임으로 베른의 목회자가 되었다.

리헬, 벤델린(1555 사망) : Wendelin Rihel(G). 하게나우에서 태어나 스트라스부르의 시민권을 얻고(1525) 서점을 운영하다가(1531) 출판사를 차렸다 (1535).

마로, 클레망(1496-1544) : Clément Marot(F). 프랑스 궁정 시인의 아들로 태어나 파리에서 법학을 공부하고 1518년 마르그리트 당굴렘을 섬겼다. 1526년 종교 문제로 구금되었고, 벽보 사건 이후 페라라로 갔으며(1535) 1536년 철회 선서를 하고 프랑스로 돌아갔다. 1542년 추방되어 제네바로 갔으며 시편 찬송 번역가로 알려졌다.

마르, 앙리 드 라(미상) : Herni de la Mare(F). 프랑스 루앙에서 태어나 제네바 근처인 쥐시Jussy(1537-1538, 1543)와 제네바(1538-1542)에서 목회 활동을 했으며, 피에르 아모를 지지한 이유로 제네바 감옥에 투옥되었다가 (1546. 3. 15-4. 25) 그 후 젝스Gex에서 목회 활동을 했다.

마르그리트 당굴렘 ⇒ 마르그리트 드 나바르.

마르그리트 드 나바르(1492-1549) : Marguerite de Navarre(F). 프랑수아 Ⅰ세의 누이동생으로 마르그리트 당굴렘d'Angoulême으로도 불린다. 알랑송의 공작인 샤를르와의 결혼 기간(1509-1525) 동안 모Meaux의 개혁자들을 지지했다. 1527년 나바르의 왕 앙리 달브레Henri d'Albret와 재혼하고, *Miroir de l'âme pecheresse*를 썼으며(1531), 그녀의 고해 신부인 제라르 루셀의 사순절 설교를 후원했다. 벽보 사건(1534) 이후 네락Nérac에 은거했다.

마르쿠르, 앙투안(1561 사망) : Antoine Mardourt(F). 피카르디 인근에서 태어나 뇌샤텔에서 목회했으며(1531-1538) 벽보 사건(1534.10)의 주장 내용의 작성자로 알려져 있다. 이후 제네바(1538-1540), 퀴르티유Curtilles(1541-1543) 베르수아Versoix(1543-1549), 생-줄리앙(1549-1561)에서 목회했다.

마이어, 야코프(1473-1541) : Jakob Meyer(G). 바젤에서 태어나 프랑스와의 전투에 참가했고(1515), 동업 조합을 이끌면서 오이콜람파디우스와 친교를 맺었다(1522). 대학 개혁을 주도했고(1529) 시장을 역임했다(1530-1541).

마이어, 제바스티안(1465-1545) : Sebastian Meyer(G). 노이엔부르크에서 태어난 프란체스코회 수사이다. 바젤과 프라이부르크에서 수학하고 베른에서 강의했다(1521-1524). 1525년 스트라스부르에서 결혼하고 아우구스부르크 (1531)와 스트라스부르(1535)에서 목회 활동을 했으며 1536년 베른에서 할러의 후계자가 됐다. 1541년 다시 스트라스부르에 거주하였다.

메간더, 카스파(1484-1545) : Caspar Megander(G). 스위스 취리히에서 태어나 1515년 바젤에서 수학하였다(1518, 문학 석사). 취리히에서 츠빙글리의 동역자로 있다가 1524년 결혼하고 1528년 베른에서 목회와 교수 활동을 했다. 1536년 10월 로잔 대회 의장을 맡았고 1537년 12월 베른 시 의회에 의해 면직되자 1538년 2월부터 취리히에서 목회 활동을 했다.

멜란히톤, 필리푸스(1497-1560) : Philippus Melanchthon(G). 포츠하임 인근 브레텐에서 병기공의 아들로 태어났고 어머니는 로리클린의 조카였다. 하이델베르크(1509)와 튀빙겐(1514)에서 공부하고 비텐베르크에서 그리스어를 가르쳤으며(1518) 1520년에 결혼했다. 아우구스부르크 신앙고백서(1530)와 비텐베르크 일치 신조(1536)를 작성했다.

모랑, 장(1552 이후 사망) : Jean Morand(F). 1523년 파리에서 공부하고 1530년 신학 박사(소르본)가 되었다. 1533년 아미엥에서 참사회원을 지내고 1534년에 투옥된 바 있으며 1537년 가을 퀼리Cully에서 목회 사역을 하였다. 1538년 7월 6일 파렐과 칼뱅의 추방을 계기로 제네바 목회자가 되었다. 1540년 8월 제네바 목사직을 사직하고 곧바로 니용에서 1552년까지 목회했다.

모랭, 장(1549 사망) : Jean Morin(F). 그르노블과 파리에서 공부하고 나바르 콜레주 교장을 역임했다(1528-1548).

모를레 뒤 뮈소, 앙투안(1500-1552) : Antoine Morelet du Museau(F). Maurus Musaeus(L). 특출한 가문에서 태어나 1523년에 왕의 서기관이 되었다. 1535년에는 바젤 시민권을 얻었고, 1536년에 바젤과 베른 시 의회의 천거로 제네바로 갔다. 프랑스 궁정(1537년 여름), 보름스와 슈파이어(1541-1542)에서 활동하다가 1543년에는 스위스 여러 지역에서 프랑스 대사로 활동했다.

몽슈뉘, 마랭 드(미상) : Marin de Montchenu(F). 파비아 전투 이후 프랑수아 I세와 함께 스페인 군에 수감되었다(1525. 2). 사부아에서 프랑수아 I세의 군의 지휘관을 역임했다. 딸을 홀아비가 된 앙투안 드퐁과 혼인시켰다(1555).

무스쿨루스, 볼프강(1497-1563) : Wolfgang Musculus(G). 스트라스부르 인근에서 태어나 베네딕투스 수사였던(1512-1527) 그는 1527년에 결혼했다. 스트라스부르에서 부처의 비서로 활동하면서(1528) 그리스어와 히브리어를 공부하고 주로 아우구스부르크에서 목회했다(1531-1548). 비텐베르크 일치를 지지했고 하게나우, 보름스, 레겐스부르크 회담에 참가했다. 취리히를 거쳐(1548) 1549년 2월부터 베른의 신학 교수를 역임했으며 1560년 그의 *Loci communes*를 출판했다.

뮌스터, 제바스티안(1488-1552) : Sebastian Münster(G). 하이델베르크, 루뱅, 프라이부르크에서 수학하고 펠리칸 밑에서 히브리어를 공부했다(1509). 탁발 수사로서 하이델베르크에서 히브리어 교수(1524)를 역임하고 히브리어 문법책을 출판했다(1525). 1529년 파계하고 1552년까지 바젤에서 교수 활동을 했다. *Cosmographia universalis*(1544)를 집필하였다.

뮐로, 미셸(1518-?) : Michel Mulot(F), Michael Mulotus(L). 파리의 프란체스코 수도원에서 추방되어(1531), 1537년 가을에 제네바로 갔다가 그해 11월 몽벨리아르의 교사로 임명되었다. 1538년 10월에는 스트라스부르에 있었고 1539-1551년에는 뇌샤텔 근처의 생 블래즈Saint-Blaise의 목회자로 있었다.

1552년에는 토농 근처의 에르망스Hermance에서 목회자로 활동하다가 1558년 3월 베른 시 의회에 의해 면직된 후 1559년 5월에 프랑스의 수비즈Soubise에서 목회 활동을 했다.

미셸 다랑드 ⇒ 아랑드, 미셸 드.

미쇼, 질(미상) : Gilles Michaulx(F), Ægidius Michelius(L). 프랑스 태생으로 오본Aubonne의 첫 집사로서(1537) 1539년 시몬 그리나이우스의 천거를 받았다.

미코니우스, 오스발트(1488-1552) : Oswald Myconius(G). 스위스 루체른에서 태어나 바젤에서 수학하였다(1510). 바젤(1514), 취리히(1516), 루체른 (1516)에서 활동하다가 츠빙글리와 교분을 맺고 1531년 12월 22일부로 바젤에서 목회 사역을 했다. 이듬해 오이콜람파디우스의 자리를 계승했다.

바르, 장 드 라(미상) : Jean de la Barre(F). 1526-1533년에 파리의 법 집행관을 지냈다.

바르바렝, 토마(1553 사망) : Thomas Barbarin(F). 라코스트La Coste에서 태어났다. 파리(1534)와 바젤에서 공부했으며 벽보 사건의 소환자 명단에 있었다. 1536-1553년에는 퐁타뢰즈Pontareuse에서 목회 활동을 하였다. 토마 들 라 플랑슈, 토마 퀴니에로도 불린 듯하다.

바비노, 알베르(미상) : Albert Babinot(F). 1534년 푸아티에에서 법학 강사로 있으면서 칼뱅과 친교를 맺었다. 1536년에는 아장Agen과 툴루즈에서, 1537년에는 루딩Loudun에서 설교를 했고, 1561년에는 푸아티에에서 목회 활동을 했다.

바트빌, 니콜라 드(1551 사망) : Nicolas de Watteville(F). 베른의 귀족 가문에서 태어나 바젤(1505)과 파리(1509-1510)에서 공부하고 로잔 성당 참사회장 (1514-1520)과 베른의 주임사제(1523)를 지냈다. 츠빙글리는 그에게 〈하나님의 정의와 인간의 정의〉를 헌정했다(1523). 1525년 교회 직분을 사임했으나 로잔 회담의 의장직(1536)과 베른 치리회 임원(1539)으로 활동했다.

바트빌, 장-자끄 드(1506-1560) : Jean-Jacques de Watteville(F). 니콜라 드 바트빌의 동생으로 파비아 전투에 참가했고(1525) 베른 소의회 의원(1526)이었다. 결혼과 더불어 콜롱비에의 영주가 되었다. 로잔 대회(1536)에 베른 대표자로 참석했으며 카롤리를 로잔의 목회자로 끌어들였다.

발라르, 장(1490-1555) : Jean Balard(F). 제네바에서 태어난 철물상으로 1525년

과 1530년에 시장을 역임했으며 종교 개혁 도입을 반대했다.

발리에, 자끄(1560 사망) : Jacques Calier(F). 프랑스의 브리앙송에서 태어나 사제 소품을 받았으나 1534년 브리파Privas에서 종교 개혁에 가담했다. 베베 Vevey에서 교사 활동(1536)을 했으며, 오본(1537)과 로잔(1546)에서 목회 활동을 하다가 1559년 베른 시 의회에 의해 면직되었다.

방델, 피에르(1507-1567) : Pierre Vandel(F). 스위스 제네바에서 태어나 제네바 해방 운동과 초기 종교개혁에 가담하였다. 제네바 참사회 소유지 행정 관리관(1537), 검찰 총장(1543-1544), 소의회 의원(1548, 1552)을 역임했고, 1555년 아미 페랭과 더불어 궐석 사형 언도를 받았으며 사코네Saconnex의 자신의 소유지로 도피했다. 형 위그 방델은 초기 종교 개혁에 가담했으며 1526년 이후 베른에 정착했다.

버틀러, 존(1512-1553) : John Butler(E). 영국 귀족 출신으로 많은 곳을 여행했다. 취리히(1536. 8), 제네바(1537. 11)를 시작으로 영국, 바젤, 스트라스부르를 다녔고(1539-1540), 콘스탄츠와 취리히를 여행지로 기록했다.

베다/베디에, 노엘(1470-1537) : Noël Béda/Bédier(F). 파리에서 공부하고 몽테 귀 콜레주 교장을 역임했다(1504-1535). 말년에 개혁 세력을 몰아내는 일에 앞장섰으며 프랑수아 Ⅰ세를 비판하다가 추방당하였다(1533). 몇 달간 투옥(1534)되기도 했다.

베르나르, 자끄(1559 사망) : Jacques Bernard(F). 1534년 제네바 목회 사역을 했고 1535년에 결혼했다. 그 후 젝스Gex 근처인 아르샹에서(1536-1538), 다시 제네바에서(1538-1541), 마지막으로 사티니Satigny에서(1542-1559) 목회 사역을 했다.

베르지, 앙투안 드(1488-?) : Antoine de Vergy(F). 부르군디의 귀족 가문에서 태어났다. 1502년 브장송의 대주교 자리에 선출되었고 1513년에 입성하여 1517년부터 직무를 수행했다.

베셀, 크레티앙(1554 사망) : Chretien Wechel(F). 에랑탈Herentals에서 태어났다. 파리에서 콘라드 레슈와 같이 활동하였다(1518). 1526년 레슈의 가게를 인수하여 파리 시민이 되었으며(1528), 시몽 드 부아Simon de Bois 인쇄소를 샀다(1529). 1538년에는 또 다른 서점을 사들였다.

베아투스 레나누스(1485-1547) : Beatus Thenanus(L). Sélestat에서 태어났다. 파리(1503-1507)에서 수학하고 바젤의 프로벤 출판사에서 편집자와 교정자로 일했다. 테르툴리아누스 저작(1520), 9권으로 된 에라스무스 전집(1540)을 편찬했다.

베자, 데오도루스 ⇒ 베즈, 테오도르 드.

베즈, 테오도르 드(1519-1604) : Théodore de Bèze(F), Theodorus Beza(L). 베즐레에서 태어나 오를레앙과 부르주에서 공부했다. 1539년부터 파리의 인문주의 사회에 편입되었다가 개혁진영으로 넘어와 제네바(1548), 로잔(1549)을 거쳐 1559년부터 제네바 아카데미 총장을 비롯하여 프랑스 개혁운동의 핵심 인물로 활동하다가 1564년 칼뱅의 후계자가 되었다.

벨레, 기욤 뒤(1491-1543) : Guillaume du Bellay(F). 랑제Langey의 영주로, 1525년 파비아의 전투에서 포로가 되었다. 영국, 독일, 이탈리아로 여러 번 외교 임무를 맡았으며 프랑수아 I세와 독일 프로테스탄트 군주들과의 조정자 역할을 수행했다.

벨레, 장 뒤(1498-1560) : Jean du Bellay(F). 앙제, 파리, 오를레앙에서 공부하고 피카르디의 브르퇴이Breteuil 수도원 원장(1524), 바이온의 주교를 역임하였다. 영국에 외교 사절로 참가하고(1527-1530) 파리에서 주교 활동을 하다가 (1533-1551) 로마로 돌아갔다. 그 사이(1535)에 추기경이 되었다.

볼마르, 멜키오르(1496-1561) : Melchior Wolmar(G). 로트바일에서 태어나 베른과 프라이부르크(G)를 거쳐 1521년에 파리로 갔다. 1527년경 오를레앙으로, 그리고 다시 부르주로 옮겼는바, 이때 칼뱅과 베즈에게 영향을 끼쳤다. 1535년 뷔르템베르크의 공작에 의해 튀빙겐 대학의 법학 교수로 초빙되었다가 은퇴하여 아이제나흐에서 죽었다. 1546년 8월 1일, 칼뱅은 그에게 자신이 쓴 〈고린도 후서의 주석〉을 헌정했다.

부시롱, 프랑수아즈 드(1513-1553) : Françoise de Boussiron(F). 페라라의 르네 드 프랑스의 시녀이다. 1533년 칼뱅의 방문 이후 미사 참여를 거부했고, 1538년 궁정 의사 요하네스 시나피우스와 결혼했으며, 1543년에는 딸 테오도라를 낳았다. 1539년 1월 올리베탕의 죽음을 칼뱅에게 알렸고 1548년 6월 베르츠부르크Wérzburg로 갔다.

부아, 미셸 뒤(미상) : Michel du Bois(F). 기록에 따르면 1537년 생-프레St-Prez에서 목회 활동을 했다.

부아, 자끄 뒤(1478-1555) : Jacques du Bois(F). 아미앙에서 태어나 몽펠리에에서 의학을 공부하고 파리 콜레주 루아얄에서 가르쳤다(1550). 프랑수아 뒤 부아의 동생이다.

부아, 프랑수아 뒤(1478 이전-1530 이후) : François du Bois(F). 아미앙 인근에서 태어나 파리의 투르네 콜레주 교장을 역임했고 키케로 등 고전 작가들의 책을 편찬했다.

부처, 마르틴(1491-1551) : Martin Butzer(G). 셀레슈타트에서 태어났다. 1506년에 도미니크 수도원에 들어가서 하이델베르크에서 수학했다. 1518년 루터에게 영향을 받아 1522년에 결혼하고 스트라스부르에서 활동했다. 온건하고 화해적인 경향으로 독일과 스위스의 종교 개혁자들 사이에서 지속적으로 중재하는 역할을 맡았으며, 그들에게 공통 신조(비텐베르크 일치)를 채택하도록 하는 데 온갖 노력을 기울였다. 1549년 영국으로 건너가 케임브리지에서 강의하다 이내 죽었다. 그의 시신은 메리 여왕의 통치 시에 파헤쳐져서 공개 화형되었다가 엘리자베스 여왕에 의해 명예 회복되었다.

불링거, 하인리히(1505-1575) : Heintich Bullinger(G). 브렘가르텐에서 태어났다. 쾰른에서 공부했고 1529년 고향에서 목회 활동을 하다가 1531년에 사망한 개혁자 츠빙글리의 후계자가 되었다. 비텐베르크 일치를 비판했으며 칼뱅과 더불어 개혁파 성찬신학의 합의(취리히 합의)를 이뤄 냈다(1549). 1566년에 스위스 제2 신앙고백서를 작성하기도 한 그는 1575년 9월 17일에 취리히에서 사망했다.

뷔데, 기욤(1468-1540) : Guillaume Budé(F). 파리의 귀족 가문에서 태어나 오를레앙에서 법학을 공부했다(1483). 1491년부터 기독교 인문주의의 행보를 취했다. 1522년 프랑수아 Ⅰ세의 도움으로 콜레주 루아얄(콜레주 드 프랑스의 전신)을 세웠고, 1535년 *De transitu hellenismi ad Christianismum*을 출판했다.

브드로, 자끄(1541 사망) : 브루덴츠Bludenz에서 태어나 비엔나와 프라이부르크에서 공부하고(1521-1523), 스트라스부르로 가서(1524) 그리스어 교수(1526)와 성 토마 교회의 참사회원(1539)이 되었다.

블라러, 암브로시우스(1492-1564) : Ambrosius Blarer(G). 콘스탄츠에서 태어나 튀빙겐에서 공부하고 베네딕투스 수도원에 들어갔다. 튀빙겐에서 멜란히톤을 사귀었으며(1512, 문학석사), 1522년에 수도원을 떠나 루터의 편에 섰다. 콘스탄츠에서 설교하고(1525) 뷔르템베르크 공작령에 종교 개혁을 도입했으나(1534) 츠빙글리 신학의 혐의로 사면하고(1538) 다시 콘스탄츠(1540)와

빈테르투르Winterthur(1549-1551), 그리고 비엘(1551-1559)에서 목회 활동을 했다.

비레, 피에르(1511-1571) : Pierre Viret(F). 스위스 오르브에서 재단사의 아들로 태어났다. 1528년에 파리에서 공부하고, 1530년에 파렐을 만나 그와 더불어 제네바로 갔다(1534). 1536년부터 로잔에서 목회활동을 했다. 1559년에 제네바 목사가 되었고 1561년부터 남프랑스(님Nimes, 리옹, 오랑주Orange)에서 활동하다가 포Pau에서 죽었다.

비블리안더, 테오도르루스(1504-1564) : Bibliander Theodorus(L), Theodor Buchmann(G). 스위스에서 태어났다. 취리히에서 공부했고, 바젤에서 미코니우스를 도우며(1525) 히브리어를 공부했다(1526). 1531년 취리히에서 구약 교수가 되었고 1535년 히브리어 문법책을 출간했다. 비텐베르크 일치를 반대했고(1536), 코란을 라틴어로 번역했으며(1543), 베르미글리와 논쟁했다(1556).

빙글, 피에르 드(1495-1536) : Pierre de Vingel(Wingle)(F). 리옹의 출판업자(1525)로 제네바와 뇌샤텔에서도 활동했다(1533). 벽보 사건의 신조들을 인쇄했고(1534) 올리베탕 성서를 출판했다(1535).

상갱, 앙투안(1559 사망) : Antoine Sanguin(F). 오를레앙의 주교(1533. 11. 6-1550. 10. 20)로, 1541년에 추기경이 되었다.

생트 마르트, 샤를 드(1512-1555) : Charles de Sainte-marthe(F), Carolus Sammarthanus(L). 퐁트브로Fontevrault에서 태어나 푸아티에서 수학하고 보르도에서 가르쳤다(1533). 법학으로 박사 학위를 받았고(푸아티에, 1536) 왕립 교수의 지위를 얻었으며(1537), 여행 중 그르노블에서 신앙의 이유로 구금되기도 했다(1540). 부친 고쉬에Gauchier는 프랑수아 Ⅰ세의 주치의였다.

샤를Ⅲ세, 사부아 공작(1486-1553) : Charles Ⅲ, duc de Savoi. 1504년 형의 뒤를 이어 사부아 공작이 되었고 1521년에 카를 V세의 처제와 결혼했다. 1530년부터 지속적으로 제네바를 수중에 넣으려 애썼다.

샤포노, 장(1545 사망) : Jean Chaponeau(F), Capunculus(L). 부르주의 성 암브로시우스 수도원 수사 출신으로 1537-1545년 뇌샤텔의 목회자였다.

샤포루주, 아미(1544년 사망) : Ami Chapeaurouge(F). 스위스 제네바에서 태어났다. 초기 종교 개혁 가담자로 1534년과 1535년에 시장을 역임했으나 1540년 6월 5일 궐석 재판에서 사형을 언도받았다.

세나르클랑, 루이 드(미상) : Louis de Senarclens(F). 스위스의 보Vaud 지방 귀족 가문에서 태어나 프리부르크(1535)와 바젤(1537)에서 공부하고 1549년에 가문의 신분을 고쉬에 파렐에게 팔았다.

세노, 로베르(1483-1560) : Robert Céneau(F), Cenalus(L). 프랑스 파리에서 태어났다. 콜레주 몽테귀에서 공부했고(1502, 문학 석사), 로이클린 사건 때 담당 위원 중 하나였다(1514). 수아송Soisson의 참사회원(1518), 니스 근처의 방스Vence(1523)와 리에Riez(1530)의 주교를 거쳐 노르망디 해안의 아브랑슈 Avranches의 주교를 역임했다. 부처에 맞서 *Appendix ad coenam domini*(1534)를 썼으며 트렌트 종교 회의에 참석했다(1547. 9). 1548년에 *Antidotum ad postulata de Interim*을 출간하였다.

소니에, 앙투안(미상) : Antoine Saunier(F), Sonerius(L). 그르노블 근처에서 태어나 파리에서 공부하고 1530년 2월 26일 복음주의 이단으로 투옥되었다. 그 후 1532년부터 스위스 페이에른Payerne에서 목회 활동을 했고 1535년 다시 투옥되었다가 1536년 5월 21일에 제네바의 콜레주 드 리브 학장으로 임명되었다. 1538년 12월 제네바 시 의회에 의해 면직되고 1539년부터 페루아Perroy에서 목회 사역을 했다.

술처, 시몬(1508-1585) : Simon Sulzer(G). 스위스에서 태어났다. 베른, 루체른, 스트라스부르, 바젤에서 수학하고, 1532년 바젤의 논리학 교수가 되었다. 비텐베르크의 루터를 방문하고(1536), 베른에서 목회 사역을 담당했다 (1538-1548). 1548년 바젤로 옮겨 신학 교수와 목회자로 활동했다. 히브리어(1552), 구약(1553), 신약(1554)을 가르쳤다.

쉬케, 카렐(1506-1532) : Karel Sucket(F), Carolus Sucquet(L). 브뤼헤Bruges 에서 태어나 루뱅(1519)과 돌dole(1529)에서 수학하였다. 에라스무스의 천거 로 알키아티와 함께 부르주에 있었다. 1531년부터 토리노에 있다가 그곳에 서 사망하였다.

슈네프, 에르하르트(1495-1558) : Erhard Schnepf(G). 하일브론Heilbronn에서 태어나 에르푸르트(1509)와 하이델베르크(1511)에서 수학하였다. 바인스베 르크Weinsberg(1520)에서 설교자로 활동했으며 마르부르크와 필리프 폰 헤세 의 궁정(1528)과 뷔르템베르크 공작령의 개혁을 위해 슈투트가르트(1534)에 서 목회자로 활동했다. 1544년엔 튀빙겐의 신학 교수, 1549년엔 예나의 히 브리어 교수가 되었다.

슈맹, 피에르 뒤(미상) : Pierre du Chemin(F). 브장송의 시민이자 금 세공인으로 1536년 12월에 그 도시에서 체포된 바 있다.

슈발롱, 클로드(1479-1537) : Claude Chevallon(F). 리옹에서 태어나 1511년 파리에 인쇄소를 세웠다.

슈벵크펠트, 카스파 폰(1489-1561) : Kaspar von Schwenkfeld(G). 오시크Ossig의 귀족 가문에서 태어나 쾰른(1505)과 프랑크푸르트(1507)에서 공부하고 1519년 루터 편에 가담했다가 1524년 루터 운동을 비판하고 신령주의 입장을 천명했다(1528). 스트라스부르(1529-1533), 울름(1535-1539)을 거쳐 1540년 이후 남부 독일에서 순회 설교자 활동을 했다.

슈투름, 야코프(1489-1553) : Jakob strum(G). 스트라스부르에서 태어나 하이델베르크(1501-1504)와 프라이부르크(1504-1508)에서 공부하였다. 1524년에는 스트라스부르 시 의회에, 1526년에는 13인인 의회와 슈파이어 국회에, 1530년에는 아우구스부르크 국회에 입성했다. 1538년에는 스트라스부르 김나지움 설립에 참여했고 1548년 〈임시안〉 정국에 스트라스부르를 이끌었다.

슈투름, 요한(1507-1589) : Johannes Sturmius(L), Johann Sturm(G). 슐라이덴Schleiden에서 만더쉐이드 백작령 관리인의 아들로 태어났다. 루뱅과 파리(1529)에서 공부하고 고전학을 강의했으며(1530-1536), 1537년에 스트라스부르로 가서 김나지움 교장(1538)과 파리의 외교 임무를 담당했다.

슈툼프, 요하네스(1500-1577) : Johannes Stumpf(G). 부르크살Bruchsal에서 태어나 하이델베르크에서 신학을 공부하고(1519-1520) 1522년 서품되었다. 베른 회담에 참석하고(1528) 베트치콘Wetzikon 참사회 수석사제(1531)와 슈탐하임Stammheim 목회자(1542)를 역임했으며 1562년 취리히로 은퇴했다.

슐라이프, 하인리히(1541 사망) : Heinrich Sleiff(G). 베른에서 태어나 프랑수아 I세를 섬겼고, 니다우의 총독(1528)을 역임했으며 1536년 로잔 회담에 대표로 파견되었다.

시나피우스, 요하네스(1505-1560) : Johannes Sinapius(G). 슈바인푸르트Schweinfurt에서 태어나 1520년부터 에르푸르트와 라이프치히에서 의학과 그리스어를 공부하였다. 이어서 비텐베르크(1524)와 하이델베르크(1526)에서 수학하고 하이델베르크에서 시몬 그리나이우스를 계승하여 그리스어를 가르쳤다. 1532년에는 파두아에서, 1533년에는 에라스무스가 천거한 페라라에서 의학을 공부했다. 이듬해 페라라에서 교수와 궁정 의사로 활동했다. 1538년 프랑수아즈 드 부시롱과 결혼하고 1548년 뷔르츠부르크로 가서 군주이자 주교인 멜키오르 조벨Melchior Zobel의 주치의가 되었다.

시마르, 프랑수아(1554 사망) : François Simard(F). 하브스부르크 고위 공무원의 아들로 태어나 파리에서 공부하고 1533년 브장송의 부주교로 임명되었다.

아랑드, 미셸 드(1539 사망) : 투르네 인근에서 태어나 아우구스티누스 수사가 되었다. 1500년경 파리에서 공부하고 모Meaux와 마르그리트 당굴렘 주변에서 활동했으며(1521) 알랑송과 부르주에서 설교하다가(1523) 마르그리트 당굴렘의 구호금 관리자가 되었다(1524. 10). 1525년 말 스트라스부르로 가서 생폴-트루아-샤토 감독이 되었다(1526).

아르젠트, 빌헬름(1539 사망) : Wilhelm Arsent 또는 Argent(G). 스위스 프리부르크에서 태어나 200인 의회 의원(1518), 60인 의회 의원(1519), 소의회 의원(1520-1524)을 역임했다. 1521-1527년에는 프랑수아 Ⅰ세의 용병 대장을 지냈다. 1531년 취리히 편에서 카펠 전투에 참가했으며 1537년 11월 24일 프랑수아 드 로슈포르 일행의 납치를 주도했다. 조카 야코프 아르젠트도 로슈포르 일행의 납치에 관여했다.

아모, 피에르(1522 사망) : Pierre Ameaux(F). 제네바에서 태어나 200인 의회 의원(1530), 60인 의회 의원(1533), 소의회 의원(1535-1536)을 역임했고 1536년까지 카드 업자였다. 파렐과 칼뱅을 지지했으나 1546년 칼뱅과 갈등을 빚었다.

아우크스부르거, 미카엘(1557 사망) : Michael Augsburger(G). 베른에서 태어나 아르방겐Aarwangen 총독(1524), 베른 시의 소 의회 의원(1530)을 역임했다.

안드로니쿠스, 포르투나투스(미상) : Fortunatus Andronicus(L). 1525년경 종교개혁에 가담한 탁발 수사로 스트라스부르에 은신하다가(1528-1530) 결혼 후에는 스위스 마을에서(1530) 목회를 했다. 1533-1538년에는 오르브에서, 그 후 빌레트와 퀼리에서 목회 활동을 하다가 1549년에 목사직을 그만두었다.

알리오, 클로드 드(미상) : Claude d'Aliod(F). 사부아의 무티에Moûtier에서 태어나 뇌샤텔에서 목회 활동을 하다가 1534년 5월 반삼위일체 견해로 추방되었다. 비텐베르크(1535)를 거쳐 토농에서(1536-1539) 목회하면서 반삼위일체 견해를 취소했고(1537년 5월 로잔) 1543년에는 콩스탕스에 있다가 투옥되었다(1547).

알치아토 또는 알치아티 ⇒ 알키아티.

알키아티, 안드레아(1492-1550) : Andrea Alciati(I), Alciatus(L). 이탈리아 밀라노에서 태어났다. 파비아(1507)와 볼로냐(1511)에서 법학을 공부하고 아비뇽에서 법학 교수가 되었다. 기욤 뷔데, 에라스무스 등과 교제를 나누었고 밀라노(1522-1527), 아비뇽(1527), 부르주(1529-1533), 페라라(1542), 파비아(1546)에서 가르쳤다.

암만, 한스 루드비히(1542 사망) : Hans Ludwich Amman(G), Ludovicus Ammanus(L). 스위스 베른에서 태어났다. 파리(1501-1502), 프리부르크(1507)에서 수학하고 베른의 200인 의회 의원(1503), 콩몽Conmont의 통치사(1537), 제네바 사절(1537-1538)로 활동했다.

앙제스트, 클로드 드(미상) : Claude de Hangest(F), Claudius Hangestius(L). 파리와 오를레앙에서 공부하고 1528년 누아용에 있는 성 엘루아 수도원의 원장이 되었다. 1529년 6월 5일 칼뱅에게 퐁레베크 성직록을 주었다. 아버지의 이름은 아드리앙(1532 사망)이고 숙부의 이름은 샤를(1461-1528)이다. 동생 장(1506-1577)은 샤를의 뒤를 이어 1525년 누아용의 주교로 임명되었고 트렌트 공의회에 참석했으며(1548), 로마에 프랑스 대사로 파견되기도 했다(1551). 칼뱅과 같이 파리에 간 조아생(1537 사망)과 이브(1537 사망)는 샤를의 또 다른 형제인 루이(미정)의 아들들이다.

에라스무스, 데시데리우스(1466-1536) : Desiderius Erasmus(L). 파리에서 수학하고 유럽 전체를 활동 무대로 삼았던 당대 최고의 기독교 인문주의자이다. 헬레니즘과 헤브라이즘의 고전을 통해 교회와 사회를 개혁하고자 했던 기독교 철학자로서 한편으로는 성서와 고대 교부들의 원전을 소개하고, 다른 한편으로는 키케로와 세네카 등의 고전 작가들을 소개했다.

에투알, 피에르 태상 드 라(1480-1537) : Pierre Taisant de l'Estoille(F), Petrus Stella(L). 흔히 피에르 드 레투알로 읽는다. 프랑스 오를레앙에서 태어나 오를레앙 대학에서 공부하고 동 대학의 살림을 도맡았다(1512). 1517년 오를레앙 성당의 참사회원이 되었고, 1531년에는 파리 최고법원의 고문으로, 1535년에는 조사위원장으로 활동했다.

에티엔, 로베르(1503-1559) : Robert Estienne(F). 파리의 인쇄업자의 아들로 태어나 1526년에 가업을 이었다. 〈라틴어 성서〉(1528), 〈라틴어의 보화〉(1532), 〈라틴-불어 사전〉(1539)을 출판했고, 1550년 제네바에서 출판사를 개업했다.

엘리엇, 니컬러스(1548년경 사망) : Nicholas Eliott(E). 옥스퍼드에서 공부하고 (1530-1533) 1537년에 취리히와 제네바를 방문한 뒤 1538년에 영국으로 돌아가서 불링거의 *De scripturae sanctae authoritate*를 헨리 Ⅷ세에게 전달했다.

오이콜람파디우스, 요하네스(1482-1531) : Johannes Oecolampadius(L). 바인스베르크Weinsberg에서 태어나 하이델베르크와 볼로냐에서 수학하고(1499-1508) 1510년에 서품되었다. 1513-1515년에 로이클린 밑에서 그리스어와 히브리어를 공부하고 바젤에서 에라스무스의 신약 편찬을 도왔다. 1518년에는 아우구스부르크 성당의 설교자였다. 1520년에 인근 수도원에 들어갔다가 1522년에 다시 바젤로 돌아와 츠빙글리, 파렐과 친분을 맺었으며 1528년에 결혼했다. 크리소스토무스와 알렉산드리아의 키릴루스의 저서를 번역 출간했다.

오주로, 앙투안(1485-1534) : Antoine Augerau(F).1532년 파리에서 인쇄업을 하다가 1534년 12월 24일 벽보 사건의 영향으로 화형당했다.

오포리누스, 요하네스(1507-1568) : Johannes Oporinus(L), Herbaster(G). 스트라스부르와 바젤에서 수학하고 바젤에서 라틴어를 가르쳤다(1553). 1535년 인쇄업자들인 빈터, 플라터, 라시우스와 함께 인쇄소를 세우고 칼뱅의 〈기독교 강요〉를 출판했다. 1543년에는 꽤 규모 있는 출판사를 설립했다.

올리베탕, 피에르 로베르(1506-1538) : Pierre Robert Olivétan(F). 칼뱅의 친척으로 성경을 프랑스어로 번역했다. 1533년 제네바에서 추방되어 뇌샤텔로 은거했고 거기에서 계속(1534-1535) 신약 성서와 구약 성서를 번역하여 출판했다. 이 작품은 피에몽의 발도파 사람들의 요청으로 이뤄졌고 칼뱅은 교정을 보았다.

우드로프, 윌리엄(미상) : Willian Woodroffe(E). 1536년 여름 스트라스부르, 취리히 등을 방문했다.

울리히 폰 뷔르템베르크(1487-1550) : Ulrich von Württemberg(G). 한스 폰 후텐을 죽이고(1515) 슈바벤 농민에게 패했다(1519). 1534년 필리프 폰 헤세의 도움으로 뷔르템베르크를 재건했고 자신의 공작령에 종교 개혁을 도입했다. 아들 크리스토프(1515-1568)가 그 뒤를 계승했으며, 동생 게오르크는 몽벨리아르의 통치자가 되었다.

유드, 레오(1482-1542) : Leo Jud(G). 스트라스부르 인근에서 사제의 아들로 태어나 슐레트슈타트에서 부처와 함께 공부하고 바젤에서 석사 학위를 취득했다(1499). 1507년 로마에서 서품받고 1519년 아인지델른에서 츠빙글리의 후계자가 되었으며 1523년 2월 취리히 목회자로 취임했다. 1540년 〈두 서신〉의 두 번째 편지를 독일어로 번역 출간했다.

위그, 자끄(미상) : Jacques Hugues(F). 1536년 젝스에서 목회 활동을 했다.

자냉, 장(미상) : Jean Janin(F), Colinaeus(L). 르 콜리니에Le Colognier 또는 콜리니Coligny로도 불렸다. 1537년 제네바의 60인회 의원이었고 1537년 7월 재세례파에 대해 연민을 가졌다는 이유로 투옥되었다. 1545년 제네바의 구호소로 돌아갔다.

잔 드 나바르(1273-1305) : Jeanne de Navarre(F). 1304년 파리에 있는 콜레주 드 나바르의 창설을 위해 기금을 냈다.

장드롱, 프랑수아(미상) : François Gendron(F). 가톨릭 사제였다가 로잔 회의 이후 결혼했다. 1537년 2월 16일 종교 개혁에 가담했다. 1542년 음악인으로 인정받았다. 기 장드롱과는 형제 사이로, 기는 로잔 시 의회에 의해 여러 번 영주 기사로 선출되었다.

제베대, 앙드레(미상) : André Zébédée(F), Andreas Zebedaeus(L). 남네덜란드 출신으로 파리에서 공부하고 1533년 보르도에서 강의했다. 1538년 12월 베른 시 의회에 의해 스위스의 오르브 시 목회자로 임명되었으며 츠빙글리 신학의 지지자로 활동했다.

차시우스, 울리히(1461-1535) : Ulrich Zasius(G). 콘스탄츠의 훌륭한 가문에서 태어나 튀빙겐(1481)에서 공부하고 프라이부르크에서 서기로 있으면서 법학을 공부했으며(1494), 시립 라틴 학교 교장(1496)과 법학 교수(1506)를 역임했다. 1508년에는 제국 평의원에 임명되었다.

추르킨덴, 니콜라우스(1506-1588) : Nicolaus Zurkinden(G). 스위스 베른에서 태어났고 프랑스어에 능숙했다. 베른의 200인 의회 의원(1528), 수미슈발트 Sumiswald의 행정 법무관(1532), 봉몽의 행정 집행관(1537), 니옹의 행정 법무관(1544), 바트Waadt의 통치자(1555), 베른의 도시 관리자(1561)를 역임했다.

츠빙글리, 울리히(1484-1531) : Ulrich Zwingli(G). 토겐부르크의 잘나가는 농민 집안에서 태어나 베른, 비엔나, 바젤에서 공부하고 글라루스(1506)와 아인지델른(1516)에서 사제로 활동하다 1519년부터 취리히에서 목회했다. 1529년 마르부르크 회담에서 루터파와의 일치에 실패했고 1531년 10월 11일 카펠 전투에서 전사했다.

카롤리, 피에르(1550경 사망) : Pierre Catoli(F). 로제-앙-브리Rozay-en-Brie에서 태어나 파리에서 수학했다(1505 문학 석사). 1522년 모Meaux 그룹에 가담하여 마르그리트 당굴렘의 보호를 받았고, 벽보 사건 이후 뇌샤텔과 로잔에서 목회자로 활동했으나(1536) 비레, 파렐, 칼뱅과 마찰을 일으키고 베른으로 추방되었다가(1537) 로마 교회로 되돌아갔다. 파렐 등과 화해를 시도하다가 강한 반대자 가운데 하나가 되었다. 1545년 논박서 *Refutatio blasphemiae Farellistarum*을 출판했다.

카르멜, 가스파르(1560 사망) : Gaspard Carmel(F). 도피네 지방 비네Vinay에서 태어났다. 벽보 사건의 소환자 중 하나이다. 1535년 바젤에서 공부했고 제네바의 콜레주 드 리브에서 소니에의 보조 교사를 맡았다. 제네바에서 추방된 후(1538) 스트라스부르를 거쳐 몽벨리아르에서 강사(1540), 모티에Môtiers에서 목회(1542) 활동을 하면서 고쉬에 파렐의 딸과 결혼하고(1543), 파리와 보름스(1557)와 제네바(1559)를 거쳐 1560년 모엥Moëns에서 마지막 목회 사역을 했다.

카를 V세(1500-1558) : Karl V(G). 그헨트Ghent에서 태어나 1519년(6. 28) 황제로 선출되었고 여러 차례 전쟁에서 승리한 뒤 1530년(2. 24) 볼로냐에서 신성로마제국 황제의 관을 썼다. 1548년 임시안Interm을 수립하고 1555년 아우크스부르크 화의를 도출했다.

카메를, 자끄(미상) : Jacques Camerle(F). 프랑스 리옹 출신으로 스위스 종교개혁에 가담했다. 노빌Noville(1533)과 쾰른(1536)을 거쳐 젝스(1537-1545)에서 목회 사역을 담당했다.

카피토, 볼프강(1478-1541) : Wolfgang Fabricius Capito(G). 독일의 하게나우에서 태어나 잉골슈타트와 프라이부르크에서 수학하고 1515년 바젤에서 가르쳤다. 1522년 루터를 방문하고 1523년 부처와 함께 스트라스부르의 성 토마스 교회 목사로 활동했다. 히브리 학자로 알려진 그는 1532년 결혼했다.

칼뱅, 앙투안(1573 사망) : Antoine Calvin(F). 장 칼뱅의 친동생으로 1546년에 제네바 시민권을 획득하고 인쇄업에 종사했다. 1557년 이혼하고 1560년에 재혼했다.

켈라리우스, 마르티누스(1499-1564) : Martinus Cellarius(L), Martin Borrhaus(G). 슈투트가르트에서 태어나 튀빙겐(1515)과 잉골슈타트(1519)에서 공부하고 비텐베르크(1521), 취리히(1524), 스트라스부르(1526), 바젤(1536)에서 활동했으며 마지막에는 신학교수를 역임했다. 대표작으로 *De operibus Dei*(1527)가 있다.

코낭, 프랑수아 드(1508-1551) : François de Connan(F). 파리에서 회계 감사원장의 아들로 태어나, 오를레앙의 피에르 드 레투알 밑에서와 부르주의 알키아티 밑에서 법학을 공부한 뒤, 파리 최고 법원의 변호사, 왕의 관저의 회계부장과 심리부장을 역임했다. 그는 자신의 대표작 *Commentarii Juris Civilis*(Paris, 1553)로 당대에 이름을 날렸다.

코로, 엘리(1538 사망) : Elie Corauld(F). 투르의 아우구스티누스 수도회 수사 출신으로 파리에서 이단 설교로 고발되었다(1533). 벽보 사건 이후 소환자 명단에 들었고(1535) 바젤로 도피해서 시력을 잃었다. 1536년 제네바에서 활동했으나 파렐, 칼뱅과 함께 추방되어(1538. 4. 22) 오르브에서 목회하다가 사망하였다.

코르노, 장 드(미상) : Jean de Cornoz(F). 1537년 여름 젝스Gex에서 목회 활동을 했다.

코르디에, 마튀랭(1479-1564) : Mathurin Cordier(F). 루앙에서 태어나 파리에서 공부하고 여러 콜레주에서 가르치다 벽보 사건 이후 제네바(1537-1538), 뇌샤텔(1539), 로잔(1545-1557)에서 활동하다 1562년 제네바에서 은퇴했다.

코뱅, 마리(미상) : Marie Cauvin(F). 제라르 코뱅의 딸.

코뱅, 샤를(1537 사망) : Charles Cauvin(F). 제라르 코뱅의 장남.

코뱅, 제라르(1454-1531) : Gérard Cauvin(F). 또는 쇼뱅Chauvin으로 칼뱅의 부친이다. 퐁레베크Pont l'evêque출신으로 누아용 시에서 기반을 잡았다. 시청 기록계로 출발하여(1481) 주교 고문 회의 기록원, 징세 대행인, 주교 비서, 마지막으로 성당 참사회의 대리인으로 승진했다. 누아용 시민권을 얻었으나(1497), 참사회와의 마찰로 인해 교회에서 파문당하고 사망했다. 잔 르프랑Jeanne Lefranc과의 사이에서 4남 2녀를 두었으며 장 칼뱅은 그중 둘째였다. 장남 샤를도 아버지와 같은 운명으로 파문되어 죽었다(1537).

코프, 기욤(1532 사망) : Guillaume Cop(F). 파리에서 의학사(1492)와 의학 박사(1496)를 취득하고 1512년 루이 Ⅶ세의 주치의가 되었다. 동생 장 코프는 학생 시절, 칼뱅과 동료였다.

코프, 니콜라(1505-1540) : Nicolas Cop(F). 기욤 코프의 셋째 아들로 태어나서 1530년에 생트-바르브 콜레주 교사를 역임하고 파리 대학 총장이 되었으나 (1533. 10. 10) 취임 강연(11. 1)이 문제가 되어 바젤로 도피했다가 1536년 파리로 돌아갔다.

코프, 장(미상) : Jean Cop(F). 기욤 코프의 아들 가운데 하나.

콜라동, 니콜라(1586 사망) : Nicolas Colladon(F). 프랑스 베리Berry에서 태어나 제네바 인근에서 목회 활동을 하고(1553) 시민권을 얻은 후 1557년에 제네바 목회자가 되었다. 1562년에는 목사회 서기 일을 맡았다.

콜로니에, 장 르 : Jean le Colognier ⇒ 자냉, 장.

콩트, 베아(1578 사망) : Beatus Comes(L), Béat Comte(F). 도피네 지역에서 태어나 몽펠리에에서 의학을 공부하였다. 로잔에서 카롤리의 후계자로 목회 활동을 했으며(1538), 사직과 함께 결혼하고 멕스Mex의 통치권을 얻었다 (1545). 1559-1562년엔 로잔에서 교수로 활동했다.

쿠르투아, 장(미상) : Jean Courtois(F). 빌라르-데-블라몽Villars-des-Blamont(1541) 과 몽벨리아르 근처인 글레Glay(1542)에서 목회 활동을 했다.

쿠쟁, 장(1574 사망) : Jean Cousin(F), Cognatus(L). 제네바에서 공부하고(1537) 로잔을 거쳐 페이에른(1547, 1551), 캉(1559), 런던(1563-1574)에서 목회했다.

쿤츠, 페터(1480-1544) : Peter Kuntz(G), Petrus Conzenus(L). 스위스 에를렌바흐에서 태어났다. 1535년 베른의 목회자가 되어 친루터파 성향을 보였다.

크리스토프, 뷔르템베르크 공작(1515-1568) : Christoph Würrtemberg(G). 울리히 공작의 아들로서 제국과 프랑스 왕실에서 지내다가 1550년 아버지를 계승했다.

클레르크, 니콜라 르(1558 사망) : Nicolas le Clerc(F). 파리의 영향력 있는 가문에서 태어나 그곳에서 공부하고 줄곧(1506-1553) 소르본 신학부에서 활동했다.

키로, 페터(1564 사망) : Peter Cyro(G). 프리부르크에서 태어나 파비아(1514-1516, 법학)와 파리(1517-1520)에서 공부하고 1522년에는 파렐과 교분을 맺었다. 프리부르크 시장(1522)을 거쳐 베른 시장을 역임했다.

투르네, 장 드(1562 사망) : Jean de Tournay(F). 1527년부터 알랑송에서 아우구스티누스 수사로서 복음 설교를 하다가 스위스로 도피하여(1534) 페이에른(1535), 무동(1536), 애글(1537-1539)에서 목회 활동을 했고 푸아시 회담(1561)에 참석했다.

투생, 피에르(1496-1573) : Pierre Toussaint(F). 생 로랑에서 태어났다. 바젤에서 수학하고(1514) 메스Metz의 참사회원이 되었다(1515). 1524년 오이콜람파디우스의 영향을 받고 파리를 거쳐(1525) 퐁타무송Pont-à-Mousson에 구금되었다가(1526) 마르그리트 당굴렘의 보호하에 알랑송에 거주했다. 1531년 프랑스를 떠나 바젤로 갔고(1531-1535), 1535년 7월부터 몽벨리아르에서 목회 사역을 담당했다.

트라헤론, 바살러뮤(1509-1558) : Bartholomew Traheron(E). 탁발 수사 출신으로 옥스퍼드(1527)와 캠브리지(1532-33, 문학 석사)에서 수학하고 취리히(1537. 9), 제네바(1537. 11), 스트라스부르(1538.4)를 여행했다. 토마스 크롬웰을 위해 일하다가 1542년 결혼했으며 다시 제네바를 방문했다(1546-1548). 왕의 도서관 관장을 역임하고(1549) 1555년 프랑크푸르트에서 존 낙스와 논쟁을 했다.

티에, 루이 뒤(1509-?) : Louis du Tillet(F). 클레Claix의 본당 신부이자 앙굴렘의 참사회원(1532)으로 칼뱅의 친구이다. 칼뱅과 함께 페라라 여행을 했고 제네바에 머물다가(1536) 스트라스부르를 거쳐(1537) 프랑스의 옛 교회로 돌아갔다(1539). 장 뒤 티에라는 동명의 두 형이 있었는데, 한 명은 파리 최고 법원의 유명한 기록원이었고(1570. 10. 2. 사망), 다른 한 명은 로렌의 추기경 비서였다가 생 브리외St-Brieue의 주교가 되었다(1570. 12. 18. 사망). 아버지는 엘리 뒤 티에였다.

틸만, 베른하르트(1541 사망) : Bernahrd Tillmann(G). 스위스 베른에서 태어났다. 200인 의회 의원(1516)과 소의회 의원(1525)을 역임하고 바덴 대회에 참석했으며(1526), 1528-1534년에 베른의 Seckelmeister가 되었다. 카펠 전투(1531)에도 참여했다. 1535년에는 다시 소의회 의원으로 활동했다.

파렐, 기욤(1489-1565) : Guillaume Farel(F), Guilemus Farelus(L). 프랑스 가프Gap에서 태어나 1509년에 파리에서 공부하여 1517년 문학 석사를 취득했다. 르페브르 데타플의 기독교 인문주의의 개혁 방향을 지지했으나 1523년 이래 바젤과 스트라스부르의 개혁자들과 가까워졌으며, 1533년부터는 제네바에 종교 개혁의 도입을 시도하여 그 결실을 맺었다(1536. 5. 21). 시민권까지 획득했으나(1537. 2. 14), 1538년 4월 22일 제네바에서 추방되어 남은 일생을 뇌샤텔의 목회자로 활동했다. 주 저서로 *Sommaire*와 *Maniere et fasson*이 있다. 기욤 파렐에게는 많은 형제들이 있었다. 맏형은 프랑수아(1561 사망)요, 또 다른 두 형은 장 가브리엘과 퓌르스텐베르크 백작의 비서였던 고쉬에(1556 사망)이다. 그 외에 클로드와 장-자끄가 있다.

파르트네 안 드/마담 드 퐁(1549 사망) : Anne de Parthenay/Madame de Pons(F). 수비즈Soubise의 영주 장 드 파르트네의 딸, 모친인 마담 드 수비즈와 함께 페라라에 왔으나 1533년 마렌Marennes의 영주인 앙투안 드 퐁과의 혼인이 깨지면서 1545년 페라라에서 추방되었다. 칼뱅은 1553년 브르타뉴 지방에 머물던 그녀에게 편지를 보냈다.

파브리, 크리스토프(1509-1588) : Christophe Fabri(F), Christoporus Fabri [Libertinus](L). 프랑스 도피네 지방에 있는 비엔Vienne에서 태어났다. 몽펠리에에서 의학을 공부했다. 1532년부터 뇌샤텔과 부드리Boudry에서, 1536년 2월에는 제네바에서 목회를 하다가 4월에 토농으로 목회지를 옮겼다. 올리베탕이 불어 성서를 출판하자 그를 위해 중재인 역할을 해 주었고 이 성서 번역가가 죽자(1538. 8) 그의 재산을 관리했다. 1546년 2월에 다시 뇌샤텔로 부임했다가 1563년부터는 리옹에서 목회했다.

파트리지, 니컬러스(1540 사망) : Nicolas Partridge(E). 옥스퍼드에서 공부하고 (1529-1534) 1536년 여름 스트라스부르와 취리히를 여행했으며, 1537년 11월에는 제네바를 방문했다.

페랭, 아미(1561 사망) : Ami Perrin(F). 스위스 제네바에서 태어났다. 200인 회의 의원(1527)을 역임하고 사부아 공작과의 전투(1529)에 참여했으며 파렐 영입을 주도했고(1532) 파렐과 칼뱅의 추방(1538)을 반대했다. 1540-1541년 칼뱅의 재영입에 앞장섰고, 1544-1545년 군대 총지휘관capitaine Général역할을 맡았다. 1547년부터 칼뱅과의 관계가 소원해졌고 1553년 수석 시장이 된 뒤 정치적으로 밀려 1555년 제네바에서 도피했으며 궐석 재판에서 사형 언도를 받았다.

페르노, 니콜라(1485-1550) : Nicolas Perrenot de Granvelle(F). 오르낭Ornans의 잘나가는 가문의 아들로 태어나 돌Dole에서 공부하고 돌 법원의 법률 고문(1518)을 시작으로 브뤼셀 법정 고문(1519), 국가 고문(1524-1550), 제국의 대법관(1530)을 지냈으며 1538년에는 니스에서 카를 V세와 프랑수아 I세의 회의를 중재했다. 보름스(1540)와 레겐스부르크(1541) 회담에 참여했고 1550년 은퇴하여 브장송으로 돌아왔다.

페르디난트 I세(1503-1564) : Ferdinand I(G). 카를 V세의 동생으로 헝가리와 보헤미아의 왕(1526)과 로마의 왕(1531)에 선출되었고 카아덴Kaaden 조약 (1534)과 아우구스부르크 화의(1555)를 수립했으며 1556년에 황제가 되었다.

페콜레, 앵베르(1548 사망) : Imbert Pécolet(F), Himbertus(L). 몽펠리에에서 체포되었다가 풀려나 님Nîmes으로 가서(1527) 교사 활동을 했다(1530-1537). 1537년 제네바와 로잔에 머물렀다.

펠리칸, 콘라트(1478-1556) : Konrad Pellikan(G). 탁발 수사 출신으로 튀빙겐에서 수학하고 서품을 받았다(1501). 바젤에서 강의하고(1502) 히브리 문법 책을 출판했으며(1504), 바젤의 구약 교수(1523), 취리히의 구약 및 히브리어 교수(1525)를 역임했다.

포르주, 에티엔 드 라(1479-1535) : Etienne de la Forge(F). 투르네에서 태어나 파리에서 상인 활동을 했으며, 파렐과 칼뱅의 친구이다. 벽보 사건 이후 1535년 2월 16일에 파리에서 처형되었다.

퐁, 프랑수아 뒤(미상) : François du Pont(F), Franciscus Pontanus(L). 무앵 Moing의 목회자(1538-1541)였다가 1542년 무동Moudon으로 이동했다.

풀렝, 발레랑(1520-1557) : Valérand Poullain(F). 루뱅에서 공부하고 1540년에 서품되었다. 부처 및 칼뱅과 교분을 맺고 스트라스부르(1544)에서 목회하였다. 1549년 부처와 함께 영국으로 갔다가 1554년엔 프랑크푸르트에 머물렀으며 1557년에는 베스트팔에 맞서 칼뱅을 옹호했다.

퓌르스텐베르크, 빌헬름 폰(1491-1549) : Wilhelm von Fürstenberg(G). 백작 칭호를 가진 용병으로 1527년 스트라스부르에 있다가 1529년 프로테스탄트임을 천명했다. 1536년에는 프랑수아 I세를, 1543년에는 카를 V세를 섬겼고 1544년에 파리 감옥에 투옥되었다. 칼뱅은 그를 옹호하는 글을 쓴 바 있다.

프랑수아 I세(1494-1547) : François I(F). 1515년 1월 1일에 프랑스 왕이 되어 카를 V세와 숱한 전쟁을 치렀다. 벽보 사건으로 프로테스탄트를 박해했으나 황제와 싸우기 위해서 독일 프로테스탄트 군주들과 접촉했다.

프로망, 앙투안(1508-1581) : Antoine Froment(F). 도피네 출신으로 1529년 파렐과 함께 스위스 로망드 지역에서 복음 설교 활동을 했다. 1533년 제네바에서 처음 설교를 하고 결혼도 했으나, 1538년 토농에서 집사 활동을 하다가 1539-1549년에는 마송지Massongy에서 목회 활동을 했다. 목회직을 사임하고 1552년 제네바에서 그 도시의 '연대기'를 작성하는 일을 위해 투입되었고, 일종의 회고록인 *Les actes et gestes merveilleuses*(1554)를 썼다. 불행한 재혼(1561) 끝에 1562년 제네바에서 추방되었다.

프리시우스 라우렌티우스(1490경 출생) : Laurentius Frisius(L). 알자스에서 태어나 몽펠리에, 파비아, 비엔나에서 공부하고 스트라스부르에서 의사로 활동하였다. 종교 개혁에 반대하고 그곳을 떠나(1525) 콜마르에 정착했다(1528).

프리시우스, 젬마(1508-1555) : Gemma Frisius(L). 도쿰Dokkum에서 태어나 흐로닝겐과 루뱅에서 공부하고(1525) 석사 학위를 받았다(1528). 파리와 몽펠리에에서 연구를 계속하고 1530년 *De principiis astronomiae et cosmographiae*를 썼다.

프리에스, 요하네스(1501-1565) : Johannes Friess(G), Phrisius(L). 스위스에서 태어났다. 취리히(1527)에서 공부하고 비티콘Witticon(1531)에서 목회하다가 부르주와 파리에서(1533-1535) 공부했다(문학 석사). 1536년 6월 바젤에서 라틴어와 그리스어 교수가 되었으며 1537년 2월에 취리히 콜레주 교장으로 임명되었다. 그는 1548년에 페트루스 콜리누스Petrus Collinus와 더불어 *Dictionatiolum Puerorum Tribus linguis*를 출판했다.

프티, 기욤(1470-1536) : Guillaume Petit(F), Guilemus Parvus(L). 도미니크 수사 출신으로 파리에서 공부하고 프랑스 종교 재판소장(1507), 궁정 고해 신부(1509), 트루아 주교(1518), 상리Senlis 주교(1527)를 역임했다. 마르그리트 당굴렘에 대한 소르본의 정죄를 불인정했으나(1533) 파리의 한 회담에 멜란히톤의 초청을 반대했다(1535).

플라터, 토마스(1499-1582) : Thomas Platter(G). 스위스 산간에서 태어나 취리히에서 미코니우스에게 라틴어, 그리스어, 히브리어를 배웠고 1531년 바젤에 와서 시민권을 얻은 후(1534) 1535년 오포리누스와 인쇄소를 세웠으며 라틴어 학교를 운영했다(1544-1578).

피네, 앙투안 뒤(1584 사망) : Antoine du Pinet(F). 프랑스 브장송에서 태어나 리옹과 부르주(1530)에서 공부하고(칼뱅과 알고 지냄) 파리에서 요한 슈투름의 강의를 들었으며(1533), 제네바와 빌-라-그랑에서 목사로 활동(1536)했다. 1548년(리옹) 이래 프랑스에 있었다. 노루아Noroy의 영주로 알려졌다.

피놀리, 앙드레(미상) : André Pignoli(F), Pignolis(L). 스위스 크로네Cronay의 목회자 생활(1536) 이후 몽벨리아르에서 서적 상인으로 활동하였다(1537).

피른, 앙투안(1545 사망) : Antoine Firn(F). 하게나우에서 태어나 프라이부르크에서 수학하고(1506) 스트라스부르에서 사제(1519)가 되었다. 1523년에 결혼하고 성 토마스 교회에서, 그리고 성 니콜라스 교회에서(1531) 목회자가 되었다.

피셔, 크리스핀(1490-1563) : Crispin Fischer(G). 베른에서 태어나 200인회(1519)와 소의회(1528) 의원을 역임하고 군 참모직(1531, 1536)을 수행했다.

피카르, 프랑수아 르(1504-1556) : François le Picart(F). 파리 나바르 콜레주에서 공부하고(1518) 1526년 서품되었다. 루셀의 사순절 설교 반대로 추방되었다가(1533) 벽보 사건 이후 복직되었다.

필리프, 장(1540 사망) : Jean Philppe(F). 스위스 제네바의 상인이다. 60인 의회 의원(1518), 소의회 의원(1519)을 지냈다. 제네바 주교에 의해 면직되어 프리부르크로 도망(1525)했다가 1526년 수석 시장으로 복귀했다. 1535년과 1538년에도 시장을 역임했다.

필리프 폰 헤세(1504-1567) : Philip von Hesse(G). 1521년 루터를 지지하여 농민 반란을 잠재웠다(1525). 마르부르크 대학을 창설하고(1527), 1529년 마르부르크 회담을 소집했다. 1547년 카를 V세에게 항복하고 1552년까지 수감되었다.

할러, 베르크톨트(1492-1536) : Berchtold Haller(G). 슈투트가르트 근처에서 태어나 쾰른에서 수학하였다(1510). 베른에서 활동하다 츠빙글리와 교분을 갖고(1521) 종교 개혁에 가담했다. 1528년 베른 회의(1월 6-26일)에서 의장 역할을 수행했다.

헨리 VIII세(1481-1547) : Henry VIII(E). 영국 왕. 아라곤의 카트리나와 이혼하고 앤 볼린과 결혼함으로써 파문당하자(1533) 수장령을 반포했다(1534).

헬트, 마티아스(1563 사망) : Matthias Held(G). 알론Arlon에서 태어나 제국의 부대법관을 지내면서(1531-1541) 가톨릭 동맹을 창설한 뒤 쾰른에 은퇴했다(1541).

후버, 한스(미상) : Hans Huber(G). 스위스 베른에서 태어났다. 에를라흐Erlach 통치자(1539), 소의회 의원(1537), 아알렌Aalen 통치자(1539), 젝스 통치자(1547)를 역임했다.

인명 · 지명 찾기